Weltentwicklungsbericht

Entwicklung durch Wissen

Mit ausgewählten Kennzahlen der Weltentwicklung

1998/99

THE WORLD BANK

Frankfurter Allgemeine Buch

Die Deutsche Bibliothek – CIP-Einheitsaufnahme

Entwicklung durch Wissen : mit ausgewählten Kennzahlen der Weltentwicklung / Weltbank. - Frankfurt am Main : Frankfurter Allgemeine Zeitung, Verl.-Bereich Buch, 1999
(Weltentwicklungsbericht ; 1998/99)
ISBN 3-933180-28-7

Die englische Ausgabe dieses Berichts publizierte die Weltbank unter dem Titel *World Development Report 1998/99* bei *Oxford University Press.*

World Development Report 1998/99
Knowledge for Development

ISBN 0-19-521118-9

Weltentwicklungsbericht 1998/99
Entwicklung durch Wissen

ISBN 0-8213-4101-4

Umschlaggestaltung und Gestaltung der Abschnittzwischenblätter von Communications Development Incorporated, Washington, D.C., mit Grundy & Northedge of London.
Innendesign von Barton MathesonWillse & Worthington, Baltimore.
Satz von Word Design, Gaithersburg, Maryland.

Weltentwicklungsbericht 1998/99
Entwicklung durch Wissen
Frankfurter Allgemeine Zeitung
Verlagsbereich Buch
60267 Frankfurt am Main
Druck: Druck & Beratung E. Schäfermeyer, Hanau
1. Auflage 1999
ISBN 3-933180-28-7

Dieser Bericht ist eine Arbeit des Mitarbeiterstabs der Weltbank, und die hier vertretenen Ansichten stimmen nicht unbedingt mit den Auffassungen des Exekutivdirektoriums oder der von ihm vertretenen Länder überein. Die Weltbank übernimmt keine Garantie für die Richtigkeit der in dieser Veröffentlichung enthaltenen Daten und lehnt jegliche Verantwortung für Konsequenzen irgendwelcher Art, die sich aus deren Verwendung ergeben, ab. Mit den Grenzen, Farben, Denominierungen und anderen Informationen, die in den Karten dieses Berichts verwendet werden, verbindet die Weltbank keinerlei Urteil über den rechtlichen Status irgendwelcher Gebiete und ebensowenig eine Bekräftigung oder Anerkennung irgendwelcher Grenzen.

Vorwort

DER DIESJÄHRIGE *Weltentwicklungsbericht*, der einundzwanzigste im Rahmen dieser jährlichen Berichterstattung, untersucht die Rolle des Wissens bei der Förderung des wirtschaftlichen und sozialen Wohles. Er beginnt mit der Erkenntnis, daß Volkswirtschaften nicht nur auf der Anhäufung von physischem Kapital und menschlichen Fertigkeiten aufgebaut sind, sondern auf einem Fundament aus Informationen, Lernen und Adaptation. Wissen ist wichtig, und aus diesem Grund ist es absolut erforderlich, daß wir verstehen, wie Menschen und Gesellschaften Wissen erwerben und nutzen – und weshalb dies manchmal nicht gelingt –, damit die Lebensqualität der Menschen, insbesondere der ärmsten, verbessert werden kann.

Das Verstehen von Wissen und Entwicklung wird aufgrund der Informationsrevolution dringlicher als je zuvor. Neue Kommunikationstechnologien und rapide sinkende Kosten in der Computerindustrie verkleinern Distanzen und bauen Grenzen und Zeitfaktoren ab. Das abgelegenste Dorf hat die Möglichkeit, auf ein globales Wissenswarenhaus zuzugreifen, von dem vor einem Jahrhundert niemand auch nur zu träumen gewagt hätte, und dies schneller und billiger, als es vor wenigen Jahrzehnten noch für möglich gehalten wurde. Und Fernunterricht hat das Potential, Millionen von Menschen, die sonst keinen Zugang zu einer guten Ausbildung hätten, Lernmöglichkeiten zu bieten.

Doch diese Chancen bringen auch enorme Risiken mit sich. Die Globalisierung von Handel, Finanzwesen und Informationsflüssen verschärft den Wettbewerb, wodurch die Gefahr entsteht, daß die ärmsten Länder und Gemeinschaften noch schneller als je zuvor zurückfallen. In unserem Enthusiasmus für den Informations-Superhighway dürfen wir die Dörfer und Slums ohne Telefone, Strom oder Trinkwasser und die Grundschulen ohne Stifte, Papier oder Bücher nicht vergessen. Den Armen kann das Versprechen des Informationszeitalters – Wissen für alle – so unerreichbar erscheinen wie ein ferner Stern. Um dieses Versprechen der Realität näherzubringen, müssen die Implikationen der Informationsrevolution sorgfältig durchdacht und in die Tagesordnung der Entwicklung integriert werden.

Ein Teil des Beitrags des *Weltentwicklungsberichts* zu dieser überwältigenden Aufgabe besteht in der Betrachtung zweier Arten von Wissen: dem technischen Wissen (zum Beispiel über Landwirtschaft, Gesundheit oder Buchführung) und Wissen über Eigenschaften (die Qualität eines Produkts, die Glaubwürdigkeit eines Kreditnehmers oder die Sorgfalt eines Arbeiters). Der Bericht bezeichnet die ungleichmäßige Verteilung von technischem Know-how als *Wissensgefälle* und das ungleiche Wissen über Eigenschaften als *Informationsprobleme*. Er behauptet, daß beide Arten von Problemen in Entwicklungsländern stärker ausgeprägt sind als in technologisch fortschrittlichen Ländern, und daß diese Probleme vor allem den Armen schaden. Diese Analyse schlägt drei Lektionen vor, die besonders wichtig für das Wohlergehen der über 4 Milliarden Menschen in den Entwicklungsländern sind:

Erstens müssen Entwicklungsländer eine Politik einschlagen, die sie dazu befähigt, die Wissensgefälle zu verringern, die sie von den reichen Ländern trennen. Beispiele solcher politischer Ansätze sind wirksame öffentliche Investitionen in Weiterbildungsmöglichkeiten, die Beibehaltung der Offenheit gegenüber der übrigen Welt und der Abbau von Schranken für den Wettbewerb im Telekommunikationssektor.

Zweitens müssen Regierungen von Entwicklungsländern, bilaterale Spender, multilaterale Institutionen, nichtstaatliche Organisationen und der Privatsektor zusammenarbeiten, um die Institutionen zu stärken, die zum Angehen von Informationsproblemen benötigt werden. Je komplexer die Gesellschaften werden, desto wichtiger werden Mechanismen zur Reduzierung von Informationsproblemen wie Buchführungsstandards, das Bestehen auf Offenlegung von Informationen und Einrichtungen zur Abschätzung von Kreditrisiken sowie zur Durchsetzung von Verträgen mittels wirksamer Gesetze und Gerichte.

Drittens werden die Probleme um das Wissen weiterhin bestehen bleiben, auch wenn wir noch so erfolgreich in diesen Bestreben sind. Wissensgefälle und das Versagen von Informationsflüssen können nicht eliminiert werden, doch die Erkenntnis, daß Wissen im Zentrum aller unserer Entwicklungsanstrengungen steht, wird manchmal unerwartete Lösungen zu scheinbar unlösbaren Problemen zutage fördern.

Wenn wir Wissen ins Zentrum unserer Entwicklungsanstrengungen stellen, werden sich auf zwei Gebieten Erfolge zeigen. Das erste Gebiet sind die größeren gesellschaftlichen Erträge – die wirksamere Bereitstellung von öffentlichen Gütern, einschließlich besserer Luft- und Wasserqualität, bessere Ausbildung und höhere Schulbesuchsquoten, verbesserte Gesundheit und Ernährung sowie erweiterter Zugang zur wesentlichen Infrastruktur. Diese Erträge kommen sowohl den Armen als auch den anderen Mitgliedern der Gesellschaft zugute. Das zweite Gebiet umfaßt besser funktionierende Märkte – in den Bereichen Kredit, Ausbildung, Wohnungen und Grund und Boden –, die die Ressourcen auf effizientere Weise koordinieren und die Chancen auf die gesamte Gesellschaft verteilen. Diese Verbesserungen werden vor allem den Armen zugute kommen, da sie einen verhältnismäßig großen Anteil der Konsequenzen von versagenden Informationsflüssen tragen.

Der verbesserte Zugang zu Wissen, den die Wissens- und Informationsrevolution ermöglicht hat, hat die Beziehungen zwischen Experten und Laien, Regierungen und Bürgern, Spendern und Empfängern von Entwicklungshilfegeldern verändert. Wissen kann nicht statisch sein, und es kann sich auch nicht nur in eine Richtung bewegen. Vielmehr muß es kontinuierlich in einem sich dauernd ändernden Netz hin- und herfließen und alle, die es erzeugen und nutzen, einbeziehen. Dies gilt in hohem Maße auch für das Wissen der Weltbank und diesen Bericht. Auch wenn wir versuchen, Erlerntes zu teilen, wissen wir, daß wir vieles nicht wissen. Trotzdem hoffen wir, daß dieser Bericht dazu beitragen wird, das Verständnis der komplexen Beziehung zwischen Wissen und Entwicklung zu verbessern. Und daß dieses Verständnis uns dabei helfen wird, die Macht des Wissens besser für die große Herausforderung, die Armut auszurotten und die Lebensqualität der Menschen zu verbessern, zu nutzen.

James D. Wolfensohn
Präsident
Die Weltbank

27. Juli 1998

Dieser Bericht wurde von einer Arbeitsgruppe unter der Leitung von Carl Dahlman mit Unterstützung von Tara Vishwanath und Auguste Tano Kouame, beide Vollzeit-Mitarbeiter der Gruppe, verfaßt. Weitere Mitglieder waren Irfan Aleem, Francisco Ferreira, Yevgeny Kuznetsov und Govindan Nair. Die Hauptbeiträge zu den Kapiteln stammen von Abhijit Banerjee, Jere Behrman, Gerard Caprio, Raffaello Cervigni, Stephen Denning, Samuel Fankhauser, Karla Hoff, Patrick Honohan, Emmanuel Jimenez, Lant Pritchett, Debraj Ray, Halsey Rogers und David Wheeler. Wertvolle Beiträge leisteten Harold Alderman, Carlos Braga, William Easterly, David Ellerman, Deon Filmer, Charles Kenny, Elizabeth King, Sanjaya Lall, Lawrence MacDonald, Saha Meyanathan, Sonia Plaza, Martin Ravallion, Francisco Sagasti, Claudia Paz Sepulveda und Michael Walton. Die Gruppe wurde unterstützt von Jesse Bump, Vajeera Dorabawila, Iyabode Fahm, Peter Lagerquist, Rohit Malhotra, Ambar Narayan und Stratos Safioleas. Bruce Ross-Larson war der Chefredakteur. Der Bericht stand unter der allgemeinen Leitung von Joseph Stiglitz und Lyn Squire.

Viele andere Personen innerhalb und außerhalb der Weltbank gaben hilfreiche Hinweise, verfaßten Hintergrundpapiere und sonstige Beiträge und nahmen an Beratungstreffen teil. Die Development Data Group trug zum Anhang bei und war für die Ausgewählten Kennzahlen der Weltentwicklung verantwortlich.

Zu den Produktionsmitarbeitern des Berichts gehörten Jamila Abdelghani, Anne Hinterlong Dow, Joyce Gates, Stephanie Gerard, Jeffrey Lecksell, Brenda Mejia, Jenepher Moseley, Margaret Segears, Alison Smith, Michael Treadway und Michael Zolandz. Rebecca Sugui hatte die Leitung der Gruppe und Pansy Chintha, Paulina Flewitt und Thomas Zorab waren als Assistenten beschäftigt. Maria Dolores Ameal war als Verwaltungsangestellte tätig.

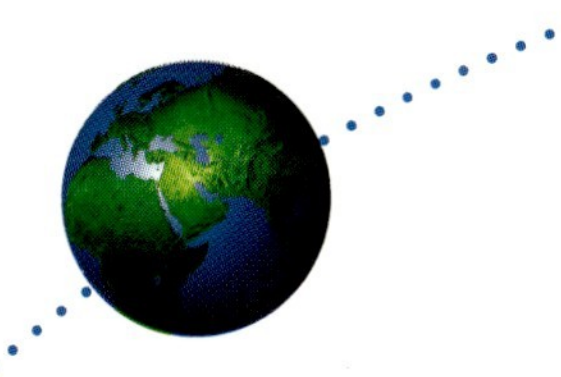

Inhaltsverzeichnis

SCHAUBILDER

TABELLEN

TABELLEN IM ANHANG

Definitionen und Anmerkungen zu den Daten

Die Länder, die in diesem Bericht zu Regional- und Einkommensgruppen zusammengefaßt sind, sind in der Länderklassifizierungstabelle am Ende der Ausgewählten Kennzahlen der Weltentwicklung aufgeführt. Die Klassifizierung nach Einkommen basiert auf dem BSP pro Kopf; die Schwellenwerte für die Einstufung des Einkommens in dieser Ausgabe des Berichts finden sich in der Einführung zu den Ausgewählten Kennzahlen der Weltentwicklung. Die in den Schaubildern und Tabellen genannten Gruppendurchschnitte sind ungewichtete Durchschnitte der Länder der Gruppen, sofern nichts anderes angegeben ist. Während der Vorbereitung dieses Berichts änderten sich die Einkommenseinteilungen für einige Länder, insbesondere für China. Die Statistiken für Länder mit niedrigem Einkommen können deshalb Daten für China enthalten, während diejenigen für Länder mit mittlerem Einkommen Daten für China ausschließen können.

Die Verwendung des Ausdrucks „Länder" in bezug auf Volkswirtschaften stellt kein Urteil seitens der Weltbank über den rechtlichen oder anderweitigen Status eines Gebietes dar. Der Ausdruck „Entwicklungsländer" bezieht sich auf Länder mit niedrigem und mittlerem Einkommen und kann somit aus Gründen der Einfachheit auch Länder umfassen, die sich im Übergang von der zentralen Planwirtschaft befinden. Der Ausdruck „fortschrittliche Länder" wird manchmal der Einfachheit halber für Länder mit hohen Einkommen verwendet.

Dollarangaben beziehen sich auf US-Dollar zu laufenden Preisen, sofern nichts anderes angegeben ist.

Es werden die folgenden Abkürzungen verwendet:

AIDS Acquired immune deficiency syndrome
BIP Bruttoinlandsprodukt
BSP Bruttosozialprodukt
F&E Forschung und Entwicklung
KKP Kaufkraftparität
OECD Organisation für wirtschaftliche Zusammenarbeit und Entwicklung (Organisation for Economic Co-operation and Development)

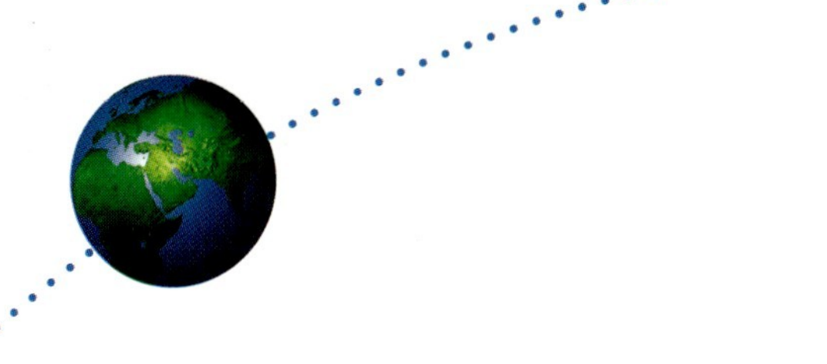

Überblick

Wissen ist wie das Licht: Es ist schwerelos, nicht mit Händen greifbar, und es kann sich mühelos über die ganze Welt bewegen und das Leben der Menschen überall erhellen. Trotzdem leben Milliarden von Menschen immer noch in der Dunkelheit der Armut – unnötigerweise. Wissen über die Heilung eines einfachen Leidens wie Durchfall existiert seit Jahrhunderten. Doch nach wie vor sterben Millionen von Kindern daran, denn ihren Eltern fehlt das notwendige Wissen, um sie zu retten.

Arme Länder und arme Menschen haben nicht nur weniger Kapital zur Verfügung als ihre reichen Nachbarn, sie haben auch weniger Wissen. Da die Schaffung von Wissen oft sehr kostspielig ist, wird Wissen zu einem Großteil in Industrieländern erzeugt. Doch Entwicklungsländer können sowohl Wissen aus dem Ausland erwerben als auch ihr eigenes Wissen im Land selbst entwickeln. Noch vor vierzig Jahren hatten Ghana und die Republik Korea ungefähr dasselbe Pro-Kopf-Einkommen. Anfang der neunziger Jahre betrug das koreanische Pro-Kopf-Einkommen das Siebenfache des ghanaischen. Gemäß Schätzungen ist etwa die Hälfte dieser Differenz Koreas größerem Erfolg beim Erwerb und der Verwendung von Wissen zuzuschreiben.

Wissen bringt auch Licht in alle wirtschaftlichen Transaktionen: Vorlieben werden deutlich, Geschäfte transparent, Märkte informiert. Es ist denn auch der Mangel an Wissen, der Märkte zum Erliegen bringt oder sie gar nicht erst entstehen läßt. Als in Indien einige Milchproduzenten begannen, die Milch zu verdünnen, waren die Konsumenten nicht in der Lage, die Qualität der Milch vor dem Kauf zu testen. Weil dieses Wissen fehlte, verschlechterte sich die Milchqualität generell. Produzenten, die ihre Milch nicht verdünnten, wurden benachteiligt, und die Konsumenten waren die Leidtragenden.

Arme Länder unterscheiden sich von reichen insofern, als sie über weniger Institutionen verfügen, die Qualität prüfen, Normen und Vertragserfüllung durchsetzen und die für geschäftliche Transaktionen notwendigen Informationen sammeln und verbreiten. Davon betroffen sind häufig die Armen. Kreditgeber in Dörfern verlangen zum Beispiel oft bis zu achtzig Prozent Zinsen, da die Kreditwürdigkeit der armen Kreditnehmer äußerst schwierig einzuschätzen ist.

Dieser *Weltentwicklungsbericht* veranlaßt den Leser, die Entwicklungsproblematik aus einer neuen Perspektive zu betrachten: der Perspektive des Wissens. Es gibt viele verschiedene Arten von Wissen. In diesem Bericht konzentrieren wir uns auf die zwei Arten von Wissen und Problemen, die für Entwicklungsländer von überaus großer Bedeutung sind:

- *Wissen über Technologie*, im folgenden auch als technisches Wissen oder einfach als Know-how bezeichnet. Beispiele hierfür sind Ernährung, Empfängnisverhütung, Softwaretechnik und Buchführung. Entwicklungsländer verfügen gewöhnlich über weniger Know-how als Industrieländer, und Arme über weniger als Nicht-Arme. Wir nennen diese ungleichmäßige Verteilung von Know-how, die sowohl über Landesgrenzen hinweg als auch innerhalb von Ländern besteht, *Wissensgefälle.*

Schaubild 1

F&E-Ausgaben und BIP pro Kopf

Unterschiede in der Fähigkeit zur Wissensschaffung sind noch ausgeprägter als die Unterschiede im Einkommen.

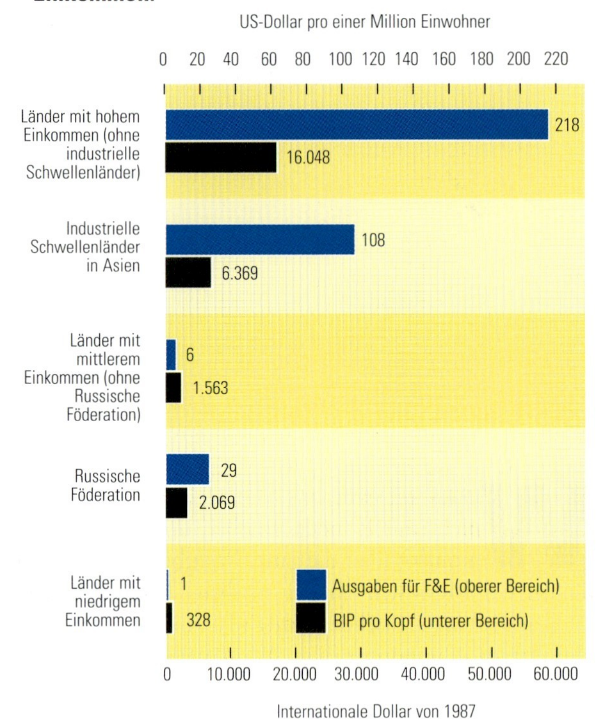

Anmerkung: Daten gelten für 1991. Quelle: Europäische Kommission 1994.

- *Wissen über Eigenschaften*, etwa die Qualität eines Produkts, die Sorgfalt eines Arbeiters oder die Kreditwürdigkeit eines Unternehmens. Dies alles ist von entscheidender marktwirtschaftlicher Bedeutung. Die Schwierigkeiten, die durch unvollständiges Wissen über Eigenschaften entstehen, bezeichnen wir als *Informationsprobleme.* Mechanismen zur Entschärfung von Informationsproblemen, zum Beispiel Qualitätsnormen für Produkte, Ausbildungsnachweise und Kreditauskünfte, sind in Entwicklungsländern viel seltener und haben weniger Gewicht als in Industrienationen. Hauptleidtragende von Informationsproblemen und dem daraus resultierenden Marktversagen sind die Armen.

Die zentralen Themen in diesem Bericht sind die Beziehung zwischen Wissensgefällen und Informationsproblemen, ihre Auswirkung auf die Entwicklung und die Art und Weise, wie internationale Organisationen sowie die Regierungen von Entwicklungsländern diese Probleme besser angehen können.

Bei näherer Betrachtung der Entwicklung aus der Wissens-Perspektive wird die Bedeutung schon gelernter Lektionen, zum Beispiel der Wert einer offenen Handelspolitik und der Grundschulausbildung für alle, noch deutlicher. Weiter richten wir unsere Aufmerksamkeit auf die folgenden Bedürfnisse, die in der Vergangenheit manchmal übersehen wurden: wissenschaftliche und technische Ausbildung, Forschung und Entwicklung vor Ort sowie die entscheidende Rolle von Institutionen, die den für funktionierende Märkte unabdingbaren Informationsfluß erleichtern.

Wird die Entwicklung aus der Wissens-Perspektive angegangen – indem politische Anstrengungen unternommen werden, um sowohl das technische Wissen als auch das Wissen über Eigenschaften zu erweitern –, kann neben dem Einkommen auch die Lebensqualität auf unterschiedlichste Art und Weise erhöht werden. Größeres Wissen über Ernährung kann zu besserer Gesundheit führen, selbst für diejenigen, die nur über wenig Geld für den Kauf von Lebensmitteln verfügen. Wissen darüber, wie die Übertragung von AIDS verhindert werden kann, kann Millionen von Menschen vor schwerer Krankheit und frühem Tod retten. Die Veröffentlichung von Informationen über die industrielle Luftverschmutzung kann zu einer saubereren und gesünderen Umwelt führen. Und Mikrokreditprogramme ermöglichen es armen Menschen, für sich selbst und für ihre Kinder in eine bessere Zukunft zu investieren. Kurz, Wissen verleiht den Menschen eine größere Kontrolle über ihr Schicksal.

Wissensgefälle und Informationsprobleme sind so eng miteinander verbunden, daß sie in der Realität nicht voneinander getrennt werden können. Regierungen müssen beide Probleme gleichermaßen erkennen und sie häufig gleichzeitig angehen, wenn sich die Macht des Wissens voll entfalten soll. Trotzdem werden wir aus Gründen der Klarheit die beiden Probleme getrennt voneinander analysieren, beginnend mit den Wissensgefällen.

Wissensgefälle verringern

Es wird nicht einfach sein, Wissensgefälle abzubauen. Die Entwicklungsländer verfolgen ein sich unablässig fortbewegendes Ziel, denn die Grenzen des Wissens werden von den Industrieländern mit hohem Einkommen immer weiter ausgedehnt. Tatsächlich sind aber die Unterschiede in den vorhandenen Mitteln zur Schaffung von Wissen noch größer als das Wissensgefälle selbst. Zwischen armen und reichen Ländern sind die Unterschiede in einigen wichtigen Bereichen der Wissensschaffung weitaus bedeutender als die Differenzen im Einkommen (Schaubild 1).

Doch Entwicklungsländer müssen weder das Rad neu erfinden noch den Computer oder das Heilmittel gegen Malaria. Statt schon existierendes Wissen noch einmal zu schaffen, haben sie die Möglichkeit, eine große Menge schon vorhandenen Wissens von reicheren Ländern zu erwerben und anzupassen. Da die Kosten in der Kommunikationstechnik ständig weiter fallen, ist der Wissenstransfer heute billiger denn je (Schaubild 2). Angesichts dieser Fortschritte scheinen alle Voraussetzungen für einen raschen Abbau von Wissensgefällen, einen wirtschaftlichen Aufschwung sowie eine Verbesserung der Lebensqualität geschaffen zu sein. Es bleibt die Frage, weshalb dieser Transfer nicht so schnell geschieht wie eigentlich zu erwarten wäre. Welche Bedingungen müssen erfüllt sein, damit Entwicklungsländer vom weltweiten Bestand an Wissen besser profitieren können?

Teil Eins dieses Berichts beginnt mit einer Erörterung der Bedeutung von Wissen für die Entwicklung sowie über die Risiken und Chancen, die die Informationsrevolution für Entwicklungsländer birgt (Kapitel 1). Danach werden drei wesentliche Schritte untersucht, die von Entwicklungsländern unternommen werden müssen, um Wissensgefälle zu verringern:

- Zum *Wissenserwerb* gehören das Erschließen und das Anpassen von im Ausland vorhandenem Wissen an örtliche Gegebenheiten – zum Beispiel durch eine offene Handelspolitik, Auslandsinvestitionen und Lizenzabkommen – sowie die Schaffung von Wissen durch Forschung und Entwicklung im Land selbst, und letztlich auch das Aufbauen auf einheimischem Wissen (Kapitel 2).
- Zur *Wissensaufnahme* gehört unter anderem, daß die Grundschulausbildung für alle, vor allem auch für Mädchen und andere traditionell benachteiligte Gruppen, gewährleistet ist, sowie die Schaffung von Möglichkeiten zur Weiterbildung und die Unterstützung von Hochschulstudien, insbesondere auf den Gebieten Wissenschaft und Technik (Kapitel 3).
- Zur *Wissensweitergabe* gehören das Ausschöpfen der Möglichkeiten der Informations- und Kommunikationstechnologie – durch verstärkten Wettbewerb, Versorgung durch den Privatsektor und geeignete gesetzliche Rahmenbedingungen – sowie die Sicherstellung des Zugangs zu dieser Technologie für die Armen (Kapitel 4).

Wissensgefälle bestehen nicht nur zwischen Entwicklungsländern und Industrienationen; es existieren auch große Gefälle innerhalb von Ländern. Die verschiedenen Strategien zum Abbau dieser Gefälle beinhalten häufig dieselben Elemente, deren wirkungsvolle Anwendung viel zur Verringerung von Ungleichheiten beitragen und dabei helfen können wird, die Armut zu eliminieren.

Doch selbst wenn die Wissensgefälle ganz abgebaut werden könnten und alle Menschen in den Entwicklungsländern Zugang zum selben Know-how hätten wie gebildete Personen in Industrienationen, wären die Entwicklungsländer in einer Hinsicht noch immer benachteiligt: dem Wissen über Eigenschaften. Da Wissen über Eigenschaften für jede wirtschaftliche Transaktion notwendig ist, muß es spontan erzeugt und immer wieder aufgefrischt werden können. Dazu werden verschiedene Markt- und Nicht-Marktmechanismen benötigt, durch die Informationen sowohl gesammelt als auch verbreitet werden können. Solche Mechanismen sind in Entwicklungsländern oft nur mangelhaft oder fehlen ganz.

Informationsprobleme angehen

Ohne Wissen über Eigenschaften können Märkte nicht richtig funktionieren. Wenn die Regierung interveniert um das Problem anzugehen, zum Beispiel indem sie Normen

Schaubild 2

Kostentrends in der Glasfaserübertragung

Die Kosten für die Informationsübertragung sinken weiter.

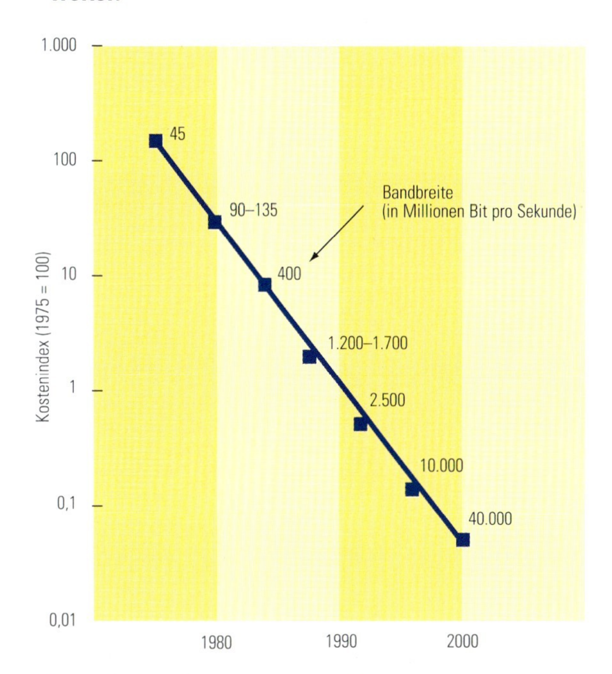

Hinweis: Die dem Index zugrundeliegenden Daten sind angegeben in US-Dollar pro einer Million einen Kilometer weit übertragener Bit. Die Trendkurve wurde logarithmisch berechnet. Quelle: Bond 1997a.

und Qualitätsnachweise einführt (wie bei der Milch in Indien), funktioniert der Markt besser und es profitieren alle.

Institutionen, hier im weitesten Sinne zusammengefaßt als Regierungen, private Organisationen, Gesetze und soziale Normen, tragen zur Schaffung von anerkannten Qualitätsnormen und zur Einhaltung von Verträgen bei und ermöglichen so Transaktionen, die sonst nicht stattfinden würden. Reiche Länder haben vielfältigere und wirkungsvollere Institutionen zur Bewältigung von Informationsproblemen als arme. Diese Institutionen ermöglichen Menschen die Teilnahme an wirtschaftlichen Transaktionen, die ihre Lebensqualität verbessern können – sei es der Milcheinkauf, das Finden einer Arbeitsstelle, den Zugang zu Ausbildung oder zu einem Darlehen. Informationsprobleme stehen oft im Zentrum der Schwierigkeiten, mit denen arme Menschen in Entwicklungsländern im täglichen Kampf ums Überleben und im Streben nach einer besseren Lebensqualität konfrontiert werden.

Teil zwei dieses Berichts beginnt mit einer Erörterung der Beschaffenheit und des Ausmaßes dieser Probleme, wobei festgestellt wird, daß sie ein beträchtliches Hindernis für die Entwicklung darstellen und vor allem die Armen schwer treffen (Kapitel 5). Die ungleiche Verteilung von Informationen wird nie ganz beiseite geschafft werden können, doch sie kann teilweise durch institutionelle Neuerungen verbessert werden, die speziell auf die Situation in Entwicklungsländern zugeschnitten sind und sich mit den Problemen von armen Menschen befassen. Der Rest von Teil Zwei untersucht einige spezifische, mit Informationen in Zusammenhang stehende Probleme. Es werden ebenfalls einige vielversprechende Lösungen in drei Bereichen vorgestellt, in welchen diese Probleme am schwerwiegendsten sind und deren Angehen einen wesentlichen Beitrag zum Erreichen von nachhaltigem Wachstum leisten kann, von dem die Armen profitieren würden:

- *Finanzdaten der Wirtschaft verarbeiten.* Dazu gehören insbesondere die Gewährleistung von Transparenz durch wirkungsvolle Buchhaltung und die Veröffentlichung von Daten, sowie das Entwerfen von Regulierungsansätzen speziell für ein informationsarmes Umfeld (Kapitel 6).
- *Unser Wissen über die Umwelt erweitern.* Durch Forschung kann das Fundament für eine wirksame Umweltpolitik gelegt werden, und die Verbreitung von Informationen kann Anreize zur Eindämmung der Luftverschmutzung und zum verantwortungsvollen Umgang mit der Umwelt schaffen (Kapitel 7).
- *Informationsprobleme angehen, die die Armen treffen.* Dazu gehört es auch, sich Zeit zu nehmen und sich über die Bedürfnisse und Sorgen der Armen zu informieren, damit ihnen die Gesellschaft nützliche Informationen bieten und ihnen dabei helfen kann, ihre Marktisolation zu verringern sowie den Zugang zu formellen Institutionen zu erleichtern (Kapitel 8).

Die meisten Schwierigkeiten der Entwicklungsländer stehen sowohl mit Wissensgefällen als auch mit Informationsproblemen in Verbindung. Wirkungsvolle Lösungen müssen auf beide Probleme eingehen – manchmal auf eins nach dem anderen, oft aber auf beide gleichzeitig. Die Möglichkeiten zur Verbesserung der Lebensumstände der Menschen sind enorm. Wir werden daher in diesem Bericht immer wieder auf diese zwei eng miteinander verknüpften Themen zurückkommen. Wir beginnen mit dem Beispiel der Grünen Revolution, das auf eindrucksvolle Weise zeigt, wie sich Wissensgefälle und Informationsprobleme – und ihre Lösungen – in der Realität darstellen.

Die Grüne Revolution: Ein Musterbeispiel für Entwicklung durch Wissen

Es gibt kaum ein Beispiel, das das Potential der Entwicklung durch Wissen – oder die Hindernisse, die der Verbreitung von Wissen im Wege stehen – besser aufzeigt als das der Grünen Revolution, jener weltweiten Bewegung, die jahrzehntelang der Schaffung und Verbreitung von neuem landwirtschaftlichen Wissen gewidmet war. Die Forschung nach neuem Saatgut zur Steigerung der landwirtschaftlichen Produktivität wurde kurz nach dem Krieg von zahlreichen Einrichtungen aufgenommen – gemeinnützigen Organisationen, Regierungen, multilateralen Institutionen, privaten Unternehmen, Banken, Kreditgebern in Dörfern, Bauern mit viel Grundbesitz und grundbesitzlosen Arbeitern – die alle, bewußt oder unbewußt, mit ihrer Arbeit dazu beitrugen, daß die Versorgung der Menschen in aller Welt mit Grundnahrungsmitteln (sei es Brot, Mais oder auch Reis) verbessert wurde. Der englische Ökonom Thomas Malthus hatte im 18. Jahrhundert prophezeit, daß früher oder später in jedem Land die verfügbaren Nahrungsmittel den Bedarf der stetig wachsenden Bevölkerung nicht mehr decken könnten. Die Grüne Revolution zeigte jedoch, daß Malthus unterschätzt hatte, wie schnell Wissen – in der Landwirtschaft, im Transportwesen, in der Mechanisierung – die Nahrungsmittelproduktion verändern würde. In der zweiten Hälfte des 20. Jahrhunderts hielt die weltweite Nahrungsmittelversorgung noch sehr gut Schritt mit dem Bevölkerungswachstum.

Seit den frühen fünfziger Jahren haben sich die Erträge von Grundgetreide in Asien und Südamerika mehr als verdoppelt (Schaubild 3; Afrika, das auch in anderen

Schaubild 3

Getreideernte nach Entwicklungsregion

Die Ernteerträge haben sich in den meisten Entwicklungsländern mehr als verdoppelt.

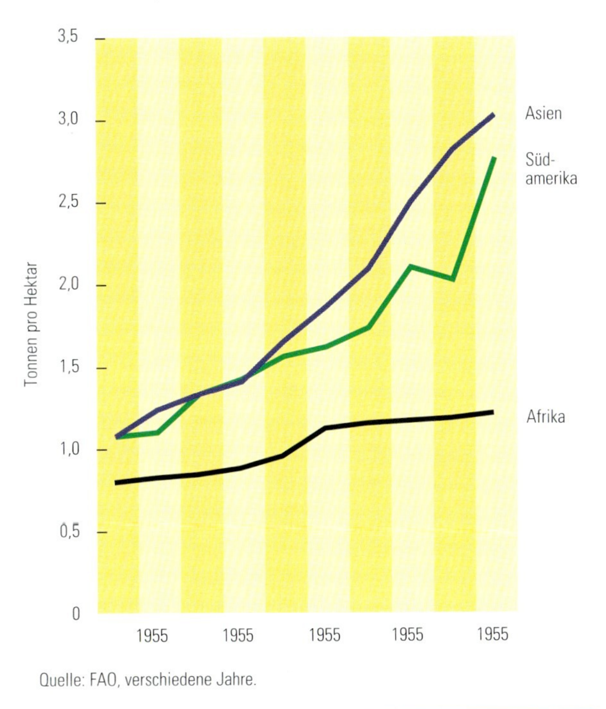

Quelle: FAO, verschiedene Jahre.

Bereichen der Entwicklung und des Wissens schlechter abschneidet, erfuhr nur bescheidene Ertragssteigerungen). Die weltweite Steigerung des Ertrages pro Hektar war beträchtlich, insbesondere was Getreide, Reis und Mais anbelangt (Schaubild 4). Und obwohl die Auswirkungen der Grünen Revolution auf die Armen anfangs ein kontroverses Thema waren, hat sich mit der Zeit gezeigt, daß die Armen in großem Maße profitiert haben, durch höheres Einkommen, billigere Nahrungsmittel und eine verstärkte Nachfrage nach Arbeitskräften.

In der ersten Phase der Grünen Revolution ging es vor allem darum, Wissensgefälle abzubauen. Der erste Schritt bestand darin, das Gefälle zwischen dem zu verringern, was Wissenschaftler über Pflanzengenetik schon wußten, und der in Entwicklungsländern weit verbreiteten Unwissenheit auf diesem Gebiet. Diese Unwissenheit zeigte sich darin, daß noch keine neuen, auf diesem Wissen basierenden Getreidesorten verfügbar waren. Dieses Gefälle wurde hauptsächlich durch Forschungs- und Entwicklungsanstrengungen seitens der Regierungen und nicht profitorientierten Organisationen verringert. Doch weshalb war hier ein Eingreifen überhaupt nötig? Weshalb haben sich nicht private, profitorientierte Unternehmen mehr für die Nahrungsmittelsicherheit eingesetzt? Weshalb versuchten solche Unternehmen zum Beispiel nicht, die existierenden wissenschaftlichen Erkenntnisse in der Genetik zu kommerzialisieren, indem sie selbst ertragreichere Pflanzenarten entwickelten?

Die Antwort ist, daß sich ein Züchter, ein Saatgutproduzent, ein Bauer oder ein Land nur sehr schwer rechtlich als der Eigentümer des Wissens, das neuem Saatgut zugrunde liegt, deklarieren kann. Die Pflanzenarten, die sich für den Anbau in Entwicklungsländern am besten eigneten, konnten nach dem ersten Anbau ganz einfach reproduziert werden. Die Bauern brauchten nur die Samen der Pflanzen, die aus dem ursprünglichen Saatgut gewachsen waren, zu sammeln und erneut anzupflanzen. Das bedeutete, daß die Entwickler von neuem Saatgut nicht mit wiederholten Geschäften rechnen konnten. Der Profit war also zu gering, um sie für ihren Aufwand zu entschädigen.

Schaubild 4

Ertragssteigerungen bei den wichtigsten Getreidearten

Die Steigerung der Erträge bei einigen Grundgetreidearten war beträchtlich.

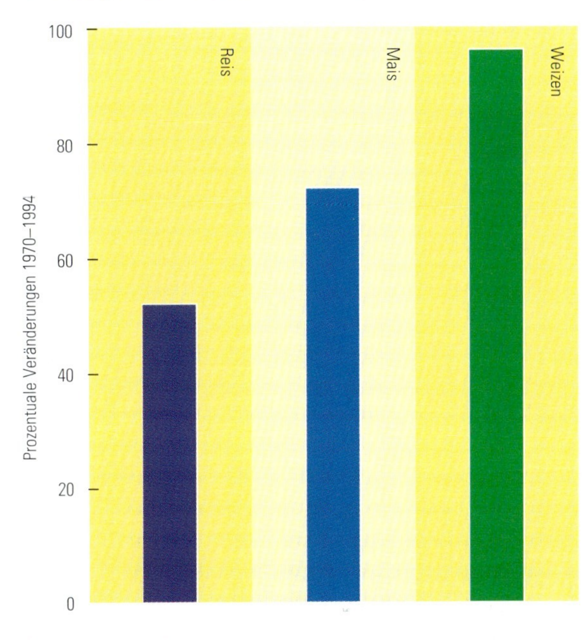

Quelle: CGIAR 1994–1995

Mit anderen Worten, verbessertes Saatgut hat – genauso wie viele andere wissenschaftliche Erzeugnisse – in mancher Hinsicht die Eigenschaften eines Allgemeinguts. Ein Allgemeingut ist ein Gut, dessen gesamter Ertrag in der Form von Gewinn nicht dem Neuerer zugute kommt, sondern in die Gesellschaft als Ganzes sickert. Da private Unternehmen nur geringe Anreize haben, solche Güter herzustellen, ist es eine alte Tradition, daß öffentliche Institutionen diese Aufgabe übernehmen. (Ein gutes Beispiel ist die landwirtschaftliche Forschung, die die US-Regierung im 19. Jahrhundert finanziert hat.) Es ist in der Tat auf vielen Gebieten allgemein anerkannt, daß ohne gemeinschaftliches Handeln im Bereich der Wissenserzeugung viel zu wenig Forschung betrieben würde.

Nachdem sich die ersten modernen Saatgutsorten in den frühen sechziger Jahren als erfolgreich erwiesen hatten, folgten viele Entwicklungsländer dem Beispiel anderer Länder und gründeten nationale, weitgehend mit öffentlichen Mitteln finanzierte landwirtschaftliche Forschungsinstitute, um Tochtergenerationen von Pflanzen zu entwickeln, die den örtlichen Gegebenheiten besser angepaßt waren. Dadurch verdoppelte sich von 1966 bis 1985 die Zahl der von nationalen Forschungsinstituten entwickelten Reis- und Maissorten.

Die Regierungen der Entwicklungsländer richteten landwirtschaftliche Beratungsdienste ein, die das Wissen verbreiten sollten. Am Anfang bestand die Hauptaufgabe der Berater darin, die Bauern über die neuen Pflanzensorten und Techniken zu informieren. Doch die besten Berater – und die erfolgreichsten Beratungsdienste – lernten bald, daß auch das Zuhören ein wichtiger Teil ihrer Aufgabe war. Indem sie den Bauern zuhörten und von ihnen lernten, gewannen die Berater nicht nur eine viel bessere Einsicht in die Sorgen und Nöte der Bauern, sie erfuhren auch manchmal zufällig von Saatgutsorten und Anbautechniken, die den Forschern entgangen waren. Dieser Informationsfluß in beide Richtungen hat die im Land selbst stattfindende Aufnahme und Anpassung der Technologie der Grünen Revolution noch zusätzlich gefördert.

An diesem Punkt rückten nun Informationsprobleme immer mehr in den Mittelpunkt. In den ersten Phasen waren die Schaffung, Verbreitung und Anpassung von landwirtschaftlichem Know-how die treibenden Kräfte. Doch das Potential dieser Neuerungen konnte erst freigesetzt werden, als Millionen von Kleinbauern das neue Saatgut verwendeten. Um dieses Ziel zu erreichen, war es nötig, eine Reihe von Informationsproblemen anzugehen. Besonders wichtig waren Fragen wie „Wie kann ein Bauer sicher sein, daß das neue Saatgut auch wirklich Erträge bringt?“ und „Weshalb sollte ein Bauer seinen Lebensunterhalt riskieren, nur weil ein landwirtschaftlicher Berater ihm dazu rät?“. Diese Unsicherheit, gepaart mit dem Unvermögen der Armen, einen Kredit aufzunehmen – ein anderes klassisches Marktversagen, das in engem Zusammenhang mit Informationsproblemen steht –, hatte bedeutende Auswirkungen auf die Geschwindigkeit, mit der die neuen Sorten angenommen wurden.

Gebildetere Bauern und solche mit viel Grundbesitz waren aus verschiedenen Gründen die ersten, die das neue Saatgut ausprobierten. Bauern mit viel Grundbesitz konnten das Risiko minimieren, indem sie das neue Saatgut zuerst nur auf einem Teil ihres Landes aussäten. Sie waren in der Lage, die durch die frühzeitige Verwendung der neuen Sorten verursachten Fixkosten schneller wieder hereinzuholen, indem sie das Gelernte in allen ihren größeren landwirtschaftlichen Betrieben anwendeten. Gebildete Bauern hatten bessere Voraussetzungen, um überhaupt erst einmal von den neuen Sorten zu erfahren, und um die veränderten Anbaumethoden zu erlernen, die erforderlich waren, um optimale Ergebnisse zu erzielen. Der wahrscheinlich wichtigste Unterschied bestand jedoch darin, daß wohlhabendere Bauern leichter Kredite bekamen und es sich leisten konnten, ein Risiko einzugehen. Arme Bauern, die keinen Kredit aufnehmen konnten und weder eine Versicherung noch Ersparnisse hatten, auf die sie im Falle einer Mißernte zurückgreifen konnten, mußten zuschauen und abwarten, bis ihre reicheren Nachbarn den Wert des neuen Saatguts bewiesen hatten.

Weshalb liehen die Banken oder die Kreditgeber in den Dörfern diesen Kleinbauern nicht das Geld für neues Saatgut und Dünger? Viele arme Bauern würden Kleinkredite zu einem vernünftigen Zinssatz zurückzahlen, wenn diese für sie verfügbar wären. Doch die Kosten für die Bestimmung der guten Kreditrisiken von Armen sind gemessen an der Höhe der Kredite, die sie aufnehmen würden, hoch. Da die Kreditgeber nicht wissen, welche potentiellen Kreditnehmer ihre Schulden zurückzahlen werden, berechnen sie oft einen hohen Zinssatz und verlangen Sicherheiten, über die die Armen meist nicht verfügen. Selbst wenn die Armen Vermögenswerte vorweisen können (zum Beispiel einen bescheidenen Grundbesitz), die als Sicherheiten verpfändet werden könnten, können Ansprüche auf Sicherheitsverpfändungen nur schwer geltend gemacht werden, wenn die rechtliche Infrastruktur zu schwach ist, Grundbucheinträge fehlen und die Gerichte ineffizient sind. Ohne rechtliche Durchsetzung sind die Anreize zur Rückzahlung gering, was wiederum die Anreize zur Kreditvergabe schwächt. Als Folge davon haben die Armen oft keine Möglichkeit, einen Kredit aufzunehmen.

In den letzten Jahren wurden einige Mikrokreditprogramme ins Leben gerufen, um diese Probleme anzugehen. Doch in der Zeit der Grünen Revolution führten die mangelnden Kredite für arme Bauern, gekoppelt mit fehlender Ausbildung (auch dies war teilweise dem Mangel an Krediten zuzuschreiben) und anderen Faktoren, dazu, daß sie oft die letzten waren, die die neuen Getreidesorten anpflanzten. Die daraus resultierende Zeitverschiebung zwischen der Einführung von neuem Saatgut und dessen großflächigem Anbau zeigt sich in der langsamen Expansion von Gebieten, in denen die neuen Sorten angepflanzt wurden (Schaubild 5).

Die durch diese Verzögerung verursachten Kosten waren erheblich. Wären alle Informationsprobleme angegangen worden – wenn die Bauern innerhalb kürzester Zeit vom Potential der neuen Sorten überzeugt worden wären und entsprechende Mechanismen zur Kreditvergabe an arme Bauern existiert hätten –, wären die Produktivitätssteigerungen nach der Grünen Revolution noch größer gewesen. Gemäß einer Studie war der durchschnittliche, durch langsame Anpassung und ineffiziente Nutzung der ertragreichen Sorten potentielle Einkommensverlust für eine Bauernfamilie mit 3,7 Hektar Land über fünf Jahre gerechnet beinahe *viermal* so hoch wie das

Schaubild 5

Mit neuen Weizensorten bebaute Kulturflächen

Es dauerte eine gewisse Zeit, bis neue Pflanzensorten eingeführt wurden.

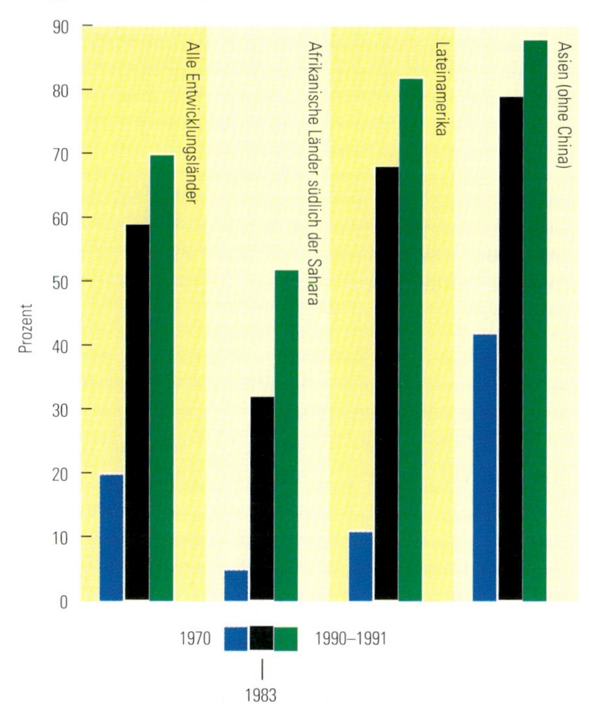

Quelle: Byerlee und Moya 1993.

potentielle Jahreseinkommen derselben Familie vor der Einführung der neuen Sorten.

Die Grüne Revolution hat im Endeffekt das Einkommen von armen Bauern und den Grundbesitzlosen verbessert. Eine Erhebung in Südindien kam zum Schluß, daß das durchschnittliche Realeinkommen von Kleinbauern zwischen 1973 und 1994 um 90 Prozent zunahm, und das der Grundbesitzlosen – der ärmsten Mitglieder der bäuerlichen Gesellschaft – um 125 Prozent. Die Armen profitierten in hohem Maße von der verstärkten Nachfrage nach ihrer Arbeitskraft, die entstand, weil für die ertragreichen Getreidesorten sehr arbeitsintensive Anbaumethoden nötig waren. Die Kalorienaufnahme von Kleinbauern und Grundbesitzlosen stieg um 53 bis 81 Prozent und die Proteinaufnahme um 103 bis 115 Prozent.

Die Bedeutung von Wissensgefällen und Informationsproblemen für die Entwicklung

Das Beispiel der Grünen Revolution zeigt, wie die Schaffung, Verbreitung und Verwendung von Wissen Wissensgefälle verringern kann. Es zeigt auch, daß Know-how nur ein Teil dessen ist, was das Wohlergehen einer Gesellschaft ausmacht. Informationsprobleme führen zu Marktversagen und verhindern Effizienz und Wachstum. Für die Entwicklung ist demnach eine institutionelle Umwandlung notwendig, die den Informationsfluß verbessert und Anreize zu Engagement, Innovationen, Sparen und Investitionen schafft. Diese Umwandlung muß auch den zunehmend komplexen Austausch ermöglichen, der sich über immer größere Distanzen und Zeitabschnitte erstreckt.

Die Beziehung zwischen Wissensgefällen und Informationsproblemen wird im Beispiel der Grünen Revolution deutlich. Es wurde zunehmend klarer, daß die verbesserten Pflanzensorten zwar nötig aber nicht ausreichend waren, um die Lebensqualität der armen Landbevölkerung zu erhöhen. Die doppelte Herausforderung, die Entwicklung durch Wissen darstellt – Wissensgefälle und Informationsprobleme – wird auch anhand vieler weiterer Beispiele in diesem Bericht aufgezeigt. Wie sich diese Herausforderungen in der nächsten Grünen Revolution manifestieren werden, wenn es vielleicht um Genspleißen und Klonen geht, läßt sich zu diesem Zeitpunkt nur erahnen. Man kann jedoch mit Sicherheit davon ausgehen, daß der Nutzen einer jeden neuen Technologie für die Armen davon abhängen wird, wie erfolgreich die Gesellschaft im Angehen von Wissensgefällen und Informationsproblemen ist.

Teil Drei dieses Berichts befaßt sich mit den möglichen politischen Ansätzen, mit denen auf diese Herausforderungen aus zwei verschiedenen Perspektiven eingegangen werden kann:

- *Was können internationale Organisationen tun?* In Kapitel 9 wird erläutert, wie internationale Organisationen – durch Schaffung von neuem Wissen, Übertragung und Anpassung von Wissen an die Bedürfnisse von Entwicklungsländern und Verwaltung von Wissen in einer Art und Weise, daß es zugänglich bleibt und stets aufgefrischt werden kann – den Entwicklungsländern helfen können, Wissensgefälle abzubauen und Informationsprobleme zu lösen.
- *Wie sollten sich Regierungen verhalten?* Kapitel 10 bezieht sich auf die Teile Eins und Zwei des Berichts. Es beschreibt, wie die Regierungen der Entwicklungsländer Wissensgefälle verringern, Informationsprobleme angehen und politische Ansätze entwerfen können, die berücksichtigen, daß Informationen und Märkte in der Realität nie perfekt sind.

Im Rest dieses Überblicks werden die wichtigsten Schlußfolgerungen dieser zwei Kapitel zusammengefaßt.

Was können internationale Institutionen tun?

Entwicklungsinstitutionen haben drei Aufgaben, wenn es darum geht, den Abbau von Wissensgefällen zu fördern: Sie stellen internationales Allgemeingut zur Verfügung, agieren als Vermittler im Wissenstransfer und verwalten den schnell wachsenden Bestand an Wissen für die Entwicklung.

Genauso wie es nationales öffentliches Gut gibt, gibt es auch internationales öffentliches Gut. Zu dieser Kategorie gehören viele Arten von Wissen. Kein Land investiert allein genug in die Erzeugung solcher Güter, denn der Nutzen würde allen Ländern zugute kommen und der Erzeuger keine angemessene Entschädigung erhalten. Doch hier können internationale Institutionen einspringen, indem sie im Namen aller handeln.

Eines der bekanntesten Beispiele ist die Consultative Group for International Agricultural Research. Die Gruppe finanzierte die Grüne Revolution, indem sie weltweit die landwirtschaftliche Forschung unterstützte. Dies illustriert den typischen Ansatz öffentlicher Finanzierung der Forschung, wenn bedeutende Gewinne für die Gesellschaft erzielt werden können (welche die privaten Gewinne übersteigen). Ein anderer Ansatz ist die Schaffung von finanziellen Anreizen für private Forschungsinstitutionen, um zu erreichen, daß sich diese mit den Bedürfnissen von Entwicklungsländern befassen, wie zum Beispiel einem erschwinglichen Impfstoff gegen AIDS.

Vielleicht noch wichtiger ist jedoch die Rolle von Entwicklungsinstitutionen als Vermittler. Die internationale Forschung mag zwar Wissen erzeugen, das für die Entwicklung relevant ist, doch das für die Entwicklung bedeutendste Wissen stammt aus den Entwicklungsländern selbst. Jede Änderung in der Entwicklungspolitik eines Landes erzeugt Wissen, das vielleicht einem anderen Land helfen kann. Jedes Projekt, ob erfolgreich oder nicht, liefert Informationen über das Gelingen oder Nichtgelingen verschiedener Ansätze. Das Zusammentragen, Auswerten und Zurverfügungstellen dieses Wissens an Dritte ist eine Aufgabe, die die Möglichkeiten (und das Eigeninteresse) des einzelnen Landes übersteigt. Diese Aufgabe fällt also den internationalen Institutionen zu.

Wie gut diese Institutionen ihre Aufgabe bewältigen hängt von ihrer Fähigkeit ab, mit riesigen Mengen von Informationen umzugehen. Jedes in einem Entwicklungsland tätige Mitglied des Weltbank-Stabs sammelt Wissen über einen bestimmten Sektor, eine Region oder eine Aktivität. Vielfach wird dieses Wissen nur gerade für die spezielle Aufgabe verwendet, für die es benötigt wird, dann wird es ad acta gelegt. Man bedenke nur, wie viel wertvoller es wäre, wenn alle anderen Mitglieder des Weltbank-Stabs, die auf ähnlichen Gebieten und an ähnlichen Projekten arbeiten, Zugang zu diesem Wissen hätten. Dazu käme der noch viel größere Gewinn, der entstehen würde, wenn dieses Wissen mit dem Rest der Welt geteilt würde.

Dank der Informationsrevolution wird es immer einfacher, mit dieser Flut von Wissen umzugehen. Bis zum Jahr 2000 will die Weltbank die relevanten Teile ihres Wissensbestands Kunden, Partnern und Beteiligten auf der ganzen Welt zugänglich machen. Ziel ist es, ein dynamisches System des Wissensmanagements zu entwickeln, das in der Lage ist, Wissen zu filtern und es für die weitere Verwendung und Anpassung an neue Gegebenheiten bereitzustellen. Damit dies auf wirkungsvolle Weise geschehen kann, muß in Entwicklungsländern auch die Fähigkeit gebildet werden, das relevante technische und politische Wissen auszuwerten und an örtliche Gegebenheiten anzupassen, sowie gegebenenfalls neues Wissen zu schaffen, das wiederum für andere Länder relevant sein kann.

Internationale Institutionen können hier also einen wertvollen Beitrag leisten. Doch das Verhalten der Entwicklungsländer selbst bestimmt, wie erfolgreich sie in der Verwendung von Wissen und im Umgang mit dem Versagen von Informationsflüssen sind. Verschiedene Länder haben unterschiedliche Ausgangspositionen und sehen sich unterschiedlichen Problemen gegenüber. Trotzdem können einige Verallgemeinerungen gemacht werden, die zum Teil in den folgenden Abschnitten beschrieben werden.

Wie sollten sich Regierungen verhalten?

Bei der Betrachtung von Entwicklung aus der Wissens-Perspektive ergeben sich drei wichtige Schlußfolgerungen:

- Da der Markt für Wissen oft zum Erliegen kommt, gibt es gute Gründe für staatliche Interventionen. Der Staat ist in der einmaligen Position, Wissensgefälle verringern zu können – er kann zum Beispiel Handelsbeschränkungen aufheben, die Weiterbildung fördern oder ein solides, gut geregeltes Umfeld für einen gesunden Wettbewerb in der Telekommunikationsindustrie schaffen.
- Informationen sind der Lebensnerv der Märkte, doch die Märkte bieten manchmal selbst zuwenig Informationen, denn die Erzeuger dieser Informationen haben häufig keinen Anspruch auf den Gewinn. Der Staat muß deshalb einschreiten und Informationen zur Verfügung stellen, damit Qualität kontrolliert, Leistungen überwacht und Transaktionen geregelt werden können – das Fundament einer erfolgreichen, marktbasierten Entwicklung.
- Ungeachtet dessen, wie erfolgreich Regierungen in ihrem Bestreben sind, werden Wissensgefälle weiter bestehen und Informationsflüsse weiter versagen. Jede neue Politik und jedes Entwicklungsprogramm wird in einem Umfeld eingeführt werden, das in verschiedenem Maße von diesen Problemen betroffen ist. Auch Maßnahmen, die auf den ersten Blick nur wenig mit Wissensgefällen oder Versagen von Informationsflüssen zu tun haben, werden mit fast hundertprozentiger Sicherheit davon betroffen sein.

Wie sollen Regierungen von Entwicklungsländern angesichts der enormen Ausmaße von Wissensgefällen und der Allgegenwärtigkeit von versagenden Informationsflüssen vorgehen? In Kapitel 10 werden einige Schlußfolgerungen bezüglich der politischen Ansätze aus den Diskussionen im Rest dieses Berichts gezogen.

Nationale Strategien zur Verringerung von Wissensgefällen

Dieser Bericht beschreibt eine Reihe von Schritten, die Regierungen unternehmen können, um den Erwerb, die Aufnahme und die Weitergabe von Wissen zu erleichtern. Obwohl es aus Gründen der Anschaulichkeit nützlich ist, diese Schritte separat darzustellen, sind sie in der Realität eng miteinander verbunden. Eine Politik, die auf einem Gebiet eingesetzt wird, kann wichtige Auswirkungen auf alle anderen Gebiete haben; es entstehen möglicherweise auch Synergien. Für den Erwerb von Wissen, sei es importiertes Wissen oder vor Ort erzeugtes, bedarf es der Wissensaufnahme, sowie der elementaren Schulbildung für alle und der Weiterbildungs-Möglichkeiten. Die explosionsartig wachsende Kapazität der Kommunikationstechniken und die fallenden Kosten auf diesem Gebiet vergrößern das Potential für den Wissenserwerb und die Wissensaufnahme enorm, indem neue Möglichkeiten für den Informationsfluß in beide Richtungen geschaffen werden. Je besser sich die Regierungen diese Synergien zunutze machen, desto erfolgreicher sind ihre Strategien zur Verringerung von Wissensgefällen. Doch Regierungen müssen bei der Planung und dem Einsatz solcher Strategien auch immer das Versagen des Informationsflusses berücksichtigen.

Politische Ansätze für den Wissenserwerb

Entwicklungsländer müssen für den Wissenserwerb zwei einander ergänzende Schritte unternehmen: Durch Öffnung Wissen aus dem Ausland erwerben und Wissen, das noch nicht anderswo erhältlich ist, selbst erzeugen. Die drei Schlüsselelemente zur Förderung des Wissenserwerbs aus dem Ausland sind eine offene Handelspolitik, Auslandsinvestitionen und die Lizenzierung von Technologien.

Eines der wichtigsten Instrumente für den Wissenserwerb aus dem Ausland ist die Verbesserung des politischen und geschäftlichen Umfelds, damit Bedingungen geschaffen werden, die den Handel, insbesondere den Export, begünstigen. Um auf dem globalen Markt bestehen zu können, müssen Exportfirmen den internationalen Maßstäben in puncto Effizienz und Design entsprechen. Aus diesem Grund investieren Exportfirmen häufig mehr in Wissen als Unternehmen, die nicht exportieren.

Offenheit für direkte Auslandsinvestitionen geht Hand in Hand mit einer offenen Handelspolitik und bietet auch selbst Vorteile für den Wissenserwerb. Da die multinationalen Investoren im Bereich der Innovationen weltweit führend sind, können ihre Aktivitäten in Entwicklungsländern für die Vermittlung von Wissen wichtig sein. Wenn diese Investoren Mitarbeiter vor Ort ausbilden und Kontakte zu inländischen Anbietern und Subunternehmern haben, kann wertvolles Wissen ganz nebenbei vermittelt werden. Beides zeigt sich in Malaysia, wo das dort ansässige Werk des amerikanischen Unternehmens Intel Corporation immer mehr Anteile seiner Produktion neuen Unternehmen in Auftrag gibt, die von Intels ehemaligen Ingenieuren aufgebaut wurden. Derartige Wissensvermittlung beschränkt sich nicht nur auf die verarbeitende Industrie; sie existiert auch in weniger technologie-intensiven Dienstleistungsbranchen, wie zum Beispiel in der Nahrungsmittelindustrie und im Hotelgewerbe.

Die Technologie-Lizenzierung wird ein zunehmend wichtiges Instrument im Streben der Entwicklungsländer nach Wissenserwerb. Die Zahlung von internationalen Lizenz- und Patentgebühren stieg weltweit von 7 Milliarden US-Dollar im Jahre 1976 auf über 60 Milliarden im Jahre 1995. Die Technologie-Lizenzierung ist ein wirkungsvolles Instrument, um sich Zugang zu neuen proprietären Technologien zu verschaffen. Inländische Unternehmen können die Lizenzierung außerdem nutzen, um ihre technologische Entwicklung zu beschleunigen, indem sie aushandeln, daß sie Zugang zu den zugrunde liegenden Konstruktionsprinzipien der lizenzierten Technologien erhalten, wie es zahlreiche koreanische Unternehmen getan haben.

Da sich die Welt immer mehr in Richtung einer auf Wissen basierenden Wirtschaft bewegt, entwickelte sich eine Tendenz zum stärkeren Schutz des geistigen Eigentums. Diese Tendenz zeigt sich in den kürzlich geschlossenen Abkommen der Welthandelsorganisation über die handelsbezogenen Rechte am geistigen Eigentum. Mit dem Schutz des geistigen Eigentums wird versucht, die Anreize zur Erzeugung von neuem Wissen mit Anreizen zur Verbreitung von Wissen auszugleichen. Dieses Gleichgewicht zu finden ist schwierig. Es verändert sich auch ständig, da neue Technologien neue Verhandlungsaspekte aufwerfen, wie zum Beispiel der Schutz der Biotechnologie, der Artenvielfalt, der Computer- und Informationstechnologien.

Entwicklungsländer sollten aktiv an den fortlaufenden internationalen Verhandlungen zu diesen Themen teilnehmen und ihre Besorgnis darüber ausdrücken, daß strengere Rechte am geistigen Eigentum die Wissenserzeuger in eine stärkere Verhandlungsposition rücken und das Wissensgefälle vergrößern, indem sie die Anpassungszeit erhöhen. Diesen Bedenken bezüglich der Rechte am geistigen Eigentum müssen aber auch die sich aus ihnen ergebenen Vorteile gegenübergestellt werden. Sie stimulieren die Schaffung von neuem Wissen auf der ganzen Welt, selbst in Entwicklungsländern. Viele Entwicklungsländer konnten sich durch Direktinvestitionen und Technologietransfers Zugang zu internationalen Märkten und Technologie aus dem Ausland verschaffen, nachdem sie der internationalen Praktik entsprechende Normen bezüglich der Rechte am geistigen Eigentum eingeführt und durchgesetzt hatten.

Entwicklungsländer können sich den großen weltweiten Wissensbestand nur dann zunutze machen, wenn sie die technische Kompetenz entwickeln, nach den richtigen Technologien zu suchen und importierte Technologien auszuwählen, aufzunehmen und an das Umfeld anzupassen. Es hat sich während der Grünen Revolution gezeigt, wie die neuen Saatgutsorten für die Anpassung an örtliche Gegebenheiten weiterentwickelt werden mußten. Sogar in der verarbeitenden Industrie muß das in anderen Ländern erzeugte Wissen meist den örtlichen Verhältnissen wie Wetter, Geschmack der Konsumenten und Verfügbarkeit von ergänzenden Ausgangsmaterialien angepaßt werden. Auch für den Fortschritt im Erziehungs- und Gesundheitswesen und in der landwirtschaftlichen Beratung wird einheimisches Wissen benötigt, das nicht aus dem Ausland importiert werden kann.

Wenn Regierungen die Schaffung von Wissen vor Ort fördern, kommt ihnen eine Sonderrolle zu: Die Unterstützung der potentiell produktiven Forschung und gleichzeitig die Schaffung der aufgrund der Marktkräfte notwendigen Voraussetzungen für den Privatsektor, damit das neu geschaffene Wissen angewendet werden kann. In vielen Entwicklungsländern werden Anstrengungen unternommen, die staatliche Forschung und Entwicklung zu reformieren, um diese marktgerechter zu gestalten. Brasilien, China, Indien, Korea und Mexiko haben umfangreiche Programme lanciert, um die Forschungstätigkeiten von staatlichen Laboratorien vermehrt auf die Bedürfnisse des verarbeitenden Sektors auszurichten. Die Maßnahmen umfassen unter anderem die Umgestaltung von Forschungsinstituten in kommerzielle Unternehmen, die Einführung von höheren Löhnen und mehr Anerkennung für die Forscher, sowie die Schaffung von Anreizen für Firmen, die staatlichen Laboratorien direkt unter Vertrag zu nehmen.

Politische Ansätze für die Wissensaufnahme

Weiterbildung ist wichtiger denn je, denn die Geschwindigkeit, mir der neues Wissen erzeugt wird, ist enorm, der technische Fortschritt geschieht immer schneller und der Wettbewerb verschärft sich zusehends. Um Wissensgefälle zu verringern muß die Gesellschaft die Grundschulausbildung für alle und die Möglichkeiten zur lebenslangen Weiterbildung sicherstellen. Die Grundschulausbildung für alle ist das Fundament einer gesunden, gebildeten und flexiblen Arbeiterschaft. Durch Weiterbildung, die über die Grundschulausbildung hinausgeht, sind Länder in der Lage, neues Wissen stets richtig einzuschätzen, anzupassen und anzuwenden.

Entwicklungsländer haben in den vergangenen dreißig Jahren enorme Fortschritte gemacht, was den Schulbesuch auf allen Stufen anbelangt, vor allem jedoch im Grundschulbereich. Diese äußerst wertvollen Errungenschaften sollten erhalten und weiterentwickelt werden. Die Bedeutung der elementaren Schulbildung zeigte sich zum Beispiel daran, wie sie die Anpassung an neue Landwirtschaftstechniken förderte. Eine wachsende Wirtschaft, selbst eine mit niedrigem Pro-Kopf-Einkommen, benötigt Arbeitskräfte, deren Fachkenntnisse auf dem neuesten Stand sind, um am globalen Wirtschaftsgeschehen teilzunehmen. Die Länder sollten auch die Unterstützung von Erwachsenenweiterbildung und -schulung in Betracht ziehen. Vielfach ist es am kostensparendsten, den Privatsektor auf diesem Gebiet zu unterstützen, zum Beispiel indem Normen und Akkreditierungsverfahren eingeführt werden. In manchen Fällen sollten auch Subventionen zur Verfügung gestellt werden, vor allem für die Armen.

In Ländern mit großen Wissensgefällen ist die bessere Ausbildung von Mädchen besonders wichtig. Die Vorteile, die sich durch die Ausbildung von Mädchen und Frauen ergeben, werden heute weitgehend erkannt. Es sind dies unter anderem die bessere Ernährung von Kindern, die allgemein bessere Gesundheit sowie niedrigere Fruchtbarkeitsraten. Der kürzlich erzielte Erfolg eines Programms in Bangladesch demonstrierte, daß gut geplante staatliche Interventionen weitreichende Auswirkungen haben können, selbst in einer Gesellschaft, in der die Ausbildung von Mädchen lange vernachlässigt wurde. Im Jahre 1990 konnten nur etwa zwanzig Prozent der Frauen in Bangladesch lesen und schreiben, und nur ein Drittel der Schüler der Sekundarstufe waren weiblich. Seither hat ein Programm, das Schülerinnen weiterführender Schulen Stipendien und Zuschüsse für die Unterrichtsgebühren gewährte, zu einer raschen Zunahme der Schülerinnen auf dieser Stufe geführt. 1996 erhielten eine halbe Million Mädchen Stipendien, und ebenso viele Mädchen wie Jungen besuchten die an diesem Programm beteiligten Schulen.

Doch um das wirtschaftliche Wachstum aufrechtzuerhalten und in der globalen Wirtschaft wettbewerbsfähig zu sein, müssen Länder über die Grundschulausbildung hinausgehen, wie im Falle Koreas geschehen. 1960 führte Korea die Grundschulausbildung für alle – die Basis für gut eine ausgebildete Arbeiterschaft – ein und konnte so die Bedürfnisse der Wirtschaft stillen, als diese industrialisiert wurde. Es wurden auch Anreize für umfangreiche Privatinvestitionen in die Hochschulbildung geschaffen, was dazu führte, daß 1995 die Hälfte aller Erwachsenen im entsprechenden Alter eine Hochschule besuchten. Achtzig Prozent dieser Studenten studierten an privaten Einrichtungen, und die privaten Ausgaben für die Hochschulbildung überstiegen die öffentlichen Ausgaben.

Die Ressourcen des Privatsektors zu erschließen ist eine Möglichkeit, die beschränkten Regierungsressourcen aufzustocken. Eine ergänzende Maßnahme ist die Verbesserung der Qualität des öffentlichen Erziehungswesens. Viele Länder experimentieren zur Zeit mit neuen Ansätzen, um dies zu erreichen und um das Versagen von Informationsflüssen anzugehen, die das Erziehungswesen betreffen. Diese Veränderungen können sich auf verschiedene Weise äußern: Dezentralisierung der Verwaltung, Erweiterung der Autonomie einzelner Schulen, Übergang zu privater Finanzierung, Erhöhung des Informationsgrades über die einzelnen Bildungsinstitute, sowie Förderung des Wettbewerbs zwischen privaten, nichtstaatlichen und staatlichen Anbietern. In El Salvador verbesserte und erweiterte die Regierung nach dem Bürgerkrieg die von den Gemeinden geleiteten Schulen, die entstanden waren, als das öffentliche System zusammenbrach. Selbst die ärmsten Gemeinden gründeten und leiteten solche Schulen, und die Qualität verbesserte sich sogar. Einer der Gründe dafür ist, daß die Eltern die Lehrer streng kontrollieren. In der Folge verlieren die Schüler nur etwa halb so viele Schultage aufgrund von Fehlzeiten der Lehrer als in herkömmlichen Schulen.

Politische Ansätze für die Weitergabe von Wissen im Informationszeitalter

Fortschritte in der Kommunikation haben die Gesellschaft auch schon früher verändert: die bewegliche Drucktype, die Fotografie und die Telegraphie, das Telefon, das Fernsehen und das Faxgerät haben allesamt die Grenzen unserer Möglichkeiten, Wissen zu speichern und zu übermitteln, immer weiter hinausgeschoben. Nun scheint die Konvergenz von Computertechnik und Telekommunikation schon bald all diese Grenzen zu sprengen, indem sie es ermöglicht, riesige Mengen von Informationen innerhalb von Sekunden zu immer geringeren Kosten in jeden Teil der Welt zu senden. Durch diese neue Technologie werden der Erwerb und die Aufnahme von Wissen sehr erleichtert; den Entwicklungsländern bieten sich noch nie dagewesene Möglichkeiten, ihre Bildungssysteme zu verbessern, wirksamere politische Ansätze zu entwickeln und umzusetzen sowie die Zahl der Geschäftsmöglichkeiten und die Chancen für die Armen zu vergrößern. Eine der größten Nöte der Armen und vieler andere, die in den ärmsten Ländern leben, ist das Gefühl der Isolation. Die neuen Kommunikationstechnologien verheißen einen Abbau dieser Isolation und einen Zugang zu Informationen in einer noch bis vor kurzem unvorstellbaren Art und Weise.

Eine zunehmende Zahl von Entwicklungsländern nimmt die Möglichkeiten wahr und wagt den großen Sprung zu neuen Technologien. Die meisten lassen dabei Zwischenstufen wie Kupferdrahttechnik und Analogtelefone aus. Dschibuti, Mauritius, die Malediven und Katar verfügen schon jetzt über ein voll digitalisiertes Telefonnetz. In dieser Hinsicht kamen diese Länder einigen Industrieländern zuvor, in denen die Hälfte oder mehr des Telefonnetzes noch auf der älteren, teureren und qualitativ schlechteren Technologie basiert.

Doch in den meisten Entwicklungsländern ist der Zugang auch zur einfachsten Kommunikationstechnologie nur wenigen Bevorzugten vergönnt. In Südasien und in den afrikanischen Ländern südlich der Sahara existieren nur 1,5 Telefonanschlüsse pro 100 Einwohner, verglichen mit 64 pro 100 Einwohner in den Vereinigten Staaten. Das geringere Einkommen ist zu einem gewissen Teil für diesen Unterschied verantwortlich, doch oft haben auch diejenigen, die sich einen Telefonanschluß leisten könnten und wollen, Schwierigkeiten, einen solchen zu bekommen. Das Problem sind ineffiziente Staatsmonopole und eine Regulierungspolitik, welche die Versorgung unbeabsichtigt einschränkt. Weltweit stehen etwa 28 Millionen Menschen, fast ausschließlich in Entwicklungsländern, auf Wartelisten für einen Telefonanschluß. Wegen der langen Wartezeit und der Unsicherheit haben sich viele andere, die einen Anschluß möchten und ihn sich leisten könnten, gar nicht erst die Mühe gemacht, ein Telefon zu beantragen.

Glücklicherweise können Länder diese Engpässe beseitigen und die Telekommunikationskosten senken, so daß viel mehr Leute davon profitieren können. Dies kann erreicht werden, indem ein Regulierungssystem entworfen wird, das den Wettbewerb fördert und gewährleistet, damit Unternehmen mit einer Monopolstellung auf gewissen Dienstleistungssektoren nicht ihre Macht nutzen können, um andere auszubooten. In den meisten Fällen sollte die Einführung eines stärkeren Wettbewerbs noch vor der Privatisierung erfolgen, damit das Staatsmonopol nicht einfach in ein privates Monopol umgewandelt wird.

Entwicklungsländer erkennen, daß die Beteiligung des privaten Sektors den Umfang der Telekommunikationsdienstleistungen rapide erweitern kann, selbst in Ländern mit niedrigem Einkommen. Vor der Reform wurde das Telekommunikationssystem in Ghana von einem verlustreich arbeitenden Staatsmonopol kontrolliert, nur gerade eine von 400 Personen hatte ein Telefon, und es bestand eine Wartezeit von zehn Jahren. Die Regierung verkaufte dreißig Prozent des Staatsunternehmens an ein Konsortium bestehend aus einheimischen und malaysischen Investoren, erteilte eine Genehmigung an eine konkurrierende nationale Franchise, an der auch ausländische Investoren beteiligt waren, erteilte fünf neuen Mobilfunkanbietern eine Lizenz und ließ mehrere Internet-Anbieter zu, von denen einer nun ein aggressives Programm gestartet hat, um in Zusammenarbeit mit der Post ländliche Gegenden zu erschließen. Im Jahre 1997, im ersten Jahr nach den Reformen, stieg die Zahl der Festnetzanschlüsse um dreißig Prozent auf 120.000, und es wird erwartet, daß sich die Installationsrate noch steigert.

Bei der Privatisierung bleibt ein Problem häufig bestehen: Manche isolierte ländliche Gemeinden werden nicht versorgt, da es für private Anbieter nicht attraktiv ist, ein Gebiet zu erschließen, in dem sich eine geringe Anzahl Menschen auf einer großen Fläche verteilt. Das Problem für den Staat besteht darin herauszufinden, wieviel Subventionen erforderlich sind, um private Anbieter zu ermuntern, diese Gemeinden zu bedienen. Chile hatte mit Subventionsauktionen einen Erfolg aufzuweisen, der Hoffnung macht. Dabei handelt es sich um eine marktähnliche Erfindung, die Unternehmen dazu brachte, ihre Kosten offenzulegen, was sich zum Vorteil der Armen auswirkte. Die Regierung sprach auf einer Wettbewerbsbasis denjenigen Unternehmen Subventionen zu, die in kleinen und abgelegenen Ortschaften Telefondienste bereitstellten. Die Unternehmen überboten sich gegenseitig, um diese Gebiete bedienen zu dürfen. Wider Erwarten waren die Unternehmen auch gewillt, in etwa der Hälfte der Zielgebiete und für fast sechzig Prozent der Zielbevölkerung öffentliche Telefone ohne Subventionen einzurichten. Weitere Auktionen stehen noch an, und im Jahre 2000 werden schätzungsweise 98 Prozent aller Chilenen Zugang zu öffentlichen Telefonen haben.

Die Expansion im Telekommunikationsbereich verspricht die Fähigkeit aller Entwicklungsländer, Wissen aufzunehmen, zu verbessern, zum Beispiel indem Chancen zur qualitativ hochwertigen, kostengünstigen Erwachsenenbildung eröffnet werden. Die Virtual University des Monterrey Institute of Technology in Mexiko ist ein Konsortium aus verschiedenen Universitäten, von denen dreizehn aus dem Ausland sind. Jedes Jahr schreiben sich dort 9.000 ordentliche Studenten und 35.000 Gasthörer aus Mexiko und anderen lateinamerikanischen Ländern ein. Das Kursmaterial besteht aus gedruckten Texten und direkt übertragenen sowie aufgezeichneten Fernsehsendungen. Die Kommunikation zwischen den Studenten und den Lehrkräften erfolgt per Computer und über das Internet.

Die African Virtual University mit Sitz in Nairobi versucht, die Zahl der Immatrikulierten zu erhöhen und die Qualität und Relevanz des Unterrichts auf den Gebieten Wirtschaft, Wissenschaft und Technik in ganz Afrika zu verbessern. In jedem teilnehmenden Land wird eine örtliche Institution auf Wettbewerbsbasis ausgewählt, die die Abläufe überwacht. Diese Institution stellt die Hardware und Software für die interaktiven Kurse bereit, registriert die Studenten, überwacht die Studienprogramme, bietet ein strukturiertes Studienumfeld und stellt am jeweiligen Studienort Scheine für absolvierte Kurse aus. Die Universität installierte 27 Satellitenempfangsstationen in ganz Afrika und entwickelte eine Online-Bibliothek, um den Mangel an wissenschaftlichen Publikationen in afrikanischen Universitäten zu kompensieren. Obwohl es noch zu früh ist, um die Ergebnisse zu beurteilen, geben solche Initiativen Anlaß zur Hoffnung, daß die neue Technologie einen bedeutenden Beitrag zur Verringerung der Wissensgefälle leisten kann.

Politische Ansätze gegen das Versagen von Informationsflüssen

In Teil Zwei dieses Berichts wird beschrieben, wie Märkte, abhängig vom Informationsfluß, florieren oder eingehen, und daß Informationsflüsse besonders in Entwicklungsländern sehr häufig versagen. Das Versagen von Informationsflüssen wird man zwar nie ganz aus der Welt schaffen können, aber das Erkennen und Angehen dieser Probleme ist für funktionierende Märkte entscheidend und bildet die Grundlage für ein schnelles, ausgeglichenes und nachhaltiges Wachstum. Wie die Grüne Revolution gezeigt hat, kann das Versagen des Informationsflusses auf dem Markt für Wissen selbst oder auf ähnlichen Märkten (zum Beispiel dem Kreditmarkt) das Potential des Wissenserwerbs einschränken. Mit anderen Worten, Länder können den Gewinn, der aus dem Erwerb und der Nutzung von Wissen entsteht, steigern, indem sie sicherstellen, daß die Märkte so gut wie möglich funktionieren.

Ungeachtet der Maßnahmen, welche die Regierungen ergreifen, werden sehr mangelhafte Informationsflüsse und das damit einhergehende Marktversagen nicht beseitigt werden können. Diese Tatsache hat beträchtliche Auswirkungen auf die Politikplanung. Da diese Fehlerhaftigkeit in Entwicklungsländern größer ist und die Institutionen, die solche Probleme angehen könnten, in ihren Möglichkeiten oft eingeschränkter sind, kommt es auch häufiger zu Marktversagen. Die Politik muß diesem Umstand Rechnung tragen. Landwirtschaftliche Beratungsprogramme müssen zum Beispiel berücksichtigen, daß Bauern unter Umständen mit Kreditrationierung konfrontiert sind, nur zu einem sehr hohen Zinssatz Geld leihen können oder es sich nur beschränkt leisten können, ein Risiko einzugehen. Ihre Möglichkeiten, sich neue Hilfsangebote wie verbessertes Saatgut zunutze zu machen, werden dadurch eingeschränkt.

Eine umfassende Strategie für die effektive Nutzung von Wissen erfordert, daß Regierungen Wege finden, die Informationsflüsse zu verbessern. Doch Regierungen leiden selbst auch unter Informationsbeschränkungen. Das Erkennen solcher Beschränkungen sollte die Entscheidungen bezüglich des Umfangs und Wesens von staatlichen Interventionen beeinflussen. Nicht nur das Ausmaß des Marktversagens ist entscheidend, sondern auch die Fähigkeit von Regierungen, damit umzugehen. Doch wie in der Erörterung weiter unten gezeigt wird, haben Regierungen von Entwicklungsländern in vielerlei Hinsicht zur Verbesserung der Märkte beigetragen, indem sie dem Versagen von Informationsflüssen entgegenwirkten.

In Teil Zwei werden zuerst die Arten von Informationsproblemen, mit denen Entwicklungsländer besonders zu kämpfen haben, detailliert aufgezeigt. Danach werden die Maßnahmen untersucht, die Regierungen ergreifen können, um diese Probleme auf jenen drei Gebieten anzugehen, auf denen das Versagen von Informationsflüssen besonders schwerwiegende Auswirkungen hat: auf Finanzmärkten, im Umweltschutz und in den Maßnahmen für die Armen. Es werden drei Ansätze zur Lösung von Informationsproblemen beleuchtet, die für alle drei oben genannten Gebiete geeignet sind: die Bereitstellung von Informationen, die zu besseren Qualitätsprüfungen beitragen, die Überwachung und Durchsetzung der Erfüllung von Verträgen sowie die Sicherstellung von Informationsflüssen in beide Richtungen. Im gesamten Teil Zwei wird immer wieder gezeigt, wie Regierungen mit innovativen Mechanismen experimentieren, um die Kosten der Zusammenstellung, Analyse und Anwendung von Informationen zu verringern. Indem Regierungen das Versagen von Informationsflüssen direkt angehen, finden sie neue Lösungen zu scheinbar hartnäckigen Problemen, die vor allem die Armen treffen.

Bereitstellung von Informationen für die Qualitätsprüfung

Regierungen können das Funktionieren von Märkten verbessern, indem sie die Preisgabe von Informationen verlangen, die die Kosten von Markttransaktionen verringern. Besonders wichtig sind Informationen über die Qualität des betreffenden Guts, der Dienstleistung oder der Institution. Als in Indien in den fünfziger Jahren die steigenden Produktionskosten dazu führten, daß die Produzenten die Milch verdünnten, waren die Käufer nicht in der Lage, die Qualität der auf dem Markt verkauften Milch zu prüfen. Milchproduzenten, die ihre Milch nicht verdünnten, waren nicht mehr wettbewerbsfähig und mußten den Markt den Produzenten von Milch schlechter Qualität überlassen. Die Milchqualität verbesserte sich wieder, als die Regierung Maßnahmen zur Qualitätssicherung ergriff, und dazu seriöse Markennamen einführte und billige, tragbare Geräte zur Messung des Butterfettgehalts verteilte. Das führte nicht nur zu mehr und besserer Milch, sondern auch zu gesünderen Kindern und höherem Einkommen für Milchproduzenten.

Auf dem Bildungs- und dem Arbeitsmarkt können Qualifikations- und Ausbildungsnachweise die Arbeitgeber über die Ausbildung und die Fähigkeiten ihrer potentiellen Angestellten informieren. Da die Weiterbildung immer wichtiger und das Umfeld, in dem Bildung angeboten wird, immer vielfältiger wird, erlangen auch Ausbildungsnachweise immer größere Bedeutung. Der Staat sollte deshalb zur Entwicklung und der offiziellen Anerkennung der verwendeten Normen beitragen.

Auf dem Finanzsektor, der für Informationsprobleme besonders anfällig ist, versetzen Buchhaltungs- und Buchprüfungsstandards Investoren in die Lage, Informationen über verschiedene Unternehmen zu vergleichen. Die Standardisierung der Bilanzierung, der Gewinn- und Verlustrechnung und von Cashflow-Berichten, sowie der Anmerkungen zu diesen Berichten, erlaubt es Unternehmen, über ihre Situation und ihre Aktivitäten auf einheitliche Weise Bericht zu erstatten. So sind Investoren besser in der Lage zu entscheiden, wo sie ihr Geld anlegen wollen. Regierungen von Entwicklungsländern können die Verbreitung von guten Buchhaltungsnormen beschleunigen, indem sie solche den Aktiengesellschaften vorschreiben und die Preisgabe von Informationen verlangen.

Allgemeingültige, strenge Normen ermöglichen es auch, die Situation von Banken einzuschätzen, indem zum Beispiel Außenstehende die Angemessenheit der Rückstellungen der Banken für Kreditausfälle beurteilen können und sichergestellt wird, daß der Wert von Sicherheiten realistisch eingeschätzt wird. Die Verbesserung solcher Normen ist wichtig für ein effizientes Finanzsystem und für das wirtschaftliche Wachstum. Wenn die Menschen Finanzinstitutionen Vertrauen entgegenbringen, können diese mehr Kapital anlocken und die Gefahren abwenden, die aus unterkapitalisierten Banken entstehen.

Verbesserungen der Buchhaltungsnormen sind wichtig für ein effizientes Finanzsystem – und für das Wachstum. Studien zeigen, daß Länder mit zuverlässigen Buchhaltungssystemen über bessere Finanzmittler verfügen und ein schnelleres Wachstum aufweisen. Einer Studie zufolge hätte daß Argentinien sein jährliches Wachstum des BIP um schätzungsweise 0,6 Prozent steigern können, wenn das Land seine Buchhaltungsnormen in den frühen neunziger Jahren an die damals in einer Reihe von Ländern mit hohem Einkommen gültigen Standards angepaßt hätte.

Regierungen können auch spezialisierte Privatunternehmen fördern, die die Qualität von Gütern und Dienstleistungen überprüfen. Bei der ISO 9000-Verfahrensweise zur Qualitätsprüfung zum Beispiel handelt es sich um private Normen, an die sich Unternehmen auf freiwilliger Basis halten, da hiermit die Qualität ihrer Prozesse und Produkte garantiert werden kann. Eine derartige Zertifizierung ist besonders wertvoll für Exporteure in Entwicklungsländern, die sich bei skeptischen Kunden einen Namen als qualitätsbewußter Hersteller machen wollen. Regierungen müssen hier kaum mehr tun als bekanntzumachen, daß Qualitätsprüfungsmechanismen zur Verfügung stehen.

Dieses Beispiel zeigt, daß direktes staatliches Eingreifen nicht immer notwendig ist, um einen Standard zu setzen. Regierungen können aber ein institutionelles und rechtliches Umfeld schaffen, unter anderem den Schutz von Markennamen als Warenzeichen, das die Festlegung von privaten Normen fördert. Produzenten von Gütern wie Cola-Getränken, Autos oder Computerspielen, deren Qualität beim Kauf nicht voll abgeklärt werden kann, können Markennamen verwenden, um sich einen guten Namen zu machen. Die Produzenten können somit einen Aufpreis für die Qualität verlangen, so daß es attraktiv wird, Produkte von hoher Qualität zu vermarkten, wovon wiederum auch die Konsumenten profitieren. Markennamen sind aber natürlich nur dann ein wirkungsvolles Instrument zur Beseitigung von Informationsproblemen, wenn Regierungen die rechtlichen Voraussetzungen zur Verhinderung der Markenpiraterie schaffen und die Vorschriften auch durchsetzen.

Die Erzeugung von Wissen durch andere Stellen als die Regierung ist auch dann vielversprechend, wenn es um komplexe Umweltfragen geht. Das International Forestry Resources and Institutions Research Program in den Vereinigten Staaten ist ein Netzwerk aus verschiedenen Forschungszentren auf der ganzen Welt, die sich auf eine gemeinsame Forschungsmethode einigen. Sie unterstützen die Sammlung von Primärdaten über den Zustand, die Verwaltung und die Nutzung des Waldes und interpretieren und analysieren vor Ort gesammelte Informationen. Bei diesem „Von-unten-nach-oben-Ansatz" dient ein Universitätsprojekt als Clearingstelle für vor Ort erhaltene Informationen mit globalen Auswirkungen.

Regierungen experimentieren auch mit Mechanismen zur Selbstauskunft als kostengünstigere Methode zur Offenlegung von Informationen. Das oben erwähnte chilenische Versteigerungsprogramm förderte Informationen über die Höhe der notwendigen Subventionen zutage, ohne daß die Regierung die Kostenstruktur jedes einzelnen Unternehmens untersuchen mußte. Ein ähnlicher Ansatz wurde für das soziale Netz angewendet, wobei sichergestellt wurde, daß die Armen profitierten und ein möglichst geringer Teil der Leistungen an Nicht-Arme abfloß. Die Überprüfung der verfügbaren Mittel, ein in Industrienationen üblicher Ansatz, ist teuer und funktioniert in Entwicklungsländern oft nicht, denn das Haushaltseinkommen der Armen kann nicht zuverlässig bestimmt werden. Eine Alternative, die die erforderlichen Informationen nahezu kostenlos liefert, ist die Zielgruppenorientierung, wobei die Leistungen – seien es Löhne oder Nahrungsmittel für geleistete Arbeit – so beschaffen sind, daß sie nur für die wirklich Bedürftigen attraktiv sind.

Überwachung und Durchsetzung der Erfüllung von Verträgen

Marktteilnehmer brauchen neben den Mitteln zur Überprüfung der Qualität der Güter oder Dienstleistungen, die sie kaufen oder verkaufen, auch ein rechtliches System zur Durchsetzung der Erfüllung von Verträgen. Das Problem in Entwicklungsländern ist normalerweise nicht das Fehlen von Gesetzen, sondern vielmehr das Unvermögen, die Gesetze glaubhaft durchzusetzen: Gerichte sind häufig langsam und korrupt, so daß eine Justizreform ein notwendiger Bestandteil der Wirtschaftsreform wird. Viele Länder würden von speziellen Gerichten profitieren, die sich nur um einige spezialisierte Rechtsfragen, wie die Durchsetzung von Handelsverträgen und den Umgang mit Konkursen, kümmern. In diesen Ländern greifen die Durchsetzung von Verträgen und, ganz allgemein, Gesetze, die eine Offenlegung vorschreiben, nur dann, wenn Unehrlichkeit und Betrug auch bestraft werden.

Doch selbst wenn das rechtliche System funktioniert, ist es in der Praxis sehr teuer. Deshalb versucht man sowohl in Industrie- als auch in Entwicklungsländern, wirtschaftliche Abkommen möglichst so zu gestalten, daß sie sich selbst durchsetzen und von selbst die richtigen Anreize bieten, wobei das Rechtssystem den Hintergrund bildet. Kreditmärkte werden also durch ein Rechtssystem verbessert, das es einerseits Personen ermöglicht, mit Hilfe von Sicherheiten einen Kredit zu bekommen, und andererseits den Kreditgebern ein wirksames Mittel zur Eintreibung der Schulden zur Verfügung stellt, falls die Schuldner nicht zurückzahlen. Konkursgesetze sind ein weiteres wichtiges Element eines gut funktionierenden Rechtssystems für die Aktivitäten des modernen privaten Sektors. Andere staatliche Maßnahmen, wie das Ausstellen von Besitzurkunden für Land, können die Verwendung von Sicherheiten auch erleichtern. Durch eine Landreform kann auf ähnliche Weise sichergestellt werden, daß mehr arme Bauern über Sicherheiten verfügen und somit eher Zugang zu Krediten haben.

Die Vorschriften des Handelsrechts, welche die Höhe des Schadensersatzes bestimmen, der im Falle eines Vertragsbruchs durch eine Partei verlangt werden kann, kann wichtige Anreize zur Einhaltung von Verpflichtungen bieten. Auch hier ist es entscheidend, das richtige Gleichgewicht zu finden. Wenn es zu schwierig ist, Schadenersatzansprüche geltend zu machen, dann sind nicht genügend Anreize zur Vertragseinhaltung vorhanden; wenn es zu einfach ist und die geschädigten Parteien zu großzügig entschädigt werden, dann klagen die Parteien vielleicht unter falschen Vorwänden auf Vertragsbruch. Die strafrechtliche Verfolgung von Betrug, die erfolgt, wenn eine Partei absichtlich oder wiederholt Versprechen abgibt, die sie nicht vorhat einzuhalten, kann eine wichtige Ergänzung der Zivilklage sein.

Der Staat muß die Erfüllung von Verträgen auch dann überwachen und durchsetzen, vor allem im Finanz- und Banksektor, wenn eine Nichteinhaltung der Normen nicht unbedingt auf den ersten Blick ersichtlich ist. Gute Buchführung ist auch nicht sehr hilfreich, wenn börsennotierten Unternehmen erlaubt wird, schlechte Nachrichten zu verschweigen oder Profite zu verdecken. Überwachung und Durchsetzung sind auch im Bankwesen entscheidend, da „Ansteckungsrisiken" bestehen (systemische Risiken, die die ganze Wirtschaft treffen) und Bankpleiten auf Kosten der Steuerzahler gehen. Ein staatliches Eingreifen auf diesen Gebieten kann sich auf die gesamte Wirtschaft auswirken. Argentinien hat nach seiner kostspieligen Bankenkrise in den achtziger Jahren strikte Liquiditäts- und Kapitalbedingungen eingeführt, die seither geholfen haben, die Stabilität der Banken zu erhalten. In Thailand hatten gelockerte Vorschriften zur Höhe von Immobilienkrediten zuerst zu einem Boom und dann zu einer Pleite geführt, die zur asiatischen Finanzkrise der späten neunziger Jahre beitrug. Die Beibehaltung der Höchstgrenzen für Immobilienkredite hätte vielleicht zur Verhinderung des Problems beitragen können.

Im Bank- und Finanzwesen, wie auch auf anderen Gebieten, hängt der richtige Ansatz zur Überwachung und Durchsetzung von der Situation ab, in der sich ein Land befindet – zum Beispiel von den Fähigkeiten von Banken im Risikomanagement und der Beschaffenheit der Risiken, mit denen das Land konfrontiert ist – sowie von den Kompetenzen der Regulierungsbehörden. Einfache Regeln wie Begrenzung der Höhe von Immobilienkrediten, die Begrenzung der Geschwindigkeit, mit der solche Kredite erhöht werden können, und die Begrenzung des Fremdwährungsrisikos, dem man sich aussetzen kann, sind häufig sinnvolle Maßnahmen in Ländern, die nur über beschränkte Regulierungskapazitäten verfügen und einem volatilen äußeren Umfeld ausgesetzt sind. Diese Länder können auch striktere Vorschriften zu Kapitalreserven erlassen, um Anreize zur umsichtigen Kreditvergabe zu schaffen. Solche Anreize zum korrekten Verhalten sind wichtig, da selbst die effizientesten Überwachungs- und Durchsetzungsmechanismen nicht perfekt sein können.

In Ländern mit komplexeren Finanzmärkten kann es vorkommen, daß der Spielraum für die Vorschriften größer wird, wenn neue Finanzinstrumente, wie zum Beispiel Derivate, eingeführt werden. Diese Länder müssen ihre Vorschriften entsprechend ändern. In manchen Fällen müssen überholte Vorschriften abgeschafft, in anderen wiederum mehr Vorschriften zur Offenlegung von Informationen erlassen werden. Viele Industrieländer gehen zu Vorschriften über, die auf der Überwachung des System des Risikomanagements der einzelnen Finanzinstitutionen beruhen. Obwohl dies eine wichtige Zusatzmaßnahme zu den auf Transaktionen basierenden Vorschriften sein kann, ist es wahrscheinlich kein perfekter Ersatz, vor allem nicht in Entwicklungsländern. Die dramatischen Konkurse einiger Finanzinstitutionen in der industrialisierten Welt, die Riesenverluste anderer, sowie die fragwürdigen Muster der Kreditvergabe mancher Banken – einschließlich der Kreditvergabe an Risikonationen auf der ganzen Welt – lassen Zweifel an der Angemessenheit dieser Systeme aufkommen. Der Internationale Währungsfonds und die Bank für Internationalen Zahlungsausgleich untersuchen zur Zeit Möglichkeiten, die Stabilität dieser Systeme sicherzustellen.

Genauso wie Regierungen nicht selbst direkt Normen festlegen müssen, müssen sie auch nicht die gesamte notwendige Überwachung und Durchsetzung selbst übernehmen. Ein Teil des Erfolgs von Argentiniens Reformen ist den „vielen Augen" zuzuschreiben: Indem sie die Zahl der Marktteilnehmer erhöhten – zum Beispiel der Eigentümer nachrangiger Verbindlichkeiten, die die Banken aus eigener Motivation im Auge behalten – vergrößerten die Regulierungsbehörden die Wahrscheinlichkeit, daß jegliche Nichterfüllung der Normen entdeckt und bekanntgemacht wird.

Einer der vielversprechendsten neuen Ansätze in der Durchsetzung durch Dritte ist das Modell des Gruppendarlehens, das von der Grameen Bank in Bangladesch und der Banco Solidario in Bolivien angewendet wird. Im Modell der Grameen Bank bilden die potentiellen Schuldner zuerst kleine Gruppen. Obwohl die eigentlichen Kredite an die einzelnen Personen vergeben werden, sind sich alle Gruppenmitglieder darüber im klaren, daß sie keine weiteren Kredite bekommen werden, wenn ein einziges Mitglied ihrer Gruppe seinen Verpflichtungen nicht nachkommt. Dies stellt einen Anreiz dar, einander bezüglich der Vertragserfüllung zu überwachen, und steigert somit die Wahrscheinlichkeit der Rückzahlung. Da die Kreditnehmer diese Gruppen freiwillig bilden, können sie ihr Wissen über ihre Nachbarn nutzen und die riskantesten Bewerber ausschließen. So wird ein weiteres häufiges Problem für Geldverleiher eliminiert. Gruppendarlehen geben den Kreditnehmern, die vielfach nur beschränkte Erfahrung mit den verschiedenen offiziellen Institutionen haben, die Möglichkeit, gemeinsam mit ihren Nachbarn zu lernen, wie Kredite funktionierten. Gleichzeitig sind sie stets über die Ideen und Fortschritte der anderen informiert. Der Staat kann Gruppendarlehen fördern, indem er die Idee in öffentliche Kreditprogramme integriert, die Anlaufkosten von nichtstaatlichen Programmen übernimmt und generell über diesen Ansatz informiert.

Ein weiteres innovatives Beispiel für die Überwachung durch Dritte ist die Durchsetzung von Umweltschutznormen auf Gemeindeebene. Umweltbehörden in Indonesien, die über die schlechte rechtliche Durchsetzung der Vorschriften gegen die Wasserverschmutzung frustriert waren, kamen auf die Idee, Informationen über die Einhaltung zu sammeln und zu veröffentlichen. Das so entstandene Programm mit dem Namen PROPER sammelte auf Unternehmensebene Daten über Schadstoffe, die es zu einem einzigen Index zusammenstellte. In einem Farbenschema wurden die schlimmsten Unternehmen schwarz, die besten grün dargestellt (keines der Unternehmen verdiente Gold, das für außerordentliche Leistung reserviert war). Noch bevor die Informationen veröffentlicht wurden, bemühten sich die Firmen, ihre Bewertung zu verbessern. Nach der Veröffentlichung haben Bürgergruppen die Resultate dazu verwendet, die Fabriken, die schlecht abgeschnitten hatten, unter Druck zu setzen, damit diese sauberer wurden. Die Aufsichtsbehörden konnten ihre beschränkten Durchsetzungsressourcen nun auf die Verfolgung der größten Umweltsünder konzentrieren. Nach fünfzehnmonatiger Laufzeit des Programms befolgte etwa ein Drittel der Unternehmen mit anfänglich ungenügender Leistung die Bestimmungen.

Sicherstellung von Informationsflüssen in beide Richtungen

Ein Großteil der bisherigen Erörterungen konzentrierten sich auf Möglichkeiten, den Wissensfluß von denjenigen, die über viel Wissen verfügen, zu denjenigen mit weniger Wissen zu ermöglichen, also von Industrieländern zu Entwicklungsländern, von Regierungen zu Bürgern, von Lehrern zu Studenten. Doch wirksame Kommunikation muß sich in beide Richtungen bewegen. Wer Wissen mit den Armen teilen will, muß zuerst deren Bedürfnisse und Sorgen verstehen – und ihr Vertrauen gewinnen. Erst dann kann man ihnen Wissen in einer Form anbieten, die sie verwenden und akzeptieren können. Den Armen zuhören ist fast immer der erste Schritt, wenn dies gelingen soll. Durch Zuhören kann der Staat auch von Wissen profitieren, das die Armen zu bieten haben.

Die Vertrauensbildung sollte eine Priorität in jedem Programm sein, dessen Ziel es ist, den Armen Wissen zur Verfügung zu stellen. Der Zugang zu Wissen ist nicht sehr hilfreich, wenn die Menschen der Quelle nicht trauen. Gesundheitsberater können zum Beispiel arme Frauen über gute Methoden zur Empfängnisverhütung aufklären, doch die Frauen wenden diese Techniken vielleicht nicht an, weil sie das Gefühl haben, daß die Gesundheitsberater ihre Lebensumstände nicht verstehen. Aus ähnlichen Gründen verzichten auch viele arme Menschen auf den Schulbesuch und auf Angebote für Arbeit, mit der sie nicht vertraut sind.

Vertrauen war in einem Gesundheitsprogramm im Staat Ceará, Brasilien, in dem ein Drittel der Bevölkerung in extremer Armut lebt, ausschlaggebend. Im Jahre 1980 stellte die Regierung 7.300 Menschen (fast ausschließlich Frauen) zum Mindestlohn als Gesundheitsberaterinnen der Gemeinde ein. 235 Krankenschwestern und Krankenpfleger hatten die Aufsicht über das

Programm. Es wurden Personen eingestellt, die sowieso schon Interesse an Gesundheitsfragen hatten. Das Programm übertrug ihnen verschiedene Aufgaben und die Verantwortung für die Resultate. Ein weiterer Teil des Programms war eine Medienkampagne, die darauf abzielte, die Bevölkerung auf die Anstrengungen der Beraterinnen und die neuen Gesundheitsdienste aufmerksam zu machen. Mütter, die zuvor ihre Kinder vor den Gesundheitsberatern der Regierung versteckt hielten, begannen langsam, die Beraterinnen als Freundinnen zu sehen. Infolge dessen stieg die Impfrate für Masern und Kinderlähmung von 25 Prozent auf 90 Prozent, und die Kindersterblichkeit sank von 102 auf 65 pro 1.000 Lebendgeburten.

Da arme Menschen ihre eigenen Bedürfnisse und Lebensumstände kennen, können die Resultate enorm verbessert werden, wenn man sich die Zeit nimmt, ihnen zuzuhören. Im Jahre 1987 entstand aufgrund der hohen Preise für Holzkohle in Ruanda eine Nachfrage nach Öfen, die weniger Brennstoff verbrauchten. Ein Ofen, bei auf einem kenianischen Modell basierte, stellte sich in einer frühen Testphase als unpopulär heraus. Es wurden Tests in 500 Haushalten durchgeführt, die zu Veränderungen bei der Größe, der Farbe, der Gestaltung der Tür und der Tragbarkeit führten. Das Unterstützungsprogramm der Regierung, das von einem Team aus Frauen geleitet wurde, bestand aus Werbekampagnen, Marktumfragen, Schulungsprogrammen für Ofenbauer, sowie anfänglichen Zuschüssen in begrenzter Höhe für die Modernisierung der Werkzeuge der Ofenbauer. Private Unternehmer übernahmen dann die Produktion und den Verkauf, ohne staatliche Unterstützung. Drei Jahre später wurde in jedem vierten städtischen Haushalt der neue Ofen verwendet, der bis zu 35 Prozent weniger Brennstoff verbrauchte.

Wissenschaftler des Institut des Sciences Agronomiques in Ruanda und des Centro Internacional de Agricultura Tropical in Kolumbien arbeiteten mit ortsansässigen Bäuerinnen zusammen, um neue, verbesserte Bohnenarten zu züchten. Dies geschah, nachdem die Wissenschaftler festgestellt hatten, daß sie bedeutend bessere Resultate erzielen konnten, wenn sie bei der Auswahl der neuen Sorten auf die Frauen hörten. Die zwei oder drei Sorten, die die Wissenschaftler zuerst ausgewählt hatten, hatten nur zu bescheidenen Ertragssteigerungen geführt. Die Wissenschaftler baten dann die Frauen, in den Forschungsstationen über zwanzig verschiedene Bohnensorten zu untersuchen und die zwei oder drei Sorten mit nach Hause zu nehmen und anzubauen, die sie für am vielversprechendsten hielten. Sie pflanzten die ausgewählten Sorten an und experimentierten damit nach ihren eigenen Methoden. Das Resultat war zu einem großen Teil der besseren Kenntnis des Bodens dieser Frauen sowie ihrem persönlichen Interesse, mit den ausgesuchten Sorten höhere Erträge zu erzielen, zu verdanken. Die von ihnen ausgewählten Sorten erzielten 60 bis 90 Prozent höhere Erträge als die der Wissenschaftler.

Die Mitbestimmung der Nutznießer an der Planung und Durchführung von Projekten ist eine weitere Möglichkeit, von den Armen zu lernen. Die Weltbank verwendet die Beurteilung durch Zielpersonen in ihren Sozialfondsprojekten, bei denen Gemeinden für Projekte, die sie selbst ausgesucht haben, die Mittel zur Verfügung gestellt bekommen. In Sambia wurde zum Beispiel die Ansicht der Armen auf öffentlichen Dorfversammlungen besprochen und so in die Projekte integriert. Es hat sich erwiesen, daß die Mitbestimmung der Nutznießer die Resultate von Projekten stark beeinflussen kann. Gemäß einer Studie über 121 ländliche Bewässerungsprojekte in 49 Ländern waren sieben von zehn Projekten erfolgreich, wenn die Zielpersonen in die Planung mit einbezogen wurden, jedoch war nur jedes zehnte erfolgreich, wenn dies nicht der Fall war.

In einigen Fällen ging man noch weiter in der Ausnutzung von Möglichkeiten zur Mitbestimmung. Die Stadt Porto Alegre, Brasilien, führte ein neuartiges System für die Haushaltsplanung ein, bei dem die Einwohner ein direktes Mitspracherecht bei der Festsetzung und Aufteilung der Ausgaben haben. Auf Versammlungen in allen Teilen der Stadt werden die Leistungen der vergangenen Jahre ausgewertet und beurteilt, Prioritäten in den Bereichen Bildung, Gesundheit, Verkehr, Steuern, Stadtplanung und städtische Entwicklung gesetzt sowie Repräsentanten für einen städtischen Mitbestimmungs-Haushaltsrat gewählt. Der Haushaltsrat erarbeitete den städtischen Investitionsplan durch die systematische Einschätzung der relativen Bedürfnisse von verschiedenen Regionen und durch die Erörterung der Aufteilungskriterien aus. Es wird geschätzt, daß sich im Jahre 1996 beinahe 100.000 Personen – etwa acht Prozent der Einwohner – zumindest in einer Phase an den Haushaltsbeschlüssen beteiligten. Die Änderungen vergrößerten die für Investitionen verfügbaren Ressourcen, und frühe Reformen verbesserten die Wirksamkeit der Steuereintreibung und führten zur Erhebung von zusätzlichen kommunalen Steuern. Indem Prioritäten und wirksamere Investitionsmöglichkeiten besser ermittelt wurden, führte der Mitbestimmungsprozeß zu einer besseren Verwendung dieser Ressourcen. Die Resultate waren überwältigend. Im Jahre 1996 waren 98 Prozent aller Haushalte an das Abwassersystem angeschlossen (verglichen mit fünfzig Prozent im Jahre 1989), die Hälfte der unbefestigten Straßen der Stadt war geteert, und die Zahl der Schüler an Grund- und weiterführenden Schulen hatte sich verdoppelt.

Risiken und Chancen

Der Abbau von Wissensgefällen und die Beseitigung von Informationsproblemen sind sehr wichtige, jedoch keineswegs einfache Aufgaben. Wir sind uns in der Tat bewußt, daß diese Gefälle und Probleme weiterhin bestehen werden, sogar in Industrienationen. Regierungen können zum Beispiel nie ganz sicher wissen, wie sich heute unternommene Schritte langfristig auf die Umwelt auswirken werden. Auch werden sie nie mit Sicherheit sagen können, inwiefern das Versagen des Informationsflusses das Ergebnis der Politik beeinflussen wird, nicht einmal bei einer Politik, die auf den ersten Blick wenig mit Informationen zu tun hat.

Eine Herausforderung, der sich Regierungen auf der ganzen Welt zu stellen haben, besteht deshalb darin, die Hartnäckigkeit und die Universalität von Wissensgefällen und Informationsproblemen anzuerkennen. Die daraus resultierende Unsicherheit erfordert Vorsicht und Experimentierfreude, wann immer dies möglich ist. Sie sollte auch zu einer gewissen Bescheidenheit der politischen Berater führen – und einer gewissen Vorsicht derer, die sich beraten lassen. Beide Seiten sollten anerkennen, daß auch die örtlichen Gegebenheiten den Erfolg eines Programms entscheiden, daß die Menschen vor Ort die beste Kenntnis über die örtlichen Gegebenheiten besitzen und daß das Problem der Entwicklung durch Wissen darin besteht, das vor Ort vorhandene Wissen mit dem riesigen Bestand an Erfahrungen aus der ganzen Welt zu kombinieren.

Das Problem, die Grenzen dessen zu erkennen, was wir wissen, betrifft auch unser Verständnis von Wissen selbst – und diesen Bericht. Entwicklung durch Wissen ist ein neues Studiengebiet, auf dem noch vieles getan werden muß. Zum Beispiel dauert eine kontroverse Diskussion darüber an, wie Wissen gemessen werden kann. Ohne ein Standardmaß kann nicht festgestellt werden, ob Wissensgefälle größer oder kleiner werden. Es gibt auch keinen Maßstab dafür, wie fähig eine Gesellschaft ist, Informationsprobleme und das daraus resultierende Marktversagen anzugehen. Dieser Bericht zeigt zwar eine große Zahl von politischen Ansätzen auf, mit denen Wissen besser für die Entwicklung genutzt werden kann, aber auf diesem Gebiet muß noch einiges getan werden. Wir hoffen, daß dieser Bericht als Ausgangspunkt für die zukünftige Forschung dienen wird, damit diese und andere offene Fragen zur Entwicklung durch Wissen beantwortet werden können.

Doch die Regierungen und Einwohner von Entwicklungsländern können nicht warten, bis diese Analyse abgeschlossen ist. Die globale explosionsartige Mehrung von Wissen birgt dringliche Risiken und Chancen. Die Globalisierung von Handel, Finanzwesen und Informationsflüssen mag die Verringerung von Wissensgefällen zwischen Ländern prinzipiell erleichtern, doch die zunehmende Geschwindigkeit, mit der der Wandel in Industrieländern vor sich geht, bedeutet in der Praxis oftmals eine Vergrößerung der Wissensgefälle. Da in der heutigen Zeit traditionelle Gemeinschaften oft aufgebrochen werden, werden auch die informellen Kanäle des Informationsaustausches geschwächt und nur langsam durch neue Einrichtungen ersetzt. Einige Informationsprobleme, zum Beispiel diejenigen in Zusammenhang mit den weltweiten Finanzflüssen, sind in der letzten Zeit tendenziell sogar schlimmer geworden.

Für Entwicklungsländer birgt die globale explosionsartige Mehrung von Wissen sowohl Risiken als auch Chancen. Wenn sich die Wissensgefälle vergrößern, wird sich die Welt noch stärker spalten – nicht nur wegen der ungleichen Verteilung von Kapital und anderen Ressourcen, sondern auch wegen der ungleichen Verteilung von Wissen. Kapital und andere Ressourcen werden zunehmend in diejenigen Länder fließen, die über eine größere Wissensbasis verfügen. Die Ungleichheit wird somit noch verstärkt. Es besteht auch eine Gefahr der Vergrößerung von Wissensgefällen innerhalb von Ländern, vor allem in Entwicklungsländern, wenn einige wenige im World Wide Web surfen, während andere nach wie vor weder lesen noch schreiben können. Doch die Risiken und Chancen sind zwei Seiten derselben Medaille. Wenn es gelingt, Wissensgefälle zu verringern und Informationsprobleme anzugehen, vielleicht indem einige Vorschläge dieses Berichts angewendet werden, können die Einkommen und der Lebensstandard möglicherweise schneller erhöht werden, als erwartet.

Jedes Land und jede Gemeinde muß diese Herausforderungen auf seine Weise angehen und dabei die vielen Möglichkeiten des Wissenserwerbs sowie die vielfältigen Einrichtungen, die das Versagen von Informationsflüssen entschärfen helfen können, berücksichtigen. Die Armen, die von Wissensgefällen und Informationsproblemen am meisten betroffen sind, werden von den Entwicklungsstrategien, die diese Probleme berücksichtigen, auch am meisten profitieren. Wissen darüber, wie einfache Krankheiten geheilt und Ernteerträge gesteigert werden können, ist äußerst wichtig, doch die Macht des Wissens geht über die Auswirkungen bestimmter Techniken hinaus. Wenn die Menschen beginnen zu verstehen, auf welche Weise Wissen ihre Lebensqualität verbessern kann, werden sie dazu ermutigt, selbst nach neuem Wissen zu suchen und den Wandel selbst aktiv zu bewirken.

Teil Eins

Abbauen von Wissensgefällen

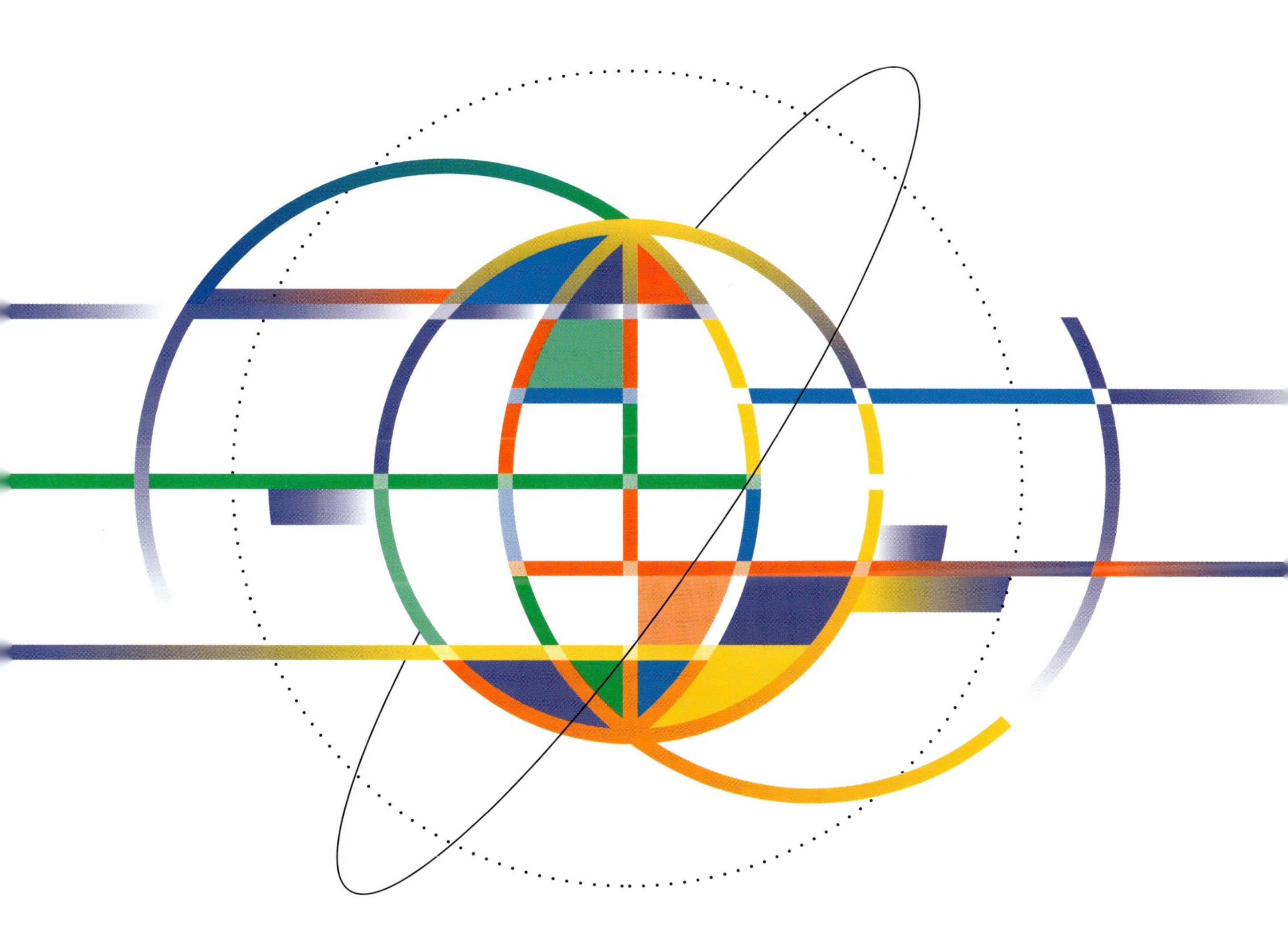

Kapitel 1

Die Macht und Reichweite von Wissen

Wissen ist entscheidend für die Entwicklung, denn unser gesamtes Handeln hängt von unserem Wissen ab. Um einfach nur leben zu können, müssen wir die Ressourcen, über die wir verfügen, in die Dinge umwandeln, die wir brauchen. Das erfordert Wissen. Und wenn wir morgen besser leben wollen als heute, wenn wir unseren Lebensstandard erhöhen wollen, sei es als privater Haushalt oder als Land – und unsere Gesundheit verbessern, unsere Kinder besser ausbilden und unsere Umwelt erhalten wollen – müssen wir mehr tun, als einfach nur mehr Ressourcen umzuwandeln, denn Ressourcen sind knapp. Wir müssen diese Ressourcen so nutzen, daß wir immer höhere Erträge aus unserem Einsatz und unseren Investitionen erzielen. Auch das erfordert Wissen, und zwar, im Verhältnis zu unseren Ressourcen, in immer größerem Umfang.

Für Länder, die an der Spitze der Weltwirtschaft stehen, hat sich das Gleichgewicht zwischen Wissen und Ressourcen so weit in Richtung des Wissens verlagert, daß dieses zur vielleicht wichtigsten Determinante für den Lebensstandard geworden ist – mehr als Grund und Boden, Werkzeuge oder Arbeit. Heutzutage beruhen die technologisch fortschrittlichsten Volkswirtschaften in der Tat auf Wissen. Und während sie durch Innovationen für neuen Wohlstand sorgen, schaffen sie auch Millionen von Arbeitsplätzen, die mit Wissen zusammenhängen, und zwar in einer Reihe von Disziplinen, die über Nacht entstanden sind: Wissenstechniker, Wissensmanager, Wissenskoordinatoren.

Wie groß das Bedürfnis der Entwicklungsländer ist, ihre Fähigkeit zur Nutzung von Wissen zu verbessern, kann nicht deutlich genug betont werden. Einige haben das erkannt, entwickeln nationale Strategien zur Erlangung von Wissen und holen auf. Die meisten aber müssen sehr viel schneller sehr viel mehr tun, um ihre Wissensbasis zu stärken, in die Bildung ihres Volkes zu investieren und sich die neuen Technologien zum Erwerb und zur Verbreitung von Wissen zunutze zu machen. Länder, die die Erfüllung dieser Aufgaben aufschieben, werden hinter jene zurückfallen, die schneller handeln, und die schwerwiegenden Folgen für ihre Entwicklungsaussichten werden nur schwer zu beheben sein.

Das Streben nach Wissen beginnt mit der Erkenntnis, daß Wissen nicht einfach gekauft werden kann wie Gemüse oder Computer. Die Marktfähigkeit von Wissen wird durch zwei Faktoren eingeschränkt, die es von herkömmlichen Waren unterscheidet. Erstens bedeutet die Nutzung des einen oder anderen Teils des Wissens durch eine Person nicht, daß andere diesen speziellen Teil des Wissens nicht auch nutzen können – Wissen ist, wie Wirtschaftswissenschaftler sagen, *nicht rivalisierend*. Die Wettervorhersage in den Morgennachrichten ist für mich immer von gleichem Nutzen, ob ich sie nun weitergebe oder für mich behalte. Das gilt aber nicht für die Tasse Kaffee am Morgen. Thomas Jefferson drückte das so aus: "Der, welcher eine Idee von mir erhält, gewinnt Bildung hinzu, ohne die meine zu schmälern; so wie der, welcher seine Fackel an der meinen entzündet, Licht erhält, ohne daß mich die Dunkelheit umhüllt."

Zweitens, wenn ein Teil des Wissens bereits öffentlich bekannt ist, ist es für denjenigen, der dieses Wissen geschaffen hat, schwierig, andere davon abzuhalten, es zu nutzen – Wissen ist also *nicht ausschließbar*. Ein neues mathematisches Theorem oder neue Erkenntnisse in der Oberflächenpyhsik sind, sobald sie veröffentlicht werden, frei verfügbar und können von jedem genutzt werden, etwa um ein Software-Programm zu verbessern oder ein neues Waschmittel zu entwickeln. Neuheiten auf dem Markt, von venezianischen Woll- und Glaswaren im 17. Jahrhundert bis hin zu Fast Food und Telemarketing in der Welt von heute, können rasch nachgemacht werden.

Diese beiden Eigenschaften des Wissens, die Haupteigenschaften eines öffentlichen Guts, erlauben es den Menschen häufig, Wissen zu nutzen, ohne etwas dafür zu bezahlen. Das verringert die Möglichkeiten derer, die Innovationen entwickeln, an der Schaffung von Wissen zu verdienen – und das sogar ganz erheblich. Die Tatsache, daß es unmöglich ist, sich des gesamten Ertrags aus dem Wissen zu bemächtigen, hemmt die private Bereitstellung von Wissen. Wenn jeder eine Innovation nutzen kann, werden die Erträge geschmälert, und es besteht kein Anreiz für Neuerer, überhaupt in die kostenträchtige Forschung und Entwicklung (F&E) zu investieren, um Wissen zu erzeugen. Daher wird zu wenig in die Schaffung von Wissen investiert werden.

Eben weil eine Unterversorgung an Wissen besteht, richten Regierungen häufig Institutionen ein, um wieder Anreize für die Erzeugung von Wissen zu bieten. Dabei handelt es sich um Gesetze zum Patent- und Urheberrecht sowie andere Formen des Schutzes geistigen Eigentums, die sämtlich dazu dienen, denjenigen, die Innovationen entwickeln, eine Möglichkeit zu geben, die Kosten für die Schaffung des Wissens zu decken und einen angemessenen Gewinn zu erwirtschaften. Je mehr Wissen in der neuen, auf Wissen basierenden Wirtschaft für Unternehmen und den einzelnen zu einem wichtigen Gut wird, um so stärker wird auch das Bedürfnis, Rechte an diesem Gut zu schützen. Gleichzeitig muß zwischen den Bemühungen, mit denen die Schaffung von Wissen angeregt werden soll, und der Notwendigkeit, Wissen insbesondere in Entwicklungsländern zu verbreiten, ein Gleichgewicht hergestellt werden, vor allem dann, wenn der Gewinn für die Gesellschaft gegenüber dem persönlichen Gewinn überwiegt.

In den Bereichen Gesundheit und Umwelt, um nur zwei zu nennen, gibt es zahlreiche Beispiele dafür, daß Patente keine Lösung sind, da der Gewinn für die Gesellschaft (für alle, die davon profitieren) sehr viel schwerer wiegt als der persönliche Gewinn (desjenigen, der darin investiert). Man denke dabei nur an Innovationen, die zu Heilmethoden für so lebensbedrohende Krankheiten wie AIDS oder Malaria führen oder die Gefahr einer globalen Erwärmung vermindern. Wenn der Gewinn für die Gesellschaft den persönlichen Gewinn überwiegt, werden Geldgeber, deren Handeln von letzterem angetrieben wird, aus Sicht der Gesellschaft zu wenig in die Schaffung von Wissen investieren. Und aufgrund dieser Kluft zwischen persönlichem Gewinn und Gewinn für die Gesellschaft haben viele Regierungen Verantwortung übernommen – oder dem privaten Sektor finanzielle Anreize geboten –, damit einige Arten von Wissen geschaffen werden.

Angesichts der besonderen Eigenschaften des Wissens ist von Zeit zu Zeit ein Eingreifen seitens des Staates erforderlich, um dem privaten Sektor die richtigen Anreize für die Schaffung und Verbreitung von Wissen zu bieten und um selbst Wissen zu schaffen und zu verbreiten, wenn der Markt nicht genügend bereitstellt. Dieses staatliche Eingreifen hat sich oftmals mehr als ausgezahlt, wie der folgende Abschnitt am Beispiel der öffentlichen Gesundheit zeigen wird.

Wissen und Gesundheit

Im Laufe der letzten Jahrzehnte ist die Kindersterblichkeit weltweit dramatisch gesunken. Höhere Einkommen sind ein wichtiger Faktor, der zu diesem Rückgang geführt hat, aber sie sind nicht allein dafür verantwortlich. Auch für Eltern, die das gleiche Realeinkommen haben wie ihre Eltern oder Großeltern vor einigen Jahrzehnten, gibt es ausreichend Anlaß zur Hoffnung, daß ihre Kinder ihren ersten Geburtstag erleben werden. In einem Land mit einem Pro-Kopf-Einkommen von 8.000 Dollar (wegen internationaler Kaufkraftparität bereinigt) im Jahre 1950 lag die Kindersterblichkeitsrate bei durchschnittlich 45 von 1.000 Lebendgeburten. In einem Land mit demselben Realeinkommen im Jahre 1970 lag sie hingegen bei nur 30 von 1.000 und im Jahre 1995 bei nur 15 von 1.000 (Schaubild 1.1).

Wie ist dieser Wandel in dem Zusammenhang zwischen Kindersterblichkeit und Realeinkommen zu erklären? Vor allem auch durch die größer werdende Macht und Reichweite des praktischen Know-how:

- *Dank der Erfindung* von Antibiotika und Impfstoffen in den dreißiger Jahren – und des ständigen Fortschritts bei Medikamenten und Impfstoffen sowie des größeren Wissens über Seuchen – konnten die ansteckendsten Krankheiten in den Griff bekommen werden.
- *Bildung*, unverzichtbar für die Annahme und die effektive Nutzung von medizinischem Wissen, hat sich in fast jedem Land ausgeweitet. Zahlreiche Studien haben gezeigt, daß das Maß an Bildung, das Mädchen und Frauen zuteil wird, eine wichtige Determinante für die Gesundheit der Kinder ist. Eine Studie in 45 Entwicklungsländern hat ergeben, daß die durchschnittliche

Schaubild 1.1

Kindersterblichkeit und Realeinkommen pro Kopf

Mit Ausbreitung des Wissens geht die Kindersterblichkeit zurück – in reichen und armen Ländern gleichermaßen.

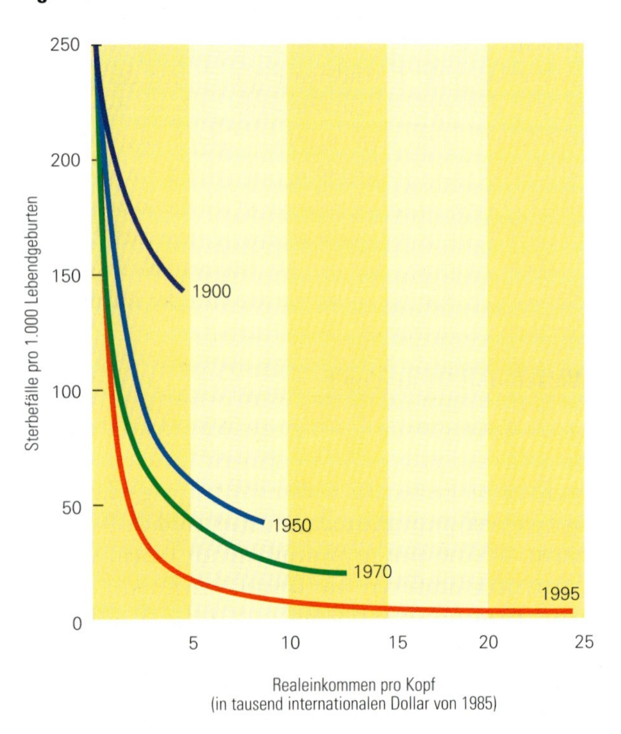

Hinweis: Die Daten gelten für 10 Länder (1900), 59 Länder (1950), 125 Länder (1970) und 144 Länder (1995) weltweit. Die Trendkurven wurden logarithmisch berechnet.
Quelle: Maddison 1995, Mitchell 1992, Summers und Heston 1994, Weltbank 1997g.

Sterblichkeitsrate bei Kindern unter 5 Jahren bei 144 von 1.000 Lebendgeburten lag, wenn die Mütter keine Schulbildung hatten, bei 106 von 1.000, wenn sie die Grundschule besucht hatten, und bei 68 von 1.000, wenn sie eine höhere Schule besucht hatten.

- Fortschritte in der Informationstechnologie haben die *Verbreitung* von medizinischem Wissen und Informationen zur Gesundheitsvorsorge beschleunigt, medizinischer Rat kann schneller eingeholt und erteilt werden. Die Informationsrevolution hat die herkömmlichen Wege zur Verbreitung von gesundheitsbezogenem Wissen erweitert – und in manchen Fällen verbessert. Mehr Menschen können sich heute per Telefon an einen Arzt oder anderen Mediziner wenden. Und die Telemedizin, mit der manche chirurgischen Operationen auf elektronischem Wege von einem entfernten Ort aus durchgeführt werden können, erreicht immer mehr Länder.

Traditionen und andere gesellschaftliche Faktoren haben Einfluß darauf, wie eine Gemeinschaft medizinisches Wissen aufnimmt. Menschen werden modernes medizinisches Wissen nur annehmen, wenn diejenigen, die es anbieten, Verständnis für das örtliche Wissen und eine Sensibilität für die kulturellen Normen zeigen. Bemühungen, moderne und traditionelle Verfahren miteinander zu verschmelzen, können daher helfen, die Gesundheit der Bevölkerung zu verbessern, indem die gesellschaftliche Akzeptanz für modernes Wissen vergrößert und die heilende Kraft des traditionellen Wissens nutzbar gemacht wird. Zudem gelangt Wissen nicht automatisch zu allen Menschen und an alle Orte, an denen es benötigt wird. Entsprechende Institutionen, seien sie öffentlicher oder privater Art, sind oftmals erforderlich, um den Erwerb und die Annahme von Wissen zu vereinfachen, wie das Beispiel Costa Rica zeigt (Sonderbeitrag 1.1).

Wissen ist sowohl für den einzelnen als auch für Haushalte wichtig, um Kinder zu großzuziehen und die Zeit auf die Arbeit im und außer Haus aufzuteilen. Wissen über die orale Rehydratationstherapie verringert die Kindersterblichkeit, Wissen über effizientere, weniger gefährliche Öfen verringert Umweltbelastungen und erhöht die Sicherheit. Rauch aus privaten Haushalten verursacht akute Infektionen der Atemwege, denen Schätzungen zufolge jährlich mehr als 4 Millionen Kleinkinder und Kinder zum Opfer fallen. Wiederholte Infektionen äußern sich bei Erwachsenen (vor allem bei Frauen) in Form einer chronischen Bronchitis oder eines Emphysems, und häufig ist Herzversagen die Folge. Bessere Öfen mit besseren Abgassystemen können daher für Millionen Frauen und Kinder einen erheblichen Gewinn für die Gesundheit bedeuten.

Das Wissen eines Elternteils kann zudem den Lebensstandard aller Familienmitglieder erhöhen. In Peru steht die Bildung des Haushaltsvorstands in engem Zusammenhang mit den Ausgaben des gesamten Haushalts, die auch das Einkommen des Haushalts widerspiegeln (Tabelle 1.1). In Vietnam leben Menschen in Haushalten, die von jemandem ohne Bildung geführt werden, zu 68 Prozent unter der Armutsgrenze. Verfügt der Haushaltsvorstand über Grundschulbildung, sinkt diese Rate auf 54 Prozent, bei höherer Schulbildung auf 41 Prozent und bei einem Universitätsstudium auf 12 Prozent.

Wissen und Wirtschaftswachstum

Einigen Ländern in Asien, die in den sechziger Jahren zunächst noch Volkswirtschaften mit geringem Einkom-

Sonderbeitrag 1.1

Institutionelle Innovationen zur Verbreitung von gesundheitsbezogenem Wissen in Costa Rica

Bei einem Pro-Kopf-Einkommen, das weniger als ein Zehntel des Einkommens in den Vereinigten Staaten beträgt, weist Costa Rica Kennzahlen im Gesundheitswesen auf, die den Vergleich mit denen vieler Industrieländer nicht zu scheuen brauchen. Costa-Ricaner leben neun Jahre länger, als ihr Pro-Kopf-Einkommen vermuten lassen würde, und die Kindersterblichkeitsrate ist auf das für Industrieländer typische Niveau gesunken.

Diese beeindruckenden Ergebnisse sind kein Zufall. Seit den sechziger Jahren haben die Regierungen Costa Ricas der allgemeinen Verbreitung von Informationen über Gesundheit und Hygiene eine sehr große Bedeutung beigemessen. Sie haben Institutionen zur Verbreitung von gesundheitsbezogenen Informationen dezentralisiert und Gesundheits-Teams entsandt, um die Bevölkerung über Gesundheitsvorsorge zu informieren. Als im Jahre 1991 in Süd- und Mittelamerika eine Cholera-Epidemie ausbrach, rief Costa Rica umgehend Bildungs-, Hygiene- und Informationsprogramme ins Leben, mit denen die Seuche in Schach gehalten werden konnte.

Heute verbreiten mehr als 400 integrierte Betreuungs-Teams im Auftrag der Regierung Informationen über Gesundheitsvorsorge und -pflege. Die Schulen tragen ebenfalls dazu bei, diese Informationen an die Bevölkerung weiterzugeben—was dort einfacher ist als in anderen Ländern, da 93 Prozent der schulpflichtigen Kinder eine Grundschule und 54 Prozent der Jugendlichen eine weiterführende Schule besuchen sowie 60 Prozent aller Costaricaner an wenigstens einem Bildungsprogramm teilnehmen.

men waren, gelang es innerhalb weniger Jahrzehnte, das Einkommensgefälle gegenüber den Mitgliedsländern der Organisation für wirtschaftliche Zusammenarbeit und Entwicklung (OECD), die ein höheres Einkommen aufwiesen, ganz oder fast ganz abzubauen, während viele andere sich entwickelnde Volkswirtschaften stagnierten.

Was machte den Unterschied aus? Eine Möglichkeit zu wachsen besteht darin, bislang brachliegendes Land zu erschließen. Eine andere wiederum darin, physisches Kapital zu akkumulieren: Straßen, Fabriken, Telefonnetze. Eine dritte Möglichkeit ist Vergrößerung der Zahl der Arbeitskräfte und die Verbesserung ihrer Schul- und Berufsausbildung. Hongkong (China) und Singapur verfügten jedoch kaum über Land. Sie investierten stark in physisches Kapital und in die Ausbildung ihrer Bevölkerung. Aber das taten viele andere Volkswirtschaften auch. Von den sechziger bis in die achtziger Jahre akkumulierte die Sowjetunion mehr Kapital als Anteil ihres Bruttoinlandsprodukts (BIP) als Hongkong (China), Südkorea, Singapur oder Taiwan (China). Und sie verbesserte die Ausbildung der Bevölkerung in nicht unerheblichem Maße. Und doch erzielte das Land während jener Zeit einen weit geringeren Anstieg des Lebensstandards als diese vier ostasiatischen Volkswirtschaften.

Vielleicht bestand der Unterschied darin, daß die ostasiatischen Volkswirtschaften nicht unbedingt mehr, sondern vielmehr klüger bauten, arbeiteten und Ackerbau betrieben. Könnte Wissen also der Grund für den Aufstieg Ostasiens sein? Wenn ja, hätte dies enorme Auswirkungen, denn es würde bedeuten, daß Wissen der Schlüssel für Entwicklung ist –daß Wissen also gleichbedeutend mit Entwicklung ist.

Wie wichtig war Wissen für den Wachstumssprung in Ostasien? Es zeigte sich, daß diese Frage nicht einfach zu beantworten ist. Die vielen Varianten des Wissens in Verbindung mit seiner beschränkten Marktfähigkeit stellt eine große Herausforderung für jeden dar, der die Auswirkungen des Wissens auf das Wirtschaftswachstum zu beurteilen versucht.

Und wie kann man überhaupt die Summe aus den verschiedenen Arten des Wissens bilden? Welcher gemeinsame Nenner läßt uns die Summe aus dem Wissen bilden, das Firmen in ihren Fertigungsprozessen nutzen; oder aus dem Wissen, das politische Organe nutzen, um Politik zu formulieren, zu überwachen und zu bewerten; oder aus dem Wissen, das die Menschen bei ihrem wirtschaftlichen oder gesellschaftlichen Handeln nutzen? Welchen Beitrag leisten Bücher und Zeitschriften, F&E-Ausgaben, der Bestand an Informations- und Kommuni-

Tabelle 1.1

Pro-Kopf-Ausgaben von Haushalten nach Umfang der Ausbildung in Peru

(in neuen peruanischen Sol von 1991 pro Jahr)

Erreichte Bildungsstufe des Haushaltsvorstands	Durchschnittliche Pro-Kopf-Ausgaben
Keine/etwas	430
Grundschule abgeschlossen	543
Ausbildung an weiterführender Schule begonnen	633
Ausbildung an weiterführender Schule abgeschlossen	808
Nicht-universitäre höhere Schulbildung	969
Universitätsstudium begonnen	1.160
Universitätsstudium abgeschlossen	1.429
Durchschnitt für alle Haushalte	874

Hinweis: Daten stammen aus einer Umfrage unter 2.200 Haushalten. "Etwas" bedeutet ein geringes Maß an Vor- und Grundschulausbildung.
Quelle: Weltbank 1991.

kationsgeräten, das Wissen und die Erkenntnisse der Wissenschaftler, Techniker und Studierenden? Weiter erschwerend wirkt sich die Tatsache aus, daß viele Arten von Wissen fast ausschließlich innerhalb von Netzwerken, bestimmten Gruppen und Berufsverbänden angesammelt und ausgetauscht werden. Das macht es praktisch unmöglich, derartigem Wissen einen Wert zuzuweisen.

Um diese Schwierigkeiten bei der Quantifizierung von Wissen widerzuspiegeln, haben Ansätze zur Bewertung des Gesamteinflusses des Wissens auf das Wachstum häufig indirekte Antworten geliefert, indem postuliert wurde, daß Wissen denjenigen Teil des Wachstums erklärt, der nicht durch die Gesamtheit der greif- und feststellbaren Faktoren wie Arbeit oder Kapital erklärt werden kann. Das Wachstum, für das nicht diese Produktionsfaktoren verantwortlich sind – also der Restwert in dieser Rechnung – wird dem *Anstieg in ihrer Produktivität* zugeschrieben, das heißt der intelligenteren Nutzung dieser Faktoren durch Wissen. Dieser Restwert wird gelegentlich als Solowscher Restwert bezeichnet, nach dem Wirtschaftswissenschaftler Robert M. Solow, der den Ansatz in den fünfziger Jahren entwickelte. Und was er zu messen angibt, wird üblicherweise als Anstieg der Gesamtproduktivität bezeichnet. Einige betrachten den Solowschen Restwert auch als Maß für unsere Unwissenheit, denn er stellt dar, was wir nicht zu erklären vermögen. In der Tat dürfen wird nicht den gesamten Anstieg der Gesamtproduktivität dem Wissen zuschreiben, denn es verbergen sich möglicherweise noch andere Faktoren im Solowschen Restwert. Viele andere Dinge tragen zum Wachstum bei – Institutionen zum Beispiel –, tauchen aber nicht in den Beiträgen auf, die besser meßbare Faktoren leisten. Ihr Einfluß ist (bislang) unentwirrbar mit dem Anstieg der Gesamtproduktivität verwoben.

In frühen Untersuchungen zur Gesamtproduktivität wurde *physisches Kapital* als der einzige länderspezifische Faktor angesehen, der akkumuliert werden konnte, um das Leben der Menschen zu verbessern. Technischer Fortschritt und andere, nicht greifbare Faktoren galten als universell, für alle Menschen in allen Ländern gleichermaßen verfügbar und konnten somit nicht die Wachstumsunterschiede zwischen den Ländern erklären. Ihr Beitrag zum Wachstum wurde pauschal mit den Zahlen des Anstiegs der Gesamtproduktivität angesetzt. Dieses vorauszusetzen war zwar bequem, aber es wurde sehr bald klar, daß physisches Kapital nicht der einzige Faktor war, dessen Akkumulation das Wirtschaftswachstum antrieb. Eine Studie, bei der die Abweichungen der Wachstumsraten in einer ganzen Reihe von Ländern analysiert wurden, ergab, daß die Akkumulation von physischem Kapital weniger als 30 Prozent dieser Unterschiede erklären konnte. Der Rest – 70 Prozent oder mehr – wurde direkt oder indirekt den nicht greifbaren Faktoren zugeschrieben, die gemeinsam für den Anstieg der Gesamtproduktivität sorgen (Tabelle 1.2).

Spätere Versuche führten das Konzept des *Humankapitals* ein, um die Ursachen für Wirtschaftswachstum besser erklären zu können. Eine bessere Schulbildung der Bevölkerung bedeutet, daß mehr Menschen lernen können, bessere Technologien zu nutzen. Die Schulbildung war sicher ein Schlüssel für den Erfolg von vier der wachstumsstärksten ostasiatischen Volkswirtschaften: Hongkong (China), Südkorea, Singapur und Taiwan (China). Bevor sie den Wandel vom Entwicklungsland zu einer Volkswirtschaft auf dem Weg zur Industrialisierung vollzogen hatten, war der Anteil der Schulkinder in diesen Ländern sehr viel höher als in anderen Entwicklungsländern (Tabelle 1.3). Sie setzten zudem verstärkt auf wissenschaftliche und technische Studiengänge – was sich daran zeigt, daß dort der Anteil der Studierenden in technischen Studiengängen sogar größer ist als in einigen Industrieländern –, so daß sie besser in der Lage waren, anspruchsvolle Technologien zu importieren. Außerdem war die Bedeutung der Schulbildung für das Wirtschaftswachstum

Tabelle 1.2

Dekomposition der Wachstumsraten-Varianz im Ländervergleich

(in Prozent)

Quelle der Varianz	Nehru und Dhareshwar, 1960 - 1988	King und Levine, 1960 - 1985	King und Levine, 1980 - 1989
Wachstum des Pro-Kopf-Kapitals	24	25	29
Nicht erklärbar durch Faktorakkumulation	76	75	71
Davon:			
Wachstum der Gesamtproduktivität	60	57	79
Kovarianz von Wachstum der Gesamtproduktivität und Kapitalakkumulation	16	18	–8

Quelle: Easterly, Levine und Pritchett, in Kürze erscheinend. Siehe Technische Anmerkung

Tabelle 1.3

Brutto-Schulbesuchsquoten in Grundschulen in ausgewählten Volkswirtschaften

(in Prozent)

Volkswirtschaft	1970	1980	1990
Hongkong, China	117	107	102
Korea, Rep.	103	110	105
Singapur	105	108	104
Ghana	64	79	77
Indien	73	83	97

Hinweis: Die Daten zeigen die Gesamtzahl der angemeldeten Schulkinder dividiert durch die Zahl der Kinder im formellen Grundschulalter in der Bevölkerung an. Die Quote übersteigt 100 Prozent, wenn Kinder angemeldet sind, deren Alter geringer oder höher als das formelle Grundschulalter ist.
Quelle: Weltbank 1998d.

schon lange anerkannt und empirisch belegt. Eine Studie hatte ergeben, daß der Anstieg der Schuljahre rund 25 Prozent des Anstiegs des Pro-Kopf-BIP in den Vereinigten Staaten zwischen 1929 und 1982 erklärt.

Durch die Berücksichtigung der Schulausbildung wurde der Teil des Wachstums, der nicht zu erklären war, verkleinert, so daß auch der Heuhaufen schrumpfte, in dem sich weiterhin der Anstieg der Gesamtproduktivität (und das Wissen) verbarg. Einige Analysten zogen sogar den (möglicherweise voreiligen) Schluß, daß physisches und Humankapital das rasante Wachstum der ostasiatischen Volkswirtschaften vollständig oder praktisch vollständig ausmachten und erklärten. Das Wissen als gesonderter Faktor wurde dabei außer acht gelassen (Sonderbeitrag 1.2). Ein Grund dafür, warum diese Analysten geringe Werte für den Anstieg der Gesamtproduktivität ermittelten, war der, daß sie Verbesserungen der Arbeitsmethoden und Arbeitsmittel in ihre Messung der Akkumulation von Faktoren mit einbezogen. Daher widerlegt nicht einmal dieser Nachweis eines geringen Anstiegs der Gesamtproduktivität in Ostasien, wie wichtig es ist, Wissensgefälle auszugleichen. Es wird vielmehr deutlich, daß die wachstumsstarken ostasiatischen Volkswirtschaften eine erfolgreiche Strategie zum Abbau von Wissensgefällen gewählt hatten: Investition in das Wissen in Gestalt des physischen Kapitals und Investition in die Menschen und Institutionen, um die Fähigkeit zu verbessern, Wissen aufzunehmen und zu nutzen.

Andere Studien zur Erklärung von Wachstum haben über die Grenzen Ostasiens hinausgeblickt und eine größere Auswahl an Ländern untersucht. Selbst wenn das Humankapital berücksichtigt wird, bleibt der nicht erklärbare Teil des Wachstums weiterhin beachtlich. Eine dieser Studien mit 98 Ländern mit einer ungewichteten mittleren Wachstumsrate der pro Arbeiter erzeugten Güter von 2,24 Prozent ergab, daß 34 Prozent (0,76 Prozentpunkte) dieses Wachstums aus der Akkumulation von phyischem Kapital, 20 Prozent (0,45 Prozentpunkte) aus der Akkumulation von Humankapital und sogar 46 Prozent (knapp über 1 Prozentpunkt) aus dem Anstieg der Gesamtproduktivität stammten. Ein noch größerer Erklärungsbedarf besteht im Hinblick auf die *Abweichungen* bei den Wachstumsraten verschiedener Länder. Dieselbe Studie ergab, daß das Human- und das physische Kapital insgesamt nur 9 Prozent ausmachten, so daß der Gesamtproduktivität beachtliche 91 Prozent zuzuschreiben waren. Ein Beispiel: Korea und Ghana wiesen in den fünfziger Jahren ein ähnlich niedriges Pro-Kopf-Einkommen auf, aber im Jahre 1991 war das Pro-Kopf-Einkommen in Korea mehr als siebenmal so hoch wie in Ghana. Dieses Gefälle ist zu einem erheblichen Teil unerklärlich, selbst wenn das Humankapital berücksichtigt wird (Schaubild 1.2).

Alle diese Ergebnisse unterliegen jedoch Problemen bei der Messung. Der gemessene Bestand an Humankapital kann zum Beispiel weit größer sein, als tatsächlich für die Produktion von Gütern und Dienstleistungen eingesetzt wird. Eine höhere Rate an Schulkindern oder an Schulabschlüssen bedeutet nicht automatisch eine höhere Rate des Wirtschaftswachstums, wenn etwa die Schulbildung von geringer Qualität ist oder wenn ausgebildete Arbeiter aufgrund von Marktverzerrungen nicht ihren Qualifikationen entsprechend beschäftigt werden.

Außerdem ist nun klar, daß eine Ausbildung, die nicht für Innovationen und Wissen offen ist, nicht zu wirtschaftlicher Weiterentwicklung führen wird. Die Menschen in der ehemaligen Sowjetunion waren, wie jene in den OECD-Mitgliedsstaaten und in Ostasien, überaus gebildet, die Analphabetenrate lagt bei fast 0 Prozent. Und ein Volk mit Bildung hat die Möglichkeit, durch Direktinvestitionen aus dem Ausland und auf andere Weise Informationen über den neusten Stand der Produktion und Geschäftsführung in anderen Ländern zu erlangen und zu nutzen. Aber die Sowjetunion verfolgte gegenüber ausländischen Investitionen, der Zusammenarbeit mit dem Ausland und Innovationen eine überaus restriktive Politik. Die Arbeitskräfte paßten sich nicht an und veränderten sich nicht, als neue Informationen in anderen Teilen der Welt verfügbar wurden. Die Folge war der Niedergang der Wirtschaft.

Jenseits der Erklärungsversuche für Wachstum

Schmälert unsere begrenzte Fähigkeit, den wahren Anteil des Wissens am Wachstum zu erfassen, seine Bedeutung für die Entwicklung? Sicher nicht. Viele würden sicher Alfred Marshall beipflichten, daß „die Natur dazu neigt,

Sonderbeitrag 1.2

Wissen und das ostasiatische Wunder – eine anhaltende Debatte

Trotz der Finanzkrise, die noch immer weite Teile Asiens in Mitleidenschaft zieht, veranschaulichen die vier ursprünglichen Wundervolkswirtschaften – Hongkong (China), Südkorea, Singapur und Taiwan (China) – die Möglichkeiten für rasantes Wachstum. Eine zentrale Frage ist die, ob sie die hohen Wachstumsraten durch die intensive Ausnutzung großer Mengen von Produktionsfaktoren – physisches Kapital und Arbeit – oder durch die Nutzung von Wissen erzielten.

Mehrere Wirtschaftswissenschaftler sind der Ansicht, daß das Wachstum der meisten ostasiatischen Länder „voll und ganz" dem Anstieg der eingesetzten Mittel zuzuschreiben sei. Eine hohe Sparquote führte in diesen Volkswirtschaften zu einer hohen Kapitalbildungsrate. Und die hohen Investitionen in den Bildungsbereich führten zu einem Anstieg des Humankapitals. Von diesem Standpunkt aus betrachtet, war das, was sich dort ereignete, kein Wunder.

Diese Sichtweise bietet jedoch einigen Anlaß zur Kritik:

- Sicher, diese Volkswirtschaften wiesen in der Tat eine hohe Sparquote auf, aber sie investierten diese Ersparnisse auch nutzbringend. Einige andere Länder – etwa jene mit zentraler Planwirtschaft – sparten aggressiv, verzeichneten aber nicht so ein starkes Wachstum wie Ostasien, weil sie diese Ersparnisse nicht effektiv investierten.
- Der Ansatz bezieht die Verbesserungen im Bereich des im Human- und im physischen Kapital enthaltenen Wissens in die Messung dieser Faktoren mit ein. Anders ausgedrückt, wenn Unternehmen in den Abbau des Wissensgefälles investierten, indem sie etwa Mittel für die Weiterbildung der Arbeiter oder für neue Maschinen aufbrachten oder Technologielizenzen erwarben, tauchte dies, zumindest kurzfristig, nicht als Steigerung des Anstiegs der Gesamtproduktivität auf (siehe Schaubild).
- Verbesserungen des Wissens haben möglicherweise für nachhaltig hohe Investitionen gesorgt. Ohne einen Wandel des Wissens wäre der Gewinn geschrumpft, und die hohe Investitions- und Sparquote wäre gesunken. Andere Forscher haben festgestellt, daß bei der Berücksichtigung der Auswirkungen des Anstiegs der Gesamtproduktivität auf die Kapitalbildung der Beitrag zum Anstieg der Gesamtproduktivität erheblich größer ist.
- Ebenso wichtig ist die Tatsache, daß Berechnungen der Gesamtproduktivität in erheblichem Maße davon beeinflußt werden, wie man eine Steigerung des physischen und des Humankapitals mißt und Steigerungen bei diesen Faktoren gewichtet. Unter bestimmten, idealisierten Bedingungen (zum Beispiel bei einer vollkommenen Wettbewerbsfreiheit) spiegelt der ermittelte Anteil der Faktoren am BIP die korrekte Gewichtung wider. Bei Chancenungleichheit im Wettbewerb gilt dies für den ermittelten Anteil von Kapital und Arbeit am BIP jedoch nicht unbedingt. Wenn etwa die Löhne durch einen direkten staatlichen Eingriff in den Arbeitsmarkt (wie es möglicherweise in Singapur geschehen ist) gedrückt wurden, kann der ermittelte Anteil der Arbeit am BIP zu gering, der des Kapitals zu groß sein. Hierdurch und dadurch, daß Kapital rascher akkumuliert wurde als Arbeit (wie etwa in Ostasien), würde die Bedeutung des Anstiegs der Gesamtproduktivität zu gering angesetzt.

Alternative Berechnungen des Wachstums der Gesamtproduktivität in vier ostasiatischen Ländern

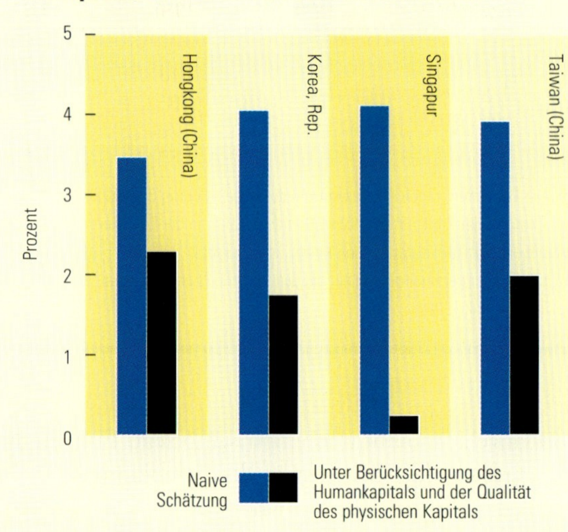

Hinweis: Die Daten gelten für die Jahre 1966–1990. Quelle: Young 1995.

Erträge zu schmälern, während der Mensch dazu neigt, Erträge zu steigern. Wissen ist unser leistungsfähigster Motor für die Produktion; es versetzt uns in die Lage, uns die Natur untertan zu machen und … unsere Wünsche und Bedürfnisse zu befriedigen." Womöglich hat die Erkenntnis, welche Bedeutung das Wissen hat, an Boden

Schaubild 1.2

Trends beim realen BIP pro Kopf in Ghana und der Republik Korea

Unterschiede bei der Kapitalakkumulation allein sind keine Erklärung für die Diskrepanz im Wachstum.

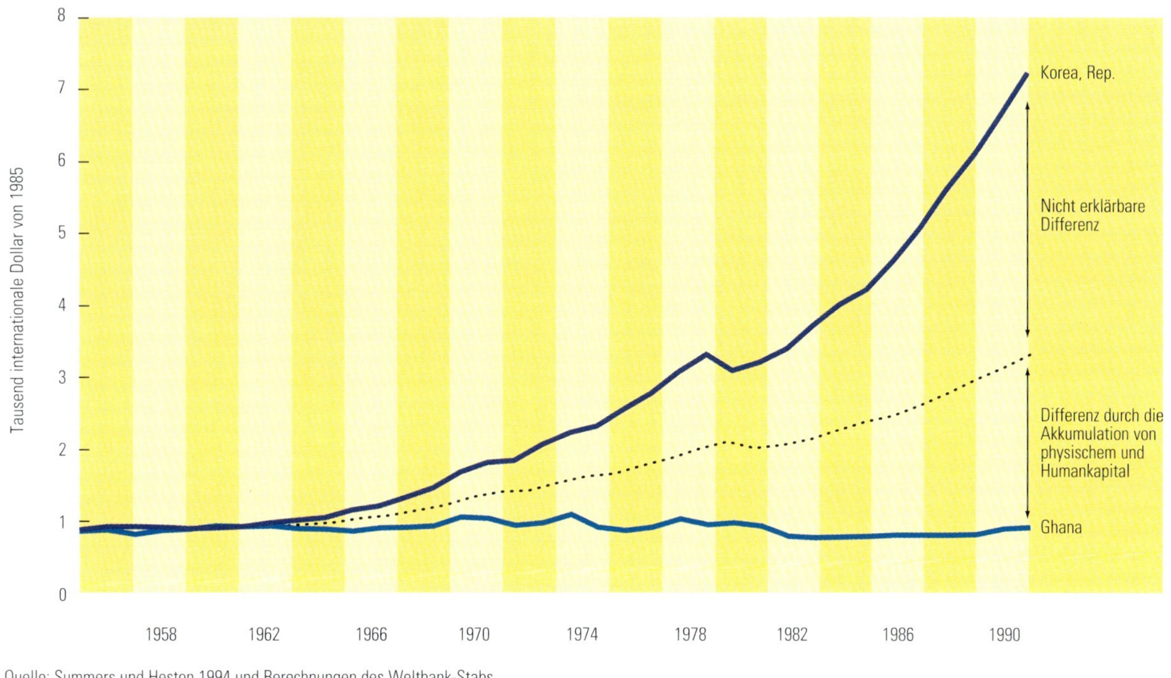

Quelle: Summers und Heston 1994 und Berechnungen des Weltbank-Stabs.

gewonnen, und womöglich gibt es eine neue Antriebskraft, das Wissen in die Entwicklungsstrategien der Länder mit einzubeziehen.

Ein wichtiges Merkmal des Wachstums im 20. Jahrhundert ist die Rolle der Innovationen und Erfindungen gewesen, wie sich an der Entwicklung industrieller Forschungslaboratorien, die Innovationen begünstigen sollen, und an den wissenschaftlichen Universitäten, die die grundlegende und angewandte Wissenschaft vorantreiben sollen, zeigt. Unternehmen und Gesellschaften im allgemeinen haben nicht ohne Grund entschieden, Ressourcen abzustellen, um die Produktivität zu erhöhen. Diese Entscheidungen kommen jenen für andere Formen von Investitionen gleich: Ein Anstieg der Kapitalkosten wirkt sich sehr negativ auf sie aus. Da aber Investitionen in die F&E in der Regel nicht abgesichert werden und häufig hohe anfängliche Ausgaben mit sich bringen, hängen sie möglicherweise stärker von der Liquidität des investierenden Unternehmens ab als etwa Immobilienanlagen. Daher investieren kleinere Unternehmen und insbesondere Unternehmen in Entwicklungsländern häufig weniger in die F&E.

Zudem ist die Denkweise von Unternehmen im Hinblick auf die Annahme und Anpassung neuer Technologien komplexer geworden. Viele wissen zum Beispiel, daß Kosten in Zusammenhang mit neuen Technologien einer Lernkurve folgen und bei größerer Erfahrung geringer werden. Das kann sie dazu bringen, in neue Geschäftsfelder vorzustoßen, selbst wenn die aktuellen Kosten es unprofitabel machen, denn sie haben den Wert des Lernens erkannt. Die gleichen Überlegungen gelten für Investitionen in den Technologietransfer, die von Entwicklungsländern, sei es von Unternehmen oder der gesamten Wirtschaft, getätigt werden. Die ostasiatischen Volkswirtschaften haben bewußt die Entscheidung getroffen zu investieren, um das Wissensgefälle abzubauen.

Einige Wirtschaftswissenschaftler haben diese zielgerichteten Investitionen in die Bildung, in Innovationen und die Annahme von Wissen durch Menschen und Unternehmen als Hauptquelle für Produktivitätswachstum und daher als zentralen Faktor für das Wirtschaftswachstum in ihre Wachstumsmodelle mit einbezogen. Sie betrachten die Welt als fruchtbaren Boden mit nahezu unbegrenzten Möglichkeiten, auf dem neue Ideen neue

Sonderbeitrag 1.3

Schnelleres Wachstum durch Wissen

Drei wissensbezogene Indikatoren korrelieren in erheblichem Maße mit den Wachstumsraten: Bildung, offene Handelspolitik und die Verfügbarkeit einer Kommunikationsinfrastruktur (deren Maß die Fernsprechdichte ist, d. h. die Zahl der Fernsprechanschlüsse pro 100.000 Einwohner). Diese drei Schlüssel zum Wissen stellen zwar keinesfalls alle Möglichkeiten dar, den Zugang zu Wissen oder die Fähigkeit zur Nutzung von Wissen zu messen, aber sie liefern zumindest Näherungswerte. Sie zeigen, daß ein Land die Wachstumsrate erheblich steigern kann, wenn es für eine bessere Bildung für sein Volk, für weniger Beschränkungen im internationalen Handel und für eine bessere Telekommunikationsinfrastruktur sorgt. Der Einfluß auf das Wachstum kann für ein Land, das bei allen diesen Kennzahlen den Übergang von stark unterdurchschnittlich zu stark überdurchschnittlich vollzieht, möglicherweise rund 4 Prozentpunkte ausmachen (siehe Schaubild).

Diese Erkenntnisse können für jeden dieser drei Faktoren plausibel erklärt werden:

- Weniger Handelsbeschränkungen stehen für die Möglichkeit, im Ausland vorhandenes Wissen in Form von gehandelten Waren und Dienstleistungen zu erschließen. Durch Handel können Menschen etwas über die Geschäftspraktiken in anderen Gesellschaften erfahren. Dieser wissensbezogene Nutzen des Handels ergibt sich zusätzlich zu den traditionellen, anerkannten Vorteilen des internationalen Handels.
- Der Bildungsstand eines Volkes steht für die Fähigkeit der Menschen, Wissen zu nutzen.

Einfluß von Bildung, Offenheit gegenüber dem Handel und Fernsprechdichte auf das Wirtschaftswachstum

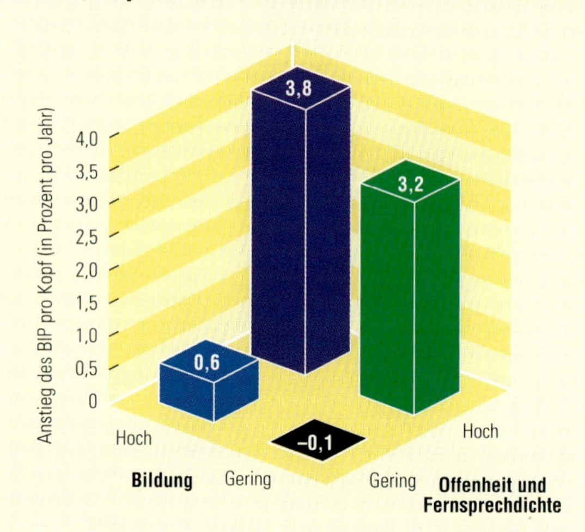

Hinweis: Jeder Balken stellt die durchschnittliche Wachstumsrate für eine Reihe von Ländern über den Zeitraum von 1965 bis 1995 dar. Bildung entspricht der durchschnittlichen Anzahl der Ausbildungsjahre der Bevölkerung. Offenheit entspricht der Summe der Im- und Exporte dividiert durch das BIP. Fernsprechdichte entspricht der Zahl der Hauptleitungen pro 100 Einwohner. Bei den Ländern, die bei diesen Variablen einen hohen oder niedrigen Wert aufweisen, handelt es sich um jene mit Werten, die wenigstens eine Standardabweichung ober- bzw. unterhalb des Durchschnitts der Stichprobe liegen. Einzelheiten zur Berechnung sind den Technischen Anmerkungen zu entnehmen. Quelle: Berechnungen des Weltbank-Stabs.

- Die Fernsprechdichte steht für die Fähigkeit der Menschen, bei Bedarf auf nützliche Informationen zuzugreifen.

Produkte, neue Märkte und neue Möglichkeiten für die Schaffung von Wohlstand hervorbringen. Das Konzept ist zwar ansprechend, doch liefert der Ansatz keine tieferen empirischen Einsichten zur Erklärung der Unterschiede im Wirtschaftswachstum in den verschiedenen Ländern. Er steht zudem vor dem Problem, Wissen sinnvoll zu quantifizieren. Bei einigen Studien aber wurden wissensbezogene Faktoren ermittelt, die Einfluß auf die Wachstumsraten von Ländern haben. Neben dem menschlichen Kapital zählen dazu Investitionen in die F&E, eine offene Handelspolitik und das Vorhandensein einer Infrastruktur zur Verbreitung von Informationen (Sonderbeitrag 1.3).

Und doch tragen noch andere Faktoren, die nicht unmittelbar mit Wissen in Zusammenhang stehen, zum Wachstum bei. Studien aus jüngerer Zeit zogen zum Beispiel die Schlußfolgerung, daß die Qualität der Institutionen und der Wirtschaftspolitik einen beachtlichen Teil des Wirtschaftswachstums erklärt. Diese Institutionen und die Politik fördern die Schaffung von Wissen. Ohne einen Schutz des Eigentums an physischem Kapital und Wissenskapital würde weniger investiert und geforscht, denn Investoren würden davon ausgehen, daß sie keinen angemessenen Gewinn aus ihren Bemühungen erzielen. Gute Institutionen und eine gute Politik erleichtern den Wissenstransfer und machen es wahrscheinlicher, daß Wissen effektiv genutzt wird. Außerdem äußert sich die Beziehung zwischen Wissen und Institutionen in beiden Richtungen: fördernde Institutionen erleichtern die Erzeugung und Verbreitung von Wissen, und das Wissen, vor allem über die Folgen alternativer institutioneller

Regelungen, kann zur Gründung von mehr fördernden Institutionen führen. Aufgrund dieser wechselseitigen Beziehung ist es für Länder um so wichtiger, Institutionen ins Leben zu rufen, die bei der Schaffung eines Klimas, das für einen ungehinderten Fluß von Wissen und Informationen sorgt und diesen Fluß unterstützt, mit den Märkten Hand in Hand arbeiten.

Chancen und Risiken in einer sich rasant entwickelnden globalen Wirtschaft

Drei Überlegungen sprechen für ein besseres Verständnis der wechselseitigen Beziehung zwischen Wissen und Entwicklung. Erstens, die Weltwirtschaft wird immer integrierter – globaler –, und die Länder haben wenig Einfluß auf die globalen Trends, noch können sie sich ihnen lange entziehen. Zwischen 1960 und 1995 legte der internationale Handel (Exporte plus Importe) stetig zu, von 24 Prozent des weltweiten BIP bis auf 42 Prozent. Heute beherrschen multinationale Konzerne die Weltwirtschaft: ein Drittel des Welthandels wird zwischen ihnen und den mit ihnen verbundenen Unternehmen abgewickelt. Durch Verbesserungen in der internationalen Kommunikation ist Entfernung im großen und ganzen unbedeutend geworden.

Zweitens, der Anteil der im High-Tech-Bereich tätigen Wirtschaftszweige an der gesamten Wertschöpfung und den Exporten ist in nahezu allen Ländern der OECD gestiegen (Tabelle 1.4). Schätzungen zufolge ist mehr als die Hälfte des BIP der größten OECD-Länder durch die Erzeugung und Verteilung von Wissen begründet. Die Folgen für die Zusammensetzung der Arbeiterschaft sind offensichtlich: In den Vereinigten Staaten befassen sich mehr Arbeiter mit der Erzeugung und Verteilung von Wissen als mit der Herstellung von Waren. Diese Kennzahlen sind in erster Linie für die Länder der OECD verfügbar und gelten unter Umständen nicht für Entwicklungsländer. Aber sie bieten nützliche Einsichten in die Bedeutung des Wissens für Unternehmen und Länder, die sich in der globalen Wirtschaft dem Wettbewerb stellen.

Die Schaffung von Fachwissen – ein Maß dafür sind die erteilten Patente, auch wenn nicht jedes Fachwissen patentiert wird – expandiert rasant. Die Zahl der weltweit angemeldeten Patente stieg von 1,4 Millionen im Jahre 1989 auf 2 Millionen im Jahre 1993. Laufende Neuerungen, die voranschreitende Automation und der Wettbewerb bei der Schaffung und Nutzung von Wissen haben die Produktzyklen in vielen Industriezweigen verkürzt. Eine Studie hat prognostiziert, daß sich der durchschnittliche Produktzyklus in der Automobilindustrie zwischen 1993 und 2000 in den Vereinigten Staaten von acht auf vier Jahre und in Japan von sechs auf vier Jahre verkürzen werde.

Tabelle 1.4

Anteil der High-Tech-Güter an der Wertschöpfung im Fertigungsbereich und den Exporten in Ländern mit hohem Einkommen

(in Prozent)

	Wertschöpfung		Exporte	
Land	**1970**	**1994**	**1970**	**1993**
Australien	8,9	12,2	2,8	10,3
Belgien	—	—	7,2	10,9
Dänemark	9,3	13,4	11,9	18,1
Deutschland	15,3	20,1	15,8	21,4
Finnland	5,9	14,3	3,2	16,4
Frankreich	12,8	18,7	14,0	24,2
Griechenland	—	—	2,4	5,6
Irland	—	—	11,7	43,6
Italien	13,3	12,9	12,7	15,3
Japan	16,4	22,2	20,2	36,7
Kanada	10,2	12,6	9,0	13,4
Neuseeland	—	5,4	0,7	4,6
Niederlande	15,1	16,8	16,0	22,9
Norwegen	6,6	9,4	4,7	10,7
Österreich	—	—	11,4	18,4
Schweden	12,8	17,7	12,0	21,9
Spanien	—	13,7	6,1	14,3
Vereinigte Staaten	18,2	24,2	25,9	37,3
Vereinigtes Königreich	16,6	22,2	17,1	32,6

— Nicht verfügbar.
Quelle: OECD 1996b.

Drittens, die Informationstechnologien entwickeln sich mit rasanter Geschwindigkeit. Es heißt, daß eine Boeing 767 Mitte der achtziger Jahre 500 Dollar hätte kosten und die Erde in 20 Minuten bei einem Verbrauch von 20 Litern Kerosin hätte umrunden müssen, wenn sich die Luftfahrtindustrie seit Mitte der sechziger Jahre so spektakulär entwickelt hätte wie die Computer-Industrie. Derartige technische Fortschritte spiegeln den Fortschritt beim Fachwissen wider. Die Informationsrevolution treibt die Schaffung von neuem Wissen voran, denn Investoren und Neuerer haben raschen Zugriff auf Wissen, das für sie ein unverzichtbarer Rohstoff ist. Es vereinfacht zudem die Produktion einer steigenden Zahl von anderen Waren und Dienstleistungen. So ist etwa der Anteil der Mikrochip-Industrie am BIP der Vereinigten Staaten explodiert (Schaubild 1.3). Was aber noch viel wichtiger ist: Die Informationsrevolution eröffnet zahllose Chancen zur weiten Verbreitung von Wissen. Das Gesprächsaufkommen im internationalen Telefonverkehr stieg zwischen 1975 und 1995 dank qualitativ höherwertiger, preisgünstigerer Telekommunikationsverbindungen jährlich um durchschnittlich 15 Prozent.

Schaubild 1.3

Realer Anteil der Halbleiterindustrie an der US-amerikanischen Wirtschaft

Der wirtschaftliche Beitrag der Mikrochip-Industrie steigt exponentiell an.

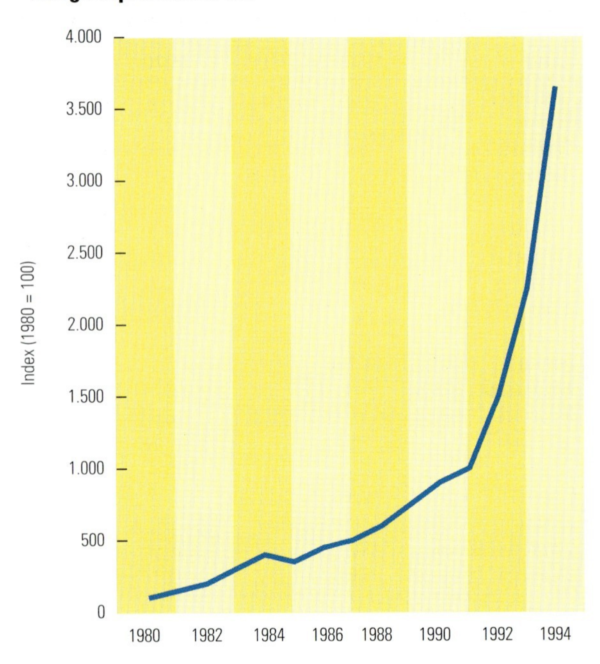

Hinweis: Dieser Index wird berechnet, indem die reale Produktionsmenge von Halbleitern, deflationiert mittels eines Preisindex für Halbleiter, durch das reale BIP dividiert und der ermittelte Wert anschließend für das Jahr 1980 gleich 100 gesetzt wird. Er gibt daher den realen Halbleiteranteil am realen BIP zum Preis pro Einheit von 1980 wieder. Quelle: Adaptiert aus Flamm, Hintergrundpapier (b).

Auch wenn sich mehr Entwicklungsländer dafür engagieren, ihre Investitionen in Wissen stark zu erhöhen, müssen sie sich unter Umständen auch anstrengen, um einfach nur Schritt zu halten. Denn wenn mehr Industrieländer künstliche (und billigere) Ersatzprodukte für viele ihrer traditionellen Exportwaren entwickeln, ist zu erwarten, daß die Preise für diese Waren fallen. So wie El Salvador schwer getroffen wurde, als die Erfindung chemischer Farbstoffe Indigo, die Hauptexportware des Landes, überflüssig machte, stehen viele Länder heute vor ähnlichen Problemen. Kupferkabel werden durch Glasfaserkabel ersetzt, Kakao durch künstliche Kakaoaromen usw. Wenn die Entwicklungsländer ihre Produktivität nicht erhöhen und nicht zur Produktion neuer Waren übergehen – für beides ist der Erwerb neuen Wissens erforderlich –, wird ihr Lebensstandard relativ zur übrigen Welt sinken.

Entwicklungsländer, die danach streben, ihren Lebensstandard nicht nur zu erhalten, sondern zu verbessern, müssen noch mehr tun. Sie müssen in der Wertschöpfungskette vorwärts kommen, um Waren zu produzieren, die in der Regel ein höheres Maß an Technologie erfordern und in sich bergen. Und dazu müssen sie das Wissensgefälle abbauen.

Heute kann der Vorteil, den ein Land in bestimmten Bereichen der Produktion und des Handels gegenüber einem anderen Land hat, mit Blick auf solche, sich relativ wenig verändernde, greifbare Faktoren wie das relative Angebot an Arbeit, Land und natürlichen Ressourcen nicht mehr statisch betrachtet werden. Sobald Wissen und das Potential, sein eigenes Wissen zu erweitern, berücksichtigt werden, kommt es auf den *dynamischen komparativen Vorteil* an – den relativen Vorteil, den Länder sich selbst verschaffen können. Selbst der dynamische komparative Vorteil geht davon aus, daß Entwicklungsländer eine Zeitlang eher Importeure von technischem Wissen bleiben als dessen Hauptproduzenten sein werden. Aber die Geschwindigkeit, mit der sie dieses – auf der Grundlage von Fähigkeiten und Anreizen – tun, wird erheblichen Einfluß auf den Lebensstandard haben. Der technologische Wandel hat die relativen Einnahmen ungelernter Arbeiter verringert, und Ländern, deren Wirtschaft auf ungelernten Arbeitskräften und Waren fußt, die aus natürlichen Ressourcen gefertigt werden, droht daher ein Absinken des Lebensstandards. Im Gegensatz dazu können Länder, denen es gelingt, das Wissensgefälle abzubauen, in größerem Umfang von den Vorteilen des Wissens profitieren, auf die ein Großteil des Wohlstands in Industrieländern zurückzuführen ist.

Den Entwicklungsländern bieten sich gewaltige Chancen, schneller zu wachsen und möglicherweise zu den Industrieländern aufzuschließen. Um diese Chancen in einer sich rasant entwickelnden globalen Wirtschaft zu nutzen, können es sich die Entwicklungsländer nicht leisten, sich auf die Akkumulation von physischem Kapital und die Ausbildung ihrer Bevölkerung zu beschränken. Sie müssen auch für neue Ideen und Gedanken offen sein und die Vorteile des technologischen Fortschritts nutzen. Sie müssen deshalb die Macht und die Reichweite des Wissens ausbauen, um die in bezug auf den Lebensstandard bestehende Kluft zu schließen. Einige der ostasiatischen Volkswirtschaften haben gezeigt, daß das Wissensgefälle in der Tat innerhalb relativ kurzer Zeit abgebaut werden kann, möglicherweise schneller als das Gefälle beim physischen Kaptial. Es besteht jedoch ein enger Zusammenhang zwischen dem Kapital- und dem Wissensgefälle, und die Länder Ostasiens strebten in der Regel danach, beide gleichzeitig abzubauen.

Länder, die es versäumen, Anreize für Investitionen in die effektive Nutzung von globalem und regionalem

Wissen zu bieten, werden wohl hinter jene zurückfallen, denen dieses gelingt. Einige Länder haben das Potential der globalen Wirtschaft erkannt und haben klare Strategien zu seiner Ausnutzung entwickelt. Andere müssen akzeptieren, daß die Globalisierung da ist, und zwar schneller, als sie sich das vielleicht wünschen würden.

Was für den Abbau von Wissensgefällen erforderlich ist

Eine erfolgreiche Entwicklung erfordert daher mehr als die Investition in physisches Kapital oder den Abbau des Kapitalgefälles. Sie erfordert auch den Erwerb und die Nutzung von Wissen – den Abbau von Wissensgefällen. Die drei folgenden Kapitel befassen sich mit den Möglichkeiten zum Abbau dieser Gefälle und führen an, daß Entwicklungsländer sich in die Lage bringen müssen, durch effektive Strategien für den Erwerb und die Nutzung von Wissen die Chancen zu nutzen und die Risiken zu minimieren. Die Hauptaufgaben sind dabei:

- der Erwerb und die Anpassung von globalem Wissen – sowie die Schaffung von Wissen vor Ort (Kapitel 2)
- die Investition in Humankapital, um die Fähigkeit zur Aufnahme und Nutzung von Wissen auszubauen (Kapitel 3)
- die Investition in Technologien, um sowohl den Erwerb als auch die Aufnahme von Wissen zu vereinfachen (Kapitel 4).

Die Strategien zur Bewältigung dieser drei Aufgaben ergänzen sich gegenseitig. Länder erhalten nur Zugang zu neuen Technologien, wenn sie auch in Bildung investieren. Neue Technologien regen die Nachfrage nach Bildung an und machen es einfacher, Wissen zu erlangen. Effektive Maßnahmen für den Erwerb, die Annahme und die Weitergabe von Wissen stellen daher sich gegenseitig verstärkende Bestandteile einer Gesamtstrategie zur Verringerung von Wissensgefällen dar.

Kapitel 2

Erwerben von Wissen

Menschen, Unternehmen und Länder nutzen Fachwissen, um ihre Effizienz bei der Produktion von Waren und Dienstleistungen zu steigern. Manchmal schaffen sie dieses Wissen selbst; manchmal übernehmen sie Wissen, das von anderen geschaffen wurde. Bei ihrer Entscheidung, ob sie Wissen schaffen oder übernehmen sollen, berücksichtigen sie die Zwänge und Beschränkungen, denen sie unterliegen. Industrieländer investieren Zeit und Geld in die Forschung und Entwicklung, um ihre Wissensbasis auszubauen. Entwicklungsländer, denen weniger Ressourcen zur Verfügung stehen, investieren weniger in die F&E. Statt dessen bauen sie ihre Wissensbasis in der Regel dadurch aus, daß sie anderswo geschaffenes Wissen erwerben und an ihre Bedürfnisse anpassen.

Trotz der enormen und zunehmenden Chancen, anderswo geschaffenes Wissen zu erschließen, wird das Einkommensgefälle zwischen reichen und armen Ländern zunehmend größer. Die Herausforderung für Entwicklungsländer besteht darin, ihre Fähigkeiten – menschliche wie auch insitutionelle – zu stärken, so daß alle Bereiche, Unternehmen und Privatpersonen, Wissen effektiv erwerben, anpassen und nutzen können. Ein solches Vorgehen sollte sich mehr als auszahlen. Geht man dabei jedoch schlecht oder nachlässig vor, wird das Wissensgefälle zwischen den Industriestaaten mit ihrer enormen Fähigkeit, Wissen zu schaffen, und den Entwicklungsländern größer, und auch das Einkommensgefälle nimmt dann zu. In der Tat ist die Tatsache, daß das Einkommensgefälle nicht abgenommen hat, auch dadurch begründet, daß in vielen Entwicklungsländern nicht genug getan wurde, um das Wissensgefälle abzubauen. Im Gegenteil, diejenigen Entwicklungsländer, denen es gelungen ist, rasant zu wachsen, betrachteten den Abbau dieses Gefälles als einen wesentlichen Bestandteil ihrer Entwicklungsstragie.

Die Verringerung von Wissensgefällen innerhalb eines Landes ist genauso wichtig wie die Verringerung von Gefällen von einem Land zum anderen. Eine Untersuchung von 200 Unternehmen in Kenia ergab, daß die produktivsten unter ihnen 40mal effizienter arbeiteten als die am wenigsten produktiven – und ein durchschnittliches Unternehmen arbeitete halb so gut wie das beste. Wenn alle Unternehmen in der untersuchten Gruppe so produktiv wären wie das beste Unternehmen, wäre ihre Gesamtleistung doppelt so hoch wie sie tatsächlich ist. Und wenn diese Auswahl an Unternehmen repräsentativ für die Fertigung in Kenia im allgemeinen ist, würde das BIP um 10 Prozent steigen, wenn alle Unternehmen die örtliche Best Practice anwenden würden. Untersuchungen in Ghana und Simbabwe lassen ähnliche Steigerungsmöglichkeiten erwarten (Schaubild 2.1).

Diese Steigerungen wären sogar noch größer, wenn diese Entwicklungsländer dazu gebracht werden könnten, internationale Best Practice anzuwenden. Die durchschnittliche Produktivität kenianischer Spinnereien betrug 66 Prozent der Produktivität englischer Betriebe. Wenn man von einem ähnlichen Gefälle zwischen der Best Practice in Kenia und der in England ausgeht (und England als Referenz für internationale Best Practice heranzieht), könnten kenianische Unternehmen einen Anstieg des Fertigungsausstoßes um 50 Prozent – und einen weiteren 5prozentigen Anstieg des BIP – verzeichnen, wenn sie der internationalen Best Practice entsprechend produzieren würden. Diese Überschlagsrechnung verdeutlicht den großen Gewinn, der durch den Abbau von Wissensgefällen innerhalb von und zwischen Ländern verzeichnet werden könnte.

Ähnlich große Gewinne aus der effektiveren Nutzung vorhandenen Wissens können in Bereichen wie Gesundheit und Landwirtschaft erzielt werden. Die Technologie, mit deren Hilfe viele ansteckende Krankheiten ausgerottet werden können, die die Entwicklungsländer belasten, gibt es bereits. Die Herausforderung besteht darin, dieses Wissen effektiv weiterzugeben, insbesondere an die Armen.

Dieses Kapitel befaßt sich mit zwei Hauptthemen:

- *Erwerb von technischem Wissen aus aller Welt.* Für die meisten Entwicklungsländer ist es überaus wichtig, den weltweit vorhandenen Bestand an Wissen zu erschließen. Und bei ihren Strategien für den Erwerb von Wissen dürfen sie auch den Schutz des geistigen Eigentums nicht außer acht lassen. Die nationale und internationale Politik muß ihrerseits das richtige Gleichgewicht zwischen der Erhaltung von Anreizen für die Schaffung von Wissen und der Hemmung von Bestrebungen zu seiner Verbreitung finden.
- *Schaffung von Fachwissen im eigenen Land.* Wenn es nutzbringend verwendet werden soll, muß importiertes Wissen an die Gegebenheiten vor Ort angepaßt werden. Außerdem müssen Entwicklungsländer nicht nur importiertes Wissen besser annehmen, sondern auch neues Wissen schaffen und das Wissen, über das sie selbst verfügen, ausnutzen, um Bedürfnisse im Inland zu erfüllen. Zudem müssen sie ihre eigene Forschung und Entwicklung (F&E) besser nutzen.

Schaubild 2.1

Produktionseffizienz in Unternehmen in drei afrikanischen Ländern

Die Produktivität schwankt selbst innerhalb von Entwicklungsländern sehr stark.

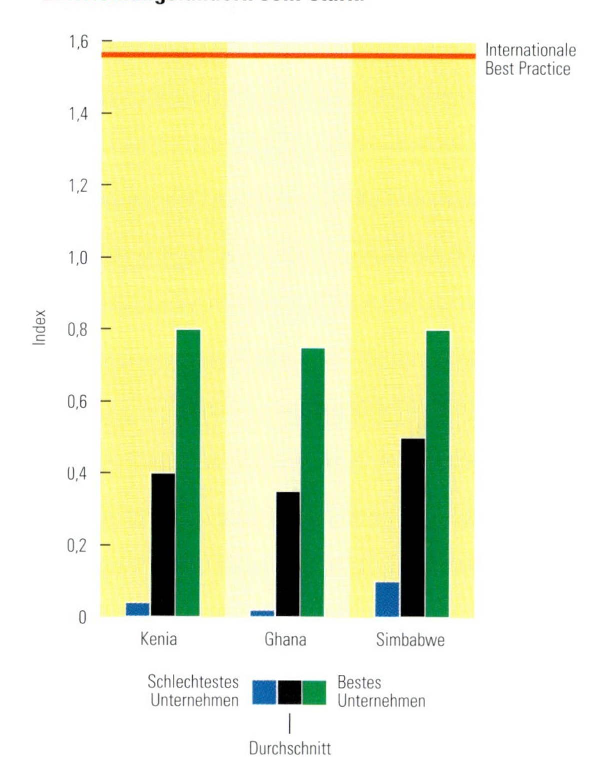

Hinweis: Die Daten stammen aus einer Umfrage in Produktionsbetrieben in drei Ländern in den Jahren 1992 - 1993. Der Index wird so berechnet, daß 1 der unter allen Unternehmen in der Stichprobenerhebung angesichts der verfügbaren Ausgangsmaterialien und des politischen Umfelds maximal erreichbaren Effizienz entspricht. Quelle: Biggs, Shah und Srivastava 1995.

Erwerb von globalem Fachwissen

Industrieländer sind bei der Entwicklung von neuen Produkten und Verfahren führend. Achtzig Prozent der weltweiten F&E und ein ähnlicher Anteil an den wissenschaftlichen Publikationen stammen aus den stärker industrialisierten Ländern. Für Entwicklungsländer ist der Erwerb von Wissen aus dem Ausland die beste Möglichkeit, ihre Wissensbasis auszubauen. In der Tat ist eine der eindrucksvollsten Lektionen, die uns Japan und die industriellen Schwellenländer in Ostasien gelehrt haben, wie wichtig es ist, etablierte Technologien aus dem Ausland zu importieren – und auf sie zu bauen. Entwicklungsländer haben, unabhängig von ihren institutionellen Nachteilen, Zugang zu einem großartigen Gut: dem in Industrieländern angehäuften technologischen Wissen. Sie sollten diesen weltweit vorhandenen Bestand an Wissen für sich erschließen, und Regierungen sollten den privaten Sektor bei seinen dahingehenden Bemühungen unterstützen.

Erschließen von globalem Wissen

Die Liberalisierung des Handels und der Verwaltungen in vielen Ländern und die rasch sinkenden Transport- und Kommunikationskosten führen zu einer stärker verflochtenen – globaleren – Weltwirtschaft. Sowohl der Handel mit Waren und Dienstleistungen als auch die ausländischen Direktinvestitionen haben zugenommen, wie auch der grenzüberschreitende Reiseverkehr und die Migration. Hier untersuchen wir ansatzweise, welche Rolle der Handel, die ausländischen Direktinvestitionen, die Lizenzierung von Technologien und die internationale Freizügigkeit von Menschen als wichtigste Kanäle für den Erwerb von importiertem Wissen spielen. (Andere, die hier nicht besprochen werden, sind strategische Allianzen, technische Hilfe und elektronischer Austausch.)

Schaubild 2.2

Waren im internationalen Handel nach Technologieintensität

Technologische Güter haben ihren Anteil am Welthandel erheblich vergrößert.

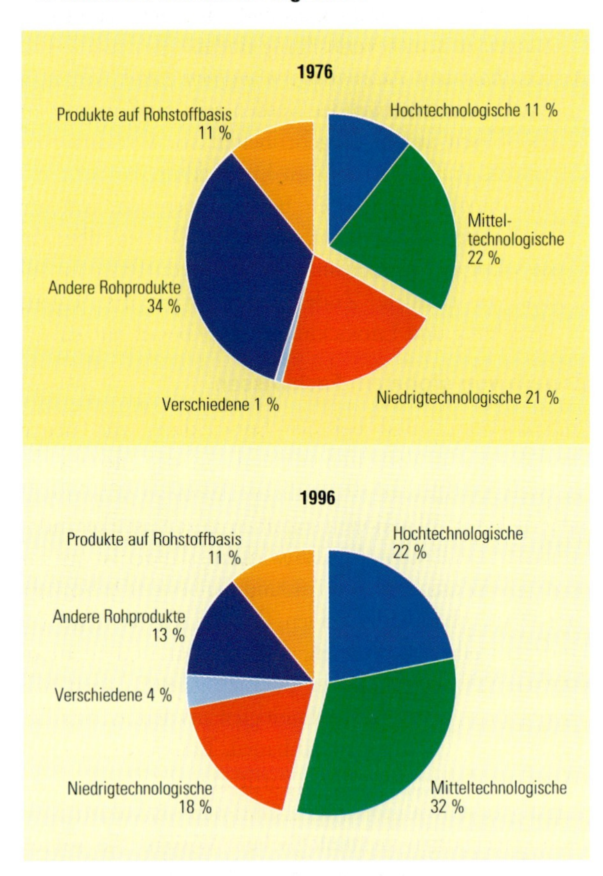

Hinweis: Mittel- und hochtechnologische Güter sind jene, die eine intensive F&E, wie durch die F&E-Ausgaben gemessen, erfordern. Quelle: Weltbank COMTRADE-Datenbank.

Internationaler Handel. Handel kann zu einem stärkeren Bewußtsein für neue und bessere Möglichkeiten zur Produktion von Waren und Dienstleistungen führen: Exporte tragen zu diesem Bewußtsein durch die Informationen bei, die Käufer und Verkäufer erhalten, Importe durch den Zugang zu Wissen in Gestalt von Waren und Dienstleistungen, die anderswo produziert werden. Und während der Handel immer stärker durch Wissen angetrieben wird, eröffnen sich weitere Chancen, technisches Wissen zu erwerben. Seit den siebziger Jahren hat sich die Struktur des internationalen Handels erheblich verändert: Während er früher von Rohstoffen (z. B. Eisenerz, Kaffee und Rohbaumwolle) dominiert wurde, herrschen heute technologieintensive Waren vor (Schaubild 2.2). High-Tech-Waren allein verdoppelten ihren Anteil an den weltweiten Warenexporten von 11 Prozent im Jahre 1976 auf 22 Prozent im Jahre 1996. Gleichzeitig hat sich der Anteil der Rohstoffe von früher 45 Prozent auf nun weniger als 25 Prozent verkleinert.

Exporte setzen Unternehmen weltweiten Bewertungsmaßstäben für Qualität und Konstruktion aus. Unternehmen haben durch sie die Möglichkeit, Größenvorteile zu nutzen, indem sie die Produktion über die Grenzen des im heimischen Markt Möglichen hinaus ausdehnen. Eine Ausrichtung auf den Export führt zudem durch den Druck des Wettbewerbs auf dem globalen Markt zu Effizienz. Und um mit den Best-Practice-Unternehmen in anderen Ländern konkurrieren zu können, investieren Exporteure häufig mehr in Wissen als solche, die nur den heimischen Markt bedienen.

Um den Handel auszudehnen, benötigen Länder außerdem gute Standards, Meß-, Prüf- und Qualitätssicherungssysteme. Diese stellen die Infrastruktur für technische Tätigkeiten dar und gewinnen stetig an Bedeutung, da die gehandelten Erzeugnisse und Dienstleistungen zunehmend weltweiten Standards und Vorschriften entsprechen müssen. Wenn der Verbraucher nicht problemlos zwischen Erzeugnissen oder Dienstleistungen unterschiedlicher Qualität, die von verschiedenen Unternehmen produziert werden, wählen kann, kann die schlechte Qualität eines Herstellers allen anderen schaden und im äußersten Fall sogar zum Zusammenbruch ganzer Märkte führen. In Lateinamerika führte vor einigen Jahren die minderwertige Qualität einiger Exportlieferungen – verseuchtes Obst, eingelaufene Textilien – dazu, daß Händler in Nordamerika mehrere Monate Exporte aus diesen Ursprungsländern mieden. Die Erlangung einer Zertifizierung bezüglich der Erfüllung von Qualitätsstandards ist für Länder, die in dem Ruf stehen, minderwertige Produkte zu exportieren, besonders wichtig (Sonderbeitrag 2.1).

Ausländische Direktinvestitionen. Große multinationale Unternehmen sind weltweit führend, was Innovationen anbelangt, und die weltweite Verbreitung ihrer Produktionstätigkeiten ist ein wichtiger Faktor für die Verbreitung ihres Wissens in Entwicklungsländern. Die beachtliche Größe ihrer Wissensbasis zeigt die Tatsache, daß 26 Prozent aller zwischen 1990 und 1996 in den Vereingten Staaten erteilten Unternehmenspatente den 50 größten Industrieländer-Multis erteilt wurden. Das in Weltkonzernen vorhandene Wissen wird durch die Annahme des Wissens durch die Mitarbeiter und heimischen Lieferanten sowie durch den Technologieverkauf (Nutzungsrechte, Lizenzen, Patentrechte) nach außen getragen. In Malaysia beauftragt die örtliche Tochtergesellschaft der

Sonderbeitrag 2.1

ISO 9000: Zeichen für Qualität und Förderer der Produktivität

In der Serie der internationalen ISO 9000 Qualitätssicherungsstandards sind detaillierte Vorgehensweisen zur Sicherung der Qualität in allen Phasen der Fertigung festgelegt. Sie fordern von Unternehmen, die die Zertifizierung erlangen wollen, einen strikten Nachweis über die Einhaltung der Standards. Im Jahre 1988 wurden bestehende nationale Qualitätsstandards für Erzeugnisse und Dienstlsteistungen von der International Standards Organization (ISO) übernommen und unter der Bezeichnung ISO 9000 veröffentlicht. Eine Zertifizierung nach ISO 9000 (die für den gesamten Fertigungsprozeß, nicht für bestimmte Erzeugnisse gilt) ist auf den Märkten ein Garant für Qualität, und häufig verlangen Unternehmen, die international einkaufen, daß ihre Stammlieferanten dieses Zulassungssiegel erlangen.

Eine Untersuchung der United Nations Industrial Development Organisation aus dem Jahre 1995 nannte die Nachfrage seitens ausländischer Kunden als Hauptbeweggrund für Exporteure in Asien und Lateinamerika, sich nach ISO 9000 zertifizieren zu lassen. Von 93 brasilianischen Großunternehmen, die 1994 befragt wurden, steigerten 55 Prozent infolge von ISO 9000 ihre Produktivität, 35 Prozent verbesserten die Standardisierung von Prozessen, 31 Prozent erhöhten die Beteiligung der Mitarbeiter an der Qualitätssicherung, und über 20 Prozent gaben an, daß ihre Kunden zufriedener seien.

Chemieunternehmen in Indien haben sich ebenfalls um eine Zertifizierung nach ISO 9000 bemüht, um Kunden aus dem Westen der Qualität ihrer Produkte zu versichern. Sudarshan Chemical Industries war im Jahre 1993 das erste zertifizierte Chemieunternehmen in Indien. Der Vorgang dauerte 15 Monate, und das Unternehmen hatte rund fünf Jahre an der Qualitätssicherung insgesamt gearbeitet, bevor es den Antrag stellte. Mehr als 95 Prozent der Lieferungen werden nun pünktlich ausgeführt (früher waren es 70 Prozent). Die Fehlergrenze bei der Produktqualität wurde von 6 Prozent auf 1 Prozent und bei der Qualität von neuen Materialien von 4 Prozent auf 1 Prozent verringert.

US-amerikanischen U.S. Intel Corporation heute Firmen, die von ehemaligen Ingenieuren gegründet wurden, mit einer Reihe von Aufgaben.

Inwieweit ein Entwicklungsland von ausländischen Direktinvestitionen profitieren kann, hängt im wesentlichen von seiner Handels- und Investitionspolitik ab. Länder mit einem durch Zölle geschützten örtlichen Markt ziehen solche Investitionen wohl eher an, jedoch allein zu dem Zweck, Zollschranken zu umgehen. Die ins Land kommende Technologie ist dann wahrscheinlich älter und weniger effizient, da sie nur mit ähnlich geschützten inländischen Firmen zu konkurrieren braucht. Länder mit einer offeneren Handelspolitik ziehen eher wettbewerbsfähige, nach außen gerichtete Investitionen an, die eine effizientere Technologie und Geschäftsführung mit sich bringen. Ob diese Investitionen auch Vorteile für die Gastländer bringen, hängt zum Teil von der Wettbewerbsfähigkeit der örtlichen Anbieter ab, welche wiederum von deren Fähigkeiten, ihrem Zugang zu Ausgangsmaterialien zu Weltmarktpreisen und von der unterstützenden inländischen Infrastruktur abhängt (Sonderbeitrag 2.2).

Der Umfang dieser Vorteile hängt zudem auch von den Verbindungen zwischen Unternehmen in ausländischem Besitz und dem Rest der Wirtschaft ab. Dennoch arbeiten ausländische Unternehmen häufig in Enklaven, relativ abgekapselt von örtlichen Unternehmen – und daher mit wenigen Gelegenheiten, Wissen weiterzugeben. Ein hervorragendes Beispiel sind die *Maquiladoras*, die Fertigungsanlagen an der Grenze zwischen Mexiko und den Vereinigten Staaten. Die Maquiladoras sind in einer Vielzahl von Industriezweigen tätig. Was ihre Größe und Technisierung anbelangt, so reichen sie von Nähereien bis hin zu riesigen Montagebetrieben für Elektronikgeräte mit Hunderten von Arbeitern. Seit ihren Anfängen im Jahre 1965 ist die Zahl der Beschäftigten in den Maquiladoras auf mehr als 800.000 Arbeiter in fast 3.000 Betrieben angewachsen. Abgesehen von ihrer Funktion als Arbeitgeber (von größtenteils ungelernten Arbeitskräften) verbindet diese Betriebe kaum etwas mit der mexikanischen Wirtschaft, denn sie verarbeiten in erster Linie importierte US-amerikanische Rohprodukte, die zu speziellen Zolltarifen eingeführt wurden.

In der heutigen globalen Wirtschaft werden ausländische Direktinvestitionen vor allem durch eine gut ausgebaute Kommunikations- und Transportinfrastruktur angelockt, und hier sind Entwicklungsländer klar im Nachteil. Viele leiden auch unter einem instabilen wirtschaftlichen, politischen oder sozialen Umfeld. Die Folge ist, daß trotz des beträchtlichen Anstiegs der ausländischen Direktinvestitionen in Entwicklungsländer in den letzten zehn Jahren ein Großteil dieser Investitionen nur in eine kleine Zahl von Ländern geht. Die Mehrheit der Länder profitiert davon nur marginal, und in die afrikanischen Länder südlich der Sahara fließt nur rund 1 Prozent der gesamten Mittel (Schaubild 2.3).

Wenn Entwicklungsländer mehr globales Wissen erhalten sollen, müssen sie mehr ausländische Direktinvestitionen ins Land ziehen. Regierungen in Ländern, in denen das Investitionsklima für riskant erachtet wird, können ausländische Direktinvestitionen kurzfristig durch eine Zusammenarbeit mit der Multilateral Invest-

Sonderbeitrag 2.2

Wie man technisches Wissen durch Handel und ausländische Direktinvestitionen ins Land zieht – und wie nicht

Offenheit gegenüber den Weltmärkten erleichtert den Erwerb internationaler Technologien, Investitionsgüter und Ideen – und sorgt für schnelleres Wachstum. Eine Untersuchung zu den Faktoren, die das Wirtschaftswachstum in 130 Ländern vorantreiben, ergab, daß eine statistisch signifikante, positive Beziehung zwischen dem Anstieg des BIP pro Kopf und dem Verhältnis zwischen Exporten plus Importen zum BIP besteht. Laut einer anderen Studie machten Exporte in wachstumsstarken Volkswirtschaften durchschnittlich 32 Prozent des BIP aus, in weniger wachstumsstarken hingegen nur 20 Prozent. Einer der Hauptgründe für das rasante Wachstum der ostasiatischen Volkswirtschaften war ihre Fähigkeit, enge Verbindungen zu den Weltmärkten aufzubauen und die Technologie, die durch diese Länder strömte, anzunehmen. Sie erreichten dies mit einer Politik, die von vollständiger Liberalisierung (zum Beispiel in Singapur) bis hin zu aggressiver Exportförderung (in Korea) reichte.

Länder im Nahen Osten und Afrika haben Exporteuren in letzter Zeit durch Freihandelszonen institutionelle Anreize geboten. Diese Freihandelszonen wurden jedoch größtenteils schlecht geführt, und die Einfuhrzölle blieben relativ hoch. Exporteure standen vor dem Problem, daß Rohstoffe mit immensen Einfuhrzöllen (35 bis 50 Prozent) belegt wurden und Einfuhrgenehmigungen, wenn es sie überhaupt gab, sehr schwierig zu erlangen waren.

Produktivitätsanstieg und Wirtschaftswachstum resultieren auch aus der Offenheit gegenüber ausländischen Ansichten und Technologien in Zusammenhang mit ausländischen Direktinvestitionen. Diese Entwicklung beginnt normalerweise mit den örtlichen Einkaufsvertretungen ausländischer Käufer, die eine wichtige Quelle für Wissen in den Bereichen Produktion und Marketing sind. Hongkong (China), Indonesien, Malaysia, Singapur, Taiwan (China) und Thailand waren besonders empfänglich für ausländische Direktinvestitionen, und ihr Wachstumssprung hing eng mit dem steigenden Zufluß ausländischer Investitionen zusammen, der wiederum einem günstigen Umfeld für ausländische Investitionen sowie günstigen externen Bedingungen zugeschrieben werden kann.

Für die Länder im Nahen Osten und Afrika trifft genau das Gegenteil zu. Sie haben sehr wenige ausländische Investitionen verzeichnet, und zwar aufgrund mehrerer Hemmnisse:

- Unsicherheit bei Eigentumsrechten, die ein unverzichtbares Element für ein marktfreundliches institutionelles Umfeld sind
- erhebliche Einschränkungen des Unternehmensbesitzes durch Ausländer (und eine übermäßige Reglementierung im allgemeinen)
- Spärliche Infrastruktur und
- ein ungesundes makroökonomisches Umfeld bei chronisch hohen Haushaltsdefiziten, hoher und instabiler Inflation und stark schwankenden Wachstumsraten.

ment Guarantee Agency (einer Zweigorganisation der Weltbank) oder die Nutzung anderer (öffentlicher oder privater) Versicherungsprogramme erleichtern. Ausländische Direktinvestitionen ins Land zu ziehen ist jedoch eher eine langfristige denn eine kurzfristige Aufgabe. Viele Länder, unter anderem einige afrikanische, haben Reformen in der Politik durchgesetzt und über einen längeren Zeitraum (fünf oder mehr Jahre) aufrechterhalten, eine hohe Wirtschaftsleistung erreicht und hart daran gearbeitet, ein für ausländische Investitionen günstiges Umfeld zu schaffen. Und doch wird bisher nur zögerlich investiert. Auch scheinen Investoren Länder mit guten Aussichten noch nicht von solchen mit schlechten Aussichten unterscheiden zu können. Im Laufe der Zeit dürften Investoren jedoch besser informiert sein, und der Investitionsfluß in jene Länder, die sich durch ihre solide, vernünftige Politik auszeichnen, sollte zunehmen.

Technologielizenzierung. Die Lizenzierung ausländischer Technologie ist für Entwicklungsländer zu einem wichtigen Mechanismus für den Wissenserwerb geworden. Die Zahlungen von Lizenz- und Patentgebühren sind von 6,8 Mrd. US-Dollar im Jahre 1976 auf mehr als 60 Mrd. US-Dollar im Jahre 1995 angestiegen. Die Lizenzierung von Technologien ist eine wirkungsvolle Möglichkeit, Zugang zu einigen neuen unternehmenseigenen Technologien zu erhalten, und kann sehr viel kostengünstiger sein, als wenn man versuchen würde, eine ähnliche Technologie selbst zu entwickeln. Die Kenntnisse, die durch die Nutzung fortschrittlicherer Technologien erworben werden können, können eine wichtige Rolle bei der Verringerung des Wissensgefälles spielen und dadurch eine langfristige Entwicklung begünstigen. Inländische Unternehmen können außerdem Lizenzierungsmöglichkeiten ausdrücklich nutzen, um ihre technologische Entwicklung zu beschleunigen, indem sie aushandeln, daß sie in Bereichen, die sie weiterentwickeln wollen, Zugang zu den zugrunde liegenden Konstruktionsprinzipien der lizenzierten Technologien erhalten, wie es zahlreiche koreanische Unternehmen getan haben.

Die Informationsunterschiede zwischen den an einem Technologie-Lizenzvertrag beteiligten Parteien kann jedoch den potentiellen Umfang des Vertrags einschränken. Wenn sie den wahren Preis und die tatsächliche Qualität der angebotenen Technologie nicht kennen, laufen Lizenznehmer Gefahr, veraltete oder minderwertige Technologien auszuwählen. Lizenzgeber wiederum könnten befürchten, daß Lizenznehmer unter Umständen versuchen, den Vertrag nicht zu erfüllen, nachdem sie sich das Wissen angeeignet haben. Auch das kann ein Hemmnis sein. Einige Länder haben sich dieses Problems angenommen und Informationszentren für inländische Unternehmen eingerichtet, in denen sich diese umfassend über

Schaubild 2.3

Trends beim Fluß von ausländischen Direktinvestitionen in Entwicklungsländer

Die ausländischen Direktinvestitionen in Entwicklungsländern haben sich in diesem Jahrzehnt vervielfacht – sie konzentrieren sich aber weiterhin auf nur wenige Märkte.

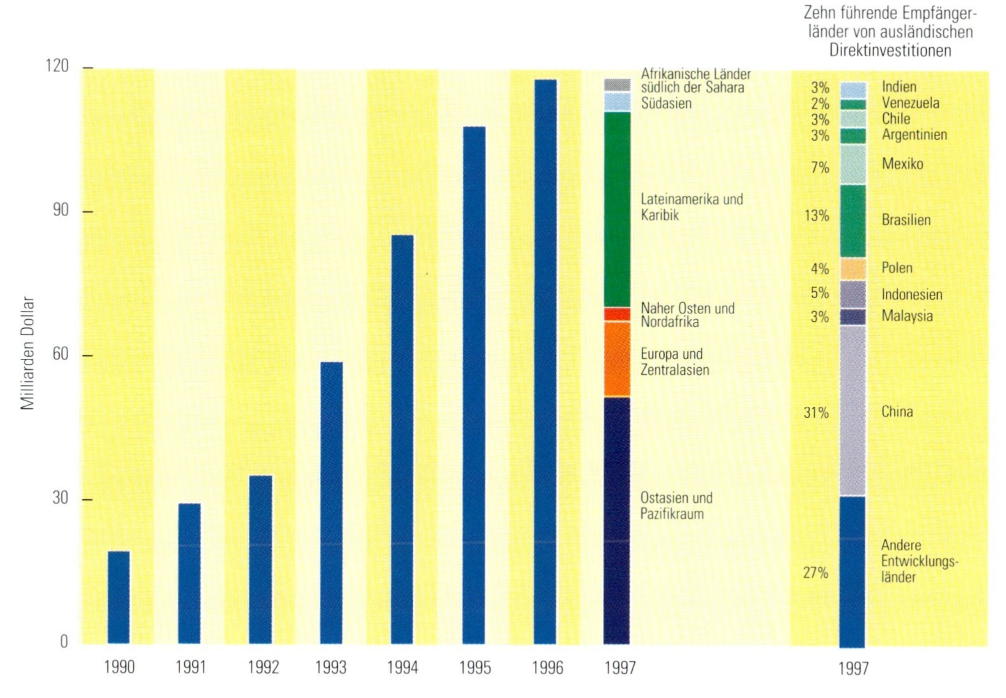

Quelle: Weltbank 1998d.

die ausländischen Technologiemärkte informieren und so ihre ungünstigere Position bei Lizenzverhandlungen verbessern können. Eine weitere Möglichkeit ist die, sich einen guten Namen zu machen, indem man weitere Verträge in Aussicht stellt, oder die Höhe der Patentgebühren an die Produktionsleistung des Lizenznehmers knüpft.

Um die Verhandlungsposition ausländischer Lizenzgeber zu schwächen, legte in den fünfziger und sechziger Jahren das japanische Ministerium für internationalen Handel und Industrie fest, welche Technolgien die japanischen Unternehmen von wem in Lizenz zu nehmen hatten. Dadurch sanken die Kosten für den Erwerb von Wissen aus dem Ausland. Einige Entwicklungsländer haben ebenfalls versucht, ihre Verhandlungsposition zu stärken, indem sie Verträge über den Technologieimport mit Restriktionen belegten oder die Höhe von Lizenzgebühren begrenzten. Wenn es einem Land aber an Marktmacht fehlt, kann der Schuß nach hinten losgehen, denn Lizenzgeber können auch mit anderen Ländern ins Geschäft kommen und könnten bei einem derart restriktiven Umfeld vom Technologietransfer absehen.

Reiseverkehr und Zuzug. Einige Entwicklungsländer verzeichneten einen erheblichen Zuzug von gelernten Arbeitskräften und Einwanderern, die Fachwissen mit ins Land brachten und zum Teil Verbindungen ins Heimatland aufrechterhielten, wodurch zusätzliches Wissen ins Land kam. Andere Länder haben mit ausländischen Fachleuten Fachwissen in Form von menschlichem Potential importiert. Internationale technische Hilfe und internationale Beratung bringen ebenfalls einen grenzüberschreitenden Verkehr von Menschen mit spezialisiertem Fachwissen mit sich.

Entwicklungsländer können auch von einem (vorübergehenden) Abfluß von menschlichem Potential profitieren: Reisen in die technologisch führenden Länder der Welt können ein sehr wirkungsvolles Mittel sein, um ausländisches Wissen zu erwerben. Nach dem Zweiten Weltkrieg kamen im Rahmen des Marshall-Plans fast 20.000 Europäer in die Vereinigten Staaten, um aus erster

Hand etwas über die fortschrittlichen US-amerikanischen Fertigungs- und Geschäftsführungsmethoden zu erfahren. Diese Reisen erwiesen sich als sehr nützlich bei der Errichtung und Produktivitätssteigerung von ähnlichen Betrieben in Europa.

In einem kleineren Rahmen bieten viele Unternehmen, Universitäten und Forschungszentren offizielle Austauschprogramme und Studienreisen an, um Wissen weiterzugeben. Dieses Angebot umfaßt Besuche von Handelsmessen, Versammlungen von Berufsverbänden und Kongresse. Regierungen, die Weltbank und andere internationale Entwicklungsinstitutionen bieten ebenfalls Besuche dieser Art an, damit Techniker und Politiker sich über die Best Practices in Industrie- oder anderen Entwicklungsländern informieren können.

Die Kehrseite der Medaille ist die weiterhin anhaltende Abwanderung von qualifizierten Kräften aus Entwicklungs- in Industrieländer. Derzeit studieren über 1 Million Studenten aus Entwicklungsländern an ausländischen Universtitäten; viele von ihnen, vor allem jene, die promovieren, kehren nicht in ihre Heimat zurück, weil sie dort schlechte Aussichten und geringe Verdienstmöglichkeiten sehen. Einige der besten Studenten, die in den Entwicklungsländern selbst ausgebildet wurden, wandern aus den gleichen Gründen ebenfalls ab. Alle diese Auswanderer bedeuten einen herben Verlust, zumal ihre Ausbildung häufig ganz oder teilweise staatlich subventioniert wurde.

Einige Entwicklungsländer haben Programme ins Leben gerufen, um diese Investitionen zurückzuerlangen. Am erfolgreichsten waren dabei Korea und Taiwan (China). Beide haben versucht, qualifizierte Kräfte ins Land zurückzuholen, indem sie denen, die zurückkamen, um in der Heimat zu lehren oder zu arbeiten, gute Arbeitsplätze sowie erhebliche finanzielle und steuerliche Anreize boten. Andere – wie zum Beispiel China, Indien und wiederum Taiwan (China) – haben sich das Sachwissen ihrer im Ausland lebenden Staatsbürger erfolgreich erschlossen, auch ohne sie ins Land zurückzuholen. Auswanderer arbeiten häufig in High-Tech-Firmen und kennen sich mit Markttrends und Marktnischen aus. Sie sind daher sehr gut in der Lage, Herstellern in der Heimat nützliche technische und marktbezogene Informationen zukommen zu lassen. Und sie können als Vermittler von Handels- und anderen Geschäften zwischen ihren Landsleuten und Ausländern fungieren.

Eine weitere wichtige Wissensquelle sind andere Entwicklungsländer. Denn der Wissensfluß verläuft nicht nur in einer Richtung von den Industrie- in die Entwicklungsländer. Eine zunehmende Menge an Wissen geben Entwicklungsländer aneinander weiter. Dazu zählen Technologien, die an die für Entwicklungsländer spezifischen Bedingungen angepaßt wurden, wie auch vor Ort vorhandenes Wissen. Länder, die sich heute auf einer niedrigeren Entwicklungsstufe befinden, können sehr viel aus den Erfolgen und Fehlschlägen der heute industrialisierten Länder lernen, denn auch letztere standen vor nicht allzu langer Zeit noch recht weit unten auf der Entwicklungsleiter. Wissen fließt auch aus Entwicklungs- in Industrieländer. Und zwar nicht nur in Form von landestypischem Wissen – etwa über die Heilkraft bestimmter einheimischer Pflanzen, über die einige Entwicklungsländer dank einer großen Artenvielfalt verfügen –, sondern auch in Form von modernen, technologischen Innovationen. Man kann davon ausgehen, daß dieser Informationsfluß – zwischen Entwicklungsländern oder zwischen Entwicklungs- und Industrieländern – weiter anschwellen wird.

Öffentliche Unterstützung des Technologietransfers

Nutzung und Mißbrauch von Anreizen. Um Wissen durch Handel, ausländische Direktinvestitionen oder Lizenzierung zu erwerben, müssen Unternehmen häufig ermuntert werden, sich bewußt und laufend darum zu bemühen, Technologien zu erlernen und anzupassen. Doch die Bemühungen der Unternehmen für den Staat sind schwierig zu überwachen. Unternehmen, die vor dem Preiswettbewerb geschützt sind, gelingt es unter Umständen nicht, sich rasch und effizient an neue Technologien anzupassen oder langfristige Kosten zu senken. Wenn der Schutz eines Wirtschaftszweigs für Unternehmen gewinnbringend zu sein scheint, können Regierungen einem verschwenderischen Lobbyismus Vorschub leisten, da Unternehmen sich eher um die Gunst der Regierung bemühen als darum, wettbewerbsfähig zu werden. Der staatliche Schutz kann dazu führen, daß Unternehmen kaum noch Anreize haben, nach der besten Technologie zu suchen, in die berufliche Ausbildung zu investieren und ihre Produkte anzupassen und zu überarbeiten.

Ein Beispiel, bei dem sich dieser durch einen fehlgeleiteten Schutz begründete negative Lerneffekt zeigt, ist der Transfer von Technologien für die Textilindustrie in bestimmte afrikanische Länder. Nur wenige Ressourcen wurden für die Suche nach besseren technologischen Alternativen aufgewendet, und während eines langen Zeitraums mit hohen Subventionen stieg die betriebliche Leistungsfähigkeit nicht an. Indem sie die Rentabilität der Textilindustrie durch Zölle, die Harmonisierung der Preise und die Genehmigungspflicht für Importe garantierte, vernichtete die Elfenbeinküste praktisch jeden Anreiz, die Produktion effizienter zu machen. Daten aus der Zeit vom Anfang der sechziger bis zum Ende der siebziger Jahre zeigen, daß die Textilindustrie der Elfenbeinküste trotz einer erheblichen staatlichen Intervention weder örtlichen technologischen Fähigkeiten entwickelte noch davon profitierte, daß sie teure ausländische Arbeitskräfte beschäftigte, noch für positive Nebeneffekte für die Wirtschaft sorgte. Die Folge war, daß sich die Produktivität der Arbeitskräfte und der Ausnutzungsgrad der Kapazitäten, sofern Daten überhaupt verfügbar waren, meist nur schleppend verbesserten.

Brasiliens Versuch, im eigenen Land eine Computerindustrie aufzubauen, veranschaulicht, wie schwierig es ist, eine Industrie in einem stark protektionistischen System aufzubauen. Mitte der siebziger Jahre verfügte die Regierung, daß das Segment des Computermarkts, der von kleinen Mikrocomputern bis hin zu Heimcomputern, Peripheriegeräten und Baugruppen reicht, inländischen Herstellern vorbehalten sein würde. Dazu verbot sie nicht nur Importe, sondern auch ausländische Direktinvestitionen. Eine Regierungsbehörde ermittelte, in welchen Bereichen inländische Produkte zu verwenden waren, holte Angebote von brasilianischen Unternehmen ein und erteilte Fertigungslizenzen. Sie richtete außerdem ein staatliches Forschungszentrum für Informationstechnik ein und schuf besondere steuerliche Anreize für die F&E im Bereich der Informationstechnik. Bis Mitte der achtziger Jahre konnte dank dieser Politik eine starke, nationale Industrie aufgebaut werden. Aufgrund des staatlichen Schutzes war die Industrie jedoch sehr zersplittert, und viele Hersteller produzierten zu geringe Mengen, um effizient sein zu können. Die inländische Bauteilindustrie war ebenfalls schwach und ineffizient, das Exportaufkommen – hauptsächlich bestehend aus Druckern – war gering. Die Preise für brasilianische Computer waren im internationalen Vergleich überaus hoch, und die Computer waren in der Regel eine Generation älter als die neusten Modelle im Ausland. Im Jahre 1992 wandte man sich mit der Liberalisierung des Informationsmarkts schließlich von dieser Politik ab.

Eine wichtige Funktion eines wettbewerbsfähigen Preissystems besteht darin, möglichst geringe Produktionskosten herbeizuführen. Frei zugängliche Märkte gleichen einem Wettstreit: je höher die Leistung, um so größer ist der Gewinn. Regierungen, die Schutzwälle um einen Industriezweig errichten, bewirken das Gegenteil und lassen den Informationsfluß, den die Märkte aufrechterhalten, versiegen. Um erfolgreich zu sein, muß eine Politik, die neue Industriezweige fördern soll, in dem Maß, in dem sie den Wettstreit auf dem Markt ausschaltet, eine Alternative finden, die eine laufende Effizienzsteigerung gewährleistet.

Viele ostasiatische Volkswirtschaften taten dies zum Teil, indem sie Subventionen auf der Grundlage fester Regeln und der Leistung gewährten, so daß der Ermessensspielraum der Verwaltung eingeengt wurde. Unternehmen, die auf Exportmärkten erfolgreich Fuß faßten, wurden bei der Kreditvergabe bevorzugt. Einiges spricht dafür, daß die Subventionierung entsprechend der Exportleistung dazu beitrug, daß Technologien genutzt wurden, die modern genug waren, damit die Unternehmen auf den Weltmärkten bestehen konnten und gewährleistet war, daß der Lernprozeß mit der technologischen Entwicklung Schritt hielt. Die ostasiatischen Staaten entwickelten zudem Lösungen zur besseren Kontrolle der Verwaltung (zum Beispiel durch Arbeitsplatzrotation), mit denen die Korruptionsmöglichkeiten eingeschränkt wurden. Zwar sind Exportsubventionen gemäß den Bestimmungen der Welthandelsorganisation (WTO) nicht mehr zulässig, doch man kann noch sehr viel aus den Strategien der ostasiatischen Volkswirtschaften lernen.

Nationale Strategien. Die Regierungen vieler Länder haben eine gewichtige Rolle bei der Entwicklung und Anwendung von Technologien gespielt. Die US-amerikanische Regierung ließ 1842 die erste Telegrafenleitung von Baltimore nach Washington bauen. Den staatlich angebotenen landwirtschaftlichen Forschungs- und Beratungsdiensten wird im allgemeinen ein Großteil des enormen Anstiegs der Produktivität in der Landwirtschaft zugeschrieben, der in den 135 Jahren nach ihrer Einführung zu verzeichnen war. Das Internet, das die Art des weltweiten Informationsaustauschs verändert, wurde in den Vereinigten Staaten mit öffentlichen Mitteln aufgebaut.

In den letzten 50 Jahren wurde in einigen wenigen Ländern, die hart daran gearbeitet haben, das Wissensgefälle zwischen ihnen und den in technologischer Hinsicht weltweit führenden Ländern abzubauen, die Regierung aktiv, unter anderem in Japan, Korea und Taiwan (China). Korea verfolgte einen stark interventionistischen und nationalistischen Kurs, beschränkte ausländische Investitionen auf ein Mindestmaß und vertraute statt dessen auf andere Arten des Technologietransfers und eine gemeinsame Anstrengung im Inland zugunsten der Technologie (Sonderbeitrag 2.3).

Zwar war auch die Regierung Taiwans (China) aktiv an der Förderung der Industrie beteiligt, jedoch unterschied sich ihre Politik in vielerlei Hinsicht von der Koreas. Anstatt wenige große Unternehmen zu unterstützen, die besonders erfolgreich im Exportgeschäft waren, setzte Taiwan bei seiner Wachstumsstrategie auf kleine und mittlere Betriebe. Wie Koreas riesige *Chaebol* versuchten auch die kleineren taiwanesischen Betriebe in großem Umfang Technologien zu importieren. Taiwan errichtete zwar keine Barrieren für ausländische Direktinvestitionen wie etwa Korea, aber genausowenig gründete das Land die Entwicklung darauf, wie einige andere Volkswirtschaften

Sonderbeitrag 2.3

Korea: Erfolge eines starken, interventionistischen Staates

Einer weit verbreiteten Meinung zufolge ist Koreas Wachstum durch den Markt begründet, ein Ergebnis der Offenheit gegenüber den internationalen Märkten. Einige Wissenschaftler behaupten hingegen, daß der Aufstieg dieses asiatischen Tiger-Staats durch einen starken, interventionistischen Staat herbeigeführt wurde – einen Staat, der bewußt und in großem Umfang für Schutz durch Zölle sorgte und Subventionen gewährte, Zinssätze und Wechselkurse beeinflußte, Investitionen verwaltete und die Industrie mit Zuckerbrot und Peitsche unter Kontrolle hielt. Relative Preise wurden absichtlich „falsch" festgesetzt, um die Früchte eines daraus entstehenden, relativen Vorteils zu säen und zu ernten, anstatt zuzulassen, daß sie sich durch das freie Spiel der Marktkräfte auf dem „richtigen" Niveau einpendelten. Die koreanische Regierung war der Ansicht, daß letzteres kurzfristig zwar zu mehr Effizienz führen, die Wirtschaft langfristig aber geschwächt würde.

Koreas Entwicklungsstrategie bestand in erster Linie aus einem lehrhaften Ausprobieren und beruhte auf zwei Zielsetzungen: dem Wachstum der Exporte und dem Schutz ausgewählter junger Industrien durch Schutzzölle. Die Förderung von Exporten, vor allem der Exporte von Industriewaren, wurde Anfang der sechziger Jahre zu einer aktiv verfolgten Politik, nachdem in den fünfziger Jahren Versuche, Importe zu ersetzen, fehlgeschlagen waren. Sie führte zur Begründung eines praktisch freien Handels für Exporteure durch ein umfassendes System zur Zollrückvergütung an direkte und indirekte Exporteure. Die Anreize, die Exporteuren geboten wurden, umfaßten die Senkung von direkten Steuern, den bevorrechtigten Zugang zu Einfuhrgenehmigungen sowie Vorzugszinssätze. Die Exportförderung brachte somit eine erhebliche Einbeziehung des Staates mit sich.

Korea entschied, sich zunächst auf Produkte geringen technologischen Gehalts zu konzentrieren, bei denen die Kluft zwischen den benötigten und den vor Ort verfügbaren Fähigkeiten nicht allzu groß war. Das hatte zwei Folgen: das Land lernte durch die praktische Beschäftigung mit den Produkten, und koreanische Unternehmen waren weniger abhängig von ausländischem Fachwissen. Anfang der sechziger Jahre lag das Hauptaugenmerk unter anderem auf der Zement- und Düngerindustrie sowie auf der Erdölraffinierung. Gegen Ende der sechziger und zu Beginn der siebziger Jahre konzentrierte man sich statt dessen zunehmend auf die Stahlindustrie und die Petrochemie, und in den späten siebziger Jahren wiederum faßte man den Schiffbau, Investitionsgüter, langlebige Konsumgüter und Chemikalien ins Auge. In jüngster Zeit wurden die Elektronik- und andere Bauteilindustrien vorrangig behandelt.

In jeder Phase hat diese Industriepolitik Diskussionen hervorgerufen. Ihre Verfechter verweisen auf das Ergebnis: zwischen 1955 und 1991 hat sich Koreas BIP pro Kopf versechsfacht. Ihre Kritiker behaupten, daß Korea ohne diese Politik noch rasanter gewachsen wäre. Sicher, rückblickend scheint nicht jede Entscheidung eine kluge Entscheidung gewesen zu sein. Gleiches gilt aber auch für jedes große Privatunternehmen, in das sich der Staat nicht eingemischt hat. Die Investitionen in die Petrochemie wirkten nach dem steilen Anstieg des Ölpreises im Jahre 1973 vielleicht wie eine Fehlentscheidung, aber diesen Preisanstieg hätte wohl niemand vorhersehen können. Außerdem scheinen Koreas Investitionen in die Petrochemie aus heutiger Sicht auch wegen des real niedrigeren Ölpreises doch recht klug gewesen zu sein – vielleicht muß man einfach vorausschauender sein. In jedem Fall aber haben diese und andere Investitionen in die Technologie, die in den siebziger Jahren getätigt wurden, den koreanischen petrochemischen Unternehmen ermöglicht, auf der Technologieleiter nach oben zu klettern und das Wissensgefälle abzubauen.

ausländische Direktinvestitionen in Bausch und Bogen ins Land zu holen.

Zwei andere ostasiatische Tigerstaaten verfolgten eine konventionellere, nach außen gerichtete Politik und wiesen dem Staat eine andere Rolle zu. Hongkong (China), durch und durch eine Freihandelswirtschaft, nahm eine liberalere Haltung zum Technologieerwerb ein und überließ den privaten Unternehmen die Auswahl des bevorzugten Mittels. Der Stadtstaat schuf ein stabiles Umfeld mit freiem Handel und niedrigen Steuern für alle Investoren, ungeachtet ihrer Herkunft. In Verbindung mit einer soliden Basis aus chinesischen Unternehmern und einem gut entwickelten Handels- und Finanzsektor führte dies zum Wachstum eines pulsierenden, exportorientierten industriellen Sektors, der sich auf ein Betätigungsfeld mit relativ geringem technologischen Gehalt spezialisierte und sich weitgehend auf das inländische Unternehmertum stützte. Wirklich erfolgreich ist Hongkong (China) aber in seiner Funktion als Umschlagplatz, als zwischen China und dem Rest der Welt gelegener Handelsplatz.

Singapur, das ebenfalls über ein weitgehend freies Handelssystem verfügt, entschied sich, auf ausländische Investitionen zu vertrauen, die es aktiv begünstigte, und diese Investitionen in zunehmend komplexe und skalenintensive Technologien zu leiten. Von allen Entwicklungsländern hat sich Singapur am stärksten auf ausländische Direktinvestitionen gestützt, die das Land anfangs mit disziplinierten, kostengünstigen Arbeitskräften ins Land zog. Angesichts dieses erfolgreichen Anziehens von

Investitionen stiegen die Löhne. Um Singapur als attraktiven Standort zu sichern, mußte die Regierung eine physische Infrastruktur aufbauen. Der Seehafen, der Flughafen und die Telekommunikationsinfrastruktur zählen heute zu den modernsten und effizientesten der Welt. Und da Singapur in hohem Maße in die fachliche Aus- und Weiterbildung investiert hat, zählen die Arbeitskräfte des Landes heute zu den qualifiziertesten der Welt.

Die Entwicklung des Schutzes des geistigen Eigentums

Viele der industriellen Schwellenländer Ostasiens importierten einen Großteil ihres Fachwissens in einer Zeit, in der die Rechte am geistigen Eigentum nicht so vehement durchgesetzt wurden wie heute. In letzter Zeit unternahm man, in erster Linie auf Betreiben der Industrieländer, entschlossen Schritte zur Stärkung der Rechte am geistigen Eigentum. Im Jahre 1994 wurde zum Abschluß der Uruguay-Runde über multilaterale Handelsvereinbarungen, die zur Gründung der Welthandelsorganisation (WTO) führte, ein neues Abkommen über handelsbezogene Aspekte der Rechte am geistigen Eigentum (TRIPs) geschlossen, das den Rechten am geistigen Eigentum in den Mitgliedsländern der WTO Nachdruck verlieh, wobei den Entwicklungsländern eine Übergangsfrist eingeräumt wurde (Sonderbeitrag 2.4).

Rechte am geistigen Eigentum sind ein Kompromiß: Einerseits soll ein Anreiz zur Schaffung von Wissen erhalten bleiben, andererseits ist die kostengünstige oder kostenfreie Verbreitung von Wissen erwünscht. Ohne ein System, das die Rechte derjenigen schützt, die Wissen schaffen, ist es unwahrscheinlich, daß Privatpersonen und Unternehmen zu diesem Zweck sehr viel, oder zumindest soviel wie andere, aufwenden. Patente zum Beispiel verleihen Wissenserschaffer die rechtlich durchsetzbare Befugnis, andere für einen bestimmten Zeitraum (in den Vereinigten Staaten 17 Jahre) von der Nutzung ihres Wis-

Sonderbeitrag 2.4

Handelsbezogene Rechte am geistigen Eigentum (TRIPs) in Kürze

Das Recht am geistigen Eigentum wird durch nationale Gesetze geregelt und ist daher in der Regel nur im Bereich einer einzigen inländischen Gerichtsbarkeit durchsetzbar, und zwar unabhängig von einem derartigen Schutz, der in einem anderen Land gewährt wird. Für die Begründung einer globalen Rechtsordnung für Rechte am geistigen Eigentum müssen daher die nationalen Regierungen zusammenarbeiten und ihr jeweiliges Recht harmonisieren. Zahlreiche internationale Abkommen zur Förderung der Zusammenarbeit wurden in den letzten 100 Jahren geschlossen. Die meisten werden von der Weltorganisation für geistiges Eigentum (WIPO), einer Sonderorganisation der Vereinten Nationen, verwaltet. WIPO-Übereinkünfte – z. B. die Pariser Verbandsübereinkunft zu industriellen Erfindungen und die Berner Übereinkunft zum Urheberrecht in Literatur, Kunst und Musik – verlangen von den Unterzeichnerstaaten beim Schutz der Rechte am geistigen Eigentum eine nationale Behandlung (Gleichbehandlung von in- und ausländischen Unternehmen), legen gewöhnlich aber keine gemeinsamen Vorschriften für den Schutz fest. Neue globale Regularien zu Rechten am geistigen Eigentum machen eine Neubewertung früherer Strategien für den Erwerb, die Verbreitung und die Nutzung von Wissen erforderlich.

Das TRIPs-Abkommen aus dem Jahre 1994 baut auf bestehenden WIPO-Übereinkünften auf und legt den Grundstein für eine globale Konvergenz, durch die ein besserer Schutz des geistigen Eigentums erreicht wird. Die Unterzeichnerstaaten sind verpflichtet, beim Schutz des geistigen Eigentums die Grundsätze der nationalen Behandlung und den Status der meistbegünstigten Nation (MFN) anzuwenden. Anders als die meisten intenationalen Vereinbarungen zu Rechten am geistigen Eigentum legt das TRIPs-Abkommen Mindeststandards für den Schutz jeglicher Form von geistigem Eigentum fest: Urheberrechte, Marken, Dienstleistungszeichen, geographische Angaben, Industriedesign, Patente, Planungsentwürfe für integrierte Schaltkreise und Betriebsgeheimnisse.

In jedem Bereich legt das Abkommen die Hauptaspekte des Schutzes fest: den zu schützenden Gegenstand, die zu übertragenden Rechte und die zulässigen Ausnahmen von diesen Rechten. Als erstes internationales Abkommen über geistiges Eigentum befaßt sich TRIPs mit der Durchsetzung von Rechten am geistigen Eigentum und sieht dazu grundlegende Maßnahmen vor, mit denen sichergestellt wird, daß im Falle einer Verletzung der Schutzrechte Rechtsbehelfe zur Verfügung stehen. Bei Auseinandersetzungen zwischen WTO-Mitgliedern bezüglich der Verpflichtungen in Zusammenhang mit TRIPs gelangen die Schlichtungsverfahren zur Anwendung, die auch für andere WTO-Abkommen gelten.

Die Bestimmungen des TRIPs-Abkommens wurden Anfang 1996 für alle Unterzeichnerstaaten wirksam, wobei Entwicklungsländern eine 4jährige Übergangszeit eingeräumt wurde. Ausgenommen davon sind jedoch die Pflichten, die sich auf die nationale und die MFN-Behandlung beziehen. Entwicklungsländer können für Produktpatente in Bereichen der Technologie, die nicht vor 1996 geschützt wurden (gilt für pharmazeutische Produkte), eine zusätzliche Übergangszeit von 5 Jahren in Anspruch nehmen. Den am wenigsten entwickelten Ländern wird eine Übergangszeit bis zum Jahr 2006 eingeräumt, wobei auch hier die nationale und die MFN-Behandlung ausgenommen sind.

sens auszuschließen. Allerdings hat der Patentschutz in den verschiedenen Industriezweigen einen unterschiedlichen Stellenwert. In einigen Wirtschaftszweigen wie der Pharmaindustrie oder Spezialchemie, in denen Produkte häufig eine lange Lebenszeit haben und das Kopieren einer Formel relativ einfach ist, ist er wichtiger als in anderen, zum Beispiel in der Elektronikbranche, in der die Produktzyklen sehr kurz sind und Geheimhaltung unter Umständen eine wirkungsvollere Ausschlußstrategie ist. Rechte am geistigen Eigentum sind wichtig, da die Kosten für die Entwicklung neuer Produkte recht hoch sein können. Für die Pharmaindustrie in den Vereinigten Staaten etwa belaufen sich die Kosten für die Entwicklung, Prüfung und Vermarktung eines neuen Medikaments Schätzungen zufolge auf durchschnittlich 200 Millionen US-Dollar.

Man erwartet, daß eine Stärkung der Rechte am geistigen Eigentum zu einer Zunahme der F&E in jenen Ländern führen wird, die einen solchen Schutz bieten. Es gibt jedoch selbst in Industrieländern kaum empirische Belege für den Einfluß des Rechte am geistigen Eigentum-Schutzes auf höhere Investitionen in die F&E. Zum Teil spiegelt dies die Schwierigkeiten bei der Bestimmung eines kausalen Zusammenhangs wider, denn Rechte am geistigen Eigentum regen möglicherweise nicht nur Forschungaktivitäten an, sondern der Bedarf an Schutz ist vielleicht in Ländern größer, die mehr in die F&E investieren. Der Nutzen von Patenten geht jedoch weit über die Stimulation von Investitionen in die F&E hinaus. Patente sorgen dafür, daß andere Wissenschaftler an Informationen gelangen und dann in die gleiche Richtung weiterforschen, um zur Befriedigung neuer Bedürfnisse Innovationen zu entwickeln.

Von Zeit zu Zeit wird auch behauptet, daß ein besserer Patentschutz in Entwicklungsländern die Forschungstätigkeit der Industrieländer in Bereichen stimulieren könnte, die für Entwicklungsländer von Belang sind (zum Beispiel tropische Krankheiten). Aber auch hierfür gibt es kaum empirische Belege, obwohl man zurecht davon ausgehen kann, daß der Schutz der Rechte am geistigen Eigentum eine notwendige, wenn auch nicht hinreichende Bedingung für private Unternehmen ist, um derartige Investitionen zu tätigen.

Da Entwicklungsländer häufig Wissen nutzen, das in Industrieländern erzeugt wurde, haben sie ein besonderes Interesse an seiner Verbreitung. Ohne einen gewissen Schutz des geistigen Eigentums besteht für Unternehmen in Industrieländern jedoch keinerlei Anreiz, Wissen weiterzugeben oder überhaupt Investitionen zu tätigen, die zum Wissenstransfer führen könnten. Der Umfang und die Qualität des Patentschutzes in Entwicklungsländern haben somit Einfluß auf ausländische Direktinvestitionen sowie auf den direkten Technologietransfer durch Lizenzvereinbarungen und die vertikale Integration multinationaler Konzerne – beides wichtig für die Verbreitung von Wissen (Sonderbeitrag 2.5). Die Rechte am geistigen Eigentum leisten zudem einen Beitrag zur Entstehung eines Wissensmarkts, indem sie die rechtliche Grundlage für den Verkauf und die Lizenzierung von Technologie schaffen. Sie zeigen potentiellen Investoren, daß ein Land ihr geistiges Eigentum respektiert und offen ist für geschäftliche Beziehungen, in denen akzeptierte internationale Normen beachtet werden. Zudem können die Rechte am geistigen Eigentum Weltkonzerne, die sich bereits in einem Entwicklungsland angesiedelt haben, ermuntern, mehr technologieintensive Funktionen, unter anderem F&E, an ihre Niederlassungen zu transferieren und ihr Wissen weiterzugeben, das in relativ einfach nachzuahmenden Produkten steckt.

Sonderbeitrag 2.5

Rechte am geistigen Eigentum, Investitionen und Technologietransfer

Eine Studie der Weltbank ergab, daß die Stärke oder Schwäche des Systems zum Schutz des geistigen Eigentums, das in einem Land besteht, vor allem im Hochtechnologiebereich einen erheblichen Einfluß auf die Art der Technologien hat, die US-amerikanische, deutsche und japanische Unternehmen in dieses Land transferieren. Diese Stärke oder Schwäche beeinflußt offenbar auch die Art und den Umfang der ausländischen Direktinvestitionen in dem Land, auch wenn sich dieser Einfluß in den einzelnen Wirtschaftszweigen scheinbar unterschiedlich äußert.

In der Chemie- und Pharmaindustrie waren wenigstens 25 Prozent der befragten Unternehmen der Ansicht, daß der Schutz in Argentinien, Brasilien, Chile, Indien, Nigeria und Thailand nicht ausreichend sei, um ihnen zu erlauben, in Joint-Ventures zu investieren, in die sie fortschrittliche Technologie einbringen würden. Im Maschinenbau und der Elektrotechnik galt das Gleiche für Brasilien, Indien, Nigeria, Taiwan (China) und Thailand.

Mehr als ein Viertel der Chemie- und Pharmaunternehmen aus den drei oben genannten Industrieländern waren der Ansicht, daß der Schutz des geistigen Eigentums in Argentinien, Chile und Indien zu schwach sei, als daß sie ihre neuesten oder leistungsfähigsten Technologien an ihre dortigen 100%igen Tochtergesellschaften transferieren könnten. Und mehr als 20 Prozent der Maschinenbau- und Elektrotechnikunternehmen aus diesen drei Ländern glaubten, daß dies in Brasilien, Nigeria und den Philippinen der Fall sei. Hongkong (China) und Singapur wurden als die Volkswirtschaften mit dem besten Schutz der untersuchten Gruppe betrachtet.

Viele Entwicklungsländer haben damit begonnen, ihre Gesetze zu den Rechten am geistigen Eigentum zu reformieren. Die Zahl derjenigen Entwicklungsländer, die die Pariser oder die Berner Übereinkunft unterzeichnet haben, ist von rund 50 in den sechziger Jahren auf über 100 Mitte der neunziger Jahre gestiegen. Aufgrund der höheren Anforderungen des 1996 in Kraft getretenen TRIPs-Abkommens und des wachsenden Bewußtseins für die Bedeutung des Wissens für ihre eigene wirtschaftliche Tätigkeit ist zu erwarten, daß mehr Entwicklungsländer den Schutz der Rechte am geistigen Eigentum verbessern werden.

Trotz aller Vorteile geben die Auswirkungen der Rechte am geistigen Eigentum auf Entwicklungsländer in mancherlei Hinsicht Anlaß zur Besorgnis. Striktere Rechte am geistigen Eigentum können die Kosten des Wissenserwerbs erhöhen. Sie verbessern die Verhandlungsposition der Erzeuger des Wissens, und schwächen die der Benutzer. Da Wissen ein wichtiger Grundstoff für die Erzeugung weiteren Wissens ist, können sich umfassendere Rechte am geistigen Eigentum – in Entwicklungs- wie auch in Industrieländern – negativ auf Weiterentwicklungen auswirken, die sich Erfindungen zunutze machen, deren Patente noch nicht abgelaufen sind. Es gibt daher Bedenken, daß eine Verschärfung der Rechte am geistigen Eigentum das Innovationstempo insgesamt tatsächlich verlangsamen könnte. Allerdings gibt es hierfür genauso wenig einen empirischen Beleg wie für den positiven Einfluß von Rechten am geistigen Eigentum auf eine Zunahme der F&E. Zudem besteht auch die Befürchtung, daß bei einer Patentierung von Wissen das Imitationstempo verlangsamt werden und sich das Wissensgefälle von Industrie- zu Entwicklungsländern vergrößern könnte.

Verschärfte Rechte am geistigen Eigentum können Entwicklungsländer daher in zweierlei Hinsicht benachteiligen: indem sie das Wissensgefälle vergrößern und den Erzeugern des Wissens, die zum Großteil in Industrieländern ansässig sind, eine bessere Verhandlungsposition verschaffen. Das wirft Fragen bezüglich der Folgen für die Verbreitung auf. Besonders schwerwiegend können diese Folgen unter Umständen aufgrund der relativ schlechten Verhandlungsposition von Entwicklungsländern bei Preisverhandlungen mit Alleinanbietern dann sein, wenn es um die Auswirkungen von Patenten auf den Preis von Medikamenten geht. Die Befürchtungen sind aber möglicherweise übertrieben. Manche vertreten den Standpunkt, daß das von den Ärmsten am dringendsten benötigte Wissen – um etwa einen Großteil der von ihnen verwendeten Medikamente selbst zu produzieren – bereits öffentlich zugänglich ist, vor allem weil die Patente abgelaufen sind. Zudem müssen die Gefahren und die bereits beschriebenen Vorteile schärferer Rechte am geistigen Eigentum zusammen betrachtet werden. Ein ideales System zum Schutz der Rechte am geistigen Eigentum müßte einen Ausgleich für die Sorgen und Nöte aller von schärferen Rechten am geistigen Eigentum betroffenen Seiten finden.

Rechte am geistigen Eigentum sind ein vielschichtiges Problem, und Änderungen, die den Schutz verbessern oder verschlechtern, können sich auf Entwicklungsländer auf verschiedene Arten auswirken, die bei der weiteren Entwicklung von Abkommen zum Schutz der Rechte am geistigen Eigentum in Betracht zu ziehen sind. Ein leicht verständliches Beispiel ist die Gültigkeitsdauer eines Patents: je länger sie ist, um so mehr Schutz bietet das Patent einem Erfinder. Obwohl die Gültigkeitsdauer von Patenten in erheblichem Umfang vereinheitlicht wurde, bleiben einige Fragen offen. Beginnt die Gültigkeit eines Patents für ein Arzneimittel angesichts der langwierigen behördlichen Zulassungsverfahren erst nach Erteilung der Zulassung? Oder ab dem Zeitpunkt, zu dem der der Erfinder einen Patentantrag stellt? Standards für die Bestimmung, ob ein Produkt neuartig genug ist, um einen Anspruch auf Patentschutz zu haben, und für die Beantwortung der Frage, wie weit sich dieser Schutz auch auf zugehörige Produkte und Verfahren erstrecken soll, stellen komplexe Probleme dar, und Änderungen können beachtliche Auswirkungen haben. Weitreichende Patente etwa verschlechtern die Aussichten für jeden, der versucht, die betreffende Technologie an andere Umstände anzupassen.

Für Entwicklungsländer ergeben sich neue Probleme in Hinblick auf den Schutz am geistigen Eigentum im Bereich der Biotechnologie. Züchter in Industriestaaten vertrauen auf das normale Patentrecht, um mit Unterstützung der Biotechnologie entwickelte landwirtschaftliche Produkte und Verfahren zu schützen. Züchter, die einen derartigen Schutz genießen, können verhindern, daß Konkurrenten ihr geschütztes Material für die Zucht verwenden – und sogar, daß Bauern geerntetes Saatgut wiederverwenden. Im Pharma- und Biotechnologiebereich bot das Patentrecht in den Industrieländern kurz nach der Entwicklung der neuen Forschungshilfsmittel der Molekulargenetik bereits ersten Schutz für eine Vielzahl dieser Innovationen, unter anderem für die grundlegenden Mechanismen beim Genspleißen. Diese Schutzmaßnahmen haben Auswirkungen auf die Verfahren zur Herstellung einer Vielzahl von Produkten und gehen somit weit über den Schutz eines bestimmten pharmazeutischen oder anderen Produkts hinaus.

Ein wirkungsvoller Schutz des geistigen Eigentums kann sich auch auf traditionelles Wissen auswirken. Eine Frage ist, wie örtliche Gemeinschaften zu entschädigen sind, wenn Unternehmen aus Industrieländern Wissen patentieren lassen, das aus ihrem Land stammt (Sonderbeitrag 2.6).

Die rasante Entwicklung in der Wissenschaft wie auch beim Recht zum Schutz des geistigen Eigentums eröffnet den Entwicklungsländern Chancen und stellt sie gleichzeitig vor eine Herausforderung. Die Chance besteht darin, daß die neuen Technologien bei der Entwicklung von Erzeugnissen zur Bekämpfung von typischen Krankheiten in Ländern mit tropischem oder auch gemäßigtem Klima von Nutzen sein können und daß die Ausdehnung des Schutzes des geistigen Eigentums dem privaten Sektor größere Anreize bietet, diese Produkte zu entwickeln. Die Herausforderung wiederum besteht darin, daß sehr viele Unternehmen aus Industrieländern derzeit ihre Position mit Blick auf den Schutz des geistigen Eigentums stärken, der häufig grundlegende Hilfsmittel für die Forschung sowie marktfähige Produkte umfaßt, so daß es für neue Unternehmen und Forscher schwierig werden könnte, in diesem neuen globalen Wirtschaftszweig Fuß zu fassen. Unternehmen und staatliche Forschungsgruppen in Entwicklungsländern werden Verträge mit Unternehmen aus Industrieländern schließen müssen, um in den Besitz von Technologien zu gelangen, die in privater Hand sind. Und sie werden lernen müssen, wie sie derartige Verträge aushandeln und sich an der anhaltenden Debatte über besondere Formen geistigen Eigentums beteiligen, um sicherzustellen, daß ihre Interessen und die ihres Landes nicht außer acht gelassen werden.

Der Anbruch des digitalen Zeitalters wirft weitere Probleme auf. Die Verschmelzung der Computer- mit der Telekommunikationstechnik sorgte für eine explosionsartige Zunahme der Computernetze und die Entstehung einer globalen Informationsinfrastruktur. In diesem neuen Umfeld verschwimmen die Grenzen zwischen Carriern (die für die Verbindung sorgen) und Content Providern (die Inhalte anbieten). Auf Tastendruck kann jeder anonym urheberrechtlich geschütztes Material von Websites in aller Welt herunterladen. Die Verfolgung von Carriern, die Urheberrechte von digitalen Informationen verletzen, kann von einer solchen Verletzung abschrecken. Sie kann aber auch die Ausdehnung der Mehrwertdienste hemmen, die die globale Informationsinfrastruktur so wertvoll machen.

Im Dezember 1996 lud die WIPO Diplomaten zu einer Konferenz zur Überarbeitung der Berner Übereinkunft ein. Der WIPO Copyright Treaty und der WIPO Performance and Phonograms Treaty, die daraus hervorgingen, sollten durch die Bestimmung der Rechte von Urhebern die Nutzung des Cyberspace für kommerzielle Anwendungen vereinfachen. Entwicklungsländern kann ein Beitritt zu diesen multilateralen Vereinbarungen helfen, die Debatte über eine Reform der Gesetze zum Schutz des geistigen Eigentums voranzubringen, um die Herausforderungen des digitalen Zeitalters zu meistern.

Ein wirkungsvoller Schutz des geistigen Eigentums ist ein fester Bestandteil der neuen globalen Wirtschaft, so daß es sehr wichtig ist, innovative Wege zu finden, Anreize zur Schaffung von Wissen zu erhalten und gleichzeitig die weite Verbreitung des Wissens zu gewährleisten. Wie in Kapitel 9 detailliert erläutert wird, variieren Initiativen in diese Richtung erheblich: Sie reichen von internationalen staatlichen Subventionen für die Forschung in Fachgebieten, die für Entwicklungsländer von großer Bedeutung sind, vom privaten Sektor aber vernachlässigt werden, bis hin zu Partnerschaften zwischen internationalen Organisationen, die wollen, daß diese Technologien entwickelt werden und zwar von großen private Unternehmen mit der nötigen Sachkenntnis.

Sonderbeitrag 2.6

Beteiligung der Einheimischen, wenn Bioprospektion zur Goldgrube wird

Aus der ausschließlich in Madagaskar heimischen Jungfernblume konnten zwei Krebsmedikamente – Vincristin und Vinblastin – gewonnen werden, die einem Pharma-Weltkonzern Umsätze von insgesamt mehr als 100 Millionen US-Dollar bescherten. Madagaskar aber ging leer aus.

Dieses Beispiel verdeutlicht ein wachsendes Problem, nämlich daß die Stärkung der Rechte am geistigen Eigentum und ihre Ausweitung auf biologische Rohstoffe, die in der Bioprospektion tätige Weltkonzerne in die Lage versetzen, sich wertvolles biomedizinisches Wissen der Ureinwohner eines Landes anzueignen. Auf Druck einiger NSO und Umweltschutzgruppen schließen Großunternehmen heute jedoch zunehmend Verträge mit örtlichen Gemeinschaften, die diese an Erträgen beteiligen, wenn bei Neuentwicklungen des Unternehmens das Wissen dieser Gemeinschaft genutzt wird. Einer der bekanntesten Verträge ist die zwischen Merck & Company und INBio (Instituto Nacional de Biodiversidad), Costa Ricas gemeinnützigem nationalen Institut für Artenschutz, getroffene Vereinbarung. Merck zahlte für 2.000 bis 10.000 Extrakte aus Pflanzen, Insekten und Mikroorganismen aus Costa Rica zunächst 1,1 Millionen US-Dollar und verpflichtete sich zudem, für jedes entwickelte und in den Handel gelangende Produkt eine Abgabe zu zahlen. INBio hat mittlerweile neun Forschungsverträge geschlossen, die Unternehmen gegen einen finanziellen Ausgleich und den Technologietransfer einen beschränkten Zugang zu biologischen Rohstoffen gewähren.

Schaffung von Wissen im Inland

Entwicklungsländer können aus dem riesigen Bestand an globalem Wissen nur Nutzen ziehen, wenn sie über eine ausreichende Qualifikation verfügen, um nach geeigenten Technologien zu suchen – um das, was sie finden, auszuwählen, zu übernehmen und anzupassen. Der Überblick hat gezeigt, daß für die Landwirtschaft bedeutsames Wissen an die örtlichen klimatischen Bedingungen angepaßt werden mußte, damit die Grüne Revolution Früchte tragen konnte. Selbst im Fertigungsbereich muß Wissen, das in anderen Ländern erzeugt wird, häufig an unterschiedliche Bedingungen wie das Wetter, die Vorlieben der Verbraucher und die Verfügbarkeit von ergänzenden Ausgangsmaterialien angepaßt werden. Um diese Anpassungen vornehmen zu können, bedarf es häufig im Land selbst der Forschung, die zudem erforderlich ist, um die aktuellen Entwicklungem im globalen Wissen zu verfolgen und die am besten geeignete Technologie auszuwählen.

Örtliche technologische Bemühungen und Technologieimporte ergänzen sich in erheblichem Maße. Eine vor kurzem durchgeführte Studie zu Technologieinstitutionen und zur Technologiepolitik sammelte Daten von mehr als 2750 Unternehmen in China, Indien, Japan, Korea, Mexiko und Taiwan (China). Diese Studie ergab, wie auch weniger umfassende Studien zur Situation in Kanada und Ungarn, daß Unternehmen mit mehr eigenen technischen Ressourcen mehr externe technologische Ressourcen (etwa jene von Technologieinstitutionen) verwendeten. Sie ergab auch, daß die wichtigsten externen Quellen der Technologie Langzeitkunden waren, gefolgt von Lieferanten. Die Mehrzahl dieser Kunden und Lieferanten stammten aus dem Ausland. Dieser Umstand bestätigt, wie bedeutsam die gegenseitige Beeinflussung durch den Handel ist.

Auch waren Unternehmen mit eigenen F&E-Abteilungen diejenigen, die am ehesten von Kunden technische Unterstützung bei der Erneuerung von Produkten und Verfahren erhielten. Diese Verbindung schien für Unternehmen, die sich an die internationalen Standards annäherten, wertvoller zu sein als für die, denen dies bereits gelungen war. Ausländische Lizenzgeber waren außerdem sehr wichtige Quellen für Unternehmen, die Lizenzen erlangt hatten, doch wurden Lizenzen sowohl wegen der hohen Gebühren als auch wegen der höheren Transaktionskosten als teuer empfunden. Berater waren ebenfalls von Nutzen für Unternehmen, die sich die Gebühren und Transaktionskosten leisten konnten. Staatliche Technologieinstitute wurden in großem Umfang genutzt, und zwar von großen Unternehmen stärker als von kleinen, da große Unternehmen ihre Probleme besser in Worte fassen konnten.

Staatlich finanzierte F&E

Da der private Sektor gewöhnlich zu wenig in die F&E investiert, haben Regierungen versucht, sie entweder direkt durch staatliche F&E oder indirekt durch Anreize für private F&E zu fördern. Direkte staatliche F&E beinhaltet jene, für die Universitäten, staatliche Forschungseinrichtungen, wissenschaftliche Einrichtungen und forschungsorientierte Hochschulen Fördermittel erhalten. Maßnahmen zur indirekten Förderung der F&E umfassen Sondermittel, Steuervergünstigungen, entsprechende Zuschüsse, die Vermarktung und Förderung nationaler F&E-Projekte. Entwicklungsländer wenden einen sehr viel geringeren Teil ihres BIP für die F&E auf (durchschnittlich rund 0,5 Prozent) als Industrieländer (rund 2,5 Prozent). Und in der überwiegenden Mehrheit der Entwicklungsländer ist die F&E staatlich finanziert.

In den meisten Entwicklungsländern werden öffentliche Forschungsmittel willkürlich den Projekten zugeteilt, und Fluktuationen im Forschungsbudget beeinträchtigen die Kontinuität der Projekte, was zu mehr Ineffizienz führt. Einige Länder stärken jedoch ihre Forschungskapazitäten, indem sie klarere Prioritaten in der Forschung setzen und bessere Systeme für die Zuteilung von öffentlichen Mitteln einrichten, die auf der Überprüfung der Kandidaten durch Experten aus dem jeweiligen Bereich beruhen. Ein gutes Beispiel für die Probleme und Reformen ist Brasilien, wo die Weltbank an einer Reihe von Projekten beteiligt war, mit denen die Fähigkeit, wissenschaftliches und technologisches Wissen zu erzeugen, auszuwählen und anzupassen, verbessert werden sollte (Sonderbeitrag 2.7).

Da die Anpassung von landwirtschaftlichen Technologien an die örtlichen Gegebenheiten so wichtig ist und da die ärmsten Entwicklungsländer in erster Linie Agrarstaaten sind, befaßt sich die F&E, die fast ausschließlich mit öffentlichen Mitteln finanziert wird, dort hauptsächlich mit der Landwirtschaft. Wenn sich Volkswirtschaften entwickeln, steigen ihre F&E-Ausgaben, wobei es sich zum Großteil jedoch weiterhin um mit öffentlichen Mitteln finanzierte landwirtschaftliche Forschung handelt. Der durchschnittliche Ertrag aus landwirtschaftlicher Forschung beläuft sich auf rund 60 Prozent. Jedoch ist die Streuung groß, was die Risiken verdeutlicht.

Anders als in weiten Teilen der Industrie werden wichtige landwirtschaftliche Technologien (vornehmlich neue Arten von Saatgut) weltweit und national durch Rechte am geistigen Eigentum nicht gut geschützt. Private Investoren engagieren sich daher nicht genügend in der F&E. Das gilt vor allem für Technologien, die für die ärmsten Länder bedeutsam sind, in denen sich zu dem geringen Schutz der Rechte am geistigen Eigentum noch Informations- und Marktprobleme gesellen. Die potentielle

Sonderbeitrag 2.7

Die Art und Weise ändern, wie Brasilien Forschungsarbeit leistet

Brasiliens wissenschaftliche Gemeinschaft ist die mit Abstand größte in Lateinamerika, und doch war der Nutzen der Forschung für die Gesellschaft und die Wirtschaft eher mäßig. Eine vor kurzem auf den Weg gebrachte Reform verfolgt die Ziele, den Standard der wissenschaftlichen und technologischen Forschung auf ein internationales Niveau zu bringen, das Ausbildungssystem für hochqualifizierte Arbeitskräfte zu verbessern und die Bedeutung der F&E des Landes für den Produktionsbereich zu erhöhen.

Das brasilianische System wies alle Makel auf, die für die Forschung in Entwicklungsländern typisch sind. Der Umfang der verfügbaren Mittel schwankte erheblich, wenn sich die makroökonomischen Bedingungen veränderten, so daß das System verwundbarer wurde. Geringe Zuschüsse von kurzer Dauer, bei denen der Verwaltungsaufwand die Produktivität der Forscher schmälerte, wurden häufig von Verwaltungsangehörigen vergeben, die nicht das entsprechende Fachwissen hatten, anstatt von Experten aus dem jeweiligen Bereich. Die Mittel für die Instandhaltung der Geräte waren knapp, Einfuhrbeschränkungen begrenzten die Verfügbarkeit von Geräten, und die Inflation verwässerte rasch den Wert der Zuschüsse. Zudem war das System sehr einseitig auf die Grundlagenforschung ausgerichtet, was zu Lasten der angewandten Wissenschaft ging. Zusammenarbeit zwischen Forschung und Wirtschaft war kaum vorhanden. Dem System mangelte es darüber hinaus an einer regionalen Ausgeglichenheit, da praktisch die gesamte Forschungsarbeit von internationalem Format in den wenigen Bundesstaaten im Südosten Brasiliens geleistet wurde.

Das Aktionsprogramm für Wissenschaft und Technologie (das unter der portugiesischen Abkürzung PADCT bekannt ist) entstand aus dem Wunsch der Regierung, die Mittelvergabe für die einzelnen Fachgebiete in einem System, in dem wenige Bereiche – vor allem die Physik – dominierten und viele hinterherhinkten, gerechter zu gestalten. Die Weltbank half bei der Entwicklung von zwei Kreditprogrammen, die sich weitgehend auf die Reform der öffentlichen Mittelvergabe für die Forschung und weniger darauf konzentriert, in erster Linie ausgewählte Disziplinien wieder aufzubauen. Das Hauptaugenmerk lag dabei auf geeigneten „Spielregeln" und langfristig auf der Schaffung eines transparenten, auf Leistung beruhenden Systems für die Zuteilung von Forschungsmitteln. Im Rahmen der beiden Kreditprogramme, die sich auf insgesamt 479 Millionen US-Dollar beliefen, wurden 3,200 von Fachleuten geprüften Forschungsprojekten Mittel zugeteilt. Ein im Jahr 1997 bewilligtes drittes Kreditprogramm über 360 Millionen US-Dollar sieht Mittel für über 1.000 Projekte in den Bereichen wissenschaftliche Forschung und vor allem Technologieentwicklung vor.

Vielleicht wichtiger als das „Wieviel" war aber der Aspekt, daß das PADCT dazu beigetragen hat, „wie" die Wissenschaft in Brasilien bezuschußt wird. Das System der Mittelzuteilung, bei dem Projekte von Fachleuten aus dem jeweiligen Bereich geprüft werden, hat erheblich zu einer transparenten, auf Leistung beruhenden Mittelvergabe geführt. Und die Regeln haben einen Standard geschaffen, der von anderen Bundes- und bundesstaatlichen Programmen übernommen wurde. Die wissenschaftliche Gemeinschaft ist nun stärker an der Planung und Verwaltung beteiligt. Höhere Zuschüsse mit längeren Laufzeiten bringen brasilianische Wissenschaftler ein großes Stück an ihre Kollegen in Industrieländern heran.

Weitergabe von Erkenntnissen an andere Länder, die private Investoren abschreckt, erhöht die wirtschaftliche Effektivität gemeinsamer, internationaler Bemühungen in der landwirtschaftlichen F&E, zum Beispiel der Arbeit, die von dem als Consultative Group for International Agricultural Research (CGIAR; siehe Kapitel 9) bekannten Verbund internationaler Einrichtungen geleistet wird.

Erst nach der Entstehung eines signifikanten industriellen Sektors beginnen Entwicklungsländer in die industrielle F&E zu investieren, die aber zum größten Teil weiterhin staatlich finanziert wird. Erst wenn Länder erkennen, daß sie ihre Technologie modernisieren müssen, um auf den Weltmärkten mit anderen Ländern in Wettbewerb treten zu können, beginnt der private Sektor, in die F&E zu investieren.

Regierungen sind oftmals nicht genügend über die Bedürfnisse des Fertigungssektors informiert und teilen Forschungsmittel daher nicht effizient zu. Aus diesem Grund reformieren viele Entwicklungsländer ihre staatlichen F&E-Einrichtungen und binden sie stärker an die Märkte. Brasilien, China, Indien, Korea und Mexiko haben umfassende Programme zur Reformierung der staatlichen F&E-Laboratorien und deren stärkerer Ausrichtung auf die Bedürfnisse des Fertigungssektors ins Leben gerufen. Zu den Reformmaßnahmen zählen die Umwandlung dieser Einrichtungen in Privatunternehmen, die Begrenzung des staatlichen Beitrags zu deren Budgets, höhere Gehälter und mehr Anerkennung für die Forscher sowie direkte Anreize für Unternehmen, Forschungsverträge mit diesen Einrichtungen zu schließen.

Chinas Reformprogramm ist ein gutes Beispiel. Mit über 1 Million Wissenschaftlern und Ingenieuren und über 5.000 Forschungseinrichtungen verfügt das Land über ein gewaltiges wissenschaftliches und technologisches Potential. Mit Unterstützung der Weltbank stellt die Regierung derzeit wichtige Teile der ausgedehnten F&E-Infrastruktur des Landes auf eine ergebnisorientierte, marktbasierte Arbeitsweise um, die zu einer höheren Produktivität führen wird. Forschungslaboratorien und Entwicklungseinrichtungen werden zu echten Technologieunternehmen umstrukturiert und umgerüstet, zum Teil mit Unterstützung ausländischer Investoren oder strategischer Partner. Bislang hat der Staat in 47 technische Forschungszentren investiert, von denen 11 bereits als Privatunternehmen tätig sind. Die Bilanzen jedes dieser Zentren wurden offengelegt, und jedes hat den klaren Auftrag von seinen Anteilseignern, Innovationen für den Markt zu schaffen.

Private F&E

Privatunternehmen haben ihren Anteil an der F&E in Entwicklungsländern in den letzten 15 Jahren erhöht. Wissenschaftliche Grundlagenforschung wird weiterhin von hochqualifizierten, spezialisierten Mitarbeitern – im allgemeinen in akademischen Einrichtungen und öffentlichen Forschungslaboratorien und meist staatlich finanziert – betrieben, während sich private Forschungslabors auf die angewandte F&E konzentrieren. Das hat einen einfachen Grund: angewandte F&E, einschließlich der Bereiche Technik und Produktentwicklung, führt zu mehr direkt vereinnahmbaren Erträgen, Grundlagenforschung hingegen nicht, auch wenn sie die Schaffung von Wissen fördert. Grundlagenforschung hat die Eigenschaften eines öffentlichen Gutes, und daß bedeutet, daß nur der Staat sie betreibt. In einigen Fällen können aber private Konsortien, die von der Vermarktung profitieren, an den Kosten der öffentlichen F&E beteiligt werden. Der private Sektor finanziert auch Teile der Grundlagenforschung, die das Potential zur kommerziellen Anwendung haben, zum Beispiel die Biotechnologie.

Erst wenige aufstrebende Volkswirtschaften – Korea, Singapur und Taiwan (China) – haben die richtigen Anreize für eine signifikante private F&E-Tätigkeit geschaffen. Korea führt diese Liste mit privater F&E in Höhe von 2,3 Prozent des BIP (und 80 Prozent der gesamten F&E-Aufwendungen des Landes), einer der höchsten Raten der Welt, an. Im Jahre 1975, als die F&E-Ausgaben rund 0,5 Prozent des BIP ausmachten (80 Prozent davon öffentlich), führte die Regierung eine Vielzahl von Anreizen zur Förderung der privaten F&E ein. Was den Anstieg aber tatsächlich verursachte, war der mit dem Aufstieg des industriellen Sektors in den achtziger Jahren wachsende Bedarf an fortschrittlicherer Technologie. Diese Technologie aus dem Ausland zu erwerben wurde zunehmend schwieriger, so daß der private Sektor begann, in großem Umfang in die eigene F&E zu investieren, um bedeutsame Technologien zu verstehen und zu erwerben. Die Folge ist, daß sich Koreas staatlich finanzierte F&E-Einrichtungen ein neues Betätigungsfeld suchen und verstärkt zu einer grundlegenderen Forschung als Vorstufe der kommerziellen Forschung übergehen.

Aufbauen auf das Wissen und die Nachfrage im eigenen Land

Für die meisten Entwicklungsländer gilt, daß sich die Forschung stärker auf die Grundbedürfnisse konzentrieren muß. Und damit die F&E im eigenen Land diesen Zweck, vor allem in der Landwirtschaft und Medizin, erfüllt, sollte sie sich das im eigenen Land vorhandene Wissen zunutze machen, das von beträchtlichem Wert sein kann. Schätzungen zufolge belief sich im Jahre 1990 der weltweite Umsatz mit Arzneien, die aus Pflanzen gewonnen wurden, welche von Einheimischen entdeckt wurden, auf 43 Milliarden US-Dollar. Wenigstens 25 Prozent der in den Vereinigten Staaten verordneten Medikamente enthalten natürliche, aus Pflanzen gewonnene Wirkstoffe. Bei zwei Dritteln von ihnen entsprechen die modernen Anwendungsgebiete genau den traditionellen.

Wenn die örtliche oder anpassende Forschung oder auch die Annahme moderner Technologien gefördert wird, muß sehr sorgfältig darauf geachtet werden, daß dies keine negativen Auswirkungen auf nützliches althergebrachtes Wissen hat. Für im eigenen Land entwickelte Technologien werden häufig weniger Materialressourcen benötigt als für importierte, so daß sie Problemen wie Ressourcenknappheit und materiellen Zwängen trotzen können. Die oralen Rehydratationslösungen zur Bekämpfung der Diarrhoe sind ein gutes Beispiel. In einigen Ländern wurde durch die aggressive Bewerbung von subventionierten, industriellen Fertigprodukten die Anwendung von seit langem bekannten Hausmitteln untergraben. Als die Subventionen und die Arbeit in der Gesundheitsbildung eingestellt wurden, sank die Nutzungsrate. Aber die Haushalte, die dann möglicherweise auf die traditionellen Hausmittel zurückgegriffen hätten, taten dieses nicht, weil das Vertrauen in die Hausmittel durch die Bewerbung des kommerziellen Produkts untergraben worden war. Da dies nicht auch in Nepal geschehen sollte, unterstützten die Programme für die orale Rehydratationstherapie das örtliche Wissen, indem sie die Verwendung einfacher, selbstgemachter Lösungen neben der Verwendung moderner Fertiglösungen förderten (siehe Kapitel 8).

So sehr Entwicklungsländer auch von Wissen aus den Industrieländern profitieren, so sehr profitieren sie auch von der Erhaltung und Nutzung von Wissen, das im Laufe ihrer eigenen Geschichte entstanden ist. Aber Bemühungen, dieses Wissen zu unterstützen oder mit den neuen Technologien zu vereinbaren, erfordern die Einbeziehung derer, die es besitzen. Und damit Wissen, das von der örtlichen anpassenden Forschung erzeugt wird, seinen Zweck erfüllt und weitgehend angenommen wird, müssen die Endbenutzer und örtliche Gemeinschaften vollständig an der Entwicklung und Umsetzung beteiligt werden. Einheimische Frauen in Kolumbien und Ruanda wußten, wie sich zeigte, mehr über die Züchtung verbesserter Bohnensorten vor Ort als die Wissenschaftler der Forschungsinstitute des Landes (Sonderbeitrag 2.8).

Die Berücksichtigung örtlicher Zwänge und der Verfügbarkeit von ergänzenden Ausgangsmaterialien ist ebenfalls entscheidend. Die Aussicht auf einfache, verbesserte Biomasseöfen hat seit Anfang der achtziger Jahre zu einer Flut von Ofen-Programmen in mehr als 41 Ländern, darunter China, Äthiopien, Kenia und Ruanda, geführt. Hausöfen, die Biobrennstoffe effizienter verbrennen, bieten für Entwicklungsländer erhebliche Vorteile, denn die übermäßige Nutzung dieser Brennstoffe führt zum Raubbau an Rohstoffen, Umweltbelastungen, einem großen Zeitaufwand für das Sammeln der Brennstoffe und zur Verschmutzung der Raumluft, die den verletzbarsten Mitgliedern des Haushalts schadet: Frauen und Kindern. Doch haben nur wenige Programme zu einer weit verbreiteten Annahme und Verwendung dieser Öfen geführt. Kern dieses Problems war der Umstand, daß die Förderer dieser Programme es bereits sehr früh versäumten, die Konstruktion und die Vermarktung nach den Bedürfnissen und Beschränkungen der Verbraucher und Hersteller vor Ort auszurichten. Glücklicherweise hat sich das jedoch geändert (Sonderbeitrag 2.9).

• • •

Um ihre Wissensbasis auszubauen, sollten Entwicklungsländer alle Möglichkeiten, den globalen Bestand an

Sonderbeitrag 2.8

Bessere Bohnen: Wie Bäuerinnen in Kolumbien und Ruanda die Forscher in den Schatten stellten

Wissenschaftler des Institut des Sciences Agronomiques in Ruanda und des Centro Internacional de Agricultura Tropical in Kolumbien arbeiteten mit Bäuerinnen in diesen beiden Ländern zusammen, um verbesserte Bohnensorten zu züchten. Die zwei oder drei Sorten, denen Züchter das größte Potential eingeräumt hatten, führten zu einem nur mäßigen Anstieg des Ertrags. Die Bäuerinnen wurden gebeten, über 20 Bohnensorten in den Forschungsstationen zu prüfen und die zwei oder drei, die sie für besonders vielversprechend hielten, mit nach Hause zu nehmen und auszuprobieren. Als sie die neuen Sorten anpflanzten, nutzten die Bäuerinnen ihre eigenen Experimentiermethoden.

Obwohl der Ertrag für die Frauen, anders als für die Züchter, nicht das wichtigste Kriterium war, übertrafen die von ihnen ausgewählten Sorten die der Bohnenzüchter um 60 bis 90 Prozent. Auch sechs Monate später bauten die Bäuerinnen noch die Sorten an, die sie selbst ausgewählt hatten.

Sonderbeitrag 2.9

Warum bessere Biobrennstoff-Öfen in Ruanda Absatz fanden

Im Jahre 1987 wurde der Holzkohleofen „Rondereza" in ruandischen Städten eingeführt, wo hohe Holzkohlepreise einen Bedarf für Öfen mit besserer Brennstoffausnutzung geschaffen hatten. Wie sich zu Beginn der Versuche zeigte, fand der Rondereza, der nach dem Muster des beliebten kenianischen Modells entwickelt worden war, aber wenig Beifall. Was in Kenia funktioniert hatte, funktionierte in Ruanda offensichtlich nicht. Der Ofen wurde dann in 500 Haushalten eingehender getestet. Anschließend wurden anhand der Vorschläge und Anregungen der Benutzer und Ofenhersteller an Größe, Preis, Farbe, Gestaltung der Tür und der Transportierbarkeit Änderungen vorgenommen.

Privatunternehmer kümmerten sich (ohne Subventionen) um die Fertigung, den Vertrieb und den Verkauf der Öfen. Das Ofenprogramm war nun von Grund auf verbraucherorientiert. Die staatliche Unterstützung, die von einem hauptsächlich aus ruandischen Frauen bestehenden Team geleistet wurde, umfaßte Werbekampagnen, Marktuntersuchungen, Schulungsprogramme für Ofenbauer und in begrenztem Umfang auch anfängliche Hilfen für die Modernisierung der Geräte für die Ofenherstellung.

Der von Mitspracherecht geprägte, an den Bedürfnissen des Markts ausgerichtete Ansatz des Programms zahlte sich rasch aus. Drei Jahre später setzten 25 Prozent der städtischen Haushalte den Ofen ein, der mittlerweile in zahlreichen Geschäften und Kaufhäusern erhältlich war. Über 90 Prozent der befragten Personen gaben an, daß sie den Ofen noch einmal kaufen würden, und begründeten dies nicht nur mit dem geringen Brennstoffbedarf, sondern auch mit der Sauberkeit, der langen Lebensdauer und der Benutzungsfreundlichkeit. Die erzielte Einsparung an Brennstoff lag in der Größenordnung von 35 Prozent.

Wissen zu erschließen, eingehend untersuchen. Durch den Handel mit dem Rest der Welt können sie auf neue und bessere Wege zur Produktion von Waren und Dienstleistungen stoßen. Das ist wichtig, denn in der Struktur des Handels vollzieht sich dort ein Wandel weg von Primär- und hin zu wissensintensiven Produkten. Indem sie ausländische Direktinvestitionen ins Land ziehen, können sie mit den weltweiten Innovationsführern arbeiten und damit die einheimischen Produzenten anspornen, ihre Praktiken und Arbeitsweise entsprechend umzustellen. Das geschieht aber nur mit der richtigen Politik und der geeigneten Infrastruktur – für den Verkehr, die Kommunikation, Standards, kurz für die Geschäftstätigkeit. Durch die Erlangung von Lizenzen können sie Zugang zu neuen Technologien erhalten und der Akkumulation von technologischem Kapital nachhelfen – sofern es ihnen gelingt, die zugrunde liegenden Prinzipien zu verstehen, so daß sie das, was sie kaufen, weiter verbessern können. Und durch den grenzüberschreitenden Verkehr können sie sich über die neuesten Entwicklungen auf dem laufenden halten. Zudem entstehen daraus häufig lebenslange Beziehungen, die einen steten Zufluß von Fachwissen begünstigen.

Bei alldem müssen Unternehmen ermuntert werden, weiterhin nach den besten Methoden und Verfahren zu suchen, in die Ausbildung zu investieren, und ihr Warenangebot zu aktualisieren. Kaum etwas ist förderlicher als offene Märkte mit freiem Wettbewerb – oder schädlicher als laufende Subventionen. Ebenfalls wichtig ist eine angemessener Umgang mit dem geistigem Eigentum, bei der die goldene Mitte zwischen Anreizen zur Schaffung und zum Erwerb von Wissen einerseits und der Verbreitung dieses Wissens zu den geringstmöglichen Kosten andererseits gefunden wird.

Um die Technologien, die ins Land kommen, optimal zu nutzen und erfolgreiche Praktiken in der gesamten Wirtschaft zu verbreiten, müssen Entwicklungsländer diese Technologie an die örtlichen Gegebenheiten und Bedingungen anpassen. Darauf sollte sich die staatlich finanzierte F&E konzentrieren, zunächst im Bereich Landwirtschaft, aber mit der Weiterentwicklung des Produktionssektors zunehmend auch im industriellen Bereich. Und die Anreize sollten auch zunehmend privaten Unternehmen geboten werden, damit sie sich selbst in der F&E engagieren und dabei zunächst die von ihnen bereits genutzten Technologien anpassen, verstehen und verfeinern, schließlich aber auch in jenen Bereichen forschen, in denen sie sehr nahe an die internationale Best Practice heranreichen.

Die Chancen, die sich aus dem Übergang zu besseren Praktiken und Verfahren ergeben – aus dem Abbau der Wissensgefälle innerhalb der Länder und zwischen den Ländern –, sind gewaltig, und das gilt nicht nur für die Industrie, sondern für alle anderen Bereiche gleichermaßen. Um diese Chancen zu nutzen, bedarf es einer Aufgeschlossenheit gegenüber Ideen anderer, der richtigen Anreize und Institutionen sowie eines großen Einsatzes vor Ort, damit Wissen erworben, übernommen und effektiv genutzt wird.

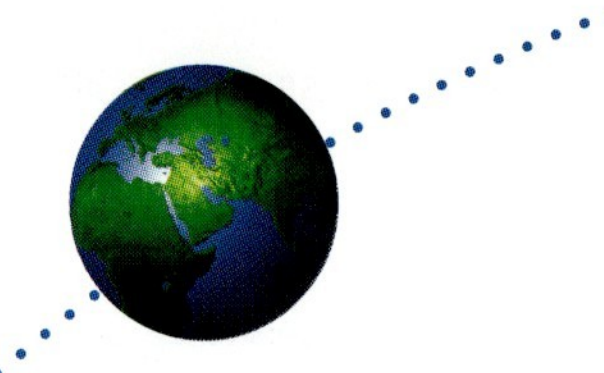

Kapitel 3

Aufnehmen von Wissen

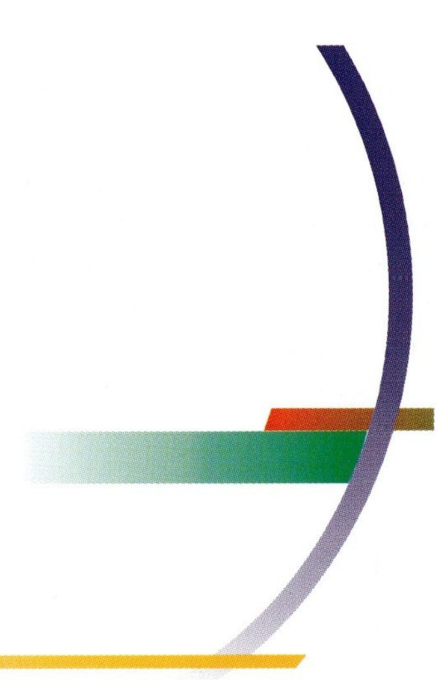

Für Privatpersonen und für Länder ist Bildung der Schlüssel zur Schaffung, Anpassung und Verbreitung von Wissen. Eine elementare Schulbildung verbessert die Fähigkeit der Menschen, zu lernen und Informationen zu deuten. Aber das ist nur der Anfang: Höhere Schulbildung und fachliche Ausbildung sind notwendig, um zu erreichen, daß Arbeitskräfte mit der laufenden technologischen Fortentwicklung, die die Produktzyklen verkürzt und die Wertverringerung des Humankapitals beschleunigt, Schritt halten können. Und außerhalb der Klassenzimmer und Hörsäle wird weitergelernt, und zwar weit über das formelle Schulalter hinaus. Zudem erstreckt sich der Nutzen der Bildung nicht nur auf die Gebildeten. Die Bildung einer Mutter zahlt sich in Form einer besseren Gesundheitsvorsorge und Ernährung ihrer Kinder aus. Bauern mit Bildung sind häufig die ersten, die neue Technologien übernehmen, und stellen damit denen, die nachziehen, wertvolle und kostenlose Informationen zur optimalen Nutzung der neuen Methoden zur Verfügung.

In Anerkennung dieser Vorteile haben viele Länder große Fortschritte bei der Erhöhung der Schulbesuchsquote gemacht, und in einer ganzen Reihe von ihnen ist der Besuch einer Grund- und teils sogar einer weiterführenden Schule Pflicht. Vom Zugang zu Bildung profitierten aber nicht alle im gleichen Umfang, denn die Armen waren nicht selten benachteiligt. Die Qualität ist in einigen Ländern häufig mangelhaft, so daß die Menschen zum Teil nicht einmal die grundlegenden Fähigkeiten – Lesen und Schreiben, Rechnen und analytisches Denkvermögen – erwerben, die erforderlich sind, um später auf dem Arbeitsmarkt wettbewerbsfähig zu sein. Und die Durchführung ist noch immer zu ineffizient, so daß, gemessen am Aufwand, zuwenig greifbare Erträge zu verzeichnen sind.

Durch ein Eingreifen des Staates können diese Probleme angegangen werden. Der Staat, bereits allgegenwärtig als Anbieter und Finanzierer von Bildung, übt einen großen Einfluß auf Schüler, Studenten, Eltern, Lehrer und Arbeitgeber aus – kurz gesagt, auf alle, die einen Beitrag zu Erfolgen im Bildungsbereich leisten. Und nur ein staatliches Eingreifen kann einen gerechten Zugang sicherstellen, positiven Nebenwirkungen Rechnung tragen und einem Marktversagen bei der Bereitstellung von Bildung entgegenwirken. Besonders schwerwiegend ist ein solches Versagen auf dem Markt der Informationen *über* die Bildung. Nur allzu oft werden Entscheidungen über Investitionen in die Bildung von Personen wie zum Beispiel Eltern, die des Lesens und Schreibens nicht mächtig sind, oder schlecht informierten Bürokraten getroffen, die weit entfernt von ländlichen Schulen arbeiten und denen zu wenige Informationen darüber vorliegen, was benötigt wird oder was verfügbar ist. Reformen, die sich mit diesen Problemen auseinandersetzen, können einiges für ein höheres Maß an Gerechtigkeit und Effizienz leisten.

Ausbildung als lebenslanger Prozeß

Da jede Stufe und jede Art von Bildung – Grundschul- oder Hochschulbildung oder praktische Berufsausbildung – bei der Aufnahme von Wissen eine wichtige Rolle spielen, betrifft dieser Prozeß alle Altersgruppen.

Elementare Schulbildung – das Gerüst, auf dem Weiterbildung aufbaut

Elementare Schulbildung (die in der Mehrzahl der Länder den Besuch einer Grund- und einer weiterführenden Schule bedeutet) fördert die Fähigkeit eines Menschen, zu lernen, Informationen zu deuten und Wissen an die örtlichen Gegebenheiten anzupassen. Und durch ihre Auswirkungen auf die Produktivität der Wirtschaft und andere Aspekte des Lebens wie zum Beispiel die Gesundheit ist sie ein Hilfsmittel zur Bestimmung des Wohlergehens eines Menschen.

Eine der stärksten Auswirkungen der Bildung ist die auf die Löhne. Studien zum Arbeitsmarkt in Ghana, Kenia, Pakistan, Südafrika und Tansania belegen, daß die Verbindung zwischen höheren Löhnen und elementarer Schulbildung zum Teil auf das in der Schule erworbene Wissen zurückzuführen ist. Ein anderer Teil liegt aber auch darin begründet, daß der Erwerb einer Schulbildung signalisiert, daß ein Arbeiter fähig und willens ist zu lernen. Studien aus Ländern wie der Elfenbeinküste, dem urbanen Pakistan und Peru zeigen, welche beachtlichen Auswirkungen Diplome oder Zeugnisse haben: Der Arbeitsmarkt honoriert Universitätsabschlüsse und andere greifbare Belege für die Leistungsfähigkeit eines Menschen.

Bei der Ausübung seiner Funktion als Informationslieferant gleicht das Bildungssystem eine bedeutende Schwäche des Markts aus. Die Informationen, die Schulen über ihre Schüler zur Verfügung stellen, sind sehr wertvoll für Arbeitgeber, nicht nur um einen Kandidaten auszuwählen, sondern auch um Arbeitern den für sie am besten geeigneten Arbeitsplatz zuzuweisen. Und das ist noch längst nicht alles:

- Schulbildung fördert Innovationen in der Landwirtschaft. Bauern mit einer umfassenderen elementaren Schulbildung sind produktiver und profitieren eher von neuen Technologien. Der Nutzen ist daher in innovationsstarken Bereichen am größten, denn die Schulausbildung vermittelt die grundlegenden kognitiven Fähigkeiten, die Bauern benötigen, um auf sich ändernde Umstände zu reagieren und aus neuen Erfahrungen zu lernen. Bauern, die während der Grünen Revolution die neuen Pflanzensorten anbauten, erzielten zunächst geringere Gewinne als andere Bauern, die weiterhin die traditionellen Sorten anbauten. Als aber die Erfahrung mit dem neuen Saatgut wuchs, stiegen auch die Gewinne der Bauern, die sie verwendeten – und für diejenigen mit mehr Bildung stiegen sie noch mehr.
- Schulbildung verbessert die eigene Fähigkeit, als Reaktion auf einen wirtschaftlichen Wandel Ressourcen neu zuzuweisen – um Preisschwankungen oder die Höhe- und Tiefpunkte der Wirtschaftszyklen zu überwinden. Menschen mit besserer Schulbildung sind häufig wagemutiger und eher bereit, die Risiken einzugehen, die für eine rasche Anpassung an ein sich änderndes wirtschaftliches Umfeld eingegangen werden müssen. Als in Slowenien in den Jahren 1987-1991 die Beschäftigungszahlen und die Reallöhne fielen, litten Arbeiter (vor allem Frauen) mit mehr Bildung sehr viel weniger unter dem Rückgang als die weniger gebildeten. Ähnliches gilt für die wohlhabenderen Industrieländer wie etwa die Vereinigten Staaten.
- Schulbildung fördert die Nutzung neuer Technologien im eigenen Heim, für die Gesundheit, die Weiterbildung und die Verhütung. Dabei ist die Schulbildung, insbesondere die der Mutter, von überaus großer Bedeutung. Die Kindersterblichkeit sinkt und die Ernährung verbessert sich um so mehr, je besser die Ausbildung der Eltern ist, die einen erheblichen Beitrag zum Wohl und zur Entwicklung der Kinder beiträgt (Schaubild 3.1). Zum Teil ist das durch den

Schaubild 3.1

Kindersterblichkeit und Bildungsstand der Mutter

Je mehr die Mütter lernen, um so stärker sinkt die Kindersterblichkeitsrate.

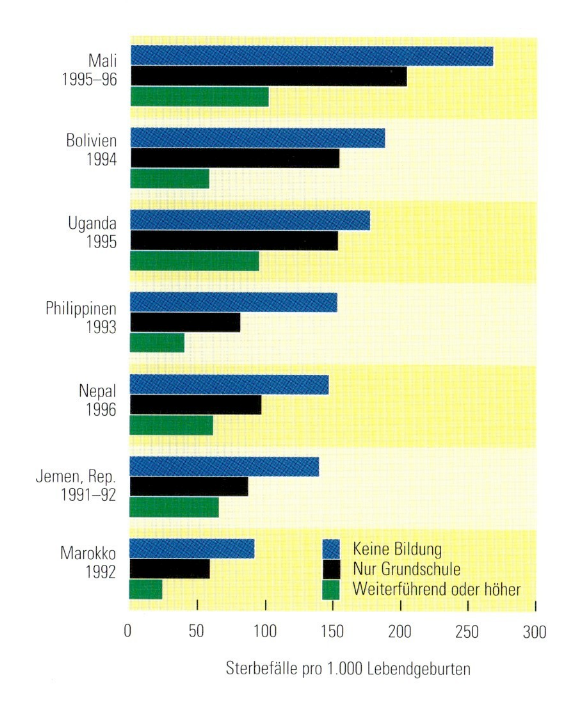

Hinweis: Sterblichkeitsdaten gelten für Kinder unter 5 Jahren. Quelle: Macro International, verschiedene Jahre.

Sonderbeitrag 3.1

Verbessern des Lernpotentials von Kindern

Die kognitive Entwicklung beginnt, lange bevor ein Kind eingeschult wird. Sie wird durch Faktoren wie die Gesundheit und Ernährung der Mutter während der Schwangerschaft und Stillzeit beeinflußt wie auch durch die frühkindliche intellektuelle Stimulation, die Gesundheitsvorsorge und die Ernährung, die das Kind erhält. Diese Effekte sind hinlänglich bekannt. Zum Beispiel führt ein Jodmangel bei Müttern nachweislich zu einer irreversiblen Beeinträchtigung der geistigen Entwicklung der Kinder.

In Guatemala zeigte eine Langzeitstudie, daß sich ein Eiweißmangel sowohl auf die werdende Mutter als auch direkt auf das Kind auswirkt. Protein- oder energiereiche Ergänzungspräparate wurden einer zufällig ausgewählten Gruppe von Schwangeren und Kindern unter 7 Jahren verabreicht. Als Jugendliche schnitten jene Kinder, die die Proteinpräparate erhalten hatten, in Tests zur Allgemeinbildung sowie in Rechen-, Lese- und Wortschatztests besser ab als diejenigen, die die Energiepräparate erhalten hatten. Und je früher und länger diese Präparate verabreicht wurden, um so größere Wirkung erzielten sie. Bei anderen Studien in Ghana, Pakistan und auf den Philippinen zeigte sich, daß Fehl- oder Mangelernährung die Einschulung der Kinder verzögert.

Untersuchungen von Familien, die an Programmen für eine umfassende kognitive Stimulation teilnahmen, zeigten, daß Kinder aus diesen Familien länger die Schule besuchten oder als Erwachsene mehr verdienten oder beides. In der Türkei schnitten Schüler weiterführender Schulen, deren Eltern eine besondere Schulung zur Kindesentwicklung erhalten hatten, in ihrer akademischen Laufbahn besser ab. In den Vereinigten Staaten können Kinder, die an Vorschulprogrammen zur Förderung der kognitiven Entwicklung teilnahmen, im Erwachsenenalter die Früchte daraus ernten.

Einfluß der Bildung auf das Einkommen begründet. Die Auswirkungen reichen jedoch sehr viel weiter, denn Kinder in Familien, in denen die Eltern eine bessere Bildung aufweisen, erfreuen sich auch bei unterschiedlich hohem Familieneinkommen einer besseren Gesundheit und werden besser ernährt.

Der Einfluß der Bildung der Mutter beginnt bereits im Mutterleib und reicht bis in die Vorschulzeit und darüber hinaus. In den letzten 30 Jahren sind die gemessenen IQs weltweit um rund 20 Punkte gestiegen. Dieser Anstieg, der sich zu rasch ereignete, als daß er genetisch bedingt sein könnte, deutet darauf hin, daß neue Wege in der Kindererziehung die angeborenen Fähigkeiten und die kognitive Entwicklung der Kinder beeinflußt und somit den Bildungsstand insgesamt verbessert hat (Sonderbeitrag 3.1). Diese Beobachtung ist ein schlagkräftiges Argument für Regierungen, Programme zu unterstützen, die bereits in der frühen Kindheit das Weiterbildungspotential steigern sollen, zum Beispiel indem sie den Zugang der Kleinkinder und Kinder zu angemessener Ernährung und Gesundheitsvorsorge gewährleisten und denen, die für die Kinder sorgen, Unterstützung und Bildung anbieten.

Schulbildung versetzt Mütter in vierfacher Hinsicht in die Lage, gesündere Kinder großzuziehen:

- Sie vermittelt grundlegende Informationen über Gesundheit und Ernährung, wenn diese Informationen Bestandteil des Lehrplans sind.
- Sie erlaubt Müttern, die Gesundheit ihrer Kinder genauer zu überwachen und schriftliche Anweisungen, von den von Gesundheitsberatern verteilten Broschüren bis hin zu Etiketten auf der Verpackung eines Medikaments. Mütter, die lesen, schreiben und rechnen können, können sich grundlegende gesundheitsbezogene Informationen aus Zeitungen, Zeitschriften oder anderen Medien beschaffen und verarbeiten.
- Sie hilft, einige hemmende traditionelle Praktiken zu überwinden: Frauen, die eine Schule besucht haben, halten in geringerem Maße an traditionellen Heilmitteln gegen Kinderkrankheiten fest und sind offener für moderne Methoden.
- Sie kann Müttern auch das Selbstvertrauen geben, staatliche Gesundheitsdienste, wenn nötig, in Anspruch zu nehmen, wenn dies angebracht ist.

Schulbildung ergänzt daher die Gesundheitsdienste, vor allem dann, wenn gebildetere Personen besser in der Lage sind, diese Dienste richtig zu nutzen, oder eher wissen, daß sie zur Verfügung stehen. In einigen Fällen kann eine bessere Bildung den Bedarf an Gesundheitsdiensten vermindern, zum Beispiel wenn die Schulbildung mehr Kenntnisse über Hygiene vermittelt oder Familien empfänglicher für eine gesunde Ernährung macht. Gebildete Mütter sind unter Umständen besser in der Lage, ihre Kinder vor Diarrhoe und ansteckenden Krankheiten zu schützen. Ein solcher Effekt wurde auf den Philippinen beobachtet, wo ein größeres Angebot an Geburtskliniken und eine größere Zahl von Ärzten die Kindersterblichkeit in erster Linie unter Kindern von gebildeten Müttern verminderte. Schulbildung trägt außerdem zur Gesundheit bei, indem sie Eltern hilft, wirtschaftliche Rückschläge, etwa den unerwarteten Verlust des Arbeitsplatzes oder den Tod des Lebenspartners, die sich negativ auf die Gesundheit der Kinder auswirken, besser zu verkraften.

Auch die Ausbreitung von AIDS veranschaulicht auf eindrucksvolle Weise den Wert der Bildung. Untersuchungen zeigen, daß gebildetere Männer und Frauen sich der Schutzwirkung von Kondomen bewußter sind. Außerdem steigt bei jenen mit wechselnden Geschlechtspartnern die Wahrscheinlichkeit, daß sie ein Kondom benutzen, mit der Zahl der absolvierten Schuljahre. Eine Befragung in Tansania ergab, daß 20 Prozent der Frauen mit vier bis sieben Jahren Schulbildung, aber nur 6 Prozent der Frauen ohne Schulbildung sagten, daß sie beim Geschlechtsverkehr mit wechselnden Partnern ein Kondom benutzen.

Diese Ergebnisse zeigen, daß grundlegende, in der Grundschule erworbene Kenntnisse sehr viel für die Verbesserung der Lebensumstände armer Kinder und Erwachsener leistet. Diese Kenntnisse statten Eltern mit der Fähigkeit aus, staatliche Gesundheitsdienste zu nutzen, wenn diese verfügbar sind. Und sie erlauben Eltern, besser damit fertig zu werden, wenn diese Dienste nicht vorhanden sind: Eltern mit Schulbildung wissen, was zu tun ist, und improvisieren so gut wie möglich.

Diese Ergebnisse implizieren zudem, daß grundlegende Kenntnisse über die Gesundheit bereits in der Grundschule vermittelt werden sollten, da sich danach die Zahl der Mädchen, die die Schule verlassen, rasant erhöht. Leider besuchen sehr viele Mädchen in ärmeren Ländern nie eine Schule und werden eines Tages der Gruppe der Mütter angehören, die des Lesens und Schreibens nicht mächtig sind. Um den Nutzen, den die Verlängerung des Schulbesuchs für die öffentliche Gesundheit mit sich bringt, weiter zu vergrößern, sollte man versuchen, durch Fortbildungsmaßnahmen für Erwachsene oder Kampagnen in den Massenmedien auch jene Frauen zu erreichen, die nie eine Schule besucht haben. Selbst die elementare Bildung kann ein lebenslanger Prozeß sein.

Höhere Schul- und Universitätsbildung – Aufbau von Wissen für eine auf Informationen basierende Gesellschaft

Elementare Schulbildung ist daher überaus wichtig, um die Fähigkeit der Menschen zu verbessern, Wissen nutzbar zu machen, vor allem in den ärmsten Ländern. Sie sollte aber nicht die gesamte Aufmerksamkeit eines Landes für sich in Anspruch nehmen, wenn das Land in die globalen Märkte vordringt. Zum einen deutet der enorme Anstieg der Schulbesuchsquoten im Grundschulbereich in den letzten zehn Jahren darauf hin, daß in vielen Ländern Verbesserungen in Bereichen abseits der elementaren Bildung einen höheren Grenzertrag in Aussicht stellen. Zum anderen stellen neue, auf Informationen basierende Technologien höhere Anforderungen an die Fähigkeiten zur Verbreitung, Deutung und Anwendung von Wissen. Die höhere Schul- und Universitätsbildung sowie die fachliche Ausbildung vermitteln nicht nur neue und bessere Fähigkeiten, sondern bringen auch Menschen hervor, die technologische Trends beobachten, deren Bedeutung für die Aussichten des Landes beurteilen und helfen können, eine geeignete nationale Technologie-Strategie zu entwickeln. Und Ländern, die an oder in der Nähe der technologischen Grenze stehen, brauchen ein starkes Hochschulwesen und angemessene Forschungseinrichtungen, um bei der Schaffung neuen Wissens mit anderen in Wettbewerb treten zu können.

Die geeignete Strategie für die meisten Entwicklungsländer besteht, wie Kapitel 2 gezeigt hat, darin, ausländische Technologie so günstig wie möglich zu erwerben und durch deren Anpassung an die örtlichen Gegebenheiten so effektiv wie möglich zu nutzen. Neues Wissen in Form von wissenschaftlichen Entdeckungen und Erfindungen erfordert reichlich finanzielle Ressourcen, ausgefeilte menschliche Fähigkeiten und eine geschäftliche Gewandtheit, um Wettbewerbern einen Schritt voraus zu sein – Faktoren also, die im allgemeinen die Möglichkeiten von Entwicklungsländern übersteigen. Ein technologischer „Mitläufer" zu sein hat den ostasiatischen Volkswirtschaften, deren spektakulärer Aufstieg damit begann, daß sie es sehr gut verstanden, ausländische Technologien anzupassen, nicht geschadet. Aber auch ein solches Mitläufer-Land braucht Arbeitskräfte mit einem relativ hohen Maß an fachlicher Bildung, insbesondere dann, wenn sich Technologien rasch verändern. Eine Untersuchung unter rund 1.000 Erfindern in Indien verdeutlicht dies: Fast 90 Prozent von ihnen hatten einen Universitätsabschluß, mehr als die Hälfte hatte einen akademischen Grad erworben, und fast 30 Prozent hatten promoviert.

Es gibt auch Belege dafür, daß die Art der angebotenen Studiengänge für das Wirtschaftswachstum von Belang ist. Man hat herausgefunden, daß es einen deutlichen Zusammenhang zwischen dem Anteil der Studenten mit einem Abschluß in Mathematik, einer Naturwissenschaft oder im Maschinenbau (aber nicht dem Anteil derjenigen mit einem Abschluß in einem in die Rechtswissenschaften einführenden Studiengang) und den späteren Wachstumsraten gibt. Das deutet darauf hin, daß sich bildungspolitische Investitionen in diese Bereiche stärker auszahlen als jene in andere Bereiche (Sonderbeitrag 3.2). Die Inhalte der Ausbildung scheinen daher für Länder, die versuchen, neue und für die örtlichen Bedingungen geeignete Technologien zu entwickeln, von großer Bedeutung zu sein.

Die Erzeugung neuen Wissens sowie seine Anpassung an die Gegebenheiten eines bestimmten Landes werden im allgemeinen mit Hochschulen und Forschung in Verbindung gebracht. In Industrieländern macht die universitäre Forschung einen großen Teil der inländi-

Sonderbeitrag 3.2

Mathematische, naturwissenschaftliche und technische Studiengänge können Wachstum fördern

Eine vor kurzem durchgeführte Studie untersuchte den Zusammenhang zwischen dem Verhältnis der Universitätsstudenten verschiedener Studiengänge und dem späteren realen Wachstum des BIP pro Kopf, bezogen auf das Jahr 1970. Die Studie fand heraus, daß es einen beachtlichen Zusammenhang zwischen der Zahl der Studenten in technischen Studienfächern und dem späteren Wachstum gab – jedoch keinen zwischen der Zahl der Studenten der Rechtswissenschaften und dem Wachstum. Und bei 55 Ländern mit wenigstens 10.000 Immatrikulierten im Jahr 1970 bestand ein deutlicher und positiver Zusammenhang zwischen der Zahl der Studenten in technischen Studienfächern und dem späteren Umfang der Investitionen in physisches Kapital sowie der elementaren Schulbildung. Diese Studien stellen zwar keine kausale Verbindung zwischen der naturwissenschaftlichen und technischen Ausbildung und dem Wachstum her, aber sie bestätigen, daß Länder mit Arbeitskräften mit eher technischen Qualifikationen ein rascheres Wachstum verzeichnen.

Diese Betonung, die einige Länder auf die höhere wissenschaftliche und technische Ausbildung legen, hat ihre Fähigkeit verbessert, anspruchsvolle Technologien aus den reicheren Industrieländern zu importieren – und hat dazu beigetragen, die Wirtschaftswachstumsraten lange Zeit auf hohem Niveau zu halten. Wenn die derzeitige Studentenschaft nach Studienfach untergliedert wird, zeigt sich, daß die ostasiatischen Volkswirtschaften einen höheren Anteil an Studenten in technischen Studienfächern aufweisen als die größten Industrieländer (siehe Schaubild).

Studenten in technischen Studiengängen in ausgewählten Ländern

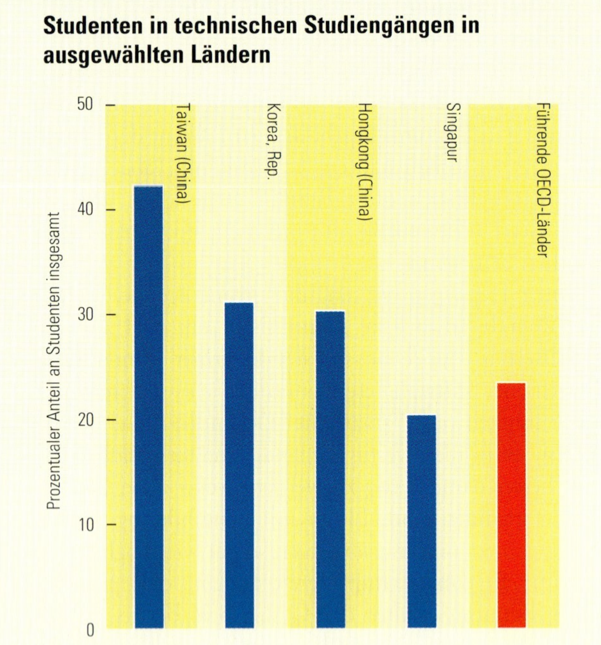

Hinweis: Die Daten gelten für Immatrikulationen in den Bereichen Mathematik, Informatik und Maschinenbau für verschiedene Jahre von 1990 bis 1994. Quelle: Lall, Hintergrundpapier (b).

schen F&E aus. Das Gleiche gilt für die meisten Entwicklungsländer, wenn auch in geringerem Umfang. Das bekannteste Beispiel ist das der landwirtschaftlichen Hochschulen und Universitäten, an denen der Großteil der Wissenschaftler mit landwirtschaftlicher F&E-Arbeit beschäftigt ist. Sie haben in Ländern wie Indien, Malaysia und den Philippinen einen erheblichen Beitrag geleistet.

Natürlich garantiert eine hohe und schnell ansteigende Zahl der an Universitäten immatrikulierten Studenten kein rasches Wachstum. Wie Sonderbeitrag 3.2 zeigt, ist der Lehrstoff unter Umständen mindestens genauso wichtig wie die Länge der Schul- und Studienzeiten. Und ohne gewisse, unerläßliche ergänzende Ausgangsmaterialien kann selbst das beste Bildungssystem nicht zu Wachstum führen: In einigen Ländern gab es sehr viele arbeitslose Ingenieure, weil diese Länder es versäumt hatten, an die anderen notwendigen Zutaten zu denken, mit denen die Entwicklung des privaten Sektors hätte gefördert werden können, damit diese wertvollen Fähigkeiten auch genutzt worden wären. Zu diesen „Zutaten“ zählen ein gesundes Investitionsklima, ein stabiles makroökonomisches Umfeld und weniger staatliche Regie. Klar ist jedoch, daß die aggressive Investition in das Hochschulwesen, die in vielen der ostasiatischen Volkswirtschaften zu beobachten war, diese in die Lage versetzte, die neuen Industrien, die die Grundlage für ihr späteres Wachstum bildeten, nachhaltig zu fördern. Diese Industrien erzeugten eine große Nachfrage nach Ingenieuren und anderen hochqualifizierten Arbeitskräften. Dank dieser Investitionen in das Bildungswesen konnten diese Volkswirtschaften ihre Strategie der Technologieannahme in einer Welt des sich ständig verändernden Wissens beibehalten (Sonderbeitrag 3.3).

Universitäten erfüllen daher eine Vielzahl von Funktionen – sie verbessern und erweitern nicht nur die Fähigkeiten der zukünftigen Berufstätigen, sondern erzeugen

Sonderbeitrag 3.3

Koreas umfassende Investition in Humankapital

Die meisten Wissenschaftler sind sich einig, daß die Aus- und Weiterbildung ein entscheidender Faktor für das nachhaltige Wirtschaftswachstum in Korea war. Im Jahre 1960 war es Korea gelungen zu erreichen, daß Grundschulen Kindern aus allen Teilen der Bevölkerung offenstanden. Dies schuf die Grundlage für gut ausgebildete Arbeitskräfte, die ihrerseits auf dem Weg zur Industrialisierung das Wirtschaftswachstum anfachten.

Korea tätigte aber nicht nur umfassende Investitionen in das Grundschulwesen. Im Jahre 1995 betrugen die Schulbesuchsquote für weiterführende Schulen brutto 90 Prozent und die der Schüler an höheren Schulen und Universitäten fast 55 Prozent – ein sehr positives Ergebnis im Vergleich zu den meisten OECD-Ländern. Der dramatische Anstieg der Schüler- und Studentenzahlen an höheren Schulen und Universitäten setzte unmittelbar nach Beginn des wirtschaftlichen Aufstiegs in den siebziger Jahren ein (siehe Schaubild). Viele Beobachter zogen den Schluß, daß der schnelle Anstieg dieser Zahlen weniger das Wirtschaftswachstum anschob, sondern vielmehr zunächst durch den Wachstumssprung finanziert wurde und danach eine wichtige Rolle bei der Erhaltung des Wachstums spielte. Ebenfalls interessant ist die Tatsache, daß in Korea der private Sektor für einen Großteil des rasanten Anstiegs im höheren Bildungswesen verantwortlich gewesen ist. Der Anteil der an Privatuniversitäten immatrikulierten Studenten belief sich 1995 auf 82 Prozent der Gesamtzahl der Immatrikulierten. In jenem Jahr übertrafen die privaten Ausgaben für die höhere Schul- und Universitätsbildung mit 6 Prozent des BIP den staatlichen Anteil von 5 Prozent.

Schulbesuchsraten nach Bildungsstand in Korea

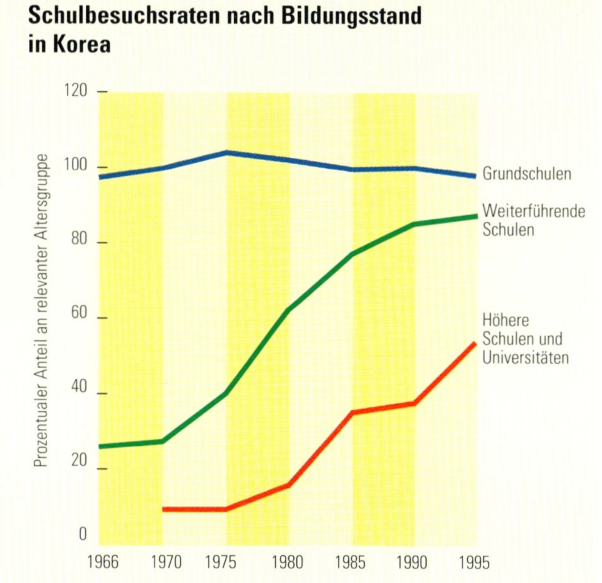

Hinweis: Daten zum Besuch von höheren Schulen und Universitäten für die Jahre 1966–1970 waren nicht verfügbar. Quelle: OECD 1996a.

auch neues Wissen und passen Wissen an, das anderswo erzeugt wurde. Die Tatsache, daß Universitäten in aller Welt diese Tätigkeiten – Lehre und Forschung – miteinander verbinden, deutet darauf hin, daß diese sich überaus gut gegenseitig ergänzen. Aber gerade diese Vielzahl an Aktivitäten kann auch zu Interessenskonflikten zwischen denen führen, die das in Universitäten geschaffene Wissen bereitstellen, und denen, die es beanspruchen. Ein Wettbewerb zwischen den Universitäten sollte gewährleisten, daß die Lehrpläne stärker an den Bedürfnissen der Studenten ausgerichtet werden und sich schneller an sich verändernde Technologien anpassen. Zum Beispiel haben Universitäten in Industrieländern, die bereits seit langem Informatik als Studiengang anbieten, die Nutzung von Computern zu einem festen Bestandteil des gesamten Lehrplans gemacht. Studenten aus Entwicklungsländern, die sich im Ausland fortbilden möchten, werden erheblich im Nachteil sein, wenn die Qualität der Bildung, die sie in der Heimat erhalten, sehr weit hinter dem zurückbleibt, was sie später im Ausland erwartet.

Um die weitere Praxisbezogenheit ihrer Lehrpläne und Forschungen zu sichern, gehen viele Schulen und Universitäten engere Partnerschaften mit der Industrie ein. Zum Beispiel haben Universitäten im Vereinigten Königreich mit Hilfe von Lehrplänen, die auch Praktika vorsehen, den Brückenschlag zur Industrie vollzogen. Der Großteil der kanadischen Universitäten verfügt heute über eine Verbindungsstelle, die Kontakte zur Industrie herstellt, oder eine Stelle, die sich mit dem Technologietransfer befaßt. In der Tat finden derartige Partnerschaften in der akademischen Welt breite Unterstützung. In den Vereinigten Staaten, dem OECD-Land, in dem universitäre F&E-Ausgaben den größten Anteil der Gesamtausgaben in der F&E ausmachen, hat eine Studie aus jüngerer Zeit gezeigt, daß Akademiker Forschungen unterstützen, die unmittelbar zu technologischen Neuerungen führen, und gegenüber einer Beratung für die private Industrie positiv eingestellt sind.

Da es für den einzelnen (oder eine Schule, ein Unternehmen oder Forschungsinstitut) schwierig ist, sich des

Gewinns aus der Schaffung und Anpassung neuen Wissens zu bemächtigen, entsteht ein Nebeneffekt – eine externe Auswirkung: Es wird nicht nur in die Forschung (selbst in die Forschung, die eher auf die Anpassung als auf die Schaffung abzielt) zuwenig investiert, sondern auch in den wichtigsten Faktor für die Forschung, nämlich in die Wissenschaftler. Dies ist ein Grund dafür, warum Universitäten und Regierungen im allgemeinen eher Studenten subventionieren, die einen Abschluß machen wollen, um anschließend in die Forschung zu gehen, als jene, die einen Abschluß machen wollen, um in die Wirtschaft zu gehen – da sich im letztgenannten Fall ein Abschluß für seinen Inhaber bereits in recht ansehnlichem Umfang auszahlt. Ein weiterer Grund für die staatliche Unterstützung für die wissenschaftliche Ausbildung, vor allem in Bereichen der Forschung, sind die hohen Kosten: Bei unvollkommenen Kapitalmärkten ist es aussichtsreichen Studenten unter Umständen nicht möglich, ihre Ausbildung zu finanzieren, selbst dann nicht, wenn sie in der Lage sind, sich die Erträge vollständig anzueignen (siehe „Armen Menschen helfen, die Ausbildung zu bezahlen" weiter unten). Der Finanzierungszwang ist besonders erdrückend für Kinder aus armen Familien. Subventionierung und Bezuschussung sorgen in diesen Fällen möglicherweise nicht nur für eine größere wirtschaftliche Effizienz und mehr Wachstum, indem sie sicherstellen, daß begabte Schüler und Studenten die Möglichkeit haben, ihr Potential zu erkennen und auszuschöpfen, sondern auch für mehr Gerechtigkeit. Natürlich implizieren beschränkte Ressourcen, daß jegliche Ausgaben oder Subventionen dieser Art sorgfältig auf die Bereiche abzielen sollten, in denen die externen Auswirkungen am größten sind oder die Unvollkommenheiten des Kapitalmarkts am meisten beschränken.

Berufliche Ausbildung und praktisches Lernen

Produktives Lernen geschieht nicht nur im Klassenzimmer – noch endet es am Ende der Schullaufbahn. Die Menschen lernen bei der Arbeit und durch offizielle und inoffizielle berufliche Fortbildungsmaßnahmen weiter. Das praktische Lernen verbessert die Leistungsfähigkeit von Arbeitern. Und da Erfahrung Chancen eröffnet, etwas zu entdecken, vergrößert sie den allgemeinen Bestand an Wissen. Auch kann Lernen die Stückkosten in der Produktion verringern, denn Arbeiter finden bessere Wege, neuen Technologien zu nutzen, die Produktion zu organisieren oder die Produktqualität zu überwachen. Die Beobachtung, daß Löhne und Produktivität in vielen Berufen in den ersten Jahren mit zunehmender Erfahrung steigen, steht im Einklang mit diesem praktischen Lernen am Arbeitsplatz. Auch dieses belegt die Grüne Revolution auf eindrucksvolle Weise: Für Bauern mit elementarer Schulbildung ergaben sich aus der Verwendung neuer Saatgutsorten zunächst keine Vorteile gegenüber Bauern ohne Schulbildung, aber die Bauern mit Schulbildung kamen schließlich in den Genuß eines erheblichen Vorteils, je mehr sie an Erfahrung gewannen. Das deutet wiederum auf die Bedeutung des praktischen Lernens hin – und der elementaren Schulbildung als Fundament.

Koreas Weg zur technologischen Meisterschaft zeigt, wie die Anwendung neuen Wissens dieses Wissen tatsächlich vermehrt. Es wurde angeführt, daß Koreas rasantes industrielles Wachstum in den beiden letzten Jahrzehnten durch die Verkürzung der zeitlichen Abstände zwischen dem Bau von neuen industriellen Anlagen in vielen Wirtschaftszweigen ein rasches Erlernen von Technologien möglich machte. Die ersten Anlagen – die gemessen am Markt oder an der Größe, die eine Ausnutzung von Größenvorteilen erlaubt hätte, häufig recht klein waren – wurden häufig schlüsselfertig gebaut. Zu einem Lerneffekt kam es daher zunächst dadurch, daß koreanische Arbeitskräfte Anlagen bedienten, die von anderen gebaut worden waren. Doch beim späteren Bau von neuen Anlagen spielten einheimische Ingenieure und Techniker eine gewichtigere Rolle bei der Entwicklung und Implementierung, und diese neueren Anlagen waren für Produktionsmengen ausgelegt, die denen, die die Weltmarktführer erreichten, sehr viel näher kamen. Dadurch wurde die Innovationsfähigkeit koreanischer Arbeitskräfte gefördert. Und das ist ein Hinweis darauf, daß bei einem rasanten Wandel der Technologien die Fabrik selbst möglicherweise die beste Lehrstätte ist.

Praktisches Lernen ist aber nicht immer genug. In einigen Fällen ist eine formelle Weiterbildung, sei es innerhalb oder außerhalb des Betriebs, für den Erwerb von Fachwissen und fachlichen Fertigkeiten weit wichtiger als Erfahrungen am Arbeitsplatz. Sicher, sie mögen sich gegenseitig ergänzen: praktisches Lernen ist unter Umständen nach Abschluß einer geeigneten berufsvorbereitenden Ausbildung wirkungsvoller. Aus welchem Grund auch immer, halten größere Unternehmen in aller Welt (die kleineren Unternehmen weniger) es für sinnvoll und nützlich, formelle Weiterbildungsmaßnahmen für Arbeitskräfte vorzusehen, vielleicht weil die Fluktuation der Arbeitskräfte bei ihnen geringer ist, sie also einen größeren Vorteil aus einer solchen Weiterbildung ziehen können.

Warum sollten Länder – und vor allem die Regierungen – sich Gedanken über das Bildungswesen machen?

In den letzten drei Jahrzehnten haben viele Länder gewaltige Anstrengungen zur Erhöhung der Schulbesuchsquote in allen Stufen des Bildungssystems unternommen. Und doch sind trotz dieser Fortschritte neue Probleme aufgetaucht, zumal die Länder immer größere Mengen an Wissen und Informationen aufnehmen müssen. Gleichzeitig bestehen ältere Probleme fort und sind in der Tat häufig vorrangig anzugehen, weil sie von so grundlegender Natur sind.

Erstens war die Verbesserung des Zugangs zur Bildung ungleichmäßig verteilt. Noch immer haben viele Länder auf dem Weg zur Beseitigung des Analphabetismus, vor allem was Mädchen und Frauen anbelangt, einen sehr großen Rückstand aufzuholen (Schaubild 3.2).

Zweitens kommt in vielen Ländern den Armen sehr viel weniger als ein fairer Anteil an den staatlichen Bildungsausgaben zugute. In Ghana erhalten die reichsten 20 Prozent der Haushalte 45 Prozent der Zuschüsse für die Ausbildung an höheren Schulen und Universitäten, während die ärmsten 20 Prozent nur 6 Prozent erhalten. Die Verteilung in Malawi weist eine noch größere Schieflage auf: Die entsprechenden Zahlen belaufen sich dort auf 59 gegenüber 1 Prozent (Schaubild 3.3).

Schaubild 3.2

Analphabetismus nach Geschlecht und Einkommensniveau

Große Gefälle zeigen sich sowohl innerhalb von Ländern als auch im Ländervergleich.

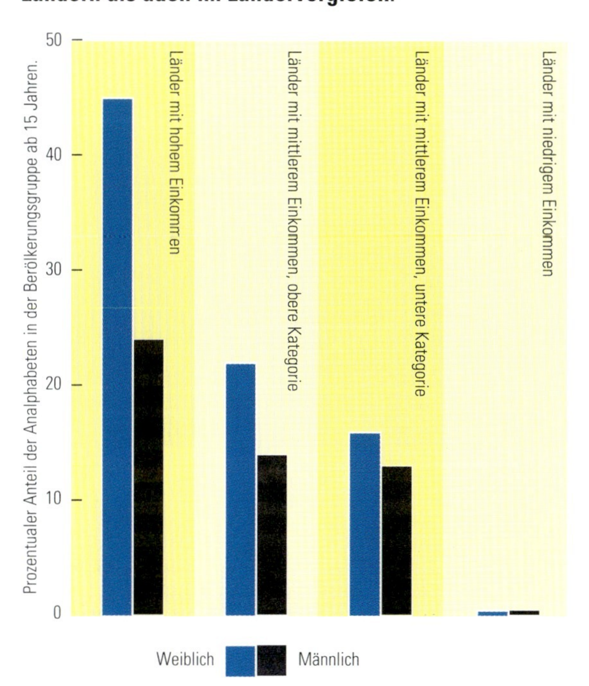

Hinweis: Daten gelten für 1995. Quelle: Weltbank 1998d.

Schaubild 3.3

Anteil der staatlichen Bildungssubventionen zugunsten der reichen und armen Haushalte, am Beispiel von zwei afrikanischen Ländern

Staatliche Bildungsausgaben kommen häufig vorrangig den Reichen zugute.

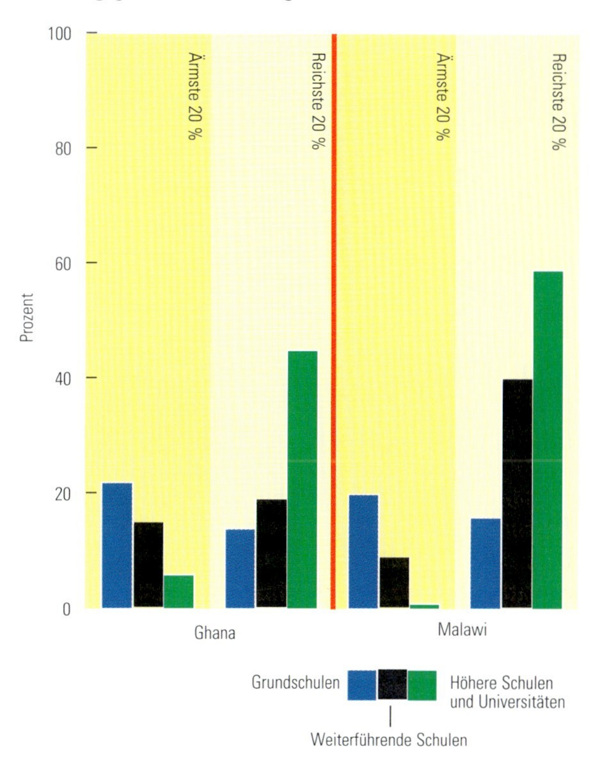

Hinweis: Daten gelten für Ghana für 1992 und für Malawi für 1994. Quelle: Castro-Leal et al. 1997.

Drittens ist die Ausbildung in vielen Ländern weiterhin von schlechter bis mittelmäßiger Qualität, insbesondere was die elementaren Fähigkeiten anbelangt, auf die die Länder angewiesen sein werden, um den Bedürfnissen des Arbeitsmarkts von morgen gerecht zu werden. Dies läßt sich aus den bekannten Mängeln der „Ausgangsmaterialien" herleiten – häufig fehlende Lehrkräfte, Schwerpunkt wird auf stures Auswendiglernen gelegt, veraltete Lehrpläne und ein Mangel an Lehrbüchern und anderen Lehrmitteln. Aber qualitative Defizite zeigen sich auch bei Leistungskennzahlen, zum Beispiel bei den Ergebnissen von international vergleichbaren Tests. Im Rahmen der Third International Mathematics and Science Study etwa schnitten Schüler und Studenten in einigen Entwicklungsländern sehr schlecht ab (Schaubild 3.4). Diese

Schaubild 3.4

BSP pro Kopf und Ergebnisse bei mathematischen Tests

Ein klarer Zusammenhang zwischen Qualität der Ausbildung und Einkommen ist nicht erkennbar.

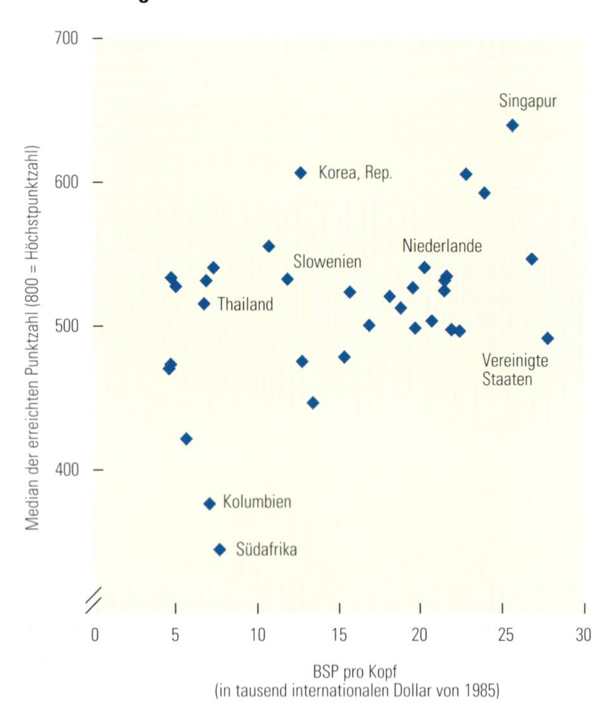

Hinweis: Daten gelten für 32 Länder weltweit für die Jahre 1994 - 1995. Testergebnisse stammen aus der Third International Mathematics and Science Study. Quelle: Beanton et al. 1996, Weltbank 1998d.

Ergebnisse zeigen auch, daß Ressourcen allein nicht entscheidend für die Leistung sind: Selbst einige reiche Länder (bemerkenswerterweise auch die Vereinigten Staaten) erzielten nicht so gute Resultate wie einige ostasiatische Länder mit Spitzenergebnissen (zum Beispiel Singapur und Korea). Man muß vorsichtig sein, daß man diese Ergebnisse nicht überbewertet, da sie Unterschiede innerhalb von Ländern (Schulen in Innenstädten gegenüber gut ausgestatteten Vorortschulen etwa) nicht berücksichtigen und nur eine kleine Auswahl an Fähigkeiten testen. Allerdings haben sie erfolgreich dazu beigetragen, die Aufmerksamkeit auf echte Probleme zu lenken.

Viertens, Schulen jeder Stufe erbringen ihre Dienstleistungen zu ineffizient, vor allem im Vergleich zu Einrichtungen, die sich dem Wettbewerb stellen müssen, um zu überleben. Untersuchungen zeigen, daß nicht nur die Einheitskosten in staatlichen weiterführenden Schulen höher sind als in ihren privaten Pendants, sondern Privatschulen außerdem auch in standardisierten Tests besser abschneiden (Schaubild 3.5). Jedoch sind auch hier aussagekräftige Vergleiche häufig nur schwierig anzustellen, da die Ergebnisse von hintergründigen, veränderlichen Faktoren beeinflußt werden, die zum Teil möglicherweise nicht bemerkt werden. Zwar versuchten die betreffenden Studien, diese veränderlichen Faktoren statistisch in den Griff zu bekommen, aber es bleibt noch eine gewisse Unsicherheit bezüglich der Größe des Effizienzunterschiedes bestehen.

Reformen der staatlichen Politik sind der Schlüssel, um diese Probleme anzugehen. In der Mehrzahl der Länder besuchen über 90 Prozent der Schüler an Grund- und

Schaubild 3.5

Verhältnis zwischen Kosten für private und staatliche Schulen und Testergebnissen in vier Ländern

Selbst bei Schülern mit ähnlichem Hintergrund vermitteln private Schulen häufig eine bessere Ausbildung bei geringeren Kosten.

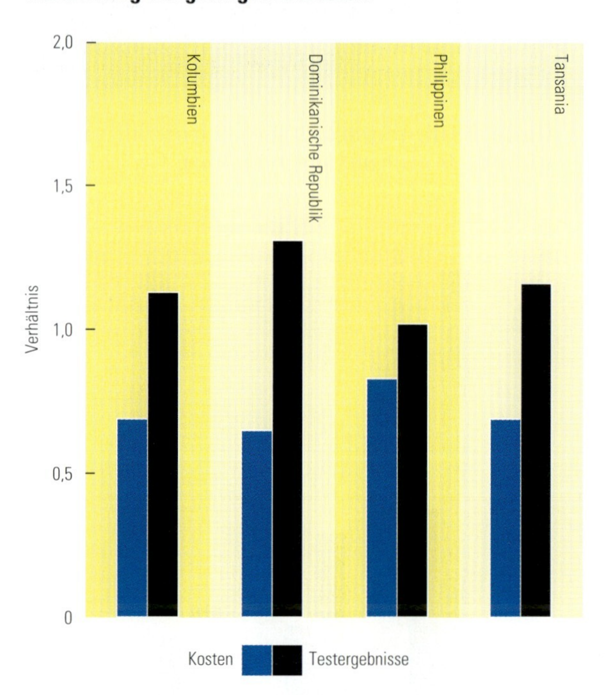

Hinweis: Daten gelten für 1981 (Kolumbien), 1982 - 1983 (Dominikanische Republik), 1983 (Philippinen) und 1981 (Tansania). Die Testergebnisse stammen, mit Ausnahme derer von den Philippinen (nur sprachliche Fähigkeiten), aus Tests zu mathematischen und sprachlichen Fähigkeiten. Die Ergebnisse wurden um die Unterschiede des persönlichen Umfelds (zum Beispiel Wohnsitz in der Stadt oder auf dem Land, Geschlecht, Anzahl der Geschwister sowie Ausbildung, Einkommen und Beruf der Eltern) der Kinder in privaten und staatlichen Schulen bereinigt. Quelle: Jimenez, Lockheed und Paqueo 1991.

weiterführenden Schulen staatliche, und nicht private Schulen (wobei die Varianz bei weiterführenden Schulen jedoch sehr viel größer ist; Schaubild 3.6). Die extensive Einbeziehung des Staates in das Bildungswesen ist kein Zufall. Zwei Gründe für das Zutun des Staates im Bereich der höheren Schulen und Universitäten wurden bereits dargelegt: das Vorhandensein von externen Auswirkungen und Unvollkommenheiten der Kapitalmärkte (und deren Folgen für die Verteilung). Jedoch ist dieses Marktversagen nicht nur dort, sondern im gesamten Bildungsprozeß festzustellen.

Weitergeben von Wissen – die positiven Begleiterscheinungen der Bildung

Die Bildung eines Menschen hat häufig Einfluß darauf, wie viele andere Mitglieder der Familie oder der Gemeinschaft lernen. Am bekanntesten ist die Wechselwirkung zwischen den Generationen: Der zuverlässigste Hinweis auf die Einstellung der Kinder zum Lernen ist der Bildungsstand ihrer Eltern. Kinder von gebildeteren Eltern erhalten mehr Bildung als Kinder aus Elternhäusern, deren Einkommen zwar etwa gleich hoch ist, die aber weniger gebildet sind. Und sie erzielen in Tests im allgemeinen bessere Ergebnisse. In manchen Fällen, etwa bei der Grundschulbildung in Lahore, Pakistan, hat die Bildung der Mutter einen größeren Einfluß als die des Vaters, was möglicherweise dadurch begründet ist, daß die Mutter zu Hause eine wichtigere Rolle spielt.

Selbst die Bildung anderer Mitglieder einer Gemeinschaft oder Gruppe kann Einfluß darauf haben, wie und was ein Mensch lernt. Wechselwirkungen unter Mitschülern in einer Klasse können sich günstig auf alle Kinder in dieser Klasse auswirken, in dem positive Rückmeldungsmechanismen in Gang gesetzt werden, die das Lernen langfristig verbessern. Es liegt aber im Interesse derjenigen, die diese positiven Rückmeldungen erzeugen, sich selbst abzuheben, zu versuchen, diese externen Auswirkungen zu verinnerlichen. Das Ergebnis kann eine sozioökonomische Schichtenbildung sein, die in vielen privaten Grund- und höheren Schulbildungssystemen in der Tat eine Hauptsorge ist (obwohl einige kirchliche Privatschulen bei der Förderung der Rassenintergration und der sozioökonomischen Integration einige Erfolge erzielt haben).

Bildung führt außerdem zu externen Auswirkungen in der Produktion. Man denke nur an die Grüne Revolution, bei der Bauern mit besserer Schulbildung die ertragreichen Sorten als erste anbauten – und ihre Nachbarn, die von ihnen lernten, das neue Saatgut schneller übernahmen, als sie es normalerweise getan hätten. Derartige Nebenwirkungen könnten zu einer zu geringen Investitionstätigkeit sowohl im Schulbereich als auch bei landwirtschaftlichen Experimenten führen. Eine Untersuchung von Dörfern in Indien ergab, daß der Anteil der Haushalte mit Schulbildung erheblich unter dem Satz lag, der für die Annahme neuer Technologien am förderlichsten wäre. Der Grund liegt auf der Hand: Haushalte treffen ihre Bildungsentscheidungen nicht auf der Grundlage des nicht entlohnten Gewinns, von dem andere profitieren, wenn sie neue Technologien erforschen.

Letztendlich kann diese zu geringe Investitionstätigkeit zu sozialen und wirtschaftlichen Problemen führen, deren Kosten höchstwahrscheinlich zumindest teilweise vom Staat zu tragen sind. So zeigte eine Untersuchung in den Vereinigten Staaten, daß an einem beliebigen Tag des Jahres 1992 fast ein Viertel der männlichen Schulabbrecher– jedoch nur 4 Prozent der Hochschulabsolventen in dieser Altersgruppe – entweder im Gefängnis saßen, auf Bewährung oder bedingt entlassen waren. Wie immer, ist es auch hier riskant, eine Kausalität herzustellen, aber ihr Mangel an Bildung verringerte sicher ihre Chancen auf dem legalen Arbeitsmarkt und ließ sie andere Wege

Schaubild 3.6

Anteil der Schüler an staatlichen Grund- und weiterführenden Schulen an der Gesamtschülerzahl

Das staatliche Bildungswesen hat in den meisten Ländern ein deutliches Übergewicht.

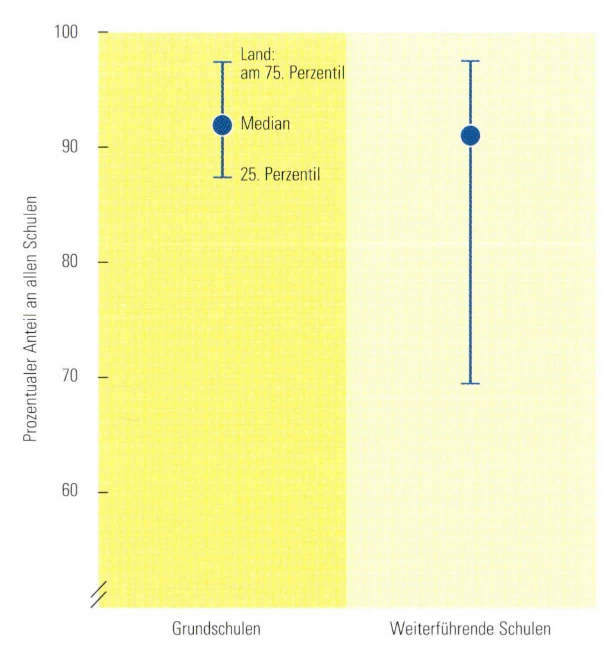

Hinweis: Die Daten gelten für 1995 für 113 Länder (Grundschulen) und für 100 Länder (weiterführende Schulen) weltweit. Die Zahl der Schüler an weiterführenden Schulen gilt nur für allgemeine weiterführende Schulen. Quelle: UNESCO 1998.

erschließen, um ihren Lebensunterhalt zu verdienen. Umgekehrt zeigte sich, daß ein höherer Bildungsstand zu höheren Einkommen führt, wobei dann der Staat einen Teil dieses Gewinns in Form von höheren Steuern abschöpft.

Diese Begleiterscheinungen sind ein wichtiger Grund für den Staat, Bildung zu fördern, denn der einzelne zieht sie unter Umständen bei der Entscheidung, ob er in seine eigene Ausbildung oder auch in die seiner Kinder investieren soll, nicht in Betracht. In manchen Fällen sind sie sich dieser externen Auswirkungen möglicherweise nicht bewußt. Oder sie sind sich ihrer bewußt, haben aber keinen Anreiz, sie in Betracht zu ziehen.

Informationsprobleme innerhalb des Bildungswesens

In allen Märkten für auf Wissen basierende Dienstleistungen ist es für Verbraucher schwierig, die Qualität zu beurteilen – nicht nur bevor sie die Dienstleistung erhalten, sondern auch danach. Die Anbieter der Dienstleistungen wiederum könnten versucht sein, die Unwissenheit der Verbraucher auszunutzen. Ärzte können überflüssige, aber (für sie) einträgliche Untersuchungen anordnen. Automechaniker können unnötige, aber (für sie) einträgliche Reparaturen empfehlen. Börsenmakler können zu unprofitablen, aber (für sie) einträglichen Geschäften raten. Es entstehen Mechanismen, die diesen Fehlentwicklungen entgegenwirken: Wettbewerb zwischen den Anbietern, staatliche Vorschriften zu Normen und Standards, Selbstkontrolle des Berufsstands, gesetzliche Regreßforderungen bei ärztlichen Kunstfehlern. Alle verfolgen dasselbe Ziel: die Anbieter für das Ergebnis verantwortlich zu machen, und gleichzeitig die berufliche Autonomie zu wahren.

Der Aus- und Fortbildungsmarkt ist mit denselben Informationsproblemen auf wenigstens drei Ebenen konfrontiert: dem faktischen Gehalt (lehren Lehrer den Satz des Pythagoras richtig?), der Angemessenheit dieses Gehalts (müssen Schüler den Satz des Pythagoras kennen?) und dem pädagogischen Ansatz (lehren Lehrer den Satz des Pythagoras so, daß die Schüler ihn verstehen und anwenden können?). Der Markt für Bildung ist jedoch sehr viel komplexer als der für medizinische Dienstleistungen oder Autoreparaturen, da so viele Beteiligte gemeinsam das Ergebnis bestimmen. Zu den Anbietern zählen nicht nur Lehrer, sondern auch Politiker, Angehörige der zentralen Verwaltung und Verwaltungsinspektoren, deren Amtskollegen in den Regionen und Städten, Angehörige der Schulverwaltung und Mitarbeiter ohne Lehrauftrag. Genauso wichtig ist der Einfluß, den Eltern und die örtliche Umgebung auf die Schüler haben, ganz zu schweigen von der persönlichen Eignung des Schülers.

Diese Entscheidungsträger sind in Besitz eines sehr unterschiedlichen Umfangs an Informationen über den Ausbildungsprozeß – und übereinander. Zum Beispiel sind es in der Regel die Eltern, für ihre Kinder Entscheidungen treffen, die deren Ausbildung (vor allem die Ausbildung an Grund- und weiterführenden Schulen) betreffen – nicht die Kinder selbst. Die Eltern aber könnten, auch wenn ihre Absichten noch so gut sind, nicht oder nicht ausreichend über die jeweiligen Vorzüge konkurrierender Ausildungsangebote sein – oder sogar über den Wert der Ausbildung. Interessenskonflikte können ebenfalls aufkommen: Unter Umständen wollen Eltern die Arbeitskraft ihrer Kinder nutzen und die Folgen des Verzichts auf Ausbildung für die Zukunft ihrer Kinder nicht richtig einschätzen. Die Aufgabe des Staates besteht darin, einen Ausgleich für diese Beschränkungen im privaten Ausbildungsmarkt und im Ausbildungsprozeß zu schaffen, um Informationen freien Lauf zu lassen.

Politik und Information

Der Staat ist in die Ausbildung involviert und sollte dies auch sein. Die Erfahrung hat jedoch gezeigt, daß die Entwicklung der richtigen Politik und ihre anschließende Umsetzung alles andere als einfach ist. Mehrere Länder umfassende Untersuchungen haben gezeigt, daß zwischen staatlichen Bildungsausgaben und Wachstum kein Zusammenhang besteht – und was schlimmer ist, es besteht kein Zusammenhang zwischen den Ausgaben und dem Bildungserfolg, oder zumindest dem anhand der Ergebnisse bei vereinheitlichten mathematischen und naturwissenschaftlichen Test unmittelbar meßbaren Bildungserfolg (Schaubild 3.7). Bei der Interpretation dieser Ergebnisse ist Vorsicht geboten, denn bessere Testergebnisse sind nicht der Hauptzweck von Bildungsausgaben. Sie sind aber einer von sehr vielen Indikatoren, die zeigen, daß es auf die Qualität der Ausgaben und nicht auf ihre Höhe ankommt. Wenn Mittel für Lehrmittel oder Erfolg bringende Programme ausgegeben werden, können sie den Bildungserfolg erheblich beeinflussen. In Ghana zum Beispiel hat sich gezeigt, daß Ausgaben für Schultafeln und Reparaturen in den Klassenzimmern zu einer Verbesserung der Testergebnisse – und einem Anstieg der Löhne um 20 Prozent – geführt haben.

Im Laufe der letzten zehn Jahre haben sich mehrere Ausgaben des *Weltentwicklungsberichts* mit Effizienz- und Gerechtigkeitsproblemen befaßt, die das Bildungswesen belasten. Allzu häufig haben Regierungen in schlechte Qualität sehr viel investiert und es dabei versäumt, den Bedürfnissen der Armen oder anderer Gruppen, zum Beispiel Mädchen, gerecht zu werden, für die Bildung ein potentiell großer Gewinn bedeutet. Eine Reform der Politik bedeutet also sehr viel mehr, als einfach nur mehr Mit-

Schaubild 3.7

Öffentliche Bildungsausgaben und Ergebnisse in mathematischen Tests

Großzügige Staatsausgaben sind kein Garant für eine hohe Bildungsqualität.

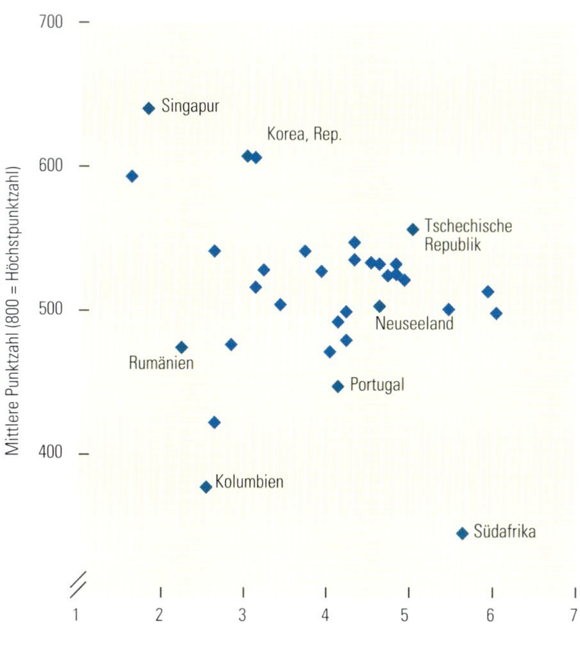

Hinweis: Die Daten gelten für 34 Länder weltweit für die Jahre 1994 und 1995. Die Ausgaben umfassen jene für die Ausbildung in Vor-, Grund- und weiterführenden Schulen. Da sich der Anteil der Bildungsausgaben am BIP in der Regel nicht innerhalb kurzer Zeit ändert, sind diese Daten repräsentativ für die über einen längeren Zeitraum getätigten Ausgaben. Die Testergebnisse stammen aus der Third International Mathematics and Science Study. Quelle: Beanton et. al. 1996, UNESCO 1998.

tel aus dem Staatssäckel zu verteilen. Regierungen müssen Kompromisse eingehen, wenn sie begrenzte Ressourcen auf eine breite Palette von Ausbildungsmöglichkeiten verteilen, die mit dem lebenslangen Lernprozeß zusammenhängen: Vorschulprogramme, formelle Bildung (elementare und höhere Schulbildung), formelle Ausbildungsprogramme, berufliche Fortbildung, Programme zur Verbreitung von Informationen und informelle Bildung. Die effektivsten staatlichen Maßnahmen sind jene, die sich direkt auf die Wurzel des Marktversagens oder des Verteilungsproblems konzentrieren. Zum Beispiel sind Subventionen angebracht, wenn der einzelne die positiven Auswirkungen seiner elementaren Schulbildung auf andere nicht in Betracht zieht. Universitäre Forschung muß ebenfalls subventioniert werden, da die daran Beteiligten sich nur selten des daraus entstehenden Gewinns bemächtigen können.

Die Verbindungen zwischen derartigen Marktversagen und Reformen der Politik werfen einige allgemeine Fragen auf, die weit über den Rahmen dieses Berichts hinausgehen – aber in Dokumenten wie den vor kurzem veröffentlichen Strategiepapieren der Weltbank zur Bildung umfassender behandelt werden. Hier liegt das Augenmerk darauf zu zeigen, wie die Aufmerksamkeit für das Marktversagen, das mit Informationsproblemen im Bildungswesen verbunden ist, einiges für die Lösung der oben erörterten Probleme leisten kann. Die Politik kann gegen ein solches Marktversagen wie folgt vorgehen:

- Indem sie jenen mit den meisten Informationen – Benutzer und örtliche Anbieter – durch Dezentralisierung mehr Befugnisse erteilt
- Indem sie den Zugang zu Informationen über Auswahlmöglichkeiten im Bildungsbereich erleichtert, damit Benutzer und Anbieter gut informiert Entscheidungen treffen können
- Indem sie Armen hilft, ihre Ausbildung – vor allem für die höhere Schul- und Universitätsausbildung – zu bezahlen und das Versagen des Informationsflusses auf dem Kapitalmarkt aufgewogen wird und
- Indem sie neues Wissen nutzt, um Lehrpläne zu aktualisieren, und neue Technologien, um die Qualität der Ausbildung zu verbessern und den Zugang zu erleichtern.

Informierte Beteiligte mit mehr Befugnissen ausstatten

Durch die staatliche Bereitstellung von Bildung entstehen drei Gruppen von Beteiligten: Bürger, Erzieher und Ausbilder sowie der Staat selbst. Gemeinsam müssen diese ein System schaffen, das sicherstellt, daß private und öffentliche Gelder für das Bildungswesen sinnvoll eingesetzt werden, und gleichzeitig die berufliche Autonomie der Erzieher und Ausbilder aufrechterhält, die für ein hervorragendes Ergebnis notwendig ist. Um aber die Verantwortlichkeit und Effizienz zu gewährleisten, müssen Bürger – als Steuerzahler und als Konsumenten von Bildung gleichermaßen – über geeignete Informationen verfügen, um beurteilen zu können, ob die Versorgung mit formeller Bildung durch bestimmte Einrichtungen effizient erfolgt.

Zentralisierte Bildungssysteme sind trotz ihrer zahlreichen, beachtlichen Erfolge mit einigen grundlegenden Informations- und Verantwortlichkeitsproblemen behaftet, was wiederum zu Ineffizienz und hohen Kosten führt. Qualität ist stets ein zentraler Aspekt. Es ist schwierig, die Qualität der Bildung zu ermitteln, da geeignete Hilfsmittel zur Beurteilung im allgemeinen fehlen. Einige solcher

Beurteilungen wurden jedoch vorgenommen, und bei vielen wurde festgestellt, daß Schüler und Studenten häufig nicht die Fähigkeiten und Fertigkeiten erworben hatten, die ihnen der Lehrplan vermitteln sollte. In einigen Schulsystemen – Grundschulen in Ghana und Kenia zum Beispiel – zeigen Tests nach einigen Schuljahren, daß die Ergebnisse eines erheblichen Teils der Kinder häufig nicht besser sind, als hätten diese bei der Beantwortung der Fragen geraten.

Sonderbeitrag 3.4

Beurteilung der Lehrer: Die unterschiedlich empfundene Qualität der Schulen in Vietnam

Eine geschichtete Studie mit 1.890 zufällig ausgewählten vietnamesischen Haushalten, die den Ergebnissen einer vergleichbaren Umfrage in Schulen und Gemeinden (bei der Schulleiter und Gemeindevorstände befragt wurden) gegenübergestellt wurde, zeigt, wie weit die empfundene Qualität der Schulen und die Ansichten zu den wirkungsvollsten Verbesserungsmöglichkeiten voneinander abweichen. Die Erkenntnisse:

- Bei Grundschulen und den unteren Klassen von weiterführenden Schulen waren die Beurteilungen der Haushalte häufig schlechter als die der Schulleiter. Man beobachtete eine systematische Tendenz, daß die Angebotsseite positivere Urteile abgab als die Nachfrageseite.
- Die Beurteilungen der Schulleiter stimmten sehr viel eher mit den unabhängig beobachteten Schulcharakteristika überein als die der Haushalte. Es ist möglich, daß Schulleiter besser über die verfügbaren Mittel der Schulen informiert sind als die Haushalte. Möglicherweise aber sind den Haushalten aber auch die Ergebnisse wichtiger als die verfügbaren Mittel.

In den Beurteilungen der Gemeindevorstände wurden als wirkungsvollste Verbesserungen die Ausstattung mit besseren physischen Einrichtungen (38 Prozent) und eine bessere Ausbildung der Lehrer (34 Prozent) genannt. Maßnahmen wie die Anstellung von mehr Lehrern (12 Prozent) oder eine bessere Bezahlung der Lehrer (10 Prozent) waren weit abgeschlagen. Diese Ansichten unterschieden sich von denen der Schulleiter, die höhere Lehrergehälter mehr als doppelt so oft (20 bis 23 Prozent) nannten.

Dieses Muster hängt möglicherweise damit zusammen, daß Schulleiter sich in einem Interessenkonflikt zwischen der Verbesserung der Qualität der Schulen und einem höheren Gehalt für Lehrkräfte befinden. Das könnte sie dazu bringen, anders als andere Interessengruppen größeres Gewicht auf die Lehrergehälter zu legen.

Die Wahrnehmung der Bildungsqualität variiert unter den Beteiligten. Bei einer vor kurzem in Vietnam durchgeführten Studie wurden Eltern, Lehrer und örtliche Gemeindevorsteher zur Qualität der Schulen befragt. Die Beurteilungen korrelierten, wichen aber doch recht deutlich voneinander ab (Sonderbeitrag 3.4).

Um die Probleme des Informationsungleichgewichts und der beschränkten Verantwortlichkeit aufgrund einer übermäßigen Zentralisierung anzugehen, gehen viele Systeme von einem „Von-oben-nach-unten-Modell" zu einem „kundenorientierten" Modell über. Dieser Wandel vollzieht sich auf unterschiedliche Arten: Dezentralisierung der Verwaltung, Steigerung der Schulautonomie, Übergang zur nachfrageseitigen Finanzierung (bei der die Familie anstelle des Staates zahlt), Vermehrung der über bestimmte Bildungseinrichtungen verfügbaren Informationen und Schaffung eines gemischten Systems mit privaten, nicht-staatlichen und öffentlichen Anbietern. Zwar hat jede dieser Reformen ihre Vor- und Nachteile, aber jede einzelne zielt darauf ab, sich der wahrgenommenen Schwachpunkte traditioneller Systeme anzunehmen.

Dezentralisierung der Verwaltung bedeutet die Übertragung von Verantwortlichkeiten auf kleinere, zuständige Einheiten: vom Staat auf die Provinz, von der Provinz auf die Kommune, von der Kommune auf die Schulen und ihre Kunden. Dezentralisierung kann Ländern und Gemeinschaften helfen, Informationsprobleme anzugehen, die mit Unterschieden in den örtlichen Präferenzen und Gegebenheiten zusammenhängen. Sie kann auch einen Beitrag zur Koordinierung und Durchsetzung von Standards für das Bildungswesen leisten, denn zuständige Stellen vor Ort haben vermutlich einen Informationsvorsprung bei der Ermittlung von billigeren, geeigneteren Möglichkeiten, Dienstleistungen anzubieten, die die örtlichen Präferenzen am besten erfüllen. Sie können zudem die Leistung der Anbieter besser überwachen. Und vor allem kann die Dezentralisierung die Verantwortlichkeit örtlicher Institutionen stärken und so die Qualität und Kosteneffektivität verbessern.

Dezentralisierung allein kann jedoch nicht alle Probleme lösen. Örtliche Verwaltungen und Gemeinschaften verfügen unter Umständen nicht über die Fähigkeit, qualitativ hochwertige Bildungsleistungen zu erbringen und zu verwalten. Das Informationsungleichgewicht kann sich in beide Richtungen auswirken: die Staatsregierung weiß unter Umständen nicht, was sie tun soll, die örtliche Verwaltung weiß vielleicht nicht, wie sie es tun soll. Daher ist die Beurteilung der vor Ort vorhandenen Fähigkeiten so wichtig. Die Aufteilung der Verantwortlichkeiten zwischen Staatsregierung und örtlicher Verwaltung darf nicht nur vom Informationsvorsprung der letzteren, sondern auch von deren Fähigkeit, die Qualität und effiziente Erbringung von Dienstleistungen zu fördern, geleitet sein.

Gelegentlich wird jedoch das Schlagwort der Dezentralisierung auch als Vorwand benutzt, um die Verantwortlichkeit auf niedrigere Regierungsebenen zu verlagern, ohne aber gleichzeitig die erforderlichen Ressourcen oder Einkommensgrundlagen ebenfalls zu übertragen. Regionale Ungerechtigkeiten werden dadurch nur verschärft. In anderen Fällen wiederum wird die Dezentralisierung wirklich als eine Investition in die Zukunft der Nation betrachtet, für die es sich lohnt, kurzfristig eine mangelnde Effizienz oder auch Ungerechtigkeiten in Kauf zu nehmen, sofern langfristig auf Gemeindeebene eine Kultur der Beteiligung und Wachsamkeit entsteht und sich die Qualität verbessert.

In der Tat haben uns Dezentralisierungsprozesse der Vergangenheit gelehrt, daß ein Verharren auf halber Strecke – von der staatlichen auf die provinzielle oder auch die kommunale Ebene etwa – unter Umständen nicht den erwarteten Gewinn mit sich bringt. Der größte potentielle Gewinn ist bei einer Förderung einer größeren Kontrolle bei der Entscheidungsfindung auf Schulebene, in der Regel durch eine stärkere Einbeziehung der Eltern und der Gemeinschaft in die Leitung der Schule, zu erwarten. In Nicaragua verleiht eine ambitionierte Reform des öffentlichen Schulwesens den Schulleitern, Lehrern und Eltern mehr Autonomie bei der Leitung der Schulen – wobei die neue Ordnung viele Entscheidungen zu Lehrkörper, Überwachung, Verwaltung und Pädagogik einem Schulrat überläßt, in dem die örtlichen Interessengruppen vertreten sind. Nicht alle Schulen sind von dieser Reform betroffen. Beurteilungen deuten jedoch darauf hin, daß die Schüler bessere Leistungen bringen, wenn örtliche Interessengruppen anstelle der Staatsregierung mehr Entscheidungen treffen, die die Schule betreffen, und wenn Lehrer das Gefühl haben, daß sie mehr Einfluß auf den Schulbetrieb nehmen können.

In El Salvador formalisierte, verbesserte und erweiterte die Regierung, die kurz nach dem verheerenden Bürgerkrieg an die Macht gekommen war, die von den Gemeinden verwalteten Schulen, die nach dem Zusammenbruch des staatlichen Schulsystems entstanden waren. Erste Untersuchungen zeigen, daß auch die ärmsten Gemeinden solche Schulen einrichten und verwalten können – und dabei die Qualität verbessern können. Ein Grund dafür ist, daß Eltern die Lehrer sehr genau kontrollieren: Die Schüler verlieren nur halb so viele Tage durch Fehlzeiten der Lehrer wie in herkömmlichen Schulen.

Schüler oder ihre Familien – statt die Anbieter – zu subventionieren kann zudem die Verfügbarkeit von Informationen verbessern und die Verantwortlichkeit erhöhen, denn die Position der Verbraucher wird gestärkt. Subventionen können entweder in Systemen, in denen sie die Schule, die sie besuchen wollen, selbst auswählen, in Form von Zuschüssen an die Anbieter oder mittels Stipendien und Gutscheinen direkt an die Verbraucher gezahlt werden. Der Erfolg der Gutschein-Programme ist jedoch umstritten.

Bereitstellung von Informationen zugunsten einer besseren Auswahl

Damit Programme effektiv sind und Anbieter verantwortlich gemacht werden können, müssen die Kunden über gute Informationen verfügen, auf deren Grundlage sie ihre Entscheidung treffen können. Neben dem Gewinn an Effizienz ergibt sich wahrscheinlich ein Gewinn in bezug auf die Verteilung, denn ärmere Familien sind unter den gegenwärtigen Bedingungen häufig die am schlechtesten informierten. Nicht subventionierte private Anbieter stellen wahrscheinlich nicht genügend Informationen über die Effektivität der Alternativen im Bildungswesen bereit.

Man denke nur an die Bereitstellung angemessener gesundheitsbezogener Informationen. Eine Form des staatlichen Eingreifens, bekannt als Information, Bildung und Kommunikation (IEC), umfaßt Aktivitäten wie zum Beispiel Plakatwerbung, Veröffentlichen von Broschüren und Mitteilungen öffentlicher Einrichtungen in Radio und Fernsehen. Die Bedeutung von IEC ist nirgends größer als im Falle einer tödlichen Krankheit wie AIDS, für die es keine Heilung gibt, der man aber vorbeugen kann. In der Zeit vor AIDS war Sex in Bordellen ein beliebtes Freizeitvergnügen für Einheimische und Touristen, die jedoch selten Kondome benutzten: 1988 waren nur rund 15 Prozent des gewerblichen Sexualverkehrs geschützt. Diese Zahl stieg 1989 - 1990, noch vor Beginn einer weitreichenden Kampagne zur Förderung der Kondombenutzung, auf über 50 Prozent, als die Regierung die Öffentlichkeit informierte, daß 44 Prozent der Prostituierten in Chiang Mai HIV-infiziert waren.

Eine Politik, die die Sammlung und Verbreitung von Informationen über das Bildungswesen und die Chancen, die sich gebildeteren Menschen eröffnen, verbessert, kann sich für die Gesellschaft in erheblichem Maße auszahlen. Viele Länder reformieren derzeit ihr nationales Fort- und Weiterbildungssystem, um Arbeitgeber und private Anbieter in die Planung und die Koordinierung des Angebots mit einzubeziehen. Eine solche Politik muß von Bemühungen flankiert werden, damit die Informationen sinnvoll verwendet werden (Sonderbeitrag 3.5).

Regierungen haben in letzter Zeit mehr getan, um Informationen zum Beispiel über Verbesserungen von Testergebnissen und der Stellenvermittlung für Schüler in bestimmten Schulen und Weiterbildungsprogrammen zur

Sonderbeitrag 3.5

Vom Bildungsanbieter zum Informationsanbieter

Umschulungsmaßnahmen sind bei der Umstrukturierung der Wirtschaft eines Landes von wesentlicher Bedeutung. Aber Abstimmungsschwierigkeiten zwischen formellen Ausbildungsprogrammen und dem Bedarf der Arbeitgeber an bestimmten Qualifikationen ist ein dauerhaftes Problem, das häufig dazu führt, daß der Ertrag aus den Mitteln, seien es öffentliche oder private, die für derartige Maßnahmen aufgebracht werden, häufig sehr gering ist. Eine Möglichkeit zur Verbesserung der Leistung besteht darin, daß der Staat sich von einem direkten Anbieter zum Vermittler zwischen Anbietern und Verbrauchern der Ware Bildung wandelt. Dadurch können die Informationskosten, die zu diesen Abstimmungsschwierigkeiten führen können, gesenkt werden.

Ein in Madagaskar in Angriff genommenes Programm ist für die Arbeiter in 45 Staatsbetrieben gedacht, die umstrukturiert werden, sich auf die Privatisierung vorbereiten oder vor der Liquidation stehen. Ein früherer, erfolgloser Versuch, die Wiedervermittlung dieser Arbeiter zu vereinfachen, war zentral gesteuert und sehr informationsintensiv. Die verantwortliche Behörde mußte die Sektoren und Berufe ermitteln, in denen die vor ihrer Freisetzung stehenden Arbeiter tätig werden konnten, und sie anschließend entsprechend ausbilden und umschulen. Und sie mußte jenen, die ihr eigenes Kleinunternehmen gründen wollten, bei der Entwicklung eines Geschäftsplans und der Anschaffung der entsprechenden Ausrüstung helfen. Viele der entlassenen Arbeiter erhielten diese Ausrüstung erst viele Jahre, nachdem sie ihren Arbeitsplatz verloren hatten. Sie waren jedoch mittlerweile in anderen Berufen tätig und verkauften diese Ausrüstung einfach. Trotz der Kosten von rund 900 Dollar pro Arbeiter herrschte große Unzufriedenheit über das Programm.

In dem neuen Programm bietet die verantwortliche Behörde nun eine Reihe von Ausbildungs- und Umschulungsmaßnahmen an, wobei die Arbeiter jedoch entscheiden müssen, ob sie diese Angebote „kaufen" möchten. Zunächst errechnet die Behörde anhand einer Arbeitsmarktstudie den aktuellen Wert des Verdienstausfalls, den jeder entlassene Arbeiter erfahren wird. Gleichzeitig veranstaltet die Behörde eine Ausschreibung für Umschulungsangebote, an der andere staatliche Stellen, private Anbieter und nichtstaatliche Organisationen teilnehmen können. Danach führt die Behörde ein Seminar in dem Betrieb, bei dem alle Submittenten, die noch im Rennen sind, gegenüber den vor der Entlassung stehenden Arbeitern ihr Umschulungangebot erläutern. Schließlich entscheidet sich jeder Arbeiter, welches Angebot er kaufen will.

Die Regierungsbehörde zieht die Kosten für diese gekaufte Dienstleistung von der Unterstützung ab, die der jeweilige Arbeiter erhält, zahlt den Rest in bar aus und bezahlt die jeweiligen Anbieter, nachdem diese die Dienstleistungen erbracht haben. Die Arbeiter haben einen Anspruch darauf, daß ihnen der Gesamtbetrag in bar ausgezahlt wird, wenn sie glauben, daß die Angebote ihren Preis nicht wert sind. Das Risiko, daß viel Geld in nutzlosen Weiterbildungs- und Umschulungsprojekten vergeudet wird, wird dadurch minimiert.

Verfügung zu stellen. Die Bekanntgabe der Ergebnisse bei landesweit anerkannten Tests veranlaßt Eltern und Gemeinden häufig zu handeln. Die Veröffentlichung nationaler Ranglisten auf der Grundlage der Third International Mathematics and Science Study hat die Aufmerksamkeit vieler Politiker und Entscheidungsträger geweckt. Derartige Vergleiche können, wenn sie für Schulen innerhalb eines Landes oder Bezirks durchgeführt werden, zudem Eltern besser informieren. Diese Anstrengungen können, so hofft man, außerdem die Debatte über die allgemeine Zielsetzung des Bildungssystems sowie über den Umfang, in dem Tests diese Zielsetzung erfassen können, anregen.

Eine andere Möglichkeit für Regierungen, Informationen zu verbreiten, ist die Akkreditierung. In vielen Industrie- und einigen Entwicklungsländer gibt es heute gut durchdachte Programme zur Überprüfung von Schulen, um jenen Schulen, die die Qualitätsstandards erfüllen, ein „Qualitätssiegel" zu verleihen. Wenn der öffentliche Sektor Institutionen nicht akkreditiert oder nicht direkt akkreditieren kann, können privaten, freiwilligen Akkreditierungsagenturen Anreize geboten werden, diese Funktion auszuüben. Auf den Philippinen ist man so vorgegangen, und Brasilien, Chile, Kolumbien, Mexiko, Südafrika und Tansania ziehen nach.

Armen Menschen helfen, die Ausbildung zu bezahlen

Beim Anblick der Schätzungen des persönlichen Gewinns, den Menschen in Entwicklungsländern aus der Ausbildung erzielen – über 30 Prozent pro Grundschuljahr und rund 20 Prozent pro Ausbildungsjahr an weiterführenden und höheren Schulen sowie Universitäten – würde jede Anlagebank frohlocken. Und doch können in diesen Ländern viele Menschen, die gern eine Schule oder Universität besuchen würden, nicht in ihre eigene Ausbildung investieren, weil sie sie nicht bezahlen können. Eine Ausbildung erfordert beachtliche private Mittel, auch wenn sie insofern „kostenlos" ist, als keine Gebühren erhoben werden. Am bedeutendsten sind möglicherweise die alternativen Kosten: die Zeit, die Schüler in der Schule oder Auszubildende in einem Ausbildungprogramm verbringen, ist Zeit, während der sie nicht für den Arbeitsmarkt, den Familienbetrieb oder Hausarbeit wie die Versorgung jüngerer Geschwister (eine Aufgabe, die, da sie häufig von Mädchen erfüllt wird, zu deren geringerem Anteil an der Schulbesuchsquote beitragen kann) zur Verfügung stehen.

Wenn die Kreditmärkte für die Investition in menschliche Ressourcen unvollkommen sind – was sie fast überall zu sein scheinen – sind Haushalte, insbesondere arme Haushalte, trotz der hohen zu erwartenden Rendite möglicherweise nicht in der Lage, Investitionen in die Bildung zu finanzieren. Ihr mangelnder Zugang zu Krediten spiegelt die Informationsprobleme wider. Potentielle Kreditgeber können den Ertrag aus Investitionen in Humankapital nicht richtig abschätzen, noch kann dieses Kapital gegen Verluste abgesichert werden.

Unter diesen Umständen wird es für einen armen Studenten oder Auszubildenden, selbst wenn seine Aussichten glänzend sind, schwierig, die erforderlichen Mittel zu beschaffen. Eine jüngere Untersuchung zu 42 Studienfächern in 21 Ländern – zum Großteil Entwicklungsländer – zeigt, daß das Einkommen in wenigstens drei Fünfteln der Studienfächer ein erhebliches Hindernis darstellt. In Peru verlassen Kinder aus Haushalten mit niedrigem Einkommen, in denen der Altersabstand der Kinder geringer ist, die Schule früher. In Vietnam hängt der Anstieg des Haushaltseinkommens um 10 Prozent mit der Verlängerung des Schulbesuchs (Zahl der besuchten Klassen) um 7 Prozent und dem Zuwachs an kognitiven Fähigkeiten um 8 Prozent zusammen.

Dieser Zustand ist nicht nur ungerecht, sondern auch ineffizient. Er beraubt die Gesellschaft eines größeren Bestands an fähigen Menschen, die von der Ausbildung profitiert haben. Eine Simulationsanalyse mit kolumbianischen Daten aus den achtziger Jahren kommt zu dem Schluß, daß der Anteil der ärmsten 40 Prozent der Bevölkerung an der Zahl der Studenten erheblich und die durchschnittliche Punktzahl bei sprachlichen und mathematischen Tests um 14 Prozent steigen würden, wenn die Schüler von höheren Schulen, die zu einem Hochschulstudium zugelassen wurden, anhand ihre angeborenen Fähigkeiten ausgewählt worden wären.

Finanzielle Zwänge können sich auch negativ auf die Zusammensetzung der Bildungsangebote auswirken. Auf den Philippinen – deren Hochschulwesen sich einer der höchsten Immatrikulationsraten aller Entwicklungsländer rühmt, die nahe an die von Industrieländern heranreicht – wird Hochschulbildung zu 80 Prozent vom privaten Sektor angeboten. Aber private Schulen stehen miteinander im Wettbewerb und bieten nur solche Kurse an, die die Kosten decken. Dies geschieht zum Nachteil von Kursangeboten mit hohen Festkosten für Laborgeräte und ähnliches. Über 90 Prozent der Immatrikulationen und Registrierungen gelten für berufsbildende Angebote mit einem bestimmten Berufsziel. Das beliebteste Fach mit einem Anteil von 40 Prozent der an privaten Hochschulen Immatrikulierten (aber nur 21 Prozent der Immatrikulierten im öffentlichen Sektor) ist Betriebswirtschaft. Mathematik und Naturwissenschaften sind unterrepräsentiert: die Immatrikulationsrate an kommerziellen Privatschulen beträgt gerade einmal 1 Prozent, gegenüber 4 Prozent an staatlichen Schulen. Das ist nicht unbedingt ein schlechtes Ergebnis: Wenn private Schulen sich auf Gebiete mit großer Nachfrage spezialisieren, werden knappe öffentliche Mittel für andere Bereiche freigesetzt, in denen die externen Auswirkungen stärker sind.

Die beste Lösung im Falle eines Versagens des Kreditmarkts ist die Abschwächung der finanziellen Zwänge. Viele Länder verfügen über staatlich geführte (oder staatlich unterstützte) Darlehensprogramme für Studenten, mit denen diese die Kosten für den Unterricht oder den Lebensunterhalt decken können. Diese Darlehen sollen nach dem Studienabschluß vom Darlehensnehmer zurückgezahlt werden. Eine Prüfung 50 derartiger Programme zeigte jedoch, daß viele zahlungsunfähig waren. Die Hauptprobleme waren stark subventionierte Zinssätze, hohe Ausfallraten und hohe Verwaltungskosten. Beim ersten brasilianischen Darlehensprogramm für Studenten im Jahre 1983 waren die Ausfallraten trotz großzügiger realer Zinssätze von –35 Prozent hoch.

Die wenigen Erfolgsgeschichten von Darlehensprogrammen für Studenten lehren einige wichtige Dinge:

- Subventionen sollten nicht in überaus stark subventionierten Zinssätzen versteckt, sondern in Form von Stipendien transparent gemacht werden.
- Programme sollten auf Bedürftige abzielen.
- Die Kombination von Darlehen mit Praktikum-Programmen hilft Studenten mit niedrigem Einkommen.
- Die Bindung der Rückzahlung an das spätere Einkommen schafft einen besseren Ausgleich zwischen dem Zwang zur Kostenerstattung und dem Risiko des Darlehensnehmers (Sonderbeitrag 3.6).
- Damit die Programme zahlungsfähig bleiben, bedarf es zudem der Förderung einer „Kreditkultur", die Darlehensnehmer ermuntert, ihre Darlehen gewissenhaft zurückzuzahlen.

Sollte Bildung subventioniert werden? Und wenn ja, wie? Selbst wenn der finanzielle Zwang nicht mehr besteht, die Kreditmärkte das Risiko aber unvollkommen weiterverteilen, kann es noch immer zu einer nicht ausreichenden Investition in die Bildung kommen, und daher mögen Subventionen gerechtfertigt sein. Dieses Problem

Sonderbeitrag 3.6

Darlehen für die höhere Schul- und Universitätsausbildung in Australien und Neuseeland mit einkommensabhängiger Rückzahlung

Im Jahre 1989 rief Australien als Reaktion auf den öffentlichen Druck, die Ausbildung an höheren Schulen und Universitäten effektiver zu machen und den Zugang für unterrepräsentierte Gruppen zu verbessern, den Higher Education Contribution Scheme ins Leben. Dieses Programm sieht Studiengebühren an staatlichen Universitäten, aber auch subventionierte Darlehen mit einkommensabhängiger Rückzahlungvor, die den Studenten helfen sollen, die Kosten zu bestreiten. Studenten, die ein solches Darlehen erhalten, beginnen erst mit der Rückzahlung, wenn ihr Einkommen nach dem Studienabschluß einen Schwellenwert erreicht. Die Höhe der Rückzahlungsbeträge ist dann ein bestimmter Prozentsatz ihres zu versteuernden Einkommens. Die Hauptsumme ist an den Verbraucherpreisindex gebunden, der reale Zinssatz ist jedoch gleich Null.

Da sich die Rückzahlungsbeträge nach der Höhe des Einkommens richten, wird das Ausfallrisiko verringert, und die Rückzahlung selbst kann auf mehrere Jahre ausgedehnt werden. Und da der reale Zinssatz null beträgt, werden jene, die den Gesamtbetrag über einen längeren Zeitraum abbezahlen (die weniger Aktiven unter den Arbeitskräften oder jene, die aus ihrer Ausbildung nur wenig Nutzen ziehen können), stärker subventioniert als jene, die das Darlehen innerhalb kürzerer Zeit zurückzahlen müssen.

Im Jahre 1992 entwickelte Neuseeland ein ähnliches Darlehensprogramm, bei dem die Zinsen für das Darlehen jedoch nicht voll durch Subventionen gedeckt werden. Wie in Australien müssen auch hier nur Studenten, deren Einkommen eine bestimmte Höhe erreicht, Rückzahlungen leisten, aber bei der Höhe der Rückzahlungsbeträge gilt für alle Darlehensnehmer derselbe Prozentsatz des (über dem Schwellenwert liegenden) Einkommens. Die Rückzahlungen sind zudem inflationsbereinigt. Für Darlehensnehmer, von denen man glaubt, daß sie es sich leisten können, ist der reale Zinssatz identisch mit dem Satz, den der Staat für Darlehen zu bezahlen hat, so daß die Subventionen, die bei einem Zinssatz von null Prozent aufgewendet werden müßten, verringert werden.

ist noch drückender in – den vielen – Ländern, in denen es an effektiven Darlehensprogrammen für Studenten fehlt. Viele Entwicklungsländer subventionieren sowohl das Schulwesen als auch formelle Weiterbildungsprogramme zu stark und zu wahllos. Im französischsprachigen Afrika belaufen sich Zuschüsse für nicht ausbildungsbedingte Kosten im Durchschnitt auf 55 Prozent des Haushalts für die Hochschulbildung. Diese Subventionen tragen aufgrund von fiskalischen Beschränkungen zu noch größeren Problemen bei. Einige Länder, die nicht willens oder nicht in der Lage sind, überhaupt Subventionen zu zahlen, beschränken einfach den Zugang zu höheren Schulen. Die Folge ist, daß die Subventionen, die auf den einzelnen Studenten bezogen recht hoch sind, einigen wenigen zugute kommen, die mit ziemlicher Sicherheit nicht arm sind. Andere Länder bieten einen freieren Zugang zur Bildung, verwässern aber ihre Qualität.

Ein grundlegendes Problem besteht darin, daß sich Subventionen nur selten an diejenigen richten, die sie verdienen, oder an die Studiengebiete, die eine Subventionierung aus Effizienz- und Verteilungsgründen rechtfertigen. Diese Subventionen müssen anderen Stellen zugeführt werden. Stipendien sollten jenen zugute kommen, die finanziellen Zwängen unterliegen, und denjenigen, die aufgrund ihres Talents oder ihrer Wahl des Studienfachs aller Voraussicht nach für positive externe Auswirkungen sorgen werden. Ein bedürftigkeitsorientiertes System kann wiederum durch Informationsprobleme belastet werden, bringt aber für die höhere Schul- und Universitätsausbildung geringere Belastungen mit sich als für die unteren Stufen, da die Studentenzahl niedriger ist.

Verbesserung der Ausbildungssysteme durch neue Inhalte und neue Medien

Neue Lehrpläne für eine neue Welt. Der Staat spielt eine wichtige Rolle bei der Anpassung der Schullehrpläne zur Förderung der nationalen, regionalen und globalen Integration und bei der Weitergabe von neuen Informationen an Schulen und Lehrkräfte. Neue Perspektiven zur Art und Weise, wie Schüler lernen, werden regelmäßig erschlossen und die Erkenntnisse an Lehrer weitergegeben. Und Lehrer gelangen durch eine Vielzahl von staatlich geförderten, berufsbegleitenden Weiterbildungsmaßnahmen mit neuen Technologien in Kontakt, die sie im Klassenzimmer – oder außerhalb des Klassenzimmers – unterstützen.

Darüber hinaus kann der Staat als Kanal für neues Wissen in sich rasch weiterentwickelnden Bereichen der Wissenschaft und Technologie fungieren, um sicherzustellen, daß die Lehrpläne auf dem neuesten Stand bleiben. In Vietnam umfaßt der ausgearbeitete Grundschullehrplan auch Informationen über Computer (einschließlich des Internet), um die Schüler auf den Eintritt in die moderne Gesellschaft vorzubereiten. Regierungen können zudem die Einbeziehung von Studiengebieten fördern, die in anderen Ländern nicht mehr unbekannt, für das betreffende Land aber neu sind. In den Schwellenländern Europas und Zentralasiens können zu solchen „neuen" Gebieten die Bereiche Wirtschaftswissenschaften, Buchhaltung, Grundrechte und Betriebswirtschaft sowie früher verbotene Themen aus der Geschichte und Geographie zählen. In diesen und anderen Ländern kann die Erweiterung der Lehrpläne auch die Einbeziehung von Materialien mit sich bringen, die in modernen Volkswirtschaften von größerer Relevanz sind, wie zum Beispiel Umweltschutzstudien oder die mathematische Logik, die der Nutzung von Computern zugrunde liegt. Ein Lehrbuch mit dem Titel *Die Abenteuer eines kleinen Mannes*, das vor kurzem vom Bildungsministerium der Russischen Föderation genehmigt wurde, berichtet von einem kleinen Mann, der die Gerichte anruft, um die Umwelt gegen Umweltverschmutzer und ihre mächtigen Kumpanen zu schützen.

Nutzung neuer Technologien in den Klassenzimmern. Die Technologien von heute haben, wie Kapitel 4 zeigen wird, ein gewaltiges Potential zur Verbesserung des Zugangs zu Bildung und zur Senkung der entsprechenden Einheitskosten. Fernunterricht per Funk hat dies im Bereich der elementaren Schulausbildung bereits bewiesen.

Einige Bildungssysteme, vor allem in Lateinamerika, haben eine lange und gut dokumentierte Tradition in der Erteilung von Fernunterricht. Ein Ansatz, der interaktive Unterricht per Radio, sieht per Radio oder Audiokassette übermittelte Unterrichtsstunden und sorgfältig integrierte Klassenaktivitäten vor, die von einem Lehrer unterstützt werden. Die Schüler beantworten während der Sendung Fragen und machen Übungen. Das Ziel ist dabei in erster Linie die Verbesserung der Ausbildungsqualität, das Programm zielt aber auch darauf ab, den Zugang zu Bildung zu verbessern.

Der interaktive Unterricht per Radio wurde ursprünglich Mitte der siebziger Jahre in Nicaragua für den Grundschulunterricht in Mathematik entwickelt. Wissenschaftler zogen aus zwei kontrollierten Studien den Schluß, daß diese Programme die Lernfähigkeit effektiver verbesserten als ein anderes Programm, bei dem einfach nur mehr Lehrbücher zur Verfügung gestellt wurden. Dem Beispiel Nicaraguas folgend, haben seitdem 18 weitere Länder interaktive Radioprogramme für eine Vielzahl von Themen und Lernumgebungen entwickelt. Die Testergebnisse der an diesen Programmen teilnehmenden Schüler zeigen einen Vorsprung von 10 bis 40 Prozent gegenüber der Kontrollgruppe. Bei einigen Programmen sind die aufgewendeten marginalen Gelder um etwa zwei Drittel effektiver bei der Verbesserung der Testergebnisse als gleich hohe Mittel, die für Lehrbücher verwendet werden – und rund zehnmal effektiver als Mittel für die Ausbildung der Lehrer.

Der computerunterstützte Unterricht hat mit dem rasanten Absinken der Kosten für Hard- und Software erheblich zugenommen. Das wichtigste Einsatzgebiet von Computern in Schulen ist ihre Verwendung als Übungshilfsmittel für elementare Fähigkeiten. Viele Studien deuten darauf hin, daß Schüler einen Lernvorsprung von einem bis acht Monaten eines herkömmlichen Schuljahrs aufweisen, wenn der traditionelle Unterricht durch den Einsatz von Computern ergänzt wird. Der Gewinn wird jedoch geschmälert, wenn der Computer den herkömmlichen Unterricht ersetzt, anstatt ihn zu vertiefen. Die Mehrzahl der Studien belegen zudem eine Zunahme des Schulbesuchs, der Motivation und der Aufmerksamkeit. Systematischere Studien, die den Gewinn aus diesen Innovationen, vor allem in kontrollierten Experimenten, analysieren, wären von Nutzen, um den wünschenswerten Umfang der Investitionen in diese Bereiche zu ermitteln.

Neue Technologien für die Ausbildung von Lehrern. Fernunterricht wird als kosteneffektives Mittel zur Steigerung der Zahl der qualifizierten Lehrer verfochten – zumal qualifizierte Lehrer knapp sind und sich dies, insbesondere in Südasien und den afrikanischen Ländern südlich der Sahara, negativ auf die Ausweitung des formellen Unterrichts niederschlägt. Einige dieser Programme zeigen die möglichen Vorteile gegenüber der herkömmlichen Ausbildung von Lehrern auf, andere hingegen die Grenzen.

Es hat sich gezeigt, daß mit Fernunterricht mit dem gleichen finanziellen Aufwand mehr Lehrer erreicht werden können als mit herkömmlichen Mitteln. Die Quote derjenigen, die die Prüfung bestehen, ist in manchen Fällen ähnlich, in anderen wiederum erheblich höher oder niedriger als in herkömmlichen Kursen. In Indonesien, Sri Lanka und Tansania schnitten die im Fernunterricht ausgebildeten Lehrer bei den Naturwissenschaften und in der Mathematik schlechter ab als jene, die auf die herkömmliche Weise ausgebildet wurden.

Diese Vergleiche lassen keine endgültigen Schlußfolgerungen zu, denn die zugrunde liegenden Studien berücksichtigen andere Unterschiede zwischen Lehrern in den beiden Gruppen nicht ausreichend. Angesichts des begrenzten Erfolgs und der viel höheren Kosten der konventionellen Programme deuten die Vergleiche jedoch darauf hin, daß die Fernausbildung von Lehrern als Ergänzung, wenn nicht sogar als Alternative, zu herkömmlichen Programmen in Betracht gezogen werden sollte.

Offene Universitäten. Die vielversprechendsten Gewinne aus neuen Technologien sind möglicherweise jene, die durch ihre Nutzung in der höheren Schul- und Universitätsausbildung erzielt werden. Der Druck, den Zugang zur höheren Schul- und Universitätsausbildung zu vereinfachen, ohne die Qualität zu mindern, wächst, und zwar vor allem in Volkswirtschaften mit mittlerem Einkommen, die die Zahl der Absolventen von weiterführenden Schulen gesteigert haben. Eben diese Länder sind mit der Erfordernis konfrontiert, die Fähigkeiten ihrer Arbeitskräfte zu verbessern, um dem Druck des globalen Wettbewerbs standhalten zu können. Wie können sie eine zweckdienliche und hochwertige höhere Schulbildung anbieten, die gleichzeitig auch erschwinglich ist? Auch hier kann Fernunterricht eine gangbare Lösung sein.

Fernunterricht im höheren Schul- und Universitätsbereich hat in den meisten Industrieländern und vielen Entwicklungsländern, unter anderem in China, Costa Rica, Indien, der Islamischen Republik Iran, Kenia, Pakistan, Tansania, Thailand und Venezuela, eine lange Tradition. Er kann Entwicklungsländern mit einem Mangel an Klassenräumen und Lehrern helfen, das Problem der Mittelknappheit zu umgehen. Mit Hilfe von Videokonferenzen etwa können Schüler und Studenten aus allen Teilen des Landes direkt mit den besten Lehrern sprechen. Prüfungen können online erfolgen, und Lehrmaterial und Hausarbeiten können per E-Mail ausgetauscht werden. Das virtuelle Klassenzimmer ist jedoch noch effektiver, wenn zusätzlich ein persönlicher Kontakt zwischen Lehrern und Schülern oder Studenten besteht. Jedenfalls besteht ein laufender Bedarf an Lehrern, die in der Lage sind, Inhalte an die örtlichen Bedürfnisse und Anforderungen anzupassen.

Traditionelle Universitäten nutzen Fernunterricht zur Ergänzung ihrer Aktivitäten auf dem Campus. In China handelt es sich bei der Hälfte der 92.000 Maschinenbau- und Technologiestudenten, die jedes Jahr ihren Abschluß machen, um Studenten, die im Rahmen eines Fernstudiums an diesen traditionellen Universitäten studieren. Gleichzeitig kümmert sich die logische Erweiterung dieses Konzepts des Fernstudiums, die „offene Universität", ausschließlich um Fernstudenten. Die Größe und Zahl der offenen Universitäten nimmt zu. Heute gibt es 11 weltweit tätige sogenannte „Mega-Universitäten" – offene Universitäten, an denen sich jährlich über 100.000 Studenten immatrikulieren. Die meisten wurden im Laufe der letzten 25 Jahre gegründet, und viele folgen dem Vorbild der „Open University" im Vereinigten Königreich.

Eine Variante der offenen Universität, die virtuelle Universität, bietet Kurse per Satellit oder Internet an, so daß auch an entlegenen Orten wohnhafte Menschen die Ressourcen nutzen können. Die Virtual University des Monterrey Institute of Technology, Mexiko, ist ein Konsortium aus kooperierenden Universitäten, zu denen auch 13 ausländische zählen. An der 1989 gegründeten Virtual University immatrikulieren sich jedes Jahr 9.000 Doktoranden und 35.000 Studenten aus ganz Mexiko und mehreren anderen lateinamerikanischen Ländern. Die Kurse werden mittels gedruckter Texte sowie per direkt übertragenen oder aufgezeichneten Fernsehsendungen angeboten. Die Kommunikation zwischen Studenten und Dozenten wird durch das Internet gewährleistet.

Sonderbeitrag 3.7

Die African Virtual University

In vielen afrikanischen Ländern mangelt es an erstklassigen Professoren, modernem Lehrmaterial, angemessenen Lehr- und Forschungseinrichtungen und zeitgemäßen Lehrplänen. Besonders gilt dies für die Bereiche Wissenschaft und Technik. Und selbst zu diesen kärglichen Ressourcen haben nur einige wenige Privilegierte Zugang – trotz der in ganz Afrika großen Nachfrage nach qualifizierten Wissenschaftlern, Ingenieuren und Spitzenkräften für die Wirtschaft.

Die African Virtual University wurde 1995 gegründet, um diesen Mangel durch das Angebot eines qualitativ hochwertigen Fernstudiums zu beseitigen. Sie hat den Auftrag, die Studentenzahl zu steigern und die Qualität und Relevanz des Unterrichts in wissenschaftlichen, technischen und wirtschaftlichen Studiengängen auf dem gesamten Kontinent zu verbessern. In jedem Teilnehmerland wird aus vielen Institutionen vor Ort eine ausgewählt und mit der Kontrolle der Abläufe beauftragt. Diese Institution registriert die Studenten, überwacht die Studienprogramme und bietet ein strukturiertes Lernumfeld an. Sie bietet zudem Unterstützung bei technischen Problemen, stellt die Hard- und Software für die interaktiven Kurse zur Verfügung und stellt vor Ort die Scheine für absolvierte Lehrveranstaltungen aus.

Die Zentrale der African Virtual University in Nairobi steht Studenten mit Rat und Tat zur Seite und schult Professoren und Lehrbeauftragte in der Verwendung von elektronischen Lehrmedien. Sie installiert und wartet die erforderliche Hard- und Software, vereinheitlicht die Lehrmethoden und überwacht die Qualitätskontrolle, legt die Preisstrukturen fest und führt Marketing-Kampagnen durch. Außerdem kauft sie in aller Welt die besten verfügbaren Fernunterrichtslehrpläne und Lehrmaterialien ein und paßt sie an die örtlichen Bedürfnisse an.

Die Universität hofft, hochwertige Schnellkurse in stark nachgefragten Fachgebieten zu erschwinglichen Preisen anbieten zu können. Sie hat bislang 27 Satelliten-Empfangsterminals installiert, jeweils 12 in englisch- und französischsprachigen Ländern sowie drei in portugiesischsprachigen Ländern. Und um den an afrikanischen Universitäten herrschenden Mangel an wissenschaftlicher Fachliteratur auszugleichen, hat sie eine Online-Bibliothek eingerichtet.

Eine weitere virtuelle Universität wird nun mit Unterstützung der Weltbank für die afrikanischen Länder eingerichtet (Sonderbeitrag 3.7). Im weiteren Verlauf dieser Experimente wird es wichtig sein, die durch sie erzielten Erfolge genauer zu beurteilen.

Weiterbildung ein Leben lang. Da der Bestand an menschlichem Wissen weiterhin an Größe und Komplexität zunimmt, und um in immer kürzeren Abständen auf dem laufenden gehalten zu werden, müssen sich die Menschen in aller Welt ihr ganzes Leben lang auf strukturierte und systematische Weise weiterbilden. Weiterbildung ist besonders in Entwicklungsländern von Bedeutung, in denen die meisten Erwachsenen in ihrer Jugend keine elementare Ausbildung erhielten. Für viele von ihnen beginnt die Weiterbildung mit den Grundlagen des Schreibens, Lesens und Rechnens. Die modernen Kommunikationstechnologien erlauben ihnen, außerhalb der Schule oder abseits vom Arbeitsplatz in dem von ihnen gewünschten Tempo zu lernen. Zum Beispiel laden Frauen in einer Gemeindegruppe in Südafrika mit Unterstützung eines Gruppenmitglieds, das über eine zweijährige Ausbildung an einer weiterführenden Schule verfügt, Informationen über Programme zur Erwachsenenbildung herunter, die sie sich ansonsten nicht leisten könnten. Dank der Ratschläge zum Gemüseanbau, auf die sie bei Online-Sitzungen gestoßen sind, haben sie vor kurzem ihre erste Ernte eingefahren.

Das Bild einer Gesellschaft, die sich der Weiterbildung verschrieben hat, beinhaltet also mehr als den vertrauten Anblick von Achtjährigen, die den ganzen Tag damit verbringen, Grundkenntnisse des Lesens, Schreibens und Rechnens zu erwerben. Es beinhaltet auch die Großeltern, die ihre Sprache und ihr Wertesystem an ihre Enkel weitergeben, die ihrerseits ältere Familienmitglieder in die verworrene Welt des Internet einführen und ihnen so helfen, Zugang zu Informationen zu erlangen, dank derer sie aufgeklärter sein und ein besseres Auskommen haben werden.

• • •

Elementare Bildung ist der Grundstein für gesunde, qualifizierte Arbeitskräfte mit scharfem Verstand sowie für ein erfolgreiches Bestehen auf den Weltmärkten. Bildung, die über das Elementare hinausgeht – sowohl durch Unterricht als auch durch Forschung –, ist bei der Sicherung der Fähigkeit von Ländern, neue, auf Informationen basierende Technologien zu beurteilen, anzupassen und anzuwenden, ebenfalls von Bedeutung.

Trotz des Anstiegs der Schüler- und Studentenzahlen in den letzten Jahrzehnten war das Bestreben, hochwertige Bildung auf alle Menschen auszudehnen, von beschränktem Erfolg gezeichnet, und neue Herausforderungen sind entstanden. Noch allzu häufig haben einige Gruppen – Arme, Mädchen, Erwachsene, die schon vor langer Zeit die Schule verlassen haben, ohne die elementaren Fähigkeiten zu erlernen – nicht von dem Gewinn profitiert. Viele Schulsysteme in Entwicklungsländern erfüllen nicht einmal grundlegende akademische Standards. Gleichzeitig wächst die Nachfrage nach höherer Schul- und Universitätsbildung schneller, als der öffentliche Sektor das Angebot erweitern kann.

Die Lösung der Informationsprobleme in Bildungssystemen ist der Schlüssel, mit dem diese Herausforderungen gemeistert werden können. Mangelndes Wissen über die Gesamthöhe des Gewinns, den Bildung bedeutet, verhindert, daß der einzelne und seine Familie bei Schulfragen die optimalen Entscheidungen treffen. Unvollkommenheiten des Kapitalmarkts, deren Wurzel der Mangel an Informationen über die Studenten ist, die sich Geld leihen, verhindern vor allem im Bereich der höheren Schul- und Universitätsausbildung, daß private Investitionen in angemessenem Umfang getätigt werden. Durch höhere öffentliche Ausgaben ist, wenn es weiterhin an Informationen mangelt, das Qualitätsproblem wahrscheinlich nicht zu lösen. Angesichts der beschränkten Mittel und Kapazitäten in Bildungssystemen sind spürbare Verbesserungen der Qualität der Ausbildung möglicherweise nur dadurch zu erreichen, daß die Verbraucher (Eltern und örtliche Gemeinschaften) direkt in den Entscheidungsprozeß, der die Schulen betrifft, mit einbezogen werden. Reformen, die in diese Richtung gehen, scheinen ins Schwarze getroffen zu haben. Und genauso wie dank neuer Technologien uralte Schranken in der Produktion von Waren und Dienstleistung, bei der Erhöhung des Ernteertrags oder der Kostensenkung gefallen sind, versprechen schließlich auch innovative Methoden zur Vermittlung von Fähigkeiten und Wissen vorhandene Schranken zugunsten eines besseren Zugangs und einer höheren Qualität der Bildung aufzuheben.

Kapitel 4

Weitergeben von Wissen

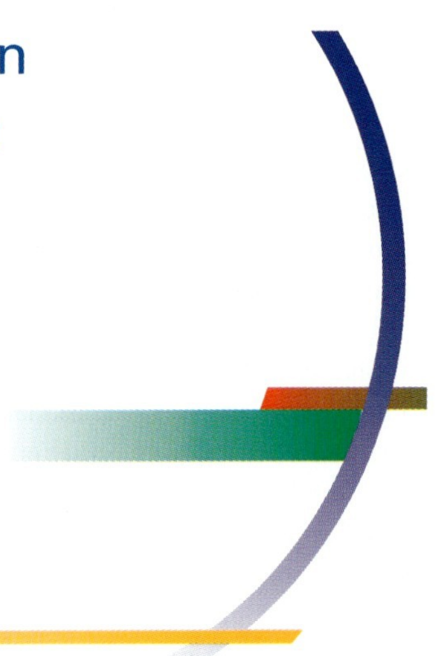

Revolutionen im Kommunikationsbereich waren häufig der Grund für gesellschaftliche Veränderungen. Man geht davon aus, daß bewegliche Drucktypen – die Gutenberg-Bibel – die Renaissance einläuteten, denn sie befreiten die Weitergabe niedergeschriebenen Wissens von dem langwierigen und mühsamen Vorgang der manuellen Vervielfältigung, der über Jahrhunderte den Zugang zu Büchern stark beschränkt hatte. Seit Gutenberg ist gedruckter Text das Hauptmedium für die Weitergabe einiger Arten von Wissen. Jüngere bahnbrechende Errungenschaften im Kommunikationsbereich – Telegraphen, Telefone, Radio, Fernsehen, Faxgeräte – haben ebenfalls tiefgreifende gesellschaftliche und wirtschaftliche Veränderungen mit sich gebracht. Heute ist eine neue Revolution in vollem Gange, die durch neue Technologien möglich wurde, mit deren Hilfe riesige Mengen an Informationen innerhalb weniger Sekunden an jeden Ort der Welt gesendet werden können.

Diese Fortschritte im Kommunikationsbereich werden den Aufbau völlig neuer Gesellschaften im Cyberspace ermöglichen und Einzelpersonen mit gemeinsamen Interessen miteinander in Kontakt bringen, so daß sie Ansichten und Informationen austauschen können. Diese Technologien machen bereits einen neuen, elektronischen Handel möglich, der viele Chancen bietet, aber auch Risiken birgt. Transaktionen, wie zum Beispiel der elektronische Zahlungsverkehr, können nun über zuvor unvorstellbare Entfernungen abgewickelt werden. Die neuen Technologien schaffen einen neuen, globalen Markt, auf dem der Wettbewerb unter Umständen schärfer ist und auf dem schwächere Unternehmen eventuell schneller denn je verdrängt werden. Dieser globale Markt eröffnet neue Gelegenheiten für mehr Effizienz, denn Unternehmen nutzen die Vorteile, die sich aus einer erheblich größeren potentiellen Klientel ergeben.

Durch die neuen Informations- und Kommunikationstechnologien, von E-Mail über Mobilfunk bis hin zu Telekonferenzen, können immer mehr Menschen Wissen miteinander teilen, ohne daß alle am selben Ort sein müssen. Die Weitergabe von Informationen über Computer, die per Telefonleitung miteinander verbunden sind, wird in Industrieländern und zunehmend auch in Entwicklungsländern zu etwas Selbstverständlichem.

In den meisten Entwicklungsländern nimmt die Nutzung der neuen Technologien zwar rasch zu, ist aber immer noch recht eingeschränkt. Geringe Einkommen, nicht angemessenes Humankapital und ein schwaches Wettbewerbs- und regulatives Umfeld bremsen ihre Annahme. Soziokulturelle Unterschiede stellen ebenfalls ein Hemmnis dar, denn Menschen in aller Welt trauen häufig nur den Dingen, die sie kennen und mit denen sie vertraut sind. Häufig bedeutet das, daß modernes Wissen über die traditionellen Kanäle in eine traditionsbewußte Gesellschaft gelangen muß. So haben sich Straßentheater in einigen Entwicklungsländern, wie zum Beispiel Äthiopien und Namibia, als erfolgreicher bei der Weitergabe von Informationen zur AIDS-Vorsorge erwiesen als Informationsbroschüren, das Fernsehen oder das Radio.

Dieses Kapitel vermittelt zwei Hauptaussagen:

- Traditionelle Kommunikationswege sind zwar weiterhin von Bedeutung, aber die neuen Informations- und

Kommunikationstechnologien bergen ein gewaltiges Potential zur kostengünstigen Weitergabe von Wissen und zum Abbau von Wissensgefällen innerhalb eines Landes wie auch zwischen Industrie- und Entwicklungsländern.

- Der Marktwettbewerb kann den privaten Sektor veranlassen, die Kommunikationsinfrastruktur und Dienstleistungen anzubieten und die Nutzung neuer Kommunikationstechnologien in Entwicklungsländern auszubauen. Regierungen müssen jedoch für geeignete Vorschriften sorgen, um den Schutz vor privaten Monopolstellungen sicherzustellen, und den Markt ergänzen, um einen Zugang auch für die Armen zu gewährleisten.

Nutzung des Potentials neuer Technologien

Die Nachfrage im Kommunikationsbereich wird heute in erheblichem Maße von internationalen Geschäftsbeziehungen, Allianzen und dem Austausch von Waren und Dienstleistungen vorangetrieben. Eine weitere Triebfeder sind persönliche Beziehungen – zwischen Freunden und Verwandten, die in verschiedenen Städten oder Ländern leben oder die Welt bereisen. Diese gestiegene Nachfrage ist vergleichbar mit – und vielleicht angeregt durch – die dramatischen Veränderungen im Bereich der Informations- und Kommunikationstechnologien, die allesamt Teil der Informationsrevolution sind.

Im wesentlichen drei Kräfte liegen dieser Revolution zugrunde: die Erhöhung der Rechenleistung, die sinkenden Kosten der Informationsübertragung und die Verschmelzung des Computer- mit dem Telekommunikationswesen:

- Die Rechenleistung pro investiertem Dollar ist in den letzten 20 Jahren um den Faktor 10.000 gestiegen. Während die Verarbeitungsgeschwindigkeit und die Transistordichte von Mikrochips steigen, werden die Produktionskosten durch laufende technische Innovationen und durch Größenvorteile in der Chip-Produktion immer weiter gedrückt.
- Die Kosten der Sprachübertragung sind im selben Zeitraum ebenfalls um den Faktor 10.000 gesunken. Gründe hierfür sind in erster Linie Glasfaserkabel, kostengünstige Elektronik und die drahtlose Kommunikationstechnik. Über ein einziges Glasfaserkabel, das sehr viel dünner ist als ein Kupferkabel, können Tausende von Telefongesprächen übertragen werden, so daß die Kosten pro Sprechkreis verschwindend gering werden. Die fallenden Preise im Elektronikbereich haben dafür gesorgt, daß Telefonvermittlungsstellen nun preiswerter und zuverlässiger sind. Und die drahtlose Kommunikationstechnik bietet die Möglichkeit, Dienste anzubieten, ohne dabei die zunächst die hohen Kosten für das Verlegen von Leitungen tragen zu müssen. Durch alle diese Technologien gemeinsam ist es sehr viel günstiger geworden, einen einzelnen Teilnehmer oder Benutzer zu erreichen.
- Digitale Technologien haben den Telekommunikations- und den Computerbereich miteinander verbunden. Aus Teilen der Informationsindustrie sind Dienste zur Verarbeitung von Sprache, Texten, unbewegten und bewegten Bildern und Daten entstanden. Diese Entwicklung eröffnet Entwicklungsländern gewaltige Chancen, ihre Bevölkerung mit Hilfe innovativer Technologien und Investitionen des privaten Sektors rasch einen Zugang zu verschaffen (Sonderbeitrag 4.1). Sie stellt aber auch eine große Herausforderung in bezug auf die Regulierung dar.

Der weltweite Markt für Informationstechnologie – mit Produkten wie Personalcomputern und Workstations, Mehrbenutzer-Computersystemen, Geräten für die Datenkommunikation und Standard-Software – wuchs zwischen 1985 und 1995 real um 12,2 Prozent pro Jahr und damit fast fünfmal schneller als das weltweite BIP (Tabelle 4.1). Die Erzeugung von Informationstechnologien konzentriert sich mit über 90 Prozent zwar weiterhin auf die OECD-Länder, aber die Nutzung moderner Kommunikationsmittel steigt in den anderen Ländern rasant an.

Jedoch sind in vielen Ländern die Preise nicht annähernd so schnell gefallen wie die Kosten, was teils durch nationale Monopolstellung, und teils dadurch bedingt ist, daß die Preise für internationale Verbindungen noch immer durch ein kartellähnliches System von internationalen Vereinbarungen zwischen diesen nationalen Monopolisten festgelegt werden. Dennoch führt die Weiterentwicklung der Technik zu Wettbewerb, der sich letzten Endes für mehr Menschen in mehr Ländern in einem bezahlbaren Zugang äußern wird. Wenn die Alt-Monopolisten die Kontrolle über die Preise verlieren, werden Verbraucher in den Genuß einer größeren Auswahl zwischen Festnetz- bzw. Mobiltelefonen und drahtloser Kommunikation sowie zwischen Fax und E-Mail kommen. Je größer ein bestimmtes Netz ist, um so besser sind außerdem die Möglichkeiten für Benutzer, Informationen zu erwerben und auszutauschen, und um so größer ist damit auch der Reiz für andere, diese Möglichkeiten ebenfalls zu nutzen.

Chancen, Industrieländer zu überholen

Entwicklungsländern eröffnen sich großartige Chancen, die Möglichkeiten der neuen Informations- und Kommunikationstechnologien bei der Verbreitung von Wissen auszunutzen. Neue drahtlose Technologien, die geringere

Sonderbeitrag 4.1

Vom Transistor zum integrierten digitalen Netz

Die Erfindung des Transistors im Jahre 1947 sowie die Erfindung des Computers legten den Grundstein für dramatische Veränderungen in der Art und Weise, wie Menschen miteinander kommunizieren. Im Jahre 1959 wurde mit der Entwicklung der ersten integrierten Schaltkreise, bei denen mehrere Transistoren auf einem einzigen Stückchen Halbleitermaterial miteinander verbunden waren, ein weiterer Durchbruch erzielt. In den folgenden Jahren fielen die Kosten für die Herstellung und die Verbindung dieser elektronischen Bauteile stark, während die Zahl der Teile, die auf einem Chip untergebracht werden konnten, stieg. Anschließende Verbesserungen bei der Fertigung machten es möglich, immer kleinere und preiswertere, gleichzeitig aber auch leistungsfähigere Bauteile zu verwenden. Im Jahre 1972 wurde der erste Mikroprozessor, bei dem die wesentlichen Teile eines einfachen Computers auf nur einem Chip untergebracht waren, vorgestellt.

Die Revolution in der Informations- und Kommunikationstechnologie erhielt dann, angetrieben durch das immer größer werdende Verhältnis aus Rechenleistung und Kosten, weiteren Schub durch das Wachstum im Bereich der digitalen Kommunikation sowie durch die rasch sinkenden Kosten für die Übertragung über verschiedene Medien.

Diese Entwicklungen machten die Verschmelzung der Computertechnik mit Telefondiensten möglich. Zunächst entwickelten sich die verschiedenen Technologien als voneinander unabhängige Netze: herkömmliche analoge Telefondienste nutzten eigene Leitungsnetze, Kabel-TV-Anbieter verlegten ihre eigenen Koaxialkabel, und auch Datenübertragungssysteme bauten ihr eigenes Leitungs- und Satellitennetz auf. Heute ist die Welt jedoch auf dem Weg hin zu einem System, bei dem das Telefon, das Internet, das Fernsehen und Daten eine für mehrere Zwecke geeignete, digitale Informationsinfrastruktur nutzen, die mehrere,

Konvergenz in der Telekommunikationsbranche

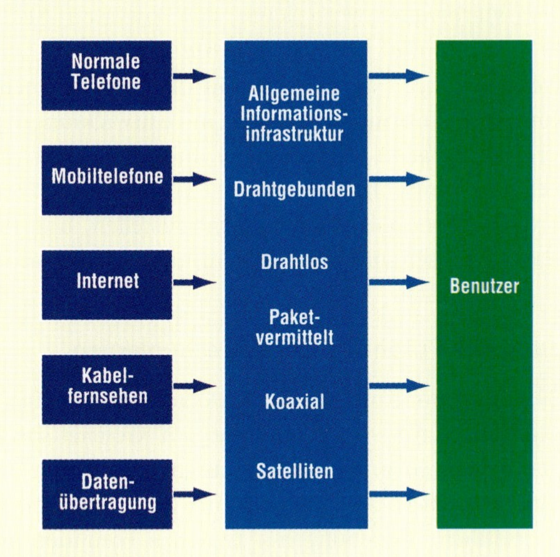

Quelle: Bond 1997a.

miteinander verbundene Systeme umfaßt: drahtgebundene, drahtlose, paketvermittelte und Koaxialkabelnetze sowie Satellitensysteme (siehe Schaubild).

Diese Verschmelzung wird die traditionelle Betrachtung des Telekommunikationsbereichs als natürliches Monopol untergraben: Der Wettbewerb ist nun sowohl zwischen als auch innerhalb der verschiedenen Segmente möglich. Dem Staat kommt dadurch zwar eine geringere Bedeutung bei der Bereitstellung der Infrastruktur zu, aber er steht nun vor der neuen Herausforderung, Marktvorschriften zu erarbeiten. Durch die Beseitigung der Abgrenzung zwischen Rundfunk und Telekommunikation zum Beispiel werden bei der Verschmelzung dieser Bereiche Fragen bezüglich der Vorschriften zum Schutz der Privatsphäre, zur Sittsamkeit und zum Schutz des geistigen Eigentums aufgeworfen.

feste Investitionen erfordern als herkömmliche drahtgestützte Verfahren, können in dünn besiedelten Ländern oder in Ländern mit schwer zugänglichen Gebieten oder extremen klimatischen Bedingungen kostengünstiger sein, denn sie lassen sich besser warten und instandhalten. Zudem sehen einige Entwicklungsländer die Chance – die einige wenige bereits ergriffen haben –, die Industrieländer zu überholen, indem sie von unterentwickelten Netzen sofort zu voll digitalisierten Netzen übergehen und dabei die traditionelle Analogtechnik, die noch immer das Rückgrat der Kommunikationsnetze in den meisten Industrieländern bildet, einfach überspringen. Im Jahre 1993 verfügten gut zwei Dutzend Entwicklungsländer bereits über volldigitalisierte Netze, während der Digitalisierungsgrad in den OECD-Ländern durchschnittlich nur bei 65 Prozent lag (37 Prozent in Deutschland und 72 Prozent in Japan; Schaubild 4.1).

Verbraucher in Entwicklungsländern können in der Tat von den neuen drahtlosen Technologien profitieren. Wenn jemand Probleme hat, einen Festnetzanschluß zu erhalten, schafft er sich statt dessen ein Mobiltelefon an. Die Zahl der Mobiltelefone pro Festnetzleitung ist in einigen Ländern mit geringem und mittlerem Einkommen bereits so hoch wie in einigen Industrieländern. Einige

Tabelle 4.1

Zusammensetzung des Weltmarkts für Informationstechnologie nach Produkten und Regionen

(in Prozent)

Produkttyp oder Region	1985	1995	Durchschnittliche jährliche Wachstumsrate, 1985–1995
Nach Hauptproduktyp			
PCs und Arbeitsplatzrechner	20,9	30,5	17,2
Mehrplatzsysteme	29,5	13,0	4,0
Datenübertragungseinrichtungen	3,0	4,3	17,0
Standard-Software	13,5	18,4	16,3
Dienstleistungen	33,1	33,7	13,0
Nach Region			
Nordamerika	59,2	43,5	9,4
Lateinamerika	1,5	2,0	15,6
Westeuropa	22,1	28,3	15,6
Osteuropa, Naher Osten und Afrika	3,1	2,6	10,6
Übriges Asien und Pazifikraum	14,0	23,7	18,9
Welt			12,2

Quelle: Mansell und Wehn 1998.

Schaubild 4.1

Rangliste der Länder nach Digitalisierungsgrad des Telefonnetzes

Einige Entwicklungsländer haben die reicheren Industrienationen überholt und volldigitalisierte Netze installiert.

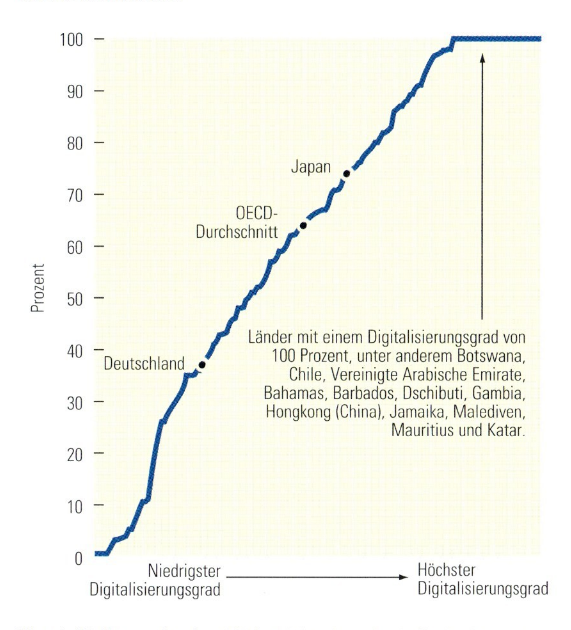

Hinweis: Die Daten gelten für 1993 für 164 Länder weltweit. Quelle: Daten der Internationalen Fernmelde-Union.

Entwicklungsländer mit einer geringen Dichte bei den traditionellen Telefondiensten wie auch bei Mobilfunknetzen haben in letzter Zeit sehr stark in die Mobilfunktechnik investiert (Schaubild 4.2). Die Philippinen, ein Land mit einer geringen Telefondichte (nur 2,5 Hauptleitungen pro 100 Einwohner), weisen ein höheres Verhältnis von Mobilfunkteilnehmern zu Hauptleitungen auf als Japan, das Vereinigte Königreich, die Vereinigten Staaten oder einige andere Industriestaaten mit einer Telefondichte von über 50 Hauptleitungen pro 100 Einwohner.

Chancen, Neues zu tun – und Altes anders zu tun

Die Menschen in Entwicklungsländern können die neuen Technologien in einer Vielzahl von Bereichen anwenden, unter anderem in den Bereichen Bildung (Kapitel 3), Finanzen (Kapitel 6), Umwelt (Kapitel 7), Einkommenserzeugung durch die Armen (Kapitel 8) und Politik (Kapitel 9 und 10).

Weiterbildung fördern. Angesichts der steigenden Komplexität des Wissens, der Geschwindigkeit, mit der es auf den neuesten Stand gebracht wird, und der riesigen Menge der zu interpretierenden Informationen müssen sich die Menschen heute bemühen, ein Leben lang strukturiert und systematisch zu lernen. Wie Kapitel 3 aufzeigt, ist Weiterbildung besonders wichtig in Entwicklungsländern, in denen viele Erwachsene in der Kindheit und Jugend keine elementare Ausbildung erhielten. Mit Hilfe der modernen Kommunikationstechnologien können sie dies nun in dem von ihnen selbst bestimmten Tempo tun,

Schaubild 4.2

Fernsprechdichte und Verbreitung von Mobiltelefonen

Mobiltelefone können ein gut entwickeltes, drahtgebundenes Netz ergänzen – oder ein unterentwickeltes ersetzen.

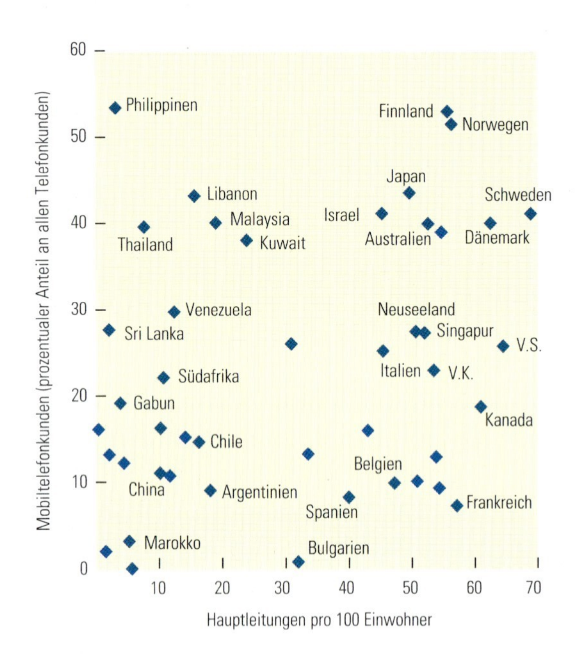

Hinweis: Die Daten gelten für 1996 für 45 Länder weltweit. Quelle: Daten der Internationalen Fernmelde-Union.

auch außerhalb der Schule oder abseits des Arbeitsplatzes. Außerdem können Schulen und Universitäten Lehrmaterial und Ressourcen per E-Mail und über das Internet zur Verfügung stellen und somit die Ressourcen-Knappheit mildern.

Anlagechancen nutzen. Viele potentielle Anleger in Entwicklungsländern sind aufgrund eines Mangels an Informationen über die verfügbaren Instrumente weiterhin von offiziellen Finanztransaktionen ausgeschlossen. In China investieren heute jedoch über 100 Millionen Menschen – Bauern, Hausfrauen, Kellnerinnen und Beamte – in Aktien, die an den beiden Börsen in Shanghai und Shenzhen gehandelt werden. Viele sind aktive Anleger, die regelmäßig Informationen über Unternehmen, Märkte und Chancen suchen. Die traditionellen Zeitungen, die Aktientips abdrucken, reichen diesen informationshungrigen Anlegern nicht mehr, so daß die Telefongesellschaft über 100 Sonderrufnummern eingerichtet hat, über die die täglichen Marktentwicklungen abgerufen werden können. Es gibt außerdem für jede der fast 800 notierten Aktien eine eigene Hotline. Anleger können über die Kundenkarte ihrer Bank bei Maklerbüros in Geschäften Orders erteilen oder über die Tastatur ihres Mobiltelefons mit Aktien handeln. Mehr als 30 chinesische Städte verfügen über elektronische Wertpapier-Terminals, die umgehend eine Verbindung zu den beiden Börsen herstellen.

Den Armen helfen, höhere Einkommen zu erzielen. Die neuen Technologien können helfen, Hemmnisse zu beseitigen, wegen derer die Armen weiterhin am Rande oder unterhalb des Existenzminimums leben. Im Rahmen eines Kreditprogramms für Kleinunternehmen hilft E-Mail dem Kreditgeber (einer Hilfsorganisation), laufend in Kontakt mit den Kreditnehmern (Frauen in einem kleinen Dorf) zu stehen und die Kreditzahlungen zu koordinieren, so daß der Kreditgeber ermuntert wird, weitere Kredite zu gewähren. Mit Unterstützung der nichtstaatlichen Organisation Peoplink stellen Frauen in Panama Fotos ihrer Handarbeiten in das World Wide Web und erlangen damit Zugang zu einem weltweiten Markt. Und in Westafrika half die Informationstechnologie, die Flußblindheit auszurotten, so daß Millionen von Menschen wieder in die Landwirtschaft zurückkehren konnten (Sonderbeitrag 4.2).

Regierungen mangelt es häufig an den benötigten Informationen über die Armen und deren Bedürfnisse. Gleiches gilt leider auch für jene Institutionen, die den Auftrag haben, die Armut zu verringern. Die neuen Technologien haben das Potential, Regierungen und Institutionen über die Armen zu informieren, damit sie Programme ins Leben rufen können, die ihnen Nutzen bringen, und für eine stärkere Beteiligung und Mitsprache der Armen sorgen. Die Satellitentechnik kann zum Beispiel für Computerprogramme zur Landkartenerstellung genutzt werden, um die Eigentumsverhältnisse bei den Grundstücken zu klären, was wiederum für Kleinbauern und Unternehmer wichtig ist, die gedeckte Kredite beantragen (Kapitel 8). Es ist jedoch darauf zu achten, daß sichergestellt ist, daß diese Programme mit der üblichen Vergabe von Grundbesitzrechten in Einklang stehen, damit die Eigentumsverhältnisse allgemein anerkannt werden.

Nützliche Informationen den Armen zukommen lassen. Die Informationsrevolution eröffnet großartige Gelegenheiten, Informationen an die Armen weiterzugeben und diese in die Lage zu versetzen, Entscheidungen zu treffen, die sich auf ihr Leben auswirken – vorausgesetzt, daß politische und rechtliche Hemmnisse den Fluß der Informationen zu den Armen nicht behindern oder deren Fähigkeit, sich Gehör zu verschaffen, einschränken. Arme, die lesen und schreiben können, gelangen leichter und kostengünstiger an Druckerzeugnisse oder in Bibliotheken als die Menschen in den heutigen Industrieländern,

Sonderbeitrag 4.2

So half die Informationstechnologie, die Flußblindheit in den Griff zu bekommen

Sehr erfolgreich wurde die Informationstechnologie in Entwicklungsländern im Rahmen des Onchocerciasis Control Program (OCP), des internationalen Programms zur Ausrottung der Flußblindheit, eingesetzt. Flußblindheit wird durch einen Parasiten, Onchocerca volvulus, verursacht, der von der Kriebelmücke übertragen wird. Da dieser Parasit vornehmlich an Flußläufen auftritt, wurden im Laufe der Jahre große Gebiete fruchtbaren Landes in Westafrika von den Menschen verlassen.

Das OCP wurde 1974 von den sieben westafrikanischen Ländern Benin, Burkina Faso, Elfenbeinküste, Ghana, Mali, Niger und Togo ins Leben gerufen. Heute sind 11 Länder an diesem Programm beteiligt, das von der Weltgesundheitsorganisation durchgeführt wird. Zudem sind 21 Spenderorganisationen (ursprünglich sechs) sowie mehrere nichtstaatliche Organisationen, kommunale Organisationen und ein Pharmaunternehmen beteiligt. Das Programm verfolgt in erster Linie zwei Ziele:

- Ausrottung der Flußblindheit als Bedrohung für die öffentliche Gesundheit und als Hindernis für die sozioökonomische Entwicklung im gesamten, durch das Programm abgedeckten Gebiet und
- Unterstützung, um sicherzustellen, daß die von dem Programm profitierenden Länder in der Lage sind, das Erreichte zu erhalten.

Im Laufe der letzten 20 Jahre konnte die Krankheit durch das OCP in den sieben ursprünglichen Teilnehmerländern ausgerottet werden. In den achtziger Jahren entwickelte die Kriebelmücke zwar eine Resistenz gegen das meistverwendete Insektizid, dieses Problem wurde aber durch die abwechselnde Verwendung mehrerer Insektizide gelöst. Über 30 Millionen Menschen sind nun vor einer Infektion geschützt, und 185.000 bereits infizierte Menschen konnten vor der Blindheit bewahrt werden. Fruchtbares Land, das zuvor menschenleer war, ist mittlerweile wieder besiedelt, und den Bewohnern geht es gut. Insgesamt 25 Millionen Hektar Land in Flußnähe stehen nun zur Verfügung und können besiedelt und bebaut werden. Mit traditionellen Techniken und herkömmlichen Ackerbaumethoden kann in den zurückgewonnenen Gebieten genug produziert werden, um 17 Millionen Menschen zu ernähren.

Das Programm war so erfolgreich, weil es den optimalen Zeitpunkt für das Ausbringen des Insektizids exakt bestimmte, so daß die Kriebelmückenpopulation systematisch verringert werden konnte. Informationen wurden auf einer Strecke von 50.000 Flußkilometern mit Hilfe von Sensoren im Flussbett zusammengetragen. Einheimische gaben die Daten in Computer ein, und die Informationen wurden dann per Satelliten-Funksender an ein Netzwerk aus Entomologen und Labors übertragen, die wiederum die Zeitpläne für das Ausbringen des Insektizids an die verantwortlichen Flugzeugpiloten übermittelten. Ein weiterer Faktor, der den Erfolg des Programms herbeiführte, war die Nutzung eines Epidemie- und Umwelt-Überwachungssystems, mit dem sichergestellt werden sollte, daß die Insektizide die Bestände an Fischen und wirbellosen Tieren in den schnell fließenden Flüssen nicht schädigten.

Das OCP befaßte sich zwar zunächst mit der Bekämpfung des Parasiten, aber in den letzten Jahren hat die Entdeckung des Medikaments Ivermectin einen völlig neuen, auf dem Menschen aufbauenden Ansatz zur Bekämpfung der Krankheit hervorgebracht. Das Medikament stellte einen echten Durchbruch dar: eine einzige Dosis bietet ein Jahr lang Schutz vor der Krankheit. Ivermectin wird von Merck & Company kostenlos zur Verfügung gestellt und wird von nationalen Teams verteilt, die im logistischen Bereich von einem Komitee unterstützt werden, dem Spenderländer und nichtstaatliche Organisationen angehören. Diese Kombination aus Informationstechnologie, medizinischem Wissen, Einbeziehung der betroffenen Menschen und Unterstützung aus dem Ausland hat in erheblichem Maße zur Eindämmung der Flußblindheit beigetragen und gibt Anlaß zur Hoffnung, daß diese Krankheit bald ausgerottet sein wird.

---

als diese sich auf derselben Entwicklungsstufe befanden. Auf den Philippinen etwa sind einige Bauern, die ausschließlich für den Eigenbedarf produzierten, zu Ananas-Spezialisten geworden, die per Telex und Fax direkt mit Forschern und Marktvertretern Verbindung aufnehmen.

Informationen über Märkte und für Kleinunternehmer liefern. Kleinunternehmern und Menschen in abgelegenen Gegenden mangelt es in der Regel an Informationen über Preise und Marktchancen, über erfolgreiche, nachahmungsfähige Strategien ihrer Mitbewerber oder über Finanzierungsmöglichkeiten. Die Informations- und Kommunikationstechnik ist ein wirkungsvolles Hilfsmittel, um für einen derartigen Informationsmangel Abhilfe zu schaffen.

- In ländlichen Gebieten Costa Ricas nutzen kleine Kaffeebauern die Möglichkeiten der Telekommunikation, um an Marketing-Informationen von zentralen Genossenschaften in der Hauptstadt gelangen, die per Computer Informationen über die in- und ausländischen Kaffeepreise einholen.
- Bauern der Elfenbeinküste rufen per Mobiltelefon internationale Kakaopreise direkt aus Abidjan ab.
- Bauernvereinigungen in Mexiko halten sich per Computer über das staatliche Kreditprogramm für die

Landwirtschaft auf dem laufenden. Mit diesen Informationen ausgestattet, können sie sich in die Verhandlungen einschalten, um das Programm so fairer und effektiver zu machen.

- Durch die Einführung von Fernsprechdiensten in einigen Dörfern in Sri Lanka ist es Kleinbauern dort nun möglich, aus erster Hand aktuelle Informationen über die Groß- und Einzelhandelspreise von Obst und anderen landwirtschaftlichen Erzeugnissen in der Hauptstadt Colombo zu erlangen. Zuvor verkauften sie ihre Ernte zu Preisen, die im Durchschnitt bei 50 bis 60 Prozent der Preise in Colombo lagen. Heute erhalten sie in der Regel 80 bis 90 Prozent jenes Preises.
- Ein kleiner Lebensmittelhändler aus Rosario, Uruguay, der Lebensmittel nach Hause lieferte, konnte seinen Kundenkreis erheblich vergrößern, als in dem Ort Telefonleitungen verlegt wurden und die Kunden Waren per Telefon bestellen konnten.
- Ein Unternehmer aus Nairobi, der mit Ersatzteilen und Maschinen für die Industrie handelte, verzeichnete einen Umsatzanstieg von rund 35 Prozent, nachdem weitere Leitungen von der örtlichen Vermittlungsstelle zu seinem Betrieb verlegt wurden. Dadurch konnte er sechs neue Mitarbeiter einstellen und seinen Fahrzeugpark um drei leichte Lkw vergrößern.

Regierungspolitik verbessern. Die neuen Technologien können auch die Regierungspolitik verbessern, da sie politischen Leitungsorganen und Kommissionen die Möglichkeit geben, Wissen weiterzugeben. Mitarbeiter des kenianischen Landwirtschaftsministeriums nahmen einen Computer in die Beratungen zum Jahreshaushalt mit, um den Entscheidungsträgern noch während der Gespräche an Ort und Stelle zu zeigen, welche Auswirkungen die Einstellung oder Schaffung von Projekten hat. Die Folge war eine weit bessere Verteilung der Ressourcen. In Marokko nutzt die Regierung die Informations- und Kommunikationstechnologie, um die Koordinierung zwischen den Ministerien, die Steuerverwaltung, die Rechnungsprüfung, die Planung und Überwachung der staatlichen Investitionen sowie die Ausgabenverwaltung zu verbessern. Dank dieser Hilfsmittel konnte die für die Erstellung des Etats erforderliche Zeit um die Hälfte verkürzt werden.

In den meisten Ländern – Industrie- wie auch Entwicklungsländern – nehmen die Informations- und Kommunikationstechnologie eine zentrale Rolle ein. Im Banken- und internationalen Finanzsektor, in der Tourismus- und Reisebranche, im Warenhandel und für exportorientierte Fertigungsbetriebe hängt der Erfolg von Informationen aus aller Welt und einem effizienten elektronischen Informationsaustausch ab. Die neuen Technologien werden zudem zu einem lebenswichtigen Bestandteil der wirtschaftlichen Infrastruktur der Länder. Im Hafen von Singapur hat die Computerisierung der Hafenaktivitäten und der Zollabfertigung zu einer drastischen Steigerung der Effizienz geführt (Sonderbeitrag 4.3).

Um in der neuen globalen Wirtschaft bestehen zu können, müssen Entwicklungsländer die Entwicklung und effektive Nutzung ihrer Informationsinfrastruktur als zentrales nationales Ziel betrachten. In der Tat hat eine Reihe von ihnen die effektive Nutzung der Informationstechnologien zu einem Kernpunkt ihrer nationalen Entwicklungsstrategie erhoben. Malaysia zum Beispiel hat seine Ziele in bezug auf die Informationstechnologie definiert und in die eigene Entwicklungsstrategie einbezogen. Das Land hat sich unter anderem zum Ziel gesetzt, das Bewußtsein für die neuen Technologien in der Bevölkerung zu schärfen, für die weitere Verbreitung und Anwendung der Informationstechnologie zu sorgen, die Aus- und Weiterbildungsmöglichkeiten in diesem Bereich zu erweitern sowie Gesetze und Vorschriften zu überarbeiten, um Transaktionen zu vereinfachen und zu schützen, bei denen Informationen auf elektronischem Wege anstatt auf Papier ausgetauscht werden. Auf lange Sicht soll dabei aus Malaysia eine globale Drehscheibe für den Informationsaustausch werden.

Das Jahr-2000-Problem angehen. Die Informationsrevolution und der technische Fortschritt, den sie mit sich gebracht hat, eröffnen der Welt gewaltige Chancen. Allerdings ist genau diese Technik von einem ganz eigenen Problem betroffen, das einen dramatischen Einfluß auf die heutige technologie-intensive Welt haben kann. Das Jahr-2000-Problem ist dadurch bedingt, daß ältere Computerprogramme Jahre üblicherweise nur durch die letzten beiden Stellen angeben. Auf diese Weise sollte Rechenspeicher eigenspart werden, der damals recht teuer war. So programmierte Computer verwenden für das Jahr 2000 die Angabe „00“, die auch als „1900“ fehlinterpretiert werden kann. Ein weiteres Problem besteht darin, daß Computerprogramme, die Schaltjahre falsch berechnen, davon ausgehen werden, daß das Jahr 2000 nur 365 statt 366 Tage hat. Sofern diese Mängel in der Programmierung nicht behoben werden, werden mit Mikrochips ausgestattete Geräte und zugehörige Systeme in aller Welt ausfallen oder sich auf unvorhersehbare Weise verhalten.

Man erwartet, daß die Jahr-2000-Problematik Systeme in vielen verschiedenen Sektoren beeinflußt, unter anderem im Kommunikationsbereich, im Bankensektor, bei den öffentlichen Versorgungsbetrieben, im Gesundheitssektor und im Verteidigungsbereich. Sie hat das Potential, die Betriebe des öffentlichen und privaten Sektors in allen Bereichen schwer in Mitleidenschaft zu ziehen. Das wahre Ausmaß des Jahr-2000-Problems ist nicht bekannt, aber

Sonderbeitrag 4.3

So wurde Singapur zum effizientesten Hafen der Welt

Die Singapore Network Services (SNS) verwalten und betreiben Tradenet, ein vernetztes Informationssystem, mit dem Händler unmittelbar von ihrem Computer im Büro Im- und Exporte gegenüber dem Zoll deklarieren können. Tradenet entstand aus einem Forschungsprojekt des National Computer Board, an dem fünf Mitarbeiter beteiligt waren und das im Dezember 1986 begonnen wurde, um Singapur auf dem Weltmarkt wettbewerbsfähiger zu machen. Fünfzig Unternehmen nahmen an einem im Januar 1988 gestarteten Pilotprojekt teil. Zu den Teilnehmern zählten Händler, Zollbeamte und das Trade Development Board, das für einen Großteil des Dokumentations- und Genehmigungsprozesses verantwortlich ist, für den in anderen Ländern die Zollbehörden zuständig sind.

Mit Tradenet wird die Zolldeklaration eines Händlers auf elektronischem Wege an das Trade Development Board übermittelt, das die erforderlichen Genehmigungen innerhalb von 15 Minuten ausstellt, nachdem es nähere Einzelheiten an verschiedene Regierungsstellen weitergeleitet hat. Je nach Art der Ware können bis zu 20 Behörden an diesem Prozeß beteiligt sein. Nach Eingang der Genehmigung druckt und unterzeichnet der Händler das Dokument, um die Freigabe der Fracht zu erhalten. Tradenet-Anwendungssoftware, die von der SNS entwickelt wurde, ist über mehrere zugelassene Software-Händler in Singapur erhältlich. Software, die von Dritten entwickelt wurde, kann ebenfalls verwendet werden. In diesem Fall ist aber eine Zertifizierung erforderlich, mit der die Qualität und Kompatibilität sichergestellt werden soll.

Dank Tradenet brauchen Händler nicht mehr ihr Büro zu verlassen, um die Zollgenehmigungen zu erlangen. Und da zusätzliche Wege zur Korrektur von Fehlern oder Beilegung von Streitigkeiten selten geworden sind, konnten die Händler die Arbeitskosten senken. Da Waren bis zu ihrer Abfertigung nicht mehr zwischengelagert werden müssen, können sie direkt vom Schiff an den Empfänger befördert werden – was in Singapur besonders wichtig ist, da Platz knapp und teuer ist.

Mittlerweile hat ein neues Hafen-, Container- und Echtzeit-Schiffs-Managementsystem, das von der Hafenbehörde Singapur betrieben wird, den Warenfluß weiter beschleunigt. Dadurch konnte die Umschlagzeit auf unter 10 Stunden gesenkt werden, was wiederum zu erheblichen Verbesserungen bei der Ausnutzung der Hafeneinrichtungen führte. Die elektronische Vorabfertigung trug dazu bei, den Hafen in Singapur zum effizientesten der Welt zu machen. Die Regierung beziffert den Wert dieser Effizienzsteigerung auf mehr als 1 Prozent des BIP.

Software der SNS wird nun auch für E-Mail, Informationsdienste und Mailbox-Systeme sowie für eine Reihe von neuen Dienstleistungen in den Bereichen Gesundheit, Rechtsordnungen, Elektronik, Fertigung, Verkauf und Vertrieb genutzt. Zudem installiert die Gruppe weitere Versionen in Kanada, China, Indien, Malaysia, auf Mauritius, auf den Philippinen und in Vietnam. Bei vielen dieser installierten Systeme handelt es sich um Joint-Ventures mit staatlichen Stellen (wie im Falle der Mauritius Network Services) oder örtlichen Handelsunternehmen (wie etwa mit der philippinischen Ayala). Inwieweit die Erfahrungen der SNS auch für Länder mit weniger Humankapital von Nutzen sein können, bleibt jedoch unklar.

die weltweit anfallenden Kosten für seine Behebung wird häufig auf mehrere hundert Milliarden Dollar geschätzt.

Abgesehen von den technologischen Risiken, wird das Problem in vielen Entwicklungsländern durch ein mangelndes Bewußtsein verschärft. Während einige Länder bereits nationale Programme zur Lösung des Problems ins Leben gerufen haben, haben andere noch nicht einmal begonnen, sich damit zu befassen. Erhebungen der Weltbank zeigten, daß bis zum 1. August 1998 erst 29 von 137 Entwicklungsländern ein derartiges nationales Programm eingerichtet hatten. Der Mangel an Bewußtsein und Verständnis für dieses Problem bedeutet, daß Lösungen unter Umständen nicht rechtzeitig umgesetzt werden und Störungen auftreten können, die wiederum zu schweren Folgeproblemen führen.

Hierbei handelt es sich zwar im wesentlichen um ein technisches Problem. Die Entscheidung, wie es gelöst werden kann, ist aber Aufgabe der Wirtschaft und der Politik. Angesichts dessen hat das Weltbank-Programm Information for Development gemeinsam mit anderen multilateralen Entwicklungsbanken, einigen bilateralen Entwicklungseinrichtungen sowie Privatunternehmen eine spezielle Initiative ins Leben gerufen. Im Rahmen des Programms erhalten die wichtigsten Interessengruppen in Entwicklungsländern Informationen zu der Frage, wie sie mit dem Jahr-2000-Problem umgehen können. Es sieht zudem in begrenztem Umfang eine finanzielle Unterstützung (in Form von Zuschüssen) und die technische Hilfe bei der Problembehebung, der Ausarbeitung von nationalen Jahr-2000-Aktionsplänen, mit denen die Aspekte des Problems ermittelt werden, denen aus wirtschaftlicher und gesellschaftlicher Sicht die größte Bedeutung zukommt, sowie bei der Umsetzung von gezielten Maßnahmen vor. Die Weltbank gewährt zudem Darlehen und Kredite für die Bewältigung dieses Problems. Die Nutzung neuer Informationstechnologien, zum Beispiel von Videokonferenzsystemen, kann bei der Schärfung des Bewußtseins ebenfalls sehr wirkungsvoll sein, denn sie ermöglichen einen intensiveren Dialog zu diesem Thema (Sonderbeitrag 4.4).

Sonderbeitrag 4.4

Mittels Videokonferenzen das Bewußtsein für das Jahr-2000-Problem schärfen

Um das Bewußtsein der Entwicklungsländer für das Jahr-2000-Problem zu schärfen, veranstaltet die Weltbank eine Reihe von interaktiven Videokonferenzen zu diesem Thema. Die ersten von ihnen wurden für einige Länder in Afrika produziert. Bei der von der Weltbank-Zentrale in Washington ausgehenden Konferenz informierte eine Reihe von Experten aus der Jahr-2000-Gruppe der Bank und von externen Organisationen über diese Frage. Politiker und andere Entscheidungsträger sowie Vertreter von Ministerien des öffentlichen und des privaten Sektors nahmen daran teil. Bis Juni 1998 hatten sich neun afrikanische Länder – englisch- wie französischsprachige – beteiligt.

Diese Videokonferenzen haben die Aufmerksamkeit für das Jahr-2000-Problem erheblich vergrößert. Sie haben dazu beigetragen, daß Aktionspläne ausgearbeitet wurden, durch die diese Länder Millionen von Dollar sparen können. Kamerun, die Elfenbeinküste und der Senegal haben nun Ausschüsse eingerichtet, die das Problem analysieren und Maßnahmenkataloge erstellen sollen. Auf nationaler Ebene gibt es, wie auch zwischen der Weltbank und den Ländern, einen laufenden Dialog zwischen verschiedenen Organisationen. Durch diesen Dialog können das Information for Development Program und die Information Solutions Group der Weltbank Ratschläge erteilen, wie und wo relevante Informationen zu finden sind.

Zwar ist der erste, unabdingbare Schritt zur Lösung des Jahr-2000-Problems, daß man sich seiner bewußt wird, aber die Lösung selbst wird einige Ressourcen erfordern – finanzielle, personelle und technische. Viele Entwicklungsländer, denen es gelungen ist, ein Bewußtsein für das Problem zu entwickeln, haben dennoch Schwierigkeiten, die Ressourcen zu mobilisieren, die für die Überarbeitung und Umstellung ihrer Informationssysteme notwendig sind.

Vorbehalte

Die Informationsrevolution ist zwar sehr vielversprechend, jedoch sind gewisse Vorbehalte nicht unberechtigt. Wie bei der industriellen Revolution wird man erst dann in vollem Umfang von ihr profitieren, wenn sich das wirtschaftliche Leben besser an die veränderte Technik angepaßt hat. Zum Beispiel werden Videokonferenzen zunehmend an die Stelle von Geschäftsreisen treten und so zu erheblichen Einsparungen an Geld und Zeit führen. Aber selbst in Industrieländern, in denen Einzelpersonen, Unternehmen und andere Organisationen sehr stark in die neuen Informations- und Kommunikationstechnologien investiert haben, sind Skeptiker noch immer nicht von ihrem langfristigen Einfluß auf das Wirtschaftswachstum überzeugt. Die Skepsis ist in Entwicklungsländern, in denen die neuen Technologien noch in geringem Maße genutzt werden, noch weiter verbreitet. Die Skeptiker weisen auf die Gefahren und die Kosten der Informationsüberflutung hin, wie etwa auf die immensen Kosten für das Annehmen und Sichten von Informationen, deren Fluß sich erheblich verstärkt hat.

Anderen bereitet Sorge, daß jene, die Zugang zu den neuen Technologien haben, Fortschritte machen und andere, die keinen Zugang dazu haben, hinter sich zurücklassen, und daß sich das Wohlstandsgefälle sowohl innerhalb eines Landes als auch zwischen verschiedenen Ländern vergrößern könnte. Einige befürchten, daß der größere Markt der Weltwirtschaft Gelegenheiten eröffnet, die Marktmacht stärker zu konzentrieren, und daß die Industrie- und nicht die Entwicklungsländer einen unverhältnismäßig hohen Anteil der Gewinne einfahren werden.

In einigen Ländern und Regionen können Sprachbarrieren die Nutzung der neuen Informations- und Kommunikationstechnologie hemmen. Zum Beispiel stellt das Internet zwar immer mehr Originalmaterialien und Online-Übersetzungen in einer Reihe von Sprachen bereit, aber Englisch ist weiterhin die vorherrschende Sprache im World Wide Web. Menschen, die kein Englisch verstehen, hindert dieser Umstand in sehr viel stärkerem Maße daran, diesen wachsenden Bestand an Wissen zu nutzen, als andere.

Selbst wenn sich herausstellt, daß der Einfluß der Informationsrevolution letztendlich geringer ist, als die derzeitige Begeisterung andeutet, so wird sie wahrscheinlich doch einen erheblichen positiven Einfluß auf Wirtschaft und Gesellschaft haben. Entwicklungsländern kommt sie bereits sehr stark in Bereichen zugute, in denen der Mangel an moderner Kommunikation ein echtes Hemmnis bedeutete. Die Entwicklungsländer werden jedoch nicht so rasch in vollem Umfang von diesen neuen Technologien profitieren, denn bis diese sich in den Ländern vollends durchgesetzt haben und richtig präsent sind, wird noch einige Zeit vergehen.

Daher werden ältere Kommunikationsmittel auf absehbare Zeit weiterhin wichtig sein:

- Das Radio kann eine große Zahl von armen Menschen erreichen, denn die Geräte sind preisgünstig und verbrauchen wenig Strom, der in vielen Ländern knapp und für die Mehrzahl der Armen fast unbezahlbar ist.
- Das Fernsehen bleibt ein leistungsfähiges und einflußreiches Medium, denn es überträgt Worte und Bilder

gleichzeitig und erreicht die Menschen, auch wenn sie nicht lesen und schreiben können.

- Zeitungen können Menschen, die nicht lesen und schreiben können, nicht direkt informieren, aber sie stellen eine der billigsten Möglichkeiten dar, Wissen weiterzugeben, und sie sind besonders wirkungsvoll, wenn es darum geht, Meinungsbildner zu erreichen.

Wenn überhaupt, wird es noch einige Zeit dauern, bis das Internet das Radio, das Fernsehen und die Printmedien als wichtigsten Kanal, um Haushalte mit geringem Einkommen in Entwicklungsländern zu erreichen, ersetzt. Die Politik muß daher jenen anderen Medien gebührende Aufmerksamkeit schenken, das richtige Wettbewerbsumfeld schaffen, ihre freie Entwicklung und Nutzung fördern und die örtliche Bereitstellung von Inhalten erleichtern.

Verzögerungen bei der Annahme

Die Mittel für die Nutzung von Informationen, um eine höhere Produktivität in der neuen globalen Wirtschaft zu erreichen, sind ungleichmäßig verteilt. In einem durchschnittlichen Land mit hohem Einkommen gibt es pro Kopf mehr als 100mal mehr Computer als in einem Land mit geringem Einkommen. Ähnliche Gefälle sind bei der Zahl der Telefone vorhanden (Tabelle 4.2). Das Potential der neuen Informations- und Kommunikationstechnologien wird in Entwicklungsländern durch ein nicht adäquates Humankapital, eine geringe Kaufkraft sowie durch eine ungünstige Wettbewerbs- und Gesetzessituation beeinträchtigt. Ein Mangel an Schulung zu den neuen Technologien, insbesondere zur Wartung und zu Reparaturen, sind ein gewichtiges Problem. Eine vor kurzem durchgeführte Studie über die Internet-Benutzer in Afrika hat gezeigt, daß ein deutlicher Zusammenhang zwischen geringen Computer-Kenntnissen und geringen Kenntnissen im Umgang mit Internet-Programmen einerseits sowie einer geringen Internet-Nutzung andererseits bestand. Der Mangel an Lehrkräften, die mit der neuen Technologie vertraut sind, trägt auch nicht gerade zur Lösung dieses Problems bei.

Die Einkommenshöhe, die häufig mit dem Maß an Bildung in Verbindung gebracht wird, scheint einen Einfluß auf die Nutzung der Möglichkeiten der Telekommunikation zu haben. Für achtzig Prozent der internationalen Unterschiede bei der Fernsprechdichte können Unterschiede beim Pro-Kopf-Einkommen verantwortlich gemacht werden (Schaubild 4.3). In Südasien und in afrikanischen Länder südlich der Sahara gibt es rund 1,5 Telefonleitungen pro 100 Einwohner, in den Vereinigten Staaten hingegen 64 pro 100 Einwohner. Seit Beginn der neunziger Jahre haben sich in den Entwicklungsländern die jährlichen Gesamtinvestitionen in den Telekommunikationsbereich zwar auf 60 Milliarden Dollar pro Jahr verdoppelt, um aber die wachsende Nachfrage zu bedienen, gibt es noch viel zu tun.

In der Tat ist das Problem in den meisten Ländern mit geringem Einkommen nicht die mangelnde Nachfrage, sondern das zu knappe Angebot. In Entwicklungsländern können sich zwar viele Menschen kein Telefon leisten, aber es gibt auch viele, die es können. Dennoch vergehen noch zu oft Monate oder sogar Jahre von der Beantragung bis zur Einrichtung eines Telefonanschlusses. Das Verhältnis zwischen beantragten und bereits eingerichteten Telefonanschlüssen ist in Ländern mit einer geringen Fernsprechdichte sehr viel höher (Schaubild 4.4). Fast alle der 28 Millionen Menschen, die weltweit auf den Wartelisten stehen, leben in Entwicklungsländern, und die Wartezeit beträgt im Durchschnitt etwa ein Jahr. Außerdem beantragen viele Menschen gar nicht erst einen Telefonanschluß, da sie überzeugt sind, daß er sowieso nicht eingerichtet wird. Die Versorgung mit Telefonen und modernen Informationstechnologien scheint in Entwicklungsländern eher als in Industrieländern durch eine ungünstige Wettbewerbs- und Gesetzessituation beeinträchtigt zu werden.

Tabelle 4.2

Ausgewählte Kennzahlen zur Durchdringung der Informations- und Telekommunikationstechnik nach Einkommenshöhe der Länder

Gruppe	Telefonhauptleitungen pro 1.000 Einwohner, 1995	Personal-Computer pro 1.000 Einwohner, 1995	Internet-Benutzer pro 1.000 Einwohner, 1996
Länder mit niedrigem Einkommen	25,7	1,6	0,01
Länder mit mittlerem Einkommen, untere Kategorie	94,5	10,0	0,7
Länder mit mittlerem Einkommen, obere Kategorie	130,1	24,2	3,5
Industrielle Schwellenländer	448,4	114,8	12,9
Länder mit hohem Einkommen[a]	546,1	199,3	111,0

a. Ohne industrielle Schwellenländer
Quelle: Weltbank 1998d.

Schaubild 4.3

Fernsprechdichte, Anstehen an öffentlichen Fernsprechern und Einkommen pro Kopf

Der Mangel an Telefonen in Entwicklungsländern spiegelt ein niedriges Einkommen, aber auch einen unbefriedigten Bedarf wider.

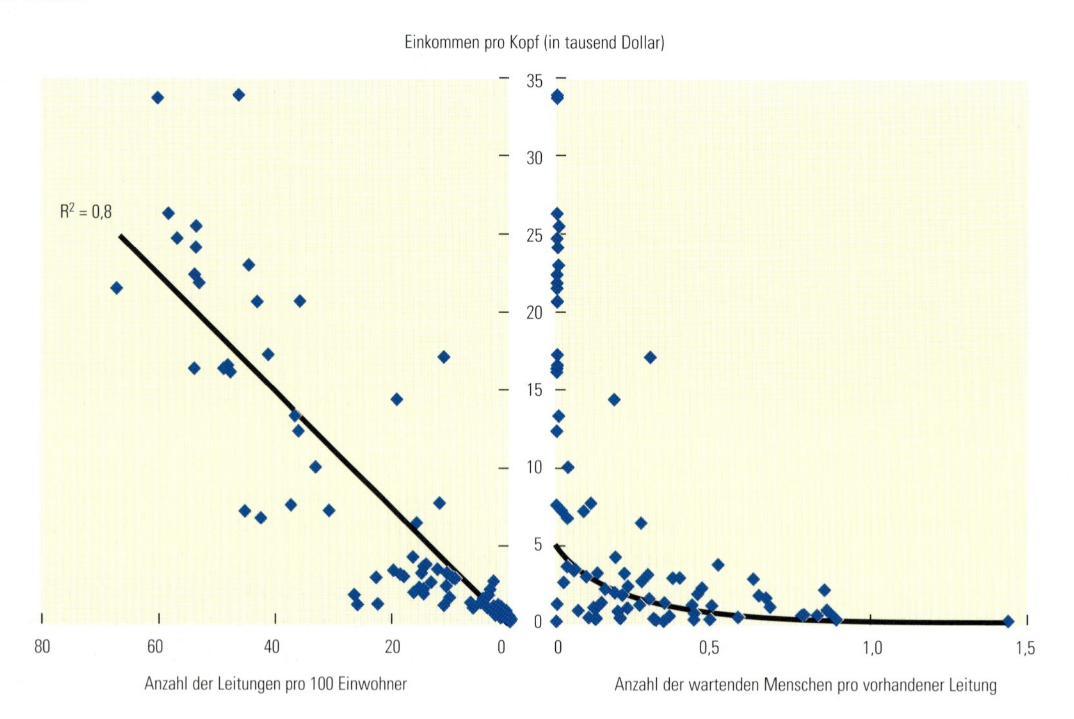

Hinweis: Die Daten gelten für 1993. Quelle: Weltbank 1997g.

Wettbewerb und staatliche Politik

Die Telekommunikation wurde lange Zeit als natürliches Monopol angesehen. Man hielt es für die effizienteste Lösung, nur einen einzigen Anbieter zu haben. Da die Kosten in diesem Wirtschaftszweig sinken, wenn die Produktionsmenge steigt, konnte das größte Unternehmen in diesem Bereich die Kosten am stärksten verringern und die Preise der Wettbewerber unterbieten. Dadurch konnte es letztendlich diesen Bereich beherrschen. Die meisten Länder vertraten den Standpunkt, daß einem Mißbrauch dieser Monopolstellung nur oder wenigstens am besten vorgebeugt werden könne, wenn der Staat das Telefonnetz betreibt.

Also betraten die Regierungen die Bühne. Sie verhinderten, daß Mitbewerber auf den Markt gelangten, und argumentierten, daß sie vorhandene Strukturen unnötigerweise nochmals aufbauen oder nur solchen Benutzern ihre Dienste anbieten würden, die sie kostengünstig bedienen könnten (in der Regel Städte, in denen die Kundendichte hoch ist), so daß der Staat nicht mehr in der Lage wäre, alle Menschen zu annehmbaren Preisen zu versorgen. Dieses Argument wird jedoch durch die Tatsache entkräftet, daß die Kapitalkosten von staatlichen Telefonmonopolen in Entwicklungsländern häufig bis zu 4.000 Dollar pro Telefonleitung erreichen und damit drei- bis viermal so hoch sind wie die eigentlichen Kosten für die Einrichtung.

Ineffizienz und mangelnde Investitionen seitens der staatlichen Telefonmonopole führten dazu, daß die Versorgung im allgemeinen schlecht war, wobei die Armen oder die ländlichen Gebiete kaum oder gar nicht bedient wurden – eine Ironie des Schicksals, zumal eine Rechtfertigung des staatlichen Monopols lautete, daß nur ein staatliches Unternehmen die Versorgung ausnahmslos aller Menschen gewährleisten könne. Hochsubventionierte Inlandsgespräche bedeuteten geringe Erträge und einen begrenzten Netzausbau. Niedrige Preise bedeuteten Gewinne für Unternehmen, die Telefone nutzen konnten, was gegenüber den (meist kleinen) Unternehmen, die kein Telefon hatten, unfair war. Die Behörde, die über die Zuteilung der knappen Leitungen entschied, war anfällig für Korruption. Das System, das den Armen helfen und die Verbraucher schützen

Schaubild 4.4

Anstieg der Zahl der Telefonhauptleitungen bei unterschiedlichen Marktbedingungen in Lateinamerika

Telefonnetze wurden in offenen, privatisierten Märkten rascher ausgebaut.

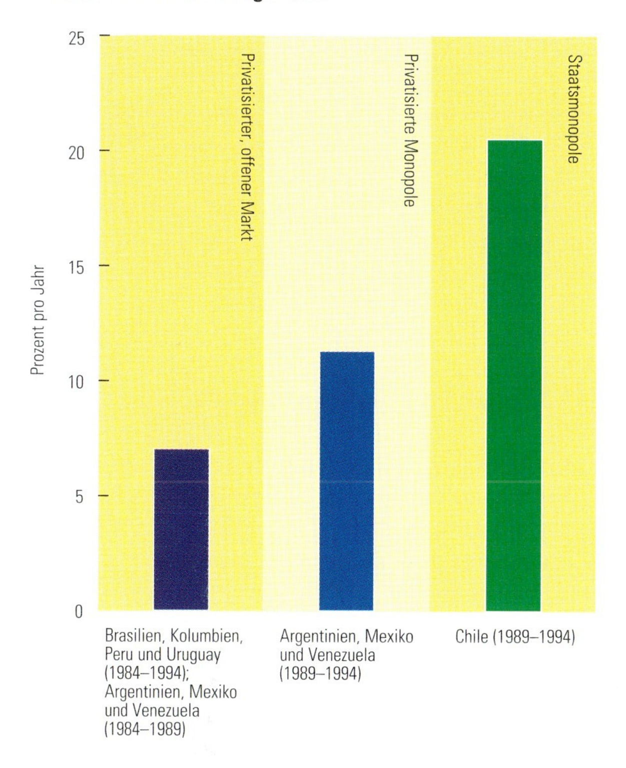

Hinweis: Die Daten für Monopole sind Durchschnittswerte für die untersuchten Länder. Quelle: Wellenius 1997b.

sollte, leistete weder das eine noch das andere, und Ineffizienz hemmte das Wirtschaftswachstum.

Das sich verändernde Wettbewerbsumfeld im Telekommunikationsbereich

Ebenso wichtige Gründe für die dürftigen Leistungen vieler Telekommunikationsanbieter waren der nicht vorhandene Wettbewerb und die Ineffizienz der staatlichen Verordnungen. Angesichts des Versagens des staatlichen Telekommunikationsmonopols gehen mehr als 70 Entwicklungsländer nun zu einem für Privatanbieter offenen Markt mit freiem Wettbewerb über. Selbst wenn der Staat weiterhin Kontrolle über das Kernstück des Telefonsystems hat, bleibt in den Bereichen Mobilfunk und Mehrwertdienste genügend Raum für Privatanbieter. Allzu häufig engt die staatliche Politik diesen Raum jedoch ein. Auch aus diesem Grunde werden zum Beispiel in den afrikanischen Ländern südlich der Sahara nur 25 Prozent der Telefonleitungen (außerhalb Südafrikas) von privaten Anbietern bereitgestellt. Die jüngsten Abkommen der Welthandelsorganisation zu Telekommunikationsdiensten eröffnen jedoch Chancen für immer größere, wettbewerbsbedingte Vorteile, denn die Liberalisierung des Telekommunikationsbereichs nimmt globale Ausmaße an (Sonderbeitrag 4.5).

Seit den achtziger Jahren hat sich in vielen Ländern der Welt die Art und Weise der Bereitstellung, Preisgestaltung, Finanzierung, Nutzung und Regulierung der Informationsinfrastruktur drastisch verändert. Das alte Modell des Telekommunikationsbereichs verliert rasch an Gewicht. Neuere technische Entwicklungen machen einen kostengünstigen, öffentlichen Zugang zu einer Reihe von Kommunikationsmedien möglich. Der Markt der Informationsinfrastruktur ist von einem völlig freien Wettbewerb zwar noch weit entfernt, aber die Technologie und die gestiegene Nachfrage bedeuten das Todesurteil für die staatlichen Monopole. Wie bereits angemerkt, entstehen natürliche Monopole, wenn Unternehmen, die mehr produzieren, geringere Kosten haben – man sagt, daß sie von Größenvorteilen profitieren. Wenn aber Unternehmen mit Hilfe der neuen Technologien auch bei

Sonderbeitrag 4.5

Liberalisierung im Telekommunikationsbereich erhält weltweit neuen Auftrieb

Das Allgemeine Abkommen über den Handel mit Dienstleistungen der Welthandelsorganisation (WTO), das Bestandteil der Abkommen der Uruguay-Runde aus dem Jahre 1994 ist, führte im Dienstleistungssektor, unter anderem im Telekommunikationsbereich, erstmals zu multilateralen wirtschaftlichen Verhandlungen. Im Anschluß an die Uruguay-Runde wurde die sogenannte Negotiating Group on Basic Telecommunications gegründet, die für eine Fortsetzung der von der Runde eingeleiteten positiven Entwicklung sorgen sollte. Bis Februar 1997 hatten 69 WTO-Mitglieder, die mehr als 90 Prozent des weltweiten Telekommunikationsmarkts repräsentieren, international verbindliche Verpflichtungserklärungen zur Liberalisierung der grundlegenden Telefondienste abgegeben.

In bezug auf diese Gespräche verpflichteten sich 31 Industrie- und 24 Entwicklungsländer, ihre Fernsprechdienste zu liberalisieren. Zu den weiteren Bereichen, die liberalisiert werden sollen, zählten dabei Auslands- und Wiederverkaufsfernsprechdienste, Datenübertragung, private Mietleitungen, Mobilfunk- und Satellitendienste sowie Fernleitungen. Die meisten Teilnehmer verpflichteten sich zur Beachtung sämtlicher oder eines Teils der wettbewerbsfördernden regulativen Grundsätze. Zu den zu erwartenden Vorteilen für die Unterzeichnerstaaten zählen die größere Wettbewerbsfähigkeit, ein größerer Umfang an ausländischen Direktinvestitionen und ein besseres Preis/Leistungs-Verhältnis bei den Angeboten für die Verbraucher.

einem geringeren Umfang der Geschäftstätigkeit nur geringe Kosten haben, kann es viele effektiv arbeitende Wettbewerber geben. Selbst ein so kleiner Markt wie Sri Lanka hat gezeigt, daß auf ihm vier Mobilfunkanbieter bestehen können, die Produkte zu im weltweiten Vergleich wettbewerbsfähigen Preise anbieten. Das Land weist heute einige der niedrigsten Mobilfunktarife auf und erweiterte das Netz zwischen 1993 und 1996 um 56.000 Mobilfunkanschlüsse.

In vielen Industrieländern und einer Handvoll Ländern mit mittlerem Einkommen führt dieser neue Trend zur Schaffung eines dynamischen Marktes für neue Arten von Dienstleistungen, bei denen Wissen und Informationen rasch erschlossen und über engmaschige nationale und globale Netze verbreitet werden. Viele Entwicklungsländer nutzen ebenfalls die sich eröffnenden Chancen, um für einen immer breiteren Zugang zu sorgen, Gefälle in der Verfügbarkeit und der Erschwinglichkeit von Informationen zu verringern und die in ihnen lebenden Menschen durch innovative Technologien und Investitionen, die hauptsächlich vom privaten Sektor getätigt werden, miteinander und mit der Welt zu verbinden. Um aber den Anschluß nicht zu verlieren, müssen die Länder ihren Telekommunikationsbereich für den Wettbewerb öffnen. In der Tat ist der Wettbewerb in zahlreichen Segmenten des Telekommunikationsmarkts nicht nur machbar, sondern unerbittlich auf dem Vormarsch. Der Staat wird seine Monopolstellung nur mit repressiven Maßnahmen erhalten können.

Laufende Veränderungen in der Technik, dem Wettbewerbsumfeld und der Preisgestaltung führen dazu, daß sich die Preise für verschiedene Dienstleistungen neu einpendeln: In vielen Entwicklungsländern fallen Preise für Auslandsgespräche, während die für Inlandsgespräche (aufgrund des Wegfalls von Subventionen) steigen. Traditionelle Muster in der Preisgestaltung haben sowohl den Benutzern als auch den Anbietern häufig die falschen Anreize geboten. Hohe Gebühren für Auslandsgespräche wurden meist damit begründet, daß Ortsgespräche subventioniert wurden, um einen Zugang für alle zu gewährleisten. Von Zeit zu Zeit aber kommen Zweifel bezüglich der Höhe der Subventionen auf – oder bezüglich der Frage, ob es sie überhaupt gibt: Da In- und Auslandsgespräche bis zu einem gewissen Maß über dieselben Einrichtungen und dasselbe Netz geführt werden, ist es problematisch, genau zu bestimmen, welche Kosten für die gemeinsam genutzten Einrichtungen auf sie jeweils entfallen. Den meisten Berechnungen zufolge mußte für Auslandsgespräche mehr und für Inlandsgespräche weniger bezahlt werden, als durch den Anteil an den Kosten gerechtfertigt gewesen wäre. Die Erfahrung hat gezeigt, daß durch hohe Gebühren für Auslandsgespräche in der Regel geringe monatliche Mietgebühren für Telefonapparate und günstige oder gar gebührenfreie Ortsgespräche finanziert werden. Das hält Telefonunternehmen davon ab, das Netz auszubauen. Und überteuerte Fern- und Auslandsgespräche benachteiligen Teilnehmer mit Kunden, Freunden und Verwandten in weit entfernten Städten oder im Ausland. Heute stellt der Wettbewerb der Diensteanbieter jedoch eine Bedrohung für die alten Preiskalkulationssysteme dar – und eine große Herausforderung für die internationale Tarifstruktur (Sonderbeitrag 4.6).

Der Zugang zur Telekommunikationseinrichtungen wird verbessert, ist in vielen Ländern aber noch beschränkt. In den afrikanischen Ländern südlich der Sahara gibt es nur einen Münzfernsprecher pro 5.300 Einwohner, verglichen mit einem pro 100 Einwohner in Singapur. Viele Menschen in ärmeren Ländern müssen oft kilometerweit gehen oder fahren, um zum nächsten Münzfernsprecher zu gelangen, sofern überhaupt einer vorhanden ist. Hier nun einige Beispiele:

- Ein Ehepaar in einem ländlichen Gebiet Jamaikas lebt 156 Kilometer von seiner Tochter entfernt, die die fast einen Kilometer entfernt wohnenden Nachbarn der Eltern anrufen muß, wenn sie ihre Mutter oder ihren Vater erreichen will. Die Mitteilungen werden jeweils von jüngern Bewohnern des Ortes vom Berg ins Tal und umgekehrt weitergegeben.
- Ein Mann aus Johannesburg berichtet, daß seine Eltern in der nördlichen Provinz, einer der ärmsten Gegenden Südafrikas, 5 Kilometer bis zum nächstgelegenen Einkaufszentrum gehen oder fahren müssen, um telefonieren zu können. Wie er sagt, machen sich seine Eltern keine Illusionen, jemals ein eigenes Telefon zu bekommen.
- Die Einwohner einer mittelgroßen Stadt in Albanien müssen an einer Betonmauer Schlange stehen, um ein Ferngespräch führen zu können. Sie schreiben die Telefonnummer von Freunden, Unternehmen oder Behörden, die sie anrufen wollen, auf ein Stück Papier und reichen sie durch eine kleine Öffnung in der Mauer. Auf der anderen Seite der Mauer warten dann die Bediener der veralteten Schalttafeln, bis sie von Hand eine Verbindung über eine der nur zwei Leitungen, über die in dieser Stadt Ferngespräche geführt werden können, herstellen können. Häufig treten lange Verzögerungen und Verbindungsabbrüche auf, bis das Gespräch beendet ist.

Die traditionelle Quersubventionierung von Ortsgesprächen durch Auslandsgespräche hat im allgemeinen nicht zur Schaffung eines allgemeinen Zugangs geführt, da sie weder transparent war noch gezielt erfolgte. Der

Sonderbeitrag 4.6

Auf eine Reform bei den Gebührensätzen für Auslandsgespräche drängen

Bei einem Auslandsgespräch handelte es sich früher meist um eine Dienstleistung, die von einer Telefongesellschaft im Ursprungsland und einer anderen im Zielland des Anrufs gemeinsam erbracht wurde. Entsprechend den Gebührenmodellen, die zwischen Telefongesellschaften in verschiedenen Ländern auf bilateraler Ebene vereinbart werden, zahlt die Gesellschaft im Ursprungsland an die Gesellschaft im Zielland des Anrufs ein bestimmtes Entgelt. Die Ausgleichszahlung beläuft sich normalerweise auf die Hälfte des Großhandelspreises für Auslandsgespräche, der in der Regel die tatsächlichen Kosten für das Gespräch übersteigt.

In Entwicklungsländern übersteigt gewöhnlich die Zahl der eingehenden die der ausgehenden Auslandsgespräche. Begründet ist dies unter anderem durch Unterschiede in der Einkommenshöhe, der Zahl der Auswanderer und der Gebühren für Auslandsgespräche. Daher erhalten Telefongesellschaften zum Beispiel in China, Indien, Mexiko und auf den Philippinen regelmäßig beachtliche Ausgleichszahlungen aus den Vereinigten Staaten, einem Netto-Ursprungsland von Auslandsgesprächen.

Heute spüren Telefongesellschaften in den Vereinigten Staaten und anderen Ländern, die die internationalen Fernsprechdienste für den Wettbewerb geöffnet haben, einen erheblichen Druck, die Gebühren für ihre Kunden zu senken. Dieser Druck sowie die größeren Arbitrage-Chancen bei Auslandsgesprächen, beispielsweise durch Rückruf- und Telefonkartendienste, haben Betreibergesellschaften in vielen Entwicklungsländern beachtliche Einnahmen verschafft, mit denen sie den Ausbau der Informationsinfrastruktur finanzieren. Aus den folgenden Gründen ist dies jedoch eher nicht die ideale Möglichkeit zur Finanzierung derartiger Investitionen:

- Von den Zahlungen entsprechend den Gebührenmodellen profitieren Länder in unterschiedlichem Maße. Mexiko erhielt 1995 mehr als 17 Prozent der US-amerikanischen Ausgleichszahlungen, die afrikanischen Länder südlich der Sahara aber weniger als 2 Prozent. Kanada, Deutschland und Japan erhielten per Saldo ebenfalls Ausgleichszahlungen aus den Vereinigten Staaten, während Albanien, Afghanistan und Somalia per Saldo Zahlungen leisten mußten.
- Ausgleichszahlungen wurden nicht immer für die Finanzierung des Ausbaus des Telekommunikationsbereichs verwendet, sondern flossen statt dessen den allgemeinen Staatseinnahmen zu.

Und schließlich hemmt das System der Ausgleichszahlungen dadurch, daß Grundtarife bei den Gebühren für Auslandsgespräche künstlich hoch gehalten werden, die Entwicklung neuer, informationsintensiver Exporte (beispielsweise bei Dateneingabediensten) sowie anderer Dienstleistungen wie zum Beispiel des Tourismusbereichs.

Wettbewerb dürfte den Zugang verbessern. Vielerorts gibt es Belege dafür, daß das Dienstleistungsangebot nach der Privatisierung und Zulassung des Wettbewerbs erweitert wird (Schaubild 4.4). Chile hat in den achtziger Jahren alle Marktsegmente für den Wettbewerb geöffnet, und nach weniger als zehn Jahren hat sich die Fernsprechdichte auf über 15 Leitungen pro 100 Einwohner verdreifacht. Die Philippinen öffneten den durch ein privates Monopol beherrschten Markt im Jahre 1993 für den Wettbewerb, und bis Ende 1996 war die Zahl der Telefonhauptleitungen von 785.000 auf 3,4 Millionen gestiegen. Andere Länder folgen diesem Beispiel. Uganda hat einem zweiten nationalen Telekommunikationsanbieter die Zulassung erteilt, und die Privatisierungsbehörde wird demnächst den vormals einzigen Anbieter verkaufen.

Durch den Wettbewerb sind auch die Kosten der Teilnehmer gesunken. In Ghana sanken nach Zulassung eines zweiten Mobilfunkanbieters sowohl die Verbindungsgebühren als auch die Tarife um 30 bis 50 Prozent. Zudem erweiterte der erste Anbieter sehr bald sein Leistungsangebot. Kurze Zeit später zwang ein dritter Anbieter die ersten beiden, den Service zu verbessern.

Wettbewerb in liberalisierten Märkten sicherstellen

Im Telekommunikationsbereich sind wie auch in allen anderen Wirtschaftszweigen privates Eigentum und Wettbewerb zwei wesentliche Faktoren. Aber keines von beiden ist einfach zu erreichen. Die Reihenfolge, in der die Privatisierung, die Zulassung des Wettbewerbs und die Ausarbeitung der Vorschriften und Gesetze erfolgen, kann das Ergebnis beeinflussen. Wenn ein staatliches Monopol privatisiert wird, ohne daß ein geeigneter gesetzlicher Rahmen vorhanden ist, kann ein privates Monopol entstehen. Und private Monopole versuchen sehr viel stärker, weitere Versuche zur Schaffung einer Wettbewerbssituation zu vereiteln, als sie zu unterstützen. Die Erträge gehen dann unter Umständen vom öffentlichen auf den privaten Sektor über, ohne daß Effizienzsteigerungen, Preissenkungen oder eine Erweiterung des Leistungsangebots zu verzeichnen sind. Die Erfahrung hat auch gezeigt, daß die Zulassung privater Wettbewerber Druck auf ein staatliches Monopol ausüben kann, so daß es effizienter wird. Das wiederum kann letztendlich die Privatisierung des Monopolisten vereinfachen (Sonderbeitrag 4.7).

Daraus ergeben sich drei Grundsätze. Erstens sollte die Privatisierung nach der Schaffung eines gesetzlichen Rahmens erfolgen, um sicherzustellen, daß der Wettbewerb erhalten bleibt und die Zulassungsbedingungen erfüllt werden. Gesetzliche Vorschriften müssen gewährleisten, daß ein Monopolist nach der Privatisierung nicht den Zugang für Wettbewerber beschränkt und daß die neuen

Diensteanbieter Zugang zur vorhandenen Infrastruktur erhalten. Die Notwendigkeit einer Gesetzesreform darf allerdings keine Entschuldigung für übermäßige Verzögerungen bei der Öffnung des Telekommunikationsbereichs für private Anbieter sein – mit der Privatisierung darf nicht gewartet werden, bis das Vorschriftensystem ideal ist. Chile, Ghana und Neuseeland privatisierten die Staatsunternehmen, bevor sie den Vorschriften und Gesetzen den letzten Schliff gaben.

Zweitens sollte die Privatisierung, soweit möglich, nach der Einführung eines größeren Wettbewerbs erfolgen. Das kann durch die Ausdehnung der Konzessionen neuer Privatunternehmen oder die Zerschlagung des Telekommunikationsmonopols erreicht werden.

Drittens ist es unter Umständen einfacher, eine Wettbewerbssituation zu schaffen, wenn nur ein Teil des Systems privatisiert wird. Besonders vielversprechend sind Vorstöße in einigen afrikanischen Ländern südlich der Sahara, die Kosten durch die Ausnutzung des Wettbewerbs zwischen internationalen Telefonanbietern zu senken. Das haben sie dadurch erreicht, daß sie Kaufangebote für diejenigen Teile ihres Netzes eingeholt haben, die eher mit einer Ware zu vergleichen sind, wie zum Beispiel Ortsleitungen.

Telekommunikationsunternehmen in Industrieländern, die häufig am stärksten als Käufer staatseigener Dienste in Entwicklungsländen in Frage kommen, entwickeln und bieten laufend neue Dienste an. Und der stärker werdende Wettbewerb in den Heimatmärkten dieser Unternehmen macht es um so wahrscheinlicher, daß Entwicklungsländer stärker von den Vorteilen dieser Innovationen profitieren können. Dazu müssen Entwicklungsländer aber auch einen effektiven Wettbewerb der internationalen Unternehmen auf dem Inlandsmarkt sicherstellen. Für jedes Unternehmen ist es günstig, wenn es ein Land dazu bringen kann, ihm gewisse Vorteile einzuräumen, und einige Unternehmen haben es auf die eine oder andere Weise versucht.

In Polen wurde der Nutzen der Liberalisierung durch einen schlechten gesetzlichen Rahmen zunichte gemacht. Seit 1990 wurden rund 200 neue Telekommunikationslizenzen erteilt, wovon im Jahre 1996 jedoch nur 12 tatsächlich genutzt wurden. Zu den größten Hemmnissen, die von den Lizenznehmern genannt wurden, zählen die ungünstigen Bedingungen für die Gewinnbeteiligung des marktbeherrschenden staatlichen Betreibers, der beschränkte Zugang zum vorhandenen Netz und die Tatsache, daß der Aufbau einer eigenen Infrastruktur verboten ist. Das deutet darauf hin, daß der staatlichen Aufsicht die wichtige neue Rolle zukommt sicherzustellen, daß der marktbeherrschende Betreiber den Wettbewerb nicht hemmt, indem er zum Beispiel den Wettbe-

Sonderbeitrag 4.7

Wettbewerb vor der Privatisierung der Telekommunikationsdienste in Ghana

Innerhalb von weniger als vier Jahren hat Ghana eines der weltweit ehrgeizigsten Reformprogramme für den Telekommunikationsbereich umgesetzt. Im Jahre 1993 war für diesen Bereich allein die Ghana Posts and Telecommunications Corporation zuständig, die damals vollständig in Staatsbesitz war und nur Verluste einfuhr. Die Fernsprechdichte war mit nur einer Hauptleitung pro 400 Einwohner extrem gering. Die durchschnittliche Wartezeit für einen Telefonanschluß betrug mehr als 10 Jahre. Der Umfang des Service war beschränkt, die Qualität war schlecht.

Im Jahre 1997 begann Ghana als erstes Entwicklungsland mit der Privatisierung und Einführung des Wettbewerbs im gesamten Versorgungsgebiet, und zwar in allen Teilen des Landes. Die Finanzierungsmittel erhielt die Regierung mit Hilfe internationaler Investoren. Dazu verkaufte sie einen 30prozentigen Anteil an der Ghana Telecom Ltd., dem 1995 nach Abspaltung des Telekommunikationsbereichs von den Postdiensten gegründeten Unternehmen, an ein Konsortium, das aus der Telekom Malaysia und inländischen Investoren bestand. Danach erteilte sie einem Konsortium aus zwei US-amerikanischen Unternehmen und der Ghana National Petroleum Corporation eine zweite, landesweit gültige Lizenz.

Ghana vergab zudem landesweit gültige Lizenzen an fünf Betreibergesellschaften von Mobilfunknetzen, um einer möglichen Monopolstellung der Konsortien vorzubeugen. Ende 1997 waren drei bereits in Betrieb, die 30 Prozent der Telefonleitungen des Landes bereitstellten. In Ghana gibt es heute mehrere private Internet-Diensteanbieter, von denen einer über ein aggressives Programm verfügt, mit dem er in Zusammenarbeit mit der Post auch in ländlichen Gebieten Internet-Zugänge bereitstellt.

Allein im Jahre 1997 stieg die Zahl der angeschlossenen Standleitungen von 90.000 auf 120.000, und die Einnahmen der Ghana Telecom erhöhten sich von rund 55 Millionen Dollar auf 75 Millionen Dollar. Das Unternehmen erzielt heute erstmals in seiner Geschichte erhebliche Gewinne, und die noch verbliebene 70prozentige Beteiligung des Staates ist mehrere Male soviel wert wie das gesamte Unternehmen vor der Privatisierung. Das Unternehmen erwartet, daß es seine Verpflichtung, 225.000 Leitungen einzurichten, bereits nach drei statt nach fünf Jahren, wie in der Lizenz vorgesehen, erfüllen wird.

Der staatliche Aufsichtsapparat wurde vor der Einführung des Wettbewerbs jedoch nicht ausgebaut, und es gibt besorgniserregende Anzeichen für eine geringe Leistungsfähigkeit der Aufsichtsbehörden. Auf dem Ausbau des Aufsichtsapparats liegt nun Ghanas Hauptaugenmerk. Trotz dieser Probleme übernehmen nun Madagaskar, Nigeria und Uganda das ghanaische Modell der Einführung des Wettbewerbs zeitgleich mit oder vor der Privatisierung.

werbern wichtige technische und wirtschaftliche Informationen vorenthält, die für die Preisfindung beim Durchschalten von Gesprächen erforderlich sind. Auch wenn diese Hindernisse aus dem Weg geräumt sind, sind Vorschriften weiterhin notwendig, um den Wettbewerb zu gewährleisten. So zählt zwar zum Beispiel der US-amerikanische zu den am stärksten umkämpften Telekommunikationsmärkten, aber der Wettbewerb ist noch nicht ausgeprägt genug, als daß auf gesetzliche Vorschriften verzichtet werden könnte.

Der Wettbewerb im Telekommunikationsbereich nimmt zwar zu, perfekt ist er aber noch lange nicht. Besonders problematisch ist der Umstand, daß es in bestimmten, überaus wichtigen Teilen dieses Industriezweigs noch immer praktisch keinen Wettbewerb gibt. Das gilt besonders für das letzte Stück Kabel bis zum Benutzer (das häufig als „die letzten Meter“ bezeichnet wird). Funkverbindungen dienen zwar teilweise als Ersatz für diese Kabelverbindungen, sind aber nicht ideal. Die Regulierer müssen darauf achten, daß das Unternehmen, das diese letzten Meter kontrolliert, seine Marktmacht nicht mißbraucht, indem es die Gebühren hochschraubt oder den Zugang beschränkt. Der Zugang zu vorhandenen Netzen ist für jeden neuen Marktteilnehmer lebenswichtig. Einem Mobilfunkanbieter, der lediglich seine Kunden miteinander verbinden kann, würde es schwerfallen, Marktanteile zu erobern. Die Regulierer müssen zudem sicherstellen, daß die Höhe der sogenannten Interconnection-Gebühren, die für das Durchschalten von Gesprächen erhoben werden, fair und die Qualität der angebotenen Verbindung gut ist.

Umstritten ist, wie hoch „faire“ Zugangsgebühren sein dürfen. In Industrieländern mit einer wettbewerbsbegünstigenden Politik in bezug auf die Informationsinfrastruktur – zum Beispiel in Australien, dem Vereinigten Königreich und den Vereinigten Staaten – verwendeten die Regulierer verschiedene Ansätze bei der Schätzung einer „angemessenen“ Gebühr für den Zugang zu Einrichtungen des marktbeherrschenden Betreibers, um dem Mißbrauch der Marktmacht vorzubeugen.

Der Umfang der staatlichen Regulierung wird in unterschiedlich weit entwickelten Ländern mit unterschiedlichen Bedürfnissen unterschiedlich sein, aber aus den Erfolgen und Fehlschlägen in Chile, Ghana, Polen, Neuseeland und den Vereinigten Staaten können andere Länder sehr viel lernen. Die Aufgabe der von den Betreibern unabhängigen Regulierungsbehörde besteht in erster Linie darin, konkurrierenden Anbietern dabei zu helfen, eine annehmbare Einigung zu erzielen, wenn es ihnen selbst nicht gelingt. Zum Beispiel ist es in Guatemala vorgeschrieben, daß der Regulierer über die endgültigen Preisangebote der beteiligten Seiten entscheidet. Wenn sich eine der Seiten weigert, von ihrer untragbaren Position abzurücken, wird der Regulierer aller Wahrscheinlichkeit den Preis der anderen Seite für gültig erklären. (Falls der Staat dazu nicht in der Lage ist, kann diese Aufgabe an Dritte übertragen werden.) Staatseigenen Anbietern muß zudem die staatshoheitliche Immunität entzogen werden, die sie vor Klagen schützt, und neue Marktteilnehmer müssen zur Beilegung von Streitigkeiten die Gerichte oder zugelassene Schiedsstellen anrufen können.

Zugang für die Armen einrichten

Die Kleinstädte, Dörfer und ländlichen Gebiete vieler Entwicklungsländer sind mit Telekommunikationseinrichtungen unterversorgt: In Teilen Asiens und Afrikas beträgt die Fernsprechdichte auf dem Land meist nur ein Fünftel der Dichte in den größten Städten (Schaubild 4.5). In einigen Entwicklungsländern haben Unternehmer jedoch bewiesen, daß es möglich ist, selbst die Ärmsten mit Telefonen auszustatten. Im Senegal gab es 1995 über 2.000 private „Telezentren“ mit einem Münzfernsprecher und einem Faxgerät. Das waren viermal so viele wie noch zwei Jahre zuvor. Für die Einrichtung eines Zugangs für die arme Landbevölkerung ist jedoch häufig staatliche Unterstützung vonnöten.

Der Staat kann derartige Gemeinschaftseinrichtungen direkt unterstützen und somit die Zahlungsbereitschaft der Armen zu fördern. Ein Beispiel dafür sind die kommunalen Mehrzweck-Informationszentren in Südafrika. Die 1996 gegründete Universal Service Agency des Landes überweist jedem dieser Zentren einen Betrag in Höhe der Anlaufkosten für die ersten beiden Jahre und stellt Außendienstmitarbeiter zur Verfügung, die ihnen technische Unterstützung anbieten. Eine Umfrage unter diesen Zentren aus dem Jahre 1997 ergab, daß 67 Prozent über ein Telefon, 31 Prozent über einen Computer und 8 Prozent über einen Internet-Zugang verfügten.

Der Staat kann außerdem mit dem privaten Sektor zusammenarbeiten, um die Versorgung von Gebieten mit niedrigem Einkommen zu unterstützen – schließlich hat sich gezeigt, daß die Märkte die Versorgung sehr viel erfolgreicher verbessert haben als die traditionellen staatlichen Monopole. Selbst jene, die sich den Zugang zum normalen Preis nicht leisten könnten, sind häufig bereit, etwas zu bezahlen, um Zugang zu erhalten.

Die Annahme, daß marktunterstützende Initiativen eher Erfolge bringen als die direkte Subventionierung, wird durch das Beispiel der freien Ausschreibung für Subventionen für öffentliche Fernsprecher in ländlichen Gebieten Chiles untermauert. Im Jahre 1994 begann ein Sonderfonds, der bis 1998 laufen sollte, auf Wettbewerbsbasis solche Projekte mit Subventionen auszustatten, die

Schaubild 4.5

Quotient aus der Fernsprechdichte in der Stadt und der auf dem Land, nach Region

Telefone befinden sich in Entwicklungsländern in erster Linie in den größten Städten.

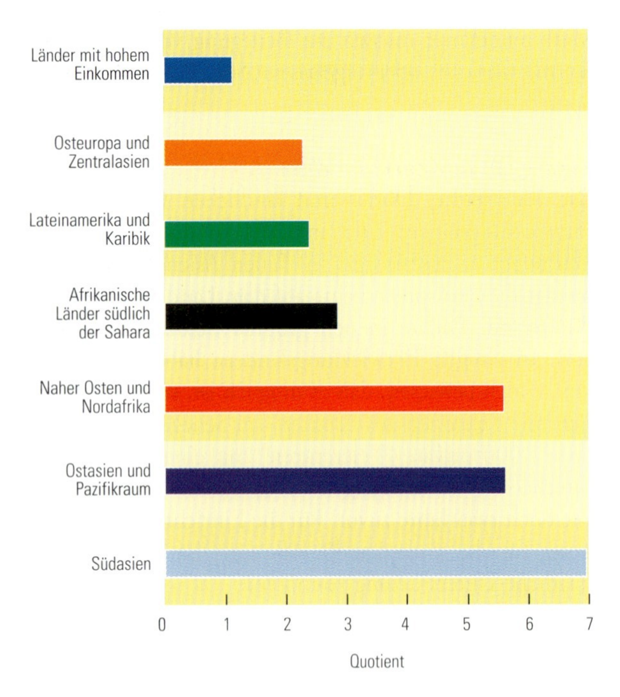

Hinweis: Der Quotient ist die Anzahl der Hauptleitungen pro 100 Einwohner in den größten Städten dividiert durch die Anzahl der Hauptleitungen pro 100 Einwohner außerhalb der größten Städte. Quelle: Daten der Internationalen Fernmelde-Union.

kleine Orte und entlegene Gebiete mit Telefondiensten versorgten. Bis 1996 hatte der Fonds 90 Prozent seiner Ziele erreicht, gleichzeitig aber nur die Hälfte seines Budgets über 4,3 Millionen Dollar dafür verwenden müssen, was in erster Linie dadurch begründet war, daß für Projekte, die die Hälfte der Orte und 59 Prozent der Zielbevölkerung abdeckten, Angebote vorgelegt wurden, Telefondienste ganz ohne Subventionen bereitzustellen. Nach erfolgreichem Abschluß der Projekte werden voraussichtlich 97 Prozent der Chilenen bis Ende 1998 über eine Grundversorgung mit Telekommunikationsdiensten verfügen.

Das chilenische Experiment deutet darauf hin, daß private Konkurrenz die Entwicklung der Telekommunikationsinfrastruktur in ländlichen Gebieten erheblich beschleunigen kann. Unter Ausnutzung von Marktmechanismen brachte der Staat auf kostengünstige Weise in Erfahrung, welche Projekte wie stark subventioniert werden mußten. Das Experiment zeigt auch, daß Marktmechanismen die Wirkung von geringen Subventionen potenzieren können: mit nur der Hälfte des vorgesehenen Budgets, das heißt mit öffentlichen Mitteln in Höhe von rund 2 Millionen Dollar, brachte der Staat den privaten Sektor dazu, Investitionen in Höhe von rund 40 Millionen Dollar zu tätigen. Die durchschnittlichen Kosten für die Installation eines öffentlichen Fernsprechers auf dem Land fiel, verglichen mit den Kosten bei Bereitstellung durch den Staat, um 90 Prozent.

Die Macht eines Monopolisten ist nicht nur im Bereich der Telefondienste ein Problem, sondern auch in dem der Massenmedien. Auch hier sind andere Medien in der Regel ein unvollkommener Ersatz, denn jedes Medium erreicht ein anderes Publikum. Einigen Ländern bereitet der Konzentrationsprozeß bei den Fernsehsendern oder auch bei den Printmedien oder Rundfunksendern zunehmend Kopfzerbrechen. Dort, wo dieser Konzentrationsprozeß im Gange ist, kommen die Bürger unter Umständen nicht in den Genuß der Meinungsvielfalt, die für eine lebendige Gesellschaft absolut erforderlich ist. Medien, die von einigen wenigen kontrolliert werden, gelingt es möglicherweise auch nicht, die Korruption wirkungsvoll zu verhindern oder aufzudecken, vor allem dann, wenn die Eigentümer der Regierung nahestehen. Noch bedenklicher ist, daß diese Medien versuchen könnten, die Positionen des einen oder anderen Kandidaten verzerrt wiederzugeben und auf diese Weise auf Wahlen Einfluß zu nehmen. Die Macht eines Monopolisten hat daher nicht nur in wirtschaftlicher Hinsicht Auswirkungen: Sie kann den Fluß präziser Informationen oder zumindest die Verbreitung abweichender Ansichten hemmen. Dieselben Probleme treten auf, wenn die Medien vom Staat kontrolliert werden, denn dann könnte die Regierung die Möglichkeit, Einfluß auf die verbreiteten Informationen zu nehmen, mißbrauchen, um sich selbst an der Macht zu halten. Einige Länder schränken die Konzentrationsmöglichkeiten im Medienbereich stärker ein als in anderen Wirtschaftszweigen, da hier das Problem nicht lediglich darin besteht, daß die Preise steigen könnten. Vielmehr besteht die Gefahr, daß einer funktionierenden, offenen Gesellschaft die Grundlage entzogen wird.

Eine weitere Sorge ist die mögliche Einschränkung der Vielfalt bei der Privatisierung staatlich kontrollierter Medien. Anbieter, die miteinander um einen Massenmarkt konkurrieren, bieten häufig ähnliche Produkte an, so daß Menschen mit ganz besonderen Interessen eventuell nicht angemessen bedient werden. Dies ist eine der logischen Grundlagen für öffentlich-rechtliches Fernsehen und Radio. Glücklicherweise haben die neuen Informations- und Kommunikationstechnologien das Potential, die Vielfalt zu gewährleisten: Dank Kabel- und Satellitenfernsehen können weit mehr Sender empfangen werden, als dies bei den herkömmlichen Übertragungsmethoden jemals der Fall war. Ein Privatunternehmen, zum Beispiel, wird in Kürze drei Satelliten ins All schießen, und zwar jeweils einen für Afrika, Lateinamerika und Asien, um Verbraucher mit niedrigem Einkommen mit Weltklasse-Sendungen zu versorgen.

• • •

Entwicklungsländern eröffnen die neuen Informations- und Kommunikationstechnologien gewaltige Chancen. Die neuen drahtlosen Technologien werden die moderne Kommunikation in Gebiete bringen, in die die Anbieter mit der herkömmlichen Kupferkabeltechnik, wenn überhaupt, erst in Jahrzehnten vorgedrungen wären. Menschen in entlegenen Dörfern in aller Welt können Zugang zu Wissen erlangen, von denen noch vor 25 Jahren in den Industrieländern niemand zu träumen gewagt hätte.

Mit Hilfe der Privatisierung, des Wettbewerbs, der Regulierung und einem vorsichtigen, selektiven Handeln seitens des Staates können Entwicklungsländer die traditionellen Medien durch diese neuen Hilfsmittel zur Weitergabe von Wissen ergänzen. Um in der neuen, globalen Wirtschaft bestehen zu können, müssen Entwicklungsländer in der Tat die Entwicklung und die effektive Nutzung der Informationsinfrastruktur zu einem vorrangigen nationalen Ziel machen. Sie müssen die Gelegenheiten, die die neuen Technologien eröffnen, ergreifen, um die private Bereitstellung von Telekommunikationsdiensten zu fördern und die Reichweite der neuen Technologien in der gesamten Gesellschaft zu vergrößern. Wenn sie gut umgesetzt werden, versprechen diese Strategien sich vorteilhaft auf das Bildungswesen auszuwirken, die politische Entscheidungsfindung und die Umsetzung der Entscheidungen zu verbessern und eine ganze Reihe neuer Geschäftsgelegenheiten zu eröffnen.

Teil Zwei

Informations-probleme angehen

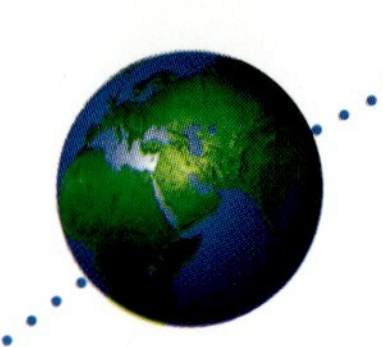

Kapitel 5

Informationen, Institutionen und Anreize

TEIL EINS DIESES BERICHTS zeigte, daß der Abbau von Wissensgefällen durch Aneignung, Aufnahme und Weitergabe von Wissen das Wirtschaftswachstum beträchtlich fördern und Entwicklungsländern zugute kommen kann. Teil Zwei macht deutlich, daß selbst bei vollständigem Abbau von Gefällen im Fachwissen Entwicklungsländer immer noch hinsichtlich einer weiteren Art von Wissen benachteiligt wären, nämlich des Wissens über Eigenschaften: Wissen über die Qualität von Produkten, die Sorgfalt der Arbeiter, die Kreditwürdigkeit von Unternehmen. Dies ist darauf zurückzuführen, daß Entwicklungsländer weniger Institutionen zur Behebung von Informationsproblemen haben und die Institutionen, die sie haben, schwächer als ihre Pendants in den Industrieländern sind. Diese institutionellen Defizite bedeuten, daß Märkte oft austrocknen anstatt zu blühen, weil die Menschen wenig Anreiz haben, sich an den für ein schnelles, gerechtes und andauerndes Wachstum unabdingbaren wirtschaftlichen Transaktionen zu beteiligen. Und wie wir noch sehen werden, wirkt sich diese institutionelle Schwäche am stärksten auf die Armen aus.

Informationen stellen den Lebensnerv jeder Wirtschaft dar. In traditionelleren Volkswirtschaften werden Informationen möglicherweise weniger verschlüsselt, sondern werden vielmehr durch persönliche Kontakte weitergegeben. Nichtsdestoweniger sind sie für die Wirtschaft lebenswichtig. Ein Landwirt muß den zum Säen günstigsten Zeitpunkt kennen. Ein Geldverleiher muß wissen, ob ein Schuldner ein Darlehen zurückzahlen kann. Ein Grundbesitzer, der einen Arbeiter einstellt, muß wissen, ob der Arbeiter gut und sorgfältig arbeitet. Und je mehr sich Länder entwickeln, desto größer wird ihr Bedarf an Informationen. Der landwirtschaftliche Berater der Regierung bietet neues Saatgut an. Ist das Saatgut für die Zwecke des Bauern geeignet? Ein Bauer hört, daß sich der Anbau einer Pflanze, die er bisher nicht angebaut hat, lohnen könnte, weil auf dem Markt gute Preise geboten werden. Lohnt es sich, umzusteigen?

Die Art und Weise, wie Menschen Informationen erhalten, und die Anreize, die sie haben, um Informationen einzuholen und zu liefern, werden dadurch beeinflußt, wie die Gesellschaft beschaffen ist: Gesetze und gesellschaftliche Konventionen, Institutionen und Regierungsbehörden, sie alle bestimmen, wie viele Informationen die Menschen besitzen und welche Qualität diese Informationen haben (das heißt, wie genau und vollständig sie sind). Ohne zuverlässige Informationen funktionieren Märkte nicht. Wenn jemand auf einem nahegelegenen Markt Reis kauft und nicht feststellen kann, ob Steine beigemischt wurden, um das Gewicht zu erhöhen, werden die Verkäufer möglicherweise versuchen, ihre Gewinne durch Hinzufügen von Steinen zu erhöhen. Doch dann könnte sich der Käufer entscheiden, den Reis nur von einem Händler zu kaufen, dem er vertraut, möglicherweise einem Händler aus seinem eigenen Dorf. Dadurch werden Märkte zersplittert, wodurch sie schwach und kaum wettbewerbsfähig werden. Die Märkte können dadurch sogar zusammenbrechen, und möglicherweise gewinnbringende Transaktionen finden nicht statt.

Traditionelle Gesellschaften mit geringer persönlicher Mobilität weisen oft außergewöhnliche Informationsflüsse und die außerordentliche Fähigkeit auf, gesellschaftliche Abmachungen durch verschiedenartige Sanktionen aufrecht zu erhalten. Doch je mehr sich Länder entwickeln, desto mehr löst sich diese traditionelle Struktur auf. Menschen ziehen wegen Handel und Geschäften von einem Dorf in ein anderes Dorf, vom Dorf in die Stadt, von der Stadt in die Großstadt. Immer mehr wickeln sie ihre Transaktionen mit Fremden ab, nicht mehr mit ihren Nachbarn. Angesichts dieser wachsenden Anonymität müssen traditionelle Arten der gemeinsamen Verwendung von Informationen, die auf persönlicher Bekanntschaft beruhen, ersetzt werden. Doch die neuen Arten der Informationsverwendung, zum Beispiel die ausgefeilten Computernetze, die die Kreditvergangenheit verfolgen, oder die effiziente Durchsetzung von Gesetzen, die Verträge möglich macht, sind möglicherweise noch Zukunftsmusik. Daher können sich Informationsflüsse im Laufe der Entwicklung verschlechtern, bevor sie schließlich besser werden. Sowohl traditionelle als auch moderne Gesellschaften haben möglicherweise viele gute Informationen zur Hand, doch bei Gesellschaften zwischen diesen beiden Extremen ist das vielleicht nicht der Fall.

In diesem Kapitel wird eine einfache, zweiteilige Taxonomie des Versagens des Informationsflusses vorgestellt, auf die sich der Rest von Teil Zwei bezieht. Die erste Art des Versagens liegt in der Schwierigkeit begründet, die *Qualität zu prüfen*, und in der Notwendigkeit, so viele Informationen über die Qualität wie möglich zu sammeln oder diese Notwendigkeit irgendwie zu verringern. Die zweite Art ergibt sich aus der Schwierigkeit, *Leistungen durchzusetzen*, und aus der Notwendigkeit, Mechanismen zur Überwachung von Transaktionen zu finden. Diese Probleme sind universell. In Entwicklungsländern sind sie jedoch viel stärker ausgeprägt als in Industrieländern, und die schlimmsten Auswirkungen haben sie auf die Armen.

Qualität prüfen

Qualität zu prüfen bedeutet, Wissen über die Eigenschaften einer Ware oder einer Dienstleistung zu sammeln – zum Beispiel über die Lebensdauer eines Produkts oder die Produktivität eines Arbeiters. In vielen Transaktionen, zum Beispiel bei langlebigen Gütern, sind die Probleme im Zusammenhang mit der Prüfung der Qualität und der Bedeutung einer solchen Prüfung offensichtlich. Doch Waren können vor dem Kauf wenigstens begutachtet werden. Die Prüfung der Qualität von Dienstleistungen ist weitaus schwieriger, weil eine Dienstleistung erst nach dem Kauf erbracht wird. Ein Arbeitgeber, der die Fähigkeiten eines zukünftigen Angestellten nicht genau kennt, steht einem schwierigen Prüfungsproblem gegenüber. Dies gilt auch für einen Kreditgeber, der nicht genau weiß, ob er einem potentiellen Kreditnehmer vertrauen kann.

Informationen über Qualität sind wie andere Informationsformen, die in diesem Bericht untersucht werden, kostspielig zu beschaffen, aber kostengünstig gemeinsam zu verwenden. Deshalb unternehmen Gesellschaften normalerweise enorme Anstrengungen, um von einer Person eingeholte Informationen anderen verfügbar zu machen. In kleinen, geschlossenen Gemeinschaften werden Qualitätsinformationen per Mundpropaganda weitergegeben. Käufer können den Hersteller einer Ware schlechter Qualität erkennen und sich an ihn erinnern und ihre Nachbarn vor diesem Anbieter warnen. Arbeitgeber können einen ungeeigneten Arbeiter erkennen und sich weigern, diesen Arbeiter anderen Arbeitgebern zu empfehlen.

Wenn Gemeinschaften wachsen und Verbindungen zu anderen Gemeinschaften herstellen, werden im gleichen Maße Institutionen verschiedener Art gegründet, um Informationen über Qualität weiterzugeben. Im Europa des Mittelalters und in der arabischen Welt bis ins späte 19. Jahrhundert sorgten die Zünfte für Qualitätskontrollen, prüften Waren und Fertigungsprozesse und bestraften Unehrlichkeit. Der sogenannte *Amin*, der Vorsteher örtlicher Handwerkerzünfte in größeren Städten im Nahen Osten und in Nordafrika, war ein weiser, respektierter Mann, an den sich Verbraucher wenden konnten, um die Behauptungen der Verkäufer hinsichtlich der Authentizität und Qualität ihrer Waren zu prüfen.

Die Unsicherheit der Verbraucher bei der Bestimmung der Qualität kann zu großer Ineffizienz oder gar zur Zerstörung von Märkten führen. Das Eingreifen des Staates zur Reduzierung solcher Unsicherheit, zum Beispiel durch Einführung und Durchsetzung von Standards, kann das Funktionieren der Märkte zugunsten aller verbessern. Dies war der Fall, als Indiens National Dairy Development Board (Nationales Komitee zur Entwicklung der Molkereiwirtschaft) einschritt, um die Qualität der Milch zu gewährleisten. Das Programm des Komitees führte zu einer Verdoppelung des Einkommens von mehr als einer Million Milchproduzenten (Sonderbeitrag 5.1).

Die nationale und internationale Expansion der Märkte für verderbliche Früchte und Gemüse erforderte außerdem die Entwicklung neuer Möglichkeiten zur Überwachung und Beurteilung der Qualität. In den Vereinigten Staaten dauerte es mehrere Jahrzehnte, bis dieser Prozeß abgeschlossen war. Die Einführung gekühlter Eisenbahntransporte Ende des 19. Jahrhunderts wandelte den Handel mit frischen Obst in den USA von einem Fleckenteppich kleiner, isolierter Märkte in einen nationalen Markt um, in dem die Anbaugebiete weit von den wichtigsten Verbrauchszentren entfernt waren. Doch

Sonderbeitrag 5.1

Das Versagen des Informationsflusses auf Indiens Milchmarkt angehen

In den fünfziger Jahren konnte in Indien die Milchproduktion nicht mit der wachsenden Nachfrage Schritt halten. Einige Milchhändler reagierten, indem sie die Milch mit Wasser verdünnten. Sie konnten dies relativ ungestraft tun, weil die Verbraucher nicht feststellen konnten, welche Milch verdünnt war, bevor sie sie kauften. Und weil es viele Anbieter gab und Markennamen nicht klar etabliert waren, konnten Anbieter, die ihre Milch nicht verwässerten, nicht höhere Preise verlangen, sondern wurden aus dem Markt gedrängt. Das Ergebnis war ein Verfall der Milchqualität insgesamt. Dann wurde das National Dairy Development Board gegründet, das Komitee zur Entwicklung der Molkereiwirtschaft, das Anfang der siebziger Jahre die Operation Flood („Operation Flut"), ein vielschichtiges Programm zur Verbesserung des Funktionierens des Milchmarktes mit Hilfe der Qualitätssicherung, ins Leben rief.

Das Komitee begann seine Arbeit, indem es zur Gründung von Molkereikooperativen ermutigte und die Einführung von Qualitätsstandards unterstützte. Das Komitee verteilte an jede Dorfkooperative, die Milch von Bauern sammelte, sowie an Vertriebs- und Marketinggesellschaften ein einfaches, tragbares Gerät zum Testen des Butterfettgehalts. Dies erhöhte die Anreize zur Produktion und Vermarktung von Qualitätsmilch. Danach unternahm das Komitee Schritte zur Verbesserung und Standardisierung der Milchqualität, indem Kooperativen technische Unterstützung angeboten wurde, zum Beispiel verbessertes Futter, tierärztliche Versorgung und künstliche Besamung. Das Komitee subventionierte außerdem den Bau moderner Verarbeitungsanlagen und die Bereitstellung gekühlter Transportmöglichkeiten. Schließlich ermutigte es die Kooperativen zur Einführung von Markennamen. Insgesamt verbesserten diese Maßnahmen die Qualität der Milch außerordentlich, und bis 1979 hatte sich das Einkommen der Milchproduzenten in den Zielgebieten verdoppelt.

Wer war im nachhinein betrachtet für die weit verbreitete Praktik des Verdünnens der Milch verantwortlich? Da jeder Anbieter auf dem nicht regulierten Markt, der die Milch nicht verdünnte, einen Wettbewerbsnachteil hatte, war dies schwer den Anbietern vorzuwerfen, weder einzelnen noch allen. Das Problem lag vielmehr darin, daß keine Institutionen zur Qualitätsprüfung vorhanden waren. Das National Dairy Development Board half, die Qualität der Milch überprüfbar zu machen, und zahlte Preise, die der Qualität entsprachen und diese auch belohnten. Durch die Definition von Standards, die Bereitstellung von Maßnahmen zu deren Erfüllung und Überwachung und ihre ehrliche Anwendung half das Komitee, Indien zum weltweit drittgrößten Milchproduzenten zu machen. Von 1970 bis 1991 stieg die Anzahl der Milchproduzenten, die am Operation Flood-Programm teilnahmen, von 280.000 auf 8 Millionen.

der Transport über lange Strecken hinweg bedeutete das Einschalten von Mittelsmännern zwischen Landwirten und Verbrauchern, was Gelegenheiten für Betrügereien bot. Der Landwirt konnte Früchte niedriger Qualität liefern und bei Reklamationen behaupten, daß die Früchte während des Transports beschädigt wurden. Wenn die Eisenbahngesellschaft die Früchte verfaulen ließ, konnte sie wiederum die Schuld auf den Landwirt schieben. Und der Vertreiber am Bestimmungsort konnte angeben, daß die Qualität der erhaltenen Waren schlechter war, als das tatsächlich der Fall war.

Ohne ein Mittel zur Prüfung der Qualität sowohl am Verladeort als auch am Bestimmungsort konnten schriftliche Verträge basierend auf der gelieferten Qualität allein das Informationsproblem nicht beheben. Die Landwirte baten daher die US-Regierung um Unterstützung, die mit der Einführung eines Prüfdienstes am Verladeort reagierte. Heute prüft diese Behörde, der U.S. Agricultural Marketing Service, auf freiwilliger Einzelhonorarbasis landwirtschaftliche Erzeugnisse am Verlade- und Zielort.

Für viele Verbrauchsgüter in einer modernen Wirtschaft ersetzt ein renommierter Markenname oft Drittinstitutionen als Garantie für Qualität. Die institutionellen Verantwortungsbereiche bei der Qualitätskontrolle verlagern sich von extern auferlegten Standards hin zu einzelnen Herstellern mit dem Interesse, ihren Ruf beizubehalten, der durch den Markennamen verkörpert wird. Doch institutionelle Lasten verschwinden nicht vollständig: Richtig funktionierende Gerichte haben sicherzustellen, daß durch die Androhung umgehender gerichtlicher Bestrafung vor Markenpiraterie abgeschreckt wird.

Diese Probleme bei der Prüfung der Qualität gehen über den Verbrauchsgütermarkt hinaus. Arbeitsmärkte werfen viele gleichartige Fragen und einige neue auf. Bei Aufgaben, die spezialisierte, normalerweise durch eine Ausbildung erworbene Fertigkeiten erfordern, kann die Verleihung beispielsweise eines akademischen Grades Qualität signalisieren. Doch selbst auf den Märkten für körperliche Arbeit sorgen sich die Arbeitgeber um die Qualität: Sie möchten wissen, wie hart der Arbeiter arbeiten wird. Sie können dies durch Erfahrung herausfinden, doch wird der Arbeitgeber nur über relativ wenige Arbeiter informiert, wenn dieses Wissen nicht mit anderen geteilt wird. Da Arbeitgeber oft lieber Arbeiter beschäftigen, die sie kennen, als das Risiko einzugehen, ihnen unbekannte Arbeiter einzustellen, können Arbeitsmärkte stark segmentiert werden.

Eine 1986 erstellte Studie über 80 Dörfer in Westbengalen, Indien, konnte die territoriale Segmentierung des Markts für landwirtschaftliche Tagelöhner belegen. Die Grundbesitzer stellten normalerweise Arbeiter aus ihrem eigenen Dorf oder aus der unmittelbaren Umgebung ein. Dies deutet darauf hin, daß persönliche Beziehungen und Vertrauen möglicherweise die Bewegung des Arbeitsmarktes stärker beeinflussen als Lohnunterschiede. Die Studie in Westbengalen ergab, daß manchmal beträchtliche Lohnunterschiede bei ähnlicher Arbeit sogar zwischen benachbarten Dörfern bestehen, die Arbeiter jedoch vielfach trotzdem nicht ins nächste Dorf gehen, um den höheren Lohn zu erhalten. Andererseits gehen die Arbeiter gelegentlich in andere Dörfer, in denen die Löhne nicht bedeutend höher sind. Die Grenzen der Arbeitsmobilität über benachbarte Dörfer hinaus werden manchmal beträchtlich durch territoriale Beziehungen und das Vertrauens- und Glaubwürdigkeitsverhältnis zwischen Arbeitern und Arbeitgebern beeinflußt.

Allgemeiner gesagt kann das Problem der Qualitätsprüfung im Laufe der Zeit in Gemeinschaften mit geringer Mobilität durch inoffizielle Mechanismen der Weitergabe von Informationen und der Durchsetzung basierend auf persönlichem Austausch behoben werden. Die Kompaktheit einer kleinen Gemeinschaft erleichtert außerdem die Verifizierung. Bei engen und wiederholten Kontakten lernen Menschen die Qualitäten derjenigen kennen, mit denen sie zu tun haben. Das gilt nicht nur für das Einstellen von Arbeitern, sondern auch für andere Transaktionen. Wird es bei der Rückzahlung eines Darlehens zu Problemen kommen? Wie fruchtbar ist das Land, das verpachtet wird? Aber ein solches System ist für Außenseiter geschlossen, wodurch der Markt in Segmente aufgeteilt wird.

Das Problem der Qualitätsprüfung ist nicht auf Waren oder Arbeitsmärkte beschränkt. Auf den Finanzmärkten ist es besonders akut. Das Informationsproblem auf einem Kreditmarkt kann auf eine einzige Frage reduziert werden: Wieviel des Darlehens wird, wenn überhaupt, zurückgezahlt? Die Zuverlässigkeit des Kreditnehmers, ob er oder sie das Darlehen zurückzahlt, und das Risiko der Investition sind die Fragen, mit denen sich die Qualitätsprüfung hauptsächlich beschäftigt. Das Problem wird in armen Gemeinschaften noch verstärkt, wo die Haftung sehr begrenzt ist, egal, welche Versprechen gemacht werden: Wenn das Projekt fehlschlägt, wird das dafür aufgenommene Darlehen nicht zurückgezahlt, weil der Kreditnehmer nur wenige oder gar keine anderen Ressourcen hat. Diese begrenzte Haftung ist eine Hauptursache hoher Zinssätze auf inoffiziellen Kreditmärkten, da sie die Kreditgeber dazu zwingt, mehr Zeit und Mühe darauf zu verwenden, die Kreditwürdigkeit potentieller Kreditnehmer zu prüfen (Sonderbeitrag 5.2). Die hohen Kosten der Prüfung bei armen Kreditnehmern führen zu hohen Zinssätzen, die im schlimmsten Falle so hoch sind, daß die Armen sie nicht bezahlen können.

Sonderbeitrag 5.2

Der Kreditmarkt in Chambar, Pakistan

Chambar ist eine aufstrebende Handelsregion in Pakistan, in der ungefähr 60 Geldverleiher tätig sind. Obwohl Kreditnehmer hier anscheinend Zugang zu vielen verschiedenen Kreditgebern haben, hat jeder Geldverleiher einen engen Kreis ihm wohl bekannter Kunden aufgebaut. Der Geldverleiher vergibt aufgrund der hohen Kosten für die Auswahl neuer Kreditnehmer selten Kredite an Personen außerhalb dieses Kreises.

Bevor ein neuer Kunde angenommen wird, ergreift ein Geldverleiher normalerweise bestimmte Sicherheitsmaßnahmen. Bevor er ein Darlehen auszahlt, führt er mit dem Kreditantragsteller mindestens sechs Monate lang andere Transaktionen durch – zum Beispiel gegen Arbeit oder Waren. Solche Geschäfte sagen dem Geldverleiher viel über die Wachsamkeit, Ehrlichkeit und Zahlungsfähigkeit des Antragstellers. Neue Kunden werden außerdem durch Besuche im Dorf des Kunden und Gespräche mit Nachbarn und ehemaligen Geschäftspartnern gründlich überprüft, um die Zuverlässigkeit und den guten Charakter des Kreditnehmers sicherzustellen.

Wenn sich der Kreditgeber nach diesem intensiven Prüfungsprozeß und der langen Wartezeit entscheidet, dem Antragsteller ein Darlehen zu gewähren (die Ablehnungsrate liegt bei ungefähr 50 Prozent), beginnt er normalerweise mit einem kleinen Testdarlehen. Schließlich können all seine Nachforschungen nicht enthüllen, was in der Praxis wirklich geschehen wird. Nur wenn das Testdarlehen zurückgezahlt wird, wächst das Vertrauen des Kreditgebers, und er paßt daraufhin die Darlehenssumme dem Bedarf des Kreditnehmers an.

Eine Studie über die Kreditaktivitäten in Chambar Anfang der achtziger Jahre stellte fest, daß der durchschnittlich pro Jahr berechnete Zins 79 Prozent betrug. Dieser hohe Durchschnittswert verdeckt jedoch beträchtliche Schwankungen von 18 Prozent (immer noch höher als die bei Banken berechneten 12 Prozent) bis zu 200 Prozent. Ein Großteil der Zinsen deckt die hohen Kosten der Informationen und der Verwaltung auf dem inoffiziellen Markt. Die Forscher schlossen daraus, daß der Zinssatz ungefähr den durchschnittlichen Kosten des Darlehens für den Geldverleiher entspricht, was darauf hindeutet, daß die Geldverleiher praktisch keinen Gewinn machen. Es bestanden kaum Beschränkungen, um im Geldverleihgeschäft tätig zu werden, was die Gewinne niedrig hielt. Andererseits genießen die Geldverleiher aufgrund ihres etablierten Kundenstamms ein Quasi-Monopol, weil ihnen ihre umfassenderen Informationen über die Eigenschaften ihrer langjährigen Kunden einen Wettbewerbsvorteil gegenüber der Konkurrenz verschaffen.

Die daraus resultierende Segmentierung der Kreditmärkte verursacht Abweichungen bei den Zinssätzen sowie bei den übrigen Kreditbedingungen im selben geographischen Gebiet. Wenn der Informationsstand perfekt wäre, könnte ein Kreditnehmer, dessen Kreditgeber einen hohen Zinssatz berechnet, sich einen anderen Kreditgeber suchen, der niedrigere Zinsen verlangt. Ein völlig neues Darlehen hat für beide Seiten Vorteile, doch wird sich der neue Kreditgeber fragen: Verlangt der derzeitige Kreditgeber so hohe Zinsen, weil der Kreditnehmer das Darlehen möglicherweise nicht zurückzahlt? Dadurch kann das Problem der Qualitätsprüfung dazu führen, daß Kapitalmärkte stark segmentiert bleiben und verschiedene Kreditnehmer sehr unterschiedliche Zinsen bezahlen und die Wettbewerbskräfte sehr schwach bleiben.

Wenn sich Volkswirtschaften weiterentwickeln, finden sie verschiedene Möglichkeiten zur Reduzierung dieser Probleme der Qualitätsprüfung. Auf vielen Märkten entsteht eine Vielzahl von Formen der Zertifizierung, von der Mitgliedschaft in Zünften bis zur Teilnahme an Aktienmärkten. Eine Börse zum Beispiel zertifiziert, daß Unternehmen, welche Mittel über die Börse aufbringen oder deren Aktien dort gehandelt werden, bestimmte Buchführungsanforderungen erfüllen. Durch Notierung eines Unternehmens zertifiziert die Börse jedoch nicht, daß das Unternehmen nicht Bankrott geht – tatsächlich haben viele notierte Firmen im Lauf der Zeit Bankrott erklärt.

Als Ergänzung solcher privater Bemühungen ist oft staatliches Eingreifen erforderlich, um derartige Maßnahmen effektiver zu machen. Zum Beispiel können Markennamen eine wichtige Möglichkeit darstellen, die Qualität zu sichern. Sie bieten jedoch auch einen Anreiz zur Fertigung minderwertiger Fälschungen. Der Staat kann zahlreiche Schritte einleiten, um Unternehmen vor diesem Diebstahl ihres guten Rufs zu schützen. Markennamen- und Warenzeichenschutz ist daher ein wichtiger Aspekt des Schutzes des geistigen Eigentums, der in Kapitel 2 behandelt wurde.

Während gute Unternehmen einen Anreiz haben, die Eigenschaften ihrer Produkte offen anzugeben und sogar eine Qualitätsgarantie anzubieten, können weniger seriöse Unternehmen falsche Behauptungen aufstellen oder die Garantien ihrer Produkte nicht einhalten. Woher soll ein Käufer wissen, ob Angaben glaubwürdig sind oder Garantien wirklich eingehalten werden? Wiederum sind es Regierungen, die Gesetze gegen Betrug verabschieden und den Wahrheitsgehalt in der Werbung sicherstellen, um Kunden etwas Unterstützung zu bieten, doch müssen solche Gesetze auch durchgesetzt werden.

Regierungen handeln manchmal direkter, um das Problem der Qualitätsprüfung zu beheben. Dies kann durch Offenlegungsvorschriften erfolgen, die zum Beispiel erfordern, daß Hersteller von Nahrungsmitteln die Zutaten offenlegen (wiederum müssen Gesetze sicherstellen, daß die Offenlegung ehrlich erfolgt). In anderen Fällen kann der Staat selbst die Zertifizierung durchführen. Staatliche Fleischinspektionen wurden auf Wunsch der Fleischproduzenten eingeführt, die Angst hatten, daß Bedenken hinsichtlich der Nahrungsmittelsicherheit die Verbraucher davon abhalten würden, Fleisch zu kaufen. Staatliche Gebäudeinspektoren prüfen, ob beim Bau die gültigen Bauvorschriften eingehalten wurden. Durch all diese Handlungen sorgen Regierungen dafür, daß Märkte funktionieren.

Erfüllung von Verträgen durchsetzen

Viele Transaktionen beinhalten Versprechen: Ein Kreditnehmer verspricht, ein Darlehen zurückzuzahlen, ein Mitarbeiter, hart zu arbeiten. Wenn solche Transaktionen wiederholt auftreten, wie das in einer funktionierenden Wirtschaft der Fall ist, müssen solche Versprechen eingehalten werden. Wenn keine zuverlässigen Informationen darüber erhältlich sind, ob jede Partei der Transaktion ihre Seite des Geschäfts erfüllt hat, findet die Transaktion entweder nicht statt, oder es muß ein alternativer Mechanismus gefunden werden, der weniger Informationen erfordert. Selbst wenn ein perfekter Informationsstand erreicht werden könnte, ist immer noch ein Durchsetzungsmechanismus erforderlich, um sicherzustellen, daß die Versprechen eingehalten werden. Unzureichende Überwachung und Schwierigkeiten beim Sicherstellen der Erfüllung stellen das „Durchsetzungsproblem" dar. Mit diesen Schwierigkeiten wird ähnlich umgegangen. Zum Beispiel kann der für die Qualitätssicherung so wichtige Ruf auch die Erfüllung durchsetzen. Ein Arbeiter, der den Verlust seines guten Rufes riskiert (und damit die Chancen, wieder Arbeit zu finden), wenn er nicht hart genug arbeitet, hat einen Anreiz, sein Versprechen zum sorgfältigen Arbeiten einzuhalten.

Wie stellen Gesellschaften die Durchsetzung der Erfüllung in solchen Transaktionen sicher? Und wie gehen sie mit der Tatsache um, daß einige Durchsetzungsbemühungen auch im besten Falle nicht perfekt sind? Den Kern stellen Anreize dar: Belohnungen bei Erfüllung des Versprechens, Bestrafungen bei Nichterfüllung. Oft spielt der Staat eine wichtige Rolle bei der Durchsetzung: Unternehmen, die einen Vertrag – ein förmliches Versprechen – verletzen, müssen möglicherweise vor Gericht. Wenn genügend Informationen vorhanden sind, um diese Verletzung eines Versprechens rechtlich zu beweisen, wird der Vertragsbruch bestraft. Die Art der Strafen stellt eine grundlegende politische Frage dar, und das Rechtssystem stellt eine Vielzahl von Abhilfemaßnahmen bereit, die alle von den Urteilen hinsichtlich der

Ursache und Konsequenzen der Nichteinhaltung von Versprechen abhängen.

Der Rechtsweg ist jedoch oft kostspielig, und im normalen Handlungsablauf wird die Ermutigung zur Erfüllung mit Hilfe anderer Mittel klar bevorzugt. Unternehmen bieten zum Beispiel Anreize, um die Arbeiter dazu zu ermutigen, hart zu arbeiten. Faulen Arbeitern wird mit der Kündigung gedroht. In diesem Bericht wird betrachtet, wie sich entwickelnde Volkswirtschaften die Informations- und Durchsetzungsprobleme angehen und was ihre Reaktionen hinsichtlich der wirtschaftlichen Leistung und der Wirtschaftspolitik bedeuten.

Anteilwirtschaft

Die Anteilwirtschaft bietet ein klassisches Beispiel der Informationsprobleme in einem Entwicklungsland, die Art und Weise, wie die Menschen damit umgehen, und welche neuen Probleme durch die Lösung hervorgerufen werden. Der Grundbesitz in Entwicklungsländern ist oft sehr unausgeglichen, wobei viele arme Bauern wenig oder gar kein Land besitzen und einige reiche Grundbesitzer mehr Land besitzen, als sie bewirtschaften können. Um sowohl das Land als auch die verfügbare Arbeit voll auszunutzen, müssen Grundbesitzer entweder Arbeiter einstellen, die Arbeiter müssen Land pachten, oder es muß ein anderes System gefunden werden, um Land und Arbeiter aufeinander abzustimmen. Das System, das sich in weiten Teilen der Welt durchgesetzt hat, ist die Anteilwirtschaft, bei der Bauern, die wenig oder kein Land besitzen, Land bewirtschaften, das einem Großgrundbesitzer gehört, an den sie wiederum einen Teil ihrer Ernte abführen, während sie den Rest selbst behalten. Meist ist der Anteil des Grundbesitzers groß, oft liegt er zwischen einem Drittel und zwei Dritteln des Ertrags. In Thailand beträgt der Anteil des Landes, das durch Anteilwirtschaft bewirtschaftet wird, 30 Prozent, in Indien 50 Prozent und in Indonesien 60 Prozent. In Lateinamerika ist der Anteil allgemein geringer, außer in Kolumbien, wo er 50 Prozent beträgt.

Warum konnte sich dieses System weltweit so sehr durchsetzen? Die Antwort hat mit Fragen der Informationen, des Risikos und vor allem mit der Vertragsdurchsetzung zu tun. Man stelle sich einen Grundbesitzer vor, der Arbeiter einstellt und ihnen einen festen Lohn zahlt. Ein solches System verringert das Risiko für die Arbeiter, erhöht aber das für den Grundbesitzer. Wie kann der Grundbesitzer sicherstellen, daß die Arbeiter hart arbeiten? Er kann nicht seine gesamte Zeit draußen auf dem Feld verbringen, um die Arbeiter ständig zu beaufsichtigen. Er kann auch nicht wissen, ob die Arbeiter beim Unkraut jäten oder bei der Aussaat so sorgfältig wie möglich gearbeitet haben. Selbst die Größe des Ertrags ist nicht besonders aussagekräftig darüber, ob die Arbeiter ihre Arbeit gewissenhaft erledigt haben – ein niedriger Ertrag kann ebenso auf schlechtes Wetter, Schädlinge oder andere Faktoren zurückzuführen sein. Der Grundbesitzer könnte zahlreiche Vorsteher einstellen, doch würde das einiges kosten und das Problem aufwerfen, wer wiederum die Vorsteher beaufsichtigt.

Die Alternative – die Arbeiter zahlen dem Grundbesitzer eine feste Pacht für das Land – verlagert das Risiko einfach auf die Arbeiter. Im Prinzip bekommt der Grundbesitzer denselben Anteil, unabhängig vom Wetter oder von den Bemühungen der Arbeiter. Wenn das Wetter schlecht ist und die Ernte ausfällt, verhungern die Arbeiter, oder sie werden gezwungen, Darlehen aufzunehmen. Doch Kreditmärkte in Entwicklungsländern sind wiederum aus Informationsgründen nicht perfekt, und die Zinssätze sind sehr hoch (wie Sonderbeitrag 5.2 zeigt). Ohne eigenes Land, das als Sicherheit angeboten werden kann, können Pächter oft überhaupt keine Kredite aufnehmen. Die Alternative, die in vielen Ländern immer noch angewandt wird, besteht darin, daß Pächter sich selbst oder ihre Familien als Leibeigene verkaufen. Für die Armen sind kurz gesagt die Risiken eines Pachtvertrags untragbar.

In der Praxis jedoch findet der Grundbesitzer den Pachtvertrag kaum attraktiver als die Arbeiter. Der Grundbesitzer weiß, daß er, wenn die Ernte schlecht ausfällt, die ihm zustehende Pacht nicht erhält. Obwohl er im Gegensatz zu den Arbeitern das Risiko tragen kann, ist die Pacht, die er zur Kompensation dieses Risikos verlangen muß, möglicherweise sehr hoch. Dies kann den Pächter dazu verleiten, riskante Anbaumethoden einzusetzen, denn wenn der Ertrag ausfällt, wird die Pacht nicht gezahlt, wenn der Ertrag jedoch hoch ist, behält der Pächter alle Überschüsse.

Eine Möglichkeit, diese Probleme anzusprechen, besteht darin, daß der Grundbesitzer die Pacht senkt, wenn die Ernte ausfällt, und sie erhöht, wenn der Ertrag gut ist. Dadurch wird der Pächter in schlechten Erntejahren entlastet, wodurch er sehr riskante Produktionsmethoden vermeiden kann. Es müssen Erfüllungsanreize geboten werden, durch die eine enge Überwachung, die etwa ein Lohnvertrag erfordert, nicht notwendig ist. Die Anteilwirtschaft ist ein solches System. Sie stellt einen Kompromiß dar, der funktioniert.

Doch die Anteilwirtschaft hat ihren Preis. Wenn der Anteil des Teilpächters am Ertrag 50 Prozent beträgt, erhält er nur 50 Prozent des zusätzlichen Ertrags, der durch seine größeren Anstrengungen erwirtschaftet wurde. In einigen Fällen verlangt der Teilpachtvertrag nicht, daß der Grundbesitzer andere Leistungen erbringt, zum Beispiel Dünger bereitstellt. Dann ist der Anreiz für die Teilpächter zum Kauf von zum Beispiel Dünger oder von Saatgut hoher Qualität nicht hoch genug – und zwar wiederum, weil sie die gesamten Kosten übernehmen müssen, jedoch nur 50 Prozent des Gewinns erhalten. Es überrascht daher nicht, daß teilgepachtetes Land weniger produktiv ist als anderes Land (Sonderbeitrag 5.3).

Dieser Produktivitätsunterschied erklärt, warum Pächter, die vermögend genug sind, um das Risiko des Pachtens von Land einzugehen, dies normalerweise auch tun. Eine Studie über die landwirtschaftliche Pachtsituation in Tunesien zeigte, daß reichere Pächter mit mehr Betriebskapital eher Pachtverträge mit festem Pachtzins unterzeichnen, bei denen sie im voraus sowohl die Pacht als auch die Kosten für andere Ausgangsmaterialien übernehmen und das gesamte Risiko tragen. Die Wahrscheinlichkeit, daß Pächter mit dem gegenüber dem Durchschnitt doppelt so hohen Betriebskapital einen Pachtvertrag haben, liegt bei zwei Dritteln. Für Haushalte ohne Betriebskapital liegt sie unter der Hälfte. Die Armen müssen also häufig Teilpachtverträge unterzeichnen und den niedrigen Ertrag akzeptieren, der mit dieser Vertragsform einher geht.

Durchsetzungsprobleme erklären auch andere Aspekte der Landwirtschaft. In vielen Fällen bietet der Grundbesitzer nicht nur Land, sondern auch Kredite. Grundbesitzer sind eher in der Lage, Darlehen ihrer Teilpächter einzutreiben, als das Außenstehende wären: Sie sind bereits mit der Durchsetzung der Teilpachtverträge beschäftigt, was die Überwachung der Erträge erfordert. Die Studie in Tunesien zeigte, daß ärmere Pächter nicht nur eher Teilpächter waren, sondern auch eher einen Kredit vom Grundbesitzer gewährt bekamen und in Form eines größeren Ertragsanteils zurückzahlten (eine Art „Beteiligungsdarlehen").

Wenn der Grundbesitzer keine Kredite gewährt, dann tut dies oft der Müller, wiederum, weil er in der Lage ist, die Erfüllung durchzusetzen. Aufgrund der hohen Transportkosten hat ein Bauer normalerweise lediglich Zugang zu einigen wenigen Müllern, und Bauern entwickeln oft eine dauerhafte Geschäftsbeziehung mit einem einzelnen Müller. Müller andererseits gewähren häufig Kredite, zum Beispiel in Form von Saatgut, weil sie sicher sein können, daß der Kredit zum Zeitpunkt des Mahlens zurückgezahlt wird.

Eine Konsequenz solcher verknüpfter Transaktionen – zwischen Landpacht und Kreditgewährung oder zwischen Mahlen und Kreditgewährung – ist ein verringerter Wettbewerb. Neue Geldverleiher können nur schwer in den Markt eindringen, weil die Durchsetzung für sie viel schwieriger und kostspieliger ist als für bereits etablierte Kreditgeber. Und Pächter wenden sich nur ungern von ihrem Grundbesitzer ab, um bessere Konditionen zu suchen. Die vertraglichen Vereinbarungen sind daher oft sehr stabil, aber auch sehr starr.

Die Anteilwirtschaft stellt in vielen Entwicklungsländern mit niedrigem Einkommensniveau eine seit langem angewandte Institution dar. Besteht keine Möglichkeit, ihre uneffektiven Bestandteile zu vermeiden? Wenn vom Eigentümer bewirtschaftete Bauernhöfe produktiver sind als von Teilpächtern bewirtschaftete, warum verkaufen die Grundbesitzer ihr Land dann nicht an die Pächter? Der Grund besteht darin, daß der arme Pächter die Mittel zum Kauf des Landes leihen müßte, dadurch wird die Last der Durchsetzung einfach vom Grundbesitzer auf den Kreditgeber verlagert. Wenn die Ernte ausfällt, erhält der Kreditgeber sein Geld nicht zurück. Alle für Landpachtverträge geltenden Probleme gelten auch, wenn es sich beim gepachteten Gegenstand um Geld (das Darlehen) handelt. Wie zuvor will der arme Pächter nicht das gesamte Risiko tragen. Natürlich versucht er, den Kredit-

Sonderbeitrag 5.3

Führt die Anteilwirtschaft zu niedrigeren Erträgen?

Eine im Jahr 1987 in Indien durchgeführte Studie testete die Effizienz der Anteilwirtschaft bezüglich der Steigerung der Anstrengungen der Pächter, indem mehrere andere Faktoren, zum Beispiel Bewässerung und Bodenqualität, sorgfältig kontrolliert wurden. Die vom International Crops Research Institute for the Semi-Arid Tropics (Ernteforschungsinstitut für die semiariden tropischen Gebiete) gelieferten Daten erlaubten die Untersuchung von Haushalten, die selbst etwas Land besaßen und weitere Felder als Teilpächter hinzu pachteten. Weil in solchen Fällen der Teilpächter und der Bauer, der sein eigenes Land bewirtschaftet, ein und dieselbe Person sind, kontrolliert dieses experimentelle System automatisch die systematischen Unterschiede zwischen Haushalten, die Grund besaßen, und solchen, die Teilpächter waren, zum Beispiel hinsichtlich der Fähigkeit, Ausgangsmaterialien im voraus zu kaufen.

Die einzigen verbleibenden Unterschiede sind auf die Art des Pachtvertrags zurückzuführen – und sie sind beträchtlich: Der Ertrag pro Hektar ist bei Land im Eigenbesitz 16 Mal höher als bei teilgepachteten Feldern. Der Einsatz von männlichen Arbeitskräften aus der eigenen Familie ist um 21 Prozent höher, die von weiblichen Arbeitskräften um 47 Prozent, die von Ochsen um 17 Prozent. Die Unterschiede bleiben selbst dann bestehen, wenn nur Teilpächter-Grundbesitzer untersucht werden, die auf den zwei verschiedenen Arten von Feldern ein einziges landwirtschaftliches Erzeugnis anbauen. Die Studie ergab zudem keine systematischen Unterschiede zwischen Feldern, die zu einem festen Pachtzins gepachtet wurden, und Feldern, die vom Eigentümer selbst bewirtschaftet werden.

geber zu überzeugen, einen Vertrag zur Risikoteilung zu unterzeichnen, in dem der Kreditgeber zum Beispiel einen festen Anteil des Ertrags (wie in einem Beteiligungsvertrag) erhält. Doch dann wird der Vertrag zu einem Teilpachtvertrag, und alle Effizienzvorteile des Landbesitzes gehen verloren.

Kann der Staat Schritte unternehmen, um die Effizienz der Anteilwirtschaft zu erhöhen? Die einzige Lösung scheint offensichtlich eine Bodenreform zu sein, doch haben die Erfahrungen gezeigt, daß Bodenreformen oft nicht erfolgreich sind. Die Produktivität scheint danach sogar abzunehmen, und oft konzentriert sich der Landbesitz nach einer bestimmten Zeit wieder auf einige wenige.

Ein Grund, warum Bodenreformen gescheitert sind, ist, daß sie die Natur der ländlichen Institutionen und die mit Informationen verbundenen Marktunzulänglichkeiten nicht berücksichtigt haben. Die Produktivität hängt nicht nur vom Land ab, sondern auch von anderen Faktoren, wie zum Beispiel von Dünger und Saatgut. Um diese anderen Faktoren erwerben zu können, sind Mittel notwendig, die arme Pächter einfach nicht haben. Sie erhalten auch keine Mittel auf den Kreditmärkten, zumindest nicht zu akzeptablen Konditionen. Daher sinkt die Produktivität. Die aktuellen Bodenreformen in Brasilien berücksichtigen diese Probleme und sprechen sie mit Hilfe der Weltbank direkt an. Das Pilotprojekt zur Bodenreform und Bekämpfung der Armut, das jetzt in fünf Bundesstaaten im Nordosten Brasiliens implementiert wird, soll Gruppen zum Kauf von Land und Produktionshilfen notwendige Darlehen bereitstellen. Mehr als 5.000 Familien nehmen bereits an dem Pilotprojekt teil, das insgesamt ungefähr 15.000 Familien umfassen wird.

Arbeitsverträge

Das Durchsetzungsproblem auf dem Markt für Grund und Boden gilt auch praktisch unverändert für die Arbeitsmärkte. Selbst im Landwirtschaftssektor, in dem die Ernte und das Jäten von Unkraut anscheinend leicht zu überwachen sind, lassen sich einige Aktivitäten nicht so einfach beobachten und kontrollieren. Das Pflügen, das Regulieren von Bewässerungssystemen, das Fahren und Warten von Traktoren, die Überwachung und Einstellung von Hilfsarbeitern, der Betrieb von Dreschern, die Pflege von Tieren – all diese Arbeiten sind schwer zu überwachen.

Das Problem ist in der Industrie und im Dienstleistungsbereich sogar noch schwerwiegender, wodurch manchmal Verträge entstehen, die der Anteilwirtschaft ähneln. Führungskräfte, die Aktien des Unternehmens als Teil ihres Vergütungspakets erhalten, können als direkt am Schicksal des Unternehmens beteiligte oder interessierte Parteien betrachtet werden, was ihren Anreiz steigert, hart zu arbeiten. Eine Vielzahl mehr oder weniger einfach zu überwachender Dienstleistungen werden auf Provisionsbasis vergütet, was der Anteilwirtschaft ebenfalls ähnelt.

In vielen Situationen ist es jedoch nicht machbar, interessante Verträge anzubieten. In solchen Fällen gibt es keinen Ersatz für die direkte Überwachung der Leistung der Arbeiter. Diese Überwachung ist jedoch in doppelter Hinsicht kostspielig. Erstens aufgrund der direkten Kosten: Ein Mitarbeiter verbringt seine Arbeitszeit damit, die Arbeiter zu überwachen. Zweitens stellt sich die Frage, wie mit einem Arbeiter zu verfahren ist, der nicht hart arbeitet. Die typische Strafe besteht darin, den Arbeitsvertrag des Arbeiters nicht zu verlängern. Eine Nichtverlängerung des Arbeitsverhältnisses ist für den Arbeiter jedoch nur dann kostspielig, wenn der aktuelle Vertrag mehr bietet als die nächstbeste Alternative. Damit eine Nichtverlängerung des Arbeitsvertrages eine effektive Strafe darstellt, muß der Vertrag bereits etwas geboten haben, das für den Arbeiter interessant ist.

In der Landwirtschaft kann ein Arbeitgeber Produktionsaufgaben auf verschiedene Arten erfüllen. Erstens kann er diese Aufgaben Familienmitgliedern anvertrauen, denen das Wohl des Bauernhofes am Herzen liegt. Dies ist oft ein gutes System für kleine Bauernhöfe, doch wenn es sich um größere Betriebe handelt, müssen zusätzliche Arbeitskräfte eingestellt werden. Zweitens kann der Arbeitgeber Hilfskräfte für diese Aufgaben einstellen. In diesem Fall wird jedoch eine direkte Überwachung notwendig, und selbst dann ist es unmöglich, alle Aktivitäten der Arbeiter zu jedem Zeitpunkt zu überwachen. Um Erfolg oder Versagen zu beurteilen, muß man sich daher auf den Ertrag konzentrieren, der letztendlich erwirtschaftet wird, welcher oft ebenfalls ein ungenauer Indikator für die Sorgfalt der Arbeiter ist. Drittens kann der Arbeitgeber Arbeiter auf unbefristeter oder „Pfand"-Basis einstellen, in dem stillschweigenden oder ausdrücklichen Einvernehmen, daß dieses langfristige Verhältnis beendet wird, wenn die Leistung über einen längeren Zeitraum niedrig ist. Unter diesem Gesichtspunkt kann das unbefristete Arbeitsverhältnis als Reaktion auf Durchsetzungsprobleme betrachtet werden. In der Tat belegen Studien über unbefristete Arbeitsverhältnisse, daß sich solche Verträge eher lohnen als Hilfsarbeiterverträge.

Wie kann man erwarten, daß sich im Zuge der Entwicklung eines Landes unbefristete Arbeitsverhältnisse durchsetzen werden? Mehrere Faktoren sind hier im Spiel, und einige davon wirken in entgegengesetzten Richtungen. Die Öffnung der Märkte für ein Produkt kann den Wert einer fluktuationsarmen Belegschaft erhöhen, was zu einem Anstieg der unbefristeten Arbeitsverhältnisse führt. Auch bestimmte technologische Neuerungen können die Anzahl der Aktivitäten erhöhen, die in den Fertigungsprozeß eingehen, was zu Überwachungsschwierigkeiten führt. Die Mechanisierung der Landwirtschaft stellt solch einen Wechsel dar. Die Verwendung groß angelegter, mechanischer landwirtschaftlicher Methoden macht die Produktion deutlich komplizierter. Es ist möglicherweise schwieriger, herauszufinden, wer für einen Fehler verantwortlich ist – Mensch oder Maschine (oder, wenn mehrere Aufgaben zusammen und koordiniert durchgeführt werden, *welcher* Mensch oder *welche* Maschine). Und wenn ein Fehler gemacht wird, können die Kosten viel höher sein; die Notwendigkeit der Entwicklung zuverlässigen, aufgabenspezifischen Wissens erhöht also die Notwendigkeit langfristiger Verträge.

Die Erfahrung einiger Entwicklungsländer belegt diese Beobachtungen. Die Öffnung der Märkte für chilenische landwirtschaftliche Produkte Ende des 19. Jahrhunderts führte zu einem Anstieg des Anteils unbefristeter Arbeitsverträge in Chile. Es scheint auch, daß in einigen Regionen Nordindiens, in denen Technologie stärker verbreitet war, unbefristete Verträge einen größeren Anteil am Gesamtarbeitsmarkt hatten als in anderen Regionen.

Die mit der wirtschaftlichen Entwicklung einher gehende erhöhte Mobilität kann es jedoch schwieriger machen, einen unbefristeten Vertrag zu erhalten, weil die Bedrohung durch Kündigung oder Entlassung zunimmt. In geschlossenen Gesellschaften mit niedriger Mobilität sind die Fehlleistungen eines Arbeiters wohlbekannt. Das soziale Stigma der Kündigung eines Arbeiters, der nicht gut gearbeitet hat, ist daher stärker ausgeprägt, was die Aufrechterhaltung unbefristeter Verträge fördert. Wenn die Mobilität steigt, nimmt die Stigmatisierung ab. Dies erklärt den anhaltenden Abwärtstrend der unbefristeten Arbeitsverhältnisse in manchen Regionen. Der Anteil der Arbeiter mit unbefristeten Arbeitsverträgen fiel zum Beispiel zwischen 1952 und 1976 im indischen Dorf Kumbapettai von 52 Prozent auf 21 Prozent, im benachbarten Kirripur sogar von 74 Prozent auf 20 Prozent.

Sicherheiten

Sicherheiten stellen ein weit verbreitetes und wirkungsvolles Mittel zur Sicherung der Rückzahlung von Schulden dar (und beheben dadurch das Durchsetzungsproblem). Sie verringern außerdem den Bedarf des Kreditgebers an Informationen über den Kreditnehmer (wodurch das Problem der Qualitätsprüfung behoben wird). Sie können viele Formen annehmen. Bestimmte Eigentumsrechte können übertragen werden: Der Kreditgeber erhält mittels einer Hypothek Rechte über ein Stück Land oder Nutzungsrechte am Ertrag des Landes, solange das Darlehen noch nicht zurückgezahlt ist. Auch Arbeit kann eine solche Leistung darstellen und dazu verwendet werden, das Darlehen zurückzuzahlen. Obwohl Sicherheiten sehr nützlich sind, haben sie auch Nachteile. Wenn kaum Grundbücher geführt werden, kann es schwierig sein, Land als Sicherheit anzubieten. Die langsame Arbeitsweise der Gerichte zur Durchsetzung der Landübertragung nach einer Vertragsverletzung kann ebenfalls die Verwendung von Land als Sicherheit einschränken.

Außerdem illustriert die Verwendung von Sicherheiten einmal mehr, daß die Tendenz zum Versagen des Informationsflusses – und die Versuche, dieses Versagen zu überwinden – für die Armen einen besonderen Nachteil darstellt. Ärmere Kreditnehmer haben weniger Eigentum, das sie als Sicherheit anbieten könnten, und daher weniger Zugang zu Krediten. Erfahrungen in Thailand unterstützen die Annahme, daß Kreditnehmer nicht den gleichen Zugriff auf alle Kreditquellen haben, vor allem nicht auf die im formellen Sektor, und daß Kreditnehmer nach Vermögen und Einkommen ausgewählt werden (Tabelle 5.1). In einer Umfrage gaben 42 Prozent der Haushalte an, keine Kredittransaktionen im Umfragezeitraum durchgeführt zu haben, und zu diesen Haushalten zählten die ärmsten Familien. Unter den Leuten, die überhaupt keine Kredite aufgenommen hatten, gab nur eine kleine Minderheit an, daß sie gerne Geld aufnehmen würden, dies aber nicht tun konnten, und ihr Durchschnittseinkommen lag unter dem der kreditnahmefähigen Haushalte. Wohlhabende Bauern erhielten eher Kredite aus offiziellen Quellen, und Haushalte, die Kredite bei Geschäftsbanken aufgenommen hatten, gehörten ganz klar zu den reichsten Umfrageteilnehmern. Daß sich diese verschiedenen Schichten selbständig so herausbildeten, ist nicht die Wahl der Kreditnehmer, sondern das Ergebnis einer Sortierung durch Kreditgeber entsprechend der verfügbaren Sicherheiten. Ärmere Kreditnehmer haben beschränkteren Zugang zu Kreditmärkten als reichere Kreditnehmer mit in gleichem Maße vielversprechenden Projekten.

Auf einigen Kreditmärkten schafft das Verlassen auf Sicherheiten ganz andere Probleme. Wie Kapitel 6 zeigt, haben viele Finanzkrisen ihren Ursprung in inhaltlosen, seifenblasenartigen Immobiliengeschäften. Hohe Immobilienpreise werden durch eine große Anzahl von erteilten Krediten gefördert (und fördern diese wiederum). Kreditgeber haben aufgrund der erhaltenen Sicherheiten ein falsches Gefühl der Sicherheit. Dies führt dazu, daß sie die Fähigkeit des Kreditnehmers, das Darlehen zurückzuzahlen, nicht prüfen – ob beispielsweise die Investition einen Ertragsfluß mit sich bringt. Außerdem erkennen sie nicht, daß beim Platzen dieser Immobilien-„Seifenblase" die Sicherheiten möglicherweise nur einen Bruchteil des Kreditwerts betragen, und dieser Wertverfall erfolgt genau dann, wenn der Kreditnehmer das Darlehen nicht zurück-

Tabelle 5.1

Vermögen und Einkommen von Kreditnehmern und Nichtkreditnehmern in der Provinz Nakhon Ratchasima, Thailand

Kreditnahmeverhalten	Anzahl der Haushalte	Durchschnittliches Vermögen oder Einkommen (in Baht)		
		Vermögen pro Haushalt	Bruttoeinkommen pro Haushalt	Nettoeinkommen pro Kopf
Kreditnehmer				
Aus beiden Sektoren	26.671	204.702	47.673	4.413
Nur aus offiziellem Sektor	43.743	188.697	45.558	4.141
Nur aus inoffiziellem Sektor	88.145	126.754	30.626	3.171
Nichtkreditnehmer				
Nicht kreditfähig	4.670	116.927	25.016	2.583
Nicht kreditwillig	111.976	145.022	32.400	4.094

Hinweis: Hochrechnung basierend auf Daten aus einer Studie von 1984–1985 über Haushalte in 52 Dörfern. Bruttoeinkommen ist Einkommen vor Abzug der landwirtschaftlichen Produktionskosten.

Quelle: Hoff und Stiglitz 1990.

zahlen kann und der Kreditgeber die Sicherheiten in Anspruch nehmen will. Das Verlassen auf Sicherheiten verstärkt die übermäßige Volatilität dieser Märkte: Wenn der Markt beginnt, zusammenzubrechen, werden Kreditnehmer gezwungen, ihr Eigentum zu verkaufen, und wenn dieses Eigentum auf den Markt kommt, fallen die Preise weiter.

Politische Unterstützung zur institutionellen Entwicklung

Im Lauf der Zeit traten daher eine Vielzahl institutioneller Systeme hervor, die die Prüfungs- und Durchsetzungsprobleme beheben sollten. Dazu zählen, wie wir bereits gesehen haben, die Zünfte im Europa des Mittelalters und der arabischen Welt bis ins 19. Jahrhundert, langfristige Handelsbeziehungen, Anteilwirtschaft, die Verbindung von Verträgen über Märkte hinweg, unbefristete Arbeitsverträge und Sicherheiten. Institutionen, die in manchen Fällen zur Unterstützung des Marktaustauschs ausreichen, können in anderen Situationen nicht genügen. Moderne Volkswirtschaften stehen den gleichen Problemen gegenüber, haben jedoch unterschiedliche Lösungen entwickelt – zum Beispiel ausgefeilte Bonitätsprüfungen, Markennamen, Wertpapierbörsen und die Akkreditierung von Ausbildungsstandards – während einige traditionelle Lösungen wie zum Beispiel Sicherheiten beibehalten wurden. Um Wachstum verzeichnen zu können, braucht ein Land nicht nur gut funktionierende Institutionen, sondern auch die Fähigkeit, diese Institutionen im Lauf der Zeit zu verändern. In diesem Sinne sind alle Länder noch in der Entwicklung.

Regierungen können bei der Entwicklung von Institutionen zum Angehen von Qualitätsprüfungs- und Durchsetzungsproblemen eine wichtige Rolle spielen. Sie können Standards wie zum Beispiel gleiche Gewichte und Maße, Offenlegungsbestimmungen und Akkreditierungssysteme einrichten und durchsetzen. Sie können Gesetze verwenden, um glaubwürdige Verpflichtungen zu erleichtern, indem zum Beispiel Betrug bestraft wird. Sie können langsame und korrupte Gerichte reformieren und den Banken gesetzliche Vorschriften machen, um deren Solidität sicherzustellen. Sie können Grundbuch- und notarielle Programme unterstützen. All diese Aktivitäten stärken die Märkte und liefern das Fundament, damit private Bemühungen Früchte tragen und selbst dazu beitragen können, Informationsprobleme zu beheben.

In diesem Kapitel wurden mehrere Beispiele der Qualitätsprüfung und Erfüllungsdurchsetzung behandelt. Die nächsten drei Kapitel schildern viele weitere Beispiele aus drei Bereichen ab, in denen Informationsprobleme besonders folgenschwer sind: Finanzmärkte, Umweltschutz und Informationsprobleme unter den Armen.

Der informelle Finanzsektor wurde in diesem Kapitel vorrangig behandelt, da er normalerweise als der informationsintensivste Sektor der Wirtschaft betrachtet wird. Kapitel 6 erläutert detaillierter, wie offizielle Finanzmärkte mit dem Versagen des Informationsflusses umgehen und wie der Staat zum reibungsloseren Funktionieren der Finanzmärkte beitragen kann, indem gute Buchführungspraktiken und andere Methoden der Offenlegung von Informationen (Qualitätsprüfung) vorgeschrieben werden und ein glaubwürdiges Rechtssystem (Erfüllungsdurchsetzung) geschaffen wird.

Die Bereitstellung von Informationen, die Festlegung von Standards und die Durchsetzung der Erfüllung von Verträgen bilden den Kern jeder Umweltschutzstrategie.

Und nirgends sind die Wissensgefälle augenscheinlicher – Menschen wissen oft nichts über die Verschmutzung, die von einer nahegelegenen Fabrik verursacht wird; die Welt kennt die wahren Auswirkungen des Treibhauseffektes noch nicht. Kapitel 7 zeigt, daß umfangreicheres Wissen unsere Fähigkeit zum Umweltmanagement steigert, und schildert, wie wir mehr über informationseffiziente Maßnahmen zum Schutz der Umwelt erfahren können.

Ob auf dem Arbeitsmarkt, dem Kreditmarkt, dem Markt für Grund und Boden oder den Verbrauchsgütermärkten, die Armen leiden oft am meisten unter den Folgen des Versagens des Informationsflusses, vor allem unter dem daraus resultierenden Marktversagen. Es sind stets die Armen, die am meisten Schwierigkeiten haben, Kredite zu erhalten, weil sie keine Sicherheiten bieten können, oder die offensichtlich Wucherzinsen zahlen müssen, wenn ihnen überhaupt Kredite gewährt werden. Es sind stets auch die Armen, die auf Teilpachtverträge zurückgreifen müssen, die ihre Produktivität senken. Es sind die Armen, deren berufliche Möglichkeiten oft auf ihre unmittelbare Umgebung beschränkt sind, wo die Marktsegmentierung die Löhne auf niedrigem Niveau hält. Und es sind die Armen, die auf viele andere Arten ausgenutzt werden, nicht zuletzt aufgrund des fehlenden Zugangs zu Informationen, was zu ihrem Gefühl der Isolation beiträgt. Kapitel 8 erläutert, wie das Versagen des Informationsflusses und die Wissensgefälle den Armen schaden und was Regierungen unternehmen können, um Abhilfe zu schaffen.

Kapitel 6

Die Finanzinformationen der Wirtschaft verarbeiten

Alle Aspekte des Finanzwesens haben damit zu tun, sich im Gegenzug für das Versprechen, morgen eine Belohnung zu erhalten, heute von Geld zu trennen, ob es sich nun um eine westafrikanische Marktfrau handelt, die die Einnahmen eines Vormittags jemandem zur Aufbewahrung anvertraut, oder um einen Anleger, der einem asiatischen Hersteller Mittel bereitstellt, damit dieser sein Exportgeschäft ausbauen kann. Dieses Versprechen wird möglicherweise nicht eingehalten, und wenn es nicht eingehalten wird, wirken sich die Konsequenzen oft weit über die an der Transaktion beteiligten Parteien aus. Jeder, der den Finanzmärkten Mittel bereitstellt, muß seine Chancen beurteilen, diese Mittel zurückzuerhalten, und zwar mit einem Gewinn, der hoch genug ist, um das Risiko eines Verlustes auszugleichen.

Da dieser Austausch von Geld jetzt gegen Geld später erst in der Zukunft abgeschlossen wird, sind die Informationen über solche Anlagechancen nie vollständig. Die Vorteile der Beschaffung und Verarbeitung von Informationen über das Risiko und den Ausschluß von Unsicherheiten waren die Hauptantriebskraft der Entwicklung der Finanzmärkte und deren Institutionen. In diesem Sinne liegt das Finanzsystem im Kern dessen, wie eine Wirtschaft mit Unsicherheit umgeht, doch agiert es nie perfekt. Es gibt keine Garantie, daß das Ergebnis effizient, sozial optimal oder gar stabil ist, denn das Finanzwesen selbst trägt zu informationsbedingten wirtschaftlichen Problemen bei.

Das Finanzwesen ist für jeden Einzelnen und jedes Unternehmen wichtig, doch gut funktionierende Finanzinstitute sind auch für das Funktionieren der gesamten Volkswirtschaft lebenswichtig. Wenn das Finanzwesen das Nervensystem einer Wirtschaft darstellt, sind seine Finanzinstitute ihr Gehirn. Sie treffen die Entscheidungen, die dem knappen Kapital sagen, wohin es sich bewegen soll, und sie gewährleisten, daß das Kapital, einmal am Zielort angekommen, auf die effektivste Art und Weise genutzt wird. Forschungsergebnisse belegen, daß Länder mit weiterentwickelten Finanzinstituten schneller wachsen und Länder mit schwächeren eher Finanzkrisen erleiden, die das Wachstum negativ beeinflussen und manchmal noch Jahre später Auswirkungen zeigen.

Die Fixkosten für die Beschaffung von Informationen über potentielle Kreditnehmer und die Schwierigkeit, alle Vorteile solcher Informationen auszunutzen, bedeuten, daß Kreditgeber Marktmacht über Kreditnehmer haben und weniger Informationen weitergegeben werden, als für das Allgemeinwohl optimal wäre. Der Kreditmarkt bietet möglicherweise ebenfalls keine Aufklärung, denn der Zahlungswille ist ein schlechter Indikator für die Kreditwürdigkeit. Und eine Volkswirtschaft kann auf geringfügige Änderungen des Meinungsbilds oder des Informationsstands, die zu bedeutenden Schwankungen der Anlagenpreise führen können, sehr empfindlich reagieren.

Eine Maxime unter Bankvorständen lautet, daß ein Kreditsachbearbeiter, der für die Bank gute Einnahmen erwirtschaftet, genau beobachtet werden muß; einer, der unglaubliche Gewinne erwirtschaftet, sollte jedoch entlassen werden, da er zwangsläufig zu hohe Risiken eingeht. Wenn, wie dieser Grundsatz andeutet, das Versagen des Informationsflusses ein bekanntes Problem der Finanzinstitute darstellt, ist es für die Menschen und Instanzen außerhalb der Institute ein noch größeres Problem: Für Kleinanleger, Kreditgeber verschiedener Art – sowie Behörden und Überwachungsinstanzen.

Damit Finanzsysteme mit solchen Informationsproblemen effektiv umgehen können, sind unterstützende Maßnahmen seitens des Staates erforderlich, vor allem im Falle sich entwickelnder Volkswirtschaften, wo diese Probleme noch schwerwiegender sind. Gleichzeitig bedeutet die Komplexität der Anreizstrukturen im Umgang mit finanziellen Informationen, daß der Staat zurückhaltend Einfluß nehmen muß. Beide Ansätze – der unterstützende und der restriktive – sind für eine gute Wirtschaftspolitik unerläßlich.

In Kapitel 5 wurden die hohen Kosten der Informationsbeschaffung für den inoffiziellen Finanzmarkt bereits angesprochen. Bestimmte informationsbezogene einfache Mittel zur Sicherstellung der Rückzahlung – zum Beispiel Sicherheiten, Überwachung durch Kollegen und Darlehen an Gruppen – können helfen, diese Kosten zu decken. Sie werden in Kapitel 8 besprochen. In diesem Kapitel wollen wir die vielen Arten betrachten, wie Informationen das offizielle Finanzsystem und die Wirtschaft unterstützen und es zu solch verrückten Entwicklungen wie zum Beispiel in Ostasien kommen kann.

Informationen und der Zusammenbruch der Finanzmärkte in Ostasien

Der Zusammenbruch der Finanzmärkte in vielen Volkswirtschaften Ostasiens im Jahr 1997 zeigt, wie Informationsdefizite zu Krisen auf den Anlagemärkten beitragen und diese verstärken können. Die Buchführung von Unternehmen in vielen dieser Länder erfolgte sehr undurchsichtig. Offizielle Überwachungsstellen hatten nicht genügend Informationen über die Bilanzsalden der Banken. Selbst der tatsächliche Umfang der Devisenreserven einer Volkswirtschaft war den Marktteilnehmern nicht immer bekannt. Ein gemeinsamer Faktor, der sich auf all diese Volkswirtschaften auswirkte, war das ungeheure Volumen kurzfristiger Auslandskreditaufnahmen – und zwar mehr durch Banken und Unternehmen als durch den Staat. Der Großteil dieser Kredite wurde in Fremdwährungen aufgenommen, wodurch die Kreditnehmer doppelt anfällig wurden: Plötzliche und weit verbreitete Kapitalströme ins Ausland schufen für sie sowohl Refinanzierungsprobleme als auch die Bedrohung durch Kapitalverlust, wenn der Kurs der Inlandswährung einbrach.

Und weit verbreitete Kapitalströme ins Ausland und der Währungskollaps waren genau das, was eintrat. Ihr Umfang spiegelte das weltweite ungeheure Informationsdefizit über die Finanzen in der Region wider. Die verspätete Einsicht, daß viele Finanzinstitute zuviel Geld an Immobilienfirmen verliehen hatten, war, wie allgemein anerkannt ist, ein Grund für die erhöhte Angst in- und ausländischer Kreditgeber, Kredite an Finanz- und Nicht-Finanzunternehmen zu vergeben. Der Zusammenbruch von Finance One im Jahre 1997, eines der größten thailändischen Finanzunternehmen, das stark in Immobilien investiert hatte, kann als Auslöser betrachtet werden.

Die Krise kann jedoch nicht ausschließlich auf ein Informationsdefizit zurückgeführt werden. Ebenso schuld an der Krise war das Unvermögen des Marktes, die vorhandenen Informationen gut und vollständig zu verarbeiten. Informationen über den riesigen Umfang der Investitionen in spekulative Immobilienanlagen, die großen Leistungsbilanzdefizite und die Schwäche der Finanzmittler – all jene Faktoren, die jetzt oft als Mittelpunkt der Krise angegeben werden – waren seit langem bekannt. Auch Beobachter hatten seit Jahren vor den Risiken des hohen Verschuldungsgrades koreanischer Unternehmen gewarnt.

Unseriöse Kreditgeschäfte waren in der gesamten Region üblich, und der Finanzsektor war anfällig geworden. Aber wie anfällig? Und wer war wirklich nicht kreditwürdig? Aufgrund der fehlenden Transparenz und der allgemeinen Informationsdefizite wußten Investoren nicht, welche Unternehmen, welche Banken oder welche Volkswirtschaften die Krise überleben würden. Daher zogen sie sich aus ihnen allen zurück. Ein Mitläufereffekt führte dazu, daß Mittel zurückgezogen wurden und die Anlagenpreise auf breiter Front bröckelten. Die Umkehr der Kapitalströme belief sich auf über 100 Milliarden US-Dollar oder 10 Prozent des BIP der am stärksten betroffenen Volkswirtschaften. Fallende Anlagenpreise sorgten dafür, daß die Panik sich selbst verstärkte. Kreditnehmer, bei denen der Wert der Sicherheiten und die Ertragskraft aufgrund des allgemeinen Verfalls der Anlagenpreise abnahmen, verloren ihre Kreditwürdigkeit. Einige waren gezwungen, ihre Anlagen zu veräußern, wodurch die Preise noch weiter fielen – ein für Finanzkrisen typisches Muster.

Eine Möglichkeit, die Panik zu verhindern, wäre eine größere Transparenz der Buchführung gewesen, denn ein größeres Vertrauen in die zugrunde liegenden Informationsflüsse hätte möglicherweise zu einer zurückhaltenderen Reaktion der Investoren geführt. Außerdem wären in diesem Falle Korrekturmaßnahmen möglicherweise früher ergriffen worden, wodurch die Krise nicht so folgenschwer gewesen wäre. Natürlich ist die Transparenz allein kein Patentrezept gegen Bankkrisen: Die Finanzsysteme in den Vereinigten Staaten und in Schweden galten als die transparentesten der Welt, doch erlebten beide Länder in den letzten Jahren Finanzkrisen.

Selbst beim Einsatz der ausgefeiltesten, modernsten Systeme zur Informationssammlung und -verarbeitung bleiben Informationsgefälle und Verarbeitungsfehler ein ernsthaftes Problem. Die allgemeine Panik, die während der Asienkrise Anleger aus den Industrieländern ergriff, die im Besitz von Wertpapieren aus den Emerging Markets waren, spiegelt ein klassisches Versagen des Informationsflusses wider und ist ein typisches Beispiel dafür, wie Anleger bei einem Stimmungsumschwung voller Panik versuchen, das sinkende Schiff zu verlassen. Trotz der allgemeinen Verfügbarkeit wichtiger Informationen spiegelten die Risikoprämien thailändischer Anleihen vor der Krise diese Informationen nicht wider, und die führenden Rating-Agenturen senkten die Bewertungen solcher Anleihen erst im Oktober 1997, also drei Monate nach dem Kollaps der thailändischen Währung. Obwohl später einige neue Informationen verfügbar wurden – die thailändischen Währungsreserven waren zum Beispiel kleiner als zuvor angenommen – scheinen sich die Risikoprämien stärker verändert zu haben, als diese Tatsache allein erklären kann. Wenn man sich Keynes' Beschreibung der Anlagemärkte als Schönheitswettbewerbe ins Gedächtnis ruft, so scheint es, daß die Marktteilnehmer nicht auf fundamentale Werte achteten, sondern auf das, was andere dachten.

Wie Finanzsysteme mit Informationsgefällen umgehen

Auf Finanzmärkten kann die versprochene Belohnung für das Bereitstellen von Mitteln verschiedene Formen annehmen. Schuldverträge versprechen unabhängig von den äußeren Umständen die Rückzahlung eines festen Betrags. Schuldtitel versprechen die Zahlung eines bestimmten Teils der Gewinne eines Unternehmens. Eine Vielzahl anderer Versprechen werden gegeben, von denen viele Verbindlichkeiten und Eigenkapital kombinieren.

Ein grundlegendes Problem für den Kreditgeber ist die Bewertung des Versprechens. Für Verbindlichkeiten lautet die Frage: Wie groß ist die Wahrscheinlichkeit, daß der Kreditnehmer zahlungsunfähig wird, und wenn das der Fall ist, welchen Prozentanteil der Schulden kann der Kreditgeber beitreiben? Was das Eigenkapital betrifft, so besteht die Aufgabe darin zu schätzen, wie hoch die Gewinne des Unternehmens in Zukunft sein werden und wann sie erzielt werden. Diese Beurteilungen stellen Informationsprobleme dar, und es werden Institutionen gegründet, um diese Probleme anzugehen. Doch geschieht das nur unzureichend, und die Unzulänglichkeiten haben weitreichende Konsequenzen.

Finanzmärkte sehen sich den üblichen informationsbezogenen Problemen (siehe Kapitel 5) der Qualitätsprüfung und der Durchsetzung von Verträgen gegenüber, und sie befassen sich mit ihnen in drei zusammenhängenden Schritten. Die Qualitätsprüfung erfolgt auf der Stufe der *Auswahl* von Projekten (wer bekommt die Mittel?) und deren *Überwachung* (wie werden die Mittel eingesetzt?). Informationen darüber, welche Projekte sich auszahlen und wie Mittel verwendet werden, sind nicht frei verfügbar, so daß eine sorgfältige Auswahl und Überwachung sowohl die Qualität des Bestands an finanzierten Projekten als auch die des Mittlers verbessert. Marktteilnehmer achten außerdem auch auf die *Durchsetzung* des Vertrags. Selbst wenn sie wissen, daß der Kreditnehmer die Schuld zurückzahlen kann, und selbst wenn sie den wahren Wert der Gewinne des Aktienemittenten kennen, können sie sich wirklich sicher sein, daß sie bekommen, was ihnen versprochen wurde? Eine strikte Überwachung ist untrennbar mit der Durchsetzung verbunden. Ohne gute Überwachung ist die Durchsetzung nicht glaubwürdig, und sie kann zu spät kommen, denn die Anlagen könnten bereits verloren sein.

Fast die gesamte Finanzvermittlung in Volkswirtschaften mit niedrigem Einkommen erfolgt über das Bankwesen. Wenn Einkommen und finanzielle Entwicklung zunehmen, entwickeln sich Finanzmittler, die nicht dem Bankwesen angehören (Versicherungsgesellschaften, Pensionsfonds, Finanzierungsgesellschaften, Investmentfonds), aggressiv (Schaubild 6.1). Es ist hauptsächlich auf die Fähigkeit der Banken zurückzuführen, mit Informations- und Vertragsproblemen umzugehen, daß sie das Finanzwesen in Ländern mit niedrigem Einkommen dominieren, in denen diese Probleme schwerwiegender sind. Das war auch in Europa der Fall, wo das Bankgeschäft der lombardischen Kaufleute und Londoner Goldschmiede stark auf ihrem gesammelten Wissen über die Geschäfte ihrer Kunden beruhte.

Informationen sammeln und verarbeiten

Selbst außerhalb der offiziellen Finanzmärkte sind Informationen wichtig, um entscheiden zu können, wem Mittel anvertraut werden. Eng geknüpfte Gemeinschaften und Familien verfügen über eine Vielzahl von Informationen über die Aktivitäten und die körperlichen, geistigen und moralischen Eigenschaften ihrer Mitglieder. Dementsprechend sind bis zur Entwicklung von formellen Institutionen Familienmitglieder und Freunde die häufigsten Quellen, die Betriebskapital für Handelsgesellschaften oder Risikokapital für neue Unternehmen zur Verfügung stellen. Wenn Mittel jedoch früher oder in höheren Beträgen vorausbezahlt werden sollen, muß sich der Kreditnehmer an den formellen Finanzsektor wenden. Und genau dort gewinnt die Beschaffung und Verarbeitung von Informationen auch an Bedeutung.

Schaubild 6.1

Finanzstruktur von Volkswirtschaften nach Einkommensniveau

Das Finanzsystem einer Volkswirtschaft entspricht meist der Entwicklungsstufe.

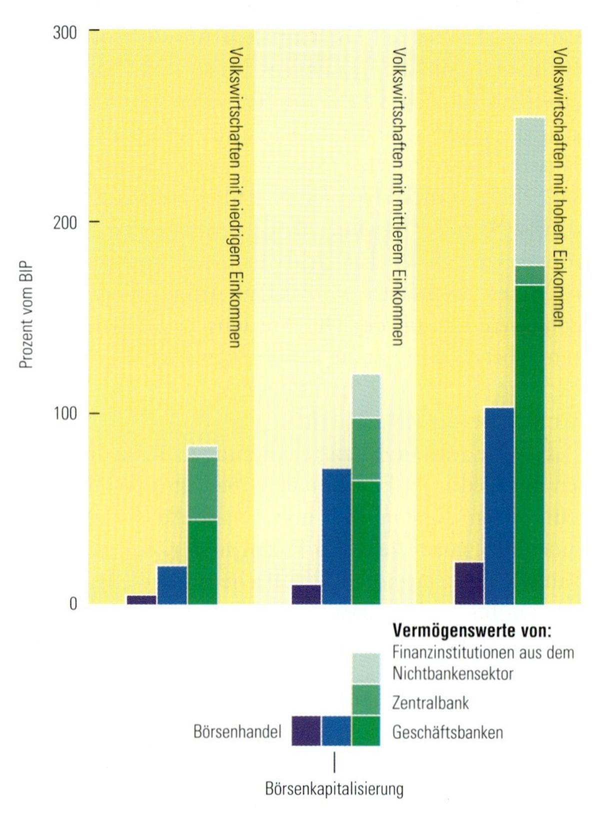

Hinweis: Daten gelten für 1990 für 12 Volkswirtschaften mit niedrigem, 22 mit mittlerem und 14 mit hohem Einkommen.
Quelle: Levine 1997.

Kreditmärkte unterscheiden sich insofern grundsätzlich von anderen Märkten, als sie nicht wie einfache Auktionsmärkte funktionieren, da der Marktzinssatz am Schnittpunkt der Angebots- und Nachfragekurven festgesetzt wird. So können sie auch überhaupt nicht funktionieren. Die erste Regel im Finanzwesen ist, daß die Zahlungswilligkeit kein Indikator für die Kreditwürdigkeit darstellt. Im Gegenteil, Kreditnehmer, die behaupten, daß sie sehr hohe Zinssätze bezahlen wollen, sind möglicherweise sogar diejenigen Kreditnehmer, die das Darlehen am ehesten nicht zurückzahlen können – wenn man davon ausgeht, das Darlehen sowieso nicht zurückzahlen zu können, spielt es keine Rolle, wie hoch die Zinsen sind. Weil ein höherer Zinssatz selbst nach einer sorgfältigen Auswahl zu einer schlechteren Mischung von Kreditantragstellern führen kann, entscheiden sich Kreditgeber möglicherweise dafür, niedrigere Zinsen zu verlangen, als der Markt hergeben würde. Kreditgeber wissen auch, daß Kreditnehmer sich risikofreudiger verhalten, sobald die Mittel ausbezahlt wurden – wie es beispielsweise auf dem Versicherungsmarkt der Fall ist. Deshalb rationieren sie die Kredite möglicherweise.

Ähnliche Fragen stellen sich auf dem Aktienmarkt. Die Aktionäre, die ihre Aktien am ehesten zum Marktpreis verkaufen, sind möglicherweise diejenigen, die glauben, daß der Markt diese Aktien überbewertet hat. Die Folgen ähneln denen der Kreditrationierung: Weil die Anleger wissen, daß die Aktionäre ihre Aktien am ehesten verkaufen, wenn sie überbewertet sind, führt die Ankündigung einer Emission von neuen Aktien in der Regel zu einem fallenden Kurs. Die Besorgnis über ein solches ungünstiges Signal führt dazu, daß Firmen zögern, Aktien auszugeben. Dies erklärt zum Teil, warum trotz des Prinzips, daß Aktien eine bessere Risikostreuung bieten als Schulden, Aktienemissionen selbst in Industrieländern eine relativ unbedeutende Quelle für neue Finanzmittel darstellen.

Kreditgeber scheinen manchmal das Prinzip zu ignorieren, daß die Bereitschaft, hohe Zinsen zu zahlen, ein schlechtes Signal darstellt. Die Banco Latino in Venezuela konnte zum Beispiel Spareinlagen anziehen, indem sie Zinssätze anbot, die bis zu 5 Prozentpunkte über dem marktüblichen Satz lagen. Ihr Zusammenbruch löste eine der kostspieligsten Episoden in der Geschichte der Bankenpleiten. In diesem Fall glaubten die Anleger aufgrund einer erwarteten Intervention des Staates vermutlich, daß das Risiko zu vernachlässigen wäre.

Interessenten beurteilen. Wenn Finanz- und Kreditspezialisten – wie Manager von Investmentfonds, Versicherer und Risikokapitalgeber – nicht überzeugt sind, daß die Risiken des Darlehens von anderen getragen werden, wenden sie beträchtliche Ressourcen auf, um Interessenten (potentielle Kreditnehmer, Versicherte und Firmenneugründer) zu beurteilen. Obwohl der Zuwachs bei der Verbriefung von Krediten und anderen Möglichkeiten zur Weiterveräußerung von Darlehen in den fortschrittlichsten Finanzsystemen darauf hindeuten könnte, daß diese Funktion an Bedeutung verliert, zeigt eine nähere Untersuchung jedoch, daß ein Großteil des Kreditrisikos bei dem Mittler verbleibt, der das Darlehen verkauft. Im oftmals riskanteren Umfeld für Unternehmer und ihre Geldgeber in Entwicklungsländern kann die Risikobeurteilung sogar noch größere Bedeutung haben.

Bei der Beurteilung einzelner Kreditnehmer kann eine relativ kleine Anzahl objektiver Indikatoren die zukünftige Fähigkeit zur Rückzahlung mit einiger Wahrschein-

Sonderbeitrag 6.1

Technologie vereinfacht Kreditentscheidungen

Softwareprogramme zur Kreditbewertung versuchen, die Informationsverarbeitung erfahrener Kreditfachleute nachzuahmen. Wenn genügend Daten über die Rückzahlung früherer Darlehen durch den Kreditnehmer und über andere Charakteristika vorliegen, können die Verfahren zur Genehmigung von Kreditanträgen in hohem Maße automatisiert werden, was die Verarbeitungskosten verringert und gegenüber konventionellen Systemen zur Bestimmung von Kreditrisiken eine deutliche Verbesserung darstellt. Solche Softwareprogramme, die in aller Welt für Verbraucherkredite und von Banken in Entwicklungsländern in allen Regionen eingesetzt werden, werden, wenn auch in geringerem Umfang, auch für gewerbliche Kredite und zur Preisfestsetzung bei Industrieobligationen verwendet.

Die automatisierte Kreditbewertung erfordert als ersten Schritt eine statistische Analyse der Determinanten der Wahrscheinlichkeit einer Nichtzahlung. Zu den in Zusammenhang mit der Hypothekenaufnahme häufig verwendeten Faktoren zählen der Beruf des Antragstellers, die Anzahl der unterhaltsberechtigten Familienmitglieder und das Einkommen als Vielfaches der voraussichtlichen Hypothekenzahlungen. Weitere Faktoren, die häufig ebenfalls eingegeben werden, umfassen die Darlehensbedingungen (zum Beispiel der Beleihungssatz für eine Hypothek), das Vorhandensein oder das Fehlen rechtlicher Beschränkungen der Möglichkeit der Bank, aus einer Hypothek die Zwangsvollstreckung zu betreiben, und die herrschenden wirtschaftlichen Bedingungen.

Im nächsten Schritt wird anhand historischer Daten geschätzt, welchen Anteil jeder Faktor an der Wahrscheinlichkeit des Verzugs hat. Die Bank schätzt mit Hilfe der daraus resultierenden Gleichung die Wahrscheinlichkeit, mit der sich der Antragsteller als spät zahlender, säumiger oder zahlungsunwilliger Kreditnehmer erweist. Die Prognose ist im Durchschnitt genau genug (so gut wie die subjektiven Einschätzungen ausgebildeter Kreditfachleute), um zu zuverlässigen Entscheidungsrichtlinien darüber zu gelangen, ob das Darlehen gewährt wird und welche Verzugsrisikoprämie auf den Zinssatz anzuwenden ist.

lichkeit voraussagen. Proprietäre Softwareprogramme, die in aller Welt in zunehmendem Maße eingesetzt werden, können einen Großteil des Auswahlprozesses automatisieren (Sonderbeitrag 6.1). Für kleinere Unternehmen, die Kredite aufnehmen, ist ein solcher mechanischer Ansatz jedoch weniger zuverlässig, weil er die Notwendigkeit eines starken Ressourceneinsatzes zur Vorbereitung der Hintergrund-, Produkt-, Marketing- und makroökonomischen Bewertungen mit sich bringt.

Vertragserfüllung überwachen. Banken befinden sich in einer besonders guten Position, um Informationen über den Zustand und die Vertragsdisziplin ihrer Kunden einzuholen. Sie bevorzugen häufig kurzfristige Kredite, so daß sie dank ihrer guten Überwachungsfunktionen gegebenenfalls früh eingreifen können, um einer Verschlechterung der Situation zuvorkommen zu können. Doch was für die überwachende Stelle gut ist, muß nicht unbedingt auch für die Gesellschaft gut sein. Erfahrungen aus so weit voneinander entfernten Ländern wie Ecuador und Indien zeigen, daß Kreditnehmer mit Zugang zu langfristigen Krediten (vor allem zu nicht zinsverbilligten Krediten) eine höhere Produktivität erzielen. Kurzfristige Kredite, die die Unternehmensleitung zwar an relativ kurzer Leine halten und so einige Arten von Mißbrauch verhindern, machen Unternehmen (und Länder) jedoch sehr anfällig. Eine rascher Stimmungsumschwung unter den Anlegern – die vielleicht gar nichts mit dem Verhalten der Firma oder der Veröffentlichung von neuen Informationen über sie zu tun hat – kann zur Kreditkündigung und sogar zum Bankrott führen. Wenn sich die Stimmung auf diese Weise für viele Unternehmen ändert, kann eine allgemeine Finanzkrise die Folge sein. Die Lösung eines Informationsproblems durch das Finanzsystem erfolgt wieder einmal – zumindest aus sozialer Sicht – bestenfalls teilweise.

Banken sind nicht die einzigen effektiven Überwachungsinstanzen. Wenn Finanzmärkte sich weiter ausbilden, bringen sie eine ganze Reihe von spezialisierten Analysten hervor, die verschiedene Unternehmen und Wertpapiere untersuchen. Erst ihre genaue Überwachung macht Wertpapiermärkte möglich.

Allgemeiner ausgedrückt, ist die Überwachung vielschichtig, wobei viele Überwachungsinstanzen eingesetzt werden. Vorgesetzte überwachen Arbeiter. Verwaltungsräte und Banken überwachen das Management. Aktionäre überwachen die Verwaltungsräte. Manchmal gibt es noch eine andere Überwachungsebene: Die Aktien vieler Unternehmen sind in Investmentfonds zusammengefaßt, deren Eigentümer (die Anleger des Investmentfonds) die Manager des Fonds überwachen, die wiederum die Verwaltungsräte und Manager der Unternehmen überwachen, in die sie investiert haben. Alle diese Überwachungsmaßnahmen können jedoch nie vollständig oder perfekt sein. Das liegt zum Teil an Problemen in Zusammenhang mit öffentlichen Gütern, die in früheren Kapiteln besprochen wurden, sowie an einem unzureichenden gesetzlichen Schutz.

Die Beurteilung potentieller Kreditnehmer und ihre anschließende Überwachung ist natürlich nicht nur eine Frage der Beschaffung und Weitergabe von Informationen. Was bei alledem auch eine wichtige Rolle spielt, ist die *Informationsverarbeitung* oder die Analyse der Implikationen verfügbarer Informationen. Mathematische Modelle zur Risikobeurteilung werden heute häufig verwendet, vor allem für gehandelte Wertpapiere, zumindest in den Entwicklungsländern mit höherem Einkommen. Solche Modelle stellen die Risikobeurteilung auf eine festere Basis, weil die verfügbaren Daten aus der Vergangenheit ausdrücklich mit einbezogen werden (Sonderbeitrag 6.2).

Verträge und Institutionen zum Schutz vor Informationsgefällen

Finanzsysteme haben eine Vielzahl von Mitteln entwickelt, die helfen, mit Informationsgefällen umzugehen. Dazu zählen Verträge und Institutionen, die einfach oder sehr ausgeklügelt sein können.

Einfache Verträge: Sicherheiten und Verbindlichkeiten. Einfache Vorschriften oder Einschränkungen sind weit verbreitet, um die Kosten von Informationsdefiziten zu reduzieren und die Beteiligten der Finanzmärkte vor ungünstigen Ergebnissen zu schützen. Der Standardschuldvertrag sieht unabhängig von dem Umständen eine festgelegte Zahlung vor und gibt dem Kreditgeber das Recht, Sicherheiten im Falle einer Nichterfüllung seitens des Kreditnehmers einzubehalten. Das bedingungslose Versprechen und die Verwendung von Sicherheiten verringern die Notwendigkeit, daß der Kreditgeber die Behauptungen über die finanzielle Situation des Kreditnehmers überprüft. Wenn eine ausreichende Vertragsdurchsetzung vorausgesetzt wird, haben Kreditnehmer dann keinen Anreiz, ihre wahre finanzielle Situation zu verschleiern, denn wenn sie das Darlehen wirklich zurückzahlen können, liegt es in ihrem Interesse, das auch zu tun. Doch wie an früherer Stelle beschrieben, schafft der Schuldvertrag keine Abhilfe für andere Informationsprobleme.

Wenn Sicherheiten von Anfang an richtig bewertet wurden, ihren Wert behalten und eingezogen werden können, kann das Banken vor Fehlern bei der Beurteilung der Kreditwürdigkeit des Kreditnehmers bewahren. Wie in Kapitel 5 erwähnt, mildern Sicherheiten das Informationsproblem, beseitigen es jedoch nicht, denn der Wert

Sonderbeitrag 6.2

Wert-Risiko: Ein Ansatz zur Risikobeurteilung

Bis vor kurzem begrenzten die meisten Teilnehmer der Finanzmärkte ihr Risiko durch grobe Verfahrensregeln und Qualitätsbewertungen. Durch die neue Komplexität der Finanzinstrumente reicht dieser Ansatz nicht mehr aus. Erfreulicherweise hat der Preisverfall bei der Rechenleistung, die zu dieser Komplexität beigetragen hat, auch quantitative Risikobeurteilungen besser zugänglich gemacht, wie Argentinien, Kanada, Chile und andere Länder feststellen.

Ein einfacher und attraktiver Ansatz besteht darin, das Wert-Risiko eines Portfolios zu berechnen. Mit Hilfe von historischen Daten über Preise von Vermögenswerten projiziert dieser Ansatz die zukünftige Veränderlichkeit dieser Preise und den Grad, mit dem sie sich aufeinander zu bewegen. Dies ist besonders für Derivatprodukte wie zum Beispiel Optionen und Terminkontrakte von Nutzen, die alle eine Spekulation über den zukünftigen Preis der zugrunde liegenden Anlage darstellen, ob es sich nun um Aktien, festverzinsliche Wertpapiere oder Fremdwährungen handelt. Die Methode ermöglicht die Einbeziehung der Korrelation zwischen einem Derivat und dem Kurs des ihm zugrunde liegenden Wertpapiers. Mit Hilfe von Berechnungen, die auf derartigen Projektionen beruhen, können Portfolio-Risikomanager Aussagen treffen wie „Das Risiko, daß der Wert des Portfolios im Laufe der nächsten drei Monate um mehr als 100 Millionen US-Dollar abnehmen wird, beträgt nur 1 Prozent." Bei dieser Zahl von 100 Millionen US-Dollar handelt es sich dann um das für die 1-Prozent-Stufe berechnete Wert-Risiko.

Es wurde auch versucht, das Kreditrisiko bei nicht handelbaren Bankdarlehen zu bestimmen. Dies wird jedoch aufgrund des Umstands erschwert, daß die Beziehungen zwischen Bank und Kunden selten lang genug andauern oder stabil genug sind, um die notwendigen Informationen zur Veränderlichkeit und der Korrelation auf zuverlässige Weise zu ermitteln.

Die zukünftige Veränderlichkeit kann zwar nicht auf Basis der Vergangenheit zuverlässig vorausgesagt werden, und diese Methode spielt die gelegentlichen Ausreißer herunter, die gut verwalteten Portfolios ernsthafte Probleme verursachen können. Dennoch ist die Methode von Wert. Ein Beispiel: Die Barings Bank, die 1995 durch unkluge Spekulationen ihrer Tochtergesellschaft in Singapur 1,3 Milliarden US-Dollar verlor, wodurch ihr gesamtes Kapital ausradiert wurde. Man hatte darauf spekuliert, daß die japanischen Aktienkurse steigen und die Rentenkurse fallen würden. In der offiziellen Berichterstattung an das oberste Management von Barings wurde bei den Instrumenten, mit deren Hilfe aus dieser Erwartung Kapital geschlagen werden sollte (Aktienindex-Futures gehebelt durch Short-Positionen bei Anleihen-Futures) kein Gesamtrisiko angegeben, sondern vielmehr behauptet, daß das Leverage, das heißt die Hebelwirkung, das Risiko absichern würde. Doch die Korrelation zwischen diesen beiden Anlagenkursen war in Wirklichkeit negativ, wodurch die Leverage-Position sehr riskant war. Eine einfache Berechnung des Wert-Risikos hätte gezeigt, daß eine 5prozentige Wahrscheinlichkeit bestand, 800 Millionen US-Dollar aus dem Leverage-Portfolio zu verlieren, und nicht ein Wert-Risiko Null ergeben. Dies hätte die Geschäftsleitung möglicherweise veranlaßt, einen anderen Kurs einzuschlagen.

der Sicherheiten und die Möglichkeit, diese einzuziehen, müssen ebenfalls eingeschätzt werden. Die Hauptfrage ist nicht der Wert der Sicherheiten zum Zeitpunkt der Kreditaufnahme, sondern ihr wahrscheinlicher Wert unter den verschiedenen Umständen, die zur Zahlungsunfähigkeit führen könnten.

Bei einigen Arten von Sicherheiten können schwerwiegende Probleme auftreten. Eigentum kann Kredite zwar ermöglichen, wenn aber vor allem Immobilien als Sicherheiten dienen, kann dies die Anfälligkeit der Wirtschaft im Falle einer Flaute oder eines Anstiegs der Zinssätze erhöhen. Banken nehmen möglicherweise an, daß sie die Art der Anlage nicht weiter untersuchen müssen, weil sie über genügend Sicherheiten verfügen, um das Darlehen abzusichern. Doch der Marktwert von Immobilien unterliegt starken Schwankungen und kann schnell fallen. Die auf Sicherheiten basierende Kreditvergabe setzt eine Dynamik in Gang, die diese Wertfluktuationen noch verstärkt: Wenn der Wert von Immobilien fällt, werden Darlehen gekündigt, wodurch mehr Immobilienobjekte auf den Markt kommen, was zu einem weiteren Preisverfall führt. Ein großer Teil der weltweiten Finanzkrisen in den letzten 20 Jahren schloß sich an einen Boom und darauffolgenden Kollaps des Immobilienmarkts an.

Sicherheiten bringen weder dem Kreditnehmer, der sie nicht aufbringen kann, noch dem Kreditgeber, der sie nach einer Zahlungsunfähigkeit nicht einziehen kann, Vorteile. Und beides kommt in Entwicklungsländern sehr häufig vor. Hierbei handelt es sich um ein ernsthaftes strukturelles Problem, wenn Grundbucheintragungen nicht ordnungsgemäß erfolgen, individueller Grundbesitz nicht weit verbreitet ist oder Eigentumsrechte nicht klar definiert sind. In Botswana hat das Kollektiveigentum an Land im Stammesbesitz dessen Verwendung als Sicherheit behindert, bis die Kreditgeber vor kurzem durch ein neues Gesetz die Möglichkeit zur Zwangsvollstreckung erhielten, die jedoch der Genehmigung durch die zuständigen örtlichen Behörden bedarf. In Schwellenländern stellen die Unsicherheit der Grundbesitzverhältnisse und das Fehlen eines umfassenden Systems zur Grundbesitzregistrierung ebenfalls ein Hindernis für die private Hypothekenaufnahme dar. Und in Ländern, in denen fast der gesamte Grundbesitz Männern gehört, haben Frauen fast gar keine Möglichkeit zur Kreditaufnahme auf Sicherheitenbasis.

Sicherheiten bringen jedoch noch ein weiteres Problem mit sich: Wenn Banken sich auf Sicherheiten verlassen, schränken sie möglicherweise Kredite für andere Aktivitäten ein, die vielleicht einen großen Gewinn für die Gesellschaft versprechen, für die aber keine Sicherheiten verfügbar sind. Kapitel 2 behandelte die Probleme bei der Finanzierung der Forschung und Entwicklung, Kapitel 3 den Mangel an Krediten (ohne Staatsgarantien) zur Finanzierung von Ausbildungsmaßnahmen.

Überwachung durch Gleichgestellte auf inoffiziellen Märkten. Die Auswahlprozesse offizieller Institutionen scheinen in vielen Entwicklungsländern nicht richtig zu funktionieren. Inoffizielle Kreditmärkte haben jedoch einige innovative und effektive Lösungen für das Qualitätsüberprüfungsproblem gefunden. Eine solche Lösung besteht darin, zu erkennen, daß Dritte möglicherweise über relevante Informationen verfügen – zum Beispiel Nachbarn eines Kreditnehmers, die möglicherweise selbst einen Kredit aufnehmen möchten – , und diese Dritten an der finanziellen Transaktion zu beteiligen (Kapitel 8 beschreibt die Grameen Bank und andere Gruppendarlehensprojekte). Die diesen Menschen zur Verfügung stehenden Informationen helfen Kreditgebern, Darlehensverträge zu überwachen und durchzusetzen, selbst wenn sie selbst keinen direkten Zugriff auf die Informationen haben. Die Kreditnehmer selbst haben den Anreiz, die Informationen über andere zu verwenden, um zum Zwecke der Kreditaufnahme Gruppen zu bilden. Wenn sie wissen, daß sie gut überwacht werden, kann dies die Überwachung sogar vereinfachen. In einem als Selbstauswahl bezeichneten Prozeß entscheiden sich nur diejenigen dafür, einen Kredit aufzunehmen, die glauben, daß sie ein Darlehen zurückzahlen können und das auch tun wollen.

Risiken absichern, diversifizieren und zusammenfassen. Durch Erleichterung des Handels, der Absicherung, der Diversifizierung und der Zusammenfassung von Risiken kann das Finanzsystem die Kosten für das Schließen von Informationslücken verringern, ohne tatsächlich Informationen zu sammeln. Der Versicherungsvertrag stellt die einfachste Form dar. Dabei werden unvorhersehbare Ereignisse, die auf jeden Fall Kosten verursachen, zum Beispiel der vorzeitige Tod einer Person, explizit abgesichert. Der Versicherer kann solche Verträge anbieten, indem er verschiedene Risiken zusammenfaßt, anstatt Informationslücken über einen einzelnen Versicherten zu füllen.

Versicherungsvermittlern stellen sich andere Informationsprobleme, von denen sie einige durch einfache Vertragsregeln lösen. Policen enthalten oft Klauseln, die die Versicherung nichtig werden lassen, wenn sich der Versicherte fahrlässig verhält (zum Beispiel mit seinem Fahrzeug abseits von befestigten Straßen fährt). Dieser grobe Schutz gegen Betrug hat möglicherweise den zusätzlichen Vorteil, den Überwachungsbedarf beträchtlich zu reduzieren, wenn die Vertragsverletzung im Schadensfall problemlos festgestellt werden kann. Versicherungsverträge enthalten außerdem in der Regel Klauseln zur Kündigung eines Vertrags für den Fall, daß sich die ursprünglichen Erklärungen des Versicherten als unwahr erweisen. Dadurch werden Schätzungskosten reduziert, da die Aussagen nur dann überprüft werden müssen, wenn ein Anspruch geltend gemacht wird. (Kreditgeber befinden sich nicht in dieser glücklichen Lage, denn es ist häufig zu spät, die finanzielle Situation eines Kreditnehmers zu überprüfen, wenn die Mittel nicht mehr eingezogen werden können.) Das Versicherungswesen ist in Entwicklungsländern aber noch nicht so weit entwickelt wie das Bankwesen, unter anderem deshalb, weil eine aggressive Anwendung des „Kleingedruckten" dazu geführt hat, daß den Versicherungsunternehmen nicht besonders viel Vertrauen entgegengebracht wird.

Organisierte Märkte und Börsen. Mit Hilfe bestimmter finanzieller Anlageformen, zum Beispiel Warentermingeschäften oder Devisenterminkontrakten, kann das Risiko unbekannter zukünftiger Preisschwankungen des zugrunde liegenden Gutes vermindert oder auch beseitigt werden. Oder sie ermöglichen vielmehr, dieses Risiko auf andere zu übertragen, die es besser tragen können. Das ist zum Beispiel für Bauern, die darauf warten, daß ihre Feldfrüchte reif werden, oder für die staatliche Schuldenverwaltung nützlich, wenn sie versucht, die Kosten von Wechselkursschwankungen zu minimieren. Außerdem können solche Instrumente nicht nur für die Absicherung, sondern auch zu Spekulationszwecken verwendet werden, wenn Investoren zu wissen glauben, wie sich die Preise entwickeln werden, und auf ihre Ansichten oder ihren besseren Informationsstand setzen möchten.

Die Marktpreise von Finanzanlagen können die Informationen verkörpern und weitergeben, die zuerst Marktteilnehmern mit dicker Brieftasche und guten Informationsquellen verfügbar werden. Wenn einige Kenntnis von Nachrichten erlangen, die einen Anstieg des Werts einer Anlage erwarten lassen, ist es für sie von Vorteil, diese Anlage zu erwerben, solange sie noch unterbewertet ist, woraufhin der Marktpreis durch diese Ankäufe steigt. Doch Preise enthüllen solche Informationen möglicherweise nicht vollständig. In dem Ausmaß, in dem sie das tun, reduzieren sie den Anreiz für Marktteilnehmer, ihre Ressourcen zur Beschaffung von Informationen über Anlagewerte zu verwenden. Daher sind Kapitalmärkte nie vollkommen effizient, weil die Preise nie vollständig wiedergeben, über welche relevanten Informationen die Teilnehmer verfügen.

Die Verfügbarkeit von liquiden Mitteln – ob auf organisierten Märkten oder von Mittlern wie zum Beispiel Banken – reduziert die Kosten, die Sparern aufgrund eines unvorhergesehenen Bargeldbedarfs entstehen. Auf organisierten Märkten besteht die Hauptaufgabe in der Zusammenfassung des Risikos unvorhergesehener Bargelddefizite. Auf ähnliche Art und Weise faßt die Bank die Gewinne aus vielen kleinen, ihr gewährten Darlehen (Einlagen) zusammen und handelt als Überwachungsinstanz im Namen der Einleger, wobei Größenvorteile bei der Informationsverarbeitung ausgenutzt werden.

Gut funktionierende Zahlungssysteme reduzieren die Informationskosten beträchtlich, doch sie erfordern auch das Vertrauen in die Finanzkraft der am Zahlungsmechanismus beteiligten Seiten. Der Handel unter den ehemaligen Sowjetrepubliken brach plötzlich um bis zu 80 Prozent ein, als das Zahlungssystem zwischen den einzelnen Republiken kollabierte. Sofort traten Bartervermittler für den internationalen und den inländischen Handel auf, die ausgeklügelte Multiketten im Warenhandel schufen und einrichteten, als das Geld seine eigentliche Funktion nicht ganz erfüllen konnte. Bartergeschäfte sind auch in der Russischen Föderation zutage getreten, vor allem außerhalb der Großstädte, wodurch die Kosten der Informationsverarbeitung beträchtlich stiegen (Sonderbeitrag 6.3).

Warum staatliche Intervention erforderlich ist

Die Funktion der Finanzmärkte besteht darin, Informationsprobleme anzugehen: Knappes Kapital soll zugeteilt werden, indem gute Projekte ausgewählt und dann überwacht werden, um sicherzustellen, daß die Mittel entsprechend eingesetzt werden. Doch Informationen sind nie vollkommen. Und gleichgültig, wie gut die vertraglichen Vereinbarungen sind, werden Informationslücken immer bestehen und ihre Konsequenzen spürbar bleiben. Die Finanzmärkte weisen zahllose externe Auswirkungen auf, also Fälle, in denen sich die Vorteile und Kosten von Transaktionen nicht nur auf die an der Transaktion Beteiligten auswirken. Und dies ist nur einer der Gründe für staatliche Interventionen.

Externe Auswirkungen und öffentliche Güter auf Finanzmärkten

Externe Auswirkungen von Informationen nehmen im Finanzwesen eine Vielzahl von Formen an. Wenn eine Bank einem Unternehmen einen Kredit gewährt und dies öffentlich bekannt wird, können andere davon ausgehen, daß die Bank ein Auswahlverfahren angewendet und das Unternehmen diesen Test bestanden hat. Außerdem wissen sie, daß die Bank, zumindest wenn sie seriös ist, das Unternehmen wahrscheinlich überwachen wird, solange der Kredit noch nicht zurückgezahlt ist, wodurch einige der schlimmsten Möglichkeiten eines Mißbrauchs ausgeschaltet werden. Untersuchungen zeigen, daß es Unternehmen, die gute Beziehungen zu Banken unterhalten, gut geht. Sie zahlen weniger für ihre Kredite, müssen weniger Sicherheiten aufbringen und reagieren besser auf Investitionsgelegenheiten. Der Wert dieser Anhäufung von Informationen zeigt sich auch daran, daß nach

Sonderbeitrag 6.3

Handel ohne Banken: Geldsurrogate in der Russischen Föderation

Steuerschuldner in der Russischen Föderation sind gesetzlich verpflichtet, alle ihre Bankkonten außer einem, das bei den Steuerbehörden registriert werden muß, aufzulösen. Wenn ein Unternehmen zum Steuerschuldner wird, beträgt der Grenzsteuersatz für alle Einnahmen des Unternehmens, die das Bankwesen durchlaufen, 100 Prozent. Wird dieser Transfer nicht durchgeführt, macht sich die Bank strafbar.

Der Würgegriff durch diese Restriktionen auf die Verwendung von Bankgeldern ist schwerwiegender, als dies in industriellen Marktwirtschaften der Fall wäre. Zahlreiche Steuern, hohe Steuersätze, (bis vor kurzem) übermäßige Strafsätze und politisch motivierte Ausnahmen ermutigen Unternehmen, Steuern zu hinterziehen. Überdies schätzt die staatliche Steuerbehörde, daß 80 Prozent aller Unternehmen mit ihren Steuerzahlungen in Verzug sind. Diese Schätzung ist vielleicht etwas hochgegriffen, aber sie zeigt doch, daß fast alle Unternehmen regelmäßig mit gesperrten Konten zu kämpfen haben, ob das nun ihre eigenen oder die von wichtigen Geschäftspartnern sind. Deshalb finden viele Transaktionen außerhalb des Bankwesens statt, und der Umfang der Tauschgeschäfte ist laut einer neuen Studie der Weltbank von 11 Prozent des Umsatzes im Jahre 1992 auf 43 Prozent im Jahre 1997 gestiegen.

Tauschgeschäfte sind jedoch sehr kostspielig, vor allem für Unternehmen, die in der Regel keine Wiederholungstransaktionen durchführen und daher nicht über umfangreiche Informationen über ihre Geschäftspartner verfügen. Die Kosten für die Abwicklung der meisten Tauschgeschäfte belaufen sich auf ungefähr 20 bis 25 Prozent des Werts der Transaktion. Um diese Kosten zu reduzieren, verwenden private und öffentliche Institutionen Wechsel, die nach dem Tauschgeschäft das am häufigsten verwendete Geldsurrogat darstellen. Banken, Unternehmen, und staatliche, Provinz- und kommunale Behörden können diese Schuldzertifikate ausstellen, deren Wert sich im Frühjahr 1997 auf etwa zwei Drittel des auf Rubel lautenden Geldes betrug (wie mit der Geldmenge M2 gemessen). Sie können die Funktionen einer Vielzahl von Schuldinstrumenten übernehmen, unter anderem von Einlagenzertifikaten, Eigenwechseln, Industrieschuldverschreibungen und Staatsanleihen.

Wieviel ein Wechsel wert ist, richtet sich danach, welchen Ruf der Aussteller genießt und wie einfach es ist, den Wechsel in ein nützliches Gut umzuwandeln. Unternehmen betrachten die Wechsel von renommierten Banken und Unternehmen mit weit verbreiteten Produkten (zum Beispiel natürliche Monopole) als Quasi-Ersatz für Geld. Andere Wechsel unterliegen beträchtlichen Diskonten.

Diese weit verbreitete Verwendung von Wechseln erschwert die Lenkung der Geldpolitik, da die Kontrolle der Zentralbank über die Liquidität in der Wirtschaft beschnitten wird. Die Tendenz vom Geld hin zu Tauschgeschäften und Wechseln führt zu einem Ausfall von Steuereinnahmen und dämpft das Wirtschaftswachstum durch Erhöhung der Transaktionskosten. Genauso schädlich wirkt sich die Tatsache aus, daß ihre Verwendung die finanzielle Lage von Unternehmen verschleiert, was Managern ermöglicht, Einnahmen und Anlagen zu stehlen. Eigentumsrechte können nicht geschützt werden, und es kommt zu zügellosem Betrug.

Ankündigung einer Darlehensvereinbarung mit einer Bank der Aktienkurs des kreditnehmenden Unternehmens häufig steigt.

Wenn ein Großeinleger die Direktoren einer Bank genau überwacht und sicherstellt, daß sie sich weder übermäßig risikofreudig verhalten noch in die eigene Tasche wirtschaften, ist dies für alle Anleger von Vorteil. Die Überwachung von Banken ist daher ein öffentliches Gut und einer der Gründe dafür, daß der Staat die Hauptverantwortung für diese Aufgabe übernehmen sollte. Wenn der Einleger jedoch feststellt, daß ein Bankdirektor Einlagen in die eigene Tasche gesteckt hat, und daraufhin seine Einlagen abhebt, bevor andere es tun, reduziert dies die Summe, die andere Beteiligte erhalten können – die positive externe Auswirkung wird zu einer negativen. Unabhängig davon, ob die Einschätzung des Anlegers nun korrekt ist oder nicht, kann das Abheben seiner Einlagen einen Ansturm auf die Bank auslösen, woraus sich negative Auswirkungen für die anderen Anleger ergeben können.

Eines der wohl größten Probleme sind die systemischen Risiken von Bankzusammenbrüchen. Der Zusammenbruch einer großen oder mehrerer mittelgroßer Banken kann zu einer Finanzkrise führen, die wiederum zu einem heftigen und anhaltenden wirtschaftlichen Abschwung führen kann. Obwohl die Auswirkungen durch makroökonomisches Management gemildert werden können, werden sie nie ganz beseitigt, weil es eine bestimmte Zeit dauert, bis Maßnahmen Wirkung zeigen. In der Zwischenzeit müssen nicht direkt Beteiligte, zum Beispiel Bankangestellte und Kreditnehmer, die nicht an Aktivitäten teilgenommen hatten, welche zur Krise beitrugen, schwerwiegende Konsequenzen tragen.

Diese systemischen Risiken sind so beträchtlich, daß der Staat in der Regel eingreift, um Bankkrisen einzudämmen. Solche Interventionen wiederum sind meist sehr kostspielig. Die Kosten werden jedoch nur zum Teil von den Seiten getragen, die die Krise verursacht haben. Diese umfangreichen externen Auswirkungen erfordern die staatliche Intervention, um die Wahrscheinlichkeit und das Ausmaß einer solchen Krise zu reduzieren.

Ansteckung

Eine externe Auswirkung, die in den letzten Jahren viel Aufmerksamkeit erregt hat, ist der sogenannte Ansteckungseffekt. Störungen auf den Finanzmärkten eines Landes können sich auf andere Länder auswirken. Die Ansteckung kann sich durch den Handel ausbreiten: Störungen in einer Volkswirtschaft, die in einer Finanzkrise steckt, können sich auf ihre Handelspartner auswirken. Sie können auch durch die Terms of Trade übertragen werden: Eine Finanzkrise kann sich auf die Preise von Gebrauchsgütern auswirken, die von dem betroffenen Land oder den betroffenen Ländern produziert oder erworben werden. Am größten ist die Gefahr der Ansteckung jedoch bei Finanzströmen. Warum sich eine Finanzkrise in Mexiko auf Argentinien oder eine Krise in Thailand auf Rußland auswirkt, ist oft unerklärlich. Die direkten Ansteckungseffekte durch Handelsströme oder Änderungen der Terms of Trade sind normalerweise gering. Die Ansteckung durch das Verhalten von Anlegern, die schwer zu beobachten oder zu prognostizieren ist, ist sicher ein Teil der Antwort.

Ein bekanntes Beispiel der Ansteckung ist die Bankenpanik. Um herauszufinden, wie es zu einer Panik kommen kann, soll angenommen werden, daß die Anleger nicht erkennen können, ob einzelne Banken zahlungsfähig sind, jedoch eine Störung erkennen können, die sich auf die Portfolios der Banken auswirkt und zum Konkurs zumindest einer Bank führt. Das löst einen Ansturm auf alle Banken aus, ob sie nun zahlungsfähig sind oder nicht, der zum Zusammenbruch auch zahlungsfähiger Banken führt.

Die Ansicht, daß der Preismechanismus nicht ohne weiteres mit solchen Störungen fertig wird, wurde vor über 100 Jahren von Walter Bagehot vertreten, der betonte, wie schwierig es für eine Bank während einer Krise ist, glaubwürdige Informationen an den Markt weiterzugeben. Laut Bagehot weiß jeder Bankier, daß er seine Kreditwürdigkeit bereits verloren hat, wenn er beweisen muß, daß er kreditwürdig ist, mögen seine Argumente auch noch so stichhaltig sein. Wenn der Preismechanismus in solchen Fällen wie vorgesehen funktionieren würde, würde ein Anstieg der Zinssätze die Einleger für das erhöhte Risiko der Kreditvergabe an eine in der Krise steckenden Bank entschädigen. Doch eben dieser Anstieg der Zinssätze könnte auch ein Signal für eine mangelnde Solidität sein und daher potentielle Einleger abschrecken – wie bereits angemerkt, ist der Wille, hohe Zinsen zu zahlen, kein Indikator für die Kreditwürdigkeit. Der Markt versagt aufgrund der beschränkten Informationen über die Zahlungsfähigkeit der Bank.

Monopolmacht

Auf Kreditmärkten stehen Kreditnehmer oft einer sehr begrenzten Anzahl von Kreditgebern gegenüber und können möglicherweise nicht einfach von dem einen zum anderen wechseln. Das liegt daran, daß die Beschaffung von Informationen darüber, ob ein potentieller Kreditnehmer ein geringes Risiko darstellt, kostspielig ist und die Bank diese anschließend leicht für sich behalten kann. Daher entstehen verschiedenen Kreditgebern für ein neues Darlehen an einen bestimmten Kreditnehmer häufig Kosten unterschiedlicher Höhe, und der derzeitige Kreditgeber ist im Vorteil. Aus diesem Grund verfügt jede Bank über spezielle Informationen über ihren Kundenstamm. Ein Kunde, der seit langem bei einer Bank ist – und den die Bank daher als guten potentiellen Kreditnehmer erachtet – kann von einer anderen Bank als unbekannt und daher als höheres Risiko angesehen werden. Um dieses Risiko auszugleichen, muß die zweite Bank einen höheren Zinssatz verlangen oder den Kreditnehmer einfach ablehnen.

Andere Erwägungen können einen Kreditnehmer davon abhalten, den Kreditgeber zu wechseln. Die neue Bank kann sich zum Beispiel fragen, warum der Kunde die Bank wechseln will. Begrenzt die alte Bank mit ihrem größeren Wissen die Höhe der Kredite für diesen Kunden? Und bedeutet das, daß sie den Kunden nicht länger als kreditwürdig betrachtet? Kunden können die neue Bank zwar häufig davon überzeugen, daß es gute Gründe für den Wechsel gibt, aber sie können es nicht immer. Außerdem sind, wie in Kapitel 5 bereits erwähnt, viele der Kosten für die Informationsbeschaffung verlorene Kosten, die nicht wieder hereingeholt werden können, wenn der Kredit schließlich doch nicht gewährt wird. Dies führt zu einem "örtlichen Monopolverhältnis" zwischen einem Kreditgeber und einem Kreditnehmer.

Die Auswirkungen der für die Auswahl, Verwaltung und Durchsetzung anfallenden Kosten auf die Zinssätze – und der daraus resultierende unvollkommene Wettbewerb – werden auch in neueren Studien über ländliche Kreditmärkte offensichtlich (siehe Sonderbeitrag 5.2). Wie in monopolgeprägten Wettbewerbssituationen üblich, weist die Geschäftstätigkeit jedes Kreditgebers einen zu geringen Umfang auf, und der Kreditgeber teilt die Fixkosten auf eine zu geringe Anzahl von Kunden, wodurch die Zinssätze nach oben gedrückt werden.

Unterversorgung mit Informationen
Die Märkte allein liefern von vielen Arten von Informationen meist nicht genug (obwohl sie gelegentlich auch zu viele liefern, wie wir noch sehen werden). Diese Unterversorgung mit Informationen ist darauf zurückzuführen, daß Informationen, wie bereits erwähnt, ein öffentliches Gut sind. Die Person oder das Unternehmen, die bzw. das die Informationen einholt, kann nicht den gesamten Gewinn daraus für sich behalten. Aber selbst wenn, können die externen Auswirkungen doch beträchtlich sein.

Diejenigen, die in die Informationsbeschaffung investiert haben, werden mit zwei Arten von Problemen konfrontiert, wenn sie versuchen, daraus Nutzen zu ziehen. Erstens stehen sie vor einem klassischen Glaubwürdigkeitsproblem, wenn sie versuchen, die Informationen direkt zu verkaufen: Der potentielle Käufer glaubt möglicherweise nicht, daß die Informationen wirklich wahr sind. Zweitens können die Gewinne, die sie beim Handel mit ihren Informationen erzielen, im Verhältnis zu den Kosten für deren Beschaffung zu gering sein. Es kann manchmal sogar gar kein Gewinn übrig bleiben, wenn die Preise auf den Wertpapiermärkten die privaten Informationen eines einzelnen Händlers vollständig enthüllen.

Banken sind im allgemeinen besser ausgestattet als andere Finanzmittler, um die bei den von ihnen finanzierten Projekten auftretenden Auswahl- und Überwachungsprobleme anzugehen. Sie können von den von ihnen produzierten Informationen profitieren, indem sie private, nicht handelbare Darlehen vergeben. Für andere Investoren ist es dann schwierig, aus ihren Handlungen Nutzen zu ziehen. Die Kosten, die der Bank aufgrund der Beschaffung von Informationen entstehen, werden außerdem dadurch verringert, daß diese langfristige Beziehungen zu ihren Kunden aufbauen kann. Und die Überwachung wird einfacher, weil sie die Transaktionen ihrer Kreditnehmer, die gleichzeitig auch Einleger sind, beobachten können. Um dem Opportunismus der Kreditnehmer während der Laufzeit eines Darlehens vorzubeugen, können Banken damit drohen, in Zukunft keine Kredite zu gewähren. Da es nicht viele andere Kreditgeber gibt, sind solche Drohungen sehr effektiv. In Entwicklungsländern sind die Banken aufgrund der größeren Schwierigkeit, Informationen über Privatunternehmen zu beschaffen, ein noch wichtigerer Bestandteil des Finanzsystems, als das in Industrieländern der Fall ist.

Einige Arten von Informationen können jedoch im Übermaß vorhanden sein. Beispiele dafür sind Informationen, die hauptsächlich zu persönlichen Gewinnen für die einen und persönlichen Verlusten für andere und zu Umverteilungen führen, die weder Wohlstand schaffen noch die Produktivität erhöhen. Ein Wertpapierhändler, der eine Minute früher als alle anderen erfährt, daß die Regierung bald ein Gesetz erlassen wird, das sich auf den Wert der Aktie XY auswirkt, kann diese Aktie möglicherweise gewinnbringend erwerben oder abstoßen, doch werden diese Gewinne auf Kosten anderer erzielt. Ein Großteil der Informationsbeschaffung auf Sekundärmärkten hat das Ziel, solche Informationen etwas früher als die anderen Marktteilnehmern zu erhalten. Sekundärmärkte liefern jedoch immer noch Liquidität, die mit finanzieller und wirtschaftlicher Entwicklung verknüpft ist. Illiquide Märkte schrecken Anleger ab – je geringer die Liquidität, um so schwieriger ist es, kurzfristig auszusteigen – und veranlassen sie, ihr Vermögen in sicherere Anlageformen zu investieren.

Rufe nach größerer Transparenz der Finanzmärkte – und einer weitaus umfassenderen Offenlegung von in zu geringem Umfang vorhandenen Informationen – spiegeln die Ansicht wider, daß Unternehmen im allgemeinen nicht alle Informationen freiwillig bereitstellen, die der Markt gerne hätte. Ironischerweise kann eine größere Transparenz manchmal zu einer größeren Volatilität führen, da sich veränderte Bedingungen oder Einschätzungen schnell in den Marktpreisen niederschlagen. Ähnlich wie bei einer Panik, die durch den Schrei „Feuer" in einem vollbesetzten Theater ausgelöst wird, bei dem es sich auch nur um einen schlechten Scherz handeln kann, kann durch die Bekanntgabe bestimmter finanzieller Variablen eine sich selbst verschärfende Krise entstehen, wenn diese Variablen einen „Gefahrenbereich" erreichen.

Zu den wichtigsten Informationen, die nie in ausreichendem Umfang zur Verfügung stehen, zählen Informationen über den Gesamtertrag eines Projekts. Kreditgeber konzentrieren sich nicht auf den Gesamtertrag, sondern nur auf den Ertrag, den sie erwarten. Dieser Ertrag ist lediglich der Darlehensbetrag zuzüglich der erhaltenen Zinsen, multipliziert mit der Wahrscheinlichkeit, daß diese Summen gezahlt werden, abzüglich der Opportunitätskosten der Mittel. Der Gesamtgewinn des Projekts umfaßt den (in Inkrementen auftretenden) Überschuß des Unternehmers. Das Projekt mit dem höchsten erwarteten Gewinn für den Kreditgeber muß zwar nicht das Projekt mit dem höchsten erwarteten Gesamtgewinn sein, aber genau das wird finanziert. Dadurch können gute Projekte aus dem Markt wegrationalisiert werden.

Das Finanzsystem unterstützen

Die als Reaktion auf die Informationsprobleme im Finanzwesen entwickelten institutionellen und Rechtssysteme unterscheiden sich von Land zu Land in erheblichem Maße. In einigen Ländern ist der Rahmen der den Banken gestatteten Aktivitäten zum Beispiel sehr eng gefaßt. Andere Länder (und nicht nur Entwicklungsländer) verlassen sich stärker auf die Banken und gestatten ihnen eine Vielzahl von Handels- und Investitionstätigkeiten, einschließlich des Besitzes von und Handels mit Aktien sowie der Berufung von Bankdirektoren in den Vorstand von Unternehmen, denen sie Mittel gewährt haben. Länder unterscheiden sich auch hinsichtlich ihrer Ansätze zum Erreichen eines redlichen Wettbewerbs auf Wertpapiermärkten und zum Schutz der Rechte von Aktionären. Einige Länder stützen sich hierbei auf Regierungsbehörden, während andere sich auf die Selbstregulierung des Marktes verlassen.

Reformstaaten sehen sich einer besonderen Herausforderung gegenüber. Zu Zeiten der zentralen Planwirtschaft erfüllten die Banken nicht die grundlegenden Funktionen, die sie in einer Marktwirtschaft innehaben. Sie wählten weder die Projekte aus, noch trafen sie Entscheidungen darüber, welche Unternehmen expandieren sollten. Sie waren nicht für die Überwachung verantwortlich, sondern waren kaum mehr als Buchhalter, die auf Anweisung der Planer Mittel bereitstellten. Aufgrund des Übergangs zur Marktwirtschaft mußten sich diese Banken von Grund auf verändern, was sich als schwierig erwies.

Die Schaffung der Voraussetzungen für effektive Aktienmärkte kann in solchen Ländern noch schwieriger sein. Die frühe Geschichte der Aktienmärkte in den heutigen Industrieländern – vor der Einrichtung einer wirkungsvollen staatlichen Aufsicht – ist eine Geschichte voller Skandale, die das Vertrauen in diese Märkte erschütterten. Meist führten diese Skandale dazu, daß die Aktienmärkte über längere Zeiträume praktisch keine Quelle für neue Mittel für Unternehmen mehr darstellten. Leider scheinen einige Reformstaaten nun auf dieselben Probleme zu stoßen (siehe Sonderbeitrag 6.4).

Damit die Teilnehmer der Finanzmärkte Informationen verarbeiten und Verträge entwerfen können, die die verbleibenden Informationsgefälle isolieren, benötigen sie die Unterstützung des Staates, um Buchführungs- und Offenlegungssysteme zu entwickeln und Betrug zu verhindern (zur Hilfe bei der Informationsbeschaffung) und die rechtliche Infrastruktur zu verbessern (wenn Verträge wirksam sein sollen). Ohne diese Kontrollinstanzen gerät die Entwicklung offizieller Finanzsysteme in eine Sackgasse. Wenn Länder aber zuverlässige und umfassende Informationen über Unternehmen bereitstellen und ihre Rechtssysteme Verträge schnell, effektiv und transparent durchsetzen sowie Betrug und Vertragsbruch unter Strafe stellen, werden sie eine bessere finanzielle Entwicklung und ein schnelleres Wirtschaftswachstum erfahren.

Neue empirische Untersuchungen (siehe nächster Abschnitt) zeigen, daß die Entwicklung von Finanzmittlern nach Berücksichtigung aller gewöhnlichen Faktoren, die das Wachstum beeinflussen, in erheblichem Maße durch die Entwicklung von Rechts- und Buchführungssystemen zu erklären ist. Länder mit Rechtssystemen, die gesicherte Gläubiger bevorzugen, Verträge rigoros durchsetzen, Minderheitsaktionäre schützen und Buchführungsstandards einrichten, die zu umfassenden und vergleichbaren Finanzberichten von Unternehmen führen, verfügen über besser entwickelte Finanzmittler und genießen ein schnelleres Wachstum (Schaubild 6.2).

Durch Buchführung und Revision den Informationsfluß sicherstellen

Buchführungsstandards machen es einfacher, Informationen über Unternehmen zu interpretieren und mit den Informationen anderer Unternehmen zu vergleichen. Dadurch ermöglichen sie den Investoren, kreditwürdige Unternehmen zu erkennen und deren Management zu beurteilen. Außerdem stützen sich viele Vertragstypen auf Buchführungsgrößen, die unter gewissen Umständen bestimmte Aktionen auslösen. Zum Beispiel enthalten Darlehens- und Anleiheverträge häufig die Option der sofortigen Rückzahlung, wenn die Erträge oder der Cashflow unter ein bestimmtes Niveau sinken. Solche Verträge können durchgesetzt werden und werden oft nur geschlossen, wenn Buchführungsgrößen eindeutig genug sind und Revisoren sie nachprüfen können. Die Beurteilung der Situation von Banken erfordert zuverlässige Informationen über die Darlehensklassifizierung und -konzentration, die realistische Bewertung von Sicherheiten, Rückstellungen für Kreditverluste und die Vorschriften dazu, wie im Falle eines Zahlungsverzugs seitens des Kreditnehmers die auflaufenden Zinsen in den Büchern der Bank auszuweisen sind. Buchführungsstandards leisten auch in dieser Hinsicht wertvolle Dienste.

Finanzberichte liefern eine Vielzahl von Informationen über die vergangene und gegenwärtige Geschäftstätigkeit eines Unternehmens. Ohne sie ist es praktisch nicht möglich, den Zustand und die Kreditwürdigkeit eines Unternehmens einzuschätzen:

- Bilanzen enthalten eine detaillierte Aufschlüsselung der physischen und finanziellen Aktiva und Passiva, einschließlich kurz- und langfristiger Verbindlichkeiten.
- Gewinn- und Verlustrechnungen stellen die Erträge und Aufwendungen dar, einschließlich verschiedener Kosten und Steuern.
- Cashflow-Berichte können durch Darstellung des Cashflow in das und aus dem Unternehmen darauf hinweisen, wenn selbst zahlungsfähige Unternehmen Liquiditätsschwierigkeiten haben.

Sonderbeitrag 6.4

Aktionärsrechte und Unternehmenseffizienz bei der Privatisierung in Tschechien

In der Hoffnung, einen robusten Aktienmarkt basierend auf dem „Kapitalismus des Volkes" zu schaffen, fand Anfang der neunziger Jahre in der tschechischen Republik eine „Gutscheinprivatisierung" statt, bei der die Bürger Gutscheine zum Erwerb von Aktien verschiedener Unternehmen erhielten. Dabei bereitete jedoch die Tatsache Sorgen, daß bei einem so großen Streubesitz von Aktien die Manager unter Umständen zu wenig kontrolliert werden würden. Da, wie in diesem Kapitel geschildert, die Überwachung der Unternehmensleitung eine Art öffentliches Gut darstellt, wurde sehr stark angenommen, daß der tschechische Ansatz zu einer ungenügenden Überwachung führen würde. Durch einen einzigen Mehrheitsaktionär könnte dieses Problem zum Teil behoben werden, doch würde dadurch ein neues Problem geschaffen, weil ein solcher Anteilseigner seine Interessen auf Kosten der Minderheitsaktionäre durchsetzen könnte.

Um dieses Kontrollproblem zu beheben, wurden große Holdinggesellschaften (Investmentfonds) gebildet, die einen Anreiz haben, die Firmen, an denen sie beteiligt sind, zu überwachen. Die Unternehmen, die bessere Arbeit leisteten, würden höhere Gewinne erzielen und mehr Investoren anziehen. Der Marktwettbewerb würde dadurch die Effizienz des Kapitalmarkts und die der Unternehmen sicherstellen.

Soweit die Theorie. In der Praxis verlief die Entwicklung anders. Betrüger stellten denjenigen, die ihnen ihre Gutscheine überließen, weit überzogene Gewinne in Aussicht. In einem typischen Schneeballsystem verwendeten sie dann Mittel von neuen Investoren, um den alten Investoren diese Gewinne auszuzahlen – für eine bestimmte Zeit lang. In Ermangelung effektiver Betrugs- und Absicherungsgesetze mußten die ehrlicheren Fonds mit den skrupellosen konkurrieren. Einige Fondsmanager leiteten Ressourcen durch das sogenannte Tunneling, wobei die zugrunde liegenden Anlagen entnommen werden und nur eine leere Luftblase übrigbleibt, auch auf ihre Privatkonten um.

Die Holdinggesellschaften waren als geschlossene Investmentfonds strukturiert: Aktionäre konnten ihre Anteile am Nettoanlagenwert nicht einlösen, sondern nur auf dem Sekundärmarkt, möglicherweise mit einem Abschlag, verkaufen. Bis zum Jahr 1997 wurden Aktien dieser Unternehmen mit Abschlägen von 40 bis 80 Prozent verkauft, was ohne Zweifel die Einschätzung des Tunneling-Umfangs durch den Markt wiedergab. Es überrascht nicht, daß das Vertrauen in den Wertpapiermarkt schwand und er seine wichtigste Funktion nicht erfüllen konnte, nämlich Kapital für die Gründung neuer Unternehmen und die Expansion der bereits bestehenden zu beschaffen.

Von gleicher Bedeutung war die Tatsache, daß die Fonds die notwendige Restrukturierung der Unternehmen, deren Aktien sie besaßen, nicht einleiten konnten. Obwohl die geschlossenen Fonds durchaus Unternehmen mit höheren Gewinnen kauften (sie waren möglicherweise bei der Auswahl effektiv), konnten sie diese Gewinnraten nicht steigern. Unternehmen mit einem strategischen Anteilseigner (große Mehrheit) verbesserten häufig ihr Ergebnis, doch bei Unternehmen, die im Besitz von geschlossenen Fonds waren, ging das Ergebnis häufig zurück. Ein Öffnen der Fonds würde Aktionären den Ausstieg erleichtern und zu einer Verbesserung der Unternehmensverwaltung führen.

- Anmerkungen zu diesen Berichten können weitere Informationen enthalten, zum Beispiel über die bilanzunwirksamen Aktivitäten von Unternehmen.

Die im Rahmen von Finanzberichten offengelegten Informationen sind natürlich beschränkt. Neue Finanzinstrumente wie zum Beispiel Derivate, andere Eventualverbindlichkeiten und Aktienbezugsoptionen erschweren die genaue und frühzeitige Beurteilung des Nettowerts von Unternehmen und Finanzinstituten. Viele Derivattypen werden nicht ordnungsgemäß in der Bilanz ausgewiesen, und ihr Marktwert kann sich als Reaktion auf geringfügige Änderungen der Umstände beträchtlich ändern.

Die Buchführungsstandards wiesen Anfang der neunziger Jahre über Landesgrenzen hinweg beträchtliche Unterschiede auf, selbst in Ländern mit vergleichbarem Pro-Kopf-Einkommen (Schaubild 6.3). Sie variieren auch sehr je nach Art des geltenden Rechts (siehe unten). Viele der Volkswirtschaften mit sehr niedrigem Einkommen (wegen fehlender Daten nicht im Schaubild dargestellt) weisen die unzureichendsten Buchführungssysteme auf, wobei oft nur wenige ausgebildete Buchhalter und in manchen Fällen unterschiedliche Buchungssysteme eingesetzt werden. Unter diesen Umständen werden die formellen Märkte von Transaktionen zwischen ausländischen Unternehmen dominiert, die über gute Informationsquellen verfügen (und sich auf die Durchsetzung außerhalb des betreffenden Landes verlassen können).

Trotz kürzlicher Aktiengewinne werden die Finanzmärkte in Entwicklungsländern immer noch von den Banken dominiert. Das liegt zum Teil daran, daß zuverlässige Informationen über den Erfolg eines Unterneh-

Schaubild 6.2

Faktoren, die zu finanzieller Entwicklung und Wachstum führen

Der Weg zur finanziellen Entwicklung beginnt bei den rechtlichen Grundlagen.

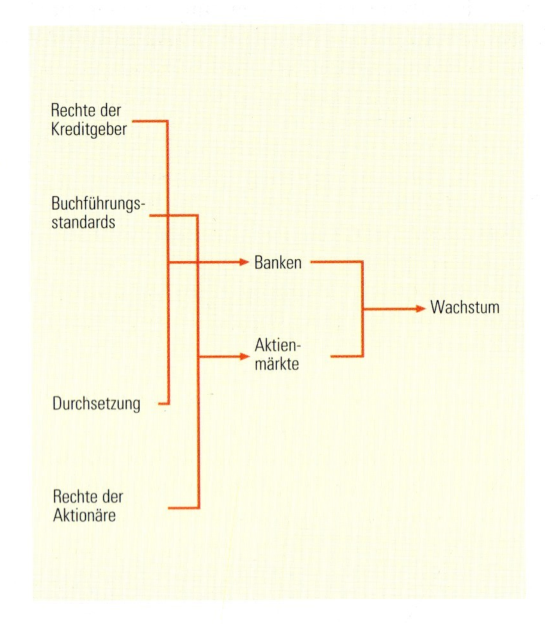

Quelle: Auf Basis von Levine, Loayza und Beck 1998.

mens fehlen. Auch in Industrieländern sind die Banken die Hauptquelle der Nettoneufinanzierungen. Regierungen in aller Welt beginnen, die Bedeutung der von ihnen beschafften Informationen zu erkennen – vor allem nach den jüngsten schwerwiegenden Finanzkrisen. Mexiko begann 1997 mit einer umfassenden Reform der Buchführungs- und Offenlegungsstandards mit dem Ziel, diese an die US-amerikanischen Grundsätze ordnungsgemäßer Buchführung (GAAP), anzugleichen. Behörden in einigen ostasiatischen Ländern haben den Schaden erkannt, der durch den hohen Verschuldungsgrad und zu wenige unabhängige Finanzierungsmöglichkeiten verursacht wird, und versuchen, ihr Informationsumfeld ebenfalls zu verbessern. Doch bessere Informationen allein werden Finanzkrisen nicht verhindern – die GAAP verhinderten die Krise der Banken und Bausparkassen in Texas in den achtziger Jahren nicht – , und wie bereits erwähnt, kann manchmal ein Informationsüberfluß selbst eine Krise auslösen. Doch ein besseres Informationsumfeld kann diese Kosten mildern, was zum Teil erklärt, warum Krisen in OECD-Ländern allgemein weniger kostspielig waren als in anderen Teilen der Welt.

Schaubild 6.3

Buchführungsstandards und BSP pro Kopf

Arme Länder haben meist magelhafte Rechts- und Buchführungssysteme.

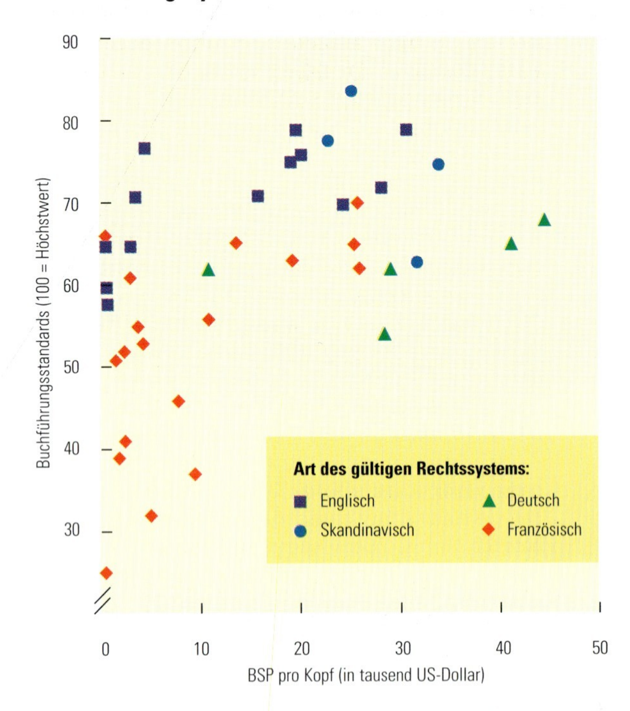

Hinweis: Die Daten gelten für 1996 für 39 Länder weltweit. Quelle: La Porta et al. 1998; Levine, Loayza und Beck 1998; Weltbank 1998d.

Eine Studie deutet darauf hin, daß das prognostizierte BIP Zuwachsraten von 0,6 Prozentpunkten verzeichnet hätte, wenn Argentinien seine Buchführungsstandards von dem in den frühen neunziger Jahren vorherrschenden Niveau auf den OECD-Durchschnitt angehoben hätte. Wenn die Arabische Republik Ägypten die Durchsetzung auf das gleiche Niveau wie in Griechenland gebracht hätte, könnte sie eine Zuwachsrate von 0,9 Prozentpunkten pro Jahr verzeichnen. Das Wachstum wird ganz beträchtlich von der Infrastruktur zur Informationsbeschaffung und von der Durchsetzung von Verträgen, die auf solchen Informationen basieren, beeinflußt.

Wachstum führt zur Weiterentwicklung der Finanzmärkte. Daran besteht kein Zweifel. Doch auch die finanzielle Entwicklung führt zu Wachstum. Dies ist das Fazit umfassender wirtschaftlicher Studien auf Branchen- und Unternehmensebene. Diese Folgerung wird auch durch historische Fallstudien sowie durch die Tatsache untermauert, daß Länder mit weiter entwickelten Bank-

und Aktienmärkten am Anfang einer langen Periode eine bedeutend schnellere Entwicklung während dieses Zeitraums durchliefen, während andere Faktoren konstant blieben. Es hat sich herausgestellt, daß sich Bank- und Aktienmärkte gegenseitig ergänzen, höchstwahrscheinlich weil beide qualitativ höherwertige Informationen nachfragen und anbieten: Banken durch ihre Entscheidungen, neue Darlehen zu vergeben oder alte umzuschulden, Aktienmärkte durch die Offenlegung des Werts von Unternehmen.

Einen Ausgleich zwischen den Interessen von Kreditgebern, Aktionären und Managern schaffen

Die Fähigkeit, Verträge kostengünstig und sicher abzuschließen und durchzusetzen, ist für ein gut funktionierendes Finanzsystem unabdingbar. Wenn das Rechtssystem es schwierig macht, für alle Beteiligten vorteilhafte finanzielle Verträge zu entwickeln und Ansprüche schnell, sicher und fair zu befriedigen, werden Finanzdienstleistungen schlechter. Der Umfang, in dem die Interessen von Aktionären geschützt werden, wirkt sich auch auf den Umfang aus, in dem Aktienfonds entstehen.

Verschiedene Rechtssysteme schützen Kreditgeber, Aktionäre und Manager auf unterschiedliche Art und Weise – durch ihre grundlegenden Eigenschaften und durch die Stärke ihrer Durchsetzung (Tabelle 6.1). Länder, die das britische System des Common Law verwenden, ob dies nun während der Kolonialzeit angenommen oder nachgeahmt wurde, bieten Kreditgebern und Aktionären den besten Schutz. Im Gegensatz dazu bietet das französische Gesetzbuch, das nicht nur in den ehemaligen französischen, sondern auch in den ehemaligen spanischen und portugiesischen Kolonien Anwendung findet (ein Erbe der napoleonischen Ära), Managern und Kreditnehmern einen größeren Schutz. Die Rechtssysteme in Skandinavien und Deutschland bieten die stärksten Durchsetzungsmöglichkeiten.

Gesicherte Kredite bilden den Hauptteil der vermittelten Finanzierung, und die Rechtssysteme können helfen, indem sie gesicherten Gläubigern eine höhere Priorität der Ansprüche gegenüber Unternehmen zugestehen, die Konkurs angemeldet haben oder sich in einem Vergleichsverfahren befinden. In Mexiko haben zunächst die Forderungen der Arbeiter und der Regierung Vorrang, noch vor denen der gesicherten Gläubiger. Nach mexikanischem Recht werden die Vermögenswerte von Firmen, die Vergleichsverfahren eingeleitet haben, automatisch eingefroren, so daß die Kreditgeber nicht einfach die Sicherheiten einziehen oder ein Unternehmen liquidieren können. Die großen Banken in Mexiko haben Zehntausende von Gerichtsverfahren angestrengt, um überfällige Darlehen beizutreiben, und viele dieser Verfahren sind schon seit Jahren vor den Gerichten anhängig. Es überrascht daher wenig, daß die Schuldenfinanzierung nicht besonders gut entwickelt ist.

Im Gegensatz dazu werden in Malaysia die gesicherten Gläubiger bevorzugt behandelt, und Vermögenswerte werden nicht automatisch eingefroren. Bei einem angeschlagenen Unternehmen, das einen Vergleich anstrebt, wird die Geschäftsleitung durch eine vom Gericht oder von den Gläubigern bestellte Partei ersetzt. In einigen anderen Ländern behält die bisherige Unternehmensleitung bis zum Ende des Vergleichs- oder Konkursverfahrens die Kontrolle. Dadurch wird die Wahrscheinlichkeit reduziert, daß Bankdarlehen zurückgezahlt werden, und das Management hat die Gelegenheit, sich im Unternehmen rücksichtslos selbst zu bedienen.

Aktionäre verlangen auch Informationen von Managern. Immer mehr Fachliteratur deutet an, daß der Zugang zu liquiden Aktienbörsen – wo Wertpapiere günstig und sicher zu notierten Kursen gehandelt werden – die wirtschaftliche Entwicklung antreibt. Und dort, wo Aktionäre nicht gut geschützt sind, sind Aktienmärkte oft unterentwickelt und kaum funktionsfähig. Neue

Tabelle 6.1

Einstufung der Rechtssysteme nach der Stärke von Schutz und Durchsetzung

Ursprung	Schutz der Kreditgeberrechte	Aktionärsrechte	Durchsetzung
Britisch	1	1	3
Französisch	4	4	4
Deutsch	2	3	2
Skandinavisch	3	2	1

Hinweis: 1 ist die beste Wertung und 4 die schlechteste; berechnet aus den Durchschnittswertungen für Länder mit dem angegebenen System in einer Beurteilung von 49 Industrie- und Entwicklungsländern. Länderwertung siehe Tabelle A.2 im Anhang.

Quelle: Berechnungen von Mitarbeitern der Weltbank, auf Basis von La Porta und anderen 1998; Levine, Loayza und Beck 1998.

Forschungen haben außerdem ergeben, daß die Konzentration des Eigentums größer ist, wenn Minderheitsaktionäre schlecht geschützt werden.

Rechtliche Kontrollen und Transparenz

Das Rechtssystem kann groben Mißbrauch oft eindämmen. Wenn Minderheitsaktionäre glauben, daß die Mehrheitsaktionäre sie um ihren fairen Anteil betrogen haben, können sie sie möglicherweise verklagen. Und Aktionäre können manchmal das Management aufgrund einer Verletzung seiner treuhänderischen Pflichten verklagen. Doch ein guter Schutz der Aktionäre ist leider nicht weltweit gegeben. In Venezuela kann ein Minderheitsaktionär nicht per Briefwahl wählen, ist nicht vor Enteignung durch den Vorstand geschützt und muß 20 Prozent des Aktienkapitals anhäufen, um eine außerordentliche Hauptversammlung einberufen zu können. Aktionäre in Kolumbien, Ecuador, Jordanien und Mexiko benötigen 25 Prozent der Aktien, um eine solche Versammlung einberufen zu können, verglichen mit 10 Prozent oder weniger in Ländern, in denen die Gesetze Minderheitsaktionäre bevorzugen.

Selbst dort, wo der gesetzliche Schutz gegeben ist, kann der Mißbrauch der Rechte von Aktionären weiterhin Sorgen bereiten. Das Beispiel der Tschechischen Republik zeigt, daß dieser Mißbrauch bei Abwesenheit von Schutzmechanismen für die Aktionäre größer ist (Sonderbeitrag 6.4). Es wird angenommen, daß in der Russischen Föderation sowohl die weit verbreitete Auffassung, daß Minderheitsaktionäre schlecht geschützt werden, als auch die fehlende Transparenz zu der niedrigen Bewertung vieler russischer Unternehmen an den Börsen beigetragen haben.

Gesetze sind wichtig, aber genauso wichtig ist ihre Durchsetzung, und Gesetze zum Schutz von gesicherten Gläubigern und Aktionären sind nur dann etwas wert, wenn die Gerichte sie auch durchsetzen. Durchsetzungsdefizite treten in Form von Korruption, Unsicherheit und am häufigsten (wie bereits am Beispiel Mexikos geschildert) als Verzögerungen auf. Einige Jurisdiktionen in Mexiko haben jedoch unlängst damit begonnen, Verträge effizienter durchzusetzen als andere. Es überrascht nicht, daß die Banken in diesen Bezirken aktiver sind als in anderen.

Eine Reihe von Entwicklungsländern hat die potentiellen Vorteile erkannt und bedeutende Gesetzesreformen durchgeführt. Argentinien änderte kürzlich das Konkursrecht, so daß nun gesicherte Gläubiger vor den Arbeitern Priorität haben. Viele Reformstaaten mußten Konkurs- und Unternehmensgesetze verabschieden, um im Rahmen weitreichender Gesetzesänderungen ein modernes kapitalistisches System zu unterstützen.

Selbst ohne umfangreiche Reformen ihrer Gesetzbücher können Länder Schritte unternehmen, die das Vertrauen der Kreditgeber und Aktionäre stärken. Kreditgeber können mit Hilfe von effizient, schnell und gerecht arbeitenden Konkurs- und Vergleichsgerichten geschützt werden. Selbst ohne wirkungsvolle Gesetze würden bessere Vergleichs- und Konkursverfahren die Position gesicherter Gläubiger stärken und die Entwicklung von Finanzmittlern vorantreiben. Argentinien verbesserte seine Verfahren in den neunziger Jahren, so daß Ansprüche gegenüber geschwächten Unternehmen schneller und gerechter als zuvor befriedigt werden konnten.

Viele Länder haben Reformen durchgeführt, um die Transparenz und Effizienz ihrer Aktienmärkte zu verbessern. Argentinien, Brasilien und Chile haben für klarere Verhaltensregeln der Teilnehmer der Finanzmärkte im allgemeinen gesorgt und damit das Funktionieren ihrer Aktienmärkte verbessert.

Viele Reformstaaten und andere, in denen die Unternehmensgesetze mangelhaft sind, halten es für erforderlich, über die Modelle von Industrieländern hinausgehen, um ein für ihre jeweilige Situation geeignetes gesetzliches Rahmenwerk zu schaffen. In diesem Zusammenhang gibt es viele Gründe dafür, leicht verständliche Vorschriften mit scharfen Sanktionen im Falle einer Nichteinhaltung zu kombinieren. Eine derartige Struktur kann selbstdurchsetzend sein, weil die Vorschriften aufgrund der härteren Strafen eher eingehalten werden und das Verhalten einfacher zu überwachen ist. Das Recht sollte sich soweit wie möglich auf Handlungen der direkten Beteiligten der Unternehmung (Aktionäre, Vorstandsmitglieder, Führungskräfte), anstatt auf die der indirekten Teilnehmer (Richter, Politiker, Juristen und Buchhalter) stützen. Ein besseres Gleichgewicht zwischen dem Schutz der Aktionäre und der Notwendigkeit der geschäftlichen Flexibilität kann zum Beispiel durch Verfahrensschutzmaßnahmen erreicht werden. Indem Handlungen zum Beispiel von unabhängigen Direktoren genehmigt werden müssen, könnte ein besseres Gleichgewicht geschaffen werden, als es durch reine Verbote ganzer Transaktionskategorien möglich wäre.

Die Bedeutung der Sicherstellung von Transparenz und Konsistenz bei der Offenlegung von Informationen – und der Stärkung des Vertrauens der Kreditgeber und Aktionäre in die Ausübung ihrer Rechte – ist klar. Die unterstützende Rolle des Staates bei der Aufrechterhaltung dieser Informationsinfrastruktur als öffentliches Gut kann ebenfalls selbst von Anhängern des Laisser-faire kaum in Frage gestellt werden. Doch es ist mehr als nur Unterstützung notwendig.

Das Finanzsystem beschränken

Die Fehler und empfindlichen Punkte des Finanzsystems weisen deutlich auf die Notwendigkeit hin, daß der Staat die Aktivitäten des Finanzsystems auf bestimmte Weise einschränken muß. Die Finanzmärkte unterliegen bedeutenden systemischen Risiken, zum Beispiel wenn der Zusammenbruch einer Bank sich auf andere auswirken kann – entweder direkt über Bilanzverflechtungen oder durch psychologische Ansteckung –, die sich negativ auf die Wirtschaft auswirken. Zudem gibt es noch die direkten Verluste der Einleger, von denen viele häufig durch die Staatsfinanzen gedeckt werden, ob das nun durch ein explizites Programm zum Schutz der Einlagen oder durch Ad-hoc-Entschädigung erfolgt. Die Kreditnehmer bankrotter Banken leiden ebenfalls, da das Informationskapital, das sie durch langjährige Geschäftsbeziehungen mit der Bank angehäuft haben, plötzlich seinen Wert verliert.

In den achtziger und frühen neunziger Jahren hatte die Reduzierung der staatlichen Intervention Vorrang, die für Verzerrungen im Bereich der Finanzvermittlung gesorgt und das Gegenteil der gewünschten Ergebnisse bewirkt hatte, vor allem angesichts der technologischen Entwicklungen, die die gesetzlichen Vorschriften überrundet hatten. Doch eine solche Liberalisierung des Finanzwesens kann den Informationsbedarf für eine finanzielle Stabilität enorm steigern und die Informationsbeschaffung erschweren. Dies sind zwei Gründe für die in den letzten Jahren immer wieder aufgetretenen Bankenkrisen, die zu einer Neubewertung der politischen Ansätze zur Beschränkung einzelner Finanzmittler geführt haben.

Heute liegt das Hauptaugenmerk nicht auf der Deregulierung, sondern auf der Suche nach der *geeigneten* regulativen Struktur. Diese Struktur sollte die Verhältnisse im Land widerspiegeln und die Stärken und Schwächen seines Finanzsystems sowie die Möglichkeiten der regulativen Instanzen einschließen. Dabei liegt die Betonung auf einer Regulierung mit Sachverstand, um ein sicheres und solides Bankwesen zu gewährleisten. Andere wichtige regulative Funktionen umfassen die Wettbewerbsförderung, den Schutz von Investoren und Einlegern und die Förderung der Kreditvergabe an Gruppen, die Schwierigkeiten haben, Kredite zu erhalten. Viele dieser Funktionen sind miteinander verflochten. Wenn die Investoren das Gefühl haben, daß sie fair behandelt werden und daß die Voraussetzungen für alle gleich sind, sind die Finanzmärkte wahrscheinlich stabiler und effektiver und daher solider.

Finanzmittler helfen, Informationsprobleme anzugehen (zum Beispiel, um zu bestimmen, in welche Unternehmen am besten investiert werden sollte), doch sie schaffen auch eine Reihe neuer Informationsprobleme. Im Mittelpunkt steht dabei das Problem, vor dem Einleger und Behörden stehen, wenn es darum geht, den Zusammenbruch von Banken zu prognostizieren.

Die Behörden können Einleger besser unterstützen, wenn sie die Banken in deren Namen überwachen, so wie eine gut geführte Bank ihre Kreditnehmer überwacht. Doch die staatliche Regulierung geht über die Verarbeitung von Informationen und die Veröffentlichung der Ergebnisse hinaus. Der Staat darf einer Bank nicht gestatten weiterzuarbeiten, wenn sie zahlungsunfähig ist. Ein Grund für das Einschreiten ist die Vermeidung einer Belastung der öffentlichen Finanzen, wenn Anleger ausdrücklich oder implizit durch eine Einlagenversicherung abgesichert sind. Ein anderer ist die Vermeidung der bedeutenderen systemischen Risiken, die bereits erörtert wurden (Sonderbeitrag 6.5). Und bei ihrer Reaktion auf Bankenzusammenbrüche müssen Behörden sicherstellen, daß der Kreditfluß aufrechterhalten wird und das Informationskapital der Banken – ihr Wissen darüber, wer ein geringes Kreditrisiko darstellt und wie Kreditnehmer überwacht werden – nicht verloren geht. Zum Beispiel führte der Umstand, daß selbst die überlebenden Banken in Indonesien nicht in der Lage waren, auch nur annähernd genug Kapital zu beschaffen, um den Dollarwert ihrer ausstehenden Fremdwährungsdarlehen zu erhalten, in der ersten Hälfte des Jahres 1998 dort zu einem gefährlichen Kreditengpaß.

Wenn sie die durch das Risiko des Zusammenbruchs von Finanzinstituten verursachten Informationsprobleme angehen, können Behörden die gleichen Hilfsmittel verwenden wie das private Finanzwesen. Dazu müssen sie sowohl direkt arbeiten, um Informationen zu beschaffen und zu verarbeiten, als auch indirekt vorgehen, um Vorschriften und Regeln zu entwerfen und Anreizstrukturen zu entwickeln, die die Anreize für die Banken am Allgemeinwohl ausrichten. Das informelle Finanzwesen löst die Informationsprobleme, wie in Kapitel 8 festgestellt wird, durch die Überwachung durch Gleichgestellte – die „wachsamen Augen" vieler Dorfbewohner, denen der Zugang zu Krediten verwehrt wird, wenn einer von ihnen in Verzug gerät. Die Durchsetzung ist in diesem Fall weniger problematisch und direkter – obgleich möglicherweise brutaler.

Transaktionen prüfen und kontrollieren

Zur Überwachung und Regulierung der Finanzmittler wurden und werden sowohl direkte als auch indirekte Hilfsmittel verwendet. In vielen Entwicklungsländern konzentrierte sich die Bankenaufsicht lange Zeit auf das Überprüfen der sturen Einhaltung simpler Beschränkungen, um zum Beispiel die Inflation unter Kontrolle zu bringen oder sektorale politische Ziele zu erreichen. Viele Länder setzten zahlreiche Bankregulierer ein, die sich fast ausschließlich mit solchen Aufgaben beschäftigten. Der Regulierer befaßte sich nicht in erster Linie mit der Gewährleistung eines soliden Bankwesens.

Sonderbeitrag 6.5

Einlagenversicherung und Risikoübernahme

Einleger müssen sich einer angemessenen Sicherheit ihrer Einlagen gewiß sein. Selbst die Tatsache, daß es eine Zentralbank gab, die als Notlösung als Kreditgeber fungierte, konnte den US-amerikanischen Einlegern während der Weltwirtschaftskrise in den dreißiger Jahren nicht genügend Sicherheit geben. Erst seit der Einführung der Einlagenversicherung in den dreißiger Jahren wurden Anstürme auf die Banken in den Vereinigten Staaten zu einer Seltenheit.

Doch die Einlagenversicherung hat auch Nachteile. Wenn Regierungen nicht die ausreichende Überwachungsfunktion erfüllen, haben Banken mit Einlagenversicherung einen Anreiz, übermäßig riskante Geschäfte zu tätigen. Ihre Einleger haben dabei nichts zu verlieren, während die Bank sehr hohe Gewinne machen kann. Einleger folgen daher hohen Zinssätzen und achten kaum oder gar nicht auf das Risiko der Bankanlagen. Banken, die sich auf riskante Geschäfte einlassen, können sogar durch das Angebot hoher Zinsen Konkurrenten vom Markt drängen, die konservativere Geschäftsstrategien verfolgen.

Diese Risiken können durch drei Abhilfemechanismen verringert werden:

- Einer ist eine genaue Überwachung, um sicherzustellen, daß die Banken sich nicht übermäßig risikofreudig verhalten.
- Ein anderer sind Anreize, um sicherzustellen, daß die Banken genug Eigenkapital haben, so daß sie bei einem Bankrott selbst hohe Verluste erleiden. Auch durch hohe Versicherungsprämien oder eine Mindestkapitalausstattung, die je nach Risiko der Bankanlagen variiert, können Banken dazu veranlaßt werden, weniger riskant vorzugehen. In ähnlicher Weise beteiligt die Anforderung eines bestimmten Kontingents extern geführter, unversicherter Kredite Investoren mit einem Anreiz zur Überwachung der Bank. Die so beschafften Informationen können den Aufsichtsbehörden wertvolle Dienste erweisen und gleichzeitig die Bank unter Druck setzen.
- Ein dritter Mechanismus ist die Beschränkung der Möglichkeiten der Bank, in übermäßig riskante Anlagen (zum Beispiel spekulative Immobiliengeschäfte) zu investieren oder hohe Zinssätze anzubieten, die nur durch hohe Risiken gerechtfertigt werden.

Daß die einfache Abschaffung der Einlagenversicherung die Marktdisziplin wiederherstellen und Probleme im Finanzsektor durch Risikoreduzierung beheben würde, ist eine irrige Ansicht. In den letzten Jahren wurden einige Länder, in denen es keine ausdrückliche Einlagenversicherung gibt, von Krisen heimgesucht. Außerdem ist es in der Praxis für die meisten Staaten sehr schwierig, die Rettung eines in einer Krise steckenden, wichtigen Finanzinstituts zu vermeiden. Wie ein Kommentator feststellte, gibt es zwei Arten von Ländern: die, die eine Einlagenversicherung haben und das wissen, und die, die eine Einlagenversicherung haben, es aber noch nicht wissen.

Die Tatsache, daß kleine Einleger die Bücher ihrer Bank nicht regelmäßig prüfen können, macht die Überwachung zu einem Allgemeingut, das ein kollektives Handeln erfordert. Selbst ohne Einlagenversicherung müssen Banken mit beschränkter Haftung angemessen überwacht werden, um ein übermäßiges Eingehen von Risiken zu vermeiden.

Einige einfache Beschränkungen können das Risiko eines Bankzusammenbruchs vermindern und erfordern dabei relativ wenig, was die Informationsbeschaffung oder -verarbeitung anbelangt. Eine rapide Kreditschöpfung ist zum Beispiel ein deutliches Warnsignal, das auf Solvenzprobleme von Banken hinweist, ob es sich nun um eine einzelne Bank oder das gesamte Bankwesen handelt. Heutzutage werden Versuche, die Kreditschöpfungsrate einzelner Banken kontinuierlich zu verwalten, oft umgangen, zumindest in den offeneren und fortschrittlicheren Finanzsystemen. Es kann jedoch auch möglich sein, das Finanzsystem durch Festlegung relativ hoher Grenzwerte für die Kreditschöpfung robuster zu machen. Länder können diese Grenzen auf einen Wert festsetzen, der normalerweise nicht erreicht wird, der aber gelegentliche Ausbrüche übertriebener und riskanter Kreditschöpfung verhindert, zum Beispiel die umfangreichen und unklugen Kredite an den Immobiliensektor, die zu Solvenzproblemen in Thailand und anderen ostasiatischen Volkswirtschaften führten.

Es könnte erstrebenswert sein, sehr riskante Aktivitäten ganz aus dem Bankwesen auszulagern, selbst wenn dadurch die Größe des Bankensektors verringert würde. Krisen der Banken, die als Zahlungsmechanismen der Wirtschaft dienen und deren Funktionieren daher von zentraler Bedeutung ist, haben größere systemische Auswirkungen als Verluste von Mittlern, bei denen es sich nicht um Banken handelt. In der Praxis sind die weniger regulierten Nichtbanken-Mittler jedoch oft im Besitz von Banken, die dann wiederum die Verluste tragen müssen. Solche finanziellen Verbindungen können selbst dann bestehen, wenn sich die Tochtergesellschaften im Ausland befinden. Das Problem ist jedoch nicht der Standort, sondern das Fehlen von regulativen Vorschriften und die gegenseitige Abhängigkeit der Bilanzen. Die Bankenaufsichtsbehörden müssen die konsolidierten Bilanzen der Banken überwachen. Sie benötigen außerdem ausreichende Informationen über die Situation der Großkreditnehmer, vor allem darüber, in welchem Umfang sie Wechselkursrisiken ausgesetzt sind. Diese muß dann mit der der Bank konsolidiert werden, damit sich ein angemessenes Gesamtbild ergibt.

Da Finanzverträge komplexer werden, verliert der traditionelle, auf Transaktionen basierende Ansatz zur Beurteilung der Solidität von Banken an Effektivität. Zum Beispiel verfügen Länder häufig über einfache Vorschriften, die die Auswirkungen von Wechselkursrisiken auf die Banken beschränken. Welche Kosten solche Risiken verursachen, zeigt sich immer wieder während einer Krise. Außerdem wird durch dieses Risiko auch der Umfang der makroökonomischen Politik stark eingeschränkt. Länder befinden sich in der Zwickmühle (oder glauben dies zumindest), entweder die Zinssätze zu erhöhen, was zu einer Rezession führt, oder den Wechselkurs fallen zu lassen, was eine Finanzkrise auslöst und so ebenfalls zu einem wirtschaftlichen Abschwung führen kann.

Dies stellt einen wichtigen Grund dafür dar, warum das Wechselkursrisiko von Banken begrenzt werden muß. Doch zeigen solche Begrenzungen auch Wirkung? Man denke nur an die Finanzderivate, die von einigen mexikanischen Banken kurz vor der dortigen Wechselkurskrise Ende 1994 erworben wurden. Obwohl diese Derivate als US-Dollar-Forderungen geführt wurden und daher anscheinend nicht gegen die Vorschriften zur Begrenzung des Nettowechselkursrisikos verstießen, machten die komplexen Vertragsbedingungen, die den Fälligkeitswert dieser Derivate definierten, sie jedoch eher zu US-Dollar-Verbindlichkeiten. Solange der Wechselkurs stabil blieb, warfen diese Instrumente für die mexikanischen Banken gute Gewinne ab. Doch als der Peso fiel, führten die Verträge zu erheblichen Verlusten. Nur eine äußerst genaue und regelmäßige Prüfung der Akten für diese Anlagen hätte Aufschluß über ihr tatsächliches Risiko gegeben, und auch dann nur hochqualifizierten Aufsichtspersonen, nicht aber dem Markt.

Um einer solchen Umgehung einfacher Vorschriften einen Riegel vorzuschieben, sind offensichtlich umfassendere Verbote erforderlich. Derartige Verträge könnten zum Beispiel gegen die Banken rechtlich nicht durchsetzbar sein, wenn sie nicht vollständig in deren Bilanzen ausgewiesen werden. Oder derartigen Verträgen könnte im Falle der Liquidation einer Bank auch ein untergeordneter Status zugewiesen werden. Doch auch einige andere, noch einfachere Vorschriften, zum Beispiel „Tempolimits", die die Kreditzuwachsrate des Immobiliensektors beschränken, können in Entwicklungsländern sehr viel leisten.

Risiken bewerten

Das Augenmerk der Regulierung und Aufsichtspraktiken richtet sich verstärkt auf die Risikobeurteilung und damit auf die Festlegung von Vorschriften, die die Anreize der überwachten Banken mehr an dem Allgemeinwohl ausrichten. Dabei kommen sehr unterschiedliche Arten der Informationsbeschaffung zum Einsatz. Die Risikobeurteilung zur Bankenüberwachung verwendet, was die Zahlungsfähigkeit anbelangt, einen weiter vorausschauenden Ansatz. Dabei soll nicht nur kontrolliert werden, daß die aktuelle finanzielle Situation der Bank solide ist, sondern auch, daß die Bank weiterhin solide und zahlungsfähig bleibt. Statistische Methoden zur Risikobeurteilung wägen das relative Risiko verschiedener Aktivitätstypen und verschiedener Bilanzbestandteile ab. Dieses Verfahren wird durch eine stärkere Konzentration auf das Management und die Systeme vervollständigt, einschließlich einer qualitativen Beurteilung des Charakters und der Kompetenz der Vorstandsmitglieder und Führungskräfte der Bank.

Aufsichtspersonen geben zunehmend der Bewertung der Angemessenheit der internen Verfahren zur Risikobegrenzung einer Bank den Vorzug vor einer direkten Bewertung der finanziellen Lage. Die mit der Risikobegrenzung betraute Abteilung einer gut geführten Bank sollte die erste Instanz sein, die auftretende Probleme erkennt und Abhilfemaßnahmen ergreift. Sie hat auch die beste Position inne, um betriebliche Vorschriften und Verfahren zu entwerfen, die das Risiko in der individuellen Umgebung der Bank begrenzen. Bei diesem Ansatz drehen sich viele der wichtigsten von der Aufsichtsperson beschafften und verarbeiteten Informationen um die Informationsverarbeitungs-Kapazität und die Anreizstruktur der Bank.

In den Entwicklungsländern müssen diese Verfahren zur Risikobeurteilung in die betrieblichen Verfahren integriert werden. Die Schulung von Bankpersonal in der Verwendung von Methoden zur Risikobeurteilung sollte ganz oben auf der Tagesordnung stehen. Bei dieser Vorgehensweise sind jedoch härtere Strafen für Verstöße erforderlich. Außerdem sollte die Tatsache, daß viele Finanzinstitute in den Industrieländern im Risikomanagement kläglich versagt haben, als Warnsignal dienen, damit eine direktere Überwachung nicht ganz eingestellt wird.

Andere Vorkehrungen

Geschicktere regulative und institutionelle Vorkehrungen (das heißt, geschickter als einfache Kreditplafonds und andere Verhältnisbegrenzungen) gehören ebenfalls zu den Hilfsmitteln, die sachverständigen Behörden zur Verfügung stehen. Risikobasierte Vorschriften zur angemessenen Kapitalausstattung ermutigen Banken, weniger riskanten Aktivitäten den Vorzug zu geben. Es gibt auch einige neue Experimente mit gesetzlichen Vorschriften zur Förderung einer parallelen Bewertung der Solidität von Banken durch andere Marktteilnehmer. Wie die vom privaten Finanzsystem entworfenen vertraglichen Vereinbarungen helfen diese Vorschriften, die durch die verbleibenden Informationsgefälle anfallenden Kosten für die Behörden zu minimieren. Sie wirken durch eine exaktere Ausrichtung der Anreize der Marktteilnehmer an denen der Behörden.

In der Praxis waren die Möglichkeiten zur Anpassung der Standards bezüglich einer angemessenen Kapitalausstattung an das Risiko sehr begrenzt. Bis vor kurzem richteten internationale Standards zum Beispiel ihr Hauptaugenmerk auf Kreditrisiken und nicht auf den Ausschluß von Risiken, die mit Kapitalanlagewerten einhergehen. Langfristige US-amerikanische Schatzobligationen wurden zum Beispiel als sicher angesehen, obwohl sie beträchtliche Zinsrisiken bergen. Außerdem wurde bei der Ausarbeitung von Vorschriften zur Kapitalausstattung einer Bank nicht genügend auf die Korrelation der Erträge aus deren verschiedenen Anlagen geachtet.

Die Bankenkrisen in Chile und Mexiko zeigten im Hinblick auf neu privatisierte Banken, daß die formelle Einhaltung der Vorschriften zur Kapitalausstattung möglich ist, ohne daß die Eigentümer tatsächlich über soviel Eigenkapital verfügen, wie es erscheint. Wenn Eigentümer zum Beispiel ihre Kapitalinvestition mit einem Darlehen von der Bank finanzieren, die sie übernehmen, ist das nicht wirklich Eigenkapital. Daß die Qualität des Kapitals nicht adäquat war, konnte erst festgestellt werden, als es schon zu spät war.

In einigen Fällen könnte eine Erhöhung der geforderten Kapitalausstattung sogar dazu führen, daß Banken ein *höheres* Risiko eingehen, denn sie achten hauptsächlich auf ihr Gesamtkapital, das auch ihren Franchisewert, den aktuell diskontierten Wert zukünftiger Gewinne, umfaßt. Da die Kosten für das zur Einhaltung der Kapitalausstattungsstandards erforderliche Kapital hoch sein können, verringert eine Anhebung der Kapitalausstattungsstandards den Franchisewert. In einigen Fällen kann der Verlust des Franchisewertes die Kapitalschöpfung mehr als ausgleichen, so daß die Bank in der Tat ein größeres Risiko trägt. Normalerweise besteht der Nettoeffekt der erhöhten geforderten Kapitalausstattung jedoch darin, das Risiko eines Zusammenbruchs zu mindern, ohne übermäßige Kosten für die Aufsichtsinstanzen zu schaffen. Dieser Effekt wird verstärkt, wenn er von Regeln zur frühen Intervention begleitet wird, welche die Behörden zwingen, Abhilfemaßnahmen zu ergreifen, wenn risikogewichtetes Kapital unter den etablierten Grenzwert fällt, selbst wenn das Kapital weit positiv ist.

Vorschriften zur Kapitalausstattung beseitigen nicht die Notwendigkeit, daß Aufsichtsinstanzen die Vermögenswerte der Banken einschließlich der Darlehensportfolios beurteilen. Daher beseitigen sie auch nicht die Notwendigkeit der Informationsbeschaffung durch die Aufsichtsinstanz. Durch Einführung einer Fehlergrenze können sie jedoch die Anreize für ein solides Management der Bank erhöhen – und das Eingehen übermäßiger Risiken beschränken helfen (Sonderbeitrag 6.6).

Eine bessere Offenlegung der Bücher der Banken durchzusetzen und eine Reihe von nicht versicherten nachrangigen Verbindlichkeiten im Portfolio jeder Bank zu fordern sind zwei Möglichkeiten, den Umfang und die Anreize für eine zusätzliche Überwachung der Banksolidität durch den privaten Sektor zu vergrößern. Die Inhaber nachrangiger Verbindlichkeiten, die im Falle der Zahlungsunfähigkeit als erste Verluste verzeichnen, haben ein besonders großes Interesse daran, auf Probleme zu achten, vor allem, wenn sie von den Bankbesitzern unabhängig sind. Obwohl sie möglicherweise nur wenig Einfluß auf die Managementpolitik haben, gibt ein Verfall des Marktpreises dieser Verbindlichkeiten ihre Sorgen indirekt an die Aufsichtsinstanz und den Markt weiter. Die Informationsbürde teilen sich somit die staatliche Aufsichtsinstanz und andere Marktteilnehmer. Sie verschwindet jedoch nicht, denn die Aufsichtsinstanz muß immer noch gewährleisten, daß die Inhaber nachrangiger Verbindlichkeiten von den Bankinsidern wirklich unabhängig sind.

Eine Vervielfachung der Überwachungsinstanzen reduziert in erheblichem Maße das Risiko, daß eine Bank in die Zahlungsunfähigkeit abgleitet, ohne daß das Problem früh genug erkannt wird, um Abhilfemaßnahmen zu ergreifen. Dieselben Erwägungen gelten für ganze Bankensysteme. Mehr Instanzen, die das Geschehen überwachen, einschließlich der besseren globalen Überwachung durch den Internationalen Währungsfond und die Bank für Internationalen Zahlungsausgleich, sollten im Zusammenspiel mit mehr Informationen in den Händen der Marktteilnehmer dazu beitragen, daß Krisen seltener auftreten und geringere Ausmaße annehmen. Aber wie uns die Geschichte gelehrt hat, werden diese Maßnahmen Krisen mit ziemlicher Sicherheit nicht vollständig verhindern.

Diese Elemente erschöpfen den Maßnahmenkatalog der Aufsichtsinstanzen aber keineswegs. Die Finanztechnologie reagiert laufend auf Änderungen der gesetzlichen Vorlagen. Das Strategiespiel zwischen Regulierendem und

Sonderbeitrag 6.6

Bessere Bankenaufsicht in Argentinien

In Argentinien wurden die Reformen des Finanzwesens nach der Finanzkrise in den achtziger Jahren, die zu geschätzten Verlusten von 20 bis 55 Prozent des BIP führten, stark vorangetrieben. Infolge weiterer Maßnahmen der letzten Jahre, zum Teil als Folge der Mexikokrise 1994 - 1995, werden argentinische Banken nun durch folgende Punkte charakterisiert:

- Mindestverhältnis der angemessenen Kapitalausstattung von 11,5 Prozent, zählt zu den höchsten weltweit
- Dramatische Steigerung der Bedeutung ausländischer Banken (ungefähr 45 Prozent der Bankeinlagen)
- Verbesserte Offenlegung, einschließlich online verfügbarer Informationen von der Zentralbank über die Bilanzen und Gewinn- und Verlustrechnungen von Unternehmen
- Vorschrift, daß Banken unversicherte nachrangige Verbindlichkeiten ausgeben
- Hohe Liquiditätsanforderungen (für die meisten Verbindlichkeiten 20 Prozent) und
- Weitaus gestärkte Überwachungsfunktion, wobei schwächere Banken in den letzten drei Jahren geschlossen oder fusioniert wurden.

Ein Teil dieses Versuchs zur Verbesserung der Sicherheit und Solidität des Bankwesens ist auf die Verpflichtung der argentinischen Behörden zu einer festen Anbindung an den US-Dollar zurückzuführen (belegt durch die Schaffung einer Währungsbehörde). Dies spiegelt auch den Übergang zu einem Ansatz der Überwachung durch „viele Augen" wider. Bei einer höheren erforderlichen Kapitalausstattung wird das Eigenkapital der Besitzer herangezogen. Das Verlassen auf seriöse ausländische Banken gibt den Behörden etwas Sicherheit, daß die Kapitalqualität hoch ist. Inhaber nachrangiger Verbindlichkeiten sorgen für eine gute Marktüberwachung und liefern bei einer besseren Offenlegung von Informationen ein stärkeres Fundament zur Bewertung der Kreditwürdigkeit. Die Überwachung ist jetzt wirklich ernst zu nehmen, und das Liquiditätspolster trägt zur Bankstabilität bei. Obwohl es zu früh ist, um zu sagen, wie erfolgreich dieses System ist, hat es sich trotz der Asienkrise soweit gut bewährt, und das im Gegensatz zu dem Schock, den Argentinien in Folge der Mexikokrise erfuhr.

Reguliertem dauert an. Die Marktteilnehmer suchen stets neue Wege, um die durch die Regulierung verursachten Kosten zu reduzieren, und die regulierende Instanz muß darauf reagieren.

Es ist unwahrscheinlich, daß Aufsichtsinstanzen und staatliche Regulierer die notwendigen Frühwarninformationen sammeln, um einen Bankzusammenbruch zu verhindern, wenn die Anreizstruktur eine frühzeitige Intervention verhindert – wie das der Fall ist, wenn unvernünftige Banker zu viel politischen Einfluß haben. Es ist zwar nicht möglich, die Uhr auf das frühe 19. Jahrhundert zurückzudrehen, als private Bankenaufsichtsinstanzen im sehr erfolgreichen System der Suffolk Bank in Neu-England einen starken Anreiz hatten, Verluste zu vermeiden. Alle solche Verluste wurden aus den nachträglichen Sondervergütungen der Aufsichtspersonen bezahlt, die dadurch den damals von Bankführungskräften ausgegebenen Obligationen ähnelten. Es ist jedoch klar, daß der Kreis nur geschlossen werden kann, wenn Regierungen auch einen Anreiz haben, früh auf Informationen zu reagieren, die darauf hindeuten, daß eine Bank nicht solide geführt wird.

Weist der Zeitraum unmittelbar nach der finanziellen Liberalisierung eine bedeutend höhere Anfälligkeit für Finanzkrisen auf? Die Antwort lautet ja, zumindest für Länder mit mangelhaften rechtlichen und regulativen Institutionen. Einer der Gründe ist, daß solche Liberalisierungen den Franchisewert aushöhlten und mit ihnen nicht die erforderliche Verstärkung der Überwachung einher ging. Eine der wichtigen Lehren besteht darin, daß die Bestimmung des Tempos und der Reihenfolge von Reformen, die zu einer besseren Überwachung führen, noch bevor andere Restriktionen verringert werden, einer erhöhten Aufmerksamkeit bedarf.

Die Auferlegung von Beschränkungen, die den Franchisewert erhöhen, könnten zu sichereren und solideren Banken führen. Es gibt Hinweise darauf, daß leichte Beschränkungen der Sparzinsen in einigen ostasiatischen Volkswirtschaften in der Vergangenheit zu deren Wachstum beitrugen. Obwohl finanzielle Restriktionen, die zu negativen Realzinsen führen, dem Wachstum schaden und bedeutende Abweichungen von den Marktzinsen zu Handlungen zur Umgehung der Beschränkungen führen, können sanfte finanzielle Beschränkungen effektiv sein.

Angesichts der Asienkrise stellt sich erneut die Frage, ob die vorsichtige Regulierung der Banken ausreicht, um Volkswirtschaften vor der Verletzbarkeit zu schützen, die mit einer hohen Auslandsverschuldung, vor allem mit der kurzfristigen Verschuldung, von Banken und Unternehmen einhergeht. Abgesehen von dem, was zur Finanzierung des Handels benötigt wird, können kurzfristige Kapitalströme wenig zum Wirtschaftswachstum, aber in erheblichem Maße zur wirtschaftlichen Instabilität beitragen. Empirische Studien haben kürzlich gezeigt, daß die Liberalisierung der Kapitalkonten mit der Verletzbarkeit der Finanzmärkte verbunden ist, aber nicht mit dem Wachstum, und daß internationale Investoren Trends folgen. Und offensichtlich herrscht eine gewisse Zurückhaltung, langfristige Investitionen mit hoher Produktivität mit volatilem, kurzfristigem Kapital zu tätigen.

Abflüsse kurzfristiger Mittel unterziehen Volkswirtschaften beträchtlichen systemischen Risiken. Einige Fachleute haben deshalb empfohlen, daß die Währungsbehörden genug Devisenreserven behalten, um die kurzfristigen Fremdwährungsverbindlichkeiten des Landes voll decken zu können. Wenn dies jedoch in die Tat umgesetzt würde, würde das Land als Ganzes von den Industrieländern Darlehen zu hohen Zinssätzen aufnehmen und die Erlöse zu den niedrigeren Zinsen wieder anlegen, die normalerweise für liquide Reserven gezahlt werden.

Es scheint, daß die Risiken für die Gesellschaft, die aus solchen Darlehen resultieren, weitaus größer sind als die persönlichen Risiken, die Marktteilnehmer wahrnehmen und auf sich nehmen. Wann immer die Diskrepanzen zwischen Kosten für die Gesellschaft und persönlichen Kosten derart groß sind – das heißt, immer dann, wenn persönliche Handlungen weitreichende externe Auswirkungen haben – , besteht Grund zur staatlichen Intervention zur Neuausrichtung der Anreize. Dies gilt für Finanzströme genauso wie für die Luft- oder Wasserverschmutzung. Obwohl es reale Schwierigkeiten bei der Beschränkung der kurzfristigen Fremdwährungskredite gibt, muß angesichts der Tatsache, wie einfach es ist, die gesetzlichen Grundlagen in diesem Bereich, mit potentiell sehr schädlichen Begleiterscheinungen, zu umgehen, die Suche nach einer besseren Kombination aus politischen Maßnahmen fortgesetzt werden.

• • •

Volkswirtschaften mit besseren Finanzinstituten wachsen schneller, die mit schwächeren sind für Finanzkrisen und das sich meist daraus ergebende geringe Wachstum anfälliger. Wie erfolgreich Länder die Informationsprobleme angehen, die sie angehen müssen – die Auswahl und Überwachung von Darlehen und die Durchsetzung der Rückzahlung –, hat viel mit der Gesamtleistung der Wirtschaft zu tun. Doch wie gut sie diese Funktionen wahrnehmen, hängt von den Anreizen und den neuen Beschränkungen ab, mit denen sie konfrontiert werden, denn die Finanzmärkte lösen nicht nur Informationsprobleme, sondern schaffen auch neue.

Wenn Banken und Wertpapiermärkte eine überwachende Funktion haben, wer überwacht dann diese Überwachungsinstanzen? Investoren, die ihr Kapital dem Finanzmarkt anvertrauen, übernehmen einige der Überwachungsaufgaben, allerdings nur unvollkommen, unter anderem weil sie nur über begrenzte Informationen verfügen. Regierungen versuchen seit langem, den Umfang der den Investoren zur Verfügung stehenden Informationen zu vergrößern (durch Offenlegungsvorschriften). Außerdem haben Regierungen selbst Informationen beschafft (durch Überwachung) und entsprechend gehandelt. Sie haben auch Rechtssysteme geschaffen, die eine Selbstbedienung durch Manager, den Betrug, Schneeballsysteme, die Verletzung der Rechte von Minderheitsaktionären und die unzähligen anderen Verhaltensweisen verhindern sollen, die die Effizienz und Effektivität der Kapitalmärkte untergraben (bei denen die persönlichen Gewinne einiger auf Kosten anderer erzielt werden).

Regierungen erfüllen diese Aufgaben durch aktive Unterstützung des Finanzsystems und durch die Beschränkungen, die sie dem System auferlegen. Die genaue Politik und die beste Mittelkombination hängen von den Kapazitäten der Regierung und den Gegebenheiten im jeweiligen Land ab. Wie der *Weltentwicklungsbericht 1997* betonte, besteht eine der grundlegenden Aufgaben des Staates darin, seine eigenen Kapazitäten zu stärken – und sein Handeln besser auf seine Kapazitäten und die Gegebenheiten im Land abzustimmen.

Die zentrale Rolle des Finanzwesens für die Wirtschaft hat wichtige Auswirkungen darauf, wie Länder auf Wirtschaftskrisen reagieren, vor allem auf Krisen, die mit Finanzkrisen einhergehen. Viele der Lektionen, die die wiederholten Finanzkrisen überall auf der Welt auf schmerzhafte Weise gelehrt haben, wurden durch die kürzlichen Erfahrungen in Asien untermauert. Es ist wichtig, das Informations- und Organisationskapital der Finanzmittler in dem Maße zu bewahren, wie es wertvoll ist. Weil Informationen in begrenztem Umfang zur Verfügung stehen, sind die Bereitsteller von Mitteln kein perfekter Ersatz, und es dauert einige Zeit, um Bankbeziehungen wiederherzustellen. In der Zwischenzeit können sich die Probleme im Finanzwesen auf die gesamte Wirtschaft verheerend auswirken. Daher ist es ohne Beschneidung des Prinzips, daß Aktionäre und Führungskräfte Verluste hinnehmen müssen, wenn Finanzinstitute zusammenbrechen, oft vorzuziehen, daß bankrotte Banken von stärkeren Banken übernommen oder sogar saniert werden. Gerade weil sie die Bedeutung der Bewahrung von Informationen der Banken anerkennen, sind Industrieländer, die in einer Finanzkrise steckten, in der Regel anders mit Bankzusammenbrüchen umgegangen, als die Banken einfach nur zu schließen. Wie in diesem Kapitel geschildert, ist es für Entwicklungsländer noch wichtiger, die Informationen, über die Finanzinstitute verfügen, zu bewahren und darauf aufzubauen.

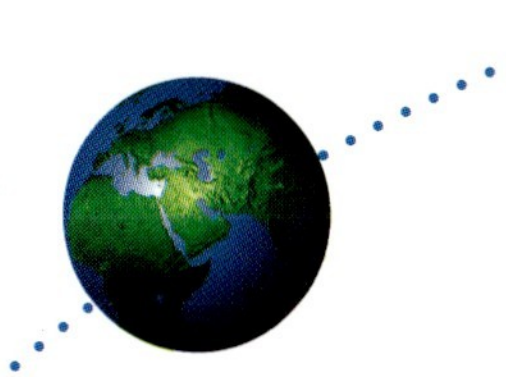

Kapitel 7

Unser Wissen über die Umwelt steigern

Hinter dem Anstieg des Wohlstands in den Entwicklungsländern lauert die Gefahr der Luftverschmutzung durch Autos, Schornsteine und Öfen. All diese Quellen emittieren winzige Partikel in die Luft, die sich tief in den Lungen festsetzen und zu schweren oder gar tödlichen Atembeschwerden führen können. Jedes Jahr sterben allein in vier chinesischen Städten – Tschungking, Peking, Schanghai und Shenyang – 10.000 Menschen frühzeitig an Krankheiten, die durch derartige Partikel verursacht wurden. Überall in der sich entwickelnden Welt tötet die Umweltverschmutzung Hunderttausende von Menschen und schädigt die Gesundheit von weiteren Millionen. Die Fehltage von Arbeitnehmern aufgrund von Atemwegserkrankungen belaufen sich auf Hunderte von Millionen und die damit verbundenen Kosten auf Milliarden von US-Dollar.

Solche Verluste wurden in der Vergangenheit als Preis der wirtschaftlichen Entwicklung angesehen. Glücklicherweise haben diejenigen Länder unter den Entwicklungsländern, die den Umweltschutz vorangetrieben haben, bewiesen, daß diese Ansicht völlig falsch ist. Von sehr unterschiedlichen Möglichkeiten und institutionellen Grundlagen ausgehend haben sie gerichtliche Schritte, gesellschaftlichen Druck von der Basis und Befehls- und Kontrollstrukturen eingesetzt, um die Luftverschmutzung auf dem derzeitigen Niveau zu halten oder gar zu reduzieren und dabei die Kosten in einem erträglichen Rahmen zu halten. All diese unterschiedlichen Ansätze weisen einen gemeinsamen Faktor auf: Die weltweite Anhäufung und Verbreitung von Wissen – Wissen über das Messen der Luftqualität, die Beurteilung von Gesundheitsrisiken, die Identifizierung von Emissionsquellen, die Schätzung von Rückführungskosten, das Setzen von Prioritäten bei der Durchsetzung und die Entwicklung kosteneffektiver regulativer Instrumente. Während immer mehr Wissen angesammelt und die Umweltpolitik gestärkt wurde, hat sich die Luftqualität in vielen Gebieten mit einer raschen Industrialisierung stabilisiert und sogar verbessert.

Was für die Luftverschmutzung gilt, gilt auch für viele andere Arten von Umweltschäden. Jedes Jahr raffen durch verseuchtes Wasser verursachte Durchfallerkrankungen ungefähr 2 Millionen Kinder dahin und sind für 900 Millionen Krankheitsfälle verantwortlich, von denen die meisten durch orale Rehydratationstherapie und grundlegende Hygiene verhindert werden könnten. Die jährlichen Verluste durch Bodenerosion belaufen sich in einigen Ländern auf 0,5 bis 1,5 Prozent des BSP, doch durch eine Politik, die auf umfangreichen Informationen basiert, können diese Kosten drastisch gesenkt werden. Die Emissionen von Treibhausgas werden sich bei gleichbleibenden Wachstumsraten innerhalb einer Generation verdoppeln, doch effektive Vorschriften und die Verbreitung von Informationen können auch in diesem Bereich zu einer enormen Reduzierung führen.

Die Bedeutung der Eindämmung der Umweltschädigung wird heute allgemein anerkannt. Wir verstehen auch, warum der Staat eingreifen muß, um die Umwelt zu erhalten. Die Verschmutzung hat zum Beispiel negative Aufwirkungen auf andere, doch der Verursacher muß sie meist nicht dafür entschädigen. Wenn solche Überlaufeffekte oder externe Auswirkungen auftreten, sind die Kosten der Verschmutzung für die Gesellschaft größer als die für den Verursacher. Dies hat eine zu starke Verschmutzung zur Folge, da sowohl Einzelne als auch Unternehmen nicht die richtigen Anreize zu deren Reduzierung haben. Eine Fabrik, die einen Fluß verschmutzt, hat keinerlei Anreiz, sich Gedanken über den Schaden für die Menschen, die flußabwärts leben, zu machen. Wenn jemand eine Klimaanlage verwendet, die FCKW freisetzt, hat er keinerlei Anreiz, sich um eine dadurch verursachte Schädigung der Ozonschicht zu sorgen. Autofahrer haben keine Anreize, die Auspuffgase zu reduzieren und damit die Luftqualität für ihre Nachbarn zu verbessern.

Effektive gesetzliche Vorschriften liefern Anreize zur Reduzierung der Verschmutzung und der Vernichtung natürlicher Ressourcen, indem gesellschaftliche und private Kosten aufeinander abgestimmt werden. In einigen Fällen können Rechtssysteme eine solche Abstimmung schaffen, ohne daß eine direkte staatliche Intervention notwendig wäre. Die Gesetze einiger Ländern verlangen von Umweltverschmutzern zum Beispiel, daß sie andere für bestimmte Arten von Umweltschäden entschädigen. Die Zuweisung von Eigentumsrechten kann ebenfalls den Umfang der Beeinträchtigung der Umwelt verringern, zum Beispiel wird ein See, der sich im Besitz eines Einzelnen befindet, wahrscheinlich kaum völlig leer gefischt. Doch auf die Inhaber dieser Rechte können beträchtliche Transaktionskosten für die Durchsetzung zukommen, und die Zuweisung von Eigentumsrechten ist manchmal einfach nicht durchführbar – wem soll zum Beispiel die Atmosphäre gehören?

Derartige Probleme haben Regierungen dazu gezwungen, mehr für die Erhaltung der Umwelt zu tun. In einigen Fällen können Aufsichtsbehörden Umweltverschmutzern die richtigen Anreize dafür bieten, Verschmutzungen selbst zu beseitigen, indem sie ihnen zum Beispiel die Kosten für Schäden in Rechnung stellen, die durch ihre Aktivitäten verursacht wurden. Wenn Informationen über Emissionen oder das Ausmaß des dadurch verursachten Schadens nicht verfügbar sind, können Systeme, die die leichter zu beobachtenden Aktivitäten von Umweltverschmutzern, wie zum Beispiel die vorgeschriebene Installation von Einrichtungen zur Begrenzung des Schadstoffausstoßes, wünschenswert sein. Verfügt man jedoch über ausreichende Informationen, ist es wirksamer, Umweltverschmutzer mit den entstandenen Kosten zu belasten. Im Gegensatz zu Technologiestandards übt diese Vorgehensweise kontinuierlich Druck auf Unternehmen aus, damit diese die Verschmutzung zu verringern.

Auch Informationen können zur Reduzierung der Umweltverschmutzung beitragen. Die von einer Regierung erlassenen Vorschriften (einschließlich der Belastung mit den Kosten für die Verschmutzung) gelten in ihrer gesamten Jurisdiktion und sind möglicherweise nicht auf alle Bereiche anwendbar – die Bedingungen im Hinblick auf Umwelt, Gesellschaft und Wirtschaft können sehr unterschiedlich sein. In solchen Fällen kann die Veröffentlichung der Emissionswerte eines Umweltverschmutzers die formellen Vorschriften ergänzen. Informierte Verbraucher kaufen dann möglicherweise weniger Produkte von großen Umweltsündern. Investoren, die sich Sorgen um die Haftung machen, finanzieren solche Umweltsünder vielleicht nur ungern. Und benachbarte Gemeinden können darauf bestehen, daß solche Unternehmen ihre Umweltleistung verbessern.

Die Verbreitung von Informationen über die Konsequenzen der Umweltverschmutzung kann auch Möglichkeiten für eine Verbesserung bieten, doch die Auswirkungen umfangreicherer Informationen hängen von der Fähigkeit und dem Willen der Menschen ab, diese auch zu nutzen. Das läßt uns zu den beiden Hauptthemen dieses Berichts zurückkehren: Wissensgefälle abbauen und Informationsprobleme angehen.

In diesem Kapitel werden zwei wichtige Fragen behandelt:

- *Die Bedeutung von Wissen und Informationen für das Umweltmanagement.* Bessere Umweltergebnisse erfordern mehr Wissen über Auswirkungen auf die Umwelt und über Technologien sowie Informationen über die Umweltleistung einzelner, wie zum Beispiel die von bestimmten Umweltverschmutzern verursachten Umweltschäden.
- *Die Entwicklung geeigneter Institutionen für das Umweltmanagement.* Effektives Management erfordert Wissen über die Einfluß alternativer institutioneller Anordnungen, ihren Informationsbedarf und die Umstände, unter denen sie gut funktionieren.

Wissen für das Umweltmanagement

Im Mittelpunkt der Analyse von Umweltschäden steht häufig deren Beziehung zur wirtschaftlichen Entwicklung. Manche Fachleute argumentieren, daß diese Schäden das unvermeidliche Nebenprodukt der gesellschaftlichen und wirtschaftlichen Entwicklung, zumindest in den Anfangsstadien, sind. Andere behaupten, daß die wirtschaftliche und gesellschaftliche Entwicklung auf lange Sicht keinen Schaden nehmen wird, sofern natürliche Ressourcen richtig verwaltet werden. Daher betrachten einige das Umweltmanagement als Ergänzung der Entwicklung, andere betrachten die beiden Faktoren als sich gegenseitig widersprechend. Doch selbst ohne Entwicklung kann es zu schweren Umweltschäden kommen, zum Beispiel aufgrund des Bevölkerungswachstums. Dieser Bericht vertritt eine ausgeglichene Ansicht: Wirksame politische Maßnahmen können umweltverträgliche Entwicklungsstrategien fördern, indem die Umwelt erhalten und sogar verbessert wird, während gleichzeitig das Wirtschaftswachstum angetrieben wird. Solche Strategien erfordern gut funktionierende Institutionen, geeignete Anreize, umfassende Informationen und ein besseres Wissen um die Auswirkungen alternativer politischer Ansätze auf die Umwelt.

Die Hauptaspekte des langen, wissensintensiven Prozesses des Zusammenbringens von Umweltmanagement und Entwicklung sind:

- *Verständnis der Umwelt und der Prozesse, die sie beeinflussen*, durch Identifizierung der Quellen der Umweltschädigung, ihrer Folgen sowie der Kosten zu deren Reduzierung, als Fundament für eine effektive Politik
- *Entwicklung von Indikatoren für die Umweltleistung*, die Behörden auf kommunaler, regionaler und nationaler Ebene verwenden können
- *Verwendung von Umweltinformationen* zur Verbesserung sowohl der staatlichen Regulierung als auch der privaten Entscheidungsfindung, sowie
- *Verwaltung von Umweltwissen* durch Schaffung von Möglichkeiten zur Beschaffung und Verbreitung von Wissen, Verbesserung des Umweltmanagements des privaten Sektors sowie Erweiterung von Modellen staatlicher Politik, damit Umweltvariablen mit berücksichtigt werden.

Die Umwelt verstehen

Um ein effizientes Angebot der meisten Waren und Dienstleistungen sicherzustellen, sind wir auf die Märkte angewiesen. Die am Schnittpunkt von Nachfrage und Angebot ermittelten Preise liefern meist alle relevanten Informationen zur effizienten Zuteilung von Ressourcen, einschließlich des zusätzlichen (Grenz-) Vorteils für Verbraucher und Hersteller einer weiteren Produktionseinheit. Das Einzigartige am Preissystem ist die Tatsache, daß kein zentraler Planer detailliert über die Vorlieben der Verbraucher oder die technischen Möglichkeiten der Unternehmen informiert sein muß. Was jedoch die Versorgung mit sauberer Luft, sauberem Wasser und anderen natürlichen Ressourcen anbelangt, verhält sich die Sache anders. Solche Güter werden nicht auf Märkten ausgetauscht. Es gibt keine Preise, die die Grenzbeurteilung reinerer Luft oder reineren Wassers durch die Verbraucher oder die Kosten, die Anbietern für die Bereitstellung entstehen, widerspiegeln.

Daher muß eine gemeinsame Entscheidung darüber getroffen werden, wie sauber die Umwelt sein sollte. Verschiedene Menschen können jedoch verschiedene Ansichten haben, und diese Ansichten müssen durch den politischen Prozeß in Einklang gebracht werden. Um zu einer Einigung zu gelangen, müssen die Menschen die Konsequenzen kennen, die sich aus verschiedenen Graden der Verschmutzung ergeben. Ein solches Wissen ist daher ein grundlegender Bestandteil von Entscheidungen zur Umweltpolitik, kann jedoch nie vollständig sein. Betrachten wir zum Beispiel die Unsicherheit bezüglich der Auswirkungen der verschiedenen Grade der Luftverschmutzung durch Partikel auf die Gesundheit verschiedener Gruppen, einschließlich asthmakranker Kinder.

Unter bestimmten Umständen kann die Gesellschaft das verfügbare Wissen nutzen, um ein System für die Umweltschutzkosten zu entwickeln, das der Markt nicht schaffen konnte. Solche Kosten, die Umweltverschmutzern in Form von Verschmutzungsgebühren in Rechnung gestellt werden, basieren auf einer gemeinsamen Entscheidung über durch die Umweltverschmutzung verursachten Grenzkosten für die Gesellschaft. Angemessene Verschmutzungsgebühren zwingen Umweltverschmutzer dazu, für diese Grenzkosten aufzukommen. Dies liefert den richtigen Anreiz für Hersteller, effizient zu arbeiten, indem sie die gesellschaftlichen Grenzvorteile auf die gesellschaftlichen Grenzkosten ausrichten. Sobald gemeinsame Präferenzen einmal festgelegt wurden, funktionieren solche Umweltkosten ähnlich wie die Kosten für andere Güter.

Oft hängen die gesellschaftlichen Grenzkosten der Verschmutzung jedoch vom Grad der Verschmutzung ab. Die angemessene Gebühr kann nur bestimmt werden, wenn man weiß, welchen Grad die Verschmutzung erreichen wird, und das kann nicht ohne bestimmte Fachkenntnisse vorausgesagt werden. Selbst dann bleibt höchstwahrscheinlich eine erhebliche Unsicherheit bestehen, und von Zeit zu Zeit müssen Anpassungen vorgenommen werden. Wenn die Verschmutzung ein größeres Ausmaß annimmt als erwartet, muß die in Rechnung gestellte Gebühr möglicherweise erhöht werden. Aus diesem Grund ist die Überwachung des Verschmutzungsgrades von grundlegender Bedeutung.

Es kann sich ebenfalls als unmöglich herausstellen, die Kosten auf die einzelnen Unternehmen oder Haushalte umzulegen und dabei deren tatsächlichen Beitrag zur Verschmutzung zu erfassen. Dies würde eine Überwachung auf Haushalts- oder Unternehmensebene erfordern, die möglicherweise sehr kostspielig wäre. Daher greift der Staat zum Schutz der Umwelt häufig in Form von regulativen Maßnahmen ein, die direktere Auswirkungen auf die Verschmutzung haben. Kraftfahrzeuge müssen zum Beispiel gewisse Abgasnormen erfüllen, Kohlekraftwerke müssen Filter zur Reduzierung der Schwefeldioxidemissionen installieren. Damit solche Maßnahmen greifen, müssen die Aufsichtsbehörden die Grenzkosten kennen, die mit diesen strikteren Standards verbunden sind, um sie mit den gesellschaftlichen Grenzvorteilen der Verschmutzungseindämmung zu vergleichen. Die Beschaffung solcher Informationen kann jedoch schwierig und kostspielig sein.

Unvollständige Informationen und Wissenslücken stellen auch für die Bewahrung der natürlichen Ressourcen beträchtliche Probleme dar. Daten über Umweltvariablen sind häufig rar und ungenügend. Und angesichts der Komplexität vieler ökologischer Prozesse ist die Umwandlung von Umweltdaten in Wissen oft schwierig.

Einige Verknüpfungen zwischen menschlicher Aktivität und den Ökosystemen sind alles andere als offensichtlich. In den siebziger Jahren nahm das Angebot an Durianfrüchten in Malaysia auf unerklärliche Weise ab, wodurch eine Branche mit einem Jahresumsatz von 100 Millionen US-Dollar bedroht war. Die Zibetbäume, auf denen diese Frucht wächst, waren unbeschädigt und anscheinend gesund, trugen jedoch weniger Früchte. Dann fand man heraus, daß die Blüte des Zibetbaums von einer einzigen Fledermausart bestäubt wird, und die Population dieser Fledermausart hatte aufgrund eines Rückgangs ihrer Hauptnahrungsquelle abgenommen: blühende Bäume in Mangrovensümpfen, die in Krabbenzuchtbetriebe umgewandelt wurden.

In anderen Fällen erfordert das Angehen der langfristigen Auswirkungen von politischen Ansätzen, die Auswirkungen auf die Umwelt haben, erhöhte nachhaltige Investitionen in die Überwachung und in die Aktualisierung des Wissens. Wie im Überblick besprochen, hat die Grüne Revolution enorme Zunahmen der landwirtschaftlichen Erträge mit sich gebracht, was sich ebenfalls günstig auf die Nahrungsmittelsicherheit, die Einkünfte der Bauern und die Bekämpfung der Armut ausgewirkt hat. Doch Sorgen um den langfristigen Einfluß der Grünen Revolution auf die Umwelt unterstreichen den erhöhten Bedarf an Wissen.

Erfahrungen aus Pakistan veranschaulichen diese Befürchtungen. 1970 führten die Erfolge mit der ersten Generation von ertragreichen Sorten und die größere Verbreitung von Bewässerungssystemen zu Prognosen, daß Pakistan bald zu einem Nettoexporteur von Getreide avancieren würde. Während der folgenden zwei Jahrzehnte blieben jedoch Defizite in der einheimischen Produktion von Weizen – dem Hauptnahrungsmittel – bestehen, die Importe von mindestens einer Million Tonnen jedes zweite Jahr notwendig machten. Über die Ursachen dieser enttäuschenden Leistung besteht immer noch kein Konsens, und es ist sicherlich möglich, daß sie nichts mit der Vernichtung natürlicher Ressourcen zu tun haben. Weitere Beobachtungen und Analysen werden erforderlich sein, um zu bestimmen, ob die Vorteile des Anbaus besonders ertragreicher Sorten wenigstens zum Teil durch die damit einhergehende Verminderung der Nährstoffe, die Bodenverdichtung, die Abnahme organischer Stoffe im Boden und die weite Verbreitung spezieller, potentiell krankheitsanfälliger Anbausysteme relativiert wurden. Die Ergebnisse einer kürzlich durchgeführten Studie sind zumindest ein Warnsignal: die durchschnittlichen Produktionskosten stiegen um 0,36 Prozent pro Jahr in einem Jahrzehnt nach der Grünen Revolution (1984 – 1994), und die Zerstörung von Ressourcen (vor allem des Bodens) korreliert mit höheren Kosten.

Es dauert einige Zeit, bis Wissen entwickelt, verbreitet und akzeptiert wird. Fortschritt findet oft in Sprüngen statt, zuerst in der Wissenschaft und schließlich in der Gesellschaft allgemein (Sonderbeitrag 7.1). Und politische Prozesse sind genauso wichtig wie wissenschaftlicher Fortschritt. Die Entwicklungsgemeinschaft benötigte zum Beispiel einige Zeit, um die gesellschaftlichen und ökologischen Konsequenzen großer Wasserkraft- und Forstprojekte zu erklären. Immer mehr versteht man heute, daß eine solche Klärung sehr wissensintensiv ist und die Beteiligung vieler Parteien erfordert.

Wissen kann auch verloren gehen. Lange Zeit reichte das Wissen der Einheimischen aus, um das Umweltmanagement zu leiten. Die traditionelle Landwirtschaft in Afrika und Lateinamerika auf Basis der Wechselwirtschaft war bei der Steuerung von Nährstoffzyklen und der Regeneration der Bodenfruchtbarkeit äußerst wirkungsvoll. Doch der Anstieg der Bevölkerungszahlen und kommerzielle Anreize, die den massiven Anbau einzelner Arten begünstigen, ersetzten die vielfältigeren, eigenbedarfsorientierten Systeme und gefährdeten das Überleben dieses Wissens – und die damit verbundenen Kontrollmechanismen zum Umweltschutz. Örtliches und traditionelles Wissen wird heute in größerem Umfang bei der Entwicklung von Systemen zum Sammeln und Analysieren von Informationen und zur Förderung umweltverträglicher landwirtschaftlicher Praktiken verwendet.

Entscheidungen über die Verwendung natürlicher Ressourcen wirken sich nicht nur auf die heutige Generation, sondern auch auf zukünftige Generationen aus – eine Tatsache, die allen Anstrengungen für eine nachhaltige Entwicklung zugrunde liegt. Die stetige Entwicklung umfaßt daher das Erstellen von Informationen über die Auswirkungen aktueller Entscheidungen über Raum und Zeit hinweg. Dies bedeutet auch die Einrichtung von Anreizsystemen, die die Beteiligten dazu ermutigen, diese Informationen in ihre Überlegungen einzubeziehen.

Einer allgemeinen Interpretation der stetigen Entwicklung entsprechend, geht es zukünftigen Generationen nicht schlechter als den heutigen, wenn sie zumindest über etwa gleich viele Ressourcen verfügen, die sich aus einer Mischung natürlicher, infrastruktureller und

Sonderbeitrag 7.1

Die langsame Entwicklung des Wissens über die Klimaveränderung

1824 Jean Baptiste Fourier beschreibt als erster den Treibhauseffekt und vergleicht die Bedeutung der Atmosphäre mit der einer Glasscheibe, die einen Behälter abdeckt.

1850–1870 Die industrielle Revolution gewinnt an Fahrt und löst einen stetigen Anstieg der Treibhausgasemissionen aus.

1896, 1903, 1908 In drei Artikeln stellt der schwedische Wissenschaftler Svante Arrhenius die These auf, daß durch die Verbrennung von Kohle die Kohlendioxidkonzentration in der Atmosphäre steigen und zur Erwärmung der Erde führen wird. Er deutet an, daß eine Erwärmung wünschenswert sein könnte.

1958 Im Mauna Loa-Observatorium auf Hawaii und am Südpol beginnt man mit der laufenden Überwachung der Kohlendioxidkonzentrationen in der Atmosphäre.

1965 Das wissenschaftliche Beratergremium des US-Präsidenten nimmt ein Kapitel über Kohlendioxid in der Atmosphäre in seinen Bericht über Umweltprobleme auf.

Anfang der 70er Jahre Die Besorgnis über eine potentielle globale Abkühlung aufgrund industrieller und landwirtschaftlicher Aerosole breitet sich aus.

1979 In Genf findet die erste Weltklimakonferenz statt. Die Besorgnis über den Treibhauseffekt kommt erneut auf, doch die Abschlußerklärung der Konferenz fällt zu diesem Thema sehr vorsichtig aus.

1985–1887 Internationale Konferenzen im österreichischen Villach und im italienischen Bellagio erklären die Klimaveränderung zu einem internationalen Problem.

1988 Eine internationale Gruppe von wissenschaftlichen Experten organisiert sich zum Intergovernmental Panel on Climate Change (IPCC), .

1990 Auf der Zweiten Weltklimakonferenz in Genf werden die Ergebnisse des ersten Beurteilungsberichts des IPCC präsentiert. Das IPCC schätzt, daß eine Verringerung der Emissionen um 60 Prozent erforderlich wäre, um die Kohlendioxidwerte in der Atmosphäre auf dem Stand von 1990 zu halten, doch es wird keine grundlegende Verbindung zwischen menschlicher Aktivität und der globalen Erwärmung hergestellt.

1992 Die Klimarahmenkonvention der Vereinten Nationen wird in Rio de Janeiro von mehr als 160 Nationen unterzeichnet. Die Konvention enthält nominale Zielsetzungen für einige Länder, aber keine bindenden Ziele.

1995 Das IPCC veröffentlicht seinen zweiten Bericht, in dem es feststellt, daß „die Beweislast darauf hinweist, daß ein spürbarer menschlicher Einfluß auf die Klimaveränderungen vorhanden ist."

1997 Das Kyoto Protokoll wird angenommen. Industrieländer und die meisten Reformstaaten verpflichten sich, die Emissionen von Treibhausgasen im Zeitraum von 2008 bis 2012 um durchschnittlich 5,2 Prozent unter die Werte von 1990 zurückzuführen.

wissensbezogener Ressourcen zusammensetzen. Einige natürliche Rohstoffe können dieser Ansicht nach sicher abgebaut werden, wenn die Erlöse aus diesem Abbau in die Anhäufung anderer Arten von produktivem Kapital investiert werden. Wenn Humankapital natürliche Ressourcen ersetzen kann, kann ein Land zum Beispiel seinen Waldbestand verringern, um die Gewinne aus der Forstwirtschaft in die höhere Schulbildung zu investieren.

Doch ein Ersetzen ist nicht immer möglich. In welchem Ausmaß kann vom Menschen geschaffenes Kapital (einschließlich des Wissens) natürliches Kapital ersetzen? Bei der Beantwortung dieser Frage ist Wissen über einige wichtige Austauschbeziehungen notwendig. Da solches Wissen immer noch rar ist, werden einige sehr gegensätzliche Ansichten vertreten. Manche behaupten, daß es eine Vielzahl von Substitutionsmöglichkeiten gibt, andere, daß Substitutionsmöglichkeiten durch schlecht verstandene ökologische Schwellenwerte stark beschränkt werden. Sie warnen vor Vorgehensweisen mit möglicherweise irreversiblen Auswirkungen, zum Beispiel der Umwandlung von Feuchtgebieten oder Wäldern und dem Verlust des Schutzes von Einzugsgebieten und der Mikroklimaregulierung. Wenn die Auswirkungen von Entwicklungsentscheidungen irreversibel sind – oder nur bei sehr hohen gesellschaftlichen Kosten rückgängig gemacht werden können – ist ein vorsichtigerer Abbau

Sonderbeitrag 7.2

Unsicherheit, Irreversibilität und der Wert von Informationen

Die Entscheidung zwischen der Erhaltung und der Erschließung natürlicher Ressourcen wird oft durch ein Informationsungleichgewicht erschwert. Die Gewinne aus Entscheidungen zugunsten der Erschließung (zum Beispiel die Erschließung eines Waldes für die industrielle Verwertung) können mit relativer Sicherheit bestimmt werden, während die Vorteile der Bewahrung (zum Beispiel die mögliche Entdeckung von wertvollen genetischen Ressourcen oder die Entwicklung des Ökotourismus in einem Wildnisgebiet) eher ungewiß sind. Durch den Verzicht auf eine sofortige Erschließung können sich Landverwalter jedoch die Möglichkeit offenhalten, zu Vergleichszwecken umfassendere Informationen über Ertragsmöglichkeiten durch eine anderweitige Nutzung des Landes einzuholen.

Optionswert wird als der erwartete Wert zukünftiger Informationen über Ressourcen, die bewahrt werden, definiert. In der Regel ist der Optionswert positiv, was darauf hindeutet, daß die Entscheidung, die Erschließung soweit aufzuschieben, bis mehr Informationen über die Vorteile der Erhaltung verfügbar sind, einen Gewinn verspricht. Obwohl die Messung des Optionswerts aufgrund seiner nichttatsachenbezogenen Natur schwierig ist, versuchte man in einigen wenigen Fällen, Näherungswerte zu berechnen.

Ende der 70er Jahre wurde eine zuvor unbekannte Teosintart, ein wilder Verwandter des Mais, in der abgelegenen Region Sierra de Manantlán in Mexiko entdeckt. Neben ihrer Krankheitsresistenz bot die neu entdeckte Pflanzenart das Potential zur Entwicklung einer ganzjährigen Maissorte. Wenn ganzjähriger Mais in großem Maßstab angebaut würde, könnte dies die Arbeits- und Kapitalkosten der Produktion und dadurch den Preis von Mais stark verringern.

Dieses Beispiel bietet eine interessante Gelegenheit zur Anwendung des Optionswert-Konzepts und zudem den Vorteil, das Geschehen im Nachhinein beurteilen zu können. Wäre das Wildnisgebiet erschlossen worden, wäre die neue Teosintart möglicherweise nie entdeckt worden, und die Möglichkeit zur Entwicklung einer kommerziell wertvollen ganzjährigen Maisvariante wäre verloren gewesen. Doch indem das Wildnisgebiet erhalten wurde, hatten die Landverwalter beschlossen, auf mögliche Vorteile einer Erschließung zu verzichten – und konnten dadurch glücklicherweise Gewinne aus der Erhaltung des Gebiets erzielen.

Basierend auf Schätzungen des Angebots von und der Nachfrage nach Mais in den Vereinigten Staaten und auf nachvollziehbaren Annahmen hinsichtlich der Gewinne aus der Erschließung des Wildnisgebiets, wurde der Optionswert der Erhaltung der Wildnis auf rund 320 Millionen US-Dollar geschätzt. Ein Entscheidungsträger mit wenig Weitblick hätte beschlossen, das Gebiet zu erschließen, wohingegen ein vorsichtigerer Landverwalter gewartet hätte, bis weitere Informationen über den Nutzen einer Erhaltung verfügbar waren. Die zweite Auswahlmöglichkeit wäre die richtige gewesen, außer wenn der direkte Nutzen aus der Erschließung 320 Millionen US-Dollar überschritten hätten.

der natürlichen Ressourcen notwendig, als es der Fall wäre, wenn absolute Gewißheit bestünde oder die Folgen nicht irreversibel wären (Sonderbeitrag 7.2).

Die langfristigen Auswirkungen von Umweltproblemen und die Risiken und Grenzen technologischer Lösungen zu kennen reicht nicht aus, um die Umweltverträglichkeit sicherzustellen. Selbst mit diesem Wissen haben Länder möglicherweise nicht genug Anreize, um Markt- oder institutionelle Reformen zu implementieren. Politische Institutionen sind eher kurzfristig ausgerichtet, und langfristige Programme sind oft schwer durchzuführen, vor allem wenn sie kostspielig sind oder zu Einbußen für einflußreiche und sich lautstark äußernde Interessengruppen führen. Eine grundlegende Herausforderung auf dem Weg zu einer umweltverträglichen Entwicklung besteht in der Überwindung dieser mangelnden institutionellen Voraussicht.

Weitere Probleme können aufgrund der Umweltauswirkungen auftreten, die regionale oder nationale Grenzen überschreiten. Schwefeldioxid aus Kraftwerken im mittleren Westen der Vereinigten Staaten kann in den Staaten an der Ostküste zu saurem Regen führen. Bauern in Entwicklungsländern, die Wald für die Eigenbedarfslandwirtschaft roden, haben keinen Anreiz, sich über globale Auswirkungen Gedanken zu machen, ob sie sich nun ihres Beitrags zur weltweiten Zerstörung von Lebensräumen und der höheren Kohlendioxidkonzentrationen in der Atmosphäre bewußt sind oder nicht. In diesen Fällen erfordert die Effizienz, daß der Umweltschutz innerhalb einer breiteren politischen Zuständigkeit stattfindet.

Wenn die Auswirkungen globaler Natur sind, müssen die Handlungen auf internationaler Ebene erfolgen. In den letzten Jahren hat die internationale Gemeinschaft eine Vielzahl von Abkommen geschlossen, die die Umwelt weltweit verbessern sollen. An einem Ende des Spektrums zielt das Montrealer Protokoll über Stoffe, die zu einem Ozonabbau führen, auf ein spezifisches Problem ab und stellt einen klar definierten Zeitplan für das Ergreifen von Maßnahmen auf. Es wurde als sehr erfolgreich bewertet, wahrscheinlich wegen seines spezifischen Ziels und der weit verbreiteten Anerkennung der mit dem Ozonloch verbundenen Risiken. Am anderen Ende des Spektrums enthält die im Jahre 1992 auf dem Umweltgipfel in Rio angenommene Agenda 21 eine extrem breite Palette von Umweltschutzzielen, aber keinen allgemeinen Aktionsplan. Es ist schwierig, einzelne Erfolge eines so breit angelegten Plans zu erkennen, obwohl er sehr wohl international zum Bewußtsein für Umweltproblemen beigetragen haben mag.

Indikatoren für die Umweltleistung entwickeln

Die Überwachung der Umweltqualität ist für das Umweltmanagement grundlegend. Unsere Wahrnehmung der Umweltleistung – und ihre Auswirkungen auf die Lebensumstände der Menschen – hängt jedoch vom Rahmenwerk ab, in dem diese Informationen präsentiert werden. Standardmäßig werden Landesdaten über das Vermögen und die wirtschaftliche Leistung in der Volkswirtschaftlichen Gesamtrechnung erfaßt. Doch die richtet sich mehr nach dem makroökonomischen Management und eignet sich weniger zur allgemeineren Beurteilung der sozialen Wohlfahrt. Da sie die Degradation und Ausbeutung der Umwelt nicht wiedergibt, kann sie auch falsche politische Signale an Länder geben, die eine umweltverträgliche Entwicklung anstreben. Um die Umweltqualität zu überwachen, ist ein anderes Informationsnetzwerk mit zusätzlichen Indikatoren notwendig.

Die effektivsten Indikatoren sind Aggregate, die die zugrunde liegenden Daten zusammenfassen, um das Erkennen von Umweltproblemen zu unterstützen. Ebenso wichtig für die Politik sind Indikatoren für die Leistung: Wie haben wichtige Aspekte der Umweltqualität auf die angewandten politischen Maßnahmen reagiert? Einige Indikatoren messen Umweltgüter, zum Beispiel die Ausbreitung von Schutzgebieten oder die Artenvielfalt. Andere messen Umweltsünden, zum Beispiel übermäßige Abholzung, Bodendegradation oder Luft- und Wasserverschmutzung. Wieder andere überwachen die Auswirkungen der Umweltschäden, zum Beispiel durch verseuchtes Wasser übertragene Krankheiten oder das Aussterben von Arten.

Umweltindikatoren müssen ein kohärentes Bild der Verknüpfungen zwischen menschlicher Aktivität und der Umwelt liefern. Das Druck-Zustand-Reaktions-Modell der OECD (Schaubild 7.1), die Basis fast aller Systeme

Schaubild 7.1

Das Druck-Zustand-Reaktions-Modell

Die Kontrolle von Maßnahmen zur Schonung der Umwelt erfordert ein ausgefeiltes Modell der Interaktionen zwischen Gesellschaft und Natur.

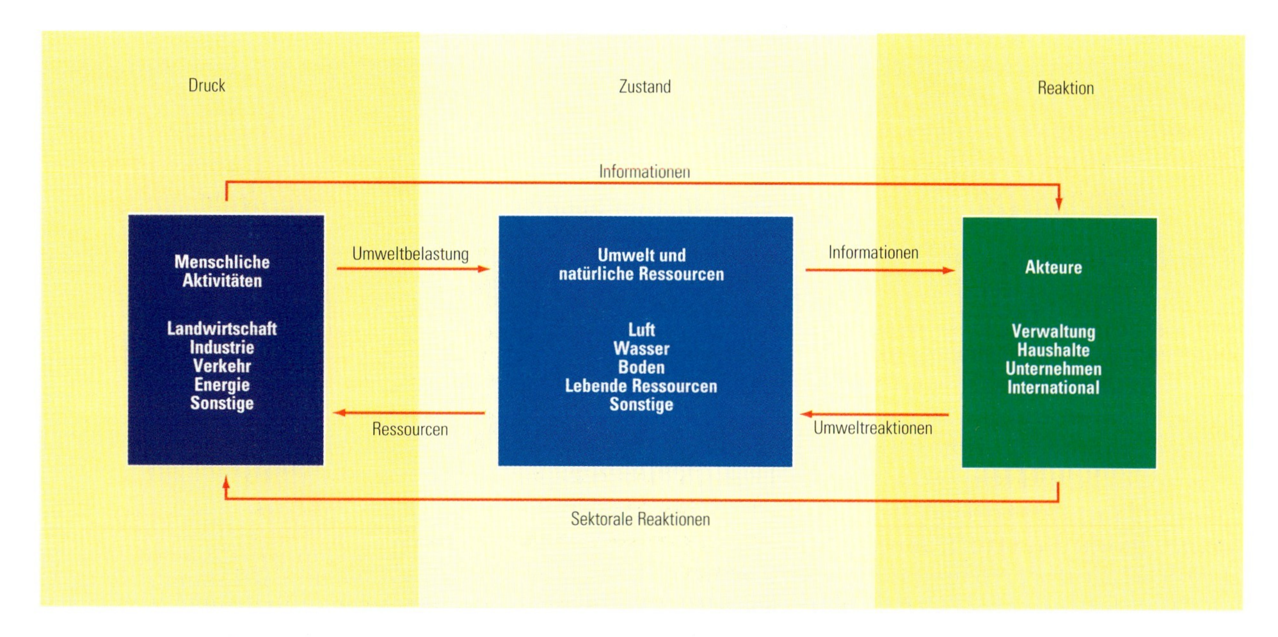

Quelle: OECD 1994

der Umweltindikatoren, liefert eine solche Kohärenz. Das Modell erkennt, daß Indikatoren sowohl für die Ursache (Druck auf die Umwelt) als auch für die Wirkung (der Zustand der Umwelt) notwendig sind, um komplexe Systeme zu verwalten. Ebenso notwendig sind Reaktionsindikatoren, um politische Maßnahmen und Verhaltensänderungen auszumachen, die die Auswirkungen auf die Umwelt mildern. Innerhalb dieses Rahmenwerks kann eine gut strukturierte Reihe physischer Indikatoren zusammengestellt werden, um sowohl Entscheidungsträger als auch die Öffentlichkeit über Veränderungen der Umwelt zu informieren.

Die Notwendigkeit der besseren Erfassung von Umweltschäden in Volkswirtschaftlichen Gesamtrechnungen hat zum Konzept der grünen Volkswirtschaftlichen Gesamtrechnung oder des „grünen BSP" geführt. Eine grüne Buchführung soll die Volkswirtschaftlichen Gesamtrechnungen durch Subtrahieren der mit dem Abbau natürlicher Ressourcen und der Umweltverschmutzung verbundenen Kosten vom BSP korrigieren. Es wird allgemein anerkannt, daß eine solche Justierung vom Konzept her gerechtfertigt ist, doch fehlt oft das notwendige unterstützende Wissen. Die Schätzung und Bewertung von Auswirkungen auf die Umwelt bleiben in vielen Fällen oft mehr eine Kunst als eine Wissenschaft. Daher fielen Vorschläge zur Anpassung an die Volkswirtschaftlichen Gesamtrechnungen sehr unterschiedlich aus. Trotz der vielen Unsicherheiten haben einige Länder damit begonnen, Schätzungen des grünen BSP in ihre Entscheidungsfindung mit einzubeziehen. Unter den Entwicklungsländern haben die Philippinen eines der fortschrittlichsten Systeme der grünen Volkswirtschaftlichen Gesamtrechnung.

Mit der grünen Volkswirtschaftlichen Gesamtrechnung verwandt ist die echte Ersparnis, die oft als direkter Indikator dafür verwendet wird, ob ein Land einen umweltverträglichen Weg geht. Es mißt die Rate, mit der Wohlstand geschaffen oder zerstört wird – die Rate der echten Ersparnis nach Berücksichtigung der Investitionen in Humankapital, der Abschreibung produzierter Anlagen und der Degradation und der Ausbeutung der Umwelt. Eine negative echte Ersparnis deutet darauf hin, daß der Wohlstand insgesamt abnimmt. Politische Maßnahmen, die zu einer dauerhaft negativen echten Ersparnis führen, sind nicht umweltverträglich.

Die echte Ersparnis weicht in vielerlei Hinsicht von der normalen Volkswirtschaftlichen Gesamtrechnung ab. Dabei wird vom Wert der Produktionsmengen der Wert der natürlichen Ressourcen subtrahiert, die bei der Herstellung dieser Produktionsmenge verbraucht wurden. Das Subtrahieren der Umweltschäden – einschließlich Verlust der Lebensqualität bei Krankheit und Tod – ist ebenfalls geeignet, wenn die Gesellschaft Wohlstand und Lebensqualität maximieren will, und nicht nur den Verbrauch von Waren und Dienstleistungen. Und in Anerkennung der Rolle des Wissens bei der Schaffung von Wohlstand beziehen Schätzungen der echten Ersparnis laufende Bildungsausgaben als eine Erhöhung der Ersparnis mit ein, und nicht des Verbrauchs, wie das in traditionellen Volkswirtschaftlichen Gesamtrechnungen der Fall ist.

Die Rate der echten Ersparnis zeigt, ob Länder von ihrem Grundkapital leben, was bei vielen der Fall ist: diese Rate war in einigen Ländern über einen langen Zeitraum hinweg negativ (Schaubild 7.2). In Ecuador war die echte Ersparnis für einen Großteil des Zeitraums, seit Beginn der Ausbeutung der Ölvorkommen fast Null oder sogar negativ, und das „verlorene Jahrzehnt" der achtziger Jahre wurde in vielen anderen Ländern Lateinamerikas und der Karibik durch eine negative echte Ersparnis gekennzeich-

Schaubild 7.2

Echte Ersparnis in Ecuador

Echte Erparnis – ein Maß, das Umweltverluste mit berücksichtigt – kann weit unter die konventionellen Maße für Ersparnis fallen.

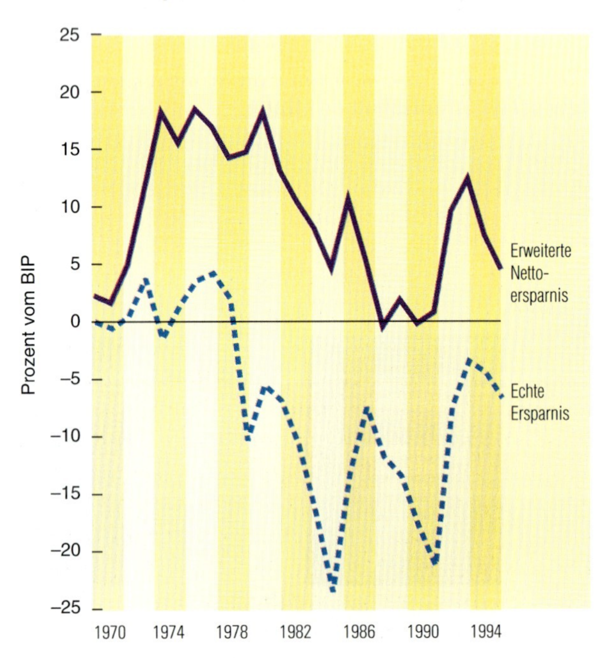

Hinweis: Die echte Ersparnis ist die um den Ressourcenabbau und die weltweite Schädigung der Umwelt bereinigte erweiterte Nettoersparnis. Die erweiterte Nettoersparnis beinhaltet die erweiterten Inlandsinvestititionen (Bruttoinlandsinvestitionen plus Bildungsausgaben) abzüglich Wertminderung und Kreditaufnahme im Ausland.
Quelle: Weltbank 1997c.

Schaubild 7.3

Echte Ersparnis in ausgewählten Regionen der Welt

In vielen Entwicklungsländern war die echte Ersparnis in der Vergangenheit niedrig und manchmal sogar negativ.

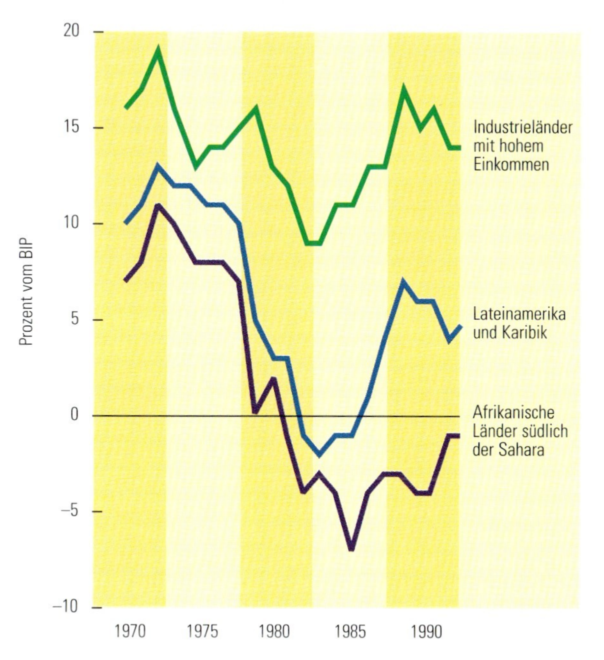

Hinweis: Echte Ersparnis wird in Schaubild 7.2 definiert. Quelle: Weltbank 1997c.

net. Die Rate der echten Ersparnis fiel in den afrikanischen Ländern südlich der Sahara in den späten siebziger Jahren drastisch ab und sind seither abgesehen vom Jahr 1980 negativ (Schaubild 7.3).

Die echte Ersparnis macht den Kompromiß zwischen Wachstum und Umwelt explizit, da Länder, die planen, heute zu wachsen und morgen die Umwelt zu schützen, eine negative Rate der echten Ersparnis verzeichnen werden. Die Rolle dieses Indikators besteht darin, Entscheidungsträger vor nicht umweltverträglichen Praktiken und Trends zu warnen. Doch die Reaktion auf dieses Signal erfordert mehr: ein umfassendes Verständnis der Zusammenhänge zwischen Umwelt und Wirtschaft auf makroökonomischer, sektoraler und Projektebene. Außerdem sind solide politische Maßnahmen und wohl durchdachtes Umweltmanagement erforderlich. In Botswana zum Beispiel dient die Buchführung über natürliche Ressourcen als grundlegendes Instrument zur Entwicklung der staatlichen Ausgabenpolitik. Die Behörden erkennen den Wert der Ressourcen und die Bedeutung der Reinvestition der Ressourceneinnahmen. Dieses Verständnis hat zu besseren makroökonomischen und ökologischen Ergebnissen geführt.

Umweltinformationen verwenden

Neue Forschungsergebnisse deuten auf ein enges Verhältnis zwischen Umweltregulierung und wirtschaftlicher Entwicklung hin. Der *World Development Report 1992: Development and the Environment* gab an, daß Entwicklungsländer viele Gelegenheiten haben, umweltverträgliche Entwicklungsrichtlinien zu erstellen. Die effiziente Schaffung, die Weitergabe und die Verwendung von Wissen – auf Kosten der Untätigkeit und zugunsten der Verbesserung der Umwelt – sind Schlüssel zur Formulierung und Implementierung dieser Richtlinien.

Die durch Überwachung des Zustands der Umwelt erstellten Informationen können auf verschiedene Art und Weise eingesetzt werden. Erstens helfen sie dem Staat, zu bestimmen, ob die Umweltstandards verschärft oder gelockert werden müssen. Einige Schadstoffe haben zum Beispiel Grenzwertkonzentrationen, oberhalb welcher das Krebsrisiko oder das Risiko von Atemwegserkrankungen von vernachlässigbar auf beträchtlich ansteigt. Es ist wichtig zu wissen, ob sich die Konzentration solcher Schadstoffe dem kritischen Grenzwert nähert. Zweitens, obwohl die Begrenzung des Schadstoffausstoßes am effektivsten auf Unternehmens- oder Haushaltsebene überwacht wird, ist die zweitbeste Lösung die Überwachung der Aktivitäten zur Begrenzung des Schadstoffausstoßes. Emissionsmindernde Einrichtungen in Kraftfahrzeugen können zum Beispiel kontrolliert und geprüft werden, selbst wenn es nicht praktikabel ist, die Emissionen jedes einzelnen Fahrzeugs zu überwachen.

In einigen Fällen reagieren Unternehmen und Haushalte möglicherweise direkt auf Informationen über ihre umweltbelastenden Aktivitäten. Viele wollen nicht zur Schädigung der Umwelt beitragen und werden wie gute Staatsbürger auf Informationen über die Konsequenzen ihrer Aktivitäten auf die Umwelt reagieren. Gemeindegruppen, Industrieverbände und Vereinigungen von Ressourcenverbrauchern können auf ihre Mitglieder Druck ausüben, damit diese sich verantwortungsvoll verhalten. Doch Informationen allein liefern keine ausreichende Richtlinie für Aktionen Einzelner, Unternehmen oder deren Verbände. Gesetze und Strafen liefern wichtige Anreize zur Reduzierung der Umweltverschmutzung auf ein Niveau, welches von der Gesellschaft gebilligt wird. Anreize können auch durch die Ausübung von Druck einer Interessengruppe auf eine andere geschaffen werden. So kann die Verbreitung von Informationen über die Schadstoffemissionen verschiedener Firmen zum Beispiel einen starken gemeinschaftlichen Druck auf solche Unternehmen ausüben, damit diese ihren Schadstoffausstoß reduzieren. In Indonesien konnten die Umweltaufsichtsbehörden die Wasserverschmutzung durch die Entwicklung und Veröffentlichung von Bewertungen der Umweltleistung von Umweltverschmutzern erfolgreich reduzieren (Sonderbeitrag 7.3).

Es muß jedoch vorsichtig vorgegangen werden, wenn die Veröffentlichung als Hilfsmittel der Umweltaufsicht verwendet wird. Die Öffentlichkeit braucht möglicherweise Hilfe bei der Interpretation der Informationen, weil die mit verschiedenen Schadstoffen verbundenen Risiken nicht allgemein bekannt sind. Die Unternehmensbewertungen in Indonesien basieren auf Grenzwertstandards, die die nationalen Vorschriften zum Schadstoffausstoß widerspiegeln. Eine schlechte Bewertung informiert die Öffentlichkeit darüber, daß eine Firma die nationalen Umweltstandards nicht erfüllt.

In den Vereinigten Staaten und in anderen OECD-Ländern jedoch haben Offenlegungsprogramme wie das Toxics Release Inventory Rohinformationen über Schadstoffemissionen ohne Interpretation oder Risikobewertung verbreitet. Einige in diesen Programmen als toxisch bezeichnete Chemikalien sind wirklich sehr gefährlich, selbst in geringen Dosen. Andere sind jedoch erst gefährlich, wenn man ihnen über einen längeren Zeitraum und in hohen Konzentrationen ausgesetzt ist. Indem alle Chemikalien gleich behandelt werden, alarmieren solche Offenlegungsprogramme möglicherweise die Öffentlichkeit unnötig und drängen die Industrie, kostspielige Rückführungsprogramme einzuführen, die der Gesellschaft nur wenige Vorteile bringen würden. In den letzten Jahren haben Forscher und nichtstaatliche Organisationen den Wert solcher Offenlegungsprogramme erhöht, indem sie das öffentliche Interesse auf das relative Risiko verschiedener Chemikalien lenkten.

Manchmal haben die Unternehmen selbst die beste Position inne, um das Umweltrisiko ihrer Aktivitäten zu beurteilen. In solchen Fällen ist es angemessen, eine gesetzliche Haftung für Umweltschäden und die Entsorgung von Giftmüll einzuführen. Doch weil viele kleine Unternehmen nicht über die erforderlichen Möglichkeiten verfügen, um die Auswirkungen ihrer Emissionen auf die Umwelt zu beurteilen, kann die gesetzliche Haftung nicht in allen Fällen durchgesetzt werden. Regierungen sind oft besser in der Lage, ein Risiko zu beurteilen, als Unternehmen. In dem Maße, wie Regierungen immer mehr Verantwortung für die Umweltaufsicht übernommen haben, nehmen immer mehr Unternehmen an, daß gesetzlich nicht geregelte Aktivitäten nicht schädlich sind.

Während relevante wissenschaftliche Daten sich anhäufen, verbessert sich das Wissen über die Umwelt und über komplexe Zusammenhänge zwischen Wirtschaft und Umwelt stetig. Ein besseres Verständnis dieser Zusammenhänge ist für das Erkennen von Umweltrisiken und die effiziente Verwaltung der natürlichen

Sonderbeitrag 7.3

Indonesien: Schadstoffausstoß durch öffentliche Informationen begrenzen

Die traditionelle Vorgehensweise bei der Umweltregulierung – über Genehmigungen, Überwachung und Durchsetzung – war in der Vergangenheit oft langsam, umstritten und kostspielig, selbst in Industrieländern. Daher probieren Industrie- und Entwicklungsländer neue Ansätze zur effektiveren Regulierung der Umweltverschmutzung aus. Indonesiens Programm zur Begrenzung, Bewertung und Einstufung der Umweltverschmutzung (Program for Pollution Control, Evaluation, and Rating oder PROPER), das 1995 ins Leben gerufen wurde, stellt einen solchen Ansatz dar, der demonstriert, daß örtliche Gemeinschaften und Marktkräfte wirkungsvolle Verbündete im Kampf gegen die industrielle Umweltverschmutzung sein können.

PROPER war eine Reaktion auf eine ernsthafte Gefahr der Umweltschädigung durch die Wasserverschmutzung, die durch eine mangelhafte Durchsetzung gesetzlicher Vorschriften sowie das rapide industrielle Wachstum verursacht worden war. Im Rahmen des Programms erhält eine Fabrik basierend auf der Beurteilung ihrer Umweltleistung durch den Staat eine Wertung in Form einer Farbe. Blau steht für Fabriken, die die gesetzlichen Vorschriften erfüllen, Grün für solche, deren Emissionsminderung die Normen weit übertrifft, und Gold (wurde noch keinem Unternehmen verliehen) für Umweltleistungen von Weltklasse. Fabriken, die die Grenzwerte knapp verfehlen, erhalten eine rote Wertung, Schwarz ist für Unternehmen bestimmt, die keine Anstrengungen zur Emissionsminderung unternommen und schwere Umweltschäden verursacht haben.

Mit diesen Informationen ausgestattet, können örtliche Gemeinschaften Maßnahmen zur Verringerung des Schadstoffausstoßes mit benachbarten Fabriken aushandeln. Unternehmen mit guten Umweltleistungen können das Wohlwollen des Marktes gewinnen, Investoren die Umweltlasten von Unternehmen besser einschätzen und Behörden ihre begrenzten Ressourcen auf die schlimmsten Umweltsünder konzentrieren. Während der ersten zwei Jahre seit Einführung von PROPER hat sich das Programm als effektives Werkzeug bewährt, um Unternehmen mit schlechten Umweltleistungen zur Erfüllung der Normen zu bewegen. Mehr als 30 Prozent der ersten 187 beurteilten Fabriken verbesserten sich innerhalb 15 Monaten vom roten oder schwarzen zum blauen Status. Ungefähr 400 Fabriken sind zur Zeit in dem System erfaßt. Die indonesische Regierung plant, bis zum Jahr 2000 ungefähr 2000 Umweltverschmutzer am Programm zu beteiligen. Durch diese und andere Beispiele für die Wirkung veröffentlichter Informationen ermutigt, entwickeln inzwischen auch Kolumbien, Mexiko und die Philippinen ihre eigenen Offenlegungsprogramme.

Ressourcen …

Ressourcen grundlegend. Doch die Natur ist komplex: Einige Ökosysteme erleiden möglicherweise irreparable Schäden, wenn die Belastung kritische Grenzwerte überschritten hat. Solide wissenschaftliche Ergebnisse sind immer noch selten verfügbar, und deshalb sind alle Entscheidungen über die Umwelt mit einem hohen Maß an Ungewißheit verbunden.

Bessere Informationen können neue Möglichkeiten eröffnen – und kostspielige Fehler verhindern helfen –, indem sie eine Feinabstimmung der Reaktionen auf Umweltrisiken ermöglichen. Der Wert solcher Informationen zeigt sich in einem Nettogewinn im Bereich des Wohlstandes und der Lebensqualität, der sich aus dieser Feinabstimmung ergibt. Was die Klimaveränderungen anbelangt könnte allein das Beheben einiger grundlegender Unsicherheiten Schätzungen zufolge mehrere Milliarden US-Dollar wert sein.

Ein besseres Verständnis der Wettermuster ist ebenfalls von großem Wert. Ein Bauer muß zum Beispiel entscheiden, welche Feldfrüchte er anbaut und wann er sie für die nächste Ernte anpflanzen muß. Unter anderem hängt diese Wahl vom für die kommenden Monate zu erwartenden Wettermuster ab. Daher könnten zuverlässigere Wettervorhersagen für Bauern von großem Vorteil sein. Die landwirtschaftlichen Erträge in Teilen Lateinamerikas und Afrikas wurden stark mit El Niño-Ereignissen (offiziell El Niño Southern Oscillation oder ENSO) in Zusammenhang gebracht (Schaubild 7.4). Ohne zuverlässige Vorhersagen werden Bauern gezwungen, Pflanzentscheidungen zu treffen, die für eine durchschnittliche Saison richtig sind, und das Risiko einzugehen, daß es durch unvorhergesehene extreme Wetterbedingungen zu beträchtlichen Schäden kommen kann. Bei besserem Verständnis der ENSO-Ereignisse und der Fähigkeit, diese vorherzusagen, können Bauern langfristige Wetterprognosen erhalten, bevor sie ihre Pflanzentscheidungen treffen. Dadurch könnte der Zusammenhang zwischen ENSO-Ereignissen und Erträgen und dadurch die mit der ENSO verbundenen Hungersnöte verringert werden.

Die Wetteranomalien während der El Niño-Episode von 1997–1998 machen deutlich, wie schwierig es ist, komplexe Naturphänomene zu verstehen. Obwohl Wissenschaftler nun die Wettermuster eines El Niño-Jahres relativ zuverlässig prognostizieren können, werden sie häufig vom Ausmaß der Wetteranomalien und ihrer engen Verknüpfung mit anderen Phänomenen überrascht. Das Ausmaß der jüngsten Waldbrände in Südostasien – vom Menschen verursacht, aber durch die von El Niño ausgelöste extreme Trockenheit verschlimmert – hat viele überrascht.

Eine andere Möglichkeit der Nutzung von Umweltinformationen ist die Entwicklung neuer Technologien.

Schaubild 7.4

Abweichungen von normalen Wettermustern und Ernteerträge in Lateinamerika

Bessere El Niño-Vorhersagen könnten ein Segen für die lateinamerikanischen Bauern sein.

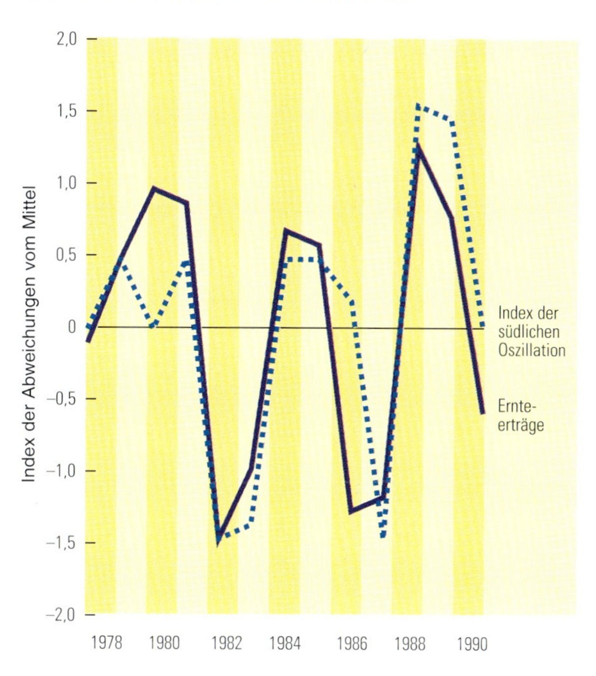

Hinweis: Der Index der südlichen Oszillation ist ein Maß für Richtung und Größe der südlichen Oszillation von El Niño. Tiefpunkte zeigen El Niño-Ereignisse an. Die Daten stellen normalisierte Abweichungen von Jahresmittelwerten dar. Die zugrunde liegenden Daten stammen aus den Oaxaca Valles Centrales in Mexiko. Quelle: Dilley 1997.

Technologischer Fortschritt ist oft selbst eine wichtige Ursache von Umweltproblemen, aber technologischer Fortschritt und Innovationen können auch einen Teil der Lösung darstellen. Angeregt durch Umweltgesetze, die entsprechende Anreize bieten, erweitert sich das Angebot an umweltfreundlichen Technologien:

- Moderne Computersysteme für die Kartographie können die Entwicklung der vorhandenen natürlichen Ressourcen verfolgen.
- Technologien zur Verringerung des Schadstoffausstoßes – zum Beispiel Elektrofilter oder Rauchgasentschwefelung – reduzieren die Schadstoffemissionen bei der Stromgewinnung.
- Von gleicher Bedeutung sind Substitutionstechnologien, wie zum Beispiel erneuerbare Energiequellen oder bleifreier Kraftstoff.

Trotzdem liefert der Markt nicht genügend umweltfreundliche Technologien, weil (wie in Teil Eins erläutert) die von ihnen verkörperten Informationen ein öffentliches Gut darstellen und es, wie wir in diesem Kapitel gesehen haben, schwierig ist, Vorteile für die Umwelt in die Kalkulationen einzelner Wirtschaftsunternehmen einzubeziehen.

Außerdem ist es selten ausreichend, sich lediglich auf die Technologie zur Lösung von Umweltproblemen zu verlassen. Ökologische und chemische Prozesse – und die Zusammenhänge zwischen Umwelt und Wirtschaft – sind allgemein zu komplex, um eine einfache technologische Lösung zuzulassen. Eine Lösung für ein Umweltproblem verursacht oder verschärft häufig ein anderes. Wasserkraft zum Beispiel stellt eine Quelle für saubere Energie dar, die keinerlei Luftverschmutzung verursacht. Große Dämme und Stauseen benötigen jedoch viel Land, und können bei nicht sorgfältiger Planung und Standortwahl die Umsiedlung zahlreicher Menschen erfordern und ganze Ökosysteme schädigen. Außerdem stellt eine technologische Alternative nicht unbedingt einen perfekten Ersatz für die Technik dar, an deren Stelle sie treten soll. In der Republik Jemen ist Feuerholz eine wichtige Energiequelle, selbst in städtischen Haushalten mit hohem Einkommen, weil Alternativen wie zum Beispiel Flüssiggas für den wichtigsten Verwendungszweck im Haushalt, das Brot backen, weniger geeignet sind.

Ein besseres Verständnis der Politik trägt ebenfalls in erheblichen Maße zum Umweltmanagement bei. Wie wirkt sich die Politik auf die Umwelt aus? Wie können kosteneffektive politische Maßnahmen am besten entworfen werden? Und wie können Kompromisse zwischen Umweltzielen und anderen Zielsetzungen bewertet, und wie kann darauf reagiert werden? Politiker erkennen heutzutage zum Beispiel, daß die verdeckte Subventionierung des Verkaufs von hydroelektrischer Energie zu einem niedrigeren Volkseinkommen und zu einer Verringerung der Umweltqualität führen können.

Mit modernem Wissensmanagement und Hilfsmitteln zur Unterstützung von Entscheidungen – und einem besseren Verständnis komplexer gesellschaftlicher und natürlicher Systeme – implementieren Politiker nun breiter angelegte, stärker integrierte Ansätze des Umweltmanagements. Die Verwaltung von Küstengebieten und die Schädlingsbekämpfung in der Landwirtschaft (Sonderbeitrag 7.4) sind gute Beispiele. Diese integrierten Ansätze erfordern viel Wissen, doch können sie häufig ein gestecktes Ziel kostengünstiger erreichen. Im Wärmekraftwerk im chinesischen Waigaoqiao konnten durch einen integrierten Ansatz beim Umgang mit den Schwefelemissionen dieses Städtischen Kraftwerks 100 Millionen US-Dollar für Gasentschwefelungseinrichtungen eingespart werden. Durch die Installation dieser Ausrüstung in einem älteren, umweltschädlicheren und näher am Stadtzentrum gelegenen Kraftwerk, statt im neuen Kraftwerk am Stadtrand, wurde die gleiche Verbesserung der Luftqualität kostengünstiger erzielt. Angesichts der Kosteneffektivität dieses Vorschlags stimmte die Stadtverwaltung einer Ausnahme von den gesetzlichen Vorgaben zu und genehmigte dieses Vorhaben.

Umweltwissen verwalten

Die Verwaltung von Umweltwissen, dessen Verbreitung und die Erweiterung der Fähigkeiten zu seiner effizienten Nutzung sind mindestens genauso wichtig wie die Schaffung solchen Wissens. Deshalb gehen heute immer mehr Umweltprojekte mit Informationssystemen und der Erweiterung von Fähigkeiten einher. Das West African Newsmedia and Development Center (Westafrikanisches Nachrichtenmedien- und Entwicklungszentrum), eine regionale nichtstaatliche Organisation mit Sitz in Benin, konzentriert sich auf die Medien, um Umwelt- und Entwicklungsinformationen kosteneffektiv zu verbreiten. Es konnte erfolgreich örtliche Fähigkeiten erweitern und Umweltfragen in die Berichterstattung von sowohl Printmedien als auch Rundfunk und Fernsehen integrieren.

Ein besseres Umweltmanagement erfordert ebenfalls geeignete Anreize, zum Beispiel durch die Beseitigung von Marktverzerrungen, die Behebung von politischen und informationsbedingten Fehlschlägen und die Entwicklung von Mechanismen zur Entschädigung derjenigen, die durch die Veränderungen Verluste erleiden. Mit den richtigen Anreizen und der Fähigkeit zur Verarbeitung relevanter Informationen beginnen die Menschen, Möglichkeiten zu nutzen, die sowohl ihnen als auch der Umwelt zugute kommen. Es gibt zahlreiche Belege dafür, daß dies für Haushalte, Unternehmen und Behörden gleichermaßen gilt. Mexikos Pilotprojekt für Umweltmanagementsysteme in Guadalajara zeigt die Macht der Verwaltung von Umweltwissen im privaten Sektor (Sonderbeitrag 7.5).

Daten über den Zustand und die Qualität der Umwelt können, selbst wenn sie unvollständig sind, sehr umfangreich sein. Entscheidungsträger brauchen Hilfsmittel und Indikatoren, die Daten über Umweltphänomene sammeln und zusammenfassen. Große computergestützte Hilfsmittel für die Entscheidungsfindung können Zusammenhänge zwischen Umwelt und Wirtschaft erfassen, Entscheidungsträgern dabei helfen, Prioritäten zu setzen, und die Entwicklung von Abhilfemaßnahmen verbessern, zum Beispiel durch Simulation der Auswirkungen verschiedener Maßnahmen auf die Umwelt.

Betrachten wir zum Beispiel Schadstoffe wie Stickoxide und Schwefeldioxid, die weitreichende Auswirkun-

Sonderbeitrag 7.4

Integrierte Schädlingsbekämpfung in Indonesien

Landwirtschaftssysteme, die auf die intensive Verwendung von Chemikalien setzen, werden oft für mehrere negative Auswirkungen auf die Umwelt verantwortlich gemacht: direkte Risiken für die Gesundheit der Bürger, Pestizidresistenz und Boden- und Wasserverseuchung. Die Integrierte Schädlingsbekämpfung (Integrated Pest Management oder IPM) stellt eine umweltverträgliche Alternative zum Einsatz von Pestiziden dar. Sie unterstützt die natürliche Bekämpfung von Schädlingen durch den Einsatz ihrer natürlichen Feinde, das Anpflanzen von schädlingsresistenten Feldfrüchten, eine kontrollierte Fruchtwechselwirtschaft und als letztes Mittel den vorsichtigen Einsatz von Pestiziden.

In Indonesien bedrohte bis zum Jahr 1986 der immer wieder auftretende Befall mit der braunrückigen Reiszikade, der durch den übermäßigen Einsatz von Insektiziden hervorgerufen wurde, die Reisproduktion. Forschungen haben ergeben, daß der Schädling durch eingeborene natürliche Feinde biologisch gut unter Kontrolle gehalten werden konnte. Ein Erlaß des Präsidenten verbot 1986 den Einsatz von 57 Insektiziden auf Reisfeldern und startete massive Bemühungen zur IPM-Ausbildung der Bauern und der staatlichen Mitarbeiter im Außendienst. Diese Validierung des Ansatzes gestattete weitere wichtige Änderungen der Vorgehensweise der Regierung: die komplette Streichung der Pestizidsubventionen innerhalb von zwei Jahren (wodurch die Regierung 120 Millionen Dollar im Jahr einsparen konnte) und die Implementierung eines landesweiten IPM-Programms.

1989 startete die indonesische Regierung mit Unterstützung der US-Behörde für internationale Entwicklung, der Ernährungs- und Landwirtschaftsorganisation und später der Weltbank eines der aggressivsten IPM-Programme überhaupt. Im Jahre 1993 kam ein IPM-Ausbildungsprojekt zur Unterstützung des nationalen Programms hinzu. Seine Zielsetzung bestand in der Schulung von 800.000 Bauern und Ausbildern und in der Stärkung des regulativen und ökologischen Pestizidmanagements.

Bis zum Jahr 1997 wurden mehr als 600.000 Bauern im Rahmen dieses Projekts geschult, darunter 21.000 landwirtschaftliche Ausbilder. Ausgebildete Bauern führen ihre eigenen Felduntersuchungen durch, während sie örtliches und traditionelles Wissen verwenden, um breit angelegte Konzepte und IPM-Praktiken an die örtlichen Gegebenheiten anzupassen. Sie verwenden Gemeinschaftsmechanismen zur Verbreitung von Wissen und unterstützen die Verwendung von IPM-Praktiken durch andere Bauern.

Bei IPM handelt es sich um eine informationsintensive Technologie, die kontinuierliche Eingaben aus Forschung und anderen Quellen benötigt, um ihre Dynamik auf Bauernhofebene beizubehalten. Heutzutage gibt es viel mehr Akteure: örtliche Behörden, Bauerngruppen, nichtstaatliche Organisationen und Geldgeber. Die Herausforderung besteht darin sicherzustellen, daß sich die Bauern durch die gegenseitige Beratung, die Bildung von Bauernvereinigungen, die Entwicklung informativer Medien und Förderung der Beteiligungsplanung und -implementierung weiterhin mit dem Problem beschäftigen.

gen haben: Ihre Verbreitungsmuster sind inzwischen für weite Teile der Welt relativ gut bekannt, und die Informationen über die Empfindlichkeit von verschiedenen Böden und Spezies gegenüber sauren Niederschlägen nimmt ebenfalls langsam zu. Dadurch können Forscher die wahrscheinliche geographische Verbreitung von Umweltschäden durch Emissionen aus verschiedenen Quellen simulieren und die Niederschläge in verschiedenen Szenarios mit kritischen Werten vergleichen. Unter kritischen Werten versteht man die Niederschlagsmenge, oberhalb derer Ökosysteme in einem bestimmten Gebiet ernsthaft geschädigt werden (Schaubild 7.5).

Viele Umweltprobleme werden durch Unzulänglichkeiten der jeweiligen Märkte und der Politik verursacht, haben jedoch Auswirkungen auf Länder weltweit, was die regionale und globale Weitergabe von Informationen so wichtig macht. In den Ländern südlich der Sahara zum Beispiel unterstützt das Knowledge and Experience Resource Network (Wissens- und Erfahrungsressourcen-Netzwerk) die örtliche Umweltplanung und das Umweltmanagement in städtischen und ländlichen Gemeinschaften. Um die Abholzung der Wälder zu verhindern, sammeln und analysieren Netzwerke örtlicher Zentren Informationen, was sehr kosteneffektiv sein kein (Sonderbeitrag 7.6).

Effiziente Umweltinstitutionen schaffen

Was ist der beste Weg, um Umweltinformationen zu erstellen, weiterzugeben und zu verwenden und die Probleme des Marktes zu überwinden, die Umweltproblemen meist zugrunde liegen? Verschiedene institutionelle Formen haben einen unterschiedlichen Informationsbedarf. Marktbasierte Regulierungen zum Beispiel, die Gebühren für Emissionen erheben, erfordern die Überwachung solcher Emissionen, was teuer und schwierig sein kann. Um die Kosten richtig in Rechnung stellen zu können, muß der Staat die Grenzkosten der Verschmutzung für die Gesellschaft beurteilen, was selbst unter optimalen Bedingungen ebenfalls sehr schwierig ist.

Wenn sich die Grenzkosten der Verschmutzung für die Gesellschaft nach dem Grad der Verschmutzung richten, ist der Informationsbedarf sogar noch größer. Entweder muß der Staat bereits über Wissen über das Verhältnis zwischen Kosten und den sich daraus ergebenden

Schaubild 7.5

Saure Niederschläge in Asien über den kritischen Werten: Das RAINS-Modell

Computermodelle können heute die wahrscheinliche Verteilung von Umweltschäden simulieren.

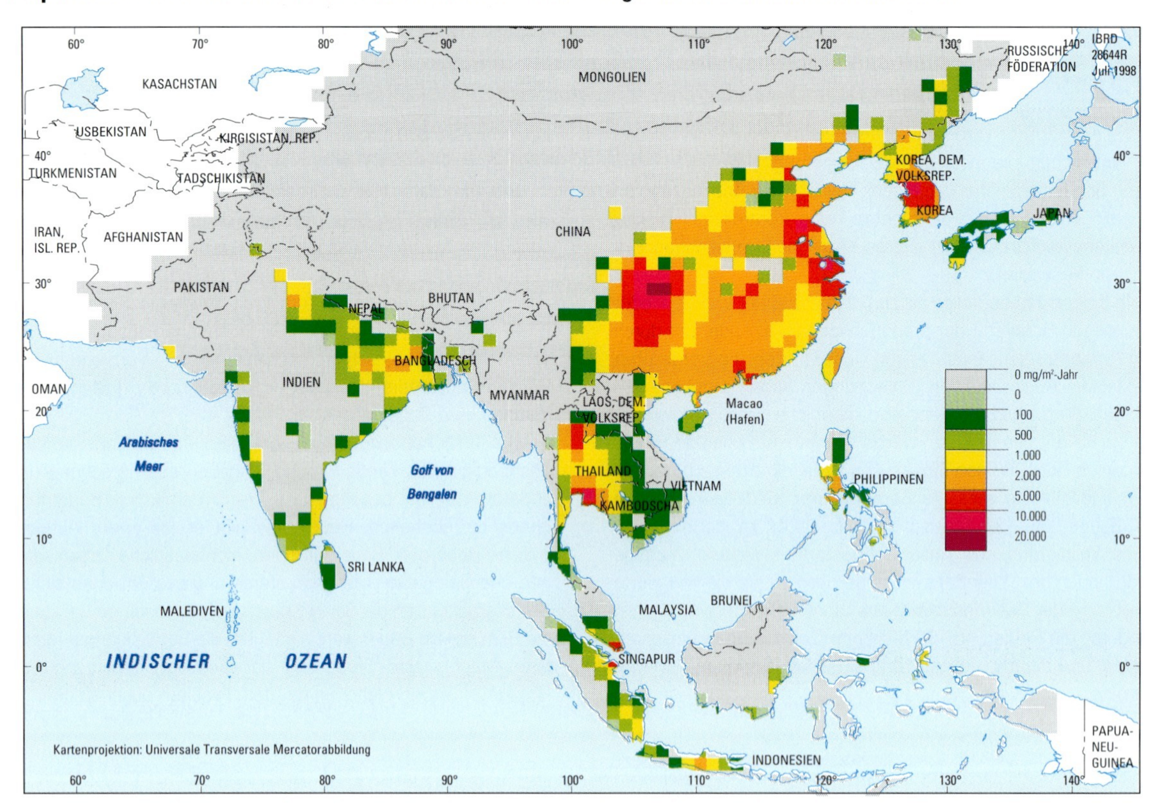

Hinweis: Das Schaubild zeigt die für das Jahr 2020 zu erwartenden Schwefelablagerungen, die über den von Ökosystemen zu verkraftenden Grenzwerten liegen. Quelle: Amann und Cofala 1995.

Verschmutzungsgraden verfügen, bevor er die Gebühren festlegt (was einen beträchtlichen Informationsaufwand hinsichtlich der Technologie erfordert), oder er muß gewillt sein, die Gebühren anzupassen, wenn die resultierende Verschmutzung vom gewünschten Grad abweicht.

Wenn die Regierung Emissionsrechte erteilt, mit denen gehandelt werden kann (Sonderbeitrag 7.7), muß sie den Verschmutzungsgrad trotzdem überwachen. Außerdem muß sie das schwierige Problem der Verteilung von Genehmigungen lösen. Dies behindert die Verwendung von handelbaren Genehmigungen zur Emissionsminderung.

Befehls- und Kontrollregulierungen haben einen ganz anderen Informationsbedarf. Die Überwachung, ob eine bestimmte Technologie verwendet wird, ist möglicherweise viel einfacher als die Überwachung des Verschmutzungsgrades, doch die Auswahl der Technologiestandards erfordert umfassendes Wissen über Technologien – Wissen, über das eher die regulierten Unternehmen verfügen als die regulierende Instanz. Verschiedene Rechtssysteme können außerdem auf verschiedene Arten der Unsicherheit stoßen. In Systemen, die handelbare Genehmigungen nutzen, besteht möglicherweise wenig Unsicherheit hinsichtlich der Gesamtemissionen, andererseits aber sehr viel Unsicherheit, was den mit diesem Emissionsgrad vereinbarten Preis für die Genehmigung anbelangt.

In diesem Abschnitt werden informationseffiziente Mechanismen auf vier Ebenen angesprochen:

- Die Nutzung von *Märkten* zur Verringerung von Umweltschäden, wenn möglich, durch marktbasierte regulative Instrumente wie Verschmutzungsgebühren und handelbare Emissionsrechte

Sonderbeitrag 7.5

Stärkung des Umweltmanagements zur Förderung der Leistung

Das 1996 begonnene Pilotprojekt für Umweltmanagementsysteme in Guadalajara hilft 15 kleinen und mittelständischen Unternehmen in dieser mexikanischen Stadt bei der Implementierung eines Umweltmanagementsystems, das auf einem international anerkannten Standard, ISO 14001, beruht. Der Standard legt keine spezifischen Ziele für die Schadstoffbegrenzung fest. Statt dessen bestimmt er die notwendigen Elemente eines effektiven Umweltmanagementsystems. Dazu zählen:

- Eine Umweltschutzpolitik, die von der Geschäftsleitung formuliert und über die alle Angehörigen des Unternehmens informiert werden
- Planung, einschließlich von Zielsetzungen, die in ein Managementprogramm aufgenommen wird, das mit der Umweltpolitik in Einklang steht und Verantwortungsbereiche, Ressourcen und einen zeitlichen Rahmen definiert
- Mechanismen zur Implementierung des Umweltmanagementprogramms
- Verfahren zur Überwachung sowie Abhilfemaßnahmen und
- Regelmäßige Überprüfung des Systems durch die Geschäftsführung, um seine ständige Effektivität zu gewährleisten.

Systeme dieser Art verbessern nicht nur das Umweltmanagement, sondern scheinen auch die Umweltleistung zu erhöhen. Bei vielen kleineren Unternehmen hat der Prozeß das Umweltbewußtsein und das Wissen aller Mitarbeiter von der Geschäftsleitung bis hin zu den Arbeitern in der Produktion gesteigert. Innerhalb weniger Monate begannen die Mitarbeiter, Umweltverbesserungen vorzuschlagen, und sie erhielten die notwendigen Befugnisse, um diese zu implementieren. Die Manager nutzen die so erzeugten Informationen als Marketinghilfsmittel und zur Verbesserung der Erfüllung gesetzlicher Auflagen. Durch die Festlegung meßbarer Umweltziele und die Übertragung von Verantwortung zur Erfüllung dieser Ziele kam es zu organisatorischen Änderungen, die zu einer nachhaltigen Verbesserung der umweltverträglichen Arbeitsweise führen sollten.

Punkte, die maßgeblich zum Erfolg des Pilotprojekts beitrugen, waren unter anderem:

- Anstöße von Großkunden und Zulieferern
- Nutzung von Fachwissen und örtlicher technischer Unterstützung, sowie
- Verwendung einfacher analytischer Hilfsmittel zur Verarbeitung der verfügbaren Informationen und zum Erreichen der gesetzten Zielvorgaben.

- Die Bestimmung geeigneter Rollen für die *Regierung und Kommunalverwaltungen* – zum Beispiel die Verwaltung regulativer Instrumente, die Überwachung, Durchsetzung und Sicherstellung, daß grundlegende Umweltleistungsstandards eingehalten werden
- Beteiligung von *Gemeinden und Bürgern* am Umweltmanagement, wobei besonders große Aufmerksamkeit auf die Veröffentlichung von Umweltinformationen, die Rolle des traditionellen Wissens und geeignete informelle Regulierung durch örtliche Organisationen gelegt wird, sowie
- Erweiterung des Umfangs der *internationalen Zusammenarbeit*, mit geeigneten Vereinbarungen zur Überwachung, Informationsweitergabe und zur Förderung der Auflagenerfüllung durch souveräne Staaten.

Umweltziele mit Hilfe von Märkten erreichen

Angesichts der Effizienz der Märkte bei der Informationsverarbeitung und Bereitstellung von Waren und Dienstleistungen scheinen marktbasierte Ansätze zum Umweltschutz vielversprechend zu sein. Steuern und handelbare Genehmigungen können in vielen Fällen Umweltprobleme beheben. Das Handelsprogramm für Schwefeldioxidemissionsrechte in den Vereinigten Staaten hat diese Emissionen zum Beispiel um fast 50 Prozent reduziert, und das zu bedeutend niedrigeren Kosten, als es mit anderen Instrumenten möglich gewesen wäre (Sonderbeitrag 7.7).

Eine der wenigen groß angelegten Anwendungen marktbasierter Instrumente in Entwicklungsländern ist die Schadstoffabgabe in China. Im Rahmen dieses Programms, an dem mehrere tausend Fabriken teilnehmen, müssen Unternehmen eine Abgabe entrichten, wenn ihre Schadstoffemissionen einen bestimmten Wert überschreiten. Dadurch wurde ein Anreiz für Unternehmen geschaffen, ihre Emissionen zu verringern, während die Flexibilität zur Anpassung der Quoten an die örtlichen Gegebenheiten bewahrt wurde: Die Konzentrationen bedeutender Wasserschadstoffe in den von der Abgabe betroffenen Provinzen fiel von 1987 bis 1993 um rund 50 Prozent.

Sonderbeitrag 7.6

Auf örtlichem Wissen aufbauen, um die Entwaldung zu überwachen und zu verstehen

Die Entwaldung ist ein weit verbreitetes Phänomen, das jedoch oft nur teilweise verstanden wird. Neue Ansätze beruhen auf örtlichen Quellen für eng gefaßte, örtlich überprüfte Informationen über die Abholzung von Wäldern und deren Ursachen. Wie das Beispiel des 1992 eingeführten Forschungsprogramms über internationale Forstressourcen und -institutionen (International Forestry Resources and Institutions, IFRI) der Indiana University in den Vereinigten Staaten zeigt, können solche Informationen durch ein Netzwerk weltweit zusammenarbeitender Forschungszentren gesammelt werden. Die Zentren einigen sich auf eine gemeinsame Forschungsmethode zur Sammlung der Primärdaten über Zustand, Management und Nutzung des Waldes. Daraufhin interpretieren und analysieren sie die vor Ort gesammelten Informationen, um neue Abhilfemaßnahmen zu ermitteln. Dann fördern sie die Bildung und Stärkung örtlicher Kapazitäten zur Beurteilung.

Dieser Ansatz unterscheidet sich von konventionellen Arten der Erforschung der Entwaldung wie zum Beispiel der globalen Überwachung, die hauptsächlich auf nationalen Bestandsaufnahmen und Satellitenbildern beruhen, und der Verwendung von Forschungsstationen, die Informationen über die Auswirkungen menschlicher Aktivitäten auf die Ökologie des Waldes beschafft. Das neue Programm ergänzt diese Methoden durch die Verringerung von Wissensgefällen über die physikalischen, ökologischen, sozioökonomischen und institutionellen Eigenschaften der Entwaldung und das Zusammenspiel von demographischen, politischen, maßnahmenbedingten und sozioökonomischen Kräften, das die Entwaldung verursacht.

Eine wichtige politische Botschaft, auf die der neue Ansatz hindeutet, ist die, daß die verschiedenen Formen kollektiven Handelns kombiniert werden müssen. Das Angehen der Informationsprobleme in Zusammenhang mit der Entwaldung, das hinsichtlich der bestimmenden Faktoren lokaler, in seinen Auswirkungen aber globaler Natur ist, erfordert die Mobilisierung vieler Akteure. Dazu zählen örtliche Gruppen und nationale Forscher zur Sammlung und Interpretation der im Feld gewonnenen Daten, die internationale akademische Gemeinschaft zur Schaffung gemeinsamer Methoden und die Gemeinschaft der Geldgeber zur Bereitstellung der notwendigen Ressourcen.

Eine interessante Form der marktbasierten Begrenzung des Schadstoffausstoßes, die das Kyoto Protokoll und die Klimarahmenkonvention vorsehen, ist die gemeinsame Implementierung, das heißt die Aufrechnung von Treibhausgasemissionen im internationalen Rahmen. Dieses System bietet eine kostengünstige Möglichkeit zur Begrenzung der Treibhausgasemissionen durch die Gewährung von Rückführungskrediten an Länder, die Maßnahmen zur Rückführung von Emissionen in anderen Ländern fördern. Dadurch können Industrieländer mit kostspieligen Rückführungsoptionen ihre Rückführungsverpflichtungen erfüllen, indem sie kostengünstigere Optionen anderswo identifizieren und nutzen. Es wird geschätzt, daß die Suche nach einer überregionalen Effizienz durch solche Maßnahmen die Kosten für die Einhaltung auf rund ein Drittel der Kosten in einem System mit für jedes Land einzeln festgelegten Zielwerten reduziert hat.

Bei der Schaffung von Märkten für Umweltgüter trifft man gelegentlich jedoch auf Schwierigkeiten. Damit Märkte gut funktionieren, müssen die Programme den Informationsdefiziten und Unsicherheiten bezüglich der Kosten für die Einhaltung und den Auswirkungen auf die Umwelt Rechnung tragen. Wenn Informationen jedoch nur in begrenztem Umfang verfügbar sind, können die Überwachungskosten und andere Transaktionskosten beträchtlich sein. Dies kann zum Beispiel bei vielen Ausgangsquellen der Fall sein oder wenn die Emissionsminderungen an einer unrealistischen Vorgabe gemessen werden, wie das bei der gemeinsamen Implementierung und bei vielen Programmen zur effizienten Energieausnutzung in den Vereinigten Staaten der Fall ist. Marktbasierte Instrumente können außerdem eine radikale Änderung der Denkweise erforderlich machen. Umweltgüter waren traditionell stets kostenlos, und viele Gesellschaften behandeln sie (zum Beispiel Wasser in manchen islamischen Ländern) als etwas Besonderes und Unbezahlbares. In den Vereinigten Staaten, wo die marktbasierte Begrenzung des Schadstoffausstoßes am weitesten entwickelt ist, dauerte es Jahre, die notwendigen Märkte zu schaffen. Trotzdem können marktbasierte Ansätze eine kostengünstige Lösung für viele Umweltprobleme darstellen.

Manchmal versagen Märkte allgemein, weil Informationsprobleme die Umweltprobleme verschlimmern oder deren Lösung verhindern. Solche Probleme können die effiziente Überwachung der Einhaltung von Umweltschutznormen verhindern und den Zugang armer Haushalte zu Kapital- und Versicherungsmärkten einschränken, was sich wiederum auf die Umwelt auswirkt. Ein fehlender Zugang zu Versicherungen kann beispielsweise

Sonderbeitrag 7.7

Märkte schaffen: Das US-Programm zum Handel mit Schwefeldioxidkontingenten

Der Handel mit Schwefeldioxidkontingenten wurde in den Vereinigten Staaten im Jahre 1995 durch eine Zusatzklausel der Gesetzesvorlage zur Reduzierung der Luftverschmutzung, des sogenannten Clean Air Act von 1990, eingeführt. Das US-Programm zur Reduzierung des sauren Regens ist das erste langfristige Programm zur Schadstoffverringerung großen Umfangs, das auf handelbaren Emissionsrechten beruht. In seiner ersten Phase ist es auf die 260 Kraftwerke mit dem stärksten Schadstoffausstoß beschränkt. Nach seiner vollen Implementierung im Jahr 2000 wird das Programm praktisch alle Kraftwerke, die fossile Brennstoffe verbrennen, in den kontinentalen USA umfassen.

Die potentiellen Vorteile wurden noch nicht vollständig erfaßt, doch das Volumen des Handels mit Emissionsrechten nimmt zu, und der anfangs sehr volatile Marktpreis hat sich stabilisiert. Die Schwefeldioxidemissionen sind stark auf einen Wert weit unterhalb des zulässigen Grenzwerts zurückgegangen. Darüber hinaus waren die Kosten für die Erfüllung geringer als erwartet, obwohl die Überwachungs- und Transaktionskosten mit ungefähr 120.000 US-Dollar pro Schornstein relativ hoch sind.

Der Handel mit Emissionsrechten war nicht der einzige Grund, warum die Erfüllungskosten niedrig blieben. Reduzierte Transportkosten sorgten dafür, daß Kohle mit niedrigem Schwefelgehalt aus dem mittleren Westen der USA in weiten Teilen des Landes und billiger zur Verfügung stand. Zusammen mit technischen Neuerungen, die das Mischen von Kohle mit hohem und niedrigem Schwefelgehalt erleichterten, wurde dadurch der Spielraum für einen Wechsel des Brennstoffs stark vergrößert, eine Rückführungsoption, die meist billiger ist als die hauptsächlich technische Lösung, vor allem die Rauchgasentschwefelung.

Das Programm zur Reduzierung des sauren Regens war sehr wichtig, um Versorgungsunternehmen zu ermöglichen, neue Informationen schneller zu verarbeiten und flexibel auf neue Entwicklungen zu reagieren. Vielen Elektrizitätsgesellschaften liefern die Preise der Genehmigungen hilfreiche Informationen über die branchenweiten Kosten für die Rückführung von Emissionen und bringen sie dazu, ihre Rückführungsstrategie zu überdenken. Andere Versorgungsunternehmen wurden von den neuen Entwicklungen überrascht und stellten fest, daß sie zu sehr in die Schwefeldioxidverringerung investiert hatten. Das System des Handels mit Emissionsrechten gestattete ihnen jedoch, ihre übermäßigen Emissionsreduzierungen im Hinblick auf zukünftige Grenzwerte „anzulegen". Dank moderner Zulässigkeits- und Emissionsverfolgungssysteme nehmen die Transaktionskosten langsam ab, der Markt wird flüssiger, und es kommt immer mehr zu einem Anstieg der Effizienz.

Einige vorläufige Schlußfolgerungen können aus den bisherigen Erfahrungen gezogen werden. Systeme für den Handel mit Genehmigungen funktionieren, doch sie müssen sorgfältig entworfen werden und stellen möglicherweise nicht immer die optimale Lösung dar. Sie gestatten den Akteuren, effizienter auf Änderungen der Marktbedingungen zu reagieren, verhindern aber nicht, daß Fehler gemacht werden.

dazu führen, daß ländliche Haushalte größere Viehherden halten, als das ansonsten der Fall wäre, um sich gegen Verluste abzusichern, wodurch wiederum die Natur stärker beansprucht wird. Ein fehlender Zugang zu Krediten kann verhindern, daß Haushalte umweltfreundliche Technologien mit hohen Anlaufkosten, zum Beispiel Solaranlagen, installieren.

Innovative institutionelle Strukturen wie zum Beispiel Energieversorgungsunternehmen sowie Leasing- und Mietkaufvereinbarungen können solche Probleme lindern. Energieversorgungsunternehmen haben den Zugang zu Krediten, den einzelne Haushalte möglicherweise nicht haben, weil sie meist Finanzdaten vorweisen können. Dadurch können sie Technologie zur Nutzung erneuerbarer Energie in großen Mengen kaufen, sie in den Haushalten der Kunden installieren und gegen eine Gebühr betreiben. Die Kunden zahlen nur für die Versorgung mit Energie, nicht für die Ausrüstung. Durch Verteilung der Kosten auf die Kunden während der gesamten Lebensdauer des Systems können Energieversorger auch kostengünstigere Zahlungspläne anbieten und so eine größere Kundenbasis erreichen. Leasing- und Mietkaufvereinbarungen funktionieren ähnlich, nur daß das Eigentumsrecht an der Ausrüstung auf den Kunden übergeht, wenn das Darlehen abbezahlt ist. Solche Neuerungen könnten Schätzungen zufolge weitere 50 Millionen arme Haushalte weltweit mit günstigem Strom versorgen.

Verantwortung auf Regierung und Kommunalverwaltungen aufteilen

Wenn es die technologischen, gesellschaftlichen und institutionellen Bedingungen gestatten, ist die Schaffung von Märkten eine sehr gute Möglichkeit zum Abbau des Informationsgefälles zwischen Anbietern und Benutzern von Umweltgütern und -dienstleistungen. Die Regierungen erfüllen jedoch eine wichtige, ergänzende Funktion bei der Bereitstellung und Verwaltung umweltrelevanter Informationen (zum Beispiel der Umweltkennzahlen) sowie bei der Gewährleistung der Einhaltung.

Beim traditionellen Ansatz zur Schadstoffsregulierung sammelt der Staat Informationen sowohl über den gesellschaftlichen Schaden von Aktivitäten, die zur einer Verschmutzung der Umwelt führen, als auch über die persönlichen Kosten der Rückführung. Dann ermittelt er einen optimalen Emissionswert, der durch die Gesetzgebung durchgesetzt wird. Dies kann in komplexen Situationen mit vielen Verschmutzern schwierig sein, könnte jedoch einfach durchzuführen sein, wenn es nur einige wenige Hauptverschmutzer gibt, so daß der Staat die relevanten Informationen relativ kostengünstig einholen kann.

Der Umfang eines Maßnahmenkatalogs – auf örtlicher, nationaler oder weltweiter Ebene – diktiert normalerweise die Ebene der Regierung, die am besten für dessen Durchführung geeignet ist. Im Hinblick auf natürliche Ressourcen stellt die dezentralisierte Verwaltung durch staatliche und örtliche Behörden oft eine kosteneffektive Möglichkeit zur Behebung örtlicher Umweltprobleme dar. Dadurch kann der Austausch umweltrelevanter Informationen auf mehrere Arten gefördert werden:

- Örtlichen Behörden, die den an Umweltproblemen beteiligten Parteien näher stehen, entstehen in der Regel niedrigere Kosten bei der Beschaffung von Informationen über die persönlichen Kosten (und die gesellschaftlichen Vorteile) von Abhilfemaßnahmen.
- Staatliche und kommunale Behörden können ihr Wissen über die örtlichen Gegebenheiten ausnutzen, um zentral festgelegte Richtlinien auf Emissionsstandards oder Bebauungsbeschränkungen anzuwenden. Außerdem können sie die Anpassung von Rahmenvorschriften fördern, welche von den nationalen Ministerien festgelegt wurden.
- Die Dezentralisierung kann die Feedback-Schleife zwischen der Entscheidungsfindung, der Beobachtung der Auswirkungen und der Anpassung der anfänglichen Entscheidungen verkürzen.

Die Dezentralisierung des Umweltmanagements birgt jedoch auch Risiken. Sie erfordert beträchtliches Human- und institutionelles Kapital: Ohne entsprechend ausgebildetes Personal, institutionelle Kontrollinstanzen und laufende Finanzierung kann das Gegenteil des Gewünschten bewirkt werden. Es reicht auch nicht aus, die Einbeziehung der beteiligten Parteien zu fördern. Wie die staatlichen Anreize werden auch die der örtlichen Behörden von Wahlen beeinflußt – die Legislaturperioden können zu kurz sein, um langfristige Anliegen ausreichend anzusprechen, oder zu lang, um Probleme beizulegen, die die häufige Interaktion mit den Beteiligten erfordern. Die örtlichen Gemeinschaften müssen daher dazu ermutigt werden, ihre Umweltsorgen zu äußern. Selbst wenn die Dezentralisierung den geeigneten Weg darstellt, müssen einige wichtige Aufgaben bei der Verwaltung von Umweltinformationen über Jurisdiktionen hinweg weiterhin vom Staat erfüllt werden.

Gemeinden und Bürger beteiligen

Umweltfragen überschreiten geographische Grenzen. Selbst in offenen Gesellschaften beruht die formelle Regulierung auf festen Regeln (Konzentrationsstandards, Strafquoten), die die Präferenzen gut organisierter Interessengruppen wiedergeben. In Regionen mit einer großen gesellschaftlichen und ökologischen Vielfalt ist es möglicherweise nicht der beste Ansatz zum Umweltmanagement, sich auf die beiden konventionellen Systeme der Ressourcenverteilung – Märkte und Regulierung durch den Staat – zu verlassen. Andere Formen der gesellschaftlichen Organisation müssen vielleicht ebenfalls dazu beitragen.

Gesellschaftliche Normen und Umweltleistung. In der neuesten Forschung hat sich die Aufmerksamkeit von den Transaktionsvereinbarungen (Märkte, regulierende Instrumente, usw.) mehr auf die gesellschaftlichen und institutionellen Fundamente effizienter Transaktionen verlagert. Fachleute im Bereich der wirtschaftlichen Entwicklung achten mehr auf das gesellschaftliche Kapital – die Beziehungen und informellen Institutionen, die sich erfolgreich entwickelnde Gemeinschaften unterstützen. Juristen berücksichtigen eher die stark ergänzende Wirkung zwischen informellen Verhaltensnormen und formellen Regeln beim erfolgreichen Regieren. Umweltforscher identifizieren ähnliche Muster bei der örtlichen Regulierung von Umweltschäden. Formelle und informelle regulative Mechanismen bestehen fast immer nebeneinander, wobei die informellen in Entwicklungsländern, in denen die formellen schwächer ausgeprägt sind, häufig überwiegen.

Neue Veröffentlichungen über die Begrenzung des Schadstoffausstoßes enthalten viele Beispiele, wie die Industrie auf gesellschaftlichen Druck reagiert. In einigen Fällen reduzieren Fabriken ihren Schadstoffausstoß durch Installation neuer Filteranlagen. In anderen entschädigen sie die Gesellschaft indirekt durch Bereitstellung von Trinkwasser oder von neuen Einrichtungen, zum Beispiel Tempel und Gemeindehallen. In wieder anderen Fällen weigern sie sich, Umweltprobleme anzugehen, vor allem, wenn die Quelle nicht eindeutig identifiziert werden kann. Umweltsünder sind häufig aufgeschlossener, wenn ihr Ruf bezüglich der Umwelt einen Marktwert hat oder die erhöhte Wahrnehmung von Risiken zu einem Kursverfall ihrer Aktien oder einer schlechteren Kreditbewertung auf Finanzmärkten führt.

Innovative Umweltschutzmaßnahmen betonen heute die ergänzenden Rollen der Gemeinschaften, Märkte und Regierungen bei der Verbreitung von Informationen über die Emissionsrückführung und bei der Schaffung von entsprechenden Anreizen. Die Behörden lernen, daß Lobbygruppen die Wirkung von Gesetzen unterstützen können. Die Öffentlichkeit weiß vielleicht, daß eine bestimmte Industrie Schadstoffe in die Umwelt ausstößt, sie weiß jedoch selten, wieviel jedes Werk emittiert. Das ist die zweite Gruppe von Informationen, deren Offenlegung ein Unternehmen unter Druck setzen und einen Anreiz liefern kann, die Emissionsgrenzwerte einzuhalten. Sonderbeitrag 7.3 zeigt, wie Indonesien die Selbstregulierung durch ein Programm zur Beurteilung und Offenlegung der Umweltleistung großer Verschmutzer vorantreibt. Neue Forschungsergebnisse aus Argentinien, Chile, Mexiko und den Philippinen zeigen, daß die Kapitalmärkte dieser Länder eine gute Umweltleistung belohnen (Sonderbeitrag 7.8).

Eine im mexikanischen Ciudad Juárez durchgeführte Studie zeigt außerdem, daß Informationen und Druck durch die Gesellschaft selbst die Umweltverschmutzung durch kleine, informelle Unternehmen reduzieren kann (Sonderbeitrag 7.9). Das allgemeine Fehlen einer gesetzlichen Grundlage zur Überwachung derartiger Unternehmen hat zu hohen Grenzkosten für die Rückführung, einer Unfähigkeit der Unternehmen, die hauptsächlich schlecht ausgebildete Arbeiter einstellen, sich rasch anzupassen, und zur Notwendigkeit des Verkaufs homogener Produkte auf heiß umkämpften Märkten geführt. Doch Ciudad Juárez deutet darauf hin, daß unzureichende institutionelle und informationsbezogene Bedingungen die Hauptverantwortlichen sind.

In einigen Fällen hängt der Übergang hin zu einem nachhaltigen Umweltmanagement unter Umständen weniger von der Verfügbarkeit von Wissen über geeignete Technologien, sondern vielmehr von der richtigen Art und Weise, dieses zu verbreiten, ab. Gemeinschaftsmechanismen, die auf der Kommunikation zwischen verschiedenen sozialen Schichten und Altersgruppen basieren, können innovative Lösungen bieten (Sonderbeitrag 7.10).

Örtliche ökologische Informationen. Vor allem in ländlichen Gebieten sind die örtlichen Gemeinschaften sowohl die Quelle wichtiger Umweltinformationen als auch die Hüter des traditionellen Umwelt-Know-hows. Die Anwohner, die die Hauptquelle für grundlegende Daten über die Ökologie und Nutzung des Waldes sind, stellen daher ein wichtiges Bindeglied in netzwerkähnlichen Ansätzen zur Erforschung und Untersuchung der Entwaldung dar (siehe Sonderbeitrag 7.6). Bei dem Versuch, die Artenvielfalt zu schützen, sind taxonomische Informationen sehr wichtig, um Prioritäten festzulegen, Grenzwerte zu bestimmen, an denen die Effektivität der Erhaltungsbemühungen gemessen wird, und Auswahlverfahren und andere Handlungen zur Identifizierung genetischer Merkmale heimischer Spezies zu leiten, die bei der Entwicklung

Sonderbeitrag 7.8

Informationen und Anreize zur Schadstoffbegrenzung aus Kapitalmärkten

Im traditionellen regulativen Modell begrenzen gewinnmaximierende Unternehmen den Schadstoffausstoß nur soweit, bis die steigenden Grenzkosten für die Rückführung die voraussichtliche Höhe der Strafe für die Nichteinhaltung erreichen. Umweltverschmutzer begrenzen Emissionen jedoch häufig selbst dann, wenn die erwarteten Strafen sehr niedrig sind. Gesetzliche Regulierung ist auf jeden Fall nicht der einzige Anreiz zur Begrenzung des Schadstoffausstoßes, und neuere Forschungsergebnisse weisen darauf hin, daß Kapitalmärkte in diesem Punkt unerkannte Potentiale aufweisen. Sie schaffen Anreize für die Begrenzung des Schadstoffausstoßes, wenn sie ihre Beurteilungen des Firmenwerts als Reaktion auf positive oder negative Informationen über die Umweltleistung der Unternehmen überarbeiten.

Unternehmensspezifische Umweltnachrichten wirken sich über mehrere Kanäle auf den Marktwert aus. Meldungen zu hohen Emissionswerten können den Investoren signalisieren, daß die Fertigungsprozesse des Unternehmens nicht effizient sind. Sie können außerdem zu einer strengeren Überwachung durch den Staat, Umweltschutzgruppen und Anwohner führen. Schließlich können sie auch einen Verlust des guten Rufes bei umweltbewußten Verbrauchern verursachen. All diese Änderungen können für das Unternehmen Kosten verursachen, seine erwarteten Gewinne schmälern und daher seinen Aktienkurs unter Druck bringen. Auf die gleiche Weise kann die Ankündigung einer guten Umweltleistung oder von Investitionen in sauberere Technologien die erwarteten Gewinne steigern.

Ein Team der Weltbank untersuchte kürzlich, wie die Aktienmärkte in Argentinien, Chile, Mexiko und auf den Philippinen auf Neuigkeiten zur Umweltleistung reagieren. Keines der vier Länder ist für seine strenge Durchsetzung der Umweltvorschriften bekannt. Trotzdem wurde festgestellt, daß der Aktienkurs eines Unternehmens um durchschnittlich 20 Prozent anstieg, wenn dessen gute Umweltleistung von den Behörden öffentlich anerkannt wurde, und um 4 bis 15 Prozent sank, wenn Beschwerden der Bürger über Umweltverschmutzung veröffentlicht wurden.

Diese Ergebnisse deuten darauf hin, daß globale Kapitalmärkte Informationen über die Umweltleistung nutzen und daß finanzielle Entscheidungen ein wichtiges fehlendes Glied bei der Erklärung der Verhaltensweisen von Umweltverschmutzern darstellen. Die Veröffentlichung zuverlässiger Informationen über die Umweltleistung kann daher Umweltverschmutzer indirekt (über die Finanzmärkte) beeinflussen, selbst wenn es schwierig ist, sie durch staatliche Maßnahmen direkt zu konfrontieren.

Sonderbeitrag 7.9

Informationen, Druck durch die Gesellschaft und Einführung sauberer Technologie in Ciudad Juárez, Mexiko

Aus ökologischer Sicht gibt es gute Gründe, von kleinen Fabriken in emissionsintensiven Branchen das Schlimmste zu erwarten. Viele nicht lizenzierte Kleinstunternehmen sind mit unausgebildeten Arbeitskräften auf heiß umkämpften Märkten tätig. Deshalb wird meist angenommen, daß sie entweder nicht gewillt oder nicht fähig sind, die Umweltverschmutzung effektiv zu verringern. Ein Beispiel sind Mexikos 20.000 kleine, traditionelle Ziegelbrennöfen. Mit sehr umweltschädlichen, billigen Brennstoffen befeuert, zum Beispiel Reifen, Müll, Altöl und Holzresten, stellen diese Öfen in vielen Städten eine der Hauptquellen der Luftverschmutzung und eine besonders ernst zu nehmende Gefahr für die Gesundheit der Menschen, die in der näheren Umgebung dieser Ziegeleien leben, dar. Doch eine Regulierung durch konventionelle Maßnahmen scheint unmöglich zu sein.

Die traditionelle Ziegelherstellung umfaßt eine arbeitsintensive Produktion mit geringem Technologieeinsatz im urbanen Bereich. Die vier Hauptaufgaben – das Mischen von Erde und Lehm, das Formen der Mischung zu Ziegeln, das Trocknen der Ziegel in der Sonne und das Brennen in einem primitiven Adobe-Brennofen – werden alle per Hand durchgeführt. Ein durchschnittlicher Brennofen beschäftigt sechs Arbeiter und bringt pro Monat ungefähr 100 US-Dollar ein. Die meisten Ziegelbrenner leben neben ihren Öfen in primitiven Häusern ohne Kanalisation oder fließendes Wasser. Der durchschnittliche Brennofenbesitzer hat eine dreijährige Schulausbildung; etwa jeder dritte Brennofenbesitzer ist Analphabet.

Anfang der 90er Jahre begann eine von einer privaten Vereinigung, der Federación Mexicana de Asociaciones Privadas (FEMAP), geführte Koalition mit der Einführung sauber verbrennenden Propans in den Ziegelmachervierteln von Ciudad Juárez. Das bedeutete einen beträchtlichen technologischen Wechsel, nicht nur einen einfachen Wechsel des Brennstoffs, denn dies alles brachte auch erhebliche Fixkosten mit sich: Transaktionskosten, Ausbildungskosten, Kosten für die Beschaffung von Propanbrennern und Kosten für die Anpassung der Öfen, damit diese höheren Temperaturen standhielten. Andere Hindernisse umfaßten die finanziell beschränkte Situation der Ziegelmacher, ihre Unbedarftheit hinsichtlich der Gesundheitsschäden durch die Verbrennung von Abfällen, die wirtschaftliche Attraktivität billiger, aber unsauberer Brennstoffe und das praktisch vollständige Fehlen von regulativem Druck durch die Behörden. Trotzdem hatten bis Ende 1993 zwischen 40 und 70 Prozent der rund 300 Ziegelmacher in Ciudad Juárez Propan als ihren Hauptbrennstoff angenommen.

Wie konnte FEMAP die zuerst negativen Prognosen Lügen strafen? Ein Forschungsteam von Resources for the Future, einer gemeinnützigen Umweltorganisation mit Hauptsitz in den Vereinigten Staaten, ermittelte drei Hauptgründe für diesen Erfolg. Zuerst wurden die entsprechenden Informationen bereitgestellt: Örtliche Universitäten starteten Ausbildungsprogramme für Ziegelmacher und schulten sie und die Anwohner in den Gesundheitsgefahren der alten Brennofentechniken. Zweitens ermutigte die Propangesellschaft Brennofenbetreiber zum Umstieg, indem kostenloser Zugang zu allen notwendigen Verbrennungsausrüstungsteilen außer dem Brenner selbst gewährt wurde. Drittens arbeiteten die Projektorganisatoren mit den führenden Persönlichkeiten der örtlichen Handels- und Gemeinschaftsorganisationen zusammen, um die Ziegelmacher zum Umstieg auf Propan zu bewegen.

Die Erfahrungen in Ciudad Juárez zeigen sowohl die Möglichkeiten als auch die Grenzen einer informellen Regulierung. In den frühen 90er Jahren, als Propan nur die Hälfte mehr kostete als Abfälle, führte die FEMAP-Initiative zu einer weit verbreiteten Akzeptanz einer saubereren Technologie bei Verschmutzern aus dem informellen Sektor. Die kürzliche Abschaffung der Brennstoffsubventionen durch die mexikanische Regierung hat jedoch dazu geführt, daß der Preis des Propans gegenüber dem von Abfällen drastisch anstieg. Angesichts dieser erneuten Änderung der Anreize stiegen die meisten Brennofenbetreiber wieder auf die traditionellen Brennstoffe um. Informelle Regulierung ist zwar sehr leistungsstark, widerlegt jedoch nicht die Gesetzmäßigkeiten der Wirtschaft.

von neuen Medikamenten oder besseren Pflanzensorten verwendet werden können.

Costa Rica experimentiert mit der direkten Beteiligung der Einwohner an der Bestandsaufnahme der in den Wildnisgebieten des Landes heimischen Arten. Durch die Kombination örtlichen traditionellen Wissens mit einer grundlegenden formellen Ausbildung in der Taxonomie entwickelt Costa Ricas Nationales Institut für Artenvielfalt INBio einen neuen Beruf, den des Parataxonomisten, der für die grundlegende Feldarbeit für die Bestandsaufnahme verantwortlich ist. Dabei ist der Parataxonomist kein reiner Sammler, sondern auch der erste, der Arten katalogisiert, und stellt dabei eine direktere Verbindung zu den Be- und Anwohnern von Costa Ricas Wildnisgebieten her.

Umweltverträgliche Landwirtschaft. In vielen Entwicklungsländern bieten neue Marktmöglichkeiten, die durch die globale ökonomische Integration entstehen und oft mit einer Subventionierung der Ausgangsmaterialien verbunden sind, Anreize für Bauern, die für den Verkauf produzieren, kurzfristige Ertragssteigerungen durch die Verwendung von landwirtschaftlichen Chemikalien oder durch den verschwenderischen Einsatz von Wasser zu erzielen. Währenddessen werden Bauern, die für den

Sonderbeitrag 7.10

Weitergabe von Wissen über umweltverträgliche Bewässerung in Brasilien

In vielen Ländern ist der Bewässerungssektor der größte Wasserverbraucher und ist für bis zu 80 Prozent des Wasserverbrauchs verantwortlich. Er ist außerdem aufgrund einer schlecht instand gehaltenen Infrastruktur, ineffizienter Technologie und nachlässiger Verwaltung ein besonders verschwenderischer Verbraucher. Feldfrüchte von geringem wirtschaftlichen Wert werden oft mit Hilfe von teurem Bewässerungswasser angebaut, das besser für hochwertigere Feldfrüchte oder gar nicht in der Landwirtschaft verwendet werden würde. Neben den hohen Kosten für den Staat bei der Subventionierung von Bewässerungssystemen trägt eine intensive Bewässerung auch zu Drainage- und Versalzungsproblemen sowie zur Grundwasserverschmutzung und dadurch zur Verbrachung zuvor fruchtbaren Landes bei.

Oft ist das Problem darauf zurückzuführen, daß Wissen über geeignete Technologie ebenfalls ineffizient verbreitet wird. Ein Gegenbeispiel ist ein Projekt der Weltbank im Bewässerungsdistrikt Formosa in Brasiliens nordöstlichem Bundesstaat Bahia. Als das Projekt begann, nahmen die Bauern der örtlichen Vereinigung der Wasserverbraucher Möglichkeiten zur effizienten Wassernutzung wie zum Beispiel wassersparende Sprinklersysteme und hochwertigere Feldfrüchte nur zögerlich an. Die eingesparten Wasserkosten deckten die Betriebs- und Wartungskosten nicht, und das System war nicht durchzusetzen.

Im Jahre 1995 führte eine Analyse der Gründe für das geringe Interesse an einer Veränderung dazu, daß die Kinder der Bauern stärker einbezogen wurden. Das Ergebnis war das Projeto Amanhã (Projekt Morgen). Es wurde eine berufsbildende Schule gegründet, um die jüngere Generation über Bewässerung, neue landwirtschaftliche Techniken und die Leitung einer Gärtnerei zu unterrichten. Mit inzwischen 120 Schülern pro Klasse bietet die Schule jetzt auch Kurse im Nähen, Schreinern und in der Vieh- und Geflügelzucht an. Studenten lernen außerdem, wie Sägemühlen betrieben und Traktoren repariert werden. Die Schule pflanzt auf 100 Hektar Land zu Lehrzwecken Feldfrüchte mit hohem Verkaufswert an. Durch die Einnahmen aus all diesen Aktivitäten kann sie sich selbst finanzieren.

Die Schule hat das Projekt völlig verändert. Die Vereinigung der Wasserverbraucher, die das Projeto Amanhã verwaltet, hat heute sowohl ältere als auch jüngere Mitglieder und kann zwischen 80 und 100 Prozent der Betriebs- und Wartungskosten des Bewässerungsdistrikts wieder einnehmen. Die jungen Leute haben ihre Eltern überzeugt, neue Techniken auszuprobieren und Pflanzen mit höherem Verkaufswert anzubauen. Ein Schüler, der im Jahre 1996 seinen Abschluß machte, berichtete, daß seine Mutter und acht Geschwister vor Beginn des Projekts vom Anbau von Bohnen auf ihrem 15 Hektar großen Grund kaum leben konnten. Jetzt hat er damit begonnen, Mangos, Bananen und Passionsfrüchte anzubauen, die auf dem Markt mehr einbringen. Dadurch konnte er das Nettojahreseinkommen seiner Familie von ungefähr 400 US-Dollar auf 12.000 US-Dollar steigern, also verdreißigfachen.

Eigenbedarf produzieren und kaum Kredite erhalten, häufig aus den fruchtbareren Gebieten an die Grenze der Wildnis abgedrängt und sind dann gezwungen, Wildnisgebiete in Kulturflächen umzuwandeln. Dabei können sie nicht in bodenverträgliche Techniken investieren. In beiden Fällen ist die angemessene Schaffung, Verbreitung und Verwendung von Wissen über eine umweltverträgliche Landwirtschaft von grundlegender Bedeutung. Die wissensintensive Landwirtschaft spielt sowohl direkt als auch indirekt eine wichtige Rolle bei der Erhaltung natürlicher Ressourcen. Die umweltverträgliche Intensivierung der Landwirtschaft durch Biotechnologie und integriertes Schädlings- und Nährstoffmanagement trägt zur Erhaltung von Ressourcen in bereits bewirtschafteten Gebieten bei. Sie hilft außerdem, den Druck, Urwälder und andere natürliche Lebensräume in Kulturflächen umzuwandeln, zu mildern.

Regierungen in vielen Entwicklungsländern erwägen Ansätze zur Ergänzung traditioneller öffentlicher Beratungsprogramme, um den technologischen Fortschritt in ländlichen Gebieten zu fördern. Örtliche Gemeinschaften verfügen über wichtige Fähigkeiten zur Anpassung allgemeiner Prinzipien der landwirtschaftlichen Umweltverträglichkeit an die örtlichen Gegebenheiten und sind häufig effektive Übermittler von Wissen. Eine kleine Gruppe von ausgebildeten Bauern kann mehr Vertrauen erwecken als staatliche Berater und hat daher eine größere Chance, Innovationen voranzutreiben. Sie liefert außerdem professionellen Landwirtschaftsberatern Feedback über die Erfolge und Mißerfolge neuer Technologien (siehe Sonderbeitrag 7.4).

Öko-Labels. Verbraucher in Volkswirtschaften mit hohem Einkommen sind an der umweltgerechten Produktion der von ihnen gekauften Waren und Dienstleistungen häufig sehr interessiert, unabhängig davon, ob diese im In- oder im Ausland produziert wurden. Wenn Verbraucher glaubhafte Informationen über die „grüne Herkunft" der von ihnen gekauften Produkte erhalten können, können die daraus resultierenden starken Marktanreize die Hersteller dazu bewegen, auf umweltfreundliche Produkte und Verfahren umzusteigen. Damit dies funktioniert, genügt es jedoch nicht, daß ein bestimmter Markt umweltfreundlich ist. Mechanismen zur Weitergabe der Informationen über die von den Herstellern verwendeten Methoden sind notwendig.

Verbraucher sind möglicherweise weniger daran interessiert, daß Produkte zertifiziert werden, die in einem weit zurückliegenden Teil der Fertigungskette Auswirkungen auf die Umwelt haben. Für Produkte mit offensichtlicheren Vorteilen für die Gesundheit, zum Beispiel Gemüse aus kontrolliert-ökologischem Anbau, sind neue Märkte, die sich auf Öko-Labels stützen, vielversprechender. In Kanada glauben Nahrungsmittelhändler und Bio-Bauern, daß bis zum Jahr 2000 ein solider Nischenmarkt von 10 bis 15 Prozent für Produkte aus kontrolliert-ökologischem Anbau aufgebaut werden kann.

Entwicklungsländer, die in neue Märkte vorstoßen wollen, die durch Öko-Labels geschaffen wurden, müssen drei Hauptvoraussetzungen erfüllen. Erstens müssen international anerkannte Zertifizierungsstandards etabliert und gefördert werden. Dazu müssen internationale nichtstaatliche Organisationen helfen, die notwendigen technischen, finanziellen und konsensorientierten politischen Ressourcen zu mobilisieren. Zweitens muß auf Landesebene ein Netz aus privaten, unabhängigen Sachverständigen geschaffen werden sowie das Potential der Regierungen zur Überwachung der Erfüllung international anerkannter Standards erforscht werden. Und drittens müssen nationale und örtliche nichtstaatliche Organisationen – in Zusammenarbeit mit dem privaten Sektor und gegebenenfalls unterstützt durch Mittel von Stiftungen oder Entwicklungsbehörden – Informationen über „grüne" Marktmöglichkeiten und Wissen über umweltverträgliche Fertigungstechniken an Hersteller in Entwicklungsländern weitergeben.

Internationale Zusammenarbeit

Die Lösung von grenzüberschreitenden Umweltproblemen erfordert eine internationale Zusammenarbeit. Der bisher erfolgreichste Versuch zur Verminderung des sauren Regens in Europa erfolgte über eine europäische Vereinbarung zum sauren Regen. In ähnlicher Weise sind die Wiener Konvention und deren Protokolle für den Schutz der Ozonschicht grundlegend.

Die Zusammenarbeit bei grenzüberschreitenden Problemen (ausführlicher in Kapitel 9 erörtert) ist in vielerlei Hinsicht schwieriger als bei örtlichen Problemen. Objektive Informationen über die Erfüllung internationaler Vereinbarungen können schwer zu beschaffen sein, zumal die Kosten einer globalen Überwachung oft hoch sind, und viele internationale Abkommen beruhen auf einem System der Selbstüberwachung, in dem jeder Unterzeichnerstaat die Erfüllung auf seinem eigenen Staatsgebiet kontrolliert. Von noch größerer Bedeutung ist jedoch der Punkt, daß institutionelle Mechanismen, die souveräne Staaten dazu zwingen, Umweltauflagen zu erfüllen, auf internationaler Ebene allgemein nicht existieren. In einigen Fällen verpflichten Länder sich zwar, im Sinne des allgemeinen Wohls zu handeln, jedoch müssen erfolgreiche internationale Umweltabkommen im allgemeinen im eigenen Interesse aller beteiligten Seiten liegen.

Die Wirtschaftstheorie läßt einige Zweifel an der Durchführbarkeit solcher Abkommen aufkommen. Selbst wenn die Zusammenarbeit allen Ländern zugute kommt, ist es für Länder meist attraktiver, die von anderen unterzeichneten Vereinbarungen auszunützen. Außerdem gibt es einige Hinweise darauf, daß die internationale Zusammenarbeit am wahrscheinlichsten dort erfolgt, wo sie am wenigsten gebraucht wird – wo unilaterale Handlungen einzelner Länder das Problem möglicherweise hätten beheben können. Die hohen Transaktionskosten von multilateralen Verhandlungen stellen ein weiteres Hindernis dar.

Durch die Verringerung von Transaktionskosten durch moderne Überwachungs- und Kommunikationsmittel und die Stärkung der Wirtschaftsbeziehungen zwischen Ländern durch den internationalen Handel hat die Zahl der regionalen und internationalen Umweltabkommen in den letzten Jahren zugenommen. Zum Schutz des Roten Meeres, des Aralsees und des Viktoriasees wird bereits zusammengearbeitet. Zwar waren nicht alle internationalen Umweltabkommen erfolgreich. Doch mehrere Beispiele – zum Beispiel die Wiener Konvention – deuten darauf hin, daß es nicht unmöglich ist, Anreize für Länder, Gewinn aus Maßnahmen zu schlagen, ohne sich an ihnen zu beteiligen, zu beseitigen. Die Herausforderung besteht in der Entwicklung – durch Nebenzahlungen, die Förderung von globalen Märkten oder andere Anreize – von Vereinbarungen, bei denen die Beteiligung und die andauernde Erfüllung im Interesse aller Seiten liegen.

• • •

In diesem Kapitel wurden zwei Hauptaspekte der Beziehungen aufgezeigt, die Wissen, Informationen und Umweltmanagement miteinander verbinden. Der erste betrifft die Rolle von Wissen und Informationen beim Erkennen von Umweltproblemen und deren Lösungen. Die Schädigung der Umwelt ist das Ergebnis eines komplexen Musters des Versagens von Märkten, der Politik und des Informationsflusses. Obwohl Entscheidungsträgern, der Industrie und der Öffentlichkeit bewußter wird, wie ernst die Umweltprobleme sind, sie die Ursachen der Probleme besser verstehen und Lösungen finden, bleiben bedeutende Wissensgefälle und Informationshindernisse bestehen.

Um die Sorge um die Umwelt in den Großteil der Entwicklungsanstrengungen mit einzubeziehen, sind die kohärente und systematische Messung der Umweltqualität und ihre gemeinsame Betrachtung mit Indikatoren für den Wohlstand und die Lebensqualität einer Gesellschaft grundlegend. Bei der Entwicklung und Verwendung von Umweltindikatoren und der Schaffung „grünerer" Aggregate in der volkswirtschaftlichen Gesamtrechnung wurden beachtliche Fortschritte erzielt. Doch Versuche zur Messung der umweltverträglichen Entwicklung – mit Indikatoren, die wirtschaftliche und ökologische Phänomene eng miteinander verknüpfen – stecken noch in den Kinderschuhen. Es sind weitere Anstrengungen erforderlich, um zu zeigen, wie (und wie sehr) sich ein besseres quantitatives Verständnis der umweltverträglichen Entwicklung auf die Wirtschaftspolitik auswirken kann.

Die Verwendung dieser Umweltindikatoren muß nicht nur auf der Makroebene, sondern auch in den Sektoren und einzelnen Projekten erfolgen. Auf Sektorenebene bedeutet dies mehr strategische Umweltbeurteilungen: umfassende Analysen der Umweltauswirkungen von politischen Maßnahmen, Strategien und Programmen für einen bestimmten Sektor oder einen geographischen Bereich (zum Beispiel einen urbanen Bereich, ein Küstengebiet oder ein Einzugsgebiet eines Flusses). Auf Projektebene ist ein weit gefaßter Maßnahmenkatalog erforderlich, um sicherzustellen, daß Investitionsprojekte umweltverträglich sind.

Die zweite Frage betrifft Institutionen: Welche Formen der gesellschaftlichen Organisation sind am besten geeignet, um sich mit verschiedenen Umweltproblemen zu befassen? Derzeit entwickeln sich vielversprechende neue Ansätze für ein informationseffizientes Umweltmanagement, die von der Informationsrevolution unterstützt werden, die Transparenz erhöhen, die Einbeziehung breiter gefächerter Gruppen von besser informierten Beteiligten verstärken und die Transaktionskosten für die Überwachung und den Handel mit Umweltgütern allgemein verringern. Im Mittelpunkt der Umwelttagesordnung von heute steht die Ermittlung kreativer Möglichkeiten zur Kombination von Märkten, Regierungen und Bürgern, um effiziente Mechanismen für die Schaffung, Verbreitung und Verwendung von solidem Umweltwissen zu unterstützen.

Kapitel 8

Informationsprobleme angehen, die den Armen schaden

DIE SUCHE NACH GEEIGNETEREN METHODEN, um die Lebensbedingungen der Armen zu verbessern, stellt den Kern jedes Kapitels dieses Berichts dar. Teil Eins untersuchte, wie arme Länder das Wissensgefälle abbauen können, das sie von technologisch fortschrittlicheren Ländern trennt, indem sie Wissen auf bessere Weise erwerben, aufnehmen und weitergeben. Teil Zwei untersuchte bis jetzt, wie Informationsprobleme im Finanzwesen und in der Umwelt angegangen werden können, die das Wohlergehen armer Menschen in großem Maße beeinträchtigen. Das vorliegende Kapitel konzentriert sich auf spezifische Informationsprobleme, die die Armen betreffen, und beschreibt, wie Regierungen und internationale Entwicklungsinstitutionen mit den Armen zusammenarbeiten können, um diese Probleme anzugehen. Durch diese Bemühungen können sich die Menschen leichter von ihrer Armut befreien.

Fast 1,3 Milliarden Menschen, ungefähr einem Viertel der Weltbevölkerung, steht täglich der Gegenwert von ungefähr 1 US-Dollar oder weniger (internationales Preisniveau von 1985) oder ungefähr der Gegenwert von 1,50 US-Dollar (US-Preisniveau von 1997) zur Verfügung. Die meisten Armen der Welt leben in Ost- und Südasien (Schaubild 8.1). Fast 3 Milliarden Menschen, ungefähr die Hälfte der Weltbevölkerung, muß mit dem kaum höheren Betrag von 3 US-Dollar pro Tag (US-Preisniveau von 1997) auskommen.

Kann das globale Armutsproblem, das solche überwältigenden Ausmaße annimmt, durch Zusammenarbeit mit den Armen zur Behebung von Informationsproblemen wirklich gelindert werden? Niemand weiß das genau, doch trotzdem wurden in vielen Ländern vielversprechende Initiativen ins Leben gerufen, um die Informationsprobleme anzugehen, die die Armen am schwersten treffen. In diesem Kapitel werden einige dieser Initiativen und die Probleme besprochen, mit denen sie sich befassen, in der Hoffnung, andere dazu zu inspirieren, neue Wege zu finden, um armen Menschen zu helfen.

Zu Beginn des Kapitels wird daran erinnert, daß allen Bemühungen zur Bekämpfung der Armut zugrunde liegen muß, daß man den Armen zuhört, und daß dies besonders beim Angehen von Informationsproblemen von großer Bedeutung ist. Dann wird untersucht, warum Mechanismen zur Sammlung und Verbreitung von Informationen nicht ausreichen, um armen Menschen Zugang zu Krediten und Versicherungsschutz zu verschaffen, warum dieser fehlende Zugang den Armen schadet, und was unternommen werden kann, um solche Probleme zu beheben. In diesem Kapitel wird anerkannt, daß die Informationsprobleme, die die Kreditaufnahme und den Versicherungsschutz behindern, bestehen bleiben, egal, was zu ihrer Behebung unternommen wird. Deshalb werden andere Abhilfemaßnahmen besprochen, zum Beispiel Sparprogramme für die Armen und soziale Netze mit Möglichkeiten zur Selbstauswahl. Und weil die Armut viele Formen annehmen kann, schließt das Kapitel mit der Hervorhebung der Vorteile einer Koordination der Bemühungen aller Behörden und nichtstaatlicher Organisationen zum Angehen dieser vielen Problemstellungen.

Den Armen zuhören

Zu einer wirksamen Kommunikation gehört nicht nur das Reden, sondern auch das Zuhören. Dieses einfache Konzept wird in der Entwicklungsarbeit oft ignoriert.

Schaubild 8.1

Armut nach Entwicklungsregion

Der Großteil der Armen der Welt lebt in Ost- und Südasien.

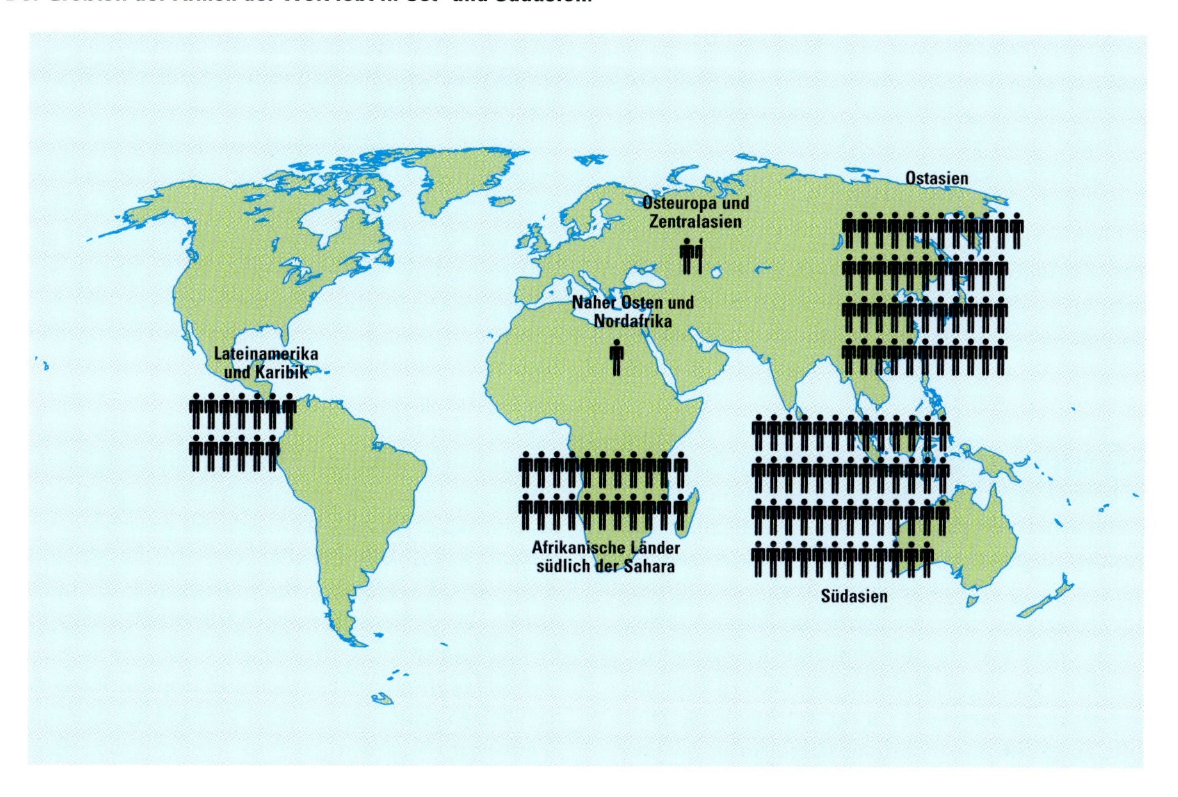

Hinweis: Jede Figur steht für 10 Millionen Menschen, die mit 1 US-Dollar oder weniger pro Tag zu internationalen Preisen von 1985 auskommen müssen. Quelle: Weltbank 1998d.

Menschen, die für Geberländer, multilaterale Institutionen und Regierungen von Entwicklungsländern arbeiten, erkennen, daß den Armen noch viel Wissen fehlt. In ihrem Streben, dieses Wissen zu vermitteln, vergessen sie aber oft, daß die Armen auch über viel Wissen verfügen, das den Helfern wiederum abgeht. Wie alle Menschen kennen arme Leute ihre eigenen Lebensumstände, Bedürfnisse und Sorgen besser als jeder andere. Sie verfügen oft über Informationen über ihren Wohnort – ob Savanne oder Slum –, die für Außenstehende nicht offensichtlich sind.

Obwohl es von Vorteil sein kann, die Armen spontan zu fragen, was sie bewegt, bedeutet das Zuhören mehr als das. Es bedeutet, daß die Armen durch Ausbildung und Kommunikationsmittel die Gelegenheit bekommen, sich auszudrücken. Es bedeutet, systematisch von Haushaltsumfragen und anderen Instrumenten zu lernen und die neuen Erkenntnisse in die Entwicklung von politischen Ansätzen aufzunehmen. Es bedeutet außerdem, die Nutznießer an der Projektentwicklung und -durchführung zu beteiligen. Durch das Zuhören und durch die Reaktion auf eine Art und Weise, die demonstriert, daß man den Armen zugehört hat, erhöhen Spender und Regierungen gleichermaßen die Chancen, das Vertrauen derer zu gewinnen, denen sie helfen wollen. Vertrauen ist für die Armen wichtig, wenn sie das für ihre Umstände am besten geeignete Wissen auswählen, anwenden und anpassen. Wir unterteilen das Zuhören in vier Aspekte: Den Armen eine Stimme verleihen, von den Armen etwas über die Armen erfahren, Kommunikation durch örtliche Kanäle und Bereitstellung der Informationen, die die Armen benötigen.

Den Armen eine Stimme geben

Teil Eins zeigte detailliert die Bedeutung von Bildung und Telekommunikation bei der Überwindung des Wissensgefälles zwischen und innerhalb von Ländern, wobei besonders ausführlich besprochen wurde, wie armen Ländern und Menschen geholfen werden kann, damit sie sich das ihnen fehlende Wissen aneignen. An dieser Stelle soll nur noch einmal hervorgehoben werden, daß die Vorteile der Bildung und Telekommunikation nicht auf das angeeignete Wissen beschränkt sind. Ein Mädchen, das lesen lernt, lernt auch schreiben – selbst wenn nur dazu, ein Bewerbungsformular auszufüllen –, und dadurch wird seine Fähigkeit gesteigert, seine Wünsche auszudrücken. In ähnlicher Weise kann ein armer Mensch mit Zugriff auf ein Telefon Rat von einem Arzt oder Tierarzt einholen oder sich bei den Behörden über die schlechte gesundheitliche Fürsorge oder die Bestechlichkeit der für die Bewässerung zuständigen örtlichen Beamten beschweren. Ein wichtiger Teil des Zuhörens besteht also darin sicherzustellen, daß die Armen Möglichkeiten haben, für sich selbst das Wort zu ergreifen.

Wie in Kapitel 3 betont wurde, ist Schulbildung außerordentlich wichtig, damit Arme Wissen aufnehmen. Ein wichtiger Grund dafür, daß Kinder aus armen Haushalten mit einer viel geringeren Wahrscheinlichkeit zur Schule gehen und den Schulbesuch langfristig fortsetzen, besteht darin, daß viele arme Eltern Analphabeten sind. Ihnen fehlt es an der erforderlichen Schulbildung, um den Wert eben dieser Bildung zu erkennen, daher werden sie weniger bereit sein als andere Eltern, Opfer zu bringen, um die Schulausbildung ihrer Kinder zu finanzieren. Hier stellt die staatliche Unterstützung der Schulausbildung einen wichtigen Ansatzpunkt dar.

Bildung ist jedoch auch wichtig, um den Armen eine Stimme zu verleihen. Wenn Menschen lernen, erkennen sie ihre eigene Situation besser und vergleichen sie mit möglichen Alternativen. Außerdem entdecken sie Möglichkeiten, um die ihnen gestellten Hindernisse zu überwinden. Mit diesem Bewußtsein geht die Fähigkeit einher, Sorgen und Wünsche auszudrücken, Vorschläge zu machen und Beschwerden vorzubringen. In China, wo die Besorgnis wegen der zunehmenden Umweltbelastung wächst, sind Beschwerden über die Luftverschmutzung beispielsweise in Provinzen mit niedrigerer Analphabetenquote weitaus häufiger, selbst wenn Einkommen und Luftqualität konstante Variablen sind. Forscher schätzen, daß eine Abnahme der Analphabetenquote von 40 auf 16 Prozent die Anzahl der Beschwerden pro 100.000 Menschen von 7,5 auf 13,9 fast verdoppeln würde.

Diese Ergebnisse verstärken die Gründe für staatliche Intervention zur Sicherstellung des Zugangs der Armen zu Schulbildung. Die Maßnahmen zur Steigerung der Schulbesuchsquoten und der Bildungsqualität, die in Kapitel 3 besprochen wurden, sind für die Armen von enormer Bedeutung. Sie umfassen die Ausrichtung von Bildungssubventionen und Programmen für Menschen mit geringen oder nicht liquiden Ressourcen auf die Mütter, weil sie den Elternteil darstellen, der mit größerer Wahrscheinlichkeit auf die Bildung eines Kindes und auf die elementare Schulbildung Einfluß nimmt. Außerdem umfassen sie ein innovatives Management, zum Beispiel die Förderung der Aufsicht von Schulen durch Eltern oder Gemeinschaften selbst in armen Gegenden sowie der ständigen Weiterbildung.

Zugriff auf Telekommunikationsmittel – vor allem Telefone, E-Mail und das Internet – kann die Stimme der Armen ebenfalls verstärken, ob es nun um die Vermarktung von Waren der Handwerker des Dorfes oder um die Vertretung ihrer Interessen geht. In Kapitel 4 wurden einige aussagekräftige Beispiele angesprochen: Die Verwendung von E-Mail in einem Kreditprogramm für Kleinunternehmen in Vietnam, die Frauen in Panama, die Abbildungen ihrer Handarbeiten im World Wide Web veröffentlichen, die für den Eigenbedarf produzierenden Bauern auf den Philippinen, die dank Telex und Faxgeräten zu Ananas-Spezialisten wurden, die Bauernvereinigungen in Mexiko, die Computer verwenden, um ihr Programm für landwirtschaftliche Kredite zu überwachen, oder die Kleinbauern in Sri Lanka, die mit dem neuen Telefondienst aktuelle Informationen über Obstpreise einholen.

Neue Technologien haben die schnelle Erweiterung der Telekommunikationsnetze ermöglicht. Der private Wettbewerb mit den geeigneten öffentlichen Regulierungs- und Anreizmaßnahmen eröffnet Möglichkeiten zur raschen Bereitstellung von billigeren Telekommunikationslösungen für abgelegene Gemeinschaften. In Kapitel 4 wurde besprochen, wie ein solcher Wettbewerb die Kosten senkt und die Verfügbarkeit von Telekommunikationsangeboten in Ghana steigerte und wie Subventionsauktionen es attraktiv machen, in armen, abgelegenen Regionen in Chile Telefonzellen einzurichten.

Es kann nicht überraschen, daß arme Menschen weniger für den Wissenserwerb ausgeben als andere Menschen. Was überrascht, ist die Tatsache, daß sie für bestimmte Wissensgüter sogar noch weniger ausgeben, zum Beispiel für Radios, Telefone, Zeitungen und Bücher, als ihr niedriges Einkommen bereits vermuten läßt. Der Grund dafür liegt darin, daß die Armen einen viel größeren Anteil ihres stärker begrenzten Einkommens für Nahrung, Wohnung und andere lebenswichtige Grundversorgungsgüter ausgeben müssen. In Bulgarien und Südafrika zeigen Haushaltsumfragen, daß die Armen einen geringeren Anteil ihres Einkommens für Zeitungen und (in Bulgarien) Bücher ausgeben als die reicheren Menschen (Schaubild 8.2). Natürlich ist ein Grund dafür das Analphabetentum. Das ist bedauerlich, denn Grundschulbildung und Zugang zu Medien können starke Auswirkungen haben (Sonderbeitrag 8.1). Doch selbst bei Kommunikationsmitteln, die das Lesen und Schreiben nicht erfordern, zum Beispiel Telefone und Radios, sind die Armen im Nachteil: Die Zahl der Radios pro Kopf ist bei den Armen viel geringer (Schaubild 8.2). Maßnahmen zur Bekämpfung des Analphabetismus (Kapitel 3) und zur Verbesserung des Zugangs der Armen zu Medien und Telekommunikationsmitteln (Kapitel 4) werden helfen, dieses Ungleichgewicht zu bekämpfen.

Von armen Menschen etwas über arme Menschen erfahren
Oft werden Haushaltsbefragungen und andere Instrumente verwendet, um von armen Menschen systematisch zu lernen. Manchmal ist es auch notwendig, einfach nur still da zu sitzen und zuzuhören, damit die Armen, die es

Schaubild 8.2

Anteil der Armen am Verbrauch von Wissensgütern in Bulgarien und Südafrika

Die Armen verbrauchen weniger als den ihnen zustehenden Anteil an Wissensgütern.

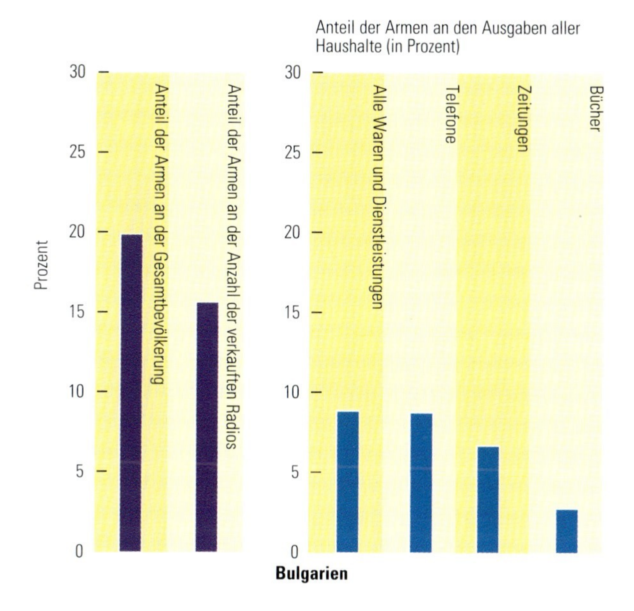

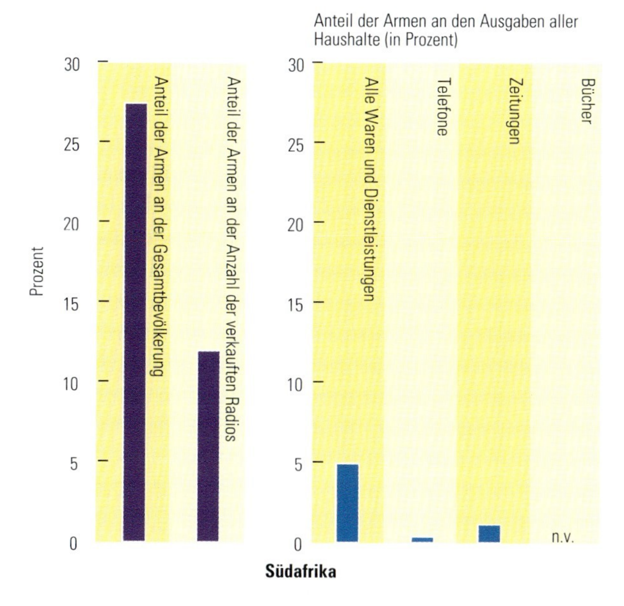

n. v. Nicht verfügbar
Hinweis: Die Daten für Bulgarien stammen aus einer 1995 durchgeführten Befragung von 2.500 Haushalten. Die Daten für Südafrika stammen aus einer 1993 durchgeführten Befragung von 9.000 Haushalten. Die Daten in den beiden Diagrammen auf der rechten Seite stellen den Anteil der monatlichen Ausgaben für die angegebene Ware dar. Quelle: Weltbank, verschiedene Jahre.

Sonderbeitrag 8.1

Bildung und die Massenmedien: Eine leistungsstarke Kombination

Neue Forschungsergebnisse weisen auf die Macht der Kombination von Bildung und Medien hin. Viele Studien haben gezeigt, daß die Bildung der Mutter eine stark positive Auswirkung auf die Gesundheit des Kindes hat, doch es ist kaum bekannt, worauf diese Wirkung genau zurückzuführen ist. Neue Forschungsarbeiten zeigen, daß die Bildung einer Mutter die Gesundheit des Kindes dadurch verbessert, daß die Fähigkeit der Mutter, Informationen zu beschaffen und zu verarbeiten, gesteigert wird.

Unter Verwendung von Daten aus dem Jahr 1986 aus dem Nordosten Brasiliens ergab eine Studie, daß Eltern, die regelmäßig Massenmedien verwenden, zum Beispiel eine Zeitung lesen, gesündere Kinder haben (an der Größe bei einem bestimmten Alter gemessen). Wenn diese Variablen in die Analyse einbezogen werden, hat die Dauer des Schulbesuchs der Mutter keine wesentliche unabhängige Wirkung auf die Größe des Kindes. Eine Interpretation dieser Ergebnisse besteht darin, daß sowohl die Bildung der Mutter als auch Informationen zur Verbesserung der Gesundheit des Kindes grundlegend sind: Bildung ist notwendig, damit Mütter Informationen verarbeiten können, doch der Zugriff auf relevante Informationen über die Massenmedien ist notwendig, damit sich die Bildung auswirken kann.

Eine weitere Studie über Bildung und Gesundheit von Kindern, die auf Forschungsdaten aus den Jahren 1990 bis 1991 aus Marokko beruht, liefert mehr Daten über die Art der Informationen, die Mütter erhalten. Das gesundheitliche Grundwissen der Mütter hat den Forschungsergebnissen zufolge direkte Auswirkungen auf die Gesundheit des Kindes, und Bildung und Zugriff auf Medien zusammen erwiesen sich als Mittel zum Erwerb dieses Wissens.

nicht gewohnt sind, daß ihnen jemand zuhört, die seltene Gelegenheit ergreifen, ihre Meinung kundzutun.

Eine Umfrage zum Lebensstandard von Haushalten in Jamaika förderte 1988 einige überraschende Informationen über zwei zur Bekämpfung der Armut entwickelte Programme zutage: Subventionen für Grundnahrungsmittel und Lebensmittelgutscheine für Haushalte mit niedrigem Einkommen. Die Empfänger von Lebensmittelgutscheinen wurden hauptsächlich über Gesundheitskliniken ermittelt. Obwohl die Entscheidungsträger zuerst besorgt waren, daß unterernährte Kinder nicht zu den Kliniken gebracht wurden, ergab die Umfrage, daß Lebensmittelgutscheine für Haushalte mit niedrigem Einkommen viel mehr Arme erreichten als allgemeine Subventionen für Grundnahrungsmittel (Schaubild 8.3). 94 Prozent der unterernährten Kinder suchten Kliniken auf, was den Erfolg des Programms untermauerte.

Quantitative Techniken werden verbessert, wenn sie durch qualitative Methoden des Zuhörens ergänzt werden. Ein vielversprechender Ansatz, um von den Armen zu lernen, ist zum Beispiel die Beurteilung durch die Empfänger im Rahmen der Sozialfondsprojekte der Weltbank, wobei Gemeinschaften Mittel für Projekte erhalten, die sie selbst ausgewählt haben. Die Beurteilungen, die zunächst in einer frühen Phase des Projekts angewendet wurden, um die Prioritäten der Armen zu identifizieren, stellen nun auch einen festen Bestandteil bei der Projektüberwachung und -bewertung dar.

In Sambia stammten die ersten solcher Beurteilungen durch die Nutznießer von Projekten von öffentlichen Beamten in Dörfern, die diejenigen Aspekte der Projekte sehr positiv bewerteten, welche auf ihre eigenen Prioritäten eingingen. Andere Nutznießer wußten jedoch wenig über die vorgeschlagenen Projekte und gaben schlechte Beurteilungen ab. Dieses Gefälle führte dazu, daß die Projektteams die politische Situation und die Machtstrukturen der betroffenen Gemeinschaften genauer untersuchten. Um die Meinung der Armen berücksichtigen zu können, führten die Teams offene Beratungen in Form von öffentlichen Dorfbesprechungen durch. Alle Beteiligten unterzeichneten die Protokolle, die in wichtigen Zentren der Dorfgemeinschaft angeschlagen wurden. Im Laufe der Zeit wurden detaillierte Feldhandbücher entwickelt und gemeinschaftliche Projektkomitees gestärkt. In einer vor kurzem durchgeführten Beurteilung bewerteten die Nutznießer bei 9 von 10 Projekten die Berücksichtigung ihrer Bedürfnisse positiv.

Die Beteiligung der Nutznießer an der Entwicklung und Durchführung von Projekten ist ein wichtiges Mittel, um zu erfahren, was die Armen brauchen. Eine 1995 veröffentlichte Studie über 121 ländliche Wasserversorgungsprojekte in 49 Ländern ergab, daß 7 von 10 Projekten Erfolg hatten, wenn die vorgesehenen Nutznießer sich aktiv an der Projektentwicklung beteiligten, aber nur jedes zehnte Projekt erfolgreich war, wenn dies nicht der Fall war. Die staatliche Unterstützung eines Beteiligungsansatzes erhöhte die Wahrscheinlichkeit der Beteiligung und des Erfolgs beträchtlich. Die Menschen waren gewillt, ihre Meinung darzulegen und zum Gelingen beizutragen, wenn sie glaubten, daß andere dasselbe tun würden. Ob sie nun Angst hatten, andere könnten ihre Wünsche anbringen und sie nicht, oder ob sie nur einen Beitrag leisten wollten, wenn sich alle anderen ebenfalls beteiligten, macht kaum einen Unterschied. So oder so förderte der Staat ein hohes Maß an Informationsaustausch, Beteiligung und Eigentum durch die Gemeinschaft, was alles zum Erfolg eines Projekts beitrug.

Neben solch örtlichem Wissen verfügen die Armen manchmal auch über Wissen, das dem Rest der Gesellschaft von Nutzen sein kann. In Kapitel 2 wurde zum Beispiel geschildert, wie Agrarforscher in Kolumbien und

Schaubild 8.3

Verteilung von Hilfen zum Lebensunterhalt nach Haushaltseinkommen in Jamaika

Lebensmittelgutscheine erreichten die Armen in Jamaika eher als Lebensmittelzuschüsse.

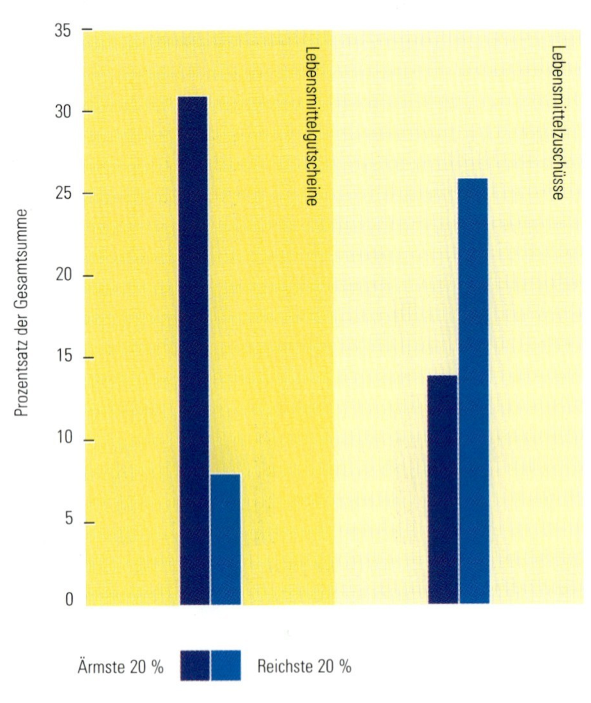

Hinweis: Daten gelten für 1989. Quelle: Grosh 1992.

Ruanda ortsansässige Frauen ermutigten auszuwählen, welche von mehreren neuen Bohnenarten auf ihren Feldern angebaut werden sollte, und wie die Erträge ihrer Auswahl die Erträge aus von den Wissenschaftlern ausgewählten Bohnenarten um 60 bis 90 Prozent überstiegen.

Die Gefahr, nicht die richtigen Fragen zu stellen – und kein Sprachrohr für die Armen zu schaffen – wurde den Entwicklern eines mit Fremdgeldern finanzierten Bewässerungsprogramms in Nepal deutlich gemacht. Sie waren davon ausgegangen, daß es überhaupt keine Bewässerung gab, doch als sich das Projekt verzögerte, fand der Geldgeber glücklicherweise heraus, daß die Bauern bereits 85 voll funktionsfähige Bewässerungssysteme installiert hatten. Zuzuhören zahlt sich aus.

Örtliche Kanäle benutzen und das Vertrauen der Menschen gewinnen

Studien haben immer wieder gezeigt, daß Menschen von Gleichgestellten stark beeinflußt werden, vor allem, wenn es um die Akzeptanz neuer Ideen geht. Dies gilt aufgrund der hohen Analphabetenquote in vielen Gesellschaften und des Mangels an Ressourcen zum Wissenserwerb durch andere Mittel in besonderem Maße für arme Menschen. Die Tendenz der Menschen, von ihren Gleichgestellten zu lernen, macht es bei der Arbeit mit den Armen besonders wichtig, traditionelle Wissenskanäle zu verwenden und die Schaffung von neuen zu fördern.

Die Arbeit mit örtlichen Gruppen bewährte sich in Kenia, wo sich die Bauern in Genossenschaften organisiert haben, um ihre Feldfrüchte zu vermarkten, Kredite zu erhalten und ihre landwirtschaftlichen Verfahren zu verbessern. Das nationale landwirtschaftliche Beratungsprogramm arbeitet über diese Genossenschaften und manchmal direkt mit einzelnen Bauern zusammen. In einer vor kurzem durchgeführten Umfrage in sieben kenianischen Bezirken schrieben 4 von 10 Bauern ihre Kenntnisse über bessere landwirtschaftliche Praktiken anderen Bauern zu, aber weniger als 3 von 10 den landwirtschaftlichen Beratern. Die Kommunikation von einem Bauern zum anderen war bei der Verbreitung einfacher Praktiken wie zum Beispiel des Pflanzabstands, den die meisten Bauern übernahmen, sehr wichtig. Landwirtschaftliche Berater trugen mehr zur Verbreitung komplexerer Praktiken, zum Beispiel der Pestizidverwendung, bei, die nur von einem kleinen Teil der Bauern angenommen wurde.

Gruppenorientierte landwirtschaftliche Beratung scheint bei der Verbreitung von Informationen unter Bäuerinnen besonders wirkungsvoll zu sein: In der gleichen Umfrage in Kenia gaben 65 Prozent der von Frauen geführten Haushalte, die landwirtschaftliche Beratung erhalten hatten, aber nur 55 Prozent der von Männern geführten Haushalte, an, daß die Ratschläge für ihre Arbeit sehr gut anwendbar seien. Gruppenorientierte Beratungsprogramme müssen daher so angepaßt werden, daß sie die Merkmale und das Wissen örtlicher Gruppen von Bauern stärker berücksichtigen.

Der Einfluß durch Gleichgestellte erwies sich auch in einer 11 Jahre dauernden Studie eines Programms zur Familienplanung in 70 Dörfern in Bangladesch als sehr stark. In Haushalten in Dörfern, in denen Empfängnisverhütung bereits weit verbreitet war, war die Wahrscheinlichkeit der Akzeptanz von Verhütungsmitteln sehr viel größer. Darüber hinaus ließen sich Hindus häufig nur von anderen Hindus beeinflussen, Moslems hingegen fast nur von Moslems.

Die Beteiligung örtlicher Gruppen und Einzelpersonen reicht jedoch nicht aus, um Wissen wirksam zu verbreiten. Dazu muß auch das Vertrauen der Gemeinschaft gewonnen werden – und das dauert oft lange (Sonderbeitrag 8.2). Bei der großen Bedeutung des Vertrauens überrascht es nicht, daß die Verbreitung von

Sonderbeitrag 8.2

Vertrauen und Gesundheitswesen im brasilianischen Bundesstaat Ceará

In Ceará, einem der ärmsten Staaten Brasiliens, lebt jeder dritte Einwohner in äußerster Armut. Um ihnen zu helfen, wurde Ende der 80er Jahre ein vorbeugendes Gesundheitsprogramm entwickelt, das 7.300 Mitarbeiter (vor allem Frauen) als Gesundheitsvertreter der örtlichen Anwohner zu einem Mindestlohn beschäftigte. 235 Krankenpfleger beaufsichtigen diese Mitarbeiter. Die Regierung stellte Leute ein, die bereits am Gesundheitswesen interessiert waren, und förderte ihr Engagement, indem sie ihnen vielfältige Aufgaben sowie die Verantwortung für Ergebnisse übertrug. Dies bedeutete einen eher kundenorientierten und problemlösenden Ansatz bei der gesundheitlichen Versorgung. Für die Vertreter stellte die Vertrauensbildung ebenfalls einen wichtigen Teil ihrer Arbeit dar. Ihre Bemühungen wurden durch eine andauernde Medienkampagne zur Förderung des Programms in Zeitungen, Radio und Fernsehen unterstützt. Die Regierung verlieh außerdem Preise für hervorragende Leistungen und lud Prominente ein, Ortschaften, in denen gute Ergebnisse erzielt wurden, zu besuchen.

Nach und nach lernten die Menschen, den Mitarbeitern des Gesundheitsdienstes zu vertrauen. Mütter, die zuvor ihre Kinder versteckten, begannen, die Gesundheitsvertreter als Freunde der Gemeinschaft zu betrachten. Innerhalb weniger Jahre erhöhte sich die Rate der Impfungen gegen Masern und Kinderlähmung in Ceará von 25 Prozent der Kinder auf 90 Prozent. Die Kindersterblichkeitsrate sank von 102 auf 65 pro 1.000 Lebendgeburten.

Wissen in Dörfern schneller erfolgt, in denen das gesellschaftliche Netz enger gestrickt ist.

Um die Dichte und Bedeutung gesellschaftlicher Beziehungen im ländlichen Tansania zu untersuchen, baten Forscher im Jahr 1995 Haushalte, die Gruppen aufzulisten, denen sie angehören: Kirchen, Moscheen, Nachbarschaften, Kreditvereinigungen, politische Organisationen. Dann erstellten die Wissenschaftler einen Index des gesellschaftlichen Kapitals, der die verschiedenen Mitgliedschaftsaspekte mit berücksichtigte: Ob die Mitgliedschaft freiwillig oder beschränkt war, die Transparenz der Entscheidungsfindung, der Einfluß der Gruppe. Dörfer, die reich an gesellschaftlichem Kapital waren, hatten ein höheres Einkommen als solche mit geringerem gesellschaftlichen Kapital. In Dörfern mit höherem gesellschaftlichen Kapital wurden außerdem öfter Düngemittel, Agrikulturchemikalien und verbessertes Saatgut verwendet.

Diese Beispiele bestätigen, daß Zuhören erforderlich ist, um von den Armen mehr zu erfahren und deren Vertrauen zu gewinnen. Gerade weil die Armen weniger Möglichkeiten als andere haben, ihre Probleme vorzubringen und zu äußern, und weil das Versagen des Informationsflusses sie härter trifft als andere, sind Regierungen und andere Organisationen, die den Armen helfen möchten, besonders dazu verpflichtet, ihnen gut zuzuhören. Die Möglichkeiten, Gutes zu tun – oder unbeabsichtigt den Armen zu schaden – sind immens.

Wissen bereitstellen, das die Armen verwenden können – und zwar so, daß sie es verwenden können

Zu Anfang des Überblicks wurde festgestellt, daß Wissen nicht immer wirksam eingesetzt wird, obwohl es das Potential hat, sich leicht weltweit zu verbreiten. Millionen von Kindern weltweit sterben zum Beispiel weiterhin an Durchfallerkrankungen. Weil Durchfall vor allem aufgrund der Dehydratation tödlich ist, können durch die orale Rehydratationstherapie Millionen von Menschenleben gerettet werden. Dabei muß das Kind eine einfache Lösung trinken, die leicht zu Hause aus Salz, Zucker und Wasser oder durch Hinzufügen von Wasser zu einem kommerziell hergestellten Fertigprodukt mit diesen Zutaten hergestellt werden kann. Mit staatlichen Subventionen kosten diese Fertigprodukte normalerweise nur wenige Pfennige pro Dosis. Doch selbst diese einfache Technologie wurde nicht immer in einer Form vermittelt, die die Armen verwenden können. Wenn man den Armen von Anfang an zuhören und überlegen würde, was am besten für sie funktioniert, könnten viel mehr Leben gerettet werden.

Eine internationale Kampagne zur Reduzierung der Säuglings- und Kindersterblichkeit durch Förderung der oralen Rehydratationstherapie hat denn auch tatsächlich Millionen von Kindern das Leben gerettet. Doch die Medizin ist trotz ihrer Wirksamkeit nicht immer allen zugänglich. Für sehr arme Haushalte können die kumulativen Kosten von Fertigprodukten zur oralen Rehydratation zu hoch sein, wenn mehrere Krankheitsfälle behandelt werden müssen. Außerdem haben viele Familien kein Feuerholz, um Wasser zu kochen, was früher bei einigen kommerziell erhältlichen Lösungen nötig war. Staatliche Subventionen, die die Fertigprodukte erschwinglich machen, haben sich ebenfalls als Problem erwiesen. Als bei der erfolgreichen Verbreitungsinitiative der Arabischen Republik Ägypten die Subventionen im Jahre 1991 eingestellt wurden, fiel die Verwendungsrate drastisch. Haushalte, die Hausmittel hätten verwenden können, taten dies nicht, weil kommerzielle Lösungen das Vertrauen in die Hausmittel untergraben hatten. Leider stieg die Säuglingssterblichkeit wieder an. Durch erneute Anstrengungen und Hilfen wurde diese Entwicklung in letzter Zeit wieder etwas in die andere Richtung gelenkt.

Der Ansatz des Weltkinderhilfswerks der UNO (UNICEF) in Nepal zeigt die Vorteile des Zuhörens und des Bereitstellens von Wissen, das die Armen verwenden können. Anfang der 80er Jahre stiegt die Zahl der Todesfälle durch von Durchfall verursachte Dehydratation bei Kindern in Nepal stetig an. Viele der über 45.000 Kinder, die jährlich starben, hätten durch orale Rehydratationstherapie gerettet werden können, doch nur 2 Prozent der Haushalte Nepals waren damit vertraut. Weil Fertigprodukte kaum verfügbar waren, förderte das Mitte der 80er Jahre gestartete UNICEF-Programm zu Hause hergestellte Lösungen statt der kommerziellen Alternativen. Das Werbematerial beschrieb die Behandlung jedoch in Worten, die auf beide Anwendungen zutrafen. Anstatt die Verkaufszahlen der Fertigprodukte zu senken, steigerte das Programm deren Glaubwürdigkeit und erhöhte die örtliche Nachfrage nach solchen Produkten. Dank mehr Wissen über die Behandlung sind die Gemeinschaften vor Ort besser in der Lage, die Verwendung zumindest einer Form der oralen Rehydratation sicherzustellen. Das Programm, das 96 Prozent der Bevölkerung erreichte, half, die Kindersterblichkeit durch Durchfallerkrankungen um mehr als die Hälfte zu senken.

Die Bedeutung der Vermittlung von Wissen, das die Armen verwenden können, auf eine Art und Weise, damit sie es verwenden können, zeigt sich auch bei der AIDS-Vorbeugung. Wissenschaftler wissen, wie die Krankheit verbreitet wird und welche Vorsichtsmaßnahmen zu treffen sind. Diese Informationen sind für die Armen jedoch nur dann von Nutzen, wenn die Informationsvermittler sich die Zeit nehmen, den Armen zuzuhören, etwas über die örtlichen Gegebenheiten zu erfahren und mit örtlichen Führungspersönlichkeiten zusammenzuarbeiten, um Vorbeugungsprogramme zu entwerfen, die für eben diese örtlichen Gegebenheiten geeignet sind. Dasselbe gilt für landwirtschaftliche Beratungsprogramme und neue Ansätze zur Erleichterung des Zugangs der Armen zu Krediten und Versicherungsschutz.

Zugang zu Krediten und Versicherungsschutz verbessern

Im Überblick wurde beschrieben, wie Bauern mit weniger Grundbesitz und Bauern, die das von ihnen bewirtschaftete Land pachteten, zu den letzten zählten, die neues Saatgut und Techniken der Grünen Revolution annahmen. Ohne Zugang zu Krediten oder Versicherungsschutz und mit nur wenigen eigenen Ressourcen, auf die sie zurückgreifen konnten, konnten arme Bauern es sich nicht leisten, neue Technologien auszuprobieren. Sie hatten keine andere Wahl, als zu warten, bis andere die Vorteile des Fortschritts demonstriert hatten.

Dieser fehlende Zugang zu Krediten und Versicherungsschutz, der den Kern vieler Nachteile bildet, mit denen die Armen konfrontiert sind, ist das direkte Ergebnis eines Versagens des Informationsflusses, wie in Kapitel 5 beschrieben wurde. Wohlhabende Sparer haben nicht genügend Informationen über die Armen und daher zu wenig Vertrauen, um ihnen Darlehen zu gewähren. Das bedeutet, daß arme Menschen selten Kredite aufnehmen können oder aber hohe Zinssätze zahlen müssen. Bei den Versicherungen liegt die Situation ähnlich: Versicherer haben kein zuverlässiges Mittel, um die Anstrengung zu messen, die der Bauer in den Anbau einer Feldfrucht investiert. Schädlinge und Unwetter können auf einfache Weise beobachtet und dokumentiert werden, die Anstrengungen des Bauern jedoch nicht. Dadurch kann ein Versicherungsvertreter oder ein Gericht nur schwer ausmachen, was wirklich zum Ausfall einer versicherten Ernte geführt hat – wodurch es wiederum schwierig für Bauern ist, Versicherungsschutz zu erhalten.

Unzureichende Abhilfemechanismen

Durch die Unfähigkeit, Kredite aufnehmen oder Versicherungen abschließen zu können, wird die Fähigkeit der Armen zu einem glatten Verbrauch im Lauf der Zeit verringert. Um einen Puffer für Katastrophen zu haben, müssen sie entweder Bargeld oder Getreide sparen, auf das im Notfall schnell zurückgegriffen werden kann. Der fehlende Zugang zu Krediten und Versicherungsschutz bedeutet außerdem, daß die Armen ein höheres Risiko tragen als wohlhabendere Bevölkerungsschichten. Eine 1985 bis 1990 im ländlichen Südwest-China durchgeführte Studie zeigte, daß für die ärmsten 10 Prozent der Haushalte der Verlust eines Jahreseinkommens aufgrund eines Ernteausfalls durchschnittlich zu einem 40-prozentigen Rückgang des Verbrauchs im darauffolgenden Jahr führte – ein wirklich einschneidendes Ergebnis. Im Gegensatz dazu betrug der Verbrauchsrückgang des wohlhabendsten Drittels der Haushalte nach einem Ernteausfall nur 10 Prozent ihres Einkommens, was viel leichter zu ertragen ist.

Angesichts der Risiken, denen die Armen ausgesetzt sind, versuchen sie naturgemäß, ihre Anfälligkeit zu verringern. Oft bedeutet dies, daß produktive Investitionen in die Schulbildung eines Kindes, ein neues landwirtschaftliches Gerät, neues Saatgut oder Dünger nicht getätigt werden. Eine Studie aus Zentralindien ergab, daß die von ärmeren Haushalten zur Risikominderung getroffenen Entscheidungen – zum Beispiel das Bebauen von weniger Land mit neuen Saatgutarten – ihr Einkommen beträchtlich verringerte (Sonderbeitrag 8.3). Durch das Fehlen von Krediten und Versicherungsschutz sehen sich die Armen einem bitteren Tradeoff gegenüber: Entweder sie akzeptieren das Risiko, das zu ruinösen Einkommensfluktuationen führen könnte, oder sie minimieren das Risiko durch Maßnahmen, die nichts an ihrer Armut ändern.

Wenn das Einkommen armer Haushalte fällt, müssen sie ihre Kinder oft von der Schule nehmen, damit sie zu Hause mitarbeiten. Eine Studie in sechs indischen Dörfern zeigte, daß ein Rückgang des Einkommens um 10 Prozent im Verlauf der landwirtschaftlichen Jahreszeiten zu einem Abfall der Schulanwesenheit von ungefähr fünf Tagen führt. Weil die unregelmäßige Schulanwesenheit zu weniger Schulbildung führt und daher die Produktivität und das Einkommen dieser Kinder verringert, wenn sie erwachsen sind, schafft diese Form der Selbstversicherung nur noch mehr Armut. Bemühungen zur Verbesserung der Bildungsmöglichkeiten der Armen sind dadurch oft nur beschränkt erfolgreich, wenn die Risiken und Einschränkungen, denen die Armen ausgesetzt sind, nicht besser verstanden werden. Andererseits kann die Entwicklung ländlicher Finanzmärkte – und der Finanzmärkte im allgemeinen – möglicherweise die Schulbildung armer Kinder beträchtlich verbessern.

Um ihre wirtschaftliche Sicherheit zu gewährleisten, haben viele arme Menschen eine enge Beziehung zu einer Einzelperson oder einem Netzwerk, der oder dem sie vertrauen. Sie beteiligen sich an Dorfgruppen, wo sie sowohl Kredite als auch gegenseitige Versicherungen bekommen können (Sonderbeitrag 8.4). Teilpacht, Kreditverträge mit Kontingentrückzahlungs-Klauseln und langfristige Arbeitsverträge können ebenfalls einige Versicherungsaufgaben übernehmen. Eine weitere Reaktion sind verknüpfte Transaktionen, in denen die Arbeiter beim Arbeitgeber Kredite aufnehmen oder die Kreditnehmer

Sonderbeitrag 8.3

Warum nehmen arme Bauern neue Technologien nur langsam an?

Ständig werden neue landwirtschaftliche Technologien entwickelt und vorangetrieben. Zu den neuesten Innovationen zählen verbesserte, besonders ertragreiche Arten von Grundnahrungsmitteln wie zum Beispiel Hirse und Reis. Die neuen Technologien bieten Bauern größere Ertrags- und Gewinnchancen als traditionelle Praktiken, doch die Neuerungen werden oft, vor allem von den Armen, nur langsam angenommen, weil arme Bauern sich nicht gegen Risiken versichern können.

Haushalte können Einkommensfluktuationen über Abhilfemechanismen wie Darlehen, Verkäufe von Vermögenswerten, Kornspeicher und Transfers von Verwandten und Nachbarn ausgleichen. Dadurch können sie trotz Einkommensfluktuationen einen stabileren Verbrauch beibehalten. Wenn Haushalte ihren Verbrauch jedoch nicht durch solche Mechanismen glätten können, wie das bei den Armen oft der Fall ist, glätten sie statt dessen ihr Einkommen durch Vermeidung riskanter, aber oft profitablerer Möglichkeiten.

Wie wirkt sich die Glättung des Einkommens auf landwirtschaftliche Entscheidungen aus? Anhand von vom International Crops Research Institute for the Semi-Arid Tropics (ICRISAT) in Zentralindien gesammelten Daten stellte eine Studie einen Zusammenhang zwischen Verbrauchsglättung und Risikofreudigkeit fest. Kleinbauern – eine Gruppe mit begrenzter Fähigkeit zur Verbrauchsglättung – bepflanzten zum Beispiel nur 9 Prozent ihres Bodens mit relativ risikoträchtigen, aber ertragreichen Arten, während Großbauern mit besserem Zugang zu Abhilfemechanismen ungefähr 36 Prozent ihres Grundes mit ertragreichen Arten bepflanzten.

Eine weitere auf den ICRISAT-Daten basierende Studie zeigte, daß Bauern, die arm sind und in einem riskanteren Umfeld leben, ein sichereres, aber weniger ertragreiches Anlageportfolio wählen. Vor allem für Bauern im ärmsten Viertel der Wohlstandsverteilung würde eine Reduzierung einer grundlegenden Risikoquelle (Abweichung des Monsunbeginns) um eine Standardabweichung zu Veränderungen des Investitionsverhaltens führen, die die Gewinne um bis zu 35 Prozent erhöhen würden. Die gleiche Risikoreduzierung würde sich jedoch praktisch gar nicht auf das Investitionsverhalten der reichsten Haushalte auswirken: Dank ihrer Fähigkeit zur Verbrauchsglättung stellt das Risiko für sie ein geringeres Problem dar. Weil die ärmsten Haushalte den Verbrauch am wenigsten glätten können, sind sie diejenigen, die sich bei Risiken am meisten auf die Einkommensglättung verlassen, selbst wenn dies zu stark reduzierten landwirtschaftlichen Gewinnen und zum Verzicht auf verbesserte Technologien führt.

Sonderbeitrag 8.4

Gegenseitige Versicherung

Das islamische Recht verbietet Zinsen auf Darlehen und selbst das Festlegen fester Rückzahlungszeiträume. Nach dem Koran sollte die Rückzahlung im Falle von Zahlungsschwierigkeiten des Schuldners verschoben werden, bis er das Darlehen zurückzahlen kann. Dies dämpft natürlich die Anreize zur Krediterteilung. Wie gehen muslimische Haushalte damit um?

Daten aus vier muslimischen Dörfern in der Nähe von Zaria im Norden Nigerias aus den Jahren 1988–1989 zeigen die Bedeutung der Versicherung gegen Einkommensdefizite zwischen Haushalten. Von 400 Haushalten gab nur ein Zehntel an, daß sie im Umfragezeitraum an keinen Transaktionen zur Kreditvergabe oder Kreditnahme beteiligt waren, während mehr als die Hälfte sowohl Kredite vergeben als auch aufgenommen hatte. Darlehen wurden innerhalb eng geknüpfter Gruppen erteilt, deren Mitglieder fast perfekte Informationen über die Bedürfnisse, Aktivitäten und Umstände der anderen Mitglieder hatten. Fast das gesamte Kreditgeschäft fand unter Einwohnern desselben Dorfes oder zwischen Verwandten statt. Die Darlehen waren sehr informeller Natur und erfolgten auf reiner Vertrauensbasis und ohne schriftliche Verträge. Die Rückzahlung wurde durch das Drohen mit dem Ausschluß von zukünftigen Kreditgeschäften durchgesetzt. Kreditgeber betrachteten in diesem System nur 1 von 20 Darlehen als in Verzug.

Doch was passiert, wenn ein ganzes Dorf von einer Dürre heimgesucht wird? Wer kann sich einen Verzicht leisten, wenn alle Schwierigkeiten haben? Mehr als die Hälfte der Abweichungen (58 Prozent) der landwirtschaftlichen Erträge in der Region wurde durch solche kombinierten Schockwirkungen verursacht. Obwohl es in der Studie über die Situation in Nordnigeria keine Anzeichen für direkte Kreditgeschäfte mit der Außenwelt gab, flossen Mittel über Netzwerke und Verbindungen mit Außenstehenden zwischen den Dörfern – dabei spielt die etablierte Hausa-Tradition des Fernhandels eine wichtige Rolle. Solche Darlehen zwischen Dörfern sind jedoch trotzdem sehr viel seltener als Kreditgeschäfte innerhalb des Dorfes.

für den örtlichen Geldverleiher arbeiten. In solchen Systemen überprüft umfangreiches Wissen über die Eigenschaften der Freunde, Verwandten und Nachbarn die Qualität, und gesellschaftliche Sanktionen anstelle von offiziellen Rechtssystemen setzen die Rückzahlung durch.

Obwohl solche Abhilfemechanismen hilfreich und manchmal sehr ausgeklügelt sind, sind sie meist weniger wirksam als formelle Kredit- und Versicherungsvereinbarungen. Forschungsergebnisse zeigen, daß Netzwerke gegenseitiger Versicherungen und Verwandtschaftssysteme aufgrund ihrer Beschränkung auf kleine Gemeinschaften und Gruppen die Armen nicht völlig gegen einen wirtschaftlichen Schock versichern, vor allem wenn dieser Schock ein ganzes Dorf oder die gesamte Gemeinschaft betrifft. Einkommensungleichheiten und unausgeglichenes Wachstum werden also weiter bestehen, solange die Kredit- und Versicherungsmöglichkeiten der Armen nicht verbessert werden können.

Reaktionen des Staates auf nicht perfekt funktionierende Kredit- und Versicherungsmärkte

Das Versagen von Informationsflüssen verhindert, daß die Armen guten Zugang zu Krediten und Versicherungsschutz erhalten, und die für die Kompensation dieses Mißstands notwendigen Anpassungen können sehr kostspielig sein. Der Staat hat prinzipiell drei Möglichkeiten, um auf solche Probleme zu reagieren:

- Indem er sich mit den zugrunde liegenden Anlageproblemen der Armen befaßt und zum Beispiel die Verteilung von Boden verbessert sowie die rechtlichen Institutionen stärkt, die für Sicherheiten notwendig sind, wodurch der Informationsbedarf umgangen wird
- Indem er Institutionen schafft, die Informationsprobleme direkt angehen, zum Beispiel durch die Überwachung durch Gleichgestellte bei der Mikrokrediterteilung und
- Indem er erkennt, daß Kredit- und Versicherungsmärkte nie perfekt sein werden, und ergänzende Programme in anderen Bereichen entwickelt, um den Armen bei der Finanzierung zu helfen, zum Beispiel durch wohldurchdachte Sparprogramme, soziale Netze und Bildungssubventionen.

Fundamentale Probleme angehen, die den Informationsbedarf verringern. Grundbuch- und Landregistrierungsprogramme erhöhen den Wert von Boden als Sicherheit, wodurch die Durchsetzungskosten der Kreditgeber reduziert werden. Durch Festlegen der Besitzverhältnisse werden Anreize geschaffen, in Land zu investieren, um dessen Produktivität zu steigern. In Thailand ermittelte eine Studie, daß Bauern, denen das von ihnen bewirtschaftete Land gehört und die dieses Land als Sicherheit anbieten können, höhere Kredite bei Finanzinstituten aufnehmen können als Bauern ohne Grundbesitznachweis – in der Region Lop Buri waren Kredite um 52 Prozent höher. Die wirtschaftlichen Ergebnisse fielen bei den Bauern, die eine Grundbesitzurkunde vorzuweisen hatten, ebenfalls viel besser aus. Sie investierten mehr in ihr Land, verwendeten mehr Hilfsmittel wie zum Beispiel Bewässerung und Dünger und erwirtschafteten bessere Erträge als Bauern ohne Urkunde. Ähnliche Ergebnisse wurden für andere Länder in Asien, Lateinamerika und der Karibik dokumentiert.

Doch die Erteilung von Grundbesitzurkunden allein verbessert den Zugang zu Krediten nicht immer, vor allem nicht für die Armen. Zwei Studien über 250 bäuerliche Haushalte im ländlichen Paraguay Anfang der 90er Jahre ergaben, daß die Landregistrierung Bauern mit 15 bis 50 Hektar Grundbesitz einen besseren Zugang zu Krediten verschaffte, für Bauern mit kleineren Parzellen jedoch praktisch ohne Ergebnis blieb. Kleinbauern wurden selbst nach dem Übergang der Eigentumsrechte ihres Landes auf sie aus den offiziellen Kreditmärkten gedrängt. Das lag wahrscheinlich an den hohen Transaktionskosten niedriger Darlehen. Wenn die Landregistrierung daher die Armut verringern soll, ist auch eine ländliche Finanzreform notwendig.

Die Landregistrierungsbemühungen in Afrika waren noch enttäuschender. Eine Studie in 10 Regionen in Ghana, Kenia und Ruanda ergab 1993, daß die Landregistrierung keine Auswirkungen auf den Zugang zu Krediten hatte. Grundbesitz konnte dort nicht als Sicherheit dienen, weil es keinen aktiven Immobilienmarkt gibt. Die Landregistrierung kann außerdem traditionelle Landnutzungsrechte, die auf dem Gewohnheitsrecht basieren, kaum ersetzen. Es kommt daher häufig zu Konflikten zwischen diesen beiden Systemen. Die Landregistrierung zur Erleichterung des Zugangs zu Krediten setzt voraus, daß Quellen institutioneller Kredite vorhanden sind, die in der afrikanischen Studie eben nicht existierten.

Obwohl Landreform und Landregistrierung in einigen Fällen wirksam sind, stellen sie aus den genannten Gründen kein Allheilmittel dar. Andere Maßnahmen zur Verbesserung der Fähigkeit der Armen, Sicherheiten zu bieten – zum Beispiel transparentere Eigentumsgesetze, weniger Beschränkungen des Eigentumstransfers und bessere Gerichte – können dafür sorgen, daß die wenigen Anlagen, die die Armen haben, besser als Sicherheiten verwendet werden können. Selbst wenn solche Programme erfolgreich sind, verbleibt immer noch Raum für innovative Maßnahmen zum direkten Angehen der Informationsprobleme, die den Zugang der Armen zu Krediten beschränken.

Den Informationsfluß unter den Armen verbessern. Die bekanntesten Mechanismen zur Verbesserung des Informationsflusses unter den Armen und ihres Zugangs zu Krediten sind die Gruppendarlehenssysteme für Mikrokredite. Dadurch kann ein außenstehender Kreditgeber Informationen nutzen, die arme Menschen im Überfluß haben: Informationen über andere Arme. Die Grameen Bank in Bangladesch, die BancoSolidario (BancoSol) in Bolivien und ähnliche Mikrofinanzprogramme haben Skeptiker mit Rückzahlungsraten von über 90 Prozent überzeugt. Zu den angewandten Techniken zählen die progressive Krediterteilung, bei der die Kreditnehmer sehr niedrige Pilotdarlehen erhalten, bei denen die Rückzahlungen sofort fällig sind, und Schulung der Kreditgeber im Darlehensgeschäft.

Beim Gruppendarlehensmodell der Grameen Bank bilden potentielle Kreditnehmer zuerst Gruppen von fünf Kreditnehmern. Die Darlehen gehen zwar an Einzelpersonen, doch alle Gruppenmitglieder sind sich darüber im klaren, daß im Falle des Verzugs eines der Mitglieder alle anderen keine weiteren Darlehen erhalten werden. Dadurch erhalten sie einen Anreiz, die Leistung der anderen zu überwachen, was die Wahrscheinlichkeit der Rückzahlung erhöht. Da die Gruppen auf freiwilliger Basis gebildet werden, können Kreditnehmer ihr Wissen über ihre Nachbarn einsetzen, um die riskantesten Bewerber auszuschließen, wodurch ein anderes häufiges Problem für Kreditgeber behoben wird.

Gruppenkredite eröffnen auch Gelegenheiten, um zu lernen, wie Zugang zu Kreditmärkten gewonnen wird. Das ist nützlich, weil viele Kunden von Grameen noch nie Kredite bei offiziellen Instituten aufgenommen haben. Die Gruppenstruktur kompensiert dies durch Möglichkeiten für die Mitglieder, Kreditbeziehungen zusammen mit Nachbarn einzugehen und mit den Ideen und dem Fortschritt der anderen Schritt zu halten. Wöchentliche Gruppentreffen erleichtern diesen Lernprozeß. Myrada, eine nichtstaatliche Organisation im ländlichen Indien, setzt eine ähnliche Strategie ein, geht aber noch einen Schritt weiter, indem sie versucht, stabile Beziehungen zwischen Banken und den Armen auf dem Land herzustellen (Sonderbeitrag 8.5).

Bei der progressiven Darlehensvergabe wachsen die niedrigen Anfangsdarlehen (50 US-Dollar oder weniger) im Verlauf der Zeit zu größeren Summen an. Die ersten Darlehen sind zwar zu niedrig, um den Kreditgebern Gewinne einzubringen, helfen ihnen aber, die Kreditwürdigkeit der Kreditnehmer zu testen. Außerdem erhalten Kreditnehmer eine Gelegenheit, bei geringem Risiko Darlehensvereinbarungen auszuprobieren und Strategien für größere Kredite zu entwickeln. Schätzungen der BancoSol deuten darauf hin, daß 10 bis 15 Prozent der Kleinkreditnehmer in Verzug geraten. Durch die progressive Darlehensvergabe können Bankmitarbeiter Kreditprobleme angehen, während mit geringen Summen umgegangen wird.

Die meisten Mikrofinanzverträge erfordern im Gegensatz zu konventionellen Darlehen, daß die Kreditnehmer kurz nach der Auszahlung des Darlehens mit der Rückzahlung beginnen, meist lange, bevor die Investitionen Früchte tragen. Kreditnehmer machen geringe, regelmäßige (meist wöchentliche) Anzahlungen, bis der Darlehensbetrag und die Zinsen voll bezahlt sind. Durch dieses Arrangement werden Kreditgeber bereits in der Frühphase auf mögliche Rückzahlungsprobleme aufmerksam gemacht. Es reduziert das Risiko für den Kreditgeber auch auf andere Weise. Da die Kreditnehmer über weiteres Haushaltseinkommen verfügen müssen, um die Rückzahlung bald nach der Auszahlung beginnen zu können, signalisiert das Erfüllen des Rückzahlungsplans dem Kreditgeber, daß die Kreditnehmer unabhängige Mittel für die Rückzahlung haben, wenn die Projekte sich nicht so gut entwickeln wie erhofft. Andererseits werden durch die frühe Rückzahlung die ärmsten Haushalte ausgeschlossen, oder es wird die Gefahr, daß die ärmsten Haushalte in Verzug geraten, erhöht.

Gruppendarlehenssystemen werden externe Effekte zugeschrieben: Diejenigen, die die Anlaufkosten tragen, liefern einen gesellschaftlichen Dienst, der allen Beteiligten zugute kommt. Da die Anlaufkosten nicht leicht

Sonderbeitrag 8.5

Informationsprobleme angehen, um den Armen in Südindien Kredite zu ermöglichen

Im ländlichen Südindien versucht eine nichtstaatliche Organisation namens Myrada, innerhalb von fünf Jahren selbsttragende Verbindungen zwischen Banken und den Armen herzustellen. Um ihre Kreditmanagementgruppen (sogenannte Sanghas) in kommerziellen Banksystemen zu integrieren, müssen Sangha-Mitglieder die Verantwortung für die Führung ihrer eigenen Bücher, die Schaffung und Durchsetzung ihrer eigenen Kreditregeln und die Beteiligung an regionalen Organisationen (sogenannten Apex-Körperschaften), die von gewählten Sangha-Vertretern geführt werden, übernehmen.

Die Apex-Körperschaften unterrichten Mitglieder in der Beilegung von Streitigkeiten, Ausbildung und Schulung neuer Mitglieder und Verhandlung mit Geschäftsbanken, um progressiv wachsende Darlehen zu erhalten. Am wichtigsten ist, daß die Apex-Körperschaften das langfristige Management der Sanghas übernehmen, wenn die Myrada-Mitarbeiter das Projekt beenden. Myrada stellt daher einen temporären Makler für Banker und Arme dar. Die Zielsetzung der Organisation besteht darin, den Armen zu helfen, „bankfreundlich" zu werden, und den Banken zu helfen, „armenfreundlicher" zu arbeiten.

Myradas am weitesten fortgeschrittenes Projekt in Holalkere umfaßt 214 Sanghas und ungefähr 4.400 Personen. Mitte des Jahres 1996, drei Jahre, nachdem die Apex-Körperschaften die volle Leitung über die Sanghas übernahmen, trafen sich 81 Sanghas ohne Überwachung durch Myrada und erhielten Kredite direkt von Geschäftsbanken. Die Sanghas haben außerdem für benachbarte Dörfer Vorbildfunktion, was vielleicht noch wichtiger ist, so daß bereits mindestens drei neue Sanghas ohne jegliche Unterstützung durch Myrada gebildet wurden.

wieder hereinzuholen sind, kann es dazu führen, daß nicht genügend solcher Systeme angeboten werden. Deshalb besteht eine Rolle des Staates darin, die Bildung solcher Institutionen zu fördern. Er sollte Bauern in die Lage versetzen, Gruppen selbst zu bilden und vorhandene Selbsthilfegruppen und Basisorganisationen zu nutzen. Neben der Förderung der Gruppenbildung kann der Staat auch Verwaltungsschulungen anbieten, Mitglieder über die gemeinsame Haftung und Praktiken zur Darlehenseintreibung unterrichten, Beratung anbieten und Buchhaltungssysteme und Kreditbewertungsverfahren einführen, um den Erfolg von Gruppendarlehenssystemen sicherzustellen. Der Staat kann auch zur Verbreitung von Informationen über erfolgreiche Gruppendarlehenssysteme beitragen.

Innovative Maßnahmen, um den Armen zu helfen, Defizite zu überstehen

Egal, wie wirksam die eben beschriebenen Anstrengungen sind, Informationsprobleme bleiben bestehen, und die Armen werden weiterhin Probleme haben, Kredite und Versicherungsschutz zu erhalten. Regierungen können diese Probleme durch eine Vielzahl von Programmen angehen, die den Armen helfen, mit unvorhergesehenen Einkommenseinbußen fertig zu werden.

Sparsysteme

Ein vielversprechender Ansatz liegt in Sparsystemen. Viele Beobachter haben angenommen, daß arme Haushalte nicht sparen können. Die Beweislage deutet jedoch immer mehr darauf hin, daß dies nicht zutrifft. Die Armen sparen, sie haben nur oft kein sicheres und liquides Mittel für die geringen Summen zur Hand, die sie auf die hohe Kante legen können. Die Gewinne für arme Haushalte durch die Verbesserung der Sparmechanismen können sich als umfangreicher erweisen als die Gewinne aus dem Versuch, nicht funktionierende Kreditmärkte zu verbessern. Ein wichtiger Vorteil dieser Mikrospardienste besteht darin, daß sie nicht von Informationsproblemen behindert werden.

Die Bank Rakyat Indonesia (BRI), die ihr Unit Desa-Programm in ländlichen Dörfern durchführt, zeigt die Vorteile sicheren, einfachen Sparens. Das Programm wurde Anfang der 80er Jahre mit Konzentration auf Kredite gestartet, doch die Bankmanager erkannten schnell, daß das Anziehen von Spareinlagen ihre Kapitalkosten reduzieren konnte, während es den Haushalten ein oft gewünschtes Mittel zur Vermögensbildung bot. Daraufhin stellte die Bank fest, daß viel mehr Haushalte am Sparen interessiert sind als an der Kreditaufnahme. Bis 1996 hatte das Programm Spareinlagen von 16,1 Millionen Haushalten mit niedrigem Einkommen erzielt und an 2,5 Millionen Haushalte Kredite vergaben – ein Jahrzehnt früher existierten noch keinerlei Spareinlagen. Viele der Sparkonten weisen ein geringes Guthaben auf (durchschnittlich weniger als 190 US-Dollar), und der Durchschnittssparer ist viel ärmer als der Durchschnittsschuldner.

Einfachheit, Liquidität und Sicherheit – der letzte Punkt verstärkt durch die Tatsache, daß die BRI im Staatsbesitz ist – sind kleinen Sparern oft wichtiger als der für Spareinlagen gezahlte Zins. Die BRI hat außerdem neuartige Wege geschaffen, um zum Sparen zu ermutigen. Sie führt zum Beispiel eine Lotterie mit kleinen Monatspreisen sowie Jahrespreisen wie zum Beispiel Motorrädern, Autos oder sogar Häusern durch. Die Sparer erhalten ein kostenloses Kontingent an Lotteriescheinen entsprechend ihres monatlichen Durchschnittskontostands. Die Idee hat sich als äußerst populär erwiesen, und die BancoSol in Bolivien griff sie 1993 auf.

Angestrebte Transfers

Weil Informationsprobleme auf Kredit- und Versicherungsmärkten den Armen Gelegenheiten zur Risikoverteilung vorenthalten, sollten zumindest den Ärmsten, die die geringsten Chancen haben, Kredite und Versicherungsschutz zu erhalten, grundlegende soziale Dienstleistungen vom öffentlichen Sektor bereitgestellt werden. Soziale Netze mit gut definierten Zielsetzungen können auch die kostspieligen Anpassungen verringern, die ansonsten die Armen vornehmen müßten.

Kurzzeitige Entlastungsprogramme können Einkommensmöglichkeiten für die Armen steigern, reduzieren langfristig das Ungleichgewicht des Vermögensbesitzes und verringern den Bedarf an späteren staatlichen Interventionen zur Armutsbekämpfung. Nachdem mehrere Dörfer in Indien von Naturkatastrophen heimgesucht worden waren, dämpften öffentliche Beschäftigungsprogramme die Auswirkungen auf die Armen. Zusammen mit institutionellen Krediten reduzierten diese Programme den Notverkauf von Boden durch arme Bauern, deren Ernten vernichtet worden waren. Im Gegensatz dazu gab es in einem Dorf in Bangladesch keine vergleichbaren Maßnahmen für die Armen, und es kam dadurch zu zahlreichen Notverkäufen. Dadurch wurde der Grundbesitz weiter polarisiert, und die ungleiche Situation bezüglich des Einkommens und des Kreditzugangs verschlechterte sich weiter.

Das Festlegen der Ziele von sozialen Netzen und staatlichen Dienstleistungen im allgemeinen stellt eine schwierige Herausforderung und ein klassisches Informationsproblem dar. Wie findet und identifiziert der Staat die Armen? Viele von ihnen leben schließlich weit von der offiziellen Wirtschaft entfernt. Weil sie ein lebenslanges

Mißtrauen gegen Autoritäten hegen, werden sich auch nicht viele auf das reine Versprechen von Sozialleistungen hin melden. Daher bleiben sie unsichtbar. Währenddessen werden viele durch die Ausgabefreude der Regierung angezogen, die gar nicht arm sind.

Bedürftigkeitsprüfungen oder die Beschränkung der Sozialleistungen auf diejenigen, die bestimmte wirtschaftliche Kriterien erfüllen, werden standardmäßig in Industrieländern angewandt, um auch tatsächlich die Armen zu erreichen. Doch das Überprüfen der wirtschaftlichen Lage erfordert, daß der Staat die Angaben der Antragsteller hinsichtlich ihrer Einkommen und oft auch ihres Vermögens und ihrer Einkommenskapazitäten überprüft. Um sich vor Betrug zu schützen, muß der Staat Informationen der Antragsteller mit Informationen aus anderen Quellen – Kreditgebern, anderen Behörden, potentiellen Arbeitgebern – vergleichen. Dies kann für ein Entwicklungsland eine bedeutende administrative Belastung darstellen – neben den Kosten der Unterstützung selbst.

Eine Lösung besteht in der Verteilung von Sozialleistungen aufgrund von Kriterien, die mit den Bedürfnissen zusammenhängen, jedoch leichter festzustellen sind: zum Beispiel an Großfamilien oder Senioren (Sonderbeitrag 8.6). Regierungen können auch Informationen zuverlässiger privater Quellen, zum Beispiel örtlicher Wohltätigkeitsorganisationen oder Mikrofinanzinstituten, sammeln. Eine andere Möglichkeit, den Mißbrauch des Systems zu vermeiden, besteht darin, den Menschen Anreize zu bieten, Mißbrauch zu melden.

Eine zweite Lösung ist die Selbstauswahl: die Entwicklung von Programmen, die nur die wirklich Bedürftigen beanspruchen. Anstatt sich auf administrative Auswahlkriterien zu verlassen, können viele Programme zur Bekämpfung der Armut die Selbstauswahl durch die Armen fördern. Wenn die Löhne bei Arbeitsbeschaffungsmaßnahmen zum Beispiel niedrig sind, werden nur arme Arbeitslose daran teilnehmen und andere Stellen ergreifen, wenn sie verfügbar werden. Ein niedriger Lohn kann außerdem damit einhergehen, daß Leistungen an die Armen verteilt werden. Ein 1997 in Argentinien gestartetes Weltbankprojekt bot während einer Periode ungewöhnlich hoher Arbeitslosigkeit bei niedrigem Lohn Arbeit an Gemeinschaftsprojekten in armen Gegenden an. Mehr als die Hälfte der Teilnehmer stammten aus dem ärmsten Zehntel der Bevölkerung.

Eine weitere Möglichkeit zur Förderung der Selbstauswahl verbesserte die Wirksamkeit eines Subventionsprogramms für Nahrungsmittelpreise in Tunesien, das Anfang der 90er Jahre gestartet wurde. Unter Verwendung von Informationen aus Haushaltsumfragen, die Differenzen bei den Verbrauchsmustern von Armen und Nichtarmen ergaben, entwickelte und vermarktete sowie subventionierte die Regierung bestimmte Nahrungsmittel, die denselben Nährwert hatten wie nicht subventionierte Nahrungsmittel, von den Verbrauchern jedoch weniger geschätzt wurden. Zum Beispiel wurde die Subventionierung von Milch auf Milchpulver verlagert, das in weniger praktischen Halbliterkartons verpackt wurde. Dadurch wurde der Verbrauch durch die Reichen gesenkt, die örtliche Frischmilch in Flaschen bevorzugten. Subventionen für Speiseöl wurden von reinem Olivenöl und Pflanzenöl, das in Flaschen abgefüllt war und von der Ober- und Mittelschicht gekauft wurde, auf aus großen Ölbehältern abgefüllte Ölprodukte verlagert.

Sonderbeitrag 8.6

Rentenauszahlung an die Armen in Südafrika

Direkte Bargeldtransfers, die in der Theorie einen effizienten Weg zur Umverteilung von Einkommen und Verringerung der Armut darstellen, werden in Entwicklungsländern aus zwei Hauptgründen kaum verwendet. Erstens ist es oft schwierig zu bestimmen, wer am bedürftigsten ist, weil ein Großteil der wirtschaftlichen Aktivitäten im informellen Sektor stattfindet, durch direkte Tauschgeschäfte und nicht aufgezeichnete Bargeldtransaktionen. Zweitens ist die Überprüfung der Identität der Empfänger von Zahlungen oft schwierig. Südafrika hat dieses Problem gelöst, indem die Bedürftigkeitsprüfung mit einer Altersgrenze kombiniert wurde – das Alter stellt eine Eigenschaft dar, die relativ einfach zu ermitteln ist und im ländlichen Südafrika eng mit Armut verbunden ist.

Das soziale Rentensystem zahlt eine feste Summe an Frauen über 60 und Männer über 65, deren Mittel (definiert als Summe von Einkommen und einem ihrem Vermögen zugewiesenen Wert) unter einem bestimmten Grenzwert liegen. Die Leistungen werden für Personen, deren Mittel den Grenzwert übersteigen, stufenweise reduziert. Personen, deren Einkommen eine bestimmte Obergrenze überschreiten, erhalten keine Rente.

Um sicherzustellen, daß die Zahlungen nur an qualifizierte Empfänger gehen, sind die Mitarbeiter des Programms in mit Geldautomaten ausgestatteten Kleinlastwagen unterwegs. Diese Geldautomaten verwenden Technologie zum Lesen von Fingerabdrücken. Damit besuchen die Mitarbeiter die Dörfer einmal im Monat, zahlen das Bargeld direkt an qualifizierte Personen aus und zeichnen die Transaktionen auf. Das 1993 begonnene Programm erreicht ungefähr 80 Prozent der älteren Landbevölkerung Südafrikas afrikanischer Abstammung und kleinere Teile der Senioren anderer ethnischer Gruppen. Das Programm erreicht auch arme Kinder: In der Gruppe der Familien afrikanischer Abstammung lebt jedes dritte Kind in einem Haushalt, in dem ein älteres Familienmitglied eine Rente erhält, die nach einer Bedürftigkeitsprüfung festgelegt wurde.

Die Selbstauswahl kann jedoch für einige Programme nicht den einzigen Prozeß zur Zielgruppenbestimmung darstellen. Bargeldtransfers und stark subventionierte Studentendarlehen sind zum Beispiel für viele attraktiv, nicht nur für die Armen. Solche Situationen erfordern möglicherweise eine Bedürftigkeitsprüfung, bei der einige leicht festzustellende Eigenschaften überprüft werden, wie es zum Beispiel beim südafrikanischen Rentensystem geschieht.

Koordinierung der Bemühungen zur Bekämpfung der Armut

Weil die Armen so vielen miteinander zusammenhängenden Problemen gegenüber stehen, kann ein Programm, das Kredite zur Einkommensschaffung vergibt, aber den Armen nicht hilft, Investitionsmöglichkeiten zu beurteilen und sie nicht weiter schult, nie ganz effektiv sein. Wenn eine Behörde solche Kredite fördert, kann dies in ähnlicher Weise zu Konflikten mit einer nichtstaatlichen Organisation führen, die dasselbe Ziel verfolgt. Deshalb muß nicht nur der Umfang der Programme erweitert werden, sondern die Bemühungen der zahlreichen Organisationen, die die Armut bekämpfen wollen, müssen auch koordiniert werden.

Indonesiens P4K-Programm (der Name ist die indonesische Abkürzung für „Anleitung zur Erhöhung der Einkommen von Kleinbauern") basiert auf einer Partnerschaft zwischen dem Landwirtschaftsministerium, der Bank Rakyat Indonesia und örtlichen Behörden, deren Ziel es ist, die Armut von über 350.000 Familien zu verringern. P4K wird in 10 Provinzen von der Behörde für landwirtschaftliche Ausbildung und Schulung des Landwirtschaftsministeriums durchgeführt, wobei die Provinzleiter und das Personal des Programms von landwirtschaftlichen Informationszentren aus arbeiten. Der Schlüssel zum Erfolg des Programms liegt in der Koordination der verschiedenen Institutionen, so daß sie sich gegenseitig ergänzen. Die Außendienstarbeiter der Behörde dienen als Kontaktpersonen der Bauern. Die örtlichen Behörden helfen, sozioökonomische Studien durchzuführen, um arme Dörfer zu identifizieren. Dann leiten sie die Leistungen an die Haushalte mit Durchschnittseinkommen, die 320 Kilogramm Reis pro Kopf oder weniger entsprechen (ungefähr 80 US-Dollar). Die BRI gewährt Kredite für einkommenschaffende Aktivitäten über 40.000 Selbsthilfegruppen, die die von der Regierung und dem privaten Sektor bereitgestellten Ressourcen und Anlagen bündeln. Das Ergebnis: Die Haushaltseinkommen sind um 41 bis 54 Prozent angestiegen, und die Rückstände bei erteilten Krediten betragen nur 2 Prozent vom gesamten Kreditvolumen.

Mikrofinanzinstitute beginnen, die zusammenhängenden Probleme der Armen anzugehen. Einige Institute erteilen nur Kredite, wenn die Kreditnehmer sich verpflichten, an Bildungsprogrammen teilzunehmen. Einige verwenden Gruppentreffen nicht nur zum Eintreiben der Zahlungen und zur Auszahlung der Darlehen, sondern auch zur Besprechung von gesetzlich garantierten Rechten und anderen Geschäftsfragen. Einige Institute, wie die Grameen Bank, fördern die gesellschaftliche Entwicklung durch Eröffnen von Schulen. Die Geschäftserweiterungen der Grameen Bank haben zu einem rapiden Wachstum der von Kreditgebergruppen mit finanzierten Schulen und der Zahl der Kinder, die diese Schulen besuchen, geführt (Schaubild 8.4).

Das Mobilfunkunternehmen der Grameen Bank ist ein typisches Beispiel der Erweiterung der einkommensschaffenden Aktivitäten der Bank. Grameen Phone, ein in ganz Indonesien tätiger Mobilfunkanbieter, bietet armen Frauen in Dörfern die Möglichkeit, Handys als wirtschaftliche Investitionen zu kaufen. Die Frauen bieten dann ganzen Dörfern oder einzelnen Kunden Telefondienstleistungen an. Das Programm hat einen doppelten Vorteil: Die Frauen erhalten mehr Macht, und die Dörfer

Schaubild 8.4

Kreditvergabe der Grameen Bank und von Grameen Bank-Gruppen geleitete Schulen

Während die Grameen Bank expandierte, nahm in gleichem Maße auch ihr Einfluß auf die Bildung zu.

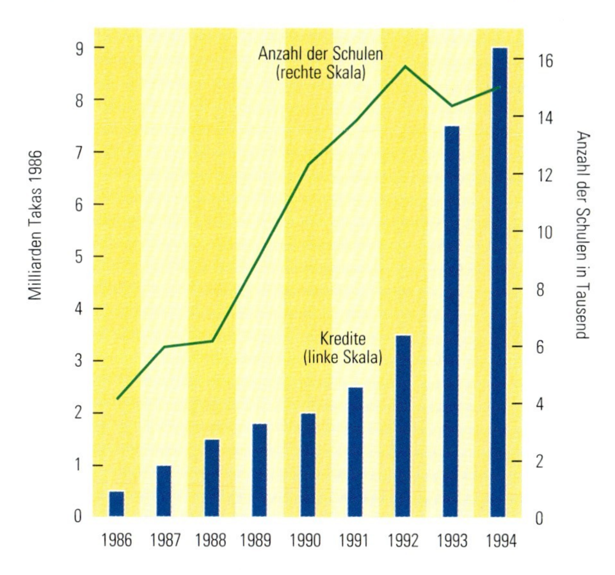

Hinweis: Kreditvergabedaten beziehen sich auf jährliche Auszahlungen. Quelle: Khandker, Khalily und Khan 1998.

bekommen eine Verbindung zu Märkten und Geschäftszentren überall auf der Welt.

Ein weiterer vielschichtiger Ansatz ist das Menschenrechts- und Jura-Ausbildungsprogramm des Komitees für ländlichen Fortschritt in Bangladesch, des sogenannten Bangladesh Rural Advancement Committee (BRAC). Über 250.000 Kunden, zumeist Frauen, wurden über ihre Rechte in Zusammenhang mit Geschäften und Familienbeziehungen unterrichtet. Viele haben Schritte unternommen, um gegen illegale Scheidungen zu protestieren oder ihre gesetzmäßigen Erbschaftsansprüche geltend zu machen. BRAC bildet Kunden auch im Gemüseanbau, in der Viehzucht, in der Fischzucht, Seidenproduktion und in der umweltverträglichen Forstwirtschaft aus. Durch die Kombination von Ausbildung und Krediten konnte BRAC feststellen, daß seine Kunden schnell auf dem neu erworbenen Wissen aufbauen, wodurch sowohl die Kredite als auch die Ausbildungskomponente des Programms viel effektiver werden, als die einzelnen Komponenten separat wären.

Heute nehmen über 10 Millionen Menschen weltweit Kredite durch Mikrofinanzprogramme auf, doch es handelt sich weiterhin um eine neue Entwicklung. Um sie voranzutreiben, verknüpfen mehrere Konsortien Mikrofinanzinstitute, die oft klein und weit verstreut sind, zu einem globalen Netzwerk. In drei dieser Konsortien – Women's World Banking, dem Microfinance Network, und der Consultative Group to Assist the Poorest – geben die Teilnehmer Erfahrungen und technische Hilfe an andere weiter. Das Lernen aus Erfolgen und Fehlschlägen wird durch Zugang zum Internet erleichtert, das den schnellen und offenen Austausch von Nachrichten, Meinungen und Ideen unter Leuten in der Praxis, Akademikern und Entwicklungsorganisationen rund um den Globus erleichtert.

• • •

Armut ist vielschichtig und führt oft zu mehr Armut. Die Armen sind oft ungebildet, haben keine ausreichende gesundheitliche Versorgung, keinen Zugang zu Krediten und grundlegenden Anlagen wie zum Beispiel Landbesitz. Viele dieser Probleme sind miteinander und mit Wissensgefällen und Problemen des Informationsflusses verknüpft, die die Armen in wirtschaftliche Beziehungen zwingen, die ihre Produktivität einschränken. Angesichts der ernsthaften Konsequenz aus drastischen Einkommenseinbußen vermeiden die Armen naturgemäß Risiken, wo sie dies nur können. Dadurch verbleiben sie aber in einem Teufelskreis aus geringem Risiko und Aktivitäten mit niedrigen Gewinnen und können die Armut nicht überwinden.

Dieser Teufelskreis kann unterbrochen werden: Indem man den Armen zuhörte und Institutionen an ihre Bedürfnisse anpaßte, trug man zur Schaffung von innovativen neuen Strukturen bei. Landregistrierung, Mikrokredite, Mikrosparen und bessere soziale Netze ermöglichen durch Angehen von Informationsproblemen die Unterstützung der Bedürftigen, während die finanzielle Belastung durch weniger bedürftige Nutznießer verringert wird. Durch solche Innovationen kann die Armut nicht von heute auf morgen beseitigt werden, und sie stellen auch keinen Ersatz für andere Maßnahmen dar, um ein stabiles Wachstum zum Wohle der Armen zu gewährleisten. Sie sind jedoch äußerst wichtige Elemente einer erfolgreichen Strategie zur Armutsbekämpfung. Ein grundlegender Schritt zur Entwicklung realistischer entwicklungspolitischer Maßnahmen, die den Armen ermöglichen, ihre Lebensbedingungen zu verbessern, besteht darin zu erkennen, wie Informationsprobleme zu Marktproblemen führen.

Teil Drei

Prioritäten in der Politik

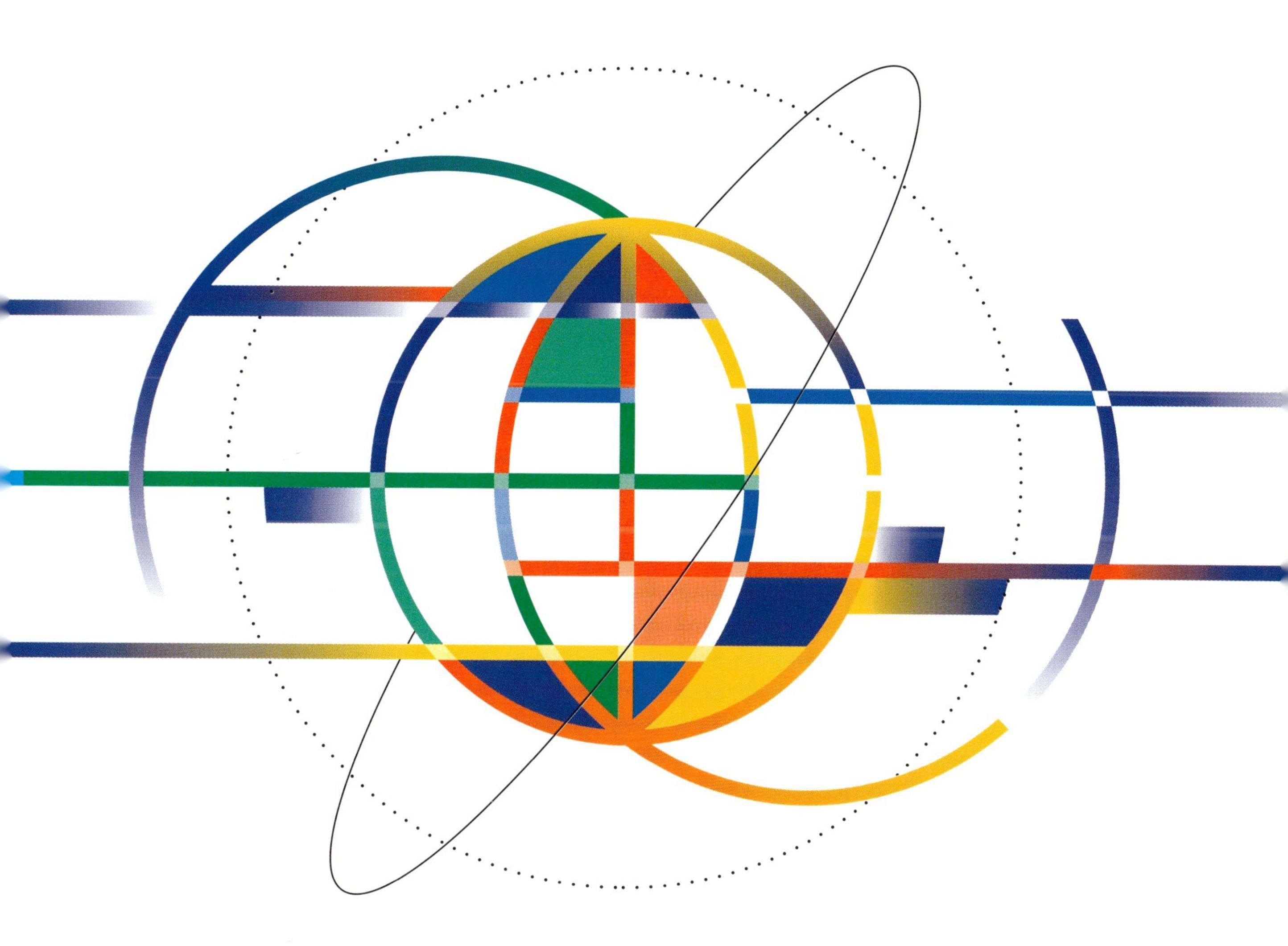

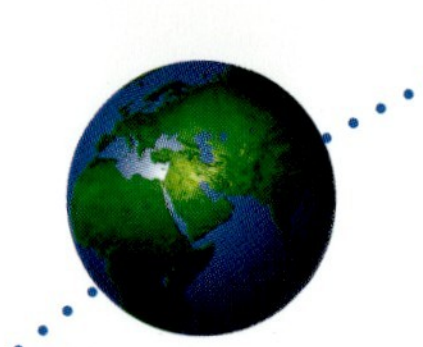

Kapitel 9

Was können internationale Institutionen tun?

INTERNATIONALE INSTITUTIONEN, GEBERLÄNDER und die breitere Entwicklungsgemeinschaft gelangen rasch zu der Erkenntnis, daß Wissen zentral ist für die Entwicklung, ja daß Wissen Entwicklung *ist.* Dieser gesamte Bericht zeigt, welche Rolle der Weltbank und anderen internationalen Institutionen zukommen kann, wenn Länder beim Abbau von Wissensgefällen und bei der Lösung von Informationsproblemen unterstützt werden sollen. Diese Vorschläge sollten in die Darlehens- und Hilfsprogramme dieser Institutionen integriert werden und bei der Wahl und Planung ihrer Projekte und politischen Unterstützungsaktivitäten als Hilfe dienen. Die Entwicklungsgemeinschaft kann Ländern dabei helfen, die Infrastruktur und die Institutionen zu schaffen, die sie für den Wissenserwerb und die Wissensaufnahme benötigen, zum Beispiel indem sie Telekommunikationsprojekte und Reformen im Erziehungswesen unterstützt (wie in Teil Eins beschrieben). Sie kann sie auch bei der Schaffung der institutionellen Rahmenbedingungen zur Minimierung von Informationsproblemen unterstützen, zum Beispiel indem sie die Gesetze gegen Betrug verbessert, Umweltprojekte durchführt, die von einer Gemeinde überwacht werden, oder sich bemüht, den Armen den Zugang zu Krediten zu erleichtern (wie in Teil Zwei dargestellt).

Im Mittelpunkt dieses Kapitels stehen einige weitere Aufgaben, die Entwicklungsinstitutionen zukommen. Wenn sie erkennen, daß Wissen gleich Entwicklung ist, richten sie ihre Arbeitsmethoden neu aus und stellen die Schaffung, die Übertragung und das Management von Wissen in den Mittelpunkt ihrer Aktivitäten. Betrachten wir als erstes die *Schaffung* von Wissen. In Kapitel 1 wurde das Konzept des Wissens als öffentliches Gut eingeführt. Sobald es der Öffentlichkeit frei zugänglich ist, darf Wissen von allen verwendet werden, und seine weite Verbreitung ist praktisch kostenfrei möglich. Dies bedeutet, daß Menschen oft von Wissen profitieren, obwohl sie sich an den Kosten für dessen Schaffung nicht beteiligen. Weil die Erzeuger von Wissen für ihre Kosten nicht entschädigt werden, liefert der Markt nicht genügend Wissen, und Regierungen müssen entscheiden, ob sie einschreiten und die Schaffung von Wissen finanzieren sollen. Gelegentlich wirkt sich Wissen über die Landesgrenzen hinweg positiv aus, was dazu führt, daß keine Regierung allein gewillt ist, die für die Schaffung von Wissen notwendigen Mittel bereitzustellen. Selbst wenn ein Staat gewisse Anstrengungen in dieser Richtung unternimmt, reichen diese meist nicht aus. Internationale Institutionen können also zur Lösung der schwierigen Aufgabe beitragen, die Anstrengungen verschiedener Länder zu koordinieren, damit das Wissen erzeugt wird, das die Welt braucht.

Genau dies geschah bei der Grünen Revolution. Ohne internationale Anstrengungen wären Durchbrüche in der Landwirtschaft entweder gar nicht oder erst später erzielt worden, und unzählige Kleinbauern und Tagelöhner wären mittellos geblieben. Internationale Institutionen haben eine Verantwortung zur Bereitstellung solcher öffentlicher Güter. Dies ist auch das erste Thema in diesem Kapitel.

Obwohl Wissen, das als internationales öffentliches Gut erzeugt wurde, viel zur Entwicklung beitragen kann, ist das wichtigste Wissen gewöhnlich dasjenige, das in den Entwicklungsländern selbst geschaffen wird. Jede politische Reform, jedes neue Programm und jedes zusätzliche Projekt erzeugt neues Wissen darüber, welche Ansätze funktionieren und welche nicht. Doch diesen riesigen Bestand an Wissen zu kodifizieren und zugänglich zu machen ist eine äußerst kostspielige Angelegenheit, und es wäre für ein Land allein wohl auch eine zu gewaltige Aufgabe. Eine weitere Rolle von internationalen Institutionen und anderen Stellen besteht deshalb darin, Entwicklungsländern bei der schwierigen Aufgabe zu helfen, sich durch die internationalen Erfahrungen zu arbeiten und dabei das relevante Wissen zu extrahieren, damit zu experimentieren und es an die örtlichen Gegebenheiten anzupassen. Dieser *Austausch* von Wissen in beide Richtungen – von Entwicklungsländern zu Entwicklungsorganisationen und umgekehrt – ist das Thema des zweiten Teils dieses Kapitels.

Dies wirft die Frage auf, wie Wissen verwaltet werden soll, denn geschaffenes oder angenommenes Wissen ist nur so nützlich wie das System, das es ordnet und zugänglich und dynamisch macht. Organisationen haben Wissen schon immer verwaltet, sei es auf formelle oder auf informelle Weise, doch neue Technologien eröffnen in der Vergangenheit unvorstellbare Möglichkeiten, die ein Überdenken der traditionellen Systeme erforderlich machen. Im dritten Teil dieses Kapitels werden diese Möglichkeiten des Wissens*managements* untersucht, wobei hervorgehoben wird, welche Entscheidungen die Organisationen treffen müssen. Gleichzeitig werden einige besondere Herausforderungen identifiziert, mit denen Entwicklungsinstitutionen konfrontiert sind. Wir beschreiben in diesem Teil auch die Anstrengungen im Hinblick auf das Wissensmanagement, die zur Zeit von der Weltbank unternommen werden, sowie die Vorhaben, mit denen relevante Materialien über die Entwicklung einem breiteren Publikum zur Verfügung gestellt werden sollen.

Schaffung von Wissen: Ein internationales öffentliches Gut

Viele Arten von Wissen sind internationale öffentliche Güter. Es bestehen nicht genügend Anreize für ein Land oder ein privates Unternehmen, um die zur Schaffung dieses Wissens notwendige Forschung zu betreiben. Internationale Institutionen können dabei helfen, diese Lücken zu füllen. Wie schon erwähnt, hat fast jede Art von Wissen die Charakteristika eines öffentlichen Guts: Es fallen keine marginalen Kosten an, wenn eine weitere Person das Wissen nutzt, und es ist vielfach schwierig, nichtzahlende Benutzer auszuschließen. Der durch Wissensschaffung entstehende persönliche Gewinn ist daher meist gering. Regierungen können gewisse Arten von Wissen vor Nutzung ohne Entgelt schützen und tun dies auch, indem sie einen gesetzlichen Rahmen für den Schutz des geistigen Eigentums schaffen, der den potentiellen Gewinn der Schaffung von Wissen erhöht, da er den Ausschluß nichtzahlender Benutzer ermöglicht. Doch für gewisse Arten von Wissen, wie zum Beispiel die Grundlagenforschung, ist der Ausschluß entweder unmöglich oder wird als unerwünscht empfunden, weil die Kosten – die resultierende mangelnde Nutzung des Wissens – den Gewinn übersteigen würden. Diese Arten von Wissen sind ein internationales öffentliches Gut. Es bedarf eines internationalen kollektiven Handelns, um dieses Wissen auf effiziente Weise verfügbar zu machen. Dieser Bedarf ist noch größer, wenn sich das Wissen selbst auf die Erzeugung eines internationalen öffentlichen Guts bezieht – zum Beispiel auf den Schutz der Ozonschicht oder die Eindämmung der globalen Erwärmung.

Internationale Unterstützung für die Grundlagenforschung

Landwirtschaftliches Wissen ist gewöhnlich ein öffentliches Gut. Die Consultative Group for International Agricultural Research (CGIAR) ist ein hervorragendes Beispiel für die Art und Weise, wie internationale Institutionen handeln können, um solche Güter dann zur Verfügung zu stellen, wenn andere öffentliche oder private Institutionen dies nicht können. Die CGIAR trug maßgeblich zum Erfolg der Grünen Revolution bei, indem sie ertragreichere Grundgetreidearten für Entwicklungsländer erforschte (siehe Überblick).

Die 1971 gegründete CGIAR ist eine internationale Forschungsorganisation, der sowohl Industrie- und Entwicklungsländer als auch private Stiftungen und internationale Organisationen angehören. Der Einfluß der Gruppe übersteigt ihre Ressourcen bei weitem, vor allem in der Entwicklung von neuen Technologien für die Landwirtschaft, die die Ernteerträge gesteigert und dazu beigetragen haben, daß die Nahrungsmittelproduktion mit der weltweiten Nachfrage mehr als Schritt hielt. Die CGIAR finanziert 16 internationale landwirtschaftliche Forschungszentre und leistete so einen Beitrag zur Entwicklung von neuen, ertragreicheren Getreidearten sowie zur Bekämpfung von Pflanzenschädlingen und -krankheiten. Sie bildete zudem Tausende von Pflanzenbiologen und Forschungstechniker aus. Die Nutzen-Kosten-Verhältnisse der CGIAR-Projekte belegen die hohe Erfolgsquote; für ihre Reisprojekte zum Beispiel beträgt das Nutzen-Kosten-Verhältnis 17 zu 1, für die Weizenprojekte erstaunliche 190 zu 1.

Heute sieht sich die CGIAR aber gezwungen, ihre Rolle neu zu definieren (Sonderbeitrag 9.1). Ein besserer Schutz des geistigen Eigentums und neue biotechnische Methoden vergrößern den Spielraum für private

Sonderbeitrag 9.1

Neue Bereiche erschließen oder sich auf die alten beschränken? Die Herausforderungen an die CGIAR

Im vergangenen Jahrzehnt hat die CGIAR ihren Forschungshorizont erweitert und beschäftigt sich nun aufgrund der Komplexität der heutigen Welt und der engen Verflechtung von Landwirtschafts- und Umweltfragen auch mit dem Umweltschutz, der Forstwirtschaft und den Wasserressourcen. Die CGIAR versucht, die Erträge komplexer Landwirtschaftssysteme in einer umweltverträglichen Weise zu steigern. Durch den Rückgang der internationalen Entwicklungshilfe mußte die CGIAR jedoch, genauso wie viele andere Entwicklungsorganisationen, ihre Forschungsprioritäten überprüfen und konnte nur diejenigen beibehalten, bei denen sie einen klaren komparativen Vorteil hat. Trotz dieser finanziellen Einschränkungen arbeitet die CGIAR weiterhin daran, die weltweite Nahrungsmittelsicherheit zu fördern und den Bauern zu helfen, die tägliche Herausforderung, die Umwelt zu erhalten und umweltverträgliche Landwirtschaft zu betreiben, zu bewältigen. In einer Welt, in der jedes Jahr 90 Millionen neue Münder gestopft werden müssen und die nationalen Forschungssysteme in Entwicklungsländern immer noch mangelhaft sind, scheint die landwirtschaftliche Forschung nach wie vor die internationale Unterstützung und Beteiligung von Gruppen wie der CGIAR im bisherigen oder gar in stärkerem Umfang zu erfordern.

Die CGIAR muß sich den neuen Entwicklungen im institutionellen Umfeld der Agrarforschung stellen. Veränderungen in der Landwirtschafts- und Wissenschaftspolitik der verschiedenen Länder, im internationalen Handelssystem und, vor allem, bei den Anreizen für die Forschung durch private Unternehmen, weisen darauf hin, daß die CGIAR ihre Aktivitäten und Strategie ständig neu überprüfen muß. Der bessere Schutz des geistigen Eigentums, sowohl im Hinblick auf genetische Ressourcen als auch auf biotechnische Methoden, sowohl innerhalb von Ländern als auch auf internationaler Ebene, haben das Interesse von Privatunternehmen an der Pflanzenforschung vergrößert. Dies könnte dazu führen, daß die Armen den Zugang zu Innovationen auf diesen Gebieten verlieren. Wenn private Forscher vielversprechende neue biotechnologische Hilfsmittel entdecken und patentieren lassen, wird zudem möglicherweise auch der Bedarf an öffentlicher Forschung abnehmen. Die CGIAR stellt sich diesen Herausforderungen, indem sie auf konstruktivere Weise mit der privaten Forschung zusammenarbeitet und gleichzeitig ihre Verbindungen zu nationalen Agrarforschungszentren und fortschrittlichen Forschungsinstituten aufrecht erhält.

Forschungsanstrengungen. Dabei besteht die Gefahr, daß die Armen keinen Zugang zu diesen Innovationen haben werden.

Den privaten Sektor durch Marktanreize beteiligen

An vielen Fronten der Wissensforschung bestehen wegen der ungleichen Verteilung des weltweiten Wohlstands für diejenigen Innovationen die stärksten Anreize zur privaten Forschung, die in erster Linie für die reicheren Länder von Interesse sind. Diese Innovationen können, müssen aber nicht unbedingt für ärmere Länder von großer Bedeutung sein. Dies gilt vor allem für Innovationen auf dem Gebiet der Gesundheitsforschung. Einige der großen Krankheiten wie Malaria und Tuberkulose treffen ärmere Länder viel stärker als reiche. Die Forschung und Entwicklung wird sich ohne internationale Unterstützung nicht ausreichend mit diesen Krankheiten befassen. Die Behandlung gewisser anderer Krankheiten wie zum Beispiel AIDS übersteigt die finanziellen Mittel der Armen. Für solche Krankheiten müssen besondere Anstrengungen unternommen werden, damit erschwingliche Heilmittel entwickelt werden. Doch die Weltgesundheitsorganisation schätzt, daß in den frühen neunziger Jahren 95 Prozent der gesundheitsbezogenen F&E vor allem den Problemen in Industrieländern gewidmet waren und nur 5 Prozent denen der viel bevölkerungsreicheren Entwicklungsländer.

Eine kürzlich lanciertes internationales Projekt hat zum Ziel, einen Impfstoff gegen AIDS zu entwickeln. Es ist eine weitverbreitete Meinung, daß Fortschritte bei der Entwicklung eines Impfstoffs die besten Chancen zur Eindämmung dieser Krankheit bergen. Ein kostengünstiger, wirksamer Impfstoff gegen AIDS würde technische, politische und wirtschaftliche Probleme lösen. Und die bloße Möglichkeit, daß Interventionen zugunsten der Entwicklung eines Impfstoffs letztlich zur Ausrottung von AIDS führen könnten, sollte genügen, um die globale Gemeinschaft zur Erwägung solcher Interventionen zu bringen.

Wenn sich die technischen Veränderungen zur Bekämpfung von AIDS schon jetzt schnell in die richtige Richtung bewegen würden, wäre ein staatliches Eingreifen kaum gerechtfertigt. Doch es weist alles darauf hin, daß die existierenden, marktbasierten Anreize eher die Entwicklung eines gewinnträchtigen Heilmittels gegen AIDS als die eines billigen Impfstoffs zur Verhütung der Krankheit begünstigen. Der Grund dafür ist, daß die effektive Nachfrage nach neuen Medikamenten seitens der AIDS-Patienten in Volkswirtschaften mit hohem Einkommen sehr groß ist, die Nachfrage nach einem Impfstoff von Menschen in Entwicklungsländern, die dem größten Risiko ausgesetzt sind, aber gering. Das Tragische dabei ist, daß ein Impfstoff viel gewichtigere positive Randerscheinungen haben würde: Indem die Ausbreitung von AIDS eingedämmt wird, werden selbst diejenigen geschützt, die den Impfstoff nie kaufen oder verwenden. Vorbeugen ist daher in jedem Fall besser als Heilen, doch in diesem Fall geht die Rechnung aufgrund der ungleichen globalen Einkommensverteilung nicht auf.

Die Frage, wie Wissen für die Entwicklung eines Impfstoffs gegen AIDS erzeugt werden kann, ist also sehr wichtig. Eine Möglichkeit wäre, daß eine neue internationale Organisation versucht, sich die notwendigen Fertigkeiten anzueignen und die erforderlichen klinischen Tests durchführt. Doch solche Tests erfordern beträchtliche Investitionen, und es ist naheliegend, daß diese von den großen Pharmaunternehmen getätigt werden. Entwicklungsinstitutionen erwägen deshalb einen neuen Ansatz, um private Pharmaunternehmen anzuspornen, für Entwicklungsländer relevante Forschung zu betreiben (Sonderbeitrag 9.2).

Das kollektive Handeln fördern

Ein weiteres Forschungsgebiet mit ausgeprägten Charakteristika eines internationalen öffentlichen Guts ist der Umweltschutz. Auf diesem Gebiet sind die externen Faktoren mit grenzüberschreitenden Auswirkungen zahllos: Die Kräfte der Biosphäre lassen sich durch politische und administrative Grenzen innerhalb von Ländern und zwischen verschiedenen Nationen nicht beeindrucken. Probleme wie Klimaveränderungen, der Verlust der Artenvielfalt, der Abbau der Ozonschicht und die Verschmutzung von internationalen Gewässern haben zwar einen lokalen Ursprung, ihre Auswirkungen sind jedoch von globaler Natur. Da die Folgen schlechter Umweltpolitik von der ganzen Welt getragen werden müssen, besteht kein Anreiz für ein einzelnes Land, wirksame Strategien zum Schutz der Umwelt zu entwickeln. Es entstehen auch Koordinationsprobleme: Wie kann das kollektive Handeln von Dutzenden von Ländern gefördert werden, um Probleme zu lösen, die sie alle, manchmal in unterschiedlichem Maße, angehen?

Umweltprobleme sind also zu einem großen Teil wissensbezogene Probleme. Die internationale Gemeinschaft hat durch Mechanismen wie die Globale Umweltfazilität (GEF), ein einmaliges Beispiel für globales kollektives Handeln, Schritte unternommen, um diese Probleme zu lösen (Sonderbeitrag 9.3). Die GEF befaßt sich mit drei wichtigen Problemen. Erstens erfordert jede seriöse Einschätzung der weltweiten Umweltgefahren und deren Entschärfung das Sammeln, Interpretieren und Analysieren von Informationen aus möglichst vielen Ländern. Die GEF fördert internationale Anstrengungen, die in diese Richtung gehen, wie zum Beispiel das Global Biodiversity Assessment und das Global International Waters Assessment, um wissenschaftliches und technisches Wissen über weltweite Umweltprobleme zu sammeln. Sie unterstützt Entwicklungsländer auch durch ein spezielles Programm, das diese befähigt, sich über strategisches Wissen über biologische Ressourcen und die Klimaveränderung zu informieren. Dies umfaßt zum Beispiel auch eine Bestandsaufnahme in bezug auf die Quellen von Treibhausgasen.

Zweitens muß dieses globale Umweltwissen, wenn es einmal geschaffen wurde, entweder allein oder in Technologien eingebettet in den verschiedenen Ländern verbreitet werden. Die GEF gibt die auf nationaler Ebene gesammelten Informationen in Form von Berichten bei Weltkonferenzen an die internationale Gemeinschaft weiter. Die GEF fördert auch marktbasierte Ansätze zur

Sonderbeitrag 9.2

Können bedingte Darlehen Anreize für die Entwicklung eines AIDS-Impfstoffs bieten?

Die Weltbank und andere Entwicklungsorganisationen untersuchen einen neuen Finanzierungsmechanismus für die AIDS-Forschung: bedingte Darlehen. Ein solcher Mechanismus könnte die Unsicherheit bezüglich der Preis- und Quantitätsprojektionen zukünftiger Verkäufe eines Impfstoffs in Entwicklungsländern mindern und würde gleichzeitig die zentrale Produktforschung und -entwicklung den privaten Pharmaunternehmen überlassen. Im Rahmen eines Programms zur Vergabe von bedingten Darlehen würde die internationale Gemeinschaft die verbindliche Verpflichtung eingehen, den Entwicklungsländern genügend finanzielle Mittel für den Kauf großer Mengen eines AIDS-Impfstoffs zu leihen, sobald ein solcher Impfstoff erfunden ist und sich als sicher und wirksam erwiesen hat. Indem den Pharmaunternehmen ein zukünftiger Markt zugesichert wird, würde das Programm das Risiko reduzieren, dem diese Unternehmen ausgesetzt sind, und ihnen somit einen stärkeren Anreiz zur Durchführung der notwendigen Forschung bieten.

Die Idee der bedingten Darlehen ist aber nicht ganz unproblematisch. Selbst bei angemessenen Investitionen in die Grundlagenforschung genügt der finanzielle Anreiz aus Sicht privater Entscheidungsträger unter Umständen nicht, um alle Risiken aufzuwiegen, die die Markteinführung eines AIDS-Impfstoff mit sich bringen würde – vor allem dann, wenn noch zahlreiche andere potentiell lukrative Möglichkeiten für Investitionen vorhanden sind. Und auf der Angebotsseite kann keine auch noch so große versprochene Summe oder geleistete Forschungsarbeit garantieren, daß ein AIDS-Impfstoff tatsächlich hergestellt werden kann. Wie bei jedem technischen Vorhaben kann man nicht wissen, ob etwas erfolgreich sein wird, bevor man es ausprobiert hat. Doch ein Vorteil der bedingten Darlehen ist, daß die Kosten beschränkt sind: Wenn kein Impfstoff hergestellt wird, muß kein Geld bezahlt werden.

Sonderbeitrag 9.3

Wissen und Institutionen für das Umweltmanagement

Die 1991 gegründete Globale Umweltfazilität (GEF) gewährt Entwicklungsländern Zuschüsse und Finanzierungsmittel zu Vorzugsbedingungen für Projekte und Aktivitäten, die auf einem oder mehreren der folgenden vier Gebiete versprechen, für die gesamte Welt gewinnbringend zu sein: Bedrohung der Artenvielfalt, Klimaveränderung, Verschmutzung der internationalen Gewässer und Abbau der Ozonschicht. Aktivitäten zur Bekämpfung der Landerosion, vor allem solche, die die Desertifikation und die Entwaldung auf nationaler Ebene angehen, kommen für die Finanzierung durch die GEF auch in Frage, sofern sie mit einem der obengenannten Gebiete in Zusammenhang stehen.

Die GEF hat heute 164 Mitgliedsländer. Die Fazilität wurde 1994 restrukturiert; im selben Jahr wurden ihre Mittel um 2 Milliarden US-Dollar und 1998 nochmals um 2,7 Milliarden aufgestockt. Die von der GEF finanzierten Aktivitäten werden vom Entwicklungsprogramm der Vereinten Nationen, dem Umweltprogramm der Vereinten Nationen und der Weltbank durchgeführt. Ein wissenschaftliches und technisches Beratungsgremium stellt sicher, daß die neuesten wissenschaftlichen Erkenntnisse für die Planung, die Umsetzung und die Überwachung der GEF-Programme und -Projekte mobilisiert werden. Die GEF wurde von zwei großen Umweltkonventionen zum vorläufigen finanziellen Mechanismus gewählt: von der Artenschutz-Konvention und der Klimarahmenkonvention der Vereinten Nationen. Bis Februar 1998 wurden Projekten in über 130 Ländern Mittel in Höhe von rund 1,8 Milliarden US-Dollar gewährt.

Ein Eckstein der Geschäftsstrategie der GEF ist die Erfordernis, daß Ideen für Projekte auf Länderbasis entworfen werden. Dies ist eine unverzichtbare Garantie dafür, daß das Projekt inländisches Eigentum ist und die langfristige soziale Verträglichkeit gewährleistet ist. Die Konsistenz mit nationalen Zielen und Prioritäten wird durch die Anwendung einer detaillierten Politik, die die Einbeziehung und Mitsprache der beteiligten Seiten vorsieht, und durch die aktive Beteiligung von nichtstaatlichen Organisationen bei der Bestimmung und Durchführung von Projekten und Programmen sichergestellt.

Verbreitung von umweltfreundlichen Technologien. Auf dem Gebiet der Klimaveränderung hat die GEF 4,5 Milliarden US-Dollar aufgebracht, um Entwicklungsländern das Wissen und die Technologien zu bringen, die für die Förderung von effizienter Energienutzung, die Verwendung erneuerbarer Energie und die Reduktion von Treibhausgasen notwendig sind.

Drittens müssen Anreize geschaffen werden, um weltweit Arbeitskräfte und finanzielle Ressourcen zu mobilisieren, damit das Wissen über internationale Umweltfragen in politische Ansätze umgesetzt werden kann. Ein Schlüssel zu den Erfolgen der GEF ist der Anreiz zur Kooperation, den ihre Verfahrensweise bietet. Die wissenschaftsbasierten technischen und operativen Kriterien zur Auswahl der Projekte, die finanziert werden, sind in der Geschäftsstrategie der GEF fest etabliert, was für Transparenz bei den Finanzierungsentscheidungen sorgt. Da diese Kriterien auch darauf abzielen, weltweit den Gewinn für die Umwelt zu maximieren, stoßen sie bei den Geberländern auf breite Zustimmung. Die GEF anerkennt in ihrer Strategie auch explizit die Tatsache, daß die Förderung einer weltweit intakten Umwelt mit der Unterstützung nationaler Anstrengungen für eine umweltverträgliche Entwicklung Hand in Hand gehen muß.

Wissen austauschen und anpassen

Der Großteil des für Entwicklungsländer nützlichen Wissens ist nicht das Resultat international finanzierter Forschung, obwohl solche Forschung durchaus wichtig sein kann. Es ist vielmehr das Ergebnis der Schritte, die die Entwicklungsländer selbst unternehmen. Die Erzeugung von Wissen im Inland – und die Übertragung dieses Wissens von einem Land zum anderen – hat also das Potential, starke Entwicklungskräfte freizusetzen. Von den anderen zu lernen, dieses Wissen aufzunehmen und es an die örtlichen Gegebenheiten anzupassen bietet die Möglichkeit, schnell Fortschritte zu machen, ohne die Fehler der anderen zu wiederholen.

Wenn die Weitergabe von Wissen über Entwicklungserfolge und -mißerfolge so wichtig ist, weshalb tun es die Länder nicht häufiger? Die Antwort liegt zum Teil in der schieren Schwierigkeit dieser Aufgabe. Die Erträge verschiedener Projektansätze auszuwerten oder ausführliche Analysen der politischen Experimente Dutzender anderer Länder durchzuführen übersteigt die Möglichkeiten der meisten Entwicklungsländer. Doch es ist zu einem anderen Teil auch eine Frage der Anreize: Der globale Gewinn durch eine systematische Analyse der politischen Experimente ist größer als der Gewinn eines einzelnen Landes. Im folgenden wird untersucht, wie internationale Entwicklungsorganisationen diese Anstrengungen auf drei Ebenen unterstützen können: durch Innovation, Anpassung und Auswertung von Projekten, durch Beurteilung von Veränderungen in der Politik und Auswertung der Resultate sowie durch Schaffung von Möglichkeiten vor Ort zur Analyse und Auswertung der Politik.

Innovation und Anpassung auf Projektebene

Entwicklungshilfe kann dazu beitragen, das für das Funktionieren der öffentlichen Institutionen vor Ort notwendige örtliche Wissen zu schaffen. Gut geplante Auslandshilfe kann zu besseren öffentlichen Dienstleistungen anspornen: Seien es Grundschulen in El Salvador, die Wasserversorgung in Guinea, die Straßenunterhaltung in Tansania oder die Regulierung des Telekommunikationswesens in Argentinien. Dies kann sowohl durch Hilfe bei bestimmten Projekten als auch durch Beratung und Analysen geschehen. Oft wird eine Kombination der beiden angewendet.

Indem sie die Anstrengungen unterstützen, die im Inland initiiert wurden, können Geldgeber Ländern in jeder Phase eines Entwicklungsprojekts helfen: von der Planung der ersten Pilotprojekte über deren volle Durchführung bis hin zur Auswertung der Resultate. Anpassung ist dabei äußerst wichtig, denn es gibt selten ein Patentrezept. In vielen Fällen muß das Wissen lokal geschaffen oder neu geschaffen werden, Eigentum des betroffenen Landes sein und internalisiert werden, damit es Wirkung zeigt. Ein gutes Prinzip muß immer an neue Umstände angepaßt werden. Die Beteiligten vor Ort – Regierungen, Unternehmen und Bürger – müssen hier die Führung übernehmen. Wirkungsvolle Anpassung erfordert auch, daß Regierungen und Geldgeber denjenigen, die vom Projekt profitieren sollen, Feedback entlocken und diesem auch wirklich Aufmerksamkeit schenken.

Die Geldgeber werden auch immer flexibler, was Abänderungen von laufenden Projekten anbelangt, und sie ermutigen zu „strukturiertem Lernen". Bei diesem Ansatz werden während der Durchführung eines Projekts gesammelte Informationen erneut in die Planung einbezogen, was kontinuierliche Verbesserungen erlaubt. Ein Beispiel hierfür ist die Unterstützung des brasilianischen Kanalisationsprojekts PROSANEAR durch die Weltbank. PROSANEAR wird zu einem Teil von der Caixa Econômica Federal finanziert, einer auf Darlehen für Kanalisations- und Wohnungsbauprojekte spezialisierten staatlichen Bank. Das Projekt verwendet eine kostengünstige, jedoch wirksame Strategie für die Abwasserabfuhr, die in hohem Grade von der Beteiligung der Gemeinde und der gemeinsamen Verantwortung abhängt. Gemeinden überwachen die Verwendung durch die Haushalte sowie die Leistung des Systems. Für Reparaturen sind sie selbst verantwortlich. Doch die bemerkenswerteste Eigenschaft des Projekts ist die, daß sich die Caixa dazu verpflichtet hat, das Projektdesign auf der Grundlage der gemachten Erfahrungen zu ändern.

Entwicklungsorganisationen und nichtstaatliche Organisationen können Länder auch unterstützen, indem sie die Verbreitung von Informationen über Dienstleistungsangebote fördern, die sie aufgrund ihrer eigenen Erfahrung mit der Durchführung vieler Projekte in verschiedenen Ländern mit unterschiedlichen institutionellen Strukturen gesammelt haben. Ein Beispiel für eine innovative Vorgehensweise bei der Vergabe von öffentlichen Aufträgen, die sich weit über die Grenzen des Entstehungslands ausgedehnt hat, sind die westafrikanischen AGETIP (*agences d' exécution des travaux d'intêret public*). Die zuerst im Senegal gegründeten AGETIP basieren auf dem Gedanken, daß öffentliche Dienste von hoher Qualität nicht auf direkter öffentlicher Bereitstellung durch Regierungsstellen basieren müssen. Statt dessen gehen diese gemeinnützigen Verbände mit Regierungen vertragliche Vereinbarungen über die Durchführung von Infrastrukturprojekten ein. Nachdem der Senegal damit erfolgreich war – die AGETIP reduzierten Baukosten und Verzögerungen, indem sie von privaten Anbietern Angebote einholten und diese unter Vertrag nahmen –, übernahmen andere afrikanische Länder mit Hilfe der Weltbank das Modell.

Entwicklungsinstitutionen können die Verbreitung solcher Reformen fördern, indem sie einen Teil der Anlaufkosten übernehmen. In Guinea hat ein Darlehen der Weltbank eine vertragliche Vereinbarung ermöglicht, nach der ein privates Verwaltungsunternehmen den Betrieb eines öffentlich subventionierten Wassersystems übernahm. Das Darlehen glich die Differenz zwischen den Kosten für das System und den Abgaben der Benutzer aus. Dank dieser Finanzierung konnten die Subventionen statt plötzlich beendet schrittweise reduziert werden, als das Unternehmen zunehmend auf kommerzieller Basis operierte.

Bei einer Vielzahl von Innovationen des öffentlichen Sektors – von der Beteiligung der Eltern an der Leitung und Verwaltung der Grundschulen bis hin zu Konzessionen für die Wasserversorgung – hat die Entwicklungshilfe zur Verbesserung der öffentlichen Dienste beigetragen, indem sie Innovationen und Auswertungen unterstützte und die Nachahmung der erfolgreichen Strategie des ersten Landes, in dem das Projekt durchgeführt wurde, durch andere Länder förderte. Entwicklungsinstitutionen können also, vor allem wenn sie selbst in erheblichem Maße an den Reformen beteiligt sind, die Mittel zur Verfügung stellen, die erforderlich sind, damit Erfahrungen von den Erfindern an die Nachahmer weitergegeben werden können. Genau dies geschah bei der Initiative zur Straßenunterhaltung in Afrika (Sonderbeitrag 9.4).

Viele Geldgeber haben eine fest eingerichtete Kapazität zur Auswertung von Projekten, die sich die Ergebnisse und Erfahrungen über Landesgrenzen hinweg auf eine Weise zunutze macht, wie dies kein Land allein tun könnte. Von der Auswertung von Projekten profitiert das Land, in dem das Projekt durchgeführt wird, vor allem wenn das Feedback zu ständigen Verbesserungen führt.

Sonderbeitrag 9.4

Afrika: Straßen durch die Schaffung von Institutionen instand halten

In Afrika ist fast ein Drittel des Straßennetzes (wertmäßig gesehen) wegen einer mangelhaften Unterhaltung unbefahrbar geworden. Um dieses Problem anzugehen, lancierte 1987 eine Gruppe von Geldgebern, unter anderem die Economic Commission for Africa der Vereinten Nationen und die Weltbank, die Initiative zur Straßenunterhaltung. Das Projekt begann mit Workshops für einheimische Beteiligte, die zum Ziel hatten, einen Konsens bezüglich der Notwendigkeit institutioneller Veränderungen und der Art dieser Veränderungen zu finden. Durch diese Workshops fand man heraus, daß es sinnlos war, sich auf die Straßenunterhaltung als isoliertes Problem zu konzentrieren. Man erkannte, daß die schlechte Instandhaltung vielmehr lediglich ein Symptom war – die wahren Schuldigen waren ungenügende und ungeeignete Einrichtungen für die Verwaltung und die Finanzierung von Straßen. Der nächste Schritt bestand in der Planung eines Verfahrens zur Schaffung von wirksamen Institutionen, wobei die Hauptbenutzer der Straßen – Bauern, Geschäftsleute, Transportunternehmer – als vollwertige Partner beteiligt sein sollten, da diese die Kosten für schlechte Straßen zu tragen haben.

Diese Art der Schaffung von Institutionen kann natürlich nicht alle mit der Straßenunterhaltung verbundenen Probleme beseitigen. Das Problem ist zum Teil durch die von Anfang an bestehenden baulichen Mängel bedingt, die wiederum das Ergebnis schlechter Verwaltung und korrupter Inspektoren sein kann. Weitere Probleme entstehen durch das Versäumnis, Gewichtsbegrenzungen auf Straßen einzuführen und durchzusetzen – ein ernst zu nehmender Mangel, denn schwere Lastwagen verursachen die meisten und größten Straßenschäden. Die Initiative zur Straßenunterhaltung hatte trotzdem einen beachtlichen Erfolg, und die gemachten Erfahrungen bestätigen einige der Grundsätze für die erfolgreichen Schaffung von Institutionen:

- Erstens erfordert es Geduld, einen Konsens bezüglich der Probleme und ihrer Lösungen zu finden, denn es ist zeitaufwendig, Lösungen zu analysieren, zu durchdenken und in einer selbsttragenden Weise umzusetzen. Bei der Initiative zur Straßenunterhaltung dauerte es fünf Jahre, bis sich die ersten Erfolge einstellten.
- Zweitens erfordern Reformen, die von Dauer sein sollen, das Interesse und Engagement des Landes. Das Projekt kam erst dann auf eigenen Füßen zu stehen, nachdem der Privatsektor überzeugt war, daß die Straßen tatsächlich verbessert werden konnten, und öffentliche Ämter glaubten, daß Erträge möglich waren.
- Drittens verbreiten sich Ideen von Land zu Land. Mit jeder neuen Phase des Projekts erfuhren andere afrikanische Länder etwas über die positiven und negativen Aspekte verschiedener Ansätze.

Doch wenn die Ergebnisse einer sorgfältigen Projektauswertung auf die richtige Weise verbreitet werden, können auch andere Länder davon profitieren. In diesem Sinne ist die Projektauswertung ein weiteres internationales öffentliches Gut: Ein Land trägt die zusätzlichen Kosten des Lernprozesses, doch viele Länder profitieren im Endeffekt davon.

Geldgeber können helfen, diese Erträge zu sichern, indem sie gründliche, unabhängige Auswertungen finanzieren. Ein großer Teil des Werts eines Entwicklungsprojekts stammt aus der im Nachhinein vorgenommenen Auswertung der innovativen Tätigkeiten, ganz gleich ob diese erfolgreich waren oder nicht. Zu einer gründlichen Auswertung gehört es auch, daß man den Begünstigten des Projekts zuhört und ihre Interpretation von Erfolg oder Mißerfolg berücksichtigt. Eine solche Auswertung erfordert auch eine Analyse, wobei nicht nur eine Aufzeichnung der verschiedenen Einschätzungen dessen, was als Best Practice verstanden wird, gemeint ist. Man muß auch in die Tiefe gehen und herausfinden, was wirklich funktioniert, weshalb es funktioniert, und welche die wichtigsten Faktoren sind, die dazu beitragen. Analyse ist nicht nur für die Sicherstellung kontinuierlicher Verbesserungen notwendig, sondern auch weil die Definition der „Best Practice" sehr häufig von den Details des Programms und dem Kontext, in dem das Projekt durchgeführt wird, abhängt. Nur durch eine sorgfältige Analyse kann bestimmt werden, welche Praktiken für welchen Kontext geeignet sind.

Moderne wissenschaftliche Methoden zeigen, wie solche Analysen am besten durchgeführt werden. Projekt-Auswerter führen nach Möglichkeit kontrollierte Experimente durch, in denen ähnliche Gruppen unterschiedliche „Behandlungen" erfahren und die Resultate mit Hilfe statistischer Verfahren analysiert werden. Die sorgfältige Überwachung von Familienplanungsdiensten in „Behandlungsgebieten" und „Kontrollgebieten" im ländlichen Bangladesch hat zum Beispiel zu den bei weitem wichtigsten Erkenntnissen über die Auswirkungen von Familienplanungsprogrammen geführt. Solches Wissen wird für die ganze Welt von Nutzen sein. Und in Kenia hat ein gut geplantes Experiment, in dem unabhängig finanzierte Forscher mit kleinen nichtstaatlichen Organisationen zusammenarbeiteten, den Einfluß von Lehrbüchern auf das Lernen untersucht.

Die Ergebnisse der Politikforschung verbreiten und anpassen

Jedes Land kann selbst nur eine bestimmte Menge an Erfahrungen mit seinen politischen Problemen sammeln. Um zum Beispiel genügend Wissen darüber zusammenzutragen, wie auf Hyperinflation reagiert oder wie die

Telekommunikationsbranche reguliert werden soll, müssen Länder ins Ausland blicken und die Erfahrungen nutzen, die andere Länder mit ähnlichen Problemen gemacht haben. Doch die sorgfältige Analyse von politischen Experimenten in vielen anderen Ländern übersteigt die Möglichkeiten der meisten Entwicklungsländer. Selbst wenn diese über umfassendere Möglichkeiten verfügen würden, würden sie nicht genug Forschung dieser Art betreiben. Einmal geschaffen, würde sich das Wissen über die Landesgrenzen hinaus verbreiten – sei es durch veröffentlichte Berichte oder durch informelle Beobachtung, die zu einem Vorführeffekt führt –, und andere Länder könnten davon profitieren. Doch das Land, das die Forschung betreibt, berücksichtigt diese Vorteile bei der Entscheidung, wieviel Forschung es betreiben will, nicht in vollem Umfang.

Die Politikforschung von Entwicklungsinstitutionen zielt darauf ab, diese Lücke zu füllen, indem Reformen der Politik überall auf der Welt analysiert und kodifiziert werden, damit diese Informationen weltweit verwendet werden können. Entwicklungsorganisationen begannen zum Beispiel erst Ende der siebziger Jahre, den Wert der Offenheit gegenüber internationalen Märkten als Triebfeder für das Wirtschaftswachstum voll zu erkennen. In den zwei folgenden Jahrzehnten arbeiteten Entwicklungsinstitutionen daran, Untersuchungen bekanntzumachen, die die Vorteile eines vernünftigen Maßes an Offenheit aufzeigten. Das Ziel war dabei, isolierte Volkswirtschaften zu ermutigen, vom Erfolg der Länder mit mehr Offenheit zu lernen.

Es ist schwierig, die Auswirkungen dieser Verbreitung von Informationen abzuschätzen, doch im vergangenen Jahrzehnt zeichnete sich ein deutlicher weltweiter Trend hin zur Liberalisierung der Wirtschaft und zu einer größeren Offenheit ab: Von den 35 Ländern, die in diesem Zeitraum den Handel in großem Maße liberalisierten, waren fast alle von den erfolgreichen Beispielen aus der jüngeren Vergangenheit beeinflußt worden. Dieser Einfluß wäre viel geringer gewesen, wenn nicht systematische Anstrengungen unternommen worden wären, um die Lehren aus Erfolgen und Mißerfolgen zu demonstrieren und zu verbreiten.

Auch andere Beispiele zeigen, daß die durch Entwicklungsorganisationen finanzierte Verbreitung von Wissen sehr viel Gutes bewirken kann, selbst wenn sie nicht von beträchtlichen Finanztransfers begleitet sind. Vietnam hatte zum Beispiel Mitte der achtziger Jahre mit Hyperinflation, einem riesigen Haushaltsdefizit, geringen Anreizen zur Produktion und einem stagnierenden Pro-Kopf-Einkommen zu kämpfen. Im Jahre 1986 begann das Land mit Reformen, doch wegen seiner politischen Entfremdung vom Westen erhielt es keine umfangreiche finanzielle Unterstützung. Vietnam erhielt aber eine beträchtliche Menge an technischer Unterstützung und wurde in politischen Fragen beraten. Diese Hilfe wurde von den nordischen Ländern und dem Entwicklungsprogramm der Vereinten Nationen (UNDP) finanziert. Sowohl die Weltbank als auch der Internationale Währungsfonds waren an der Bereitstellung dieser Unterstützung und der Beratungsleistungen aktiv beteiligt. Erst nach einer markanten Verbesserung in der Politik des Landes zwischen 1988 und 1992 begannen beachtliche Summen an finanzieller Unterstützung dauerhaft in das Land zu fließen (Schaubild 9.1). Doch zu diesem Zeitpunkt hatte sich die wirtschaftliche Leistung schon drastisch verbessert: Das Pro-Kopf-Einkommen stieg kräftig, und die Inflationsrate hatte sich bereits beträchtlich verringert, von über 400 Prozent im Jahre 1988 auf 32 Prozent im Jahre 1992.

Aus Vietnams Kehrtwende kann eine wichtige Lehre gezogen werden: Geldgeber-Organisationen können mit Politikreformen und der Entwicklung von Institutionen helfen, noch bevor sie große Summen zur Verfügung stellen. Studien zur Reform in Vietnam verdeutlichen, wie hilfreich internationale Organisationen in dieser Zeit waren, und sie zeigen einige der innovativen Ansätze auf, für die man sich entschieden hatte. Um nur ein Beispiel zu nennen: Die Asia Foundation und die Weltbank veranstalteten eine Reihe von Workshops, in denen inländische private Unternehmen und politische Entscheidungsträger der Regierung zum ersten Mal die Prioritäten der Wirtschaftsreform öffentlich diskutierten. Die Anregung zu politischen Diskussionen und zum Austausch zwischen der Zivilbevölkerung und der Regierung ist eine der wichtigsten Aufgaben, die internationale Organisationen übernehmen können. Dies kostet meist nicht viel Geld, doch der Ertrag kann außerordentlich groß sein.

Ein weiteres Beispiel stammt aus einer jüngeren Studie zur Rentenreform. Viele Entwicklungsländer verfügen über ein öffentliches Rentensystem, das nach dem Umlageverfahren funktioniert, so daß die laufenden Beiträge zum Großteil an die derzeitigen Empfänger ausgezahlt werden. Das Verhältnis zwischen Leistungen und Beiträgen dieser Systeme kann nur so lange aufrechterhalten werden, wie die Anzahl der Arbeitnehmer groß und die der Rentner gering ist. Wenn das Verhältnis zwischen Rentnern und Arbeitnehmern zugunsten der Rentner steigt, bricht das System zusammen. Ein Bericht der Weltbank aus dem Jahre 1994, *Averting the Old Age Crisis*, zeigte, wie eine kostengünstige Art der internationalen Unterstützung die Reform der Rentenpolitik stimulieren kann. Nach Erscheinen dieses Berichts haben Geldgeber eine ganze Reihe von Ländern – darunter Argentinien, China, Ungarn, Mexiko, Polen und Uruguay – bei der Untersuchung

Schaubild 9.1

Zufluß von Entwicklungsgeldern und BIP pro Kopf in Vietnam

Vietnams Politikreform kurbelte das Wirtschaftswachstum an noch bevor der Zufluß von Entwicklungsgeldern zunahm.

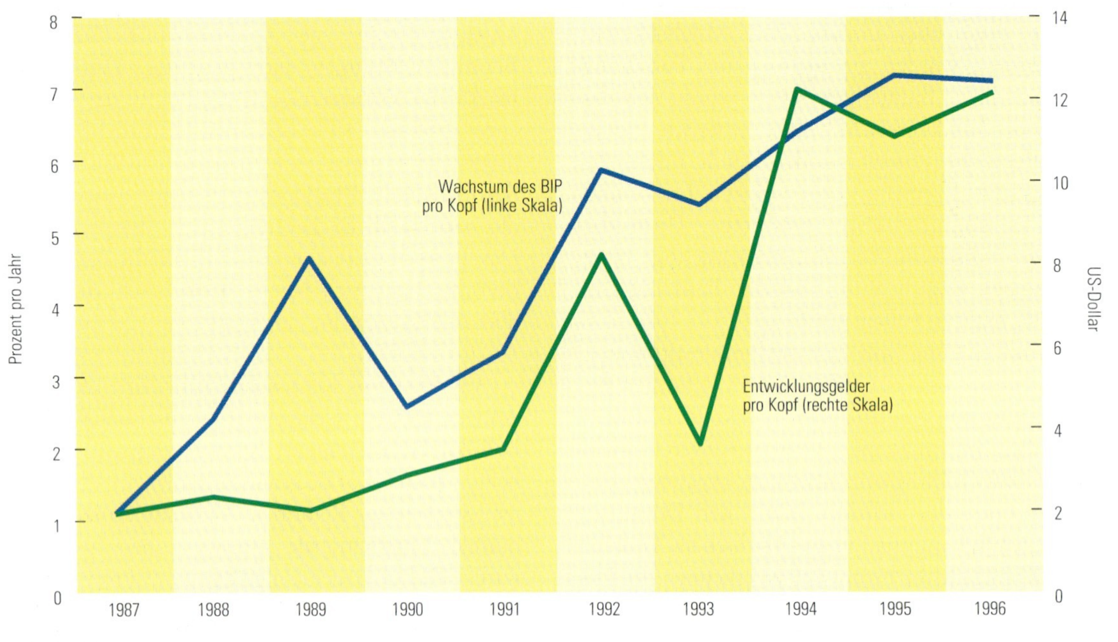

Quelle: Weltbank-Daten.

der langfristigen steuerlichen und verteilungstechnischen Konsequenzen ihres jeweiligen Rentensystems unterstützt. Diese Länder konnten sich zum Beispiel auf die Erfahrungen mit der erfolgreichen chilenischen Rentenreform stützen. Als die Öffentlichkeit einmal verstanden hatte, daß das aktuelle Verhältnis zwischen Leistungen und Beiträgen auf die Dauer nicht haltbar war, nahm die politische Unterstützung für eine Reform zu.

Obwohl es nicht bewiesen (noch widerlegt) werden kann, scheint es, daß den Entwicklungsinstitutionen bei der Schaffung und Verbreitung von Wissen über erfolgreiche politische Ansätze eine wichtige Rolle zukommt. Die Geldgeber konzentrieren sich in zunehmendem Maße auf Ideen statt auf Finanzen. Ein Beispiel hierfür ist Großbritannien, in dessen kürzlich erschienenem Weißbuch über internationale Entwicklung die folgenden Aussagen gemacht werden:

> Forschung ist eine wichtige Waffe im Kampf gegen Armut. Ohne Forschung würden viele Entwicklungsprojekte fehlschlagen oder wären viel weniger erfolgreich. Forschung hat auch einen bedeutenden Multiplikationseffekt: In einem Teil der Entwicklungsländer gefundene Lösungen für die Ursachen der Armut können auch in anderen Teilen der Welt angewandt werden. Das Prinzip des gemeinsam genutzten Wissens ist eine wichtige Komponente von Partnerschaften, die für die Entwicklung von großer Bedeutung sind. Die Regierung betrachtet ein Weiterführen der Investitionen für die Schaffung von Wissen als ein zentrales Element für das Erreichen ihrer Ziele bezüglich der internationalen Entwicklung.

Die Auswirkungen der Anpassung und Verbreitung von Ideen sind natürlich nur schwer meßbar, doch in jüngerer Zeit durchgeführte Untersuchungen konnten ein Maß für die Bedeutung von Analysen ermitteln: höhere Gewinne aus Entwicklungsprojekten. Die empirische Analyse des Erfolgs von Weltbankprojekten zeigt den Wert der Anstrengungen auf, die für die Erstellung von Wirtschaftsmemoranden, Berichten über die öffentlichen Ausgaben, Einschätzungen der Armut und anderen Berichten, die den politischen Dialog mit Regierungen unterstützen, unternommen werden, sowie den Wert der großen Zahl von sektorbezogenen Berichten, die das

Fundament für spezifische Darlehensprojekte legen. Diese Untersuchung ergab auch nach der statistischen Überprüfung der Unterschiede zwischen Ländern, Sektoren, wirtschaftlichen Voraussetzungen und der Zahl der für die Projektvorbereitung und -überwachung eingesetzten Mitarbeiter, daß eine makroökonomische und sektorbezogene Analyse die Resultate von Projekten verbessert. Wenn der Weltbank-Stab eine zusätzliche Woche für die Analyse aufwendet, vergrößert sich der Gewinn aus einem durch die Weltbank finanzierten Projekt von durchschnittlicher Größe in der Tat um das Vier- bis Achtfache der Kosten für diesen einwöchigen Arbeitsaufwand. Und weil sich die Analyse gewöhnlich auf mehr als ein Projekt anwenden läßt, ist der Gesamtgewinn sogar noch größer: zwischen dem 12- und dem 15fachen der Kosten. Außerdem beziehen sich diese Berechnungen nur auf Projekte, die von der Weltbank finanziert werden. Wenn die aufgrund der Weltbank-Analyse vorgenommenen Veränderungen auch auf Projekte angewendet werden, die durch andere Organisationen finanziert werden, oder sogar auf sämtliche Regierungsprojekte und die Regierungspolitik, dann kann die Höhe der durch die Analyse entstandenen Gewinne wahrhaft astronomisch werden.

Örtliche Kapazitäten für die Politikanalyse bilden

Politiker und Gemeinden in Entwicklungsländern verfügen häufig über Informationen oder inländisches Wissen, das nicht einfach an internationale Institutionen weitergegeben werden kann. Es ist häufig am effizientesten für Entwicklungsinstitutionen, das international vorhandene Wissen an gut geschulte Regierungsbeamte oder andere Ortsansässige weiterzugeben, die dieses Wissen dann mit dem inländischen Wissen zusammenführen und so politische Ansätze oder Projekte entwerfen können, die für die örtlichen Gegebenheiten angemessen sind. Aus diesem Grund helfen die Geldgeber häufig bei der Schaffung einer inländischen Kapazität für die Politikanalyse und entwickeln Mechanismen, durch die eine starke Zivilbevölkerung mit der Regierung in einen Dialog zur Politik treten kann.

Ein solcher innovativer Versuch zur Schaffung und Aufrechterhaltung von nichtstaatlichen Kompetenzen für die Politikanalyse ist das African Economic Research Consortium, das die Forschung von Afrikanern auf dem Gebiet der afrikanischen Wirtschaftspolitik unterstützt (Sonderbeitrag 9.5). Ein weiteres Beispiel ist ein von der U.S. Agency for International Development finanziertes Projekt, das darauf abzielt, die Ausbildungsqualität zu erhöhen, indem außerhalb der Bildungsministerien die Kapazität für eine seriöse Analyse von Reformen des Erziehungswesens geschaffen wird. Dieses in mehreren afrikanischen Ländern laufende Vorhaben hat zum Ziel, einen gewissen Wettbewerb in der Politikanalyse zu schaffen, damit die Regierung ihr Monopol über Informationen und technische Kapazitäten nicht aufrechterhalten kann. Stärkerer Wettbewerb und verbesserte analytische Fähigkeiten sollten die Geschwindigkeit, mit der man anhand der Erfahrungen des Auslands aus guten politischen Ansätze Lehren zieht, diese Ansätze an die örtlichen Gegebenheiten anpaßt schließlich annimmt, erhöhen.

Wenn ein Land eine gewisse benötigte Fertigkeit nicht hat, besteht eine der traditionellen Hauptlösungen in der

Sonderbeitrag 9.5

Das African Economic Research Consortium: Ein erfolgreiches Experiment der Kapazitätenbildung

Das African Economic Research Consortium begann 1984 als kleiner, vom kanadischen International Development Research Center unternommener Versuch. Heute ist das Konsortium eine auf dem ganzen Kontinent vertretene, von 16 verschiedenen Geldgebern und nichtstaatlichen Organisationen unterstützte Organisation. Es hat zum Ziel, die Qualität der Wirtschaftsanalyse mit Hilfe von drei Mechanismen zu verbessern. Es vergibt kleine Darlehen zur Unterstützung der Forschungsbestreben einzelner Forscher, die auf diese Weise ihr (gewöhnlich geringes) Gehalt aufbessern können, gleichzeitig aber noch Zeit für die wissenschaftliche Arbeit haben. Das Konsortium stellt auch einen Mechanismus zur gegenseitigen Kritik, zur Diskussion und zum Austausch zwischen den afrikanischen Forschern bereit, mit dem Ziel, die Qualität der Analyse durch Seminare und die Kritik von Kollegen sowie durch das Zusammenbringen afrikanischer und nichtafrikanischer Wissenschaftler, die sich mit ähnlichen Themen befassen, zu verbessern. Schließlich bietet es ein Studienprogramm zur Wirtschaftswissenschaft an, um zukünftige Analysten auszubilden. Die Weltbank ist seit einiger Zeit an allen drei Teilbereichen der Tätigkeit des Konsortiums beteiligt; sie hilft bei der Finanzierung, stellt spezialisierte Fachkräfte für Forschungsseminare zur Verfügung und leistet Unterstützung bei der Entwicklung und Veranstaltung von Ausbildungskursen.

Es ist klar ersichtlich, daß das Konsortium den Fortschritt gefördert hat. Unabhängigen Bewertungen zufolge hat es den Korpsgeist von afrikanischen Ökonomen gehoben und sowohl zu mehr als auch zu qualitativ besserer Forschung in Afrika geführt. Viele der ersten Teilnehmer dieses Programms besetzen Stellen in der Politik, wo sie auf ihre eigene Fachkenntnis und die des Netzwerks aus Forschern in ganz Afrika zurückgreifen können. Die vielleicht beste Darstellung der Fähigkeiten der Mitglieder des Konsortiums bezüglich der Politikanalyse stammt von einem unabhängigen Beobachter, der sich zu ihrer „vortrefflichen kritischen Untersuchung der Analysearbeit der Weltbank und anderer internationaler Institutionen" geäußert hat.

Bereitstellung technischer Unterstützung. Dies führt häufig dazu, daß erhebliche Summen für die Finanzierung von ausländischen Experten ausgegeben werden, in der Hoffnung, kurzfristige Engpässe zu überwinden und die langfristige menschliche und institutionelle Entwicklung voranzutreiben. Die technische Unterstützung hat zwar einige Erfolge auszuweisen, doch insgesamt sind die Ergebnisse enttäuschend, vor allem im Hinblick auf den langfristigen Nutzen. Eine Beurteilung durch die UNDP schloß 1993 mit vierfachem Tadel: „Es zeigt sich in zunehmendem Maße, daß die technische Zusammenarbeit nicht gut funktioniert, daß sie, so wie sie heute durchgeführt wird, unwirksam ist, daß die Vorteile, die sie sicher haben mag, äußerst kostspielig sind und daß sie auf jeden Fall geringe langfristige Auswirkungen hat."

Ein Land oder eine öffentliche Behörde wird natürlich um so empfänglicher für technische Unterstützung und die Schaffung von Institutionen, je stärker es oder sie ein eigenes Reformprogramm vorantreibt. Die durch internationale Berater zur Verfügung gestellte, losgelöste technische Unterstützung und der Einsatz von ausländischen Experten in Regierungsinstitutionen haben zwar einige Zwecke erfüllt, doch wenn solche Unterstützung nicht durch die inländische Nachfrage nach Fachkenntnis angetrieben wird, werden die ausländischen Experten häufig nicht genügend in die Institutionen integriert, um einen Kapazitätentransfer zu ermöglichen. Aus diesem Grund hatte die technische Unterstützung als Mechanismus zur Förderung wirksamer öffentlicher Institutionen nur begrenzten Erfolg. In zahlreichen Fällen gibt es keine Alternative zum langsamen Verfahren zur Kapazitätenbildung für die Politikanalyse und den Dialog, sowohl in der Regierung als auch in der Zivilgesellschaft.

Einige Länder haben die von Geldgebern finanzierten, kurzfristigen Bildungsmöglichkeiten genutzt, um die fachlichen Fertigkeiten ihrer Beamten zu verbessern, was in bedeutenden Leistungssteigerungen resultierte. Doch viele andere waren nicht erfolgreich. Der Grund dafür ist wahrscheinlich, daß das Fehlen von fachlichen Fertigkeiten nicht das Hauptproblem ist. Wenn die Beamten des öffentlichen Sektors keine Leistungsanreize haben, politisch blockiert sind oder ihnen die Mittel oder Ressourcen für die Erbringung von Leistung fehlen, dann ist eine zusätzliche Ausbildung, die ihnen zeigt, was sie tun könnten, wenn sie die Anreize, die Macht und die notwendigen Ressourcen hätten, sinnlos.

Wissensmanagement für die wirtschaftliche Entwicklung

Das Management von Wissen durch eine systematische gemeinsame Nutzung wird in Organisationen überall auf der Welt, darunter auch solchen, die Entwicklungshilfe leisten, zunehmend angewendet. Die Vorstellung, daß Wissen für die Entwicklung weitergegeben werden sollte, ist natürlich nicht neu. Doch der Wissenstransfer ist von Natur aus schwierig, denn diejenigen, die über Wissen verfügen, sind sich dessen manchmal gar nicht bewußt oder haben keine Vorstellung davon, wie wichtig ihr Wissen ist. Wissen „haftet" also gern, d. h. es tendiert dazu, in den Köpfen der Menschen zu bleiben. Um diesem „Haften" entgegenzuwirken, haben Gemeinschaften schon immer interaktive Mechanismen für die Weitergabe von Wissen verwendet – von Palavern unter dem Affenbrotbaum, Debatten auf dem Dorfplatz und Stadtversammlungen bis hin zu Klausurtagungen, professionellen Beratungen, Workshops und Konferenzen.

Viele Faktoren haben die Ansichten von Organisationen über Wissen und die Weitergabe von Wissen verändert, doch der vielleicht zentralste Faktor ist die durch die neue Informationstechnologie entstandene dramatische Vergrößerung der Reichweite von Wissen (Kapitel 4). Dank der sinkenden Kosten für Kommunikations- und Computertechnik sowie des außerordentlichen Wachstums des World Wide Web und des zunehmend leichteren Zugangs dazu können heute Organisationen, die global tätig sind und Mitarbeiter auf der ganzen Welt haben, Fachkenntnis aus einer Vielzahl von Quellen mobilisieren und diese schnell auf neue Situationen anwenden. Und die Kunden erwarten zunehmend, nicht nur vom Know-how des einen Teams zu profitieren, das einer bestimmten Aufgabe zugeteilt ist, sondern vom Allerbesten, das die Organisation als Ganzes zu bieten hat. Die Weitergabe von Wissen ermöglicht es also Organisationen, die schon international tätig sind, ja zwingt sie gerade dazu, auch einen wahrhaft globalen Charakter anzunehmen.

Welche Organisationen nehmen die Herausforderung des formellen Wissensmanagements am bereitwilligsten an? Die großen internationalen Consulting-Firmen zählten zu den ersten, doch die Popularität des Wissensmanagements nimmt in allen Geschäftssektoren in den Vereinigten Staaten und Europa rasch zu. Auf dem Gebiet der wirtschaftlichen Entwicklung brachte die von der kanadischen Regierung zusammen mit der Weltbank organisierte Konferenz Global Knowledge 97 Hunderte von Entwicklungsorganisationen zusammen – multilaterale, bilaterale, nichtstaatliche Organisationen und solche aus dem Privatsektor –, um Fragen der Weitergabe von, des Zugangs zu und der Beteiligung an Wissen zu erörtern und über die neuen Informationstechnologien zu sprechen (Sonderbeitrag 9.6). Auf der Ebene der einzelnen Organisationen entstehen umfassende Programme zur Weitergabe von Wissen gewöhnlich dann, wenn das Know-how der Organisation als entscheidend für ihre Mission betrachtet wird, der Wert des Know-hows groß

Sonderbeitrag 9.6

Durch bilaterale-multilaterale Zusammenarbeit globale Weitergabe von Wissen fördern

Die kanadische Regierung und die Weltbank organisierten im Juni 1997 die Konferenz Global Knowledge 97, die über 1.700 Teilnehmer aus Dutzenden von Ländern nach Toronto brachte. Die Organisatoren arbeiteten mit einer großen Zahl von öffentlichen und privaten Organisationen zusammen, um die äußerst wichtige Rolle des Wissens bei der nachhaltigen Entwicklung sowie die Art und Weise, in der die Informationsrevolution den Entwicklungsprozeß verändert, näher zu beleuchten. Die Konferenz untersuchte die durch die Informationsrevolution entstandenen neuen Möglichkeiten für Partnerschaften und Dialoge, die Herausforderungen bezüglich Gerechtigkeit und Zugang, die die neuen Technologien mit sich bringen, und die Art und Weise, wie Informationen und Wissen der wirtschaftlichen und sozialen Stärkung dienen und wie sich die internationale Entwicklungsgemeinschaft anpassen muß, um sich diesen neuen Möglichkeiten und Herausforderungen zu stellen. Auf der Konferenz gab es auch Cybercafés, Videokonferenz-Verbindungen zu Orten in der ganzen Welt sowie ein Wissens- und Technologieforum, das über die innovative Verwendung von Technologie für das Angehen von Entwicklungsproblemen informierte.

Als Ergänzung zur Konferenz legten die Organisatoren den Grundstein für eine Globale Wissenspartnerschaft. Diese Partnerschaft umfaßt öffentliche, privat-kommerzielle und gemeinnützige Organisationen, die sich dazu verpflichten, Informationen und Ressourcen miteinander zu teilen, um einer breiten Öffentlichkeit den Zugang zu und die wirksame Verwendung von solchem Wissen zu ermöglichen, das eine nachhaltige und gerechte Entwicklung fördern kann. Die Teilnehmer arbeiten im Rahmen von verschiedenen Initiativen zusammen, unter anderem von Pilotprojekten, Konferenzen und Workshops sowie Initiativen zur Kapazitätenbildung, Weitergabe von Informationen und Projektkoordination.

Die Konferenz führte auch zur Erstellung einer Website für die Globale Wissenspartnerschaft mit Informationen in englischer, französischer und spanischer Sprache. Die Website ist das Zentrum für einen zunehmenden Dialog, eine Quelle für Informationen über Hilfsmittel, Partnerschaften und Best Practices sowie ein Forum für eine weiterführende Global Knowledge Virtual Conference. Diese Online-Konferenz bringt Menschen zusammen, deren Ziel es ist sicherzustellen, daß die Armen dieser Welt als vollwertige Partner respektiert werden, sowohl was die Vorteile des Informationszeitalters als auch was die Schaffung und die Weitergabe von Wissen für eine nachhaltige und gerechte Entwicklung anbelangt.

und das Unternehmen eine weite geographische Ausdehnung aufweist.

Um nur ein Beispiel zu nennen, Skandia AFS, ein Anbieter von Finanzdienstleistungen mit Sitz in Stockholm, begann 1991 bewußt mit dem Management seines Wissensbestands, mit dem Ziel, die globale Expansion zu unterstützen. Jedesmal wenn es eine neue Gesellschaft gründete, verwendete das Unternehmen zuerst die administrativen Ressourcen eines etablierten Unternehmens im Gastland. Diese Wiederverwendung von Wissen trug zu einer Verkürzung der Vorlaufzeit und zur Verringerung der Anlaufkosten bei und erhöhte sowohl die Produktivität als auch die Qualität. Das Unternehmen gründete schon bald zwei neue Gesellschaften pro Jahr statt nur einer, denn die Vorlaufzeit war auf sieben Monate zurückgegangen (der Durchschnitt in dieser Branche betrug damals sieben Jahre).

Die vielfältigen Anstrengungen von Organisationen auf der ganzen Welt zur Weitergabe von Wissen tragen verschiedene Namen: Wissensmanagement, Management des intellektuellen Kapitals, Management des intellektuellen Vermögens. Wie auch immer die Bezeichnung lautet, Organisationen, die diesen Kurs einschlagen, müssen einige wichtige Entscheidungen bezüglich der Ausmaße ihrer Wissensmanagementsysteme treffen. Im folgenden Abschnitt werden mehrere Möglichkeiten sowie die die ihnen zugrunde liegenden Spannungen beschrieben. Es werden auch einige zusätzliche Probleme aufgezeigt, mit denen vor allem Entwicklungsorganisationen konfrontiert sind.

Die wichtigsten Dimensionen von Wissensmanagementsystemen

Im folgenden sind die wichtigsten Entscheidungen aufgeführt, die Organisationen beim Aufbau ihrer Wissensmanagementsysteme treffen müssen: Die Entscheidung, an wen weitergegeben werden soll, die Entscheidung, was weitergegeben werden soll, die Entscheidung, wie weitergegeben werden soll, und die Entscheidung, daß überhaupt weitergegeben werden soll. Die Weitergabe von Wissen ist ein sozialer Vorgang, der gewöhnlich in Gemeinschaften geschieht, in denen zwischen den Mitgliedern Vertrauen und Offenheit herrscht. Viele Organisationen, unter anderem auch die Weltbank, fanden bei der Durchführung von Projekten zur Weitergabe von Wissen heraus, daß die Bildung von Wissens- oder Expertengruppen (Ökonomen, Erzieher, Umweltwissenschaftler u. ä.) eine unerläßliche Voraussetzung ist.

Solche Gemeinschaften basieren gewöhnlich auf einem Gefühl der Verbundenheit, das durch die gemeinsame Ausbildung, gemeinsame Arbeitspraktiken, Interessen oder Erfahrungen entstanden ist. Aufgrund dieser Affinität sind die Mitglieder solcher Gemeinschaften mit ähnlichen Problemen auf einem bestimmten Wissensgebiet konfrontiert und haben ein gemeinsames Interesse daran, neue oder bessere Lösungen zu finden. Eine gewisse Asymmetrie des Wissens ist äußerst wichtig, damit aus diesen Gemeinschaften dynamische, lebendige Einheiten werden können: Die einen Mitglieder der Gemeinschaft müssen über Wissen verfügen, das die anderen wollen und brauchen. Es stehen verschiedene Mechanismen zur Verfügung, um solche Gemeinschaften zu stärken. Es sind dies unter anderem spezifische Zielsetzungen bei der Arbeit, die Bereitstellung von angemessenen Ressourcen und Unterstützung beim Management sowie die Anerkennung sowohl formeller als auch informeller Beiträge von Einzelpersonen.

Die Entscheidung, an wen weitergegeben werden soll. Die erste große Entscheidung betrifft die Frage, wer die Begünstigten sein sollen. Programme zur Weitergabe von Wissen können darauf abzielen, Informationen mit internen oder externen Begünstigten zu teilen. Programme zur internen Weitergabe von Wissen haben gewöhnlich zum Ziel, bereits existierende Geschäfte besser, schneller oder billiger zu machen, indem die Mitarbeiter an vorderster Front mit Werkzeugen und Mitteln ausgerüstet werden, die von höherer Qualität, aktueller und einfacher zugänglich sind. Dieser verbesserte Zugang erlaubt es ihnen, einen Mehrwert für die Kunden zu schaffen oder die Kosten zu reduzieren. Bei den ersten Initiativen zur Weitergabe von Wissen in großen internationalen Consulting-Firmen in den frühen neunziger Jahren ging es hauptsächlich um die interne Weitergabe von Wissen.

Vor kurzem haben einige dieser Firmen – zum Beispiel Arthur Andersen und Ernst & Young – damit begonnen, Dienstleistungen zur externen Weitergabe von Wissen anzubieten, um ihren Kunden den direkten Online-Zugang zum Know-how des Unternehmens zu ermöglichen. Arthur Andersen stellt einige seiner Wissensressourcen durch seinen Online-Service KnowledgeSpace™ zur Verfügung, und Ernst & Young beantwortet Fragen der Kunden über seinen Online-Beratungsdienst Ernie™. Die Weltbank-Strategie zur Weitergabe von Wissen war von Anfang an explizit extern ausgerichtet. Ihr Ziel ist es, Know-how und Erfahrung nicht nur intern den Mitarbeitern zugänglich zu machen, sondern auch Kunden, Partnern und Beteiligten überall auf der Welt. Dabei sollen auch viele erreicht werden, die zur Zeit wenig oder gar keinen Zugang zum Fachwissen der Weltbank haben.

Die externe Weitergabe von Wissen birgt größere Risiken als interne Programme. Es stellen sich komplexe Probleme bezüglich Vertraulichkeit, Urheberrechte und, auf dem Privatsektor, dem Schutz von Firmeneigentum. Doch sie kann auch zu größeren Erträgen führen. Analysten zufolge werden Programme zur Weitergabe von Wissen in den nächsten fünf Jahren zunehmend nicht mehr nur auf Mitarbeiter ausgerichtet sein, sondern auch Lieferanten, Geschäftspartner und Kunden umfassen.

Die Entscheidung, was weitergegeben werden soll. Es gibt verschiedene Arten von Wissen, die durch Programme zur Weitergabe von Wissen verfügbar gemacht werden können. Einige dieser Programme, zum Beispiel das von Manpower, Inc., bieten den Kunden Informationen darüber, wie sie das Dienstleistungsangebot des Unternehmens besser nutzen können. Andere Programme, wie die von Broderbund Software Inc. und Symantec Corporation, bieten Dienstleistungen und Unterstützung online an, um den Kunden zu helfen, die Software, die sie gekauft haben, besser zu nutzen. Wieder andere Programme, zum Beispiel das von internationalen Consulting-Firmen und der Weltbank, zielen darauf ab, das zentrale Know-how und die wichtigsten Best Practices der Organisation weiterzugeben (Sonderbeitrag 9.7).

Die Frage, was weitergegeben soll, bezieht sich sowohl auf die Art des Wissens als auch auf seine Qualität. Bei der Erstellung von Programmen zur Weitergabe von Wissen ist es üblich, mit Hilfe gewisser Verfahren sicherzustellen, daß die weitergegebenen Informationen ein Minimum an Wert und Verläßlichkeit aufweist. Manche Programme – zum Beispiel das von OneWorld Online (Sonderbeitrag 9.8) – machen keinen expliziten Unterschied zwischen verschiedenen Stufen der Verläßlichkeit, solange die Informationen ein Minimum davon aufweisen. Die Benutzer können so ihre eigenen Schlüsse über den Wert der Informationen ziehen. Andere Programme, insbesondere solche zur externen Weitergabe von Wissen, machen klare Angaben dazu, ob Informationen authentifiziert wurden. Die meisten Systeme zur Weitergabe von Wissen erlauben auch bis zu einem gewissen Grad die Einbeziehung neuer und vielversprechender Ideen, die noch nicht authentifiziert wurden und in diesem Sinne noch kein Wissen sind.

Programme zur Weitergabe von Wissen müssen dem Umstand Rechnung tragen, daß Know-how an den lokalen Kontext, in dem es angewendet werden soll, angepaßt werden muß. Wenn das Know-how sehr robust und der lokale Kontext weitgehend voraussehbar ist, ist die Anpassung kaum problematisch. Doch auf den meisten Gebieten der Entwicklungshilfe ist das Know-how gewöhnlich nicht völlig robust. Wissen über den lokalen Kontext und vor Ort vorhandenes Know-how ist deshalb äußerst wichtig. Diese Erkenntnis hat die Anstrengungen zur Miteinbeziehung von vor Ort vorhandenem Wissen in die auf Entwicklung ausgerichteten Wissensmanagementsysteme vorangetrieben.

Das Wissensmanagementsystem der Weltbank wird durch eine vor kurzem lancierte Initiative erweitert. Das

Sonderbeitrag 9.7

Wissensmanagement bei der Weltbank

Vor kurzem mußte ein in der Republik Jemen stationierter Teamleiter der Weltbank dringend einem Kunden bezüglich der Errichtung von Management-Informationssystemen in einem Bildungsministerium eine Antwort liefern. Vor noch nicht allzu langer Zeit hätte eine solche Anfrage warten müssen, bis der Teamleiter zum Hauptsitz zurückkehrte, um sich mit Kollegen zu beraten und unter Umständen in Bibliotheken und Datenbanken nach Lösungen zu suchen. Durch die Verwendung des Wissensmanagementsystems konnte der Teamleiter aber einfach mit dem Bildungsberatungsdienst im Human Development Network der Weltbank Kontakt aufnehmen, der in Zusammenarbeit mit der Expertengruppe für dieses Gebiet herausfand, daß in Kenia ähnliche und relevante Erfahrungen gemacht wurden. Diese Information wurde in den Jemen weitergeleitet, und der Teamleiter konnte dem Kunden die gewünschte Antwort innerhalb von 48 Stunden liefern statt erst Wochen später.

Ein indonesischer Beamter mußte sich über weltweit gemachte Erfahrungen bezüglich der Beteiligung des Privatsektors an der Berufsausbildung informieren. Auch hier half wieder das Human Development Network, und ein spezialisiertes Weltbank-Einsatzteam konnte dem Beamten schon bald eine umfassende Analyse liefern, die die Weltbank zusammen mit der Organisation für Industrielle Entwicklung der Vereinten Nationen angefertigt hatte. Er war sogar in der Lage, einige potentielle Partner zu empfehlen, welche die der Weltbank angeschlossene Internationale Finanz-Corporation identifiziert hatte.

Das im Oktober 1996 eingeführte Wissensmanagementsystem der Weltbank hat zum Ziel, die Weltbank zu einer Clearingstelle für Wissen über Entwicklung zu machen, die nicht nur als institutionelle Datenbank für Best Practices dient, sondern das beste Entwicklungswissen aus Organisationen außerhalb der Weltbank sammelt und verbreitet. Der Plan sieht vor, daß bis zum Jahr 2000 alle relevanten Teile des Systems extern zugänglich gemacht werden, damit Kunden, Partner und Beteiligte auf der ganzen Welt Zugang zum Know-how der Weltbank haben. Die sektoralen Netzwerke der Weltbank sind nun dabei, auf breiter Front schnell vorzustoßen. Sie leiten das Projekt durch die folgenden Aktivitäten:

- Bildung von Expertengruppen
- Entwicklung einer Online-Datenbank für Wissen
- Errichtung von Hilfs- und Beratungsdiensten
- Erstellung eines Verzeichnisses über Fachkenntnisse auf verschiedenen Gebieten
- Bereitstellung zentraler Statistiken
- Gewährleistung des Zugangs zu Informationen über Transaktionen
- Bereitstellung eines Orts für den Austausch von Informationen zwischen Experten
- Schaffung des externen Zugangs unter Einbeziehung von Kunden, Partnern und Beteiligten.

Man erwartet, daß Wissensmanagement die Art und Weise, wie die Weltbank intern operiert, sowie ihre gesamten externen Beziehungen verändern wird.

Ziel ist dabei, lokales Wissen aus Ländern und Sektoren, in denen die Weltbank aktiv ist, zusammenzuführen. Dieses durch Gespräche vor Ort, Bewertungen teilnehmender Gemeinschaften und Zielgruppen-Treffen mit nichtstaatlichen Organisationen gesammelte Wissen wird nach Land, Region, Sektor und Thema katalogisiert und anschließend Benutzern überall auf der Welt zugänglich gemacht. Indem traditionelle Methoden in den am wenigsten entwickelten Ländern berücksichtigt und ergänzt werden, sollte Wissen mit diesem Ansatz einer viel größeren Zahl von armen Menschen zugänglich gemacht werden können. Der Ansatz führt möglicherweise auch zu einer größeren Akzeptanz von Entwicklungslösungen.

Die Entscheidung, wie weitergegeben werden soll. Man kann sagen, daß Programme zum Wissensmanagement eine sammelnde und eine verbindende Dimension haben. Die erste Frage bezüglich des „Wie" besteht darin, wie ein Gleichgewicht zwischen diesen beiden Dimensionen hergestellt werden kann. In der verbindenden Dimension werden Personen, die etwas wissen müssen, mit solchen zusammengebracht, die über dieses Wissen verfügen. So werden neue Fähigkeiten zur Erhaltung von Wissen und zum bedachten Handeln entwickelt. Das Verbinden ist notwendig, denn Wissen wird durch Menschen und durch die Beziehungen innerhalb von und zwischen Organisationen verkörpert. Informationen werden zu Wissen, nachdem sie dem Verständnis des Kontexts einer Person entsprechend interpretiert und konkretisiert wurden.

Hilfs- und Beratungsdienste (kleine Expertenteams, an die man sich wenden kann, um spezifisches Know-how oder Hilfe bei einem Problem zu erhalten) können zum Beispiel auf kurze Sicht gesehen sehr wirkungsvoll sein, wenn es darum geht, Menschen zusammenzubringen, und schnelle Antworten auf Fragen finden. Das verkürzt die Wartezeit und schafft zusätzlichen Wert für die Kun-

Sonderbeitrag 9.8

Die Weitergabe von Wissen bei OneWorld Online

OneWorld Online (www.oneworld.org) bietet der Öffentlichkeit auf elektronischem Wege Zugang zu Themen der nachhaltigen Entwicklung. Die Informationen stammen von den Websites von über 250 Partnerorganisationen, zu denen staatliche Stellen, Forschungsinstitute, nichtstaatliche Organisationen, Nachrichtenagenturen und internationale Institutionen gehören. Darunter befinden sich das European Centre for Development Policy Management (Niederlande), das Institute of Development Studies (Großbritannien), das International Institute for Sustainable Development (Kanada), das Centre for Science and Environment (Indien) und der Inter Press Service (Italien). Diese Ressourcen bilden mit über 70.000 Artikeln in sechs Sprachen eine virtuelle Bibliothek über Entwicklung und Fragen zur weltweiten Rechtsprechung. Anders als in einer bibliographischen Datenbank sind die Dokumente hier mit dem vollständigen Wortlaut erhältlich und können von jedermann gelesen werden.

Die Partner von OneWorld Online taten sich zusammen, weil Internetbenutzer gewöhnlich nach Wissen über ein bestimmtes Entwicklungsgebiet suchen, nicht über eine bestimmte Organisation. Die Zusammenfassung all dieser Materialien von verschiedenen Organisationen unter einem Dach, nach themenbezogenen Stichworten geordnet, macht sie viel leichter zugänglich. Unter den Stichworten finden sich Informationen zu den wichtigsten Entwicklungsthemen, Expertenkommissionen, Nachrichten aus einer globalen Perspektive, Ausbildungsressourcen, Radioprogramme und Bildungsprojekte. Der Dienst hat sich als äußerst populär erwiesen: Die Website wird pro Monat durchschnittlich von über 4 Millionen Menschen aus mehr als 120 Ländern, darunter 60 Entwicklungsländer, besucht.

OneWorld Online ist im Besitz einer gemeinnützigen Gesellschaft und wird von einem Team aus 15 Personen in der Nähe von Oxford, Großbritannien, betrieben. Das Unternehmen richtet zur Zeit weitere Redaktionszentren in den Niederlanden, in Indien, Afrika und Zentralamerika ein, mit der Absicht, eine echte „One World"-Perspektive zu schaffen, vor allem durch die Verwendung von anderen Sprachen als Englisch. Es unterstützt auch örtliche nichtstaatliche Organisationen bei der Maximierung des Potentials des Internets als Hilfsmittel für die Entwicklung.

Eine zentrales Element der Website von OneWorld Online ist eine spezialisierte Suchmaschine, die allein der umweltverträglichen Entwicklung gewidmet ist. Die Benutzer können dadurch die Suche nach der Stecknadel im Heuhaufen umgehen, die die allgemeinen Suchmaschinen oft mit sich bringen. Benutzer der OneWorld Online-Suchmaschine wissen, daß die durchsuchte Domain nur relevantes, datiertes Material mit bekannter Herkunft enthält.

den. Bei der Weltbank haben solche Dienstleistungen erfahrungsgemäß schneller zu Resultaten geführt als die Bildung von Wissensdatenbanken, die mehr Zeit in Anspruch nimmt. Mit Hilfe von unternehmensinternen „gelben Seiten" (Verzeichnisse von Personen und deren spezifischem Wissen) können Mitarbeiter auf effizientere Weise auf die richtigen Leute und das benötigte Know-how zugreifen. Doch eine Organisation, die sich ausschließlich auf das Verbinden konzentriert und sich kaum oder gar nicht mit dem Sammeln abgibt, kann sehr ineffizient sein. Solche Organisationen werden nie die ganze Kraft der Weitergabe von Wissen erleben – und sie werden wahrscheinlich viel Zeit damit verbringen, das Rad neu zu erfinden.

Die Dimension des Sammelns bezieht sich auf die Erfassung und die Verbreitung von Know-how mit Hilfe von Informations- und Kommunikationstechnologien, die Informationen, die theoretisch ständig über Computernetzwerke aktualisiert werden, kodifizieren, speichern und abrufen. Solche Informationssammlungen machen Erfahrungen leichter zugänglich. Doch selbst wenn eine solche umfassende Sammlung existiert, ist für ihre wirksame Nutzung meist auch eine fachmännische Interpretation und die Anpassung an den lokalen Kontext erforderlich. Durch die Lektüre eines Zeitungsartikels über Gehirnchirurgie ist der Leser schließlich nicht zur Durchführung einer solcher Operation qualifiziert. Es ist daher auch so, daß eine Organisation, die sich gänzlich auf das Sammeln konzentriert und nur wenig oder gar nichts unternimmt, um Personen miteinander in Verbindung zu bringen, im Endeffekt über ein Magazin voller statischer, kaum benutzter Dokumente verfügt.

Die meisten Wissensmanagementprogramme – vor allem solche, die ganze Organisationen umspannen, wie im Falle von Ernst & Young, Arthur Andersen und der Weltbank – zielen auf einen integrierten Ansatz zum Wissensmanagement ab, indem sie die Vorteile der verbindenden und der sammelnden Dimension miteinander kombinieren. Sie erreichen so ein Gleichgewicht zwischen der Herstellung einer Verbindung von Personen, die etwas wissen müssen, mit solchen, die über dieses Wissen verfügen, und der Sammlung dessen, was in Zuge dieser Verbindungen gelernt wurde. Dieses Gelernte wird dann gefiltert und leicht zugänglich gemacht. Wenn gesammelte Dokumente mit Links zu den Websites oder E-Mail-Adressen ihrer Autoren versehen werden oder andere interaktive Möglichkeiten bieten, die den Weg für eine bessere Interpretation und gründlicheres Lernen ebnen, können sie dynamischer und somit viel nützlicher werden.

Eine zweite Frage des „Wie" betrifft die Wahl der angemessenen Technologie für die Weitergabe von Wissen. Es gibt viele Beispiele für Systeme, die weder schnell noch einfach zu verwenden oder zu unterhalten sind. Es ist keine einfache Aufgabe, Hilfsmittel zu entwickeln, die die Weitergabe von Wissen auf verläßliche und benutzerfreundliche Weise unterstützen, vor allem dann, wenn die Weitergabe ganze Organisationen umspannt. Die meisten heute verfügbaren technischen Hilfsmittel unterstützen zwar die Verbreitung von Know-how, bieten aber wenig Hilfe bei seiner Verwendung. Die Werkzeuge zur Unterstützung der Schaffung von Wissen sind noch weniger weit entwickelt. Die traditionellen Technologieformen sind häufig die benutzerfreundlichsten: das persönliche Gespräch, das Telefon, Flipcharts.

Bei der Auswahl der Informationstechnologie für Programme zur Weitergabe von Wissen muß eine Organisation auf verschiedene wichtige Fragen eingehen: Ist die Technologie den Bedürfnissen der Benutzer angepaßt, auf ihre Fähigkeiten abgestimmt, und fügt sie sich gut in die anderen von der Organisation verwendeten Technologien ein? Können Informationen leicht gefunden und abgerufen werden? Wird neues Material auf eine Weise eingegeben, die die Qualität des Systems aufrechterhält, und wird veraltetes Material rechtzeitig entfernt?

Die Entscheidung, überhaupt *weiterzugeben.* Selbst wenn eine Organisation klare Vorstellungen und Antworten auf diese Fragen hat – was, wie und an wen weitergegeben –, werden ihre Anstrengungen zum Wissensmanagement scheitern, wenn sie nicht vom oberen Management unterstützt werden. Ein wirkliches Engagement für die Weitergabe von Wissen erfordert grundlegende Veränderungen in der Aufteilung der Ressourcen und bei den Vorgehensweisen im Unternehmen.

Erstens können formelle Wissensprogramme einen beträchtlichen Einsatz von finanziellen Ressourcen erfordern. Ein typisches, die gesamte Organisation umfassendes Wissensmanagementprogramm kann bis zu fünf Prozent des gesamten Unternehmensbudgets in Anspruch nehmen. Man schätzt, daß die großen internationalen Consulting-Firmen zwischen 6 und 12 Prozent ihrer Erträge für mit Wissensteilung verbundene Infrastrukturen und Aktivitäten ausgeben.

Zweitens muß die Struktur der Anreize in einer Organisation verändert werden, damit das System zur Weitergabe von Wissen dieser Organisation gestärkt werden kann. Eine offene Kultur des Teilens fördert den Erfolg von Wissensmanagementprogrammen, und Anreize können dabei helfen, eine solche Kultur Realität werden zu lassen. Einige Organisationen, wie zum Beispiel Price Waterhouse und Ernst & Young, machten die Weitergabe von Wissen zu einem integralen Bestandteil ihres formellen Verfahrens zur Beurteilung von Mitarbeitern, was sich anscheinend positiv ausgewirkt hat. Wissensmessen (unternehmensweite Veranstaltungen, an denen Wissensspezialisten Expertengruppen ihre Dienste anbieten) und Auszeichnungen für die Weitergabe von Wissen wurden auch bereits verwendet. Eine vor kurzem durchgeführte Studie über erfolgreiche Wissensmanagementprojekte identifizierte eine wissensfreundliche Unternehmenskultur und unterstützende Anreize als zwei der Hauptfaktoren für den Erfolg fast aller Projekte. Doch die Studie unterstreicht auch, daß andere Faktoren, wie eine angemessene technische und organisatorische Infrastruktur, wahrscheinlich noch wichtiger sind.

Drittens muß die Organisation bereit sein, ein gewisses Maß an Vieldeutigkeit zu akzeptieren oder sich zumindest auf nicht traditionelle Methoden zu verlassen, wenn es darum geht, die Auswirkungen der Weitergabe von Wissen abzuschätzen. Es ist nach wie vor schwierig, diese Auswirkungen zu messen, sei es im Hinblick auf die Erträge (für Privatunternehmen) oder im Hinblick auf den Entwicklungserfolg (für internationale Entwicklungsinstitutionen). Im Prinzip führt ein Aufwand zu Aktivitäten, die einen Output erzeugen, der zu gewissen Ergebnissen führt, die wiederum in einer Gesamtauswirkung resultieren. Doch Meßprobleme bestehen bei jedem Glied dieser Kette.

Es ist schwierig, den Aufwand und den Output der Weitergabe von Wissen von anderen Geschäftstätigkeiten getrennt zu betrachten, obwohl sich die formelle Definition spezifischer Wissensmanagement-Aktivitäten als hilfreich erwiesen hat. Die Auswirkungen können mittels Umfragen, Zielgruppen und Groupware-Sitzungen beleuchtet werden, doch häufig läßt sich nicht einfach interpretieren, was die Ergebnisse für das System als Ganzes bedeuten. Auswirkungen können auch durch Zusammenhänge mit anderen Maßen eingeschätzt werden, doch die Kausalitäten sind schwierig aufzuspüren und häufig bestenfalls spekulativer Natur. Die oben erwähnte Studie zeigt, wie schwierig und spekulativ: Bei der Entscheidung, welche Wissensmanagementprojekte „erfolgreich" waren, mußten sich die Autoren auf die Bemessung von Aufwand, Verwendung und Qualität verlassen, um die begrenzten Informationen über finanzielle Erträge zu ergänzen.

Unter dem Strich haben, wenn überhaupt, nur wenige Organisationen ein glaubhaftes System entwickelt, um eine kausale Beziehung zwischen den Ausgaben für die organisationsweite Weitergabe von Wissen und den spezifischen Verbesserungen der zentralen Leistungsmaße herzustellen. Die Beurteilung führt in der Regel zu einem qualitativen Urteil: Funktioniert es?

Wissensmanagement für die Entwicklungshilfe: Spezielle Herausforderungen

Wie anderen Organisationen auch eröffnen sich internationalen Institutionen und der Entwicklungsgemeinschaft heute noch nie dagewesene Möglichkeiten, neue Technologien für das Wissensmanagement zu nutzen und so schneller bessere Resultate vor Ort zu erzielen. Doch die ihnen zur Auswahl stehenden Möglichkeiten sind viel weiter verzweigt und erfordern Entscheidungen, die nicht nur die technischen Fragen, sondern auch die weiterreichenden Prinzipien betreffen, die im Mittelpunkt des Entwicklungsprozesses stehen. Da die Weitergabe von Wissen dank der neuen Technologie heute viel einfacher und billiger ist als je zuvor, ist es wichtig, daß diese Hilfsmittel für das Allgemeinwohl verwendet werden. Um dies zu erreichen, werden die Zusammenarbeit und die Offenheit zu den dominanten Operationsprinzipien, insbesondere in der internationalen Entwicklungshilfe (Sonderbeitrag 9.9).

Internationale Institutionen sollten darauf achten, daß sie Programme zur Weitergabe von Wissen auf die Bedürfnisse und technischen Voraussetzungen der Benutzer in Entwicklungsländern ausrichten. Ein Teil dieses Problems ist die technische Planung. Die Systeme müssen für Benutzer ausgelegt sein, die nur über begrenzte technische Mittel verfügen, zum Beispiel langsame Modems und generell geringe Computerkapazitäten, damit ihre bescheidenen technischen Mittel ihnen nicht den Zugang versperren. Die Systeme sollten, wann immer dies möglich ist, mit öffentlicher Software funktionieren statt mit urheberrechtlich geschützter und auch alternative Zugangsmöglichkeiten für Benutzer ohne Computer anbieten. Benutzungsgebühren für den Zugriff auf Datenbanken sollten gänzlich vermieden werden, wenn sie den Zugang von Benutzern mit niedrigem Einkommen gefährden.

Ein weiterer Teil des Problems ist die Authentifizierung des Inhalts. Da der Mensch häufig nur dem Wissen traut, an dessen Schaffung er selbst beteiligt war, können Datenbanken für Entwicklungswissen erst dann ihr volles Potential entfalten, wenn die relevanten Personen in Entwicklungsländern an ihrer Schaffung beteiligt sind. Wenn es sich um explizites Know-how handelt, kann die Beteiligung erleichtert werden, indem Datenbanken für Kommentare und Kritik geöffnet und Möglichkeiten zur Aufnahme von abweichenden Ansichten geschaffen werden. Bei Wissen, das stillschweigend bleibt, ist die aktive Teilnahme von Entwicklungsländern in allen Phasen der Wissensschaffung erforderlich – zum Beispiel bei der Projektplanung und der Bildung von neuen Wissensdatenbanken.

Eine Voraussetzung für die Weitergabe von Wissen ist der ungehinderte Informationsfluß. Bislang war das Internet für jedermann offen und schloß prinzipiell niemanden aus, obwohl auch Anstrengungen unternommen worden sind, diese Freiheit einzuschränken. Einige Länder haben den Zugang zum Internet gänzlich verboten, und einige andere führten unerschwingliche Preise ein, damit einem Großteil der Bevölkerung der Zugang verwehrt bleibt. Andauernde Wachsamkeit ist deshalb notwendig, um sicherzustellen, daß das Internet ein wirklich internationales und frei zugängliches öffentliches Gut bleibt. Jeglicher Versuch, den Zugang unter welchem Vorwand auch immer einzuschränken – seien es wirtschaftliche Prioritäten, moralische Werte, Nationalstolz oder sprachliche Vorlieben –, muß gegen den enormen Verlust von Möglichkeiten abgewogen werden, den die Beeinträchtigung des ungehinderten Informationsflusses mit sich bringt.

Dieselbe Logik, die die internationale Gemeinschaft zu Wissensmanagement antreibt, gilt im gleichen Maße auch

Sonderbeitrag 9.9

Wissenspartnerschaften für die Umwelt

Umweltverträgliche Entwicklung erfordert, daß eine große Zahl von Beteiligten zusammen auf ein gemeinsames Ziel hin arbeitet. Aus diesem Grund versucht die Weltbank, als Wissenszentrum zu dienen und so den Austausch von Wissen zwischen den Beteiligten und insbesondere zwischen den Institutionen in Industrienationen und in Entwicklungsländern zu ermöglichen.

Ein Großteil des weitergegebenen Wissens wird Wissen über die Umwelt sein. Die Weltbank hat sich ehrgeizige Ziele in der umweltverträglichen Forstwirtschaft gesetzt, um große Flächen des weltweit noch verbliebenen tropischen Regenwaldes zu schützen. Um diese Ziele zu erreichen, werden das Engagement und die Unterstützung einer Vielzahl von Beteiligten benötigt. Zu diesem Zweck wurden verschiedene Partnerschaften und Online-Diskussionen ins Leben gerufen, an denen unter anderem die Weltbank, die World Wildlife Fund Alliance und das CEO Forum, eine Gruppe, die die bedeutendsten privaten Forstunternehmen der Welt vertritt, beteiligt sind.

Ein zweites Beispiel ist die Partnerschaft der Weltbank mit dem Biodiversity Conservation Information System (BCIS), einem Konsortium aus zwölf der weltweit führenden nichtstaatlichen Umweltschutzorganisationen. Die Mitglieder des Konsortiums wollen den Zugang zu ihren umfassenden Datenbanken über Schutzgebiete, bedrohte Ökosysteme und Arten sowie über Umweltrecht verbessern. Durch die Partnerschaft mit dem BCIS kann die Weltbank ihre eigenen Wissensressourcen hinzufügen und ihren Mitarbeitern sowie Kunden einen riesigen Bestand an Informationen zur Verfügung stellen. Genauso wichtig ist jedoch, daß die Weltbank dabei helfen kann, den Daten- und Wissensfluß von ihren Projekten vor Ort in das internationale System zu vergrößern, und somit sicherstellt, daß die Projektmitarbeiter Zugang zu den besten verfügbaren Umweltdaten und -praktiken haben.

für Entwicklungsländer. Diese müssen ihre eigenen Wissensdatenbanken erstellen, sie anhand ihrer eigenen Erfahrung authentifizieren und interpretieren, was aus ihrer eigenen Perspektive gesehen Sinn ergibt, sowie den Grundstein für eine Zukunft legen, die ihren Bedürfnissen gerecht wird. Da internationale Institutionen jetzt lernen, wie Wissen noch wirksamer weitergegeben werden kann, können und sollten sie die Entwicklungsländer dabei unterstützen, ein Verständnis dafür zu erlangen, was mit Blick auf das Wissensmanagement auf dem Spiel steht, sowie ähnliche Kapazitäten zu bilden. Dies wird ein Unterfangen von großem Ausmaß und mit langfristigen Konsequenzen werden.

• • •

Wissen wird nun als zentraler Faktor für die Entwicklung erkannt, und die Entwicklungsgemeinschaft übernimmt eine Reihe von neuen Aufgaben, die mit der Schaffung, der Übertragung und dem Management von Wissen verbunden sind. Da kein Land und keine Organisation allein alle benötigten öffentlichen Güter schaffen wird, muß die gesamte Entwicklungsgemeinschaft einspringen. Doch die Tagesordnung ist überwältigend: ein Heilmittel für Malaria, ein Impfstoff gegen AIDS, die Regenerierung der Ozonschicht, um nur einige der Herausforderungen zu nennen. Die Consultative Group for International Agricultural Research hat gezeigt, was möglich ist und was in der Welt von heute nicht mehr möglich ist. Mit welchem dieser öffentlichen Güter sich die internationale Entwicklungsgemeinschaft auch immer beschäftigt, die Palette der Mitspieler muß über Regierungen und die großen philantropischen und internationalen Organisationen hinaus reichen und auch Privatunternehmen und nichtstaatliche Organisationen mit einschließen. Dies wird einerseits die Last verringern, aber auch den Prozeß der Schaffung von öffentlichen Gütern in dieser neuen Ära der Partnerschaft noch komplizierter machen.

Da Wissen über erfolgreiche Entwicklungspraktiken allzu häufig in den Köpfen einiger weniger Personen eingeschlossen ist, wird eine andere wichtige Aufgabe der Entwicklungsgemeinschaft – und ein weiteres globales öffentliches Gut – darin bestehen, die Erträge alternativer politischer Ansätze abzuschätzen und in vielen unterschiedlichen Umfeldern seriöse Politikexperimente durchzuführen. Die Übertragung des Wissens, das durch Projektauswertung und Politikforschung entstanden ist, sowie seine Anpassung an örtliche Gegebenheiten, wird Fehler verhindern können und den Entwicklungsprozeß vorantreiben. Doch am schwierigsten wird die Anpassung sein; hierfür bedarf es angemessener lokaler Kapazitäten.

Ein zentrales Element bei der Bildung solcher Kapazitäten ist die Schaffung von Systemen für das Wissensmanagement und die Weitergabe von Wissen. Globale Unternehmen und internationale Institutionen haben vor kurzem damit begonnen, dies für ihre eigenen Projekte zu tun, wobei die Fortschritte in der Computer- und der Kommunikationstechnologie für sie von sehr großem Nutzen waren. Sie verbessern nun diese Systeme und machen sie ihren Kunden zugänglich, so daß die Institutionen schneller auf Kundenwünsche eingehen und Produkte und Dienstleistungen von bester Qualität anbieten können. Für die Weltbank und den Rest der Entwicklungsgemeinschaft beginnt mit dem Anbruch der Ära des Wissensmanagements die Förderung des wahren Austausches von Wissen, der den Transfer von Wissen in nur eine Richtung ablöst. Und da die Entwicklungsländer nun damit beginnen, ihre eigenen Wissensmanagementsysteme zu erstellen, werden sich schon bald unzählige Möglichkeiten zur Schaffung und zum Austausch von Wissen über alle Aspekte der Entwicklung eröffnen.

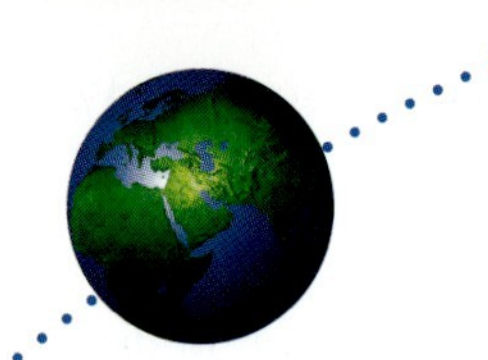

Kapitel 10

Wie sollten sich Regierungen verhalten?

IM ÜBERBLICK WURDE VORGESCHLAGEN, die Entwicklung auf eine neue Weise zu betrachten: Die Wissensgefälle zwischen und innerhalb von Ländern und die Informationsprobleme, die Märkte untergraben und staatliche Maßnahmen behindern, in Erwägung zu ziehen. Diese Gefälle und Probleme sind in armen Ländern besonders stark ausgeprägt und schaden vor allem den Armen. In den darauffolgenden Kapiteln wurden diese Probleme ausführlich behandelt und die vielen Möglichkeiten angesprochen, mit denen Länder auf der ganzen Welt solche Probleme angehen können. Durch die Wissensperspektive konnten einige altbekannte Erkenntnisse bestätigt werden, zum Beispiel die grundlegende Bedeutung der allgemeinen Bildung. Andere Bedürfnisse erregten erneut Aufmerksamkeit, zum Beispiel die Hochschulbildung. Außerdem wurde die Notwendigkeit des Erkennens und Kompensierens von Informationsproblemen und des daraus resultierenden Marktversagens besonders deutlich hervorgehoben.

Das allgemeine Prinzip, daß Institutionen aufgrund ihrer komparativen Stärken handeln sollten, deutet darauf hin, daß Regierungen sich auf die Verantwortungsbereiche konzentrieren sollten, die der private Sektor nicht oder nur schlecht übernehmen kann. Das heißt, daß Regierungen sich auf Aktivitäten konzentrieren sollten, deren externe Auswirkungen besonders beträchtlich sind, die klar öffentliche Güter darstellen oder die Verteilungsprobleme ansprechen. Wie mehrmals in diesem Bericht erwähnt, ist die staatliche Intervention notwendig, um Wissensgefälle abzubauen und Informationsprobleme anzugehen. In diesem letzten Kapitel wird eine Strategie zur staatlichen Intervention geschildert, die auf den drei Hauptschlußfolgerungen des Berichts basiert.

Erstens kann der Abbau von Know-how-Gefällen, die arme Länder von den reichen trennen – und arme von den nicht armen Menschen – das Wirtschaftswachstum in Entwicklungsländern fördern, das Einkommen erhöhen, Umweltschäden verringern und allgemein die Lebensqualität, vor allem der Armen, verbessern. Im ersten Abschnitt dieses Kapitels wird besprochen, wie Regierungen solche Aufgaben angehen können.

Zweitens würden Entwicklungsländer immer noch unter gelegentlichem Versagen des Informationsflusses leiden, selbst wenn wir wie durch Zauberei alle Wissensgefälle abbauen könnten. Daher kann durch das Angehen von Informationsproblemen – zum Beispiel das fehlende Wissen eines Bankers über die Kreditwürdigkeit eines armen Kreditnehmers oder das fehlende Wissen eines Verbrauchers über die Qualität der Güter auf dem Markt – die Funktionsweise von Markt- und Nichtmarktinstitutionen verbessert werden, wodurch die Menschen leichter an der Wirtschaft teilhaben und ihre Lebensumstände verbessern können. Im zweiten Teil dieses Kapitels wird zusammengefaßt, wie Regierungen solche Informationsprobleme angehen können.

Drittens können diese Probleme nie ganz behoben werden, egal, was Regierungen unternehmen, um Wissensgefälle abzubauen und den Informationsfluß zu verbessern. Maßnahmen greifen am besten, wenn sie auf der Erkenntnis beruhen, daß Wissen nicht für alle frei verfügbar ist und daß viele Märkte für die für unser Wohlergehen wichtigsten Dinge alles andere als perfekt sind.

Der Bericht schließt daher mit einer Erläuterung der Entwicklung von politischen Maßnahmen inmitten von andauernden Wissensgefällen und dem Versagen des Informationsflusses.

Eine nationale Strategie formulieren, um Wissensgefälle abzubauen

Die Möglichkeiten von Ländern und Unternehmen, bessere Vorgehensweisen einzusetzen – zum Abbau der Wissensgefälle innerhalb der Länder und zwischen ihnen – sind geradezu unglaublich vielfältig, und sie gelten nicht nur für die Industrie, sondern für die gesamte Volkswirtschaft. Doch um diese Möglichkeiten nutzen zu können, ist Offenheit den Ideen Außenstehender gegenüber erforderlich. Außerdem müssen die richtigen Anreize und Institutionen vorhanden sein und enorme Anstrengungen vor Ort unternommen werden, um Wissen effektiv zu erwerben, anzupassen und zu nutzen. Strategien zum Abbau von Wissensgefällen sollten sich auf drei Fragen konzentrieren:

- Welche Maßnahmen fördern den Wissenserwerb?
- Welche Maßnahmen steigern die Lernkapazitäten des Landes?
- Welche Maßnahmen verbessern die Effektivität der Kommunikation und reduzieren die Kosten?

Während die Länder nach Antworten suchen werden miteinander konkurrierende Prioritäten um Aufmerksamkeit und Ressourcen ringen und oft echte Dilemmas verursachen und Kompromisse erforderlich machen: Sollten Länder Wissen im Ausland erwerben oder im Inland erzeugen? Sollten Bildungssysteme das Analphabetentum auf Kosten der Investitionen in die Hochschulbildung bekämpfen? Dabei muß ein Gleichgewicht hergestellt werden, das sich manchmal der Entwicklungsstufe und den Umständen eines Landes entsprechend verlagert.

Globales Wissen erschließen und Wissen vor Ort erzeugen

Zum Wissenserwerb ist eine Kombination aus dem Erschließen ausländischen Wissens und Schaffen inländischen Wissens erforderlich. Weil kein Land das gesamte Wissen, das es benötigt, allein schaffen kann, ist das Lernen von anderen eine unabdingbare Komponente einer erfolgreichen Strategie aller Länder, selbst der technologisch weiter fortgeschrittenen. Auch Volkswirtschaften mit niedrigem Einkommen müssen die Fähigkeit schaffen, importiertes Wissen anzupassen und Wissen zu schaffen, das nicht international erworben werden kann. Der genaue Ansatz ist dabei von Land zu Land unterschiedlich. Einige industrielle Schwellenländer in Asien haben ihre Investitionen in eigene Forschung und Entwicklung vorangetrieben und lernen gleichzeitig weiterhin vom Ausland. Manche Volkswirtschaften mit niedrigem Einkommen lernen am effektivsten von Ländern mit mittlerem Einkommen. Einige Volkswirtschaften im Übergang von der Planwirtschaft zur Marktwirtschaft setzen anhand ihrer bereits hohen Bildungserrungenschaften ihre fortgeschrittenen Forschungsbemühungen fort, während sie gleichzeitig in puncto Fertigungstechniken einiges aufholen müssen.

Um ihre Wissensbasis zu schaffen, sollten Entwicklungsländer alle verfügbaren Mittel ausschöpfen, um Wissen im Ausland zu erwerben und im Inland zu erzeugen. Dabei sollten sie:

- Neue und bessere Wege zur Produktion von Waren und Dienstleistungen durch den Handel finden – dies wird immer wichtiger, da sich die Struktur des Handels immer mehr von Verbrauchswaren und einfach hergestellten Gütern zu wissensintensiveren Produkten verlagert
- Mit ausländischen Direktinvestoren, die in der Innovation führend sind, zusammenarbeiten und inländische Hersteller anspornen, mit Best-Practice-Bemühungen gleichzuziehen und potentielle externe Wissenseffekte zu erschließen
- Durch Technologielizenzierung Zugang zu neuem, eigentumsrechtlich geschütztem Fachwissen erhalten
- Innovationen im Inland fördern und durch neue Gesetze und Institutionen zum Schutz des geistigen Eigentums Zugang zu globalem Wissen erhalten
- Talentierte Personen, die im Ausland studiert oder gearbeitet haben, dazu bringen, ins Land zurückzukehren und
- Forschung und Entwicklung im Inland fördern, damit sie mehr auf das Marktgeschehen reagieren.

Handel. Die Offenheit des Handels ist unabdingbar. Einer der Hauptgründe, warum die ostasiatischen Volkswirtschaften derart schnell ein so lang anhaltendes Wachstum verzeichnen konnten, war ihre Fähigkeit, starke Verbindungen mit Weltmärkten herzustellen und neue Technologien einzusetzen, die durch diese Märkte erhältlich waren. Dies erfolgte durch Maßnahmen wie zum Beispiel die Handelsliberalisierung und die Exportförderung, von denen einige gewisse protektionistische Vorurteile, die die inländische Industrie begünstigten, beseitigten. Exportförderung und Diversifizierung stellen ebenfalls wertvolle Möglichkeiten dar, weil inländische Hersteller internationale Standards erfüllen und aktuelle Technologien einsetzen müssen, um international wettbewerbsfähig zu bleiben. Exporteure erhalten außerdem viele technische Informationen von Käufern und Lieferanten, Importeure bekommen Zugang zu Wissen, das in Form von neuen Gütern und Dienstleistungen verfügbar ist. Damit der Handel jedoch zunehmen kann, brauchen Länder auch gute Standards, Meß-, Prüf- und Qualitätskontrollsysteme, so daß inländische Produkte und Dienstleistungen auf dem globalen Markt bestehen können. Diese Standards müssen von der Regierung eingerichtet werden, wie in Kapitel 2 anhand der ISO 9000-Zertifizierungsstandards erläutert wurde.

Ausländische Direktinvestitionen. Länder mit offeneren Handelssystemen ziehen eher wettbewerbsfähige, nach außen orientierte ausländische Investoren an, wodurch effiziente Technologien und leistungsstarkes Management in die Volkswirtschaft eingeführt werden. Hongkong (China), Indonesien, Malaysia, Singapur, Taiwan (China) und Thailand wirkten besonders attraktiv, und ihre Wachstumsbewegungen waren eng mit dem Anstieg der ausländischen Investitionen verknüpft. Im Gegensatz dazu waren die afrikanischen Länder südlich der Sahara ausländischem Handel und Investitionen gegenüber weniger offen. Zum Teil ist darauf zurückzuführen, daß die Region nur 1 Prozent der weltweiten ausländischen Direktinvestitionen in Entwicklungsländer anziehen konnte und hinter anderen Regionen sowohl hinsichtlich des Wissenserwerbs als auch des Wirtschaftswachstums zurückblieb. Um ausländische Investitionen anzuziehen, müssen Entwicklungsländer auch die notwendige Infrastruktur bereitstellen – und zwar sowohl die „harte" Infrastruktur wie Verkehr und Kommunikation, als auch die „weiche", institutionelle Infrastruktur, wie zum Beispiel effektive Rechts-, Finanz- und Bildungssysteme.

Technologielizenzierung. Die Bedeutung der Technologielizenzierung hat stetig zugenommen, weil sich neues Wissen rasch verbreitet. Regierungen können den Zustrom solchen Wissens erleichtern, indem sie die Möglichkeiten der Technologielizenzierung oder der Bedingungen solcher Verträge nicht zu sehr einschränken. Statt dessen können Länder durch Förderung der Schaffung inländischer Informationszentren, in denen örtliche Unternehmen Informationen über ausländische Technologie bekommen können, die Nachteile der inländischen Unternehmen bei Lizenzierungsverhandlungen verringern.

Rechte am geistigen Eigentum. Je mehr sich die Welt zu einer wissensbasierten Wirtschaft entwickelt, verlangen die Wissenserzeuger eine strengere Durchsetzung ihrer Rechte am geistigen Eigentum, was gemischte Auswirkungen auf die Schaffung neuen Wissens und den Abbau der Wissensgefälle hat. Gut durchdachte Rechte am geistigen Eigentum versuchen, die persönlichen Anreize zum Schaffen von Wissen gegen die gesellschaftlichen Vorteile durch dessen Verbreitung abzuwägen. Dieses Gleichgewicht ist schwer zu erreichen, weil die meisten Erzeuger von Wissen in Industrieländern angesiedelt sind. Wie in Kapitel 2 dargestellt wurde, ist ein angemessener Schutz des geistigen Eigentums notwendig, damit Länder durch ausländische Direktinvestitionen und Technologietransfers Zugang zu ausländischer Technologie bekommen. Außerdem ist es wichtig, um die inländische Wissensentwicklung zu fördern, die in vielen Entwicklungsländern durch die Verbesserung der menschlichen und technologischen Fähigkeiten zunehmen wird.

Wie sollten Entwicklungsländer auf den Trend zur strengeren Durchsetzung der Rechte am geistigen Eigentum reagieren? Die Antwort ist zweierlei Natur. Erstens sollten sie auf internationaler Ebene über Systeme zum Schutz des geistigen Eigentums verhandeln, die ihre dringenden Bedürfnisse zum Abbau des Wissensgefälles ausreichend in Erwägung ziehen – während Anreize für die Erzeuger von Wissen überall geschaffen werden, damit sie ihre kreativen Aktivitäten fortsetzen. Außerdem müssen Entwicklungsländer mit neuen technologischen Entwicklungen, die neuen Verhandlungsbedarf schaffen – zum Beispiel Bio- und Informationstechnologie – Schritt halten und ihre eigenen Interessen vertreten. Zweitens sollten Entwicklungsländer Standards zum Schutz des geistigen Eigentums einführen und durchsetzen, die der internationalen Praxis entsprechen, weil das Erfüllen solcher Standards notwendig ist, um durch ausländische Direktinvestitionen und Technologietransfers Zugang zu ausländischen Technologien zu erhalten – und durch den Handel ausländische Märkte zu erschließen.

Die Regierungen von Entwicklungsländern können außerdem ihre Bemühungen zur Verhandlung der Definitionen der Rechte am geistigen Eigentum fortsetzen, die die Bedeutung einheimischen Wissens anerkennen und diejenigen belohnen, die solches Wissen schaffen und bewahren. Zum Beispiel wurden im Jahr 1990 die mit modernen Medikamenten erzielten Umsätze, die aus von Einheimischen entdeckten Pflanzen hergestellt wurden, auf 43 Milliarden US-Dollar geschätzt. Nur ein winziger Teil dieser Summe erreichte die Menschen, die das traditionelle Wissen um die Heilkraft dieser Pflanzen bewahrt hatten oder die Länder, in denen die Pflanzen gefunden wurden. Entwicklungsländer müssen daher ihre Verhandlungsfähigkeiten verbessern, um bei ausländischen Unternehmen, die von solchem Wissen profitieren, bessere Bedingungen auszuhandeln. Dazu müssen sie aktiv an der Entwicklung internationaler Abkommen über das Recht am geistigen Eigentum und die Artenvielfalt teilnehmen.

Menschen. Ein weiterer wichtiger Kanal zum Erwerb von Wissen aus dem Ausland sind Staatsbürger, die im Ausland leben. Heute sind über eine Million Studenten aus Entwicklungsländern an Hochschulen im Ausland eingeschrieben, und viele werden in ihrem Studienland bleiben. Außerdem werden viele der im Inland am besten ausgebildeten Fachleute, die nur wenige Möglichkeiten zur Anwendung ihres neuen Wissens in ihrem eigenen Land finden, schließlich abwandern. Diese andauernde Abwanderung von Fachkräften hat dazu geführt, daß einige Entwicklungsländer Programme eingerichtet haben, die Emigranten zur Rückkehr bewegen sollen. Korea und Taiwan boten gut ausgebildeten Staatsbürgern, die im Ausland lebten, gute Berufsmöglichkeiten und attraktive finanzielle und steuerliche Anreize an, wenn sie in ihre Heimatländer zurückkehrten, um dort zu lehren oder zu arbeiten. China, Indien und Taiwan (China) haben die Erfahrungen ihrer im Ausland lebenden Staatsbürger erschlossen, ohne sie zurückzuholen: Sie boten besondere Handels- und Investitionsmöglichkeiten.

Sind alle Arten des Wissenstransfers gleichermaßen gewinnbringend für das inländische Lernen? Wahrscheinlich nicht. Die am besten geeignete Form des Know-how ist diejenige, welche die moderne Technik mit inländischen Fähigkeiten abstimmt. Lizenzierung, verbunden mit starken Bemühungen zur Förderung des technologischen Fortschritts, kann für Unternehmen in einem industriellen Schwellenland gewinnbringend sein, während ausländische Direktinvestitionen in einem Land mit niedrigerem Einkommen möglicherweise besser geeignet sind. Die ostasiatischen Volkswirtschaften nutzten die gesamte Bandbreite der Möglichkeiten aus, wobei die genaue Mischung je nach Basis der Fähigkeiten und technologischer Vision der Regierung variierte. Ihre Erfahrungen zeigen, daß es mehr als eine Lösung gibt und daß die effektivsten Strategien alle verfügbaren Kanäle zum Erschließen globalen Wissens sowie zum Schaffen von Wissen vor Ort optimal ausnutzen.

Wissen im eigenen Land erzeugen. Entwicklungsländer sollten nicht nur das umfassende globale Wissen ausnutzen, sondern auch die Fähigkeit entwickeln, Wissen im Inland zu schaffen. Im Überblick wurde erläutert, wie landwirtschaftliches Wissen an die örtlichen Bedingungen angepaßt werden mußte, damit die Grüne Revolution Fuß fassen konnte. Auch in der Fertigung muß Wissen aus anderen Ländern an Unterschiede in den klimatischen Bedingungen, an den Verbrauchergeschmack und die Verfügbarkeit ergänzender Ausgangsmaterialien angepaßt werden. Einige Arten des Wissens müssen von Grund auf neu geschaffen werden. Dazu zählt unter anderem Wissen über die Umwelt vor Ort und die Sitten und Gebräuche, welches häufig absolut notwendig ist, um eine effektive Wirtschaftspolitik umzusetzen. Aus diesen und anderen Gründen muß eine ausgeglichene Strategie zum Abbau von Wissensgefällen die Fähigkeit umfassen, Wissen vor Ort zu schaffen, welches nicht aus dem Ausland kommen kann.

Regierungen können Forschungsbemühungen entweder direkt durch öffentliche F&E oder indirekt durch Anreize für private F&E fördern. Direkte staatliche F&E beinhaltet die Zahlungen an Universitäten, staatliche Forschungsinstitute, Wissenschaftszentren und forschungsorientierte Fortbildungsinstitutionen seitens des Staates. Zur indirekten Unterstützung von F&E gehören Vorzugsfinanzierung, steuerliche Vergünstigungen, Stipendien und die Förderung nationaler F&E-Projekte. In den meisten Entwicklungsländern sollte sich die Forschung vor Ort jedoch auf die Grundbedürfnisse konzentrieren. Die Aufrechterhaltung von wissenschaftlichem und technologischem Grundwissen ist möglicherweise nicht nur notwendig, um weiterhin Zugang zum globalen Wissenspool zu haben, sondern auch, um solches Wissen an die örtlichen Gegebenheiten anzupassen.

Vielen öffentlichen Forschungsinstitutionen fehlen entweder die Informationen über die Bedürfnisse des Fertigungssektors oder Anreize, auf diese Bedürfnisse zu reagieren. Aus diesem Grund haben Brasilien, China, Indien, Korea und Mexiko groß angelegte Programme zur Reformierung ihrer öffentlichen F&E-Laboratorien gestartet. Dabei soll der Hauptfokus der Labors auf die Bedürfnisse des Fertigungssektors ausgerichtet werden, wie in Kapitel 2 erläutert. Die Maßnahmen umfassen die Umstrukturierung der Labors, damit sie wie Unternehmen funktionieren, Begrenzung der staatlichen Beiträge zu ihren Budgets, um für die Forscher Anreize zu schaffen, Mittel aus dem privaten Sektor zu beschaffen, die Verbesserung der Bezahlung und Anerkennung der Forscher sowie die Schaffung direkter Anreize, um Forschungsverträge mit ihnen abzuschließen.

Nur wenige Entwicklungsländer – darunter Korea, Singapur und Taiwan (China) – haben die richtigen Anreize für signifikante private F&E geschaffen und ihren mit öffentlichen Mitteln finanzierten F&E-Instituten gestattet, sich auf grundlegendere, der Wirtschaft förderliche Forschungsarbeiten zu beschränken. Starke staatliche Unterstützung ist in einigen anderen Bereichen jedoch unabdingbar, zum Beispiel in der Forschung zur Anpassung internationaler Entwicklungen in der Landwirtschaft und im Gesundheitswesen an die jeweiligen Gegebenheiten in einem Land.

Die Fähigkeiten der Menschen zur Wissensaufnahme steigern

Eine effektive Strategie zum Abbau von Wissensgefällen muß Maßnahmen beinhalten, die die Fähigkeit der Menschen, Wissen zu verwenden, steigern. Die Sicherstellung des Zugangs zu einer ausreichenden elementaren Schulbildung stellt den ersten notwendigen Schritt dar. Dabei darf es jedoch nicht bleiben. Staaten müssen auch sicherstellen, daß sie über genügend sehr gut ausgebildetes Personal verfügen, zum Beispiel Ingenieure und Wissenschaftler. Dies erfordert leistungsstarke weiterführende Schulen und Universitäten, vor allem im Ingenieurwesen und den Naturwissenschaften. Außerdem bedeutet dies die Schaffung von Möglichkeiten zur Weiterbildung, nachdem Schüler und Studenten ihre formelle Schulausbildung abgeschlossen haben. Um diese Bedürfnisse mit einem begrenzten Budget zu befriedigen, müssen alle Länder, vor allem die ärmsten, ihre Bildungsmittel so gewinnbringend wie möglich einsetzen.

Regierungen sollten die folgenden Möglichkeiten erwägen, um diese Probleme anzugehen:

- Dezentralisierung der Bildung, damit diejenigen Instanzen die größte Macht erhalten, die über die meisten Informationen über Bildungsbedürfnisse und deren Befriedigung verfügen: Schüler und Studenten, Eltern, Lehrer und die örtlichen Kultusbehörden
- Konzentration öffentlicher Ressourcen auf diejenigen, die sie am dringendsten benötigen, zum Beispiel durch Bereitstellung von Mitteln speziell für Arme und für Mädchen
- Unterstützung der höheren Schulbildung, vor allem im Ingenieurwesen und den Naturwissenschaften, während gleichzeitig der Zugang für Arme sichergestellt wird und
- Verwendung neuer Lerntechniken zur Verbesserung der Qualität der Bildung und Verbesserung des Zugangs.

Dezentralisierung, um diejenigen mit den meisten Informationen zu stärken. Oft bedeutet das Erfüllen von Bildungszielen nicht höhere Ausgaben, sondern vielmehr die Verbesserung der Qualität und Vermittlung von Bildung. Obwohl Ausgabenerhöhungen zum Beispiel zur Reduzierung der Schulklassengröße fast immer die Bildungsqualität verbessern, können ebenso große Verbesserungen oft mit vorhandenen Budgets erzielt werden, indem die Effizienz gesteigert und die Art der Bildungsvermittlung reformiert wird.

Bildungssysteme stehen oft komplexen Informationsproblemen gegenüber, und das Angehen dieser Probleme kann die Qualität der Bildung verbessern helfen. Eine Möglichkeit dazu liegt im Umstieg von einem Von-oben-nach-unten-Ansatz auf einen eher kundenorientierten Ansatz, wobei diejenigen Personen und Instanzen mit Aufgaben betraut werden, die dem Bildungsprozeß am nächsten stehen und dadurch über die meisten Informationen verfügen. Wie in Kapitel 3 angesprochen, bieten die vielen in Entwicklungsländern unternommenen Experimente eine hervorragende Gelegenheit, um zu lernen, was funktioniert und was nicht. In El Salvador zum Beispiel haben die Fehlzeiten von Lehrern in von der Gemeinde geleiteten Schulen selbst in den ärmsten Gemeinden drastisch abgenommen, weil die Eltern die Leistung der Lehrer genauer überwachen.

Öffentliche Ausgaben auf die Menschen konzentrieren, die sie am dringendsten benötigen. Trotz der großen persönlichen Vorteile durch Bildung können viele Menschen die Bildungsmöglichkeiten nicht voll ausschöpfen, weil sie die Kosten dafür nicht tragen können. Bildung erfordert beträchtliche persönliche Ressourcen, selbst Bildung, die quasi „kostenlos" ist, weil keine Gebühren dafür anfallen. In der Schule verbrachte Zeit ist Zeit, die keinen anderen Aufgaben gewidmet werden kann: gegen Lohn in einem Familienunternehmen zu arbeiten oder jüngere Geschwister zu betreuen, was oft Aufgabe der Mädchen ist. Für die Armen machen diese Opportunitätskosten Bildung unerschwinglich, vor allem wenn der Zugang zu Krediten fehlt. Regierungen können diese Probleme durch eine Vielzahl von Mechanismen zum Teil beheben: höhere Subventionen für Schulen in ärmeren Gegenden, direkte Stipendien für benachteiligte Schüler und Studenten (wie zum Beispiel die kürzlich Mädchen in Bangladesch bereitgestellten) und Studentendarlehen für die Hochschulbildung.

Hochschulbildung unterstützen, vor allem im Ingenieurwesen und den Naturwissenschaften. Viele Volkswirtschaften mit niedrigem Einkommen haben Programme zur Hochschulbildung, die Arbeiter für die wenigen Beamtenposten ausbilden, aber das Fachwissen nicht verbessern. Oft ist es effektiver, öffentliche Ressourcen für die Ausbildung von Ingenieuren und Wissenschaftlern zu verwenden, die fortgeschrittene Technologie aufnehmen und den jeweiligen Umständen entsprechend anpassen können. Korea schuf vor dem wirtschaftlichen Aufschwung eine allgemeine Grundschulbildung und erweiterte dann bald die Hochschulbildung, um eigene Wissenschaftler und Ingenieure auszubilden. Heute ähneln die Einschreibungszahlen für Mathematik, Informatik und Ingenieurwesen denen in vielen OECD-Ländern. Die Stärkung der Hochschulbildung erfordert nicht unbedingt höhere staatliche Ausgaben, vor allem nicht langfristig. Weil fortschrittlichere Ausbildungsprogramme beträchtliche Vorteile für deren Empfänger bedeuten, können Regierungen oft die Studiengebühren erhöhen, während sie gleichzeitig den Zugang für Studenten niedriger Einkommensschichten zum Beispiel durch erweiterte Studentendarlehensprogramme verbessern.

Volkswirtschaften im Übergang zur Marktwirtschaft stehen besonderen Herausforderungen gegenüber. Sie müssen den Inhalt, die Vermittlung und die Finanzierung der Bildung verbessern, um auf Bedürfnisse des Marktes sowie knappe Budgets zu reagieren, vor allem im Ingenieurwesen und den Naturwissenschaften. Einige dieser Länder verfügten über erstklassige Einrichtungen der Naturwissenschaften und des Ingenieurwesens. Heute haben sie keine ausreichenden Mittel und sind mit der Abwanderung hochqualifizierter Wissenschaftler konfrontiert. Die Erhaltung der Bildungsqualität und die Neuorientierung von Forschung und Lehre in Richtung der neuen Realität werden eine enorme Herausforderung darstellen.

Neue Lerntechniken verwenden, um die Qualität zu verbessern und den Zugang zu erleichtern. Neue Technologien für die Lehrerausbildung und Fernbildung haben die Möglichkeiten enorm verbessert und die Kosten der Erwachsenenbildung außerhalb der traditionellen Universitäten beträchtlich reduziert. In China wird jährlich die Hälfte der 92.000 Studenten, die Ingenieurwesen und technische Studiengänge belegen, über Fernkurse ausgebildet, die von traditionellen Universitäten angeboten werden. Die African Virtual University versucht, die Studentenzahlen zu erhöhen und die Qualität und Relevanz der Lehre für Wirtschaft, Naturwissenschaften und Ingenieurwesen in allen Ländern südlich der Sahara zu verbessern. Bisher wurden 27 Satellitenempfangsanlagen eingerichtet. Um den Mangel an wissenschaftlichen Publikationen an afrikanischen Universitäten auszugleichen, hat sie eine digitale Bibliothek entwickelt.

Zusammenfassend ist festzustellen, daß ein effektives Bildungssystem ausschlaggebend ist, um die Fähigkeit der Menschen zur Aufnahme von Wissen zu verbessern. Die Reform von Bildungssystemen zur Erfüllung dieses Ziels umfaßt mehr als nur höhere Ausgaben aus der öffentlichen Hand. Regierungen müssen ihre Ressourcen auf eine Reihe von Institutionen und Aktivitäten verteilen, die der Weiterbildung dienen: Vorschulprogramme, elementare formelle Schulbildung, höhere formelle Schulbildung, formelle Ausbildungsprogramme, Lernen im Beruf, Programme zur Informationsverbreitung und informelle Bildung. Die effektivsten öffentlichen Maßnahmen werden diejenigen sein, die dem Marktversagen direkt zugrunde liegende Informationsprobleme angehen – oder die Verteilungsprobleme ansprechen.

Möglichkeiten schaffen, damit Menschen kommunizieren können

Durch die neuen Informations- und Kommunikationstechnologien können Menschen heute Wissen zu noch erschwinglicheren Kosten mit anderen teilen. Daher ist das Potential für Entwicklungsländer beträchtlich, die neuen Technologien zur Verbesserung der Bildungssysteme, zur Verbesserung der Schaffung von politischen Ansätzen und deren Ausführung sowie zur Erweiterung des Angebots an neuen Möglichkeiten für Unternehmen einzusetzen. Um dieses Potential auszuschöpfen, müssen Länder die effektive Verwendung der Informationstechnologien zu einem grundlegenden Bestandteil ihrer nationalen Entwicklungsstrategien erklären, wie das in Malaysia der Fall war. Die Länder sollten:

- Wettbewerb und entsprechende Regulierung sicherstellen, um die privaten Initiativen zur Bereitstellung von Kommunikationsinfrastruktur und -dienstleistungen und die Verbreitung neuer Technologien zu fördern und
- Sicherstellen, daß Dienstleistungen auf abgelegene Gegenden und Arme ausgeweitet werden, indem sie sich von traditionellen Subventionsmaßnahmen weg bewegen und statt dessen mit dem privaten Sektor oder den Endverbrauchern zusammenarbeiten, um die erforderliche staatliche Unterstützung zu bestimmen.

Wettbewerb, private Bereitstellung und Regulierung sicherstellen. Chile, Ghana, die Philippinen und Dutzende anderer Entwicklungsländer privatisieren ihre Telekommunikationsbranche. Ihre Erfahrungen zeigen, daß Zugriff auf Dienstleistungen in privatisierten Märkten viel schneller steigt, wenn es Wettbewerb gibt. Regierungen sollten ihre Bemühungen zur Privatisierung vorantreiben und vor allem den Wettbewerb im Zuge der Privatisierung einführen, um zu verhindern, daß private Monopole die öffentlichen ersetzen. Der Wettbewerb unter internationalen Anbietern von Telekommunikationsdienstleistungen zum Beispiel kann sicherstellen, daß ein großer Teil der Gewinne aus dem technischen Fortschritt in der Kommunikationsindustrie für die Länder anfällt, die solche internationalen Anbieter anlocken. Viel zu oft verlassen sich Entwicklungsländer jedoch auf einen einzigen internationalen Anbieter.

Der Zugang zu solchen Technologien steigt außerdem rapide, wenn der Staat das Aufkommen neuer privater Anbieter fördert, vor allem bei Mehrwertdienstleistungen, zum Beispiel im Mobilfunkbereich. Sri Lanka vergab Lizenzen an vier private Mobilfunkunternehmen. Daraufhin nahm die Nutzung explosionsartig zu. In Malaysia und auf den Philippinen kommt auf zwei herkömmliche drahtgebundene Leitungen ein Mobiltelefon, das bedeutet ein ungefähr fünfmal höheres Verhältnis als in Frankreich oder Belgien. Die Zahl der Handys steigt auch in vielen anderen Entwicklungsländern, weil die Verbraucher erkennen, daß sie einen guten Ersatz für schwer zugängliche oder schlecht funktionierende herkömmliche Telefondienste darstellen.

Obwohl der Wettbewerb im Telekommunikationsgeschäft zunimmt, funktioniert er noch lange nicht perfekt. Selbst in den Vereinigten Staaten, deren Telekommunikationsmarkt einer der am heftigsten umkämpften der Welt ist, reicht der Wettbewerb noch nicht aus, um eine Regulierung überflüssig zu machen. Entwicklungsländer brauchen starke regulatorische Instanzen, die den Wettbewerb nicht ersticken, sondern fördern. In Polen wurden die Vorteile der Liberalisierung durch fehlerhafte Regulierung derart geschmälert, daß von den ungefähr 200 neuen Telekommunikationslizenznehmern seit 1990 bis 1996 nur noch 12 im Geschäft waren. Die Gründe umfaßten ungünstige Bedingungen der Gewinnverteilung zwischen neuen Lizenznehmern und der dominanten staatlichen Telefongesellschaft, beschränkten Zugang zum Telefonnetz des staatlichen Betreibers, langsames Aushandeln von Vereinbarungen zur Verbindung mit diesem Netz und Verbote von neuen Lizenznehmern, die ihre eigenen Übertragungseinrichtungen aufbauten. Eine wichtige neue Rolle der Regulierung besteht darin, sicherzustellen, daß eine marktbeherrschende Telefongesellschaft – ob staatlich oder privat – keine wettbewerbsschädigenden Praktiken einsetzt, zum Beispiel wichtige technische oder kommerzielle Informationen vorenthält, die für die Preiskalkulation für die weitergeschalteten Verbindungen notwendig sind.

Der Umfang der staatlichen Regulierung wird in unterschiedlich weit entwickelten Ländern mit unterschiedlichen Bedürfnissen unterschiedlich sein, aber aus den Erfolgen und Fehlschlägen in Chile, Ghana, Polen und den Vereinigten Staaten können andere Länder sehr viel lernen. Eine Aufgabe der Regulierungsbehörde besteht darin, konkurrierenden Anbietern dabei zu helfen, eine annehmbare Einigung zu erzielen, wenn es ihnen selbst nicht gelingt. Zum Beispiel ist es in Guatemala vorgeschrieben, daß der Regulierer über die endgültigen Preisangebote der beteiligten Seiten entscheidet. Wenn sich eine der Seiten weigert, von ihrer untragbaren Position abzurücken, wird der Regulierer aller Wahrscheinlichkeit nach den Preis der anderen Seite für gültig erklären. (Falls der Staat dazu nicht in der Lage ist, kann diese Aufgabe an Dritte übertragen werden.) Staatseigenen Anbietern muß zudem die staatshoheitliche Immunität entzogen werden, die sie vor Klagen schützt.

Monopole sind nicht nur im Telefonbereich, sondern auch in den Massenmedien von Belang. In einigen Ländern stellt der Konzentrationsprozeß bei den Fernsehsendern oder auch bei den Printmedien und Rundfunksendern ein Problem dar. Andere Länder sorgen sich, daß die Privatisierung von staatlich kontrollierten Medien die kulturelle Vielfalt einschränkt. Anbieter, die auf einem Massenmarkt in Wettbewerb stehen, bieten oft ähnliche Produkte an, wodurch spezialisierte Programme nicht zum Zuge kommen. (Dies ist einer der Gründe für öffentliche Rundfunk- und Fernsehanstalten). Glücklicherweise können die neuen Informations- und Kommunikationstechnologien die Vielfalt fördern: Kabel- und Satellitenfernsehen kann zu niedrigeren Kosten viel mehr Programmen übertragen, als konventionelle Fernsehsender dies je konnten. Ein Privatunternehmen schießt zum Beispiel drei Satelliten ins All, jeweils einen für Afrika, Lateinamerika und Asien, um auch Verbraucher mit niedrigem Einkommen mit Weltklasseprogrammen zu versorgen.

Zugang zu ländlichen Gegenden und den Armen ermöglichen. In einigen Entwicklungsländern haben Unternehmer jedoch bewiesen, daß es möglich ist, selbst die Ärmsten mit Telefonen auszustatten. Im Senegal gab es 1995 über 2.000 private „Telezentren" mit einem Münzfernsprecher und einem Faxgerät. Das waren viermal so viele wie noch zwei Jahre zuvor. Für die Einrichtung eines Zugangs für die arme Landbevölkerung ist jedoch häufig staatliche Unterstützung vonnöten. Ein Beispiel dafür sind die kommunalen Mehrzweck-Informationszentren in Südafrika. Die 1996 gegründete Universal Service Agency des Landes überweist jedem dieser Zentren einen Betrag in Höhe der Anlaufkosten für die ersten beiden Jahre und stellt Außendienstmitarbeiter zur Verfügung, die ihnen technische Unterstützung anbieten. Eine Umfrage unter diesen Zentren aus dem Jahre 1997 ergab, daß 67 Prozent über ein Telefon, 31 Prozent über einen Computer und 8 Prozent über einen Internet-Zugang verfügten.

Wie Chiles Telefonsubventions-Auktionen zeigen, können marktähnliche Mechanismen das Ausmaß der notwendigen staatlichen Unterstützung bestimmen und die Zuweisung öffentlicher Mittel unterstützen. 1994 richtete die Regierung einen speziellen Fonds ein, der Subventionen an Projekte vergab, die Kleinstädte und abgelegene Gegenden mit Telefondiensten versorgten. Der Fonds erfüllt seine Ziele auf sehr kosteneffektive Art und Weise, weil viele private Anbieter weniger Subventionen angefordert haben, als ursprünglich angenommen wurde – in vielen Fällen sogar gar keine. Wenn die Leistung des Fonds beibehalten wird, werden bis Ende 1998 97 Prozent der Chilenen Zugang zu grundlegenden Telekommunikationsdienstleistungen haben.

Informationsprobleme angehen, um Märkte zu fördern

Eine solide nationale Wissensstrategie erfordert, daß Regierungen nach Möglichkeiten suchen, um die Informationsflüsse zu verbessern, damit die Marktwirtschaft besser funktioniert. Regierungen sind jedoch wie jeder Akteur in jeder Wirtschaft selbst dem Versagen des Informationsflusses ausgesetzt. Deshalb müssen Entscheidungsträger die Stärken und Grenzen der staatlichen Kapazitäten im Verhältnis zu denen des Marktes abwägen. Dies gibt eines der wichtigsten Ergebnisse aus dem *Weltentwicklungsbericht 1997: Der Staat in einer sich ändernden Welt* wieder, nämlich, daß Entscheidungsträger das von ihnen angesprochene Marktversagen mit der Fähigkeit des Staates zum Angehen dieser Probleme ins Gleichgewicht bringen müssen, wenn sie über den Umfang und die Art der staatlichen Intervention entscheiden.

Teil Zwei dieses Berichts sprach die Notwendigkeit an, Informationsprobleme im Finanzwesen, in der Umwelt und bei der Unterstützung der Armen anzugehen – das sind drei Bereiche, die für Entwicklungsländer von besonderer Bedeutung sind. An dieser Stelle sollen drei Arten von Maßnahmen erläutert werden, die diese und alle anderen Bereiche der Wirtschaft durchdringen. Außerdem soll die Rolle des Staates in jedem dieser Bereiche angesprochen werden:

- Informationen bechaffen und bereitstellen, um die Qualität zu prüfen
- Leistung überwachen und durchsetzen, um Markttransaktionen zu unterstützen und
- Informationsflüsse in beide Richtungen zwischen Bürgern (vor allem den Armen) und der Regierung sicherstellen.

Fortgeschrittene Volkswirtschaften verfügen meist über weitaus besser entwickelte Mechanismen für jede dieser Aktionen als die Entwicklungsländer. Wenn Volkswirtschaften komplexer werden und komplizierte Transaktionen über lange Strecken hinweg erfordern, reichen traditionelle Informationsmechanismen wie zum Beispiel der Ruf eines Unternehmens oder einer Person vor Ort zur Sicherstellung der Qualität oder Zuverlässigkeit nicht mehr aus. Der Mangel an alternativen Institutionen kann zu schwerwiegenden Problemen und sogar zum Zusammenbruch der Märkte führen. Regierungen müssen daher sicherstellen, daß für die Märkte lebensnotwendige, aber andererseits nicht verfügbare Informationen beschafft und mit anderen geteilt werden. Sie müssen von Fall zu Fall entscheiden, ob diese Probleme direkt angesprochen werden müssen – zum Beispiel durch Prüfung der Produkte und Zertifizierung der Qualität – oder ob Mechanismen für andere Beteiligte, zum Beispiel Unternehmen, freiwillige Vereinigungen und Bürgergruppen geschaffen werden müssen, um solche Probleme anzugehen.

Informationen beschaffen und bereitstellen

Für gewisse Produkte und Dienstleistungen reichen die Märkte allein aus. Es ist leicht zu entscheiden, ob ein Haarschnitt seinen Preis wert ist, und der wirtschaftliche Verlust aufgrund eines schlechten Haarschnitts ist gering, zeitlich begrenzt und meist auf den Kunden beschränkt. Manchmal können Käufer die Qualität jedoch nicht sofort beurteilen, und der Schaden aufgrund eines Fehlkaufs kann dauerhaft sein oder weitreichende Folgen haben. Dies ist zum Beispiel der Fall, wenn Käufer den gesundheitlichen Nutzen von Nahrungsmitteln, die Solidität von Banken oder die Rentabilität eines Unternehmens, das Aktien emittiert, nicht beurteilen können. In solchen Fällen kann der Staat die Marktergebnisse durch Beschaffung und Bereitstellen von Informationen, die ansonsten nicht verfügbar wären, beträchtlich verbessern. Er kann:

- Produktnormen einführen, um zum Beispiel die Qualität von Nahrungsmitteln sicherzustellen und Exporte zu fördern
- Informationen verfügbar machen und Normen für Dienstleistungen wie zum Beispiel Bildung schaffen
- Standards für die Buchführung einrichten
- Offenlegungsvorschriften für Banken und Unternehmen verfassen
- Mechanismen zur Selbstauskunft schaffen – Anreizsysteme, die Unternehmen und Einzelpersonen dazu veranlassen, Informationen offenzulegen, die sie normalerweise für sich behalten würden, und
- Transparenz der öffentlichen Institutionen sicherstellen.

Es gibt viele Gründe, warum Regierungen in diesen Bereichen aktiv sein sollten. Oft handelt es sich bei den betroffenen Informationen um ein öffentliches Gut, oder sie haben beträchtliche externe Effekte, so daß der private Sektor selbst nicht genug in die Beschaffung und Verbreitung der Informationen investiert. Wie in anderen Fällen auch sollten Regierungen ihre begrenzten Ressourcen auf Bereiche konzentrieren, in denen der Markt die unzureichendsten Lösungen liefert und staatliche Intervention das größte Potential hat, die Ergebnisse zu verbessern.

Standards für Produktqualität einführen. In den meisten Ländern mit mangelhaften Institutionen und unzureichend entwickelten Märkten hat nur die Regierung die nötige Autorität und Glaubwürdigkeit, um Standards zu definieren und durchzusetzen, mit denen die Qualität gemessen und auf dem Markt anerkannt werden kann. Dieser Bericht hat viele Beispiele solcher direkter staatlicher Interventionen vorgestellt. In Indien definierte und überwachte das National Dairy Development Board die Standards auf dem Milchmarkt, was für Verbraucher und Hersteller von Vorteil war (Kapitel 5). Staatliche Interventionen können auch die Qualität einer Vielfalt von Exporten sicherstellen und die Fähigkeit von Unternehmen, auf dem globalen Markt wettbewerbsfähig zu sein, verbessern, wie durch das Beispiel der Förderung internationaler Qualitätsstandards in Malaysia belegt werden konnte.

In anderen Fällen kann der Staat private Qualitätsstandards fördern, anstatt zu versuchen, seine eigenen zu entwickeln und durchzusetzen. Ein Beispiel dafür sind die ISO 9000-Standards für die Produktqualität, die vom privaten Sektor entwickelt und veröffentlicht wurden. Diese Standards liefern Käufern wichtige Informationen über die bei der Produktion angewandten Qualitätskontrollen. Das Einhalten solcher Standards ist besonders für Exporteure in Entwicklungsländern wichtig, die ihren guten Ruf aufgrund der hohen Qualität ihrer Produkte auf heiß umkämpften Importmärkten etablieren möchten. Weil der private Sektor die Standards bereits entwickelt hat, müssen Regierungen sie nur veröffentlichen und die Exporteure ermutigen, sie zu verwenden. Auf ähnliche Weise können private Rating-Agenturen die Überwachung durch den Staat ergänzen. Dabei verwenden sie öffentlich bereitgestellte Informationen und liefern eine wichtige Dienstleistung, indem sie die Informationen verarbeiten und ihre Ergebnisse verbreiten.

Informationen über Ausbildungsmöglichkeiten leichter verfügbar machen. Woher bekommen Eltern Informationen über die Qualität der Schulbildung? Regierungen können auch hier helfen, indem sie von Schulen und Ausbildungsprogrammen verlangen, allgemeine Testergebnisse und Zusammenfassungen der Hochschulauswahl ihrer Schüler bekannt zu machen. Außerdem können sie Schulen nach Inspektion und Beurteilung direkt akkreditieren und Informationen über die Leistung der Schulen veröffentlichen. Manchmal können Regierungen private, freiwillige Akkreditierungsagenturen ermutigen, die Informationen anstelle des Staates zu liefern, wie das auf den Philippinen der Fall ist. Viele Länder verlassen sich auf eine Kombination und verwenden eine obligatorische staatliche Akkreditierung für die elementare Schulbildung und freiwillige private Akkreditierung für die höheren Bildungsstufen. In den Vereinigten Staaten erfolgt die Akkreditierung von Universitäten zum Beispiel fast ausschließlich durch private Stellen.

Buchführungsstandards einrichten. Buchführungsstandards sind für Investoren unabdingbar, um die finanzielle Vergangenheit eines Unternehmens und eine Aufschlüsselung der finanziellen Anlagen und Verbindlichkeiten (Bilanz), Einnahmen und Ausgaben (Gewinn- und Verlustrechnung) und die Liquidität (Cashflow) zu kennen. Wenn Regierungen keine Standards einrichten oder keine Offenlegung dieser Informationen durch die Unternehmen fordern, bleiben die Aktienmärkte schwach, und die Unternehmen müssen hauptsächlich auf Kredite und direkte Finanzierung zurückgreifen. Dies behindert die effiziente Kapitalallokation und beschränkt die Möglichkeiten zur Risikoverteilung. Das Ergebnis: ein höherer Verschuldungsgrad, wodurch Unternehmen und Volkswirtschaften externen Schocks gegenüber sehr viel anfälliger sind.

Viele Volkswirtschaften mit niedrigem Einkommen verfügen über schwache Buchführungssysteme, oft nur wenige ausgebildete Buchhalter und in einigen Fällen über keinerlei einheitliches Buchführungssystem. In solchen Ländern sind Aktienmärkte oft überhaupt nicht oder nur in geringem Maße vorhanden und werden von ausländischen Anlegern dominiert, die besseren Zugriff auf Informationen haben. Als Folge daraus und trotz des rapiden Wachstums der Aktienmärkte in den vergangenen zehn Jahren stellen Banken in den meisten Entwicklungsländern immer noch den Löwenanteil auf dem finanziellen Sektor dar. Verbesserungen der Buchführungsstandards sind wichtig, um die Effizienz des Finanzsystems und damit das Wachstum sicherzustellen. Studien zeigen, daß die Länder mit soliden Buchführungssystemen – zum Beispiel mit Standards, die umfassende und vergleichbare Finanzberichte erfordern – viel weiter entwickelte Finanzmittler und ein größeres Wachstum aufweisen. Eine Studie schätzte, daß die Erhöhung der Buchführungsstandards in Argentinien Anfang der neunziger Jahre auf das in den OECD-Ländern herrschende Durchschnittsniveau die Wachstumsrate des BIP um 0,6 Prozentpunkte pro Jahr gesteigert hätte.

Standards und Offenlegungsvorschriften für Banken und Unternehmen einrichten. Das Einrichten von Standards und Offenlegungsvorschriften für Banken und andere Finanzinstitutionen ist besonders wichtig – und schwierig. Weil die Anlagen einer Bank hauptsächlich aus dem Versprechen der Kreditnehmer bestehen, ihre Darlehen zurückzuzahlen, sind genaue und konsistente Informationen über den Status dieser Darlehen unabdingbar, um die Zahlungsfähigkeit einer Bank beurteilen zu können. Ohne diese Informationen kann der Zustard der gesamten Volkswirtschaft nur sehr schwer gemessen werden. In Mexiko meldeten die Banken vor der Krise von 1994 zum Beispiel überfällige Zinszahlungen als nicht geleistet, gaben das Darlehen selbst jedoch weiterhin als Anlage an, was im Gegensatz zu der in den Vereinigten Staaten angewandten Praxis steht. Als die mexikanischen Kreditnehmer Zahlungen nicht leisten konnten, stellte das mexikanische Buchführungssystem die Situation als viel besser dar, als es zum Beispiel nach US-amerikanischen Vorschriften der Fall gewesen wäre. Das inzwischen reformierte mexikanische System entspricht heute eher der US-Praxis.

Banken spielen beim Angehen der Informationsprobleme zur Beurteilung von Unternehmen aufgrund ihrer

Überwachung der Bankkonten und vergangener Erfahrungen mit den Unternehmen eine wichtige Rolle. Doch wer überwacht den Überwacher? Es ist Aufgabe des Staates, im Namen der Öffentlichkeit die Qualität der Banken selbst zu bestimmen. Hierzu müssen Regierungen konsistente und rigorose Buchführungsstandards einrichten, die von den Banken verlangen, ihre Anlagen, Verbindlichkeiten und Rückstellungen für Verluste aus der Kreditgewährung offenzulegen. Die Offenlegung allein reicht aber nicht aus – die Behörden zur Regulierung der Banken müssen die Standards auch durchsetzen.

Die Einrichtung von Standards und Offenlegungsvorschriften für Unternehmen erfordert weniger staatliche Ressourcen als die direkte Intervention zur Beschaffung und Verbreitung der gleichen Informationen. Offenlegungsvorschriften können daher eingerichtet werden, selbst wenn der Staatshaushalt sehr begrenzt ist. Um Wirkung zu zeigen, müssen Offenlegungsvorschriften durch eine effektive rechtliche Durchsetzung unterstützt werden. Wenn sich die Märkte auf die freiwillig oder obligatorisch gelieferten Informationen verlassen sollen, müssen sie auf deren Richtigkeit vertrauen können. Dies erfordert eine effektive Durchsetzung strenger Gesetze gegen Betrug.

Selbstauskunftsmechanismen schaffen. In den meisten eben beschriebenen Ansätzen werden die Informationen von einer Instanz weitergegeben, die einen Schritt von der Quelle entfernt ist. Bei dieser Instanz kann es sich um die Regierung oder um eine Drittpartei handeln, zum Beispiel eine private Akkreditierungsagentur für Schulen oder eine Rating-Agentur für Unternehmen. In den letzten Jahren haben einige Regierungen eine vielversprechende Alternative entdeckt: Manchmal können sie durch Schaffung der entsprechenden Mechanismen und Anreize Unternehmen und Einzelpersonen ermutigen, Informationen offenzulegen, die sie normalerweise für sich behalten hätten. Hierbei handelt es sich um sogenannte *Selbstauskunftsmechanismen.*

Ein solcher Ansatz zur Selbstauskunft verwendet Auktionen, um Hersteller mit komplexen Kostenstrukturen dazu zu bringen, ihre wahren Kosten offenzulegen. Unternehmen geben gelegentlich zu hohe Kosten für die Bereitstellung einer Dienstleistung an, ob es sich dabei um Telekommunikationsdienste handelt oder um die Eindämmung der Umweltverschmutzung. Regierungen können dem entgegenwirken, indem sie umfangreiche Untersuchungen der Firmenfinanzen oder Produktionsprozesse anstellen. Eine weniger aggressive, kostengünstigere und effektivere Methode ist die Verwendung von Marktmechanismen, um die Unternehmen anzuregen, diese Informationen selbst offenzulegen. Zu den Beispielen dafür zählen die Auktionen von Telekommunikationssubventionen in Chile (Kapitel 4) und das System der handelbaren Emissionsrechte in den Vereinigten Staaten (Kapitel 7).

Die Selbstauskunft wurde auch verwendet, um sicherzustellen, daß Sozialleistungen an die Menschen gehen, die sie am dringendsten benötigen. In vielen Entwicklungsländern erhalten Verbraucher auf allen Einkommensebenen Lebensmittelhilfen, was die begrenzten öffentlichen Mittel erschöpft. In Tunesien wurden anhand von Haushaltsverbrauchsstudien Lebensmittelhilfen entwickelt und vermarktet, die den Armen halfen, von den wohlhabenderen Haushalten aber verschmäht wurden. Programme zur Entwicklung öffentlicher Anlagen verwendeten ähnliche Mechanismen der Selbstauswahl. Bei einem vor kurzem von der Weltbank in Argentinien unterstützten Projekt wurden Arbeitsmöglichkeiten bei Gemeinschaftsprojekten zu so niedrigen Löhnen angeboten, daß sich nur die Bedürftigsten um solche Stellen bewarben (Kapitel 8).

Die Transparenz öffentlicher Institutionen sicherstellen. Öffentliche Institutionen einschließlich der Regierungen und multilateraler Institutionen haben eine besondere Verpflichtung, Informationen über ihre Geschäftstätigkeit offenzulegen – das heißt, transparent zu sein. Ein Mangel an Transparenz kann nicht nur zu Korruption führen und den Staat schwächen, sondern auch verwendet werden, um Fehler und Inkompetenz zu verbergen, wodurch die Möglichkeit der Bürger, ihre Regierung zu überwachen und effektive Entscheidungsträger auszuwählen, eingeschränkt wird. Fehlende Transparenz kann Ungewißheit über die zukünftige Politik der Regierung verursachen, was wiederum der Wirtschaft schaden kann, vor allem was die Investitionen anbelangt. Außerdem trägt ein Mangel an Transparenz dazu bei, daß der Regierung kein Vertrauen entgegengebracht wird, was zu einem Mangel an Beteiligung und Verantwortungsübernahme führt, die wiederum für eine erfolgreiche Entwicklung unabdingbar sind.

Eine Vielzahl konkreter Maßnahmen können die Transparenz fördern. Die Beteiligung örtlicher Gemeinschaften an der Überwachung der öffentlichen Hand verbessert deren Situation und verhindert den Machtmißbrauch vor Ort. Die Beseitigung von Wettbewerbshindernissen verringert die Korruptionsmöglichkeiten, die sich zum Beispiel aus komplexen Subventionsvernetzungen und den Monopolen zugewiesenen Sonderprivilegien ergeben. Angesichts der Bedeutung der Transparenz haben viele Regierungen Offenlegungsvorschriften an sich selbst gestellt, zum Beispiel das Gesetz zur Informationsfreiheit, der sogenannte Freedom of Information Act in den Vereinigten Staaten. Die wichtigsten Sicherungsfunktionen, die mit der Offenlegung verbunden sind, werden möglicherweise von einer aufmerksamen Bürgerschaft und wachsamen Medien übernommen. Sie stärken nicht nur die öffentliche Verwaltung, indem sie zum Beispiel den Schutz der Umwelt verbessern, sondern stellen auch sicher, daß die Regierung früh genug handelt, um große Bedrohungen zum Beispiel durch Hunger abzuwenden.

Vertragserfüllung überwachen und durchsetzen

Das Problem aller Gesellschaften, das Länder mit ungenügenden Institutionen, wie sie oft in Entwicklungsländern vorkommen, jedoch besonders betrifft, besteht darin, daß Unternehmen, Banken und Einzelpersonen ihre Versprechen nicht halten. Es ist deshalb unabdingbar, daß der Staat die drei folgenden Aufgaben erfüllt:

- Entwicklung eines wirkungsvollen Rechts- und Justizsystems, jedoch unter
- Schaffung von Anreizen zur Minimierung der Beanspruchung desselben und
- Erforschung innovativer alternativer Ansätze für die Durchsetzung.

Ein wirkungsvolles Rechts- und Justizsystem schaffen. Normalerweise liegt das Problem nicht in fehlenden Gesetzen begründet, sondern in der fehlenden glaubwürdigen Durchsetzung. Die Reformierung langsam arbeitender oder korrupter Gerichte ist daher für eine erfolgreiche wirtschaftliche Reform zwingend notwendig. Doch selbst wenn die Justiz gut funktioniert, ist die Rechtsprechung kostspielig. Daher schaffen die effektivsten Maßnahmen Anreize für gutes Verhalten, damit die Inanspruchnahme von Gerichten dem System zwar zugrunde liegt, aber als letztes Mittel betrachtet wird. Bereiche, in denen eine solide Gesetzgebung Überwachung und Durchsetzung unterstützt und in denen die Informationsoffenlegung den Bedarf, Gerichte anzurufen, reduziert, sind zum Beispiel Konkurs, Vertragsdurchsetzung, Bankenaufsicht sowie Maßnahmen gegen Betrug.

Weil keine der Vertragsparteien vollständige Informationen über den Willen und die Fähigkeit der anderen Partei zur Vertragserfüllung hat, muß das gesetzliche Rahmenwerk Ansprüche festlegen und durchsetzen, die bei Vertragsbruch geltend gemacht werden können. Hierbei ist ein Gleichgewicht unverzichtbar. Wenn die Ansprüche zu schwer einzutreiben sind, gibt es zu wenig Anreize zur Vertragserfüllung. Wenn sie zu leicht geltend gemacht werden können, kann eine Partei unberechtigt einen Vertragsbruch melden, um solche Ansprüche auszunutzen. Der Unterschied zwischen den Strafen im Rahmen des Zivilrechts und den härteren Strafen des Strafrechts geben die Notwendigkeit dieses Gleichgewichts wieder: Personen, die des vorsätzlichen Betrugs schuldig gesprochen werden, werden strenger bestraft als Leute, die trotz aller redlichen Bemühungen einen Vertrag nicht erfüllen konnten.

Die Zusammenhänge zwischen soliden Gesetzen, einer effektiven Justiz und Selbstdurchsetzungs-Vereinbarungen sind heikel und komplex. Der Mangel an Informationen über den Willen eines Kreditnehmers, ein Darlehen zurückzuzahlen, kann zum Beispiel durch Sicherheiten wettgemacht werden. Damit die Deckung jedoch effektiv ist, müssen Eigentumsrechte und Grundbucheintragungen klar geregelt sein. Selbst wenn diese vorhanden sind, vereinfachen Sicherheiten die Kreditmärkte nur, wenn Kreditnehmer, die in Verzug geraten, gezwungen werden können, Sicherheiten umgehend auszuzahlen. Auch Unternehmen zahlen Kredite mit größerer Wahrscheinlichkeit zurück, wenn das Konkurssystem den Kreditgebern Mittel gibt, um die Anlagen eines Unternehmens bei Verzug einzuziehen.

Anreize schaffen, um die Inanspruchnahme der Gerichte zu minimieren. Wie bei der Qualitätsprüfung können sich Staat und privater Sektor gegenseitig ergänzen, um die Überwachung und die Durchsetzung zu verbessern, wenn der Staat die richtigen Anreize schafft. Versicherungsunternehmen haben zum Beispiel ein starkes Interesse daran, daß die Unternehmen, die sie gegen Feuer versichern, alles in ihrer Macht stehende tun, um einen Brand zu verhindern. Deshalb setzen sie meist Sicherheitsvorschriften weitaus effektiver durch, als Regierungen dies tun können. Regierungen können helfen, indem sie Haftungsgesetze schaffen, damit Immobilieneigentümer über Anreize verfügen, sich überhaupt zu versichern. Regierungen müssen außerdem darauf achten, daß ihre Handlungen die Anreize für eine Durchsetzung durch den privaten Sektor nicht untergraben. Unternehmen, die zum Beispiel Erdbebenversicherung anbieten, haben einen Anreiz, sicherzustellen, daß die von ihnen versicherten Gebäude bestimmten Standards entsprechen. Wenn die Regierung jedoch bei jedem Erdbeben Unterstützung bereitstellt, um die Erdbebenschäden zu beheben, egal ob die Gebäude den Bauvorschriften entsprechen oder nicht, wird dieser Anreiz aufgehoben. In diesem Fall darf der Staat nicht zu sehr eingreifen.

Ein ähnliches Verhältnis zwischen staatlich festgelegten Anreizen und privaten Handlungen kann bei der Regulierung der Banken beobachtet werden. Der Wert einer Bank als andauerndes Anliegen (ihr Franchisewert) kann Bankeigentümer dazu veranlassen, vorsichtig zu handeln. Im besten Fall verhindern diese Anreize eine übermäßig riskante Darlehensvergabe eher als Vorschriften über eine angemessene Kapitalausstattung. Manchmal wirkt eine nicht ausreichende Regulierung kombiniert mit staatlichen Maßnahmen auf eine Art und Weise, die den Franchisewert unerwartet mindert. In den Vereinigten

Staaten verwendeten Bausparkassen in den siebziger und achtziger Jahren zum Beispiel kurzfristige Spareinlagen, um damit langfristige Darlehen zu finanzieren. Als die Zinssätze 1979 anstiegen, legten die Einleger ihr Geld woanders an, wodurch die Bausparkassen zahlungsunfähig wurden. Weil ihr Franchisewert abnahm, griffen diese Institutionen, ermutigt durch die Deregulierung, zu riskanteren Kreditvergabeaktivitäten, die schließlich gegen Ende der achtziger Jahre zu weit verbreiteten Zusammenbrüchen führten. Aus diesem Grund stellt die finanzielle Liberalisierung, die den Banken größere Freiheiten in der Übernahme von Risiken gewährt, gepaart mit niedrigen Franchisewerten eine so explosive Mischung dar.

Innovative Alternativen erforschen. In jüngster Zeit sind auf den Finanz- bis hin zu den Verbrauchsgütermärkten innovative Maßnahmen zum Angehen von Informationsproblemen und dadurch zur Verbesserung der Überwachung und Durchsetzung entstanden. Jedem der hier besprochenen Beispiele liegt der Grundsatz zugrunde, daß institutionelle Vereinbarungen – die oft, aber nicht immer vom Staat initiiert werden – die Überwachung und Durchsetzung der Vertragserfüllung durch private und gemeinschaftliche Gruppen erleichtern können.

Wenn von Unternehmen verlangt wird, offenzulegen, inwieweit sie zur Umweltverschmutzung beitragen, führt dies oft dazu, daß sie den Schadstoffausstoß senken. Der Druck erfolgt über eine Vielzahl von Kanälen, wie zum Beispiel in Indonesiens Programm PROPER, bei dem die Einhaltung der Wasserverschmutzungsvorschriften durch Unternehmen offengelegt wird (Kapitel 7). Mit Hilfe von leicht verständlichen Einhaltungsbewertungen benachbarter Fabriken können die örtlichen Gemeinden Druck auf die Fabriken ausüben, damit diese ihren Schadstoffausstoß zu senken. Weil sich der Ruf eines Unternehmens hinsichtlich seiner Umweltleistungen auf den Verkaufspreis und den Aktienkurs des Unternehmens auswirkt, schafft die Offenlegung der Umweltleistungen eines Unternehmens Anreize für diese Firma, die Schadstoffe stärker zu reduzieren, als die Vorschriften allein erfordern. Die Behörden können gleichzeitig ihre beschränkten Ressourcen auf die schlimmsten Umweltsünder konzentrieren, darunter diejenigen, die sich weigern, genaue Daten zum Schadstoffausstoß offenzulegen.

Ökolabels stellen einen anderen vielversprechenden Ansatz dar, um privaten Instanzen die Macht zu geben, die Umweltleistung zu überwachen und durchzusetzen. Verbraucher ziehen oft Waren vor, die umweltverträglich erzeugt wurden – ob es sich dabei um Thunfisch handelt, der delphinfreundlich gefischt wurde, oder um eine umweltverträgliche Forstwirtschaft – und zahlen manchmal einen Aufpreis für solche Produkte. Ökolabels bieten den Kunden einen Mechanismus, mit dessen Hilfe sie Praktiken, die sie gutheißen, belohnen und fördern können. Regierungen können die Verwendung von Ökolabels direkt durch Festlegung von Standards und Überprüfung der Hersteller zur Sicherstellung der Einhaltung fördern. Oft ist es jedoch einfacher und effektiver, lediglich ein rechtliches Rahmenwerk und den Schutz der Urheberrechte zu schaffen, die eine genaue Etikettierung sicherstellen und Markenpiraterie verhindern.

Manchmal können Regierungen sogar neue Interessengruppen schaffen, die bei der Überwachung und Durchsetzung helfen. Ein Beispiel ist die Vorschrift in einigen Ländern, daß Banken langfristige, unversicherte nachrangige Verbindlichkeiten ausgeben. Weil diese Verbindlichkeiten nicht versichert sind, haben die Käufer einen starken Anreiz, die ausgebenden Banken zu überwachen. Selbst der Preis der nachrangigen Verbindlichkeiten auf Sekundärmärkten liefert wertvolle Informationen über die Zahlungsfähigkeit der Banken. Dieser „Viele-Augen"-Ansatz hilft auch, die Leistung der Banken zu verbessern: Weil Bankmanager nicht möchten, daß der Preis ihrer nachrangigen Verbindlichkeiten fällt, tendieren sie dazu, ihre Bank vorsichtiger zu leiten, als wenn dies nicht der Fall wäre.

Die Mikrofinanzierung ist ein weiterer Bereich, in dem die Schaffung neuer Instanzen die Überwachung und Durchsetzung verbessert hat. Um einen chronischen Mangel an Informationen über die Fähigkeit der Armen, Darlehen zurückzuzahlen, zu überwinden, vergeben Mikrofinanzprogramme Kredite an kleine Gruppen von Leuten, die sich gegenseitig gut kennen. Obwohl die Darlehen an Einzelpersonen gehen, wissen die Gruppenmitglieder, daß keinem Mitglied der Gruppe in der Zukunft Kredite gewährt werden, wenn eines der Mitglieder in Verzug gerät. Daher haben die Kreditnehmer einen starken Anreiz, die Verwendung der Mittel durch andere Gruppenmitglieder zu überwachen und Druck auf diese auszuüben, um die Rückzahlung durchzusetzen. Durch die Schaffung von Überwachungs- und Durchsetzungsfunktionen, die zuvor nicht existierten, geben diese Programme den Teilnehmern Zugang zu Krediten zu akzeptablen Zinssätzen, oft zum ersten Mal in ihrem Leben.

Informationsflüsse in beide Richtungen sicherstellen

Es ist häufig von grundlegender Bedeutung, wie der Staat Informationen an seine Bürger, vor allem an die Armen, weitergibt. Genauso wichtig ist, inwieweit er auf die Bürger hört und was er von ihnen lernt. Viele Beispiele in diesem Bericht zeigen, wie Regierungen einen gegenseitigen Informationsaustausch sicherstellen können – von der Gesellschaft an den Staat und vom Staat an die Gesellschaft. Grundvoraussetzung für all dies ist es, den Armen zuzuhören. Dabei sollten Länder:

- Den Armen eine Stimme geben, vor allem durch bessere Bildungsmöglichkeiten und besseren Zugang zu Telekommunikationsdiensten
- Von den Armen etwas über die Armen erfahren
- Örtliche Kanäle verwenden und das Vertrauen der Armen gewinnen und
- Den Armen Wissen auf eine Weise vermitteln, mit der sie umgehen können.

Den Armen eine Stimme geben. Bildung läßt die Menschen die Welt mit anderen Augen sehen und geht mit der Fähigkeit einher, Sorgen und Wünsche zu artikulieren, Vorschläge zu machen und Beschwerden vorzubringen. Ein Mädchen, das lesen lernt, lernt auch schreiben – wenn auch nur dazu, ein Bewerbungsformular auszufüllen – und dadurch wird seine Fähigkeit gesteigert, seine eigenen Sorgen vorzutragen. Zugang zu Telekommunikationsdiensten – vor allem zu Telefonen, E-Mail und dem Internet – kann ebenfalls die Stimme der Armen verstärken, ob sie nun Handarbeiten aus dem Heimatdorf verkaufen oder die Politik fördern möchten, die ihre Bedürfnisse anspricht. Ein mittelloser Arbeiter mit Zugang zu einem Telefon kann Rat von einem Arzt oder Tierarzt einholen oder sich bei Beamten über die schlechte Qualität des öffentlichen Gesundheitsdienstes beschweren. In Kapitel 4 wurden einige beachtenswerte Beispiele geschildert: Die Nutzung von E-Mail im Rahmen eines Programms zur Darlehensvergabe an Kleinunternehmen in Vietnam, die Frauen in Panama, welche Bilder ihrer Handarbeiten im World Wide Web veröffentlichten, die Eigenbedarfsbauern auf den Philippinen, die mittels Telex- und Faxgeräten zu Ananasspezialisten wurden.

Den Armen eine Stimme zu geben bedeutet auch, sich die Zeit zu nehmen, ihnen zuzuhören und von ihnen zu lernen. Die landwirtschaftlichen Berater, die beim Informieren der Bauern über die neuen Techniken der Grünen Revolution den größten Erfolg hatten, waren diejenigen, die zuhörten und die Bedürfnisse und Sorgen der Bauern besser verstanden. In jüngster Vergangenheit ließen landwirtschaftliche Forscher in Kolumbien und Ruanda Bäuerinnen diejenigen Bohnenarten auswählen, von denen die Frauen erwarteten, daß sie unter den jeweiligen örtlichen Bedingungen am besten gedeihen würden. Die von den Frauen ausgewählten Sorten übertrafen die Erträge der von Pflanzenzüchtern in zentralen Forschungsinstituten ausgewählten um 60 bis 90 Prozent.

Ergebnisse weltweiter Bemühungen deuten darauf hin, daß die Entscheidungsfindung der Regierung beträchtlich verbessert werden kann, wenn der Öffentlichkeit eine Stimme verliehen und auf diese Stimme gehört wird. Eine öffentliche Haushaltsinitiative im brasilianischen Porto Alegre hatte nur Erfolg, weil der Stadtverwaltung und den Stadtplanern Autonomie gewährt wurde. Diese wiederum beteiligten die Nutznießer an der Entwicklung und Implementierung von Projekten. Dadurch konnten sie Prioritäten setzen und Programme in Übereinstimmung mit den örtlichen Bedürfnissen umsetzen. Die Initiative zeigte, daß oft die beste Möglichkeit, zu erfahren, was die Menschen möchten, darin besteht, sie einfach zu fragen.

Wenn die Gesellschaft durch eine freie und lebendige Presse die öffentlichen Handlungen überwachen und ihre Präferenzen äußern kann, kann dadurch der Machtmißbrauch eingeschränkt und die Qualität der Dienstleistungen verbessert werden. Im Namen der Armen haben Indiens lebendige Medien Frühwarnungen vor Hunger ausgegeben und staatliche Maßnahmen gefordert – die wiederum viel wahrscheinlicher in Gesellschaften Erfolg haben, in denen die Informationen ungehindert fließen und der öffentliche Wunsch nach Maßnahmen ohne Furcht vor Repressalien seitens der Regierung geäußert werden kann.

Etwas über die Armen erfahren. Um etwas über die Armen zu erfahren, sind oft systematische Untersuchungen mittels Haushaltsumfragen und anderer Instrumente notwendig. Eine Umfrage zum Lebensstandard von Haushalten in Jamaika brachte 1988 einige überraschende Informationen über zwei zur Bekämpfung der Armut entwickelte Programme zutage: Subventionen für Grundnahrungsmittel und Lebensmittelgutscheine für Haushalte mit niedrigem Einkommen. Die Entscheidungsträger waren besonders besorgt darüber, daß unterernährte Kinder nicht in die Kliniken gebracht wurden, die hauptsächlich zur Auswahl der Empfänger von Lebensmittelgutscheinen dienten. Die Umfrage ergab jedoch, daß Lebensmittelgutscheine für Haushalte mit niedrigem Einkommen viel besser geeignet waren, als allgemeine finanzielle Lebensmittelhilfen, um die Armen zu erreichen.

Viele Arten des Zuhörens und Lernens von den Armen werden heutzutage angenommen. Die wohl wichtigste umfaßt die Beteiligung armer Menschen an der Entwicklung und Umsetzung von Projekten zu ihrem Nutzen. Die Zahlen allein verdeutlichen die Bedeutung der Beteiligung der Nutznießer, die zumindest in der Entwicklungsgemeinschaft immer mehr als fundamental erkannt wird. Von 121 ländlichen Wasserversorgungsprojekten in 49 Ländern erzielten die Projekte, die die Nutznießer an der Projektentwicklung beteiligten, eine Erfolgsrate von 70 Prozent, verglichen mit 10 Prozent bei Projekten ohne Beteiligung der Nutznießer. Diese Studie ergab außerdem, daß Regierungen eine grundlegende Rolle bei der Förderung der Nutznießerbeteiligung spielen.

Örtliche Kanäle benutzen und das Vertrauen der Menschen gewinnen. Studien haben immer wieder gezeigt, daß Menschen von Gleichgestellten stark beeinflußt werden und die Verwendung traditioneller Kommunikationskanäle besonders bedeutsam ist, um neue Ideen zu fördern. Dies gilt aufgrund des hohen Analphabetentums in vielen Gesellschaften und des Mangels an Ressourcen zum Wissenserwerb durch andere Mittel in besonderem Maße für arme Menschen. Jüngste Studien über den Erfolg des neuen vorbeugenden Gesundheitsprogramms im brasilianischen Bundesstaat Ceará zeigen, daß die Menschen am besten von Gleichgestellten lernen. Eine Untersuchung in 70 Dörfern im Distrikt Matlab in Bangladesch ergab, daß der Einfluß durch Gleichgestellte der ausschlaggebende Faktor dafür war, ob die Menschen neue Methoden zur Familienplanung akzeptierten. In jedem Fall ermöglichte eine enge Zusammenarbeit mit den Menschen vor Ort die Weitergabe wichtiger Informationen an Menschen, die solche Informationen normalerweise abgelehnt oder sich sogar davor gefürchtet hätten. Die Arbeit mit örtlichen Gruppen war auch in Kenia sehr effektiv, wo die Bauern sich in Kooperativen organisierten, um ihre Feldfrüchte zu vermarkten, Kredite zu erhalten und ihre landwirtschaftlichen Verfahren zu verbessern. Das landesweite Beratungsprogramm arbeitet über diese Kooperativen und manchmal direkt mit einzelnen Bauern zusammen.

Für einen effektiven Wissensaustausch ist daher das Vertrauen der Armen wesentlich. Die Beteiligung der Menschen vor Ort ist ein wirkungsvolles Mittel zur Verbreitung neuen Wissens, ob es dabei um neues Saatgut, neue Methoden zur Empfängnisverhütung oder um neue Lehrpläne geht. Angesichts der Bedeutung des Vertrauens kann es nicht überraschen, daß die Verbreitung des Wissens in Dörfern schneller erfolgt, in denen das soziale Netz engmaschiger geknüpft ist. Um die Dichte und Bedeutung der sozialen Verbindungen im ländlichen Tansania zu untersuchen, baten Forscher Haushalte, die Gruppen aufzulisten, denen sie angehören: Kirchen, Moscheen, Nachbarschaften, Kreditvereinigungen, politische Organisationen. Dörfer, die reich an gesellschaftlichem Kapital waren, hatten ein höheres Einkommen als solche mit geringerem gesellschaftlichen Kapital. In Dörfern mit höherem gesellschaftlichen Kapital wurden außerdem öfter Düngemittel, Agrarchemikalien und verbessertes Saatgut verwendet.

Den Armen Wissen bereitstellen. Der vom Weltkinderhilfswerk der UNO (UNICEF) in Nepal verwendete Ansatz zeigt die Vorteile des Bereitstellens von Wissen, das die Armen verwenden können. Das Programm förderte selbst hergestellte Lösungen zur oralen Rehydratation statt der kommerziellen Alternativen. Das Werbematerial beschrieb die Behandlung jedoch in Worten, die auf beide Anwendungen zutrafen. Anstatt die Verkaufszahlen der Fertigpackungen zu senken, steigerte das Programm deren Glaubwürdigkeit und erhöhte die Nachfrage nach solchen Produkten. Dank mehr Wissen über die Zusammenhänge bei der Behandlung können die Menschen vor Ort eine Form der oralen Rehydratation besser anwenden. Das Programm, das 96 Prozent der Bevölkerung erreichte, half, die Kindersterblichkeitsrate durch Durchfallerkrankungen um mehr als die Hälfte zu senken.

Die Bedeutung der Vermittlung von Wissen, das die Armen verwenden können, auf eine Art und Weise, die ebenfalls die Armen anspricht, kann auch anhand der AIDS-Vorbeugung nachgewiesen werden. Wissenschaftler wissen, wie die Krankheit übertragen wird und welche Vorsichtsmaßnahmen zu treffen sind. Diese Informationen sind für die Armen jedoch nur nützlich, wenn die Informationsvermittler die Bedingungen vor Ort kennen und mit der jeweiligen Führung vor Ort zusammenarbeiten, um Vorbeugungsprogramme zu entwerfen, die für die jeweiligen Gegebenheiten geeignet sind. Dies wurde in Äthiopien und Namibia gemacht, wo sich Straßentheater bei der Vorbeugung gegen AIDS als effektiver erwiesen haben als Radio, Fernsehen oder Broschüren.

Das Fortbestehen von Wissensgefällen und Informationsproblemen erkennen

Egal, was Regierungen tun, Wissensgefälle und Versagen des Informationsflusses wird es immer wieder geben. Selbst Länder, die eine aggressive, wissensbasierte Entwicklungsstrategie verfolgen, werden solche Probleme nicht ganz beseitigen. Die Entscheidungsträger müssen mit dieser Unvollkommenheit leben:

- In vielen Fällen müssen Entscheidungsträger wichtige Entscheidungen ohne vollständiges Wissen treffen.
- In allen Fällen dürfen sie nicht vergessen, daß selbst politische Ansätze, die nicht mit Wissen und Informationen zu tun haben, in einer Wirtschaft zur Anwendung kommen, die dem Versagen des Informationsflusses unterliegt – und daher auch dem Versagen des Marktes.

Entscheidungen inmitten andauernder Wissensgefälle

In Kapitel 3 wurde auf einige der positiven Begleiterscheinungen der Bildung hingewiesen: Gebildete Bauern dienen ungebildeten als Vorbilder, gebildete Mütter haben gesündere Kinder usw. In anderen Fällen haben Aktionen, die für ein Unternehmen oder eine Einzelperson von Vorteil sein können, negative externe Auswirkungen: Wasserverschmutzung durch Unternehmen und Luftverschmutzung durch Kraftfahrzeuge sind hier typische

Beispiele. Eine wichtige Rolle der Regierung besteht darin, Wohlstand und Lebensqualität zu maximieren, indem Anreize zur Berücksichtigung dieser externen Auswirkungen geschaffen werden, zum Beispiel durch die Bereitstellung von Bildungsstipendien und Besteuerung der Wasserverschmutzung und des Benzinverbrauchs. Doch weil externe Auswirkungen schwer zu messen sind, kennen Entscheidungsträger selten ihr genaues Ausmaß. Das heißt nicht, daß die Regierungen sie ignorieren sollten. Die geeignete Vorgehensweise besteht in einem Ansatz von Versuch und Irrtum, bei dem die der Regierung zur Verfügung stehenden Hilfsmittel zur Anpassung der Anreize verwendet werden, um gesellschaftlich wünschenswerte Ergebnisse zu erzielen.

Die Notwendigkeit einer effektiven politischen Reaktion ist am größten, wenn durch Handlungen – oder das Unterlassen von Handlungen – nicht wiedergutzumachende Beeinträchtigungen des Wohlstands und der Lebensqualität der Bevölkerung drohen. Wir kennen die Auswirkungen der heutigen Kohlenstoffemissionen auf zukünftige globale Erwärmung nicht genau. Doch angesichts der Risiken ist es vorzuziehen, möglicherweise zu vorsichtig zu handeln und die Emissionen so kosteneffektiv wie möglich einzuschränken. Genausowenig wissen wir im voraus, welcher Salamander oder welche Orchidee ein Medikament gegen Krebs in sich trägt oder wie verschiedene Arten sich gegenseitig unterstützen und das gesamte Gefüge des Lebens aufrecht erhalten. Deshalb besteht eine umsichtige Vorgehensweise darin, zerbrechliche und einzigartige Ökosysteme zu erhalten, selbst wenn dies den Verzicht auf kurzfristige wirtschaftliche Gewinne aus der Umwandlung von Wäldern in Weiden und Sümpfen in Häfen bedeutet. In anderen Bereichen, zum Beispiel bei der Gesundheitsversorgung, kann Untätigkeit irreversible Folgen haben. Obwohl die Beurteilungsmöglichkeiten der langfristigen Schädigungen durch Unterernährung bei Kindern alles andere als perfekt sind, wissen wir, daß solche Auswirkungen wahrscheinlich permanent sind. Deshalb sollten fähige Regierungen sicherstellen, daß jedes Kind genug zu essen hat.

In diesen und anderen Fällen werden die Entscheidungsträger auch durch einen Mangel an Wissen über die Auswirkungen bestimmter Maßnahmen behindert. Die meisten Maßnahmen, selbst diejenigen, die keine Nebenwirkungen oder irreversiblen Konsequenzen haben, müssen in der Tat inmitten bestehender Wissensgefälle beschlossen werden. Zum Teil ist dieses Dilemma auf das unvollständige Wissen über die menschliche Natur zurückzuführen: Menschen reagieren auf Maßnahmen oft auf unvorhersehbare Art und Weise. Das Problem wird in Entwicklungsländern verschlimmert, in denen die Fähigkeit zur Entwicklung und Durchführung von Maßnahmen weniger weit fortgeschriten ist und die Technologie zur Aufzeichnung und Analyse von Informationen über die Reaktionen der Menschen oft fehlt.

Es gibt viele Beispiele, in denen die Verfügbarkeit von Informationen durch die Regierung für die Implementierung von Regierungsprogrammen absolut notwendig ist. Wenn der Staat zum Beispiel den Umsatz nicht effektiv überwachen kann, kann er auch keine Umsatzsteuer festsetzen. Traditionell haben sich viele Entwicklungsländer sehr auf Handelssteuern als Einnahmequelle verlassen, weniger, weil sie den Handel beschränken wollten, sondern vielmehr weil die Handelsgüter einige wenige leicht zu identifizierende Kontrollpunkte passieren müssen und dadurch überwacht und besteuert werden können. Glücklicherweise nutzen immer mehr Entwicklungsländer die sinkenden Kosten und die einfachere Verwendung neuer Technologien aus, um den Umfang der verwaltbaren Steuern zu erweitern. In Mittel- und Südamerika haben mehrere Länder die Qualität und Quantität der von ihnen beschafften Informationen über einzelne Steuerzahler verbessert. Landesweite Steuernummern und Computerdateien werden verwendet, um die Steuerzahlereigenschaften, die von Dritten gemeldeten Transaktionen und die Unterlagen über Einziehung und Säumnis zu überwachen.

Entscheidungen inmitten andauernden Versagens des Informationsflusses

Die möglicherweise größte Herausforderung an die Politik besteht im Erkennen des Versagens des Informationsflusses und in der dementsprechenden Modifizierung der Maßnahmen. Die Schwierigkeiten, die anhand der fehlenden Berücksichtigung andauernder Informationsdefizite auftreten, können in zwei sehr unterschiedlichen Regionen beobachtet werden: den Volkswirtschaften im Übergang von der zentralen Planwirtschaft zur Marktwirtschaft in Mittel- und Osteuropa und den von der Finanzkrise geschüttelten Volkswirtschaften in Ostasien.

Die Reformstaaten zeigen alle auf drastische Weise den Preis für den Mangel an Institutionen zur Behebung von Informationsproblemen. Als die Unzulänglichkeiten der Planwirtschaft durch ein Marktsystem mit Preisen, Gewinnen und Privateigentum ersetzt wurden, wäre zu erwarten gewesen, daß die Produktion beträchtlich zunehmen würde. Statt dessen fiel sie drastisch ab und muß sich fast ein Jahrzehnt nach Beginn der Übergangsphase immer noch erholen. Ein Teil der Erklärung ist darin zu sehen, daß die Geschwindigkeit, die Abfolge und die Art und Weise des Übergangs Institutionen zur Vermittlung von Informationen schneller zerstörten, als neue Institutionen für eine Marktwirtschaft geschaffen werden konnten.

Nach dem Zerfall der Sowjetunion im Jahr 1991 blieb die sowjetische Produktionskapazität bestehen, und viele der unzähligen Preis- und Handelsverzerrungen des alten Systems wurden beseitigt. In 10 der 15 Länder der ehemaligen Sowjetunion fiel das BIP jedoch um die Hälfte (Schaubild 10.1). Worauf ist dieser Kollaps zurückzuführen? Im Rahmen der Planwirtschaft verließen sich viele Unternehmen auf einen einzigen Zulieferer. Als die Märkte frei wurden, gab es für Hersteller überall in der Produktionskette neue Möglichkeiten. Geschäftsbeziehungen wurden verändert, und oft war das Ergebnis, daß keine Lösung gefunden wurde. Die Informationen – und die Märkte – reichten für die Unternehmen nicht aus, um alternative Lieferquellen ausmachen zu können. Oft brachen die Verhandlungen auf Grund von Informationsproblemen zusammen, vor allem in den Produktionsketten, die viele spezialisierte Hersteller verbanden. Daher war es nicht überraschend, daß die Produktion am stärksten bei Gütern mit hochkomplizierten Fertigungsprozessen abnahm.

In Ostasien waren die Probleme anderer Natur. Die Volkswirtschaften dort waren beim Abbau von Wissensgefällen sehr erfolgreich: beim Erwerb, der Aufnahme und der Weitergabe von Wissen. Sie haben sich weniger mit den Informationsproblemen in ihrem Land befaßt, was einen Teil der derzeitigen Schwierigkeiten erklärt. In den neunziger Jahren liberalisierten mehrere der ostasiatischen Volkswirtschaften die kurzfristigen Kapitalströme, bevor sie sichergestellt hatten, daß ihre Finanzinstitute auf sicheren Füßen standen. In der Folge konnten die Banken der Belastung nicht standhalten, als sich die Kapitalströme 1997 drastisch umkehrten. Die Liberalisierung der Finanzmärkte ging der Entwicklung ausreichender Überwachungs- und Regulierungskapazitäten voraus, so daß die Aufsichtsbehörden entweder nicht wußten, wie anfällig die Banken waren oder keine Durchsetzungsbefugnis besaßen, um das System zu stützen. Dies zeigt, daß finanzielle Reformen zwar wünschenswert sind, jedoch stets die Konsequenzen von Informationsproblemen für das Finanzsystem und die gesamte Volkswirtschaft berücksichtigen müssen.

Wie die Erfahrungen in Ostasien außerdem demonstrieren, kommt den Regierungen eine besonders wichtige Rolle bei der Regulierung der formellen Finanzmärkte zu, weil sich diese auf die gesamte Wirtschaft auswirken. Bei der Regulierung der formellen Finanzmärkte muß daher berücksichtigt werden, daß die Informationen im Finanzwesen nie vollständig sein werden. Eine geeignete Regulierung umfaßt die Überwachung der Risikomanagementsysteme der Banken, ihrer Kapitalreserven und der einzelnen Transaktionen. Standards für eine angemessene Kapitalausstattung sind wichtig, weil Banken mit genügend Kapital einen Anreiz dafür haben, nur gesicherte Darlehen zu vergeben. Banken, deren Kapital auf Null oder darunter gesunken ist, gehen häufig Risiken ein – sie haben nichts zu verlieren, und hohe Gewinne aus riskanten Geschäften können sie am Leben erhalten. Solche riskanten Geschäfte haben in hohem Maße zur weltweiten Finanzkrise beigetragen, und weil Regulierung und Durchsetzung manchmal unzureichend sind, müssen Regierungen Sicherungssysteme bereitstellen. Dazu zählen Einlagenversicherungen (um den Ansturm auf die Banken zu verhindern) und eine Zentralbank (die im Notfall als Kreditgeber fungieren kann).

In der neuen globalen Wirtschaft sind Überwachung und Durchsetzung im Finanzsektor so wichtig wie nie zuvor. Da Geldbewegungen durch Landesgrenzen nicht behindert werden, kann sich eine Finanzkrise in einem Land schnell auf andere Länder ausweiten. Volatile Kapitalströme haben Finanzkrisen und wirtschaftliche Rezessionen in mehreren Ländern verschlimmert oder gar verursacht. Diese Ergebnisse bedeuten, daß sich das von den Investoren übernommene Risiko von dem von der Gesellschaft getragenen unterscheidet. Deshalb ist die staatliche Intervention notwendig – um politische Maßnahmen zu finden, die flüchtige, kurzfristige Kapitalströme verhindern und die für den Handel und die langfristigen Inve-

Schaubild 10.1

BIP-Trends in sechs ehemaligen Sowjetrepubliken

In Teilen der ehemaligen Sowjetunion halbierte sich die Produktion.

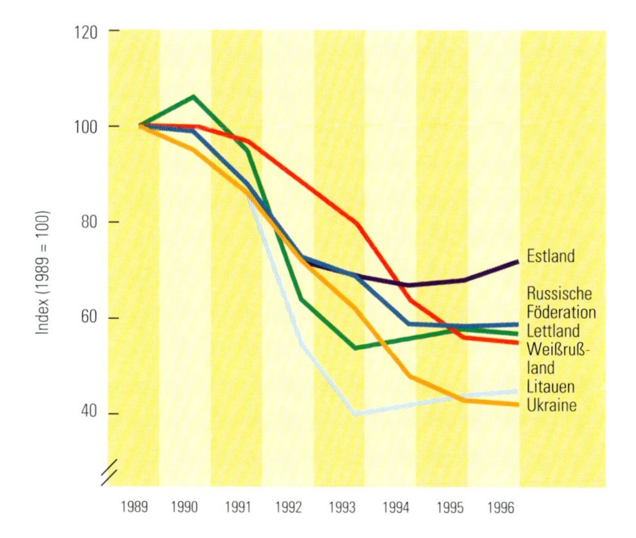

Quelle: Genehmigter Nachdruck aus Blanchard und Kremer 1997.

stitionen notwendigen, vor allem bei den ausländischen Direktinvestitionen, aufrecht zu erhalten. Verschiedene Länder haben hierzu eine Vielzahl von Mechanismen versuchsweise eingesetzt. In Brasilien wird der Kapitalzufluß besteuert. In Chile gibt es einen obligatorischen Einlagenplan. In Kolumbien wird die Exponierung der Banken begrenzt. Andere Mechanismen werden in Erwägung gezogen. Es existieren zum Beispiel Vorschläge zur Einschränkung oder Abschaffung der steuerlichen Abzugsfähigkeit von Zinszahlungen für auf eine Fremdwährung lautende kurzfristige Verbindlichkeiten. Werden diese Mechanismen funktionieren? Das wird sich im Laufe der Zeit zeigen, wobei sicherlich die eine oder andere Anpassung nötig sein wird. Die einzige Gewißheit in all dem ist die Ungewißheit.

Den Weg in die Zukunft weisen

Neuste Denkansätze in Sachen Entwicklung basieren auf der Annahme, daß Märkte gut genug funktionieren, um die Entwicklung sicherzustellen und die Armut zu verringern. Unser wachsendes Verständnis der Informationsbeschränkungen deutet darauf hin, daß Märkte allein oft nicht ausreichen. Gesellschaften benötigen ebenfalls politische Maßnahmen und Institutionen, die den Erwerb, die Anpassung und die Verbreitung von Wissen fördern und das Versagen des Informationsflusses bekämpfen, vor allem, wenn die Armen betroffen sind. Dieser Ansatz impliziert erweiterte Mandate für ein staatliches Eingreifen. Regierungen werden jedoch wie die Märkte vom Versagen des Informationsflusses behindert. Bei der Entscheidung, welche Probleme angesprochen werden sollten, wägen die Entscheidungsträger das Ausmaß des Informationsproblems und des daraus resultierenden Marktversagens gegen die Möglichkeiten der Regierung zur Verbesserung der Situation ab. Die geeignete Vorgehensweise richtet sich nach den jeweiligen Umständen. In allen Ländern werden die Chancen auf Erfolg durch die Offenheit gegenüber dem Lernen, die Erkenntnis, daß es vieles gibt, was wir nicht wissen und den Willen zu Veränderungen und Anpassungen während der Umsetzung von Maßnahmen erhöht.

Zu Beginn dieses Berichts wurde Wissen mit Licht verglichen. Wenn wir in 25 Jahren auf den Fortschritt der Entwicklung im ersten Viertel des 21. Jahrhunderts zurückblicken, welche Länder werden dann in besonders hellem Licht erstrahlen? Mit Sicherheit diejenigen, die den Wissenserwerb ermöglicht, die Fähigkeit zur Wissensaufnahme gesteigert und die Kommunikationsmittel für alle ihre Bürger verbessert haben. Diejenigen, die auch Wege zur Umgehung von Informationsdefiziten und zur Verbesserung der Effektivität der Märkte gefunden haben. Diejenigen also, die die Macht und die Reichweite des Wissens erweitert haben, um das Leben der Menschen überall auf der Welt zu erhellen.

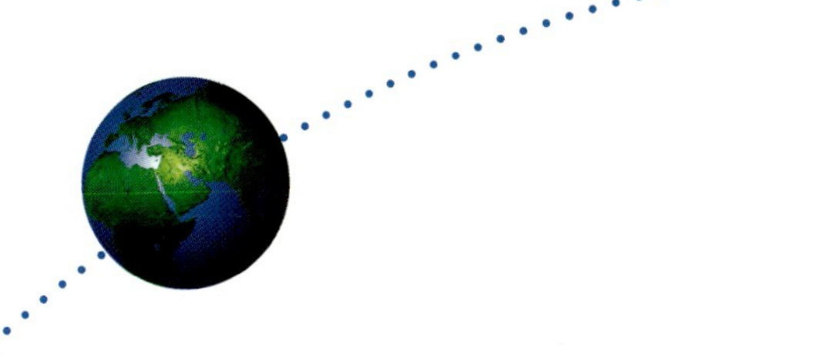

Technische Anmerkung

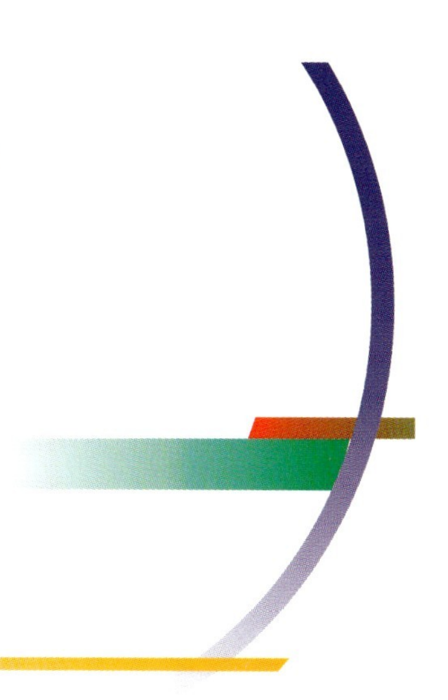

TABELLE 1.2 WURDE von Easterly, Levine und Pritchett durch eine Varianzaufgliederung der drei in der Tabelle aufgeführten Studien zusammengestellt. Sie begannen mit der folgenden Gleichung:

Wachstum des BIP pro Kopf =

Wachstum der Gesamtproduktivität + 0,4 × Wachstum des Pro-Kopf-Kapitals,

wobei der Koeffizient 0,4 als Anteil des Kapitals am BIP betrachtet wurde. Sie gliederten dann die Wachstumsvarianz des BIP pro Kopf wie folgt auf:

Varianz (Wachstum des BIP pro Kopf) =

Varianz (Wachstum der Gesamtproduktivität)

+ $(0{,}4)^2$ Abweichung (Wachstum des Pro-Kopf-Kapitals)

+ 2 × 0,4 × Kovarianz (Wachstum der Gesamtproduktivität, Wachstum des Pro-Kopf-Kapitals).

Die erste Zeile der Tabelle führt somit den Wert auf, der sich für den zweiten Term auf der rechten Seite der Gleichung ergab. Dieser Wert wird als Prozentsatz der gesamten Varianz im Wachstum des BIP pro Kopf ausgedrückt. Die dritte und vierte Zeile der Tabelle verfahren mit dem ersten beziehungsweise dritten Term ebenso. Die zweite Zeile der Tabelle ergibt die Summe der dritten und vierten Zeile.

Das Schaubild im *Sonderbeitrag 1.3* basiert auf einer geschätzten Gleichung, in der die Wachstumsraten des BIP pro Kopf der verschiedenen Länder gegen mehrere unabhängige Variablen regressiert werden. Von einigen dieser Variablen wird vermutet, daß sie Ländern den Zugang zu Wissen erleichtern und zu ihrer Fähigkeit, Wissen zu nutzen, beitragen. Es wurden Daten über 74 Länder und Durchschnittswerte für drei Jahrzehnte (1965–1975, 1975–1985, 1985–1995) zusammengetragen, damit die Informationen über diese Jahrzehnte genutzt werden konnten. Um zu verhindern, daß eine umgekehrte Kausalität die Resultate beeinträchtigt, wurden die Werte für die unabhängigen Variablen am Anfang jedes Jahrzehnts genommen, für das der Durchschnitt der abhängigen Variable ermittelt wurde.

Die abhängige Variable in der Gleichung (GROWTH) ist das Wachstum des realen BIP pro Kopf in internationalen Dollar von 1985. Für 1965 bis 1992 wurden Daten aus den *Penn World Tables 5.6* (NBER 1998) verwendet, für 1980 bis 1995 Daten aus Weltbank 1998d. Für die sich überschneidenden Jahre wurden aus den beiden Quellen Durchschnittswerte ermittelt.

Die unabhängigen Variablen bestanden aus drei Kontrollvariablen (OPENNESS, TELEF100 und SCHOOL) sowie drei Staatsvariablen (GOVERNMENT, INCOME und INVESTMENT). OPENNESS ist die Offenheit eines Landes gegenüber dem Handel, gemessen durch die Summe der Importe und Exporte als

Tabelle TN1

Resultate der Regression des Wachstums des BIP auf den Zugang zu Wissen und die Fähigkeit, Wissen zu nutzen

Unabhängige Variable	Regressions-koeffizient	*t*-Statistik
Konstante	–0,27	–1,80
OPENNESS	$1{,}03 \times 10^{-4}$ *	2,20
TELEF100	$6{,}66 \times 10^{-4}$ *	2,08
Logarithmus von (1 + SCHOOL)	0,012*	2,29
GOVERNMENT	–0,001**	–3,95
Logarithmus von INCOME	0,086 *	2,07
Logarithmus von INCOME im Quadrat	–0,006 *	–2,36
INVESTMENT	$9{,}08 \times 10^{-4}$ **	3,28
Bereinigtes R^2	0,24	Zahl d
Beobachtungen	197	

** Signifikant auf dem Ein-Prozent-Niveau.
* Signifikant auf dem Fünf-Prozent-Niveau.
Quelle: Berechnungen des Weltbank-Stabs.

Prozentsatz des nominalen BIP. Die Daten stammen aus NBER 1998. TELEF100 ist die Anzahl der Telefonhauptleitungen pro hundert Einwohner. Die Daten stammen aus der Datenbank der Internationalen Fernmelde-Union. SCHOOL ist die durchschnittliche Anzahl der Schuljahre in der Bevölkerung. Die Daten stammen aus dem Projekt zur Gesamtproduktivität der Development Data Group der Weltbank.

GOVERNMENT ist der Anteil der Staatsausgaben am realen BIP in internationalen Dollar von 1985. Die Daten stammen aus NBER 1998. INCOME ist das reale BIP pro Kopf. Die Daten für 1975 bis 1992 stammen aus NBER 1998, die Daten für die restlichen Jahre aus Weltbank 1998d. INVESTMENT ist der Anteil der Investitionen am realen BIP. Die Daten stammen aus NBER 1998.

Tabelle TN1 zeigt die Resultate. Die Punktschätzungen für den Logarithmus von INCOME und seinen Wert zum Quadrat kamen denen in Easterly und Levine 1996 sehr nahe. Dieses Resultat unterstützt die Annahme, daß es eine Annäherung gibt, daß aber Länder, die sehr weit zurückliegen, sich, wenn überhaupt, nur langsam annähern. Die Werte für die anderen Koeffizienten kamen den Ergebnissen anderer Untersuchungen sehr nahe.

Als nächstes wurden, auf der Basis der geschätzten Gleichung, die durchschnittlichen Wachstumsraten für die Stichprobe berechnet, indem die Staatsvariablen auf ihrem Durchschnittsniveau fixiert und die Kontrollvariablen verändert wurden, so daß sie „niedrige“ und „hohe“ Werte annehmen konnten. „Niedrige“ Werte sind solche mit einer Standardabweichung oder mehr unter dem Durchschnitt, „hohe“ Werte solche mit einer Standardabweichung oder mehr über dem Durchschnitt.

Anmerkungen zu den verwendeten Quellen

Dieser Bericht stützt sich auf eine Vielzahl von Weltbankberichten und auf zahlreiche externe Quellen. Zu den Quellen der Weltbank gehören laufende Forschungsarbeiten sowie wirtschaftliche Länderstudien, Sektoranalysen und Projektarbeiten. Diese und andere Quellen sind alphabetisch nach Autoren oder Organisationen in zwei Kategorien aufgelistet: Hintergrundpapiere, die für diesen Bericht in Auftrag gegeben wurden, und ausgewählte Literatur. Die Hintergrundpapiere, von denen einige in den „Policy Research Working Paper Series" und alle übrigen beim *World Development Report* Office erhältlich sein werden, fassen die relevante Literatur und die Arbeit der Weltbank zusammen. Die in ihnen enthaltenen Aussagen stimmen nicht unbedingt mit denen der Weltbank oder den in diesem Bericht geäußerten Ansichten überein.

Zusätzlich zu den aufgeführten Hauptautoren lieferten viele Personen innerhalb und außerhalb der Weltbank wertvolle Anregungen und Ratschläge. Besonderer Dank gilt Pranab Bardhan, Gregory Ingram, Jean-Jacques Laffont, Dilip Mookherjee, Jonathan Morduch, Christopher Udry und John Williamson. Besonderer Dank gilt auch den Exekutivdirektoren der Weltbank für ihre wertvollen Anmerkungen.

Weitere Anmerkungen und Vorschläge stammen von James Adams, Kulsum Ahmed, Mir A. Altaf, Katherine Bain, Rema Balasundram, Michael Baxter, Tamara Belt, Paul Bermingham, Natasha Beschomer, Deepak Bhattasali, Tyler Biggs, James Bond, François Bourguignon, Derek Byerlee, William Byrd, Ajay Chhibber, John Daly, Paul David, Asli Demirgüç-Kunt, Shantayanan Devarajan, Donna Dowsett-Coirolo, Jacquelin Dubow, Gunnar Eskeland, Gershon Feder, Osvaldo Feinstein, Habib Fetini, Carsten Fink, Kenneth Flamm, Emmanuel Forestier, Jason Furman, Alan Gelb, Christiaan Grootaert, Sanjeev Gupta, Jeffrey Hammer, Ian G. Heggie, John Heilbrunn, Peter Heller, Lauritz Holm-Nielsen, Zahid Hussain, Carollyne Hutter, Jonathan Isham, Hannan Jacoby, Ian Johnson, Christine Jones, Daoud L. Khairallah, Nalin Kishore, Mathieu Credo Koumoin, Michael Kremmer, Kathie Krumm, Pierre Landell-Mills, Carol Lee, Fred Levy, Katherine Marshall, Jean Roger Mercier, Pradeep Mitra, Raja Mitra, Joel Mokyr, Dilip Mookherjee, Mohamed Muhsin, Mustapha Kamel Nabli, Vikram Nehru, Richard Nelson, Richard Newfarmer, Maris O'Rourke, Mead Over, Howard Pack, John Page, Phil Pardy, Guillermo Perry, Guy Pfeffermann, Boris Pleskovic, Carl Pray, Danny Quah, Vijaya Ramachandaram, Dani Rodrik, Alexander Rondos, Mark Rosenzweig, Alan Ruby, Kamal Saggi, Joanne Salop, Marcelo Selowsky, Ismail Serageldin, Paul Siegelbaum, Peter Smith, Anil Srivastava, Anna Stahmer, Inder Sud, Hong Tan, Vinod Thomas, Brigida Tuason, Dina Umali-Deininger, Rudolf V. Van Puymbroeck, Keshav Varma, Walter Vergara, Robert Watson, Björn Wellenius, George West, Stuart Whitehead, John Williamson, L. Colin Xu und Willem Zijp. Adrienne Brusselars, Meta de Coquereaumont, Wendy Guyette, Glen Guymon, Paul Holtz, Daphne Levitas, Terra Lynch, Heidi Manley, Laurel Morais und Alison Smith, alle vom Communications Development in Washington, D.C., gaben wertvolle redaktionelle Ratschläge. Weitere wichtige Hilfen leisteten Carol Best, Emily Khine, Elizabete de Lima, Michelle Mason und George Moore.

Für den Bericht fanden zahlreiche Beratungen statt. Wir möchten besonders den folgenden Organisationen und Personen für die Organisation von Beratungstreffen danken: der kanadischen Regierung und dem Economic Development Institute der Weltbank für ihre Beratung während der Global Knowledge 97-Konferenz in Toronto; dem dänischen Außenministerium; dem finnischen Außenministerium; dem deutschen Ministerium für wirtschaftliche Zusammenarbeit und Entwicklung, dem National Council for Economic Research in Neu Delhi; Vivek Bharati in der ständigen Vertretung der Weltbank in Neu Delhi; der Organisation für Wirtschaftliche Zusammenarbeit und Entwicklung in Paris; Austin Hu in der ständigen Vertretung in Peking; Andrew Rogerson und Keiko Itoh in der ständigen Vertretung in London; dem Overseas Development Institute; dem Institute of Innovation Research; Mika Iwasaki in der ständigen Vertretung in Tokio. Wir möchten uns ebenfalls für die großzügige Unterstützung der Treuhandfonds aus Dänemark, Norwegen und der Schweiz bei der Finanzierung der Hintergrundstudien für den Bericht bedanken.

Wir danken den zahlreichen Teilnehmern der Beratungstreffen – *in Peking:* Jing Chen, Xiaozhu Chen, Xianhong Deng, Zhenglai Deng, Xuan Feng, Austin Hu, Kathie Krumm, Xiaomin Lai, Zhang Lansong, Hanlin Li, Jingwen Li, Shantong Li, Wangrong Li, Xiaofu Li, Dexiu Ma, Yang Ma, Weifang Min, Xiaoguang Ouyang, Hong Sheng, Jikang Wang, Jinkang Wu, Haungzhong Xie, Huixing Xu, Peizeng Xuan, Xiaozhun Yi, Yongding Yu, Weiying Zhang, Xiangchen Zhang, Dihua Zhao; *in Berlin:* K. Y. Amoako, Ela Bhatt, Lajos Bokros, H. E. Carlos Bresser-Pereira, Heinz Buhler, Harald Fuhr, Cecilia Gallardo de Cano, Tasso Gereissati, Heba Handoussa, Nguyen Thi Hang, Ingomar Hauchler, Jerzy Hausner, Alan Hirsch, Gudrun Kochendörfer-Lucius, Klaus König, Armin Laschet, Henrietta Mensa-Bonsu, Joerg Meyer-Stamer, Solita Monsod, Wolf Preuss, Oleg D. Protsenco, Wolfgang Schmitt, Carl-Dieter Spranger, Claudia M. Von Monbart; *in Kopenhagen:* Poul Engberg-Pedersen, Jens Krummholt, Frode Neergaard, Klaus Winkel; *in Helsinki:* Marja Erola, Kaarina Rautal; *in London:* Geoff Barnard, Heather Budge-Reid, Charles Clift, Ben Fine, Caroline Harper, Robert Lamb, Rosemary McGee, Andy Norton, Andrew Scott, Paul Spray, Koy Thompson, Patrick Watt, Alex Wilks; *in Neu Delhi:* Andre Beteille, Vivek Bharati, Vinayak Chatterji, Mrinal Datta Chowhary, Bibek Debroy, Ashok Desai, Ashok Ganguly, James Hanson, P. V. Indiresan, L. C. Jain, Edwin Lim, Rakesh Mohan, Deepak Nayyar, R. S. Paroda, R. K. Pachauri, V. S. Raju, S. Ramchandran, Jairam Ramesh, C. N. R. Rao, N. C. Saxena, Pronab Sen, N. Seshagiri, Harshavardhan Singh, Parvinder Singh, S. Sundareshan, Suresh Tendulkar, Mark Tully; *in New York:* Nancy Barry, Joseph Foumbi, Morten Giersing, Marjorie Newman-Williams, Kenneth Prewitt; *in Ottawa:* Brent Herbert-Copley, Caroline Pestieau; *in Paris:* Graham Vickery, Wing-Yin Yu; *in Toronto:* den 70 Vertretern nichtstaatlicher Organisationen und der Regierung, die am spontanen Sondertreffen zum Bericht teilnahmen; *in Tokio:* Dong-Se Cha, Hong-Tack Chun, Akira Goto, Tomoko Hirai, Farrukh Iqbal, Mika Iwasaki, Rumiko Kakishima, Young-Ki Lee, Hiroyuki Maeda, Masaki Omura, Sadao Nagaoka, Ikujiro Nonaka, Naoki Suzjuki, Kazuo Takahashi, Hirotaka Takeuchi, Shujiro Urata; *in Washington, bei einem Treffen mit der Academic Advisory Group (akademische Beratungsgruppe) zum Bericht:* Paul David, Robert Evenson, Joseph Greenwald, Richard Nelson, Howard Pack, Vernon Ruttan, Luc Soete; *bei einem Treffen mit dem Knowledge Management Board der Weltbank:* Roberto Chavez, Boris Cournede, Stephen Denning, Osvaldo Feinstein, Patrick Grasso, David Gray, Patty Hamsher, Nagy Hanna, Adnan Hassan, Patrice Mallet, Klaus Tilmes; *bei einem Treffen mit der Private Sector Advisory Group (Privatsektor-Beratungsgruppe) zum Bericht:* Debra Amidon, Robert Buckman, Marc Demarest, Neil Duffy, Leif Edvinsson, Peter Ewell, Peter Henschel, Robert Hiebeler, Dan Holtshouse, Cynthia Johnson, Bipin Junnarkar, Steven Kerr, Esko Kilpi, James Mingle, Carla O'Dell, Howard Pack, Edna Pasher, Paul Pederson, Alan Powell, Hubert St. Onge, Tom Stewart, Susan Stucky, Karl Erik Sveiby, Mike Thalacker, Rob Vander Spek, Vivienne Wee, Anders Wijkman und Karl Wiig.

Überblick

Der Vergleich zwischen Korea und Ghana basiert auf Daten aus Summers und Heston 1994 sowie aus Weltbank 1993b. Die von nationalen Forschungsorganisationen gemachten Angaben über die Zahl der neuen Reis- und Maissorten stammen aus Byerlee und Moya 1993 sowie aus López-Pereira und Morris 1994. Foster und Rosenzweig 1996 liegt dem Ergebnis zugrunde, daß gebildetere Bauern die Technologien der Grünen Revolution schneller annahmen, und daß sich die Erträge aus der Ausbildung für diejenigen Bauern erhöhten, die in Gebieten mit den größten aus den neuen Sorten möglicherweise zu erzielenden Gewinnen lebten. Die Schätzung des aufgrund langsamer Annahme und ineffizienter Nutzung der ertragreichen Sorten entstandenen Einkommensverlustes von Bauern stammt aus Foster und Rosenzweig 1995. Die Umfrage in Südindien über die Zunahme des realen Einkommens von Kleinbauern, wenn diese das neue Saatgut verwendeten, ist dem Hintergrundpapier von Rosenzweig entnommen. Die Befragung zu Einkommen und Nährstoffaufnahme von Bauern in Südindien wird in Hazell et al. 1991 dargestellt. Das Hintergrundpapier von Mookherjee beschäftigt sich mit der öffentlichen Haushaltsinitiative in Porto Alegre. Weitere im Überblick verwendete Materialien werden in den Angaben zu den verwendeten Quellen für andere Kapitel aufgeführt.

Kapitel 1
Das Zitat von Thomas Jefferson stammt im englischen Original aus David 1993. Die Gründe für die sich ändernde Beziehung zwischen Einkommen und Säuglingssterblichkeit basieren auf der Erläuterung der Verbesserung der Gesundheitsstandards in Weltbank 1993c. Die Studie über die Auswirkungen der Ausbildung von Müttern auf die Säuglingssterblichkeit ist in Filmer und Pritchett 1997 enthalten, das ebenfalls die Sterblichkeitsraten in 45 Entwicklungsländern aufführt. Sonderbeitrag 1.1 beruht auf Informationen, die Luis Saenz geliefert hat. Belege über die Auswirkungen von Rauch auf Kinder und Frauen liefert Weltbank 1996. Zahlen darüber, wie sich der Ausbildungsstand des Haushaltsvorstandes auf das Haushaltseinkommen und die Armutsraten in Vietnam auswirken, entstammen Weltbank 1995b.

Der Ansatz der Gesamtproduktivität wird in Solow 1956 beschrieben. Sonderbeitrag 1.2 basiert auf Young 1995, Kim und Lau 1992, Krugman 1994, Klenow und Rodriguez-Clare 1997b sowie Stiglitz 1996. Die Studien über den Beitrag der Ausbildung zum Wachstum des BIP pro Kopf in den Vereinigten Staaten basieren auf Denison 1985. Die Studie über die Gesamtproduktivität in 98 Ländern ist Klenow und Rodriguez-Clare 1997b entnommen. Das Zitat von Alfred Marshall stammt im englischen Original aus Marshall 1980. Die zwei Autoren, die als erste zweckorientierte Investitionen in Bildung, Innovation und Wissensaufnahme in die Wachstumsmodelle einbezogen, sind Romer 1990 und Lucas 1988. Sonderbeitrag 1.3 basiert auf Berechnungen des Weltbank-Stabs (siehe die Technische Anmerkung). Eine Studie über die Auswirkung der Qualität von Institutionen und solider Politik auf das Wirtschaftswachstum bietet Olson, Sarna und Swamy 1997. Die Zahlen über das Wachstum des internationalen Handels zwischen 1960 und 1995 basieren auf Weltbank 1998d; diejenigen über den Anteil an diesem Handel, der auf den Handel zwischen multinationalen Unternehmen und deren Schwestergesellschaften entfällt, auf Weltbank 1997d.

Die Schätzungen über den Anteil des BIP in den Hauptmitgliedsländern der OECD, das auf der Schaffung und Verteilung von Wissen basiert, sind in OECD 1996b enthalten. Die Statistiken über die Zahl der weltweit vergebenen Patente entstammen dem Hintergrundpapier von Braga, Fink und Sepulveda. Die Hochrechnungen zu den durchschnittlichen Produktezyklen der US-amerikanischen und der japanischen Automobilindustrie stammen aus Wester 1993. Das hypothetische Beispiel der Boeing 767 für 500 US-Dollar, das die extremen Kostensenkungen und Leistungssteigerungen in der Informationstechnologie veranschaulicht, entstammt WHO 1988. Die Statistik über die Zunahme des Telefonverkehrs zwischen 1975 und 1995 greift auf Weltbank 1997d zurück.

Kapitel 2
Dieses Kapitel stützt sich auf Evenson und Westphal 1995. Die Studie über die Produktivität in 200 kenianischen Unternehmen liefert RPED 1998, das auch in Ghana und Simbabwe durchgeführte Umfragen mit ähnlichen Resultaten enthält. Der Abschnitt über den Erwerb von globalem technischen Wissen greift auf das Hintergrundpapier von Lall (b) und auf Dahlman 1994 zurück. Die Angabe zur durchschnittlichen Produktivität der kenianischen Spinnereibetriebe stammt aus Pack 1987. Die Prozentangaben der industrialisierteren Länder, die zur weltweiten F&E und den dazugehörigen wissenschaftlichen Publikationen beigetragen haben, stammen aus UNESCO 1996 beziehungsweise European Commission 1994. Nagaoka 1989 erläutert die Lektion aus Japan über den Wert von Importen. Die Veränderungen in der Struktur des internationalen Handels seit den siebziger Jahren werden im Hintergrundpapier von Lall (b) beschrieben. Sonderbeitrag 2.1 basiert auf Plaza und Sananikone 1997. Die in diesem Sonderbeitrag zitierte Umfrage beruht auf UNIDO 1995. Die von Sudarshan Chemical Industries erzielten Verbesserungen werden in Chemical Week 1994 dargestellt. Die Statistik über die Anteile multinationaler Unternehmen an Patenten in den Vereinigten Staaten entstammt dem Hintergrundpapier von Kumar. Zur Vergabe von Unteraufträgen durch Intels Werk in Malaysia, siehe Weltbank 1993b. Die in Sonderbeitrag 2.2 zitierten Studien sind Levine und Renelt 1992, Malhotra 1995 und Weltbank 1993b. Die Anmerkungen zu den Maquiladoras und ihrer relativen Isolation von der übrigen mexikanischen Wirtschaft sind ein Beitrag der Alpha Southwest Corporation.

Die Statistik über die Zunahme von Technologietransfer-Zahlungen stammt aus IMF, verschiedene Jahre. Eine Darstellung der Lizenzierungsverhandlungen koreanischer Unternehmen findet sich in Enos 1991. Die Anstrengungen des japanischen Ministeriums für Internationalen Handel und Industrie in den fünfziger und sechziger Jahren, um die Verhandlungsposition ausländischer Lizenzgeber zu schwächen, sind in Nagaoka 1989 beschrieben. Die Geschichte der US-amerikanischen

Wissensteilung mit den Europäern im Zuge des Marshallplans wird in Silberman und Weiss 1992 dargestellt. UNESCO 1997 bietet Daten über die Anzahl Studenten aus Entwicklungsländern, die ihr Hochschulstudium im Ausland absolvieren. Erfolgsgeschichten von Entwicklungsländern, die Programme zur Verhinderung der Abwanderung von Wissenschaftlern einführten, sind in Dahlman und Sananikone 1990 und in Kim 1997 enthalten. In Mytelka 1985 wird beschrieben, wie die Elfenbeinküste die Anreize für Textilhersteller für eine effiziente Produktion vermindert hat. Eine Darstellung über Brasiliens Versuch, eine nationale Computerindustrie zu entwickeln, ist in Dahlman 1993 enthalten. Die Hinweise darauf, daß an Exportleistung gebundene Subventionen die Verwendung von Technologie sicherstellten, die fortschrittlich genug war, um den Ländern in Südasien eine Teilnahme am Wettbewerb in internationalen Märkten zu ermöglichen, stammen aus Westphal 1990. Sonderbeitrag 2.3 fußt auf Ray 1998. Die unterschiedlichen Ansätze Japans, Koreas und Taiwans bei der Bestimmung der Rolle der Regierung bei der Förderung der Industrie werden in Weltbank 1993b dargestellt. In Weltbank 1993b und Dahlman 1994 wird erläutert, wie Hongkong (China) und Singapur eine konventionellere Politik gegen außen mit viel weniger staatlichen Interventionen eingeschlagen haben. Eine frühe Studie über Technologieexporte aus Entwicklungsländern bietet Dahlman und Sercovich 1984. Sonderbeitrag 2.4 bezieht sich auf das Hintergrundpapier von Braga, Fink und Sepulveda. Sonderbeitrag 2.5 basiert auf Mansfield 1994 und 1995. Das Hintergrundpapier von Braga, Fink und Sepulveda erläutert die Kosten für die Entwicklung, Prüfung und Vermarktung eines neuen Medikaments in den Vereinigten Staaten. Die Analysten, die festgestellt haben, daß der Schutz von Rechten am geistigen Eigentum einen geringen positiven Einfluß auf das Wirtschaftswachstum in verschiedenen Ländern hat, sind Mazzoleni und Nelson (erscheint demnächst) und Mansfield 1994 und 1995. Die Angaben zur zunehmenden Zahl von Entwicklungsländern, die die Berner oder die Pariser Verbandsübereinkunft zu Rechten am geistigen Eigentum unterschreiben, stammen von der Weltorganisation für geistiges Eigentum (WIPO) und sind im Hintergrundpapier von Braga, Fink und Sepulveda aufgeführt. Sonderbeitrag 2.6 ist dem Hintergrundpapier von Braga, Fink und Sepulveda entnommen. Das gleiche Hintergrundpapier untersucht die neuen Herausforderungen für Entwicklungsländer bezüglich der Rechte am geistigen Eigentum in Bio- und Informationstechnologie und erläutert das WIPO Copyright Treaty und das WIPO Performance and Phonograms Treaty.

Die Studie über Technologieinstitutionen und politische Ansätze in China, Japan, Korea, Mexiko und Taiwan stammt aus Ergas et al. 1997. Die Zahlen zum prozentualen Anteil des BIP, das in Entwicklungsländern im Vergleich zu Industrienationen für F&E ausgegeben wird, ist im Hintergrundpapier von Lall (b) enthalten, das auch die Expansion privater Unternehmen in F&E in Entwicklungsländern während der letzten 15 Jahre sowie Koreas Strategie, die inländische F&E zu fördern, beschreibt. Sonderbeitrag 2.7 basiert auf Weltbank 1997f. Die Schätzung über den Ertrag aus landwirtschaftlicher Forschung stammt aus Alston et al. 1998. Der mangelnde Schutz der Rechte am geistigen Eigentum für bedeutende Landwirtschaftstechnologien wird im Hintergrundpapier von Pray erläutert. Programme zur Reform öffentlicher F&E-Laboratorien in Brasilien, China, Indien, Korea und Mexiko sowie zu ihrer Ausrichtung auf die Bedürfnisse des verarbeitenden Sektors sind im Hintergrundpapier von Lall (b) beschrieben. Die Zahlen über Koreas Aufstieg in der privaten F&E und die Gründe dafür werden von Kim 1997 geliefert. Die Statistiken über die Verkäufe von Medikamenten, die aus Pflanzen gewonnen wurden, welche von Einheimischen entdeckt wurden, sowie die Statistik über natürliche Heilmittel in den Vereinigten Staaten stammen aus Brush und Sabinsky 1995 und aus UNICEF 1995. Die orale Rehydratation wird als Negativbeispiel für die Vernachlässigung einheimischen Wissens sind in UNICEF 1995 und Werner und Sanders 1997 erläutert. Sonderbeitrag 2.8 basiert auf Quisumbing et al. 1995. Sonderbeitrag 2.9 stammt aus ESMAP 1991b.

Kapitel 3

Die Studien über Arbeitsmärkte, die eine Beziehung zwischen Gehältern und Grundschulausbildung herstellen, finden sich in Glewwe 1998 (für Ghana), Knight und Sabot 1990 (für Kenia und Tansania), Alderman et al. 1996 (für Pakistan) und Moll 1998 (für Südafrika). Die Studien aus der Elfenbeinküste, Pakistan und Peru über die Auswirkungen von Diplomen und Zeugnissen auf das Bildungswesen stammen von van der Gaag und Vijverberg 1989, Tayyeb 1991 und King 1990. Die Anmerkungen zu den verwendeten Quellen im Überblick enthalten Verweise auf Studien, die eine gesteigerte Produktivität und eine größere Wahrscheinlichkeit eines Gewinns aus technischem Fortschritt bei gebildeteren Bauern feststellen. Orazem und Vodopivec 1995 fanden heraus, daß besser ausgebildete slowenische Arbeiter kleinere Einbussen im Stellenangebot und den realen Löhnen hinnehmen mußten. Jejeebhoy 1995 enthält Hinweise darauf, daß Personen mit besserer Bildung eher neue Empfängnisverhütungsmethoden verwenden. Die positiven Auswirkungen auf den IQ, angeborene Fähigkeiten und kognitive Entwicklung werden in Sternberg und Grigorenko 1997 erläutert. Sonderbeitrag 3.1 basiert auf Young 1997. Zu den vier Arten, auf die Mütter durch Ausbildung dazu befähigt werden, gesündere Kinder großzuziehen, siehe Glewwe 1997, Thomas und Strauss 1992, Barrera 1990, Frankenberg 1995, Rosenzweig und Schultz 1982 sowie Thomas, Lavy und Strauss 1996. Beispiele dafür, wie Bildung die Gesundheitsdienste ergänzt und die Kindersterblichkeitsrate senkt, finden sich in Alderman und Lavy 1996. Zur Beziehung zwischen Ausbildungsstand und der Verwendung von Kondomen siehe Filmer 1997.

Die Studie über den Ausbildungsstand von Investoren in Indien stammt aus Deolalikar und Evenson 1990. Hinweise auf die Beziehung zwischen den Leistungen in Mathematik- und Wissenschaftstests und nachfolgendem Wachstum sind in Hanushek 1995 enthalten.

Sonderbeitrag 3.2 basiert auf Murphy, Shleifer und Vishny 1992. Sonderbeitrag 3.3 beruht auf OECD 1996a und Amsdem 1989. Der Trend, Verbindungen zwischen Universitäten und dem privaten Sektor einzuführen, wird in Lee 1997 erläutert.

Siehe die Anmerkungen zu den verwendeten Quellen im Überblick zu einer Erläuterung der Tatsache, daß die Aneignung von Erfahrung Bauern mit Grundschulbildung große Vorteile gegenüber ungebildeten Bauern einbrachte. Westphal, Rhee und Pursell 1981 argumentieren, daß die hohe Geschwindigkeit, mit der Koreas technische Ausbildung zunahm, den kurzen Zeitabständen zwischen der Errichtung von aufeinanderfolgenden Industrieanlagen zuzuschreiben war. Tan und Batra 1995 erläutern die Tatsache, daß größere Unternehmen eher dazu tendieren, ihre Arbeiter formell auszubilden.

Die Tatsache, daß Kinder von besser ausgebildeten Eltern, vor allem Müttern, mehr Ausbildung erlangen, wird in Alderman, Orazem und Paterno 1996 erläutert. Die Studie, die den optimalen Anteil gebildeter Personen in einem indischen Dorf für die Erlangung von Kenntnissen über neue Landwirtschaftstechnologien einschätzte, stammt aus Yamauchi 1997. Als Quelle für das Verhältnis von Männern mit und ohne High School-Abschluß, die sich nach dem Gesetz der Vereinigten Staaten strafbar gemacht haben, diente Council of Economic Advisers 1995. Eine kürzlich durchgeführte Studie, die den Mangel an Zusammenhängen zwischen Staatsausgaben für das Bildungswesen und dem Wirtschaftswachstum aufzeigt, ist in Devarajan, Swaroop und Zou 1996 enthalten, und eine Studie, die den Mangel an Zusammenhängen zwischen solchen Ausgaben und den bildungsspezifischen Resultaten feststellte, kann in Hanushek und Kim 1996 gefunden werden. Die Probleme bezüglich Effizienz und Fairneß, die das Bildungswesen durchdringen, werden in den *Weltentwicklungsberichten* der Jahre 1988, 1990, 1991 und 1997 und in mehreren Strategiepapieren der Weltbank zum Bildungswesen besprochen; siehe zum Beispiel Weltbank 1995a. Die Beurteilungen, bei denen festgestellt wurde, daß Schüler und Studenten nicht im Besitz der Fähigkeiten waren, die ihnen der Lehrplan vermitteln sollte, stammen aus Glewwe 1998 und Glewwe, Kremer und Moulin 1997. Sonderbeitrag 3.4 bezieht sich auf Knowles et al. 1998.

Lauglo und McLean 1985 erläutern die Rolle der Dezentralisierung. Eine Erläuterung der Dezentralisierung des Bildungswesens als Mittel zur Bekämpfung von Informationsproblemen durch Überwachung und Anreize findet sich in Pritchett und Filmer demnächst. King und Ozler 1998 untersuchen die Erfahrung Nicaraguas mit der Schulreform und ihre Auswirkungen auf Testergebnisse. Zu den Verbesserungen und der Expansion von El Salvadors auf Gemeindeebene geführten Schulen nach dem Bürgerkrieg siehe Jimenez und Sawanda 1998. Die Anmerkungen dazu, wie der Informationsfluß das Verhalten während der AIDS-Epidemie in Thailand beeinflußt hat, stammen aus Weltbank 1997b. Sonderbeitrag 3.5 basiert auf Middleton, Ziderman und Van Adams 1993.

Akkreditierung wird in Cooney und Paqueo-Arrezo 1993 erläutert. Schätzungen über private Erträge aus der Ausbildung entstammen Psachoropoulos 1994. Umfragen aus 21 Ländern, die zeigen, daß das Einkommen eine bedeutende Beschränkung darstellt, werden in Behrman und Knowles 1997 beschrieben. Die Ergebnisse für Peru stammen aus Jacoby 1994, diejenigen für Vietnam aus Glewwe und Jacoby 1995. Die Studie über die Auswahl von Studenten für weiterführende Ausbildung in Kolumbien ist in Jimenez und Tan 1987 enthalten. Die Statistiken über höhere Bildung auf den Philippinen sind James 1991 entnommen. Die ländervergleichende Untersuchung von staatlich finanzierten Darlehensprogrammen für Studenten wurde von Albrecht und Ziderman 1991 geliefert. Sonderbeitrag 3.6 greift auf Harding 1995 und Harrison 1997 zurück. Die Prozentzahl für den Anteil des Staatshaushalts für die Hochschulbildung im französischsprechenden Afrika, der für nicht ausbildungsbedingte Kosten ausgegeben wird, stammt aus Weltbank 1995a.

Heyneman 1998 stellte die Informationen über die Lehrplanentwicklung in Europa und Zentralasien zur Verfügung. Die Erläuterungen zum Fernunterricht in Lateinamerika sind in Weltbank 1998a enthalten. Hintergrundinformationen über den interaktiven Unterricht per Funk finden sich in Bosch 1997. Eine kürzlich durchgeführte Beurteilung des computergestützten Unterrichts stammt aus Osin 1998. Die Erträge aus dem computergestützten Unterricht werden in Kulik, Kulik und Baangert-Drowns 1985 beschrieben. Eine Kritik über Fernunterricht und virtuelle Universitäten ist in Perraton und

Potashnik 1997 enthalten. Sonderbeitrag 3.7 basiert auf Weltbank demnächst (b).

Kapitel 4
Der Erläuterung der Informationsrevolution und ihren treibenden Kräften liegt Bond 1997a. zugrunde. Die Geschichte über die Straßentheater in Gemeinden, die Informationen über AIDS-Verhütung verbreiteten, stammt aus McIntyre 1998. Die Statistiken über die Zunahme der Rechenleistung pro investiertem Dollar und über die sinkenden Kosten der Sprachübertragungskreise gehen zurück auf Bond 1997a. Sonderbeitrag 4.1 basiert auf dem Hintergrundpapier von Flamm (a) und Informationen, die vom Energy, Mining, and Telecommunications Department der Weltbank zur Verfügung gestellt wurden. Die Zahlen über die Wachstumsrate des weltweiten Angebots von Informationstechnologie und über den Anteil, den Industrienationen an der Herstellung dieser Technologie haben, stammen aus Mansell und When 1998.

Die Beispiele der Technologieverwendung durch einzelne Investoren in China sind Smith 1997 entnommen. Das Beispiel über die Verwendung von Informationstechnologie zur Verbesserung der Möglichkeiten zur Einkommensschaffung in Vietnam stammt aus 24 Hours in Cyberspace 1996; das Beispiel aus Panama wurde von Daniel Salcedo geliefert. Sonderbeitrag 4.2 ist Clottes 1997 entnommen und enthält zudem von Rema Balasundram zur Verfügung gestellte Materialien.

Die Beispiele für die Verwendung von Telekommunikations- und Computerverbindungen, um Bauern in Costa Rica Marketinginformationen zu bieten, und von Mobiltelefonen, um Bauern der Elfenbeinküste über die aktuellen internationalen Kakaopreise auf dem Laufenden zu halten, stammen aus Zijp 1994 (Zitat aus Annis 1992) resp. aus Rischard 1996. Die Verwendung von Fernschreibern und Faxgeräten durch philippinische Bauern für Recherchen und Marketing sowie die Beschreibung darüber, wie mexikanische Bauernverbände mit Hilfe von Computern das ländliche Kreditprogramm der Regierung überwacht haben, werden in Zijp 1994 erläutert. Saunders, Warford und Wellenius 1993 berichten über die Auswirkung des Telefons auf Obstbauern in Sri Lanka, den Inhaber eines kleinen Lebensmittelgeschäfts in Uruguay und den Vertreiber von Ersatzteilen in Kenia. Die Beispiele aus Kenia und Marokko darüber, wie Regierungen Technologie nutzen können, um die Verwaltung zu verbessern, indem sie Wissen mit politischen Institutionen und Expertenkommissionen teilen, stammen aus Schware und Kimberley 1995 resp. Hanna 1991. Sonderbeitrag 4.3 bezieht sich auf Schware und Kimberley 1995. Die Ziele bezüglich Informationstechnologie in der nationalen Entwicklungsstrategie Malaysias wurden von der Malaysia Country Unit der Weltbank angegeben und in Multimedia Development Corporation 1998 präsentiert. Die Erläuterung des Jahr 2000-Problems und Sonderbeitrag 4.4 basieren auf Material, das von der Information Support Group und dem Information for Development-Programm der Weltbank zur Verfügung gestellt wurde.

Die Umfrage bei Internetbenutzern in Afrika wird in Menou 1998 erläutert. Zahlen über die Fernsprechdichte in Südasien, Afrika südlich der Sahara und den Vereinigten Staaten stammen aus der Datenbank der International Telecommunication Union, ebenso die Zahlen, die aufzeigen, daß die Mehrzahl der Personen auf Wartelisten für Telefonanschlüsse in Entwicklungsländern lebt. Die Zahl über die jährlichen Investitionen in Telekommunikation in Entwicklungsländern ist Clottes 1997 entnommen.

Die allgemeinen Aussagen im Abschnitt über Wettbewerb und die Rolle der öffentlichen Politik stammen aus Stiglitz 1998, das auch auf die hohen Kapitalkosten der Telefoninstallation in vielen Entwicklungsländern näher eingeht. Die Angabe über den Anteil privater Telefone in Afrika südlich der Sahara entstammt der Datenbank der International Telecommuncation Union. Sonderbeitrag 4.5 greift auf Braga 1997 zurück. Die Zahlen zum Preis-Konkurrenzkampf für Mobiltelefone in Sri Lanka basieren auf Weltbank-Daten. Veränderungen seit den achtziger Jahren in der Art und Weise, in der die Informationsinfrastruktur bereitgestellt, preislich bewertet, finanziert, verwendet und reguliert wird, werden in Smith 1995 erläutert.

Sonderbeitrag 4.6 basiert auf Braga et al. 1998. Die Statistiken über die Verfügbarkeit von öffentlichen Telefonen in Afrika und Singapur stammen aus der Datenbank der International Telecommunication Union. Die Beispiele zu den Hindernissen, die der Telekommunikation in armen Ländern im Wege stehen, sind Hope 1997 und Wade-Barrett 1997 entnommen. Wellenius 1997b beschreibt und gibt Zahlen dazu, was in Chile und den Philippinen geschah, nachdem diese Länder ein Telekommunikationssystem auf Wettbewerbsbasis einführten. Die Datenbank der Telekommunikationsreform IENTI dokumentiert Ugandas Initiative zur Einführung des Wettbewerbs unter den Telefondienstleistungsanbietern. Wellenius 1997b erläutert die Vorteile, die sich in Ghana durch Wettbewerb der Mobiltelefonanbieter für die Verbraucher ergaben. Sonderbeitrag 4.7 basiert auf Informationen, die Paul Bermingham lieferte.

Die Privatisierungsprinzipien im Telekommunikationssektor werden in Stiglitz 1998 erläutert. Wie schlechte Regulierung die Gewinne aus Polens Liberalisierung verhinderte, wird in Wellenius 1997b beschrieben.

Guatemalas Regulierungsmaßnahmen zur Errichtung eines wettbewerbsorientierten Preissystems für Verbindungsgebühren werden in Spiller und Cardilli 1997 beschrieben. Maßnahmen, um den Armen Zugang zu Telefonen zu verschaffen, werden für den Senegal in Zongo 1997 dargestellt; Informationen über solche Maßnahmen in Südafrika wurden von den Mitarbeitern der Energy Management and Communications-Abteilung der Weltbank zur Verfügung gestellt. Spiller und Cardilli 1997 beschreiben, wie Chile und Neuseeland erfolgreich privatisiert haben. Das chilenische Modell des wettbewerbsorientierten Bietens um Subventionen wird in Wellenius 1997a erläutert. Das private Unternehmen, das Verbrauchern mit niedrigem Einkommen in Afrika, Lateinamerika und Asien über Satellit in niedriger Umlaufbahn erstklassige Programme bringen wird, ist WorldSpace (siehe WorldSpace 1998).

Kapitel 5

Die Rolle von Zünften in der Bereitstellung von Qualitätskontrollen im Europa des Mittelalters und der arabischen Welt im 19. Jahrhundert wird in Kuran 1989 erläutert. Sonderbeitrag 5.1 basiert auf Klitgaard 1991. In Dimitri 1997 werden die Qualitätsprobleme auf dem Markt für verderbliche Früchte in den Vereinigten Staaten erläutert. Für eine Erläuterung der Qualitätsprobleme auf dem Arbeitsmarkt und der 1986 durchgeführten Umfrage in Westbengalen, Indien, welche die territoriale Segmentierung des Arbeitsmarkts erläutert, siehe Bardhan und Rudra 1986. Sonderbeitrag 5.2 stammt aus Aleem 1993.

Die Erläuterungen der Anteilwirtschaft basieren auf Stiglitz 1974. Die Statistiken über den Anteil von Land, das durch Anteilwirtschaft bewirtschaftet wird, sind Otsuka, Chuma und Hayami 1992 entnommen. Sonderbeitrag 5.3 greift auf Shaban 1987 zurück. Laffont und Matoussi 1995 bieten eine Erläuterung der Pachtsituation im ländlichen Tunesien. Die Bodenreformen in Brasilien, die zum Ziel haben, die Produktivitätsprobleme von armen Bauern anzugehen, werden in Weltbank 1997e beschrieben. Die Diskussion über unbefristete Arbeitsverträge und die prozentuale Abnahme derselben in zwei indischen Dörfern geht auf Ray 1998 zurück.

Kapitel 6

Zu einem allgemeinen Überblick über die Rolle des Finanzwesens in der Entwicklung siehe Levine 1997. Einige der grundlegenden Vermerke zum Marktversagen, das mit Informationen zusammenhängt, stammen aus Stiglitz 1993 sowie Stiglitz und Weiss 1981. Die Informationsgrundlagen des Bankwesens werden auf theoretischer Ebene in Freixas und Rochet 1997 detailliert behandelt. Sonderbeitrag 6.1 basiert auf Kane 1994. Die Nachweise aus Ecuador und Indien über den Zusammenhang von Produktivität und Zugang zu Kredit sind in Caprio und Demirgüç-Kunt 1997 enthalten. Das dynamische Feedback von zunehmend geringeren Werten von Sicherheiten wird auf systematische Weise in Kiyotaki und Moore 1997 dargestellt. Der Aussage, daß Finanzmärkte nicht genügend Anreize zur Sammlung von Informationen bieten, liegt Grossman und Stiglitz 1980 zugrunde. Die Details zu den Veränderungen in Botswanas Landeigentümersystem, die den Wert von Sicherheiten gestärkt haben, wurden von Quill Hermans bereitgestellt. Sonderbeitrag 6.3 wurde von Randi Ryterman verfaßt. James 1987 liefert die Beweise dafür, daß die Ankündigung einer Darlehensvereinbarung mit einer Bank den Aktienkurs des kreditaufnehmenden Unternehmens ansteigen läßt. Das Zitat von Walter Bagehot stammt im englischen Original aus Bagehot 1873. Die Diskussion über die internationalen Unterschiede der Buchführungsstandards und Rechtssysteme, einschließlich Schutz für Manager, Kreditgeber und Aktionäre, basieren auf dem Werk von La Porta et al. 1998. Die damit zusammenhängende Analyse von quantitativen Verbindungen zwischen diesen Unterschieden in Buchführung und Recht mit dem Wachstum basiert auf Levine, Loayza und Beck 1998. Eine analytische Diskussion des „Plünderungsproblems" ist in Akerlof und Romer 1993 enthalten. Die Besprechung der Verbindung zwischen liquiden Aktienbörsen und Wirtschaftswachstum beruht auf Levine und Zervos 1998. Der Beitrag über die Notwendigkeit eines anderen Ansatzes zum Rechtssystem in Reformstaaten stammt aus Black, Kraakman und Hay 1998. Sonderbeitrag 6.4 basiert teilweise auf Weiss und Nikitin 1998. Sonderbeitrag 6.5 geht auf Garcia 1996 und White 1997 zurück. Der Beitrag von komplexen Derivaten zur mexikanischen Wechselkurskrise wird in Garber 1998 beschrieben. Sonderbeitrag 6.6 wurde von Gerard Caprio verfaßt. Calomiris und Kahn 1996 erläutern das System der Suffolk-Bank mit privater Regulierung in Neuengland. Zur Diskussion der Hinweise darauf, daß die sanfte Beschränkung der Sparzinsen zum Wachstum in einigen ostasiatischen Ländern beigetragen hat, siehe Weltbank 1993b. Wirtschaftliche Gründe, die das Kapitalkonto mit der Anfälligkeit der Finanzmärkte in Verbindung bringen, können in Demirgüç-Kunt und Detragiache 1997 gefunden werden. Zur Theorie über finanzielle Beschränkungen siehe Hellman, Murdock und Stiglitz 1997.

Zusätzliche Materialien und Vorschläge wurden von Cheryl Gray, Quill Hermans, Karla Hoff, Chad Leechor, Ross Levine, Don McIsaac und Barbara Opper geliefert.

Kapitel 7

Dieses Kapitel bezieht sich auf eine Vielzahl von Quellen, einschließlich Dasgupta und Mäler 1994, Tietenberg

1997, Thomas, Kishor und Belt 1997 sowie Weltbank 1998b. Die Zahlen über die Luftverschmutzung in vier chinesischen Städten sind Weltbank 1997a entnommen. Die Zahlen und andere Erläuterungen zu Krankheiten und Schäden, die durch Umweltdegradierung entstanden sind, gehen zurück auf Crosson und Anderson 1991, Esrey 1990 und Nelson 1990. Die Anekdote über den Zibetbaum in Malaysia basiert auf Lewin 1987 und Weltbank 1992. Daten über die Weizenproduktion und die Degradierung von Ressourcen in Pakistan stammen aus Byerlee 1992, Byerlee und Siddiq 1994 und Ali 1998.

Die Zeittafel in Sonderbeitrag 7.1 wurde Handel und Risbey 1992 sowie Jäger 1992 entnommen und aktualisiert. Das Konzept der nachhaltigen Entwicklung, das auf der Ersetzung von Kapital, das vom Menschen erzeugt wurde, durch natürliches Kapital basiert, wird von vielen Autoren diskutiert; siehe zum Beispiel Pezzey 1989.

Das in Sonderbeitrag 7.2 dargestellte Konzept des Optionswerts stammt aus Arrow und Fisher 1974; die Schätzung über den Optionswert des Schutzes des Wildgebiets in der Sierra de Manantlán ist aus Fisher und Hanemann 1990 abgeleitet. Die Vorschläge für wirksame Indikatoren für die Umweltqualität stützen sich auf Weltbank 1997c. Das Konzept der echten Ersparnis und die Zahlen für Lateinamerika, die Karibik und die afrikanischen Länder südlich der Sahara stammen aus Weltbank 1997c. Sonderbeitrag 7.3 basiert auf Weltbank 1998b. Das Beispiel der Buchführung über natürliche Ressourcen in Botswana wurde von Kirk Hamilton geliefert. Norhaus und Popp 1997 liefern eine Schätzung des Werts von Informationen über die Klimaveränderung. Die Erörterung von El Niño-Vorhersagen basiert auf Informationen, die Maxx Dilley und Robert Watson zur Verfügung stellten. Die Anekdote über die Verwendung von Brennholz in der Republik Jemen stammt aus ESMAP 1991a. Weltbank 1997a berichtet über das Wärmekraftwerk Waigaoqiao in China. Sonderbeitrag 7.4 basiert auf einem Projektresumée von Dely Gapasin.

Das Beispiel des westafrikanischen Newsmedia and Development Center wurde Ariasingam, Abedin und Chee 1997 entnommen. Sonderbeitrag 7.5 basiert auf Informationen, die Kulsum Ahmed und Paul Martin lieferten. Zum African Knowledge and Experience Resource Network in den afrikanischen Ländern südlich der Sahara siehe MELISSA 1998. Sonderbeitrag 7.6 fußt auf Ostrom und Wertime 1995. Sonderbeitrag 7.7 basiert auf Informationen von Maureen Cropper und Donald Larson sowie auf der Analyse von Schmalensee et al. 1997. Zum chinesischen Ansatz zur Reduktion der Wasserverschmutzung siehe Wang und Wheeler 1996. Die Schätzung über die Erträge der marktbasierten Ansätze zur Rückführung von Treibhausgasemissionen basieren auf Richels et al. 1996. Zur gemeinsamen Durchführung und ähnlichen Mechanismen siehe UNFCCC 1998. Die Verbindung zwischen mangelndem Versicherungsschutz und Landdegradierung wird in Dasgupta und Mäler 1994 beschrieben. Die Diskussion über Stomversorgungsgesellschaften basiert auf Cabraal, Cosgrove-Davies und Schaeffer 1996. Die Schätzung über die zunehmende Erschwinglichkeit von Energie stammt von der Solar Electric Light Company in Chevy Chase, Maryland, USA. Einige Probleme, die mit der Dezentralisierung von Kapazitäten des Umweltmanagements zusammenhängen, werden in Lutz und Caldecott 1996 beschrieben. Zu neuer Literatur darüber, wie die Industrie auf Druck bezüglich Umweltschutz seitens der Gemeinde reagiert, siehe Weltbank 1998b. Sonderbeitrag 7.8 stammt aus Weltbank 1998b. Sonderbeitrag 7.9 basiert auf Blackman und Bannister 1998. Sonderbeitrag 7.10 stützt sich auf ein Projektresumée von Karin Kemper und Donald Larson.

Informationen über die Arbeit der Parataxonomen in Costa Rica finden sich in Reid 1993. Die Erläuterung zur Nachfrage nach Produkten aus der kontrolliert-ökologischen Landwirtschaft in Kanada stammt aus Weymes 1990. Die Diskussion über Nutznießer von internationalen Abkommen, die selbst nichts investieren, basiert auf Barrett 1992.

Die Beiträge, Kommentare und Vorschläge der folgenden Person wurden dankbar angenommen: Kulsum Ahmed, Tamara Belt, Anil Cabraal, Ken Chomitz, Luis Constantino, Maureen Cropper, Chona Cruz, John Dixon, Francisco Ferreira, Dely Gapasin, Kirk Hamilton, Ian Johnson, Karin Kemper, Nalin Kishor, Kanta Kumari, Donald Larson, Vladimir Litvak, Paul Martin, Douglas Olson, Ramesh Ramankutty, Richard Reidinger, Frank Rittner, Larry Simpson und Vinod Thomas.

Kapitel 8

Die Statistiken über Armut in der Einleitung beziehen sich auf Weltbank-Daten. Die Schätzungen von Forschern über die Auswirkungen einer Abnahme des Analphabetentums auf das Umweltbewußtsein stammen aus Dasgupta und Wheeler 1997. Sonderbeitrag 8.1 beruht auf Thomas, Strauss und Henriques 1991. Die Umfrage zum Lebensstandard in Jamaika, die Informationen über die Ernährungsbeiträge in armen Haushalten liefert, wird in Grosh 1992 erörtert. Die Studie über 121 ländliche Wasserversorgungsprojekte in 49 Ländern ist in Narayan und Pritchett 1995 enthalten.

Zum fremdfinanzierten Bewässerungsprogramm in Nepal, bei dem beinahe übersehen wurde, daß die Bauern ihr eigenes System bereits installiert hatten, siehe Ostrom 1995. Die kenianischen Genossenschaften und die Wirksamkeit der gruppenbasierten Beratung unter Bäuerinnen sind in Bindlish und Evenson 1993 sowie in Purcell und Anderson 1997 beschrieben. Die Studie, die den Einfluß von Gleichgestellten auf ein Familienplanungsprogramm in Bangladesch aufzeigt, entstammt Munshi und Mayaux 1998. Sonderbeitrag 8.2 beruht auf Tendler 1994 und Tendler und Freedheim 1994. Die im ruralen Tansania durchgeführte Umfrage zur Messung der Dichte und der Bedeutung des gesellschaftlichen Kapitals geht auf Narayan und Pritchett 1997 zurück. Die Probleme bei der Förderung der oralen Rehydratation sind in UNICEF 1997 und Werner und Sanders 1997 beschrieben.

Jalan und Ravallion 1998 beobachten die Auswirkungen einzelner und kovariater Schläge auf das Einkommen von Haushalten unterschiedlicher Einkommensgruppen im ländlichen Südwestchina. Die Studie der ICRISAT-Daten über die Auswahl der Bauern zwischen traditionellen und ertragreicheren Reissorten, die in Sonderbeitrag 8.3 dargestellt ist, stammt aus Morduch 1995; Binswanger und Rosenzweig 1993 bringen landwirtschaftliche Erträge mit der Vorhersehbarkeit des Monsuns in Verbindung. Jacoby und Skoufias 1997 untersuchen die Auswirkungen des Schulbesuchs auf die saisonalen Einkommensfluktuationen in Indien. Sonderbeitrag 8.4 basiert auf Udry 1994.

Die Feststellung, daß thailändische Bauern, die aufgrund ihrer Grundbesitzurkunde Sicherheiten bieten konnten, bedeutend mehr Kredit aufnehmen konnten als Bauern ohne Grundbesitzurkunde, stammt von Feder, Onchan und Raparla 1986, ebenso wie die Hinweise darauf, daß Bauern in Thailand und anderen Ländern mit Urkunde mehr in ihren Grund und Boden investierten und besseren Zugang zu Kredit erhielten. In Feder 1991 werden Hinweise hierzu aus anderen Ländern geliefert. Die Erläuterungen über den Wert von Grundbesitzurkunden für den Zugang zu Krediten in Paraguay stammt von Olinto 1997. Die Studie über die Vergabe solcher Urkunden in Ghana, Kenia und Ruanda ist Bruce und Migot-Adholla 1994 entnommen. Die Diskussion über die Grameen Bank und andere Mikrofinanzinstitute beruht auf Morduch 1998. Sonderbeitrag 8.5 geht auf Woolcock 1998 zurück.

Die Informationen über das Unit Desa-Programm in Indonesien wurden von Jonathan Morduch geliefert. Wie kurzzeitige Entlastungsprogramme in Kombination mit institutionellen Krediten die Notverkäufe von Land in Indien nach einer Naturkatastrophe reduzierten, wird in Cain 1983 beschrieben. Programme zur Selbstauswahl von Hilfsleistungen werden in Subbarao et al. 1997 diskutiert; das Weltbankprojekt von 1997 in Argentinien wird in einem internen Weltbankbericht beschrieben. Tuck und Lindert 1996 erläutern das Subventionsprogramm für Nahrungsmittelpreise in Tunesien. Sonderbeitrag 8.6 basiert auf Case and Deaton 1996.

Die Beschreibung des P4K-Programms in Indonesien stammt aus International Fund for Agricultural Development 1994. Zur Diskussion der Programme der Grameen Bank zur Förderung der sozialen Entwicklung siehe Khandker, Khalily und Khan 1998. Das Mobilfunkunternehmen der Grameen Bank wird in Yunus 1996 erläutert. Die Details zum Menschenrechts- und Jura-Ausbildungsprogramm des Bangladesh Rural Advancement Committee wurden von Jonathan Morduch geliefert. Morduch 1998 beschreibt die Bildung von Konsortien zur globalen Verbindung von Mikrofinanzprogrammen.

Kapitel 9

Die dem Abschnitt über Wissensschaffung und den Sonderbeiträgen 9.1, 9.2 und 9.3 zugrundeliegenden Informationen wurden von der Consultative Group on International Agricultural Research, von Mead Over und der Globalen Umweltfazilität zur Verfügung gestellt. Der Abschnitt über Weitergabe und Aufnahme von Wissen bezieht sich stark auf Weltbank demnächst (a). Der Bericht über die Arbeit der PROSANEAR stammt aus Weltbank 1994b et al. Weltbankberichten. Die Beschreibung der AGETIPs ist Dia 1995 entnommen. Die Geschichte über dem Wassersektor in Guinea entstammt einer Ausgabe des Jahres 1996 von *Viewpoint*, einem internen, vom Industrie- und Energiedepartement der Weltbank publizierten Newsletter. Sonderbeitrag 9.4 stützt sich auf Heggie 1995. Die Familienplanungsdienste im ländlichen Bangladesch sind in Weltbank demnächst (a) beschrieben. Der Hinweis auf das Experiment mit Schulbüchern in Kenia stammt aus Glewwe, Kremer und Moulin 1997. Der Geschichte über Vietnam liegt Weltbank demnächst (a) zugrunde. Weltbank 1994a erläutert die internationale Unterstützungs- und Rentenreform. Das kürzlich erschienene britische Weißbuch über internationale Entwicklung stammt aus United Kingdom Secretary of State for International Development 1997. Die Diskussion über Erträge aus analytischer Arbeit greift auf Deininger, Squire und Basu demnächst zurück. Die Informationen für Sonderbeitrag 9.5 wurden einem internen Weltbankbericht entnommen. Das Zitat aus der Bewertung des Entwicklungsprogramms der Vereinten Nationen stammt von Berg 1993.

Beschreibungen über die Ausbreitung formeller Wissensmanagementprogramme in Europa und den Vereinigten Staaten finden sich in American Productivity and Quality Center 1996, 1997 und 1998. Desisto und Harris 1998 machen die Vorhersage, daß Wissensteilungsprogramme in den nächsten fünf Jahren von der internen auf eine externe Ausrichtung überwechseln werden. Sonderbeitrag 9.6 bezieht sich auf Material, das Bruce Ross-Larson zur Verfügung stellte. Roberto Chavez lieferte das Material, das Sonderbeitrag 9.7 zugrunde liegt. Eine allgemeine Erläuterung der Frage der Wahl der angemessenen Technologie für die Weitergabe von Wissen findet sich in Davenport und Prusak 1998. Sonderbeitrag 9.8 wurde von Peter Armstrong verfaßt. Willmott 1998 beschreibt die Tatsache, daß viele Systeme noch immer weder schnell, einfach handzuhaben noch einfach zu unterhalten sind. Davenport und Prusak 1998 fügen hinzu, daß wir noch nicht im Besitz einer funktionierenden Technologie zur Unterstützung von Wissensschaffung sind, und erläutern traditionellere Kommunikationsmethoden als Werkzeuge für die Wissensweitergabe.

Studien über die Kosten von Wissensmanagementprogrammen wurden von der Gartner Group (Blair und Hunter 1998) angestellt, einschließlich Haushaltsschätzungen über die Ausgaben für Wissensmanagement von Unternehmen oder, im Falle der Consulting-Firmen, Ertragsschätzungen (Hunter 1998). In American Productivity and Quality Center 1996 wird dokumentiert, wie Organisationen wie Price Waterhouse und Ernst & Young die Weitergabe von Wissen zu einem integralen Teil ihrer formellen Personalbeurteilungssysteme gemacht haben. Zur Erteilung von Auszeichnungen für die Weitergabe von Wissen siehe die allgemeine Erläuterung in Davenport und Prusak 1998 sowie die Beschreibung der „Not Invented Here But I Used It Anyway" (Nicht von uns erfunden, habe es trotzdem verwendet)-Auszeichnung von Texas Instruments in American Productivity and Quality Center 1997. Die Verwendung von Anreizen wird in Davenport, De Long und Beers 1998 als Schlüssel zum Erfolg identifiziert; die Studie darüber, ob Wissensmanagementprogramme tatsächlich erfolgreich sind, findet sich in derselben Quelle. Sonderbeitrag 9.9 wurde von David Gray verfaßt.

Kapitel 10

Ein Großteil dieses Kapitels faßt die Erläuterungen in anderen Kapiteln zusammen. Erläuterungen sind in den Anmerkung zu den verwendeten Quellen für die Kapitel, in denen das jeweilige Thema ursprünglich besprochen wurde, enthalten.

King und Anne 1993 berichtet über die Bereitstellung von Stipendien zu Bildungszwecken an Mädchen in Bangladesch. Aiyer 1996 beschreibt, wie die mexikanischen Buchführungsmethoden den tatsächlichen Status von Bankdarlehen nicht aufzeigen konnten. Zur Rolle der indischen Medien bei der Warnung vor Hungersnot und dem Anreiz zu staatlichem Einschreiten siehe Drèze und Sen 1989 sowie Ram 1990. Die Quelle der Aussage, daß mehrere süd- und zentralamerikanische Staaten die Qualität und die Quantität der Informationen über individuelle Steuerzahler erhöht haben, ist das Hintergrundpapier von Mookerhjee.

Hintergrundpapiere

Barton, John. "Biotechnology Patenting."
Behrman, Jere. "Empirical Evidence on Asymmetric Information, Markets and Policies in Developing Economies."
Belussi, Fiorenza. "Policies for the Development of Knowledge-Intensive Local Production Systems."
Braga, Carlos, Carsten Fink, and Claudia Paz Sepulveda. "Intellectual Property Rights and Economic Development."
Centre for Information Society Development in Africa, CSIR South Africa, and the Centre for Tele-Information, Technical University of Denmark. "Knowledge in Development: Multi-Media, Multi-Purpose Community Information Centres as Catalysts for Building Innovative Knowledge-Based Societies."
Flamm, Kenneth. "Assessing the Rate of Technological Advance in Information Technology: Quantitative Measurements and Methodological Issues." (a)
———. "Semiconductor Trade Disputes: Defining the World Trading System in High Technology Products." (b)
Johnson, Daniel, and Robert Evenson. "Invention in Less-Developed Countries."
Kumar, Nagesh. "Multinational Enterprises and Technology Generation: Locational Patterns, Their Determinants and Implications."
Kuznetsov, Yevgeny. "Public Policy in the World of Uncertainty and Change: Facilitating Social Learning."
Lall, Sanjaya. "Exports of Manufactures by Developing Countries: Emerging Patterns of Trade and Location." (a)
———. "Putting Knowledge to Work for Development." (b)
Maskus, Keith. "Price Effects and Competition Aspects of Intellectual Property Rights in Developing Countries."
Mitra, Raja. "Harnessing Information and Knowledge for Economic Development." (a)
———. "Knowledge Clusters and Regional Inequalities." (b)
Mookherjee, Dilip. "Information Systems and Public Policy in LDCs."
Pray, Carl. Untitled.
Radosevic, Slavo. "Post-Socialist Transformation of Countries of the Central and Eastern Europe and Knowledge-Based Economy: The Evidence and Main Analytical Issues." (a)
———. "Building Knowledge-Based Economy in Countries of Central and Eastern Europe: Policy Implications." (b)
Rosenzweig, Mark. "Social Learning and Economic Growth. Empirical Evidence."
Sternberg, Robert, Elena Grigorenko, and Donald Bundy. "Measuring Human Development: The Role of General Indices of Cognitive Ability in Assessing the Impact of Education and Targeted Interventions on Child Development."
Thomas, Vinod, Nalin Kishor, and Tamara Belt. "Embracing the Power of Knowledge for a Sustainable Environment."

Ausgewählte Literatur

Acemoglu, Daron. 1997. "Training and Innovation in an Imperfect Labor Market." *Review of Economic Studies* 64(2): 445–64.

Aghion, Philippe, and Patrick Bolton. 1997. "A Theory of Trickle-Down Growth and Development." *Review of Economic Studies* 64(2): 151–72.

Aiyer, Sri-Ram. 1996. "Anatomy of Mexico's Banking System following the Peso Crisis." Report No. 45 (revised). Regional Studies Program, Latin America and the Caribbean Technical Department, World Bank, Washington, D.C.

Akerlof, George A. 1976. "The Economics of Caste and of the Rat Race and Other Woeful Tales." *Quarterly Journal of Economics* 90(4): 599–617.

Akerlof, George A., and Paul M. Romer. 1993. "Looting: The Economic Underworld of Bankruptcy for Profit." *Brookings Papers on Economic Activity* 2(1): 2–60.

Albrecht, Douglas, and Adrian Ziderman. 1991. *Deferred Cost Recovery for Higher Education: Student Loan Programs in Developing Countries.* World Bank Discussion Paper No. 137. Washington, D.C.: World Bank.

Alderman, Harold, J. Behrman, D. Ross, and R. Sabot. 1996. "The Returns to Endogenous Human Capital in Pakistan's Rural Wage Labor Market." *Oxford Bulletin of Economics and Statistics* 58(1): 29–55.

Alderman, Harold, and Victor Lavy. 1996. "Household Responses to Public Health Services: Cost and Quality Tradeoffs." *World Bank Research Observer* 11(1): 3–22.

Alderman, Harold, Peter F. Orazem, and Elizabeth M. Paterno. 1996. "School Quality, School Cost, and the Public/Private School Choices of Low-Income Households in Pakistan." Working Paper Series on Impact Evaluation of Education Reforms, Paper No. 2. Development Research Group, World Bank, Washington, D.C.

Alderman, Harold, and G. Shively. 1996. "Price Movements and Economic Reform in Ghana: Implications for Food Security." In David Sahn, ed., *Economic Reform and the Poor in Africa.* Oxford, U.K.: Clarendon Press.

Aleem, Irfan. 1993. "Imperfect Information, Screening and Cost of Informal Lending: A Study of a Rural Credit Market in Pakistan." In Karla Hoff, Avishay Braverman, and Joseph E. Stiglitz, eds., *The Economics of Rural Organization: Theory, Practice, and Policy.* London, U.K.: Oxford University Press.

Ali, Mubarak. 1998. "Technical Change and Resource Productivity in Pakistan's Agriculture: An Analysis by Cropping System." Asian Vegetable Research and Development Center, Tainan, Taiwan, China.

Alston, J. M., C. C. Marra, P. G. Pardey, and T. J. Wyatt. 1998. "Research Returns Redux: A Meta-Analysis of Agricultural R&D Evaluations." IFPRI Research Report (draft). International Food Policy Research Institute, Washington, D.C.

Amann, Markus, and Janusz Cofala. 1995. "Scenarios of Future Acidification in Asia: Exploratory Calculations." In *RAINS-ASIA Technical Report: The Development of an Integrated Model for Sulfur Deposition.* Washington, D.C.: World Bank.

American Productivity and Quality Center. 1996. *Knowledge Management Consortium Benchmarking Study: Best-Practice Report.* Houston, Tex.

———. 1997. *Using Information Technology to Support Knowledge Management, Consortium Benchmarking Study: Best-Practice Report.* Houston, Tex.

———. 1998. *Knowledge Management and the Learning Organization: A European Perspective.* Houston, Tex.

Amsden, Alice. 1989. *Asia's Next Giant: South Korea and Late Industrialization.* New York, N.Y.: Oxford University Press.

Annis, Sheldon. 1992. "Evolving Connectedness Among Environmental Groups and Grassroots Organizations in Protected Areas of Central America." *World Development* 20: 587–95.

Aoki, Masahiko, Kevin Murdock, and Masahiro Okuno-Fujiwara. 1997. "Beyond the East Asian Miracle: Introducing the Market-Enhancing View." In Masahiko Aoki, Kyung-Ki Kim, and Masahiro Okuno-Fujiwara, eds., *The Role of Government in East Asian Economic Development: Comparative Institutional Analysis.* New York, N.Y.: Oxford University Press.

Aoki, R., and T. J. Prusa. 1993. "International Standards for Intellectual Property Protection and R&D Incentives." *Journal of International Economics* 35(2): 251–73.

Ariasingam, David L., Esme Abedin, and Nina Chee. 1997. "Environmental Education. Building Constituencies." Report No. 17319. Environmental Education Program, World Bank, Washington, D.C.

Arnott, Richard, and Joseph E. Stiglitz. 1994. "Moral Hazard and Nonmarket Institutions: Dysfunctional Crowding Out or Peer Monitoring?" *American Economic Review* 81(1): 179–90.

Arrow, Kenneth, and Anthony C. Fisher. 1974. "Environmental Preservation, Uncertainty, and Irreversibility." *Quarterly Journal of Economics* 88(2): 312–19.

Bagehot, Walter. 1873. *Lombard Street: A Description of the Money Market.* London, U.K.: H. S. King. Reprinted, Home- wood, Ill.: Richard D. Irwin, 1962.

Bair, J., and R. Hunter. 1998. "Introducing the KM Project Viability Assessment." Research Note KM: SPA-03-5005. Gartner Group, Stamford, Conn.

Banerjee, A. 1992. "Simple Model of Herd Behavior." *Quarterly Journal of Economics* 107(3): 797–817.

Banerjee, Abhijit, and Andrew Newman. 1993. "Occupational Choice and the Process of Development." *Journal of Political Economy* 101(2): 274–98.

Bardhan, Pranab. 1997. "The Nature of Institutional Impediments to Economic Development." Working Paper No. 96066. Center for International and Development Economic Research, University of California, Berkeley.

Bardhan, Pranab, and A. Rudra. 1986. "Labor Mobility and the Boundaries of the Village Moral Economy." *Journal of Peasant Studies* 13(3): 90–99.

Barr, Nicholas, ed. 1994. *Labor Markets and Social Policy in Central and Eastern Europe: The Transition and Beyond.* New York, N.Y.: Oxford University Press.

Barrera, Albino. 1990. "The Role of Maternal Schooling and Its Interactions with Public Health Programs in Child Health Production." *Journal of Development Economics* 32(1): 69–91.

Barrett, Scott. 1992. "The Problem of Global Environmental Protection." In Dieter Helm, ed., *Economic Policy toward the Environment.* Oxford, U.K.: Blackwell.

Bartel, Ann P., and Frank R. Lichtenberg. 1987. "The Comparative Advantage of Educated Workers in Implementing New Technology." *Review of Economics and Statistics* 69(1): 1–11.

Bartholomew, Philip, and Benton Gup. 1998. "A Survey of Bank Failures in the Non-U.S. G-10 Countries since 1980." Paper presented at the Western Economics Association meetings, Lake Tahoe, Nev., June.

Baskin, Jonathan Barron. 1988. "The Development of Corporate Financial Markets in Britain and the United States, 1600–1914: Overcoming Asymmetric Information." *Business History Review* 62(1): 199–237.

Beanton, Albert E., Ina V. S. Mullis, Michael O. Martin, Eugenio J. Gonzalez, Dana L. Kelly, and Teresa A. Smith. 1996. *Mathematics Achievement in the Middle School Years: IEA's Third International Mathematics and Science Study.* Boston, Mass.: Center for the Study of Testing, Evaluation, and Educational Policy, and Boston College.

Behrman, Jere R., and James C. Knowles. 1997. "How Strongly is Child Schooling Associated with Household Income?" University of Pennsylvania, Philadelphia, Penn., and Abt Associates, Bethesda, Md.

Berg, Elliott. 1993. *Rethinking Technical Cooperation: Reforms for Capacity Building in Africa.* New York, N.Y.: United Nations Development Programme.

Biggs, T., M. Shah, and P. Srivastava. 1995. *Technological Capabilities and Learning in African Enterprises.* World Bank Technical Paper No. 286. Washington, D.C.: World Bank

Bindlish, Vishva, and Robert Evenson. 1993. *Evaluation of the Performance of T&V Extension in Kenya.* World Bank Technical Paper No. 208. Africa Technical Department, World Bank, Washington, D.C.

Binswanger, Hans P., Klaus Deininger, and Gershon Feder. 1988. "Power, Distortions, Revolt and Reform in Agricultural Land Relations." In Jere R. Behrman and T. N. Srinivasan, eds., *Handbook of Development Economics,* vol. IIIB. Amsterdam: North-Holland.

Binswanger, Hans, and Mark Rosenzweig. 1993. "Wealth, Weather, Risk, and the Composition and Profitability of Agricultural Investments." *Economic Journal* 103(4): 56–78.

Black, Bernard, Reiner Kraakman, and Jonathan Hay. 1998. "Corporate Law From Scratch." In Roman Frydman, Cheryl Gray, and Andrzej Rapaczynski, eds., *Corporate Governance in Central Europe and Russia: Insiders and the State.* Budapest: Central European University Press.

Blackman, Allen, and Geoffrey Bannister. 1998. "Community Pressure and Clean Technologies in the Informal Sector: An Econometric Analysis of the Adoption of Propane by Traditional Brickmakers in Ciudad Juárez, Mexico." *Journal of Environmental Economics and Management* 35(1): 1–21.

Blanchard, Olivier, and Michael Kremer. 1997. "Disorganization." *Quarterly Journal of Economics* 112: 1091–1126.

Bond, James. 1997a. "The Drivers of the Information Revolution—Cost, Computing Power and Convergence." In *The Information Revolution and the Future of Telecommunications.* Washington, D.C: World Bank.

———. 1997b. "How Information Infrastructure is Changing the World." In *The Information Revolution and the Future of Telecommunications.* Washington, D.C.: World Bank.

———. 1997c. "Telecommunications is Dead, Long Live Networking—The Effect of the Information Revolution on the Telecom Industry." In *The Information Revolution and the Future of Telecommunications.* Washington, D.C: World Bank.

Bosch, Andrea. 1997. "Interactive Radio Instruction: Twenty-Three Years of Improving Educational Quality." Education and Technology Series No. 1(1). Human Development Department Education Group—Education and Technology Team, World Bank, Washington, D.C.

Bowles, Samuel, and Herbert Gintis. 1996. "Efficient Redistribution: New Rules for Markets, States, and Communities." *Politics and Society* 24: 307–42.

Braga, Carlos A. Primo. 1997. "Liberalizing Telecommunications and the Role of the World Trade Organization." In *The Information Revolution and the Future of Telecommunications.* Washington, D.C.: World Bank.

Braga, Carlos A. Primo, and Carsten Fink. 1997. "The Private Sector and the Internet." In *The Information Revolution and the Future of Telecommunications.* Washington, D.C.: World Bank.

Braga, Carlos A. Primo, Emmanuel Forestier, Charles Kenny, and Peter Smith. 1998. "Developing Countries and the Telecommunications Accounting Rate Regime: A Role for the World Bank." Energy Mining and Telecommunications Department (IENTI), Telecommunication and Informatics Division, World Bank, Washington, D.C.

Braverman, Avishay, and Joseph E. Stiglitz. 1982. "Sharecropping and the Interlinking of Agrarian Markets." *American Economic Review* 72(4): 695–715.

Bruce, John W., and S. E. Migot-Adholla. 1994. *Searching for Land Tenure Security in Africa.* Dubuque, Ia.: Kendall/Hunt.

Brush, S. B., and D. Sabinsky. 1995. *Valuing Local Knowledge: Indigenous People and Intellectual Property Rights.* Washington, D.C.: Island Press.

Buckley, Stephen. 1997. "The Lives and Deaths of an Ethiopian Midwife." *Washington Post,* October 7, 1997.

Burnside, Craig, and David Dollar. 1997. "Aid Policies and Growth." Policy Research Working Paper No. 1777. World Bank, Washington, D.C.

Byerlee, Derek. 1992. "Technical Change, Productivity, and Sustainability in Irrigated Cropping System of South Asia: Emerging Issues in the Post-Green Revolution Era." *Journal of International Development* 4(5): 477–96.

Byerlee, Derek, and Piedad Moya. 1993. "Impacts of International Wheat Breeding Research in the Developing World, 1966–1990." Centro Internacional de Mejoramiento de Maiz y Trigo (CIMMYT with CGIAR), Mexico City.

Byerlee, Derek, and A. Siddiq. 1994. "Has the Green Revolution Been Sustained? The Quantitative Impact of the Seed-Fertilizer Revolution in Pakistan Revisited." *World Development* 22(9): 1345–61.

Cabraal, Anil, Mac Cosgrove-Davies, and Loretta Schaeffer. 1996. *Best Practices for Photovoltaic Household Electrification Programs. Lessons from Experiences in Selected Countries.*

World Bank Technical Paper No. 324. Asia Technical Department, World Bank, Washington, D.C.

Cain, Mead. 1983. "Fertility as an Adjustment to Risk." Working Paper No. 100. Population Council, Center for Policy Studies, New York, N.Y.

Calomiris, C. W., and C. M. Kahn. 1996. "The Efficiency of Self-Regulated Payments Systems: Learning from the Suffolk System." *Journal of Money, Credit, and Banking* 28(4): 766–97.

Caprio, J. G., Jr., and A. Demirgüç-Kunt. 1997. "The Role of Long-Term Finance." Policy Research Working Paper No. 1746. Policy Research Department, Finance and Private Sector Development Division, World Bank, Washington, D.C.

Case, Anne, and Angus Deaton. 1996. "Large Cash Transfers to the Elderly in South Africa." NBER Working Paper No. 55721. National Bureau of Economic Research, Cambridge, Mass.

Castro-Leal, Florencio, Julia Dayton, Lionel Demery, and Kalpana Mehra. 1997. "Public Social Spending in Africa: Do the Poor Benefit?" Working Paper. Poverty Reduction and Economic Management Network, Poverty Division, World Bank, Washington, D.C.

CGIAR (Consultative Group on International Agricultural Research). 1994–95. *Annual Report.* Washington, D.C.: CGIAR Secretariat.

Chemical Week. 1994. "Indian Industry Flocks to ISO 9000 to Boost Already Booming Exports." November 4.

Clottes, Francoise. 1997. "The Information Revolution and the Role of Government." In *The Information Revolution and the Future of Telecommunications.* Washington, D.C.: World Bank.

Cooney, Robert P., and Eliza Paqueo-Arrezo. 1993. "Higher Education Regulation in the Philippines: Issues of Control, Quality Assurance, and Accreditation." *Higher Education Policy* 25(6): 25–28.

Council of Economic Advisers. 1995. *Economic Report of the President 1995.* Washington, D.C.: Government Printing Office.

Crosson, Pierre R., and Jock R. Anderson. 1991. *Global Food: Resources and Prospects.* Washington, D.C.: World Bank.

Dahlman, Carl J. 1993. "Electronics Development Strategy: The Robot Government." In Björn Wellenius, Arnold Miller, and Carl J. Dahlman, eds., *Developing the Electronics Industry.* Washington, D.C.: World Bank.

———. 1994. "Technology Strategy in East Asian Developing Economies." *Journal of Asian Economics* 5(Winter): 541–72.

Dahlman, Carl J., and Ousa Sananikone. 1990. "Technology Strategy in the Economy of Taiwan: Exploiting Foreign Linkages and Investing in Local Capability." Industry and Energy Department, Policy Planning and Research, World Bank, Washington, D.C.

Dahlman, Carl J., and Francisco C. Sercovich. 1984. "Local Development and Exports of Technology: The Comparative Advantages of Argentina, Brazil, India, the Republic of Korea, and Mexico." World Bank Staff Working Paper No. 667. World Bank, Washington, D.C.

Dasgupta, Monica. 1994. "What Motivates Fertility Decline? A Case Study from Punjab, India." In B. Egero and M. Hammerskjold, eds., *Understanding Reproductive Change.* Lund, Sweden: Lund University Press.

Dasgupta, Partha, and Karl-Göran Mäler. 1994. "Poverty, Institutions, and the Environmental-Resource Base." Environment Paper No. 9. World Bank, Washington, D.C.

Dasgupta, Susmita, Hua Wang, and David Wheeler. 1997. "Surviving Success:Policy Reform and the Future of Industrial Pollution in China." Working Paper No. 1856. Development Research Group, World Bank, Washington, D.C.

Dasgupta, Susmita, and David R. Wheeler. 1997. "Citizen Complaints as Environmental Indicators: Evidence from China." Policy Research Working Paper No. WPS1704. Environment Department, Pollution Control and Waste Management, World Bank, Washington, D.C.

Datt, Gaurav, and Martin Ravallion. 1998. "Farm Productivity and Rural Poverty in India." *Journal of Development Studies* 34(3): 62–85.

Davenport, Thomas K., D. W. De Long, and Michael C. Beers. 1998. "Successful Knowledge Management Projects." *Sloan Management Review* 39(1): 43–57.

Davenport, Thomas K., and Laurence Prusak. 1998. *Working Knowledge: How Organizations Manage What They Know.* Boston, Mass.: Harvard Business School Press.

David, Paul A. 1993. "Knowledge, Property, and the System Dynamics of Technological Change." In Lawrence M. Summers and Shekhar Shah, eds., *Proceedings of the World Bank Annual Conference on Development Economics.* Washington, D.C.: World Bank.

Davis, Lance E., and Robert J. Cull. 1994. *International Capital Markets and American Economic Growth: 1820–1914.* Cambridge, U.K.: Cambridge University Press.

Deininger, Klaus, Lyn Squire, and Swati Basu. Forthcoming. "Does Economic Analysis Improve the Quality of Foreign Assistance?" *World Bank Economic Review.*

Demirgüç-Kunt, A., and E. Detragiache. 1998. "Financial Liberalization and Financial Fragility." In *Annual World Bank Conference on Development Economics.* Washington, D.C.: World Bank.

Denison, Edward F. 1962. *The Sources of Economic Growth in the United States and the Alternatives before Us.* New York, N.Y.: Committee for Economic Development.

———. 1985. *Trends in American Economic Growth, 1929–1982.* Brookings Institution: Washington, D.C.

Deolalikar, Anil, and Robert Evenson. 1990. "Private Inventive Activity in Indian Manufacturing: Its Extent and Determinants." In R. E. Evenson and G. Ranis, eds., *Science and Technology: Lessons for Development Policy.* Boulder, Colo.: Westview Press.

Desisto, R., and K. Harris. 1998. "Powerful Marketing and Sales Solutions with KM." Research Note KM: SPA-04-1863. Gartner Group, Stamford, Conn.

Devarajan, Shantayanan, Vinaya Swaroop, and Heng-fu Zou. 1996. "The Composition of Public Expenditure and Economic Growth." *Journal of Monetary Economics* 37(2): 313–44.

Dia, Mamadou. 1995. *Africa's Management and Beyond: Reconciling Indigenous and Transplanted Institutions.* Washington, D.C.: World Bank.

Dilley, Maxx. 1997. "Climatic Factors Affecting Annual Maize Yields in the Valley of Oaxaca, Mexico." *International Journal of Climatology* 17(3): 1549–57.

Dimitri, Carolyn. 1997. "Grower-Wholesaler Fruit Marketing Contracts in the Early 1900s: A Rationale for Institutional Innovation." Agriculture and Resource Economics Department, University of Maryland, College Park, Md.

Downing, Robert J., Ramesh Ramankutty, and Jitendra J. Shah. 1997. *RAINS-ASIA. An Assessment Model for Acid Deposition in Asia.* Directions for Development Series. Washington, D.C.: World Bank.

Drèze, Jean, Peter Lanjouw, and Naresh Sharma. 1997. "Credit in Rural India: A Case Study." DERP Working Paper No. 6. Suntory and Toyota International Centres for Economics and Related Disciplines, London School of Economics, London.

Drèze, Jean, and Amartya Sen, eds. 1989. *Hunger and Public Action.* Oxford, U.K.: Oxford University Press.

Easterly, William. 1997. "The Ghosts of Financing Gap: How the Harrod-Domar Growth Model Still Haunts Development Economics." Policy Research Working Paper No. 1807. World Bank, Washington, D.C.

Easterly, William, and Ross Levine. 1996. "Africa's Growth Tragedy: Policies and Ethnic Division." Discussion Paper No. 536. Harvard Institute for International Development, Cambridge, Mass.

Easterly, William, Ross Levine, and Lant Pritchett. Forthcoming. "Stylized Facts and the Growth Models Who Love Them." Development Research Group, World Bank, Washington, D.C.

Enos, John. 1991. *The Creation of Technological Capability in Developing Countries.* London, U.K.: Pinter.

Ergas, H., M. Goldman, E. Ralph, and G. Felker. 1997. *Technology Institutions and Policies: Their Role in Developing Technological Capability in Industry.* World Bank Technical Paper No. 383. World Bank, Washington, D.C.

ESMAP (Energy Sector Management Assistance Programme). 1991a. "Republic of Yemen. Household Energy Strategy Study, Phase I. A Preliminary Study of Northern Governorates." Report No. 126/91. World Bank, Washington, D.C.

———. 1991b. "Rwanda: Commercialization of Improved Charcoal Stoves and Carbonization Techniques." Mid-Term Progress Report No. 141/91. World Bank, Washington, D.C.

Esrey, Steven A. 1990. *Health Benefits from Improvements in Water Supply and Sanitation: Survey and Analysis of the Literature of Selected Diseases.* Technical Report No. 66. Arlington, Va.: Water and Sanitation for Health Project.

Ethier, W. J., and J. R. Markusen. 1996. "Multinational Firms, Technology Diffusion, and Trade." *Journal of International Economics* 41(1): 1–28.

European Commission. 1994. *The European Report on Science and Technology Indicators.* Brussels.

Evans, Philip B., and Thomas S. Wurster. 1997. "Strategy and the New Economics of Information: Competing in the Information Economy." *Harvard Business Review* 75(9): 71–82.

Evenson, Robert L., and Larry Westphal. 1995. "Technological Change and Technology Strategy." In Jere Behrman and T. N. Srinavasan, eds., *Handbook of Development Economics,* vol. 3A. Amsterdam: Elsevier.

FAO (Food and Agriculture Organization). Various years. *FAO Production Yearbook.* Rome.

Feder, Gershon. 1991. "Land Tenure and Property Rights: Theory and Implications for Development Policy." *World Bank Economic Review* 5(1): 135–53.

Feder, Gershon, Tongroj Onchan, and Tejaswi Raparla. 1986. *Land Ownership, Security, and Access to Credit in Rural Thailand.* Discussion Paper No. ARU 53. Washington, D.C.: World Bank.

Filmer, Deon. 1997. "The Socioeconomic Correlates of Sexual Behavior: Results from an Analysis of DHS Data." Development Research Group, World Bank, Washington, D.C.

Filmer, Deon, and Lant Pritchett. 1997. *Child Mortality and Public Spending on Health: How Much Does Money Matter?* Policy Research Working Paper No. 1864. Washington, D.C.: World Bank.

Fisher, Anthony C., and W. Michael Hanemann. 1986. "Option Value and the Extinction of Species." *Advances in Applied Micro-Economics* 4: 169–90.

———. 1990. "Option Value: Theory and Measurement." *European Review of Agricultural Economics* 17(2): 167–80.

Foster, Andrew, and Mark Rosenzweig. 1993. "Information Flows and Discrimination in Labor Markets in Rural Areas in Developing Countries." In Lawrence H. Summers and Shekhar Shah, eds., *Proceedings of the World Bank Annual Conference on Development Economics 1992.* Washington, D.C.: World Bank.

———. 1995. "Learning by Doing and Learning from Others: Human Capital and Technical Change in Agriculture." *Journal of Political Economy* 103(6): 1176–1209.

———. 1996. "Technical Change and Human Capital Returns and Investments: Evidence from the Green Revolution." *American Economic Review* 86(4): 931–53.

Frankenberg, Elizabeth. 1995. "The Effects of Access to Health Care on Infant Mortality in Indonesia." *Health Transition Review* 5(1): 143–63.

Freixas, X., and J.-C. Rochet. 1997. *Microeconomics of Banking.* Cambridge, Mass.: MIT Press.

Froot, Kenneth, Paul O'Connell, and Mark Seasholes. 1998. "The Portfolio Flows of International Investors." Paper presented at the CEPR/World Bank Conference, London, May 8–9.

Garber, P. 1998. "Derivative Products in Exchange Rate Crises." In Reuven Glick, ed., *Managing Capital Flows and Exchange Rates: Lessons from the Pacific Basin.* New York, N.Y.: Cambridge University Press.

Garcia, Gillian. 1996. "Deposit Insurance: Obtaining the Benefits and Avoiding the Pitfalls." Working Paper No. 96/83. International Monetary Fund, Washington, D.C.

Ghatak, Maitreesh. 1996. "Strategic Complementarities in Discriminatory Behavior." Department of Economics, University of Chicago.

Glewwe, Paul. 1997. "How Does Schooling of Mothers Improve Child Health? Evidence from Morocco." LSMS Working Paper No. 128. World Bank, Washington, D.C.

———. 1998. *The Economics of School Quality Investments in Developing Countries: An Empirical Study of Ghana.* London, U.K.: Macmillan Press.

Glewwe, Paul, and Hanan Jacoby. 1995. "Economic Analysis of Delayed Primary School Enrollment in a Low-Income Country: The Role of Early Childhood Nutrition." *Review of Economics and Statistics* 77(2): 156–69.

Glewwe, Paul, Michael Kremer, and Sylvie Moulin. 1997. "Textbooks and Test Scores: Evidence from a Prospective Evaluation in Kenya." Development Research Group, World Bank, Washington, D.C.

Gould, David M., and William C. Gruben. 1996. "The Role of Intellectual Property Rights in Economic Growth." *Journal of Development Economics* 48(3): 328–50.

Grabowski, Richard. 1994. "The Successful Developmental State: Where Does It Come From?" *World Development* 22(3): 413–22.

Greif, Avner. 1994. "Cultural Beliefs and the Organization of Society: A Historical and Theoretical Reflection on Collectivist and Individualist Societies." *Journal of Political Economy* 102(5): 912–50.

———. 1996. "Contracting, Enforcement, and Efficiency: Economics Beyond the Law." In Michael Bruno and Boris Pleskovic, eds., *Annual World Bank Conference on Development Economics.* Washington, D.C.: World Bank.

Grosh, Margaret E. 1992. "Jamaican Food Stamps Programme: A Case Study in Targeting." *Food Policy* 17 (February): 23–40.

Grossman, S. J., and J. Stiglitz. 1980. "On the Impossibility of Informationally Efficient Markets." *American Economic Review* 70(3): 393–408.

Haggard, Stephan, J. McMillan, and C. Woodruff. 1996. "Trust and Search in Vietnam's Emerging Private Sector." Discussion Paper Series No. 1506. Center for Economic Policy Research, University of California at San Diego, San Diego, Calif.

Handel, M. D., and J. S. Risbey. 1992. *An Annotated Bibliography on Greenhouse Effect Change.* Report No. 1. Center for Global Change Science. Cambridge, Mass.: Massachusetts Institute of Technology.

Hanna, Nagy K. 1991. *The Information Technology Revolution and Economic Development.* World Bank Discussion Paper No. 120. Washington, D.C.: World Bank.

Hanushek, Eric A. 1995. "Schooling, Labor Force Quality, and Economic Growth." NBER Working Paper No. 5399. National Bureau of Economic Research, Cambridge, Mass.

Hanushek, Eric A., and Dongwook Kim. 1996. "Schooling, Labor Force Quality, and the Growth of Nations." University of Rochester and Korea Development Institute.

Harding, Ann. 1995. "Financing Higher Education: An Assessment of Income-Contingent Loan Options and Repayment Patterns over the Life-Cycle." *Education Economics* 3(2): 173–231.

Harris, Robert G., and C. Jeffrey Kraft. 1997. "Meddling Through: Regulated Local Telephone Competition in the United States." *Journal of Economic Perspectives* 11(4): 93–112.

Harrison, Mark. 1997. "Government Financing of Higher Education in Australia: Rationale and Performance." *Australian Economic Review* 30(2): 225–39.

Hazell, Peter B. R., and C. Ramasamy, with contributions by P. K. Aiyasamy and others. 1991. *The Green Revolution Reconsidered: The Impact of High-Yielding Rice Varieties in South India.* Baltimore, Md.: Johns Hopkins University Press.

Heggie, Ian Graeme. 1995. *Managing and Financing Roads: An Agenda for Reform.* World Bank Technical Paper No. 275. Washington, D.C.: World Bank.

Hellman, T., K. Murdock, and J. Stiglitz. 1997. "Financial Restraint: Towards a New Paradigm." In M. Aoki, M. Okuno-Fujiwara, and H. Kim, eds., *The Role of Government in East Asian Economic Development: Comparative Institutional Analysis.* New York, N.Y.: Oxford University Press.

Heyneman, Stephen J. 1998. "From the Party/State to Multi-Ethnic Democracy: Education and Its Influence on Social Cohesion in the Europe and Central Asia Region." Europe and Central Asia Regional Office, Human Development Sector Unit, World Bank, Washington, D.C.

Hoff, Karla. 1994. Book review of Anne Krueger's *Political Economy of Policy Reform in Developing Countries* (MIT Press). *Journal of Economic Literature* 32(3): 1933–34.

———. 1996. "Market Failures and the Distribution of Wealth: A Perspective from the Economics of Information." *Politics and Society* 24: 411–32.

———. 1998. "Adverse Selection and Institutional Adaptation." Department of Economics Working Paper 98-2. Department of Economics, University of Maryland, College Park, Md.

Hoff, Karla, Avishay Braverman, and Joseph E. Stiglitz, eds. 1993. *The Economics of Rural Organization: Theory, Practice, and Policy.* London, U.K.: Oxford University Press.

Hoff, Karla, and Andrew Lyon. 1995. "Non-Leaky Buckets: Optimal Redistributive Taxation and Agency Costs." *Journal of Public Economics* 58(3): 365–90.

Hoff, Karla, and Joseph E. Stiglitz. 1990. "Imperfect Information and Rural Credit Markets—Puzzles and Policy Perspectives." *World Bank Economic Review* 4(3): 235–50.

Hope, Kerin. 1997. "Albania Has Only 1.4 Fixed-Wire Telephones for Every 100 Inhabitants." *Financial Times,* February 19.

Hunter, R. 1998. "KM in Government: This is Not the Consulting Industry." Research Note KM: KA-03-6492. Gartner Group, Stamford, Conn.

IENTI Telecommunication Reform Database. www.worldbank. org.html/fpd/ienti/ienti/html.

IMF (International Monetary Fund). Various years. *International Financial Statistics.* Washington, D.C.

International Fund for Agricultural Development. 1994. "Interim Evaluation Report." Rome.

Isham, Jon, Deepa Narayan, and Lant Pritchett. 1995. "Establishing Causality with Subjective Data." *World Bank Economic Review* 9(2): 175–200.

Jacoby, Hanan. 1994. "Borrowing Constraints and Progress through School: Evidence from Peru." *Review of Economics and Statistics* 76(2): 151–60.

Jäger, Jill. 1992. "From Conference to Conference." *Climatic Change* 20: iii–vii.

Jakoby, Hannan, and Emmanuel Skoufias. 1997. "Risk, Financial Markets, and Human Capital in a Developing Country." *Review of Economic Studies* 64(3): 311–35.

Jalan, Jvotsna, and Martin Ravallion. 1998. "Are the Poor Less Well Insured? Evidence on Vulnerability to Income Risk in Rural China." Policy Research Working Paper No. 1863. Development Research Group, World Bank, Washington, D.C.

James, Christopher. 1987. "Some Evidence on the Uniqueness of Bank Loans." *Journal of Financial Economics* 19(2): 217–36.

James, Estelle. 1991. "Private Higher Education: The Philippines as a Prototype." *Higher Education* 21(2): 189–206.

Jejeebhoy, Shireen. 1995. *Women's Education, Autonomy, and Reproductive Behaviour.* Oxford, U.K.: Clarendon Press.

Jimenez, Emmanuel, and Marlaine E. Lockheed, eds. 1991. "Private versus Public Education: An International Perspective." *International Journal of Educational Research* 15(5): 353–498.

Jimenez, Emmanuel, Marlaine E. Lockheed, and Vicente Paqueo. 1991. "Relative Efficiency of Private and Public Schools in Developing Countries." *World Bank Research Observer* 6(7): 205–18.

Jimenez, Emmanuel, and Yasuyuki Sawada. 1998. "Do Community-Managed Schools Work? An Evaluation of El Salvador's EDUCO Program." Working Paper Series on Impact Evaluation of Education Reforms, Paper No. 8. Development Research Group, World Bank, Washington, D.C.

Jimenez, Emmanuel, and Jee-Peng Tan. 1987. *Selecting the Brightest for Post-Secondary Education in Colombia: The Impact on Equity.* Discussion Paper No. EDT 61. Washington, D.C: World Bank.

Jorgenson, Dale, and Zvi Griliches. 1966. "Sources of Measured Productivity Change." *Review of Economic Studies* 34(99): 249–82.

Jorion, P. 1997. *Value at Risk: The New Benchmark for Controlling Market Risk.* Chicago: Irwin Professional Publishers.

Kane, E. J. 1994. "Difficulties of Transferring Risk-Based Capital Requirements to Developing Countries." Policy Research Working Paper No. 1244. Policy Research Department, Finance and Private Sector Development Division, World Bank, Washington, D.C.

Khandker, Shahidur K. R., Baqui Khalily, and Zahed Khan. 1998. *Grameen Bank: Performance and Sustainability.* World Bank Discussion Paper No. 306. Washington, D.C.: World Bank.

Kim, Hyung-ki, and Jun Ma. 1997. "The Role of Government in Acquiring Technological Capability: The Case of the Petrochemical Industry in East Asia." In Masahiko Aoki, Kyung-Ki Kim, and Masahiro Okuno-Fujiwara, eds., *The Role of Government in East Asian Economic Development: Comparative Institutional Analysis.* New York, N.Y.: Oxford University Press.

Kim, Jong-Il, and Lawrence J. Lau. 1992. "Sources of Economic Growth of the Newly Industrialized Countries on the Pacific Rim." CEPR Publication No. 295. Center for Economic Policy and Research, Stanford University, Stanford, Calif.

Kim, K., and D. Leipziger. 1993. "Korea: The Lessons of East Asia—A Case of Government Led Development." Report No. 12481. World Bank, Washington, D.C.

Kim, K., and J. K. Park. 1985. *Sources of Economic Growth in Korea.* Seoul: Korea Development Institute.

Kim, Linsa. 1997. *Imitation to Innovation: The Dynamics of Korean Technological Learning.* Boston, Mass.: Harvard Business Review Press.

King, Elizabeth M. 1990. "Does Education Pay in the Labor Market? Women's Labor Force Participation, Occupation, and Earnings in Peru." LSMS Working Paper No. 67. World Bank, Washington, D.C.

King, Elizabeth M., and M. Anne, eds. 1993. *Women's Education in Developing Countries: Barriers, Benefits, and Policies.* Baltimore, Md.: Johns Hopkins University Press.

King, Elizabeth M., and Berk Ozler. 1998. "What's Decentralization Got to Do with Learning? The Case of Nicaragua's School Autonomy Reform." Working Paper Series on Impact Evaluation of Education Reforms Paper No. 9. Development Research Group, World Bank, Washington, D.C.

Kiyotaki, Nobuhiro, and John Moore. 1997. "Credit Cycles." *Journal of Political Economy* 105(2): 211–48.

Klenow, Peter J., and Andrés Rodriguez-Clare. 1997a. "Economic Growth: A Review Essay." *Journal of Monetary Economics* 40(December): 597–617.

———. 1997b. "The Neoclassical Revival in Growth Economics: Has It Gone Too Far?" In *NBER Macroeconomics Annual for 1997.* Cambridge, Mass.: MIT Press.

Klitgaard, Robert. 1991. *Adjusting to Reality: Beyond "State versus Market" in Economic Development.* San Francisco, Calif.: Institute for Contemporary Studies Press.

Knack, Stephen, and Philip Keefer. 1997. "Does Social Capital Have an Economic Payoff? A Cross-Country Investigation." *Quarterly Journal of Economics* 112(4): 1251–88.

Knight, John B., and Richard H. Sabot. 1990. *Education, Productivity, and Inequality: The East African Natural Experiment.* New York, N.Y.: Oxford University Press.

Knowles, James, Jere R. Behrman, Benjamin E. Dikono, and Keith McInnes. 1998. "Key Issues in the Financing of Viet Nam's Social Services." In *Financing of Social Services Project: Report to the Government of Viet Nam and the Asian Development Bank.* Bethesda, Md.: Abt Associates.

Kranton, Rachel. 1996. "Reciprocal Exchange: A Self-Sustaining System." *American Economic Review* 86(4): 830–51.

Krueger, Anne O. 1993. *Political Economy of Policy Reform in Developing Countries.* Cambridge, Mass.: MIT Press.

Krugman, Paul. 1994. "Myth of Asia's Miracle." *Foreign Affairs* 73(November–December):62–78.

Kulik, James A., Chen-Lin C. Kulik, and Robert L. Baangert-Drowns. 1985. "Effectiveness of Computer-Based Education in Elementary Schools." *Computers in Human Behavior* 1(1): 59–74.

Kuran, T. 1989. "The Craft Guilds of Tunis and Their Amins: A Study in Institutional Atrophy." In M. K. Nabli and J. B.

Nugent, eds., *The New Institutional Economics and Development: Theory and Applications to Tunisia.* Amsterdam: North Holland.

Laffont, Jean-Jacques, and Mohamed Salah Matoussi. 1995. "Moral Hazard, Financial Constraints, and Sharecropping in El Oulja." *Review of Economic Studies* 62(3): 381–99.

La Porta, Rafael, Florencia Lopez de Silanes, Andrei Shleifer, and Robert W. Vishny. 1996. "Law and Finance." Research Working Paper No. 5661. National Bureau of Economic Research, Cambridge, Mass.

———. 1997a. "Trust in Large Organizations." *American Economic Review* 87(3): 333–38.

———. 1997b. "Legal Determinants of External Finance." *Journal of Finance* 52(4): 1131–50.

———. 1998. "Agency Problems and Divided Policies Around the World." NBER Working Paper No. 6594. National Bureau of Economic Research, Cambridge, Mass.

Laporte, Bruno, and Dena Ringold. 1997. *Trends in Education Access and Financing during the Transition in Central and Eastern Europe.* Washington, D.C : World Bank.

Lauglo, Jon, and Martin McLean, eds. 1985. *The Control of Education: International Perspectives on the Centralization-Decentralization Debate.* London, U.K.: Heinemann Educational Books.

Lee, Y. S. 1996. "Technology Transfer and the Research University: A Search for the Boundaries of University-Industry Collaboration." *Research Policy* 25(6): 843–63.

Levine, Ross. 1997. "Financial Development and Economic Growth: View and Agenda." *Journal of Economic Literature* 35(2): 688–727.

———. Forthcoming. "Law, Finance, and Economic Growth." *Journal of Financial Intermediation.*

Levine, Ross, Norman Loayza, and Thorsten Beck. 1998. "Financial Intermediation and Growth: Causality and Causes." Development Research Group, World Bank, Washington, D.C.

Levine, R., and D. Renelt. 1992. "A Sensitivity Analysis of Cross-Country Growth Regression." *American Economic Review* 82(4): 942–63.

Levine, Ross, and Sara Zervos. 1998. "Stock Markets, Banks, and Economic Growth." *American Economic Review* 99(3): 537–58.

Lewin, R. 1987. "Domino Effect Involved in Ice Age Extinctions." *Science* 238(4): 1509–10.

Lin, Justin Yifu, and Jeffrey B. Nugent. 1995. "Institutions and Economic Development." In Jere R. Behrman and T. N. Srinivasan, *Handbook of Development Economics,* vol. 3A, pp. 2303–70. Amsterdam: North-Holland.

López-Pereira, Miguel A., and Michael L. Morris. 1994. "Impacts of International Maize Breeding Research in the Developing World, 1966–9." Centro Internacional de Mejoramiento de Maiz y Trigo (CIMMYT with CGIAR), Mexico City.

Lucas, Robert. 1988. "On the Mechanics of Economic Development." *Journal of Monetary Economics* 22(1): 3–42.

Lutz, Ernst, and Julian Caldecott, eds. 1996. *Decentralization and Biodiversity Conservation.* Washington, D.C.: World Bank.

Macro International. Various years. *Demographic Health Surveys.* (Final reports, by country). Calverton, Md.

McIntyre, Peter. 1998. *Puppeteers with a Purpose.* New York, N.Y.: UNICEF.

Maddison, Angus. 1995. *Monitoring the World Economy, 1820–1992.* Paris: Development Centre of the OECD.

Malhotra, R. 1995. "The Road Less Traveled: The Role of the Private Sector in MENA Development." Research paper for the Europe and Central Asia/Middle East and North Africa Technical, Private Sector, and Finance Division, World Bank, Washington, D.C.

Mansell, Robin, and Uta Wehn. 1998. *Knowledge Societies: Information Technology for Sustainable Development.* New York, N.Y.: Oxford University Press.

Mansfield, Edwin. 1994. *Intellectual Property Protection, Foreign Direct Investment and Technology Transfer.* Discussion Paper No. 19. Washington, D.C.: International Finance Corporation.

———. 1995. *Intellectual Property Protection, Direct Investment, and Technology Transfer: Germany, Japan, and the United States.* Discussion Paper No. 27. International Finance Corporation, Washington, D.C.

Marshall, Alfred. 1890. *Principles of Economics.* Cambridge, U.K.: Cambridge University Press. Reprinted London, U.K.: Macmillan, 1961.

Maskus, K. E., and M. Penubarti. 1995. "How Trade Related are Intellectual Property Rights?" *Journal of International Economics* 39(1): 227–48.

Matsuyama, Kiminori. 1997. "Economic Development as Coordination Problems." In Masahiko Aoki, Kyung-Ki Kim, and Masahiro Okuno-Fujiwara, eds., *The Role of Government in East Asian Economic Development: Comparative Institutional Analysis,* pp. 134–60. New York, N.Y.: Oxford University Press.

Mazzoleni, Roberto, and Richard Nelson. Forthcoming. "The Benefits and Costs of Stronger Patent Protection: A Contribution to Debate." World Bank, Washington, D.C.

Meinzen-Dick, Ruth, Richard B. Reidinger, and Andrew Manzardo. 1995. "Participation in Irrigation." Participation Paper No. 003. Environment Department, World Bank, Washington, D.C.

MELISSA (Managing the Environment Locally in Sub-Saharan Africa). 1998. www.melissa.org.

Menou, Michel J. 1998. "Studies of the Impact of Electronic Networking on Development: Report of the Mid-Project Meeting of the CABECA Survey of African Internet Use." Pan African Development Information System, Addis Ababa.

Michie, R. C. 1977. *The London and New York Stock Exchanges 1850–1914.* London, U.K.: Allen & Unwin.

Middleton, John, Adrian Ziderman, and Arvil Van Adams. 1993. *Skills for Productivity: Vocational Education and Training in Developing Countries.* New York, N.Y.: Oxford University Press.

Mitchell, B. R. 1992. *International Historical Statistics: Europe, 1750–1970.* New York, N.Y.: Stockton Press.

Moll, Peter. 1998. "Primary Schooling, Cognitive Skills, and Wages in South Africa." *Economica* 65: 263–84.

Mookherjee, Dilip. 1996. "Informational Rents and Property Rights in Land." In John Roemer, ed., *Property Rights, Incentives, and Welfare.* London: Macmillan Press.

Morduch, Jonathan. 1995. "Income Smoothing and Consumption Smoothing." *Journal of Economic Perspectives* 9(3): 103–14.

———. 1998. "The Microfinance Innovation." Department of Economics, Harvard University, Cambridge, Mass.

Multimedia Development Corporation. 1998. *Unlocking the Full Potential of the Information Age.* Kuala Lumpur, Malaysia.

Munshi, Kaivan, and Jacques Mayaux. 1998. "Social Effects in the Demographic Transition: Evidence from Matlab, Bangladesh." Boston University.

Munshi, Kaivan D., and Kirit S. Parikh. 1994. "Milk Supply Behavior in India: Data Integration, Estimation, and Implications for Dairy Development." *Journal of Development Economics* 45(2): 201–23.

Murphy, Kevin M., Andrei Shleifer, and Robert W. Vishny. 1992. "Transition to a Market Economy: Pitfalls of Partial Reform." *Quarterly Journal of Economics* 107(I): 889–906.

Mytelka, Lynn K. 1985. "Stimulating Effective Technology Transfer: The Case of Textiles in Africa." In Nathan Rosenberg and Claudio Frischtak, eds., *International Technology Transfer.* New York, N.Y.: Praeger.

Nagaoka, Sadeo. 1989. "Overview of Japanese Industrial Technology Development." Departmental Working Paper No. 10583. Industry Development Division, Industry and Energy Department, Policy Planning and Research, World Bank, Washington, D.C.

Nalebuff, Barry, and Joseph E. Stiglitz. 1983. "Prizes and Incentives: Towards a General Theory of Compensation and Competition." *Bell Journal of Economics* 14(1): 21–43.

Narayan, Deepa, and Lant H. Pritchett. 1995. "The Contribution of People's Participation: Evidence from 121 Rural Water Supply Projects." Report No. 14904. Environmentally and Socially Sustainable Development Work in Progress. World Bank, Washington, D.C.

———. 1997. "Cents and Sociability: Household Income and Social Capital in Rural Tanzania." Policy Research Working Paper No. 1796. World Bank, Washington, D.C.

Nelson, Ridley. 1990. *Dryland Management: The "Desertification" Problem.* World Bank Technical Paper No. 116. Washington, D.C.: World Bank.

Nordhaus, William D., and David Popp. 1997. "What is the Value of Scientific Knowledge? An Application to Global Warming Using the PRICE Model." *Energy Journal* 18(1): 1–45.

North, Douglass. 1990. *Institutions, Institutional Change, and Economic Performance.* Cambridge, U.K.: Cambridge University Press.

OECD (Organisation for Economic Co-operation and Development). 1994. *Environmental Indicators—OECD Core Set.* Paris.

———. 1996a. "Educational Policy Review: Korea." Directorate for Education, Employment, Labour, and Social Affairs, DEELSA/ED(96)9, Paris.

———. 1996b. "The Knowledge Based Economy." In *Science, Technology, and Industry Outlook.* Paris.

———. 1997a. *Eco-Labelling: Actual Effects of Selected Programmes.* Paris.

———. 1997b. *Processes and Production Methods (PPMs): Conceptual Framework and Considerations on Use of PPM-Based Trade Measures.* Paris.

Olinto, Pedro. 1997. "Land Tenure Insecurity, Credit Rationing, and Household Asset Accumulation: Panel Data Evidence from Rural Paraguay." Ph.D. diss. University of Wisconsin-Madison.

Olson, Mancur, Naveen Sarna, and Anand V. Swamy. 1997. "Governance and Growth: A Simple Hypothesis Explaining Cross-Country Differences in Productivity Growth." IRIS Working Paper. Center for Institutional Reform and the Informal Sector, University of Maryland, College Park, Md.

Orazem, Peter, and Milan Vodopivec. 1995. "Winners and Losers in Transition: Returns to Education, Experience, and Gender in Slovenia." *World Bank Economic Review* 9(2): 201–30.

Osin, Luis. 1998. "Computers in Education in Developing Countries: Why and How." Education and Technology Series, Paper No. 3(1). Human Development Department Education Group—Education and Technology Team, World Bank, Washington, D.C.

Ostrom, Elinor. 1995. "Incentives, Rule of the Game, and Development." In Michael Bruno and Boris Pleskovic, eds., *Annual Bank Conference on Development Economics 1995.* Washington, D.C.: World Bank.

Ostrom, Elinor, and Mary Beth Wertime. 1995. *IFRI Research Strategy.* International Forestry Resources and Institutions, Indiana University. http://www.indiana.edu/~ifri/research/ifrirestrat.htm.

Otsuka, K., H. Chuma, and Y. Hayami. 1992. "Land and Labor Contracts in Agrarian Economies." *Journal of Economic Literature* 30(4): 1965–2018.

Pack, Howard. 1987. *Productivity, Technology, and Industrial Development: A Case Study in Textiles.* New York, N.Y.: Oxford University Press.

Pack, Howard, and Larry Westphal. 1986. "Industrial Strategy and Technology Change: Theory versus Reality." *Journal of Development Economics* 22(1): 87–128

Parente, S. L., and E. C. Prescott. 1994. "Barriers to Technology Adoption and Development." *Journal of Political Economy* 102(2): 298–321.

Perraton, Hilary, and Michael Potashnik. 1997. "Teacher Education at a Distance." Education and Technology Series 2(2). Human Development Department Education Group— Education and Technology Team, World Bank, Washington, D.C.

Pezzey, John. 1989. "Economic Analysis of Sustainable Growth and Sustainable Development." Working Paper No. 15. Environment Department, World Bank, Washington, D.C.

Plaza, S., and O. Sananikone. 1997. "Standardization and Competitiveness: Issues and Implications for Developing Countries." Private Sector Development Department, World Bank. Washington, D.C.

Pritchett, Lant, and Deon P. Filmer. Forthcoming. "What Education Production Functions Really Show: A Positive Theory of Education Expenditures." *Economics of Education Review.*

Psacharopoulos, George. 1994. "Returns to Investment in Education: A Global Update." *World Development* 22(9): 1325–43.

Purcell, Dennis L., and Jock R. Anderson. 1997. "Agricultural Extension and Research: Achievements and Problems in National Systems." Operations Evaluation Study, World Bank, Washington, D.C.

Quisumbing, Agnes R., Lynn R. Brown, Hillary S. Feldstein, L. Haddad, and Christine Pena. 1995. *Women: The Key to Food Security.* Washington, D.C.: International Food Policy Research Institute.

Ram, M. 1990. "An Independent Press and Anti-Hunger Strategies." In Jean Drèze and Amartya Sen, eds., *The Political Economy of Hunger,* vols. 1, 2, and 3. Oxford, U.K.: Oxford University Press.

Rapaczynski, Andrzej. 1996. "The Roles of the State and the Market in Establishing Property Rights." *Journal of Economic Perspectives* 10(2): 87–103.

Rapp, Robert. 1975. "The Unmaking of the Mediterranean Trade Hegemony: International Trade Rivalry and the Commercial Revolution." *Journal of Economic History* 35(2): 499–525.

Ray, Debraj. 1998. *Development Economics.* Princeton, N.J.: Princeton University Press.

Reid, Walter V., ed. 1993. *Biodiversity Prospecting: Using Genetic Resources for Sustainable Development.* Washington, D.C.: World Resources Institute.

Richels, R., J. Edmonds, H. Gruenspecht, and T. Wigley, with contributions from Henry Jacoby, A. Manne, S. Peck, T. Teisberg, M. Wise, and Z. Yang. 1996. "The Berlin Mandate: The Design of Cost-Effective Mitigation Strategies." Report of the Subgroup on the Regional Distribution of the Costs and Benefits of Climate Change Policy Proposals. Energy Modeling Forum No. 14. Stanford University, Stanford, Calif.

Rischard, Jean-François. 1996. "Connecting Developing Countries to the Information Technology Revolution." *SAIS Review* 16(Winter/Spring): 93–107.

Rodrik, Dani. 1998. "Who Needs Capital Account Convertibility?" John F. Kennedy School of Government, Harvard University, Cambridge, Mass.

Romer, David. 1985. "Financial Intermediation, Reserve Requirements, and Inside Money: A General Equilibrium Analysis." *Journal of Monetary Economics* 16(9): 175–94.

Romer, Paul M. 1990. "Endogenous Technological Change." *Journal of Political Economy* 98(October): S71–S102.

———. 1993. "Two Strategies for Economic Development: Using Ideas and Producing Ideas." In Lawrence M. Summers and Shekhar Shah, eds., *Proceedings of the World Bank Annual Conference on Development Economics.* Washington, D.C.: World Bank.

Rosenberg, Nathan. 1982. *Inside the Black Box: Technology and Economics.* Cambridge, U.K.: Cambridge University Press.

Rosenzweig, M., and T. P. Schultz. 1982. "Child Mortality and Fertility in Colombia: Individual and Community Effects." *Health Policy and Education* 2: 305–48.

RPED (Regional Program on Enterprise Development). 1998. "Productivity Growth and Learning Mechanisms in Sub-Saharan Africa: Findings from the Regional Program on Enterprise Development." World Bank, Washington, D.C.

Sadoulet, Elisabeth, Seiichi Fukui, and Alain de Janvry. 1994. "Efficient Share Tenancy Contracts under Risk: The Case of Two Rice-Growing Villages in Thailand." *Journal of Development Economics* 45(2): 225–43.

Sah, Raaj K., and Joseph E. Stiglitz. 1989. "Sources of Technological Divergence between Developed and Less Developed Economies." In G. Calvo, R. Findlay, P. Kouri, and J. Braga de Macedo, eds., *Debt, Stabilization, and Development.* London, U.K.: Blackwell.

Sarel, Michael. 1997. "Growth in East Asia: What We Can and What We Cannot Infer." *Economic Issues No. 1.* International Monetary Fund, Washington, D.C.

Saunders, Robert, Jeremy Warford, and Björn Wellenius. 1993. *Telecommunications and Economic Development.* Baltimore, Md.: Johns Hopkins University Press.

Schmalensee, Richard, Paul L. Joskow, A. Denny Ellerman, Juan Pablo Montero, and Elizabeth M. Bailey. 1997. "An Interim Evaluation of Sulfur Dioxide Emission Trading." Massachussetts Institute of Technology, Cambridge, Mass.

Schneider, Robert R. 1995. "Government and the Economy on the Amazon Frontier." Environment Paper No. 11. World Bank, Washington, D.C.

Schware, Robert, and Paul Kimberley. 1995. *Information Technology and National Trade Facilitation: Making the Most of Global Trade.* World Bank Technical Paper Nos. 316 and 317. World Bank, Washington, D.C.

Serageldin, Ismail, and David Steeds, eds. 1996. *Rural Well-Being: From Vision to Action.* Washington, D.C.: World Bank.

Shaban, Radwan Ali. 1987. "Testing between Competing Models of Sharecropping." *Journal of Political Economy* 95(5): 893–920.

Shabbir, Tayyeb. 1991. "Sheepskin Effects in the Returns to Education in a Developing Country." *Pakistan Development Review* 30(1): 1–19.

Siamwalla, A., C. Pinthong, N. Poapongsakorn, P. Satsanguan, P. Nettarayak, W. Mingmaneenakin, and Y. Tupbun. 1990. "The Thai Rural Credit System: Public Subsidies, Private Information, and Segmented Markets." *World Bank Economic Review* 4(2): 271–96.

Silberman, James M., and Charles Weiss, Jr. 1992. "Restructuring for Productivity: The Technical Assistance Program of the Marshall Plan as a Precedent for the Former Soviet Union." Industry and Services Paper No. 64. Industry and Energy Department, World Bank, Washington, D.C.

Smith, Craig S. 1997. "Stock Market Mania is Sweeping China; Speculators Abound." *Wall Street Journal,* August 27.

Smith, Peter. 1995. "Subscribing to Monopoly. The Telecom Monopolist's Lexicon—Revisited." *Viewpoint* Note No. 53. Internal newsletter, Industry and Energy Department, World Bank, Washington, D.C.

Solow, Robert. 1956. "A Contribution to the Theory of Economic Growth." *Quarterly Journal of Economics* 70(1): 65–94.

Spiller, Pablo T., and Carlo G. Cardilli. 1997. "The Frontier of Telecommunications Deregulation: Small Countries Leading the Pack." *Journal of Economic Perspectives* 11(4): 127–38.

Sternberg, Robert, and Elena Grigorenko. 1997. "Interventions for Cognitive Development in Children 0–3 Years Old." In Mary Emming Young, ed., *Early Child Development. Investing in the Future.* Amsterdam: Elsevier.

Stiglitz, Joseph E. 1974. "Incentives and Risk Sharing in Sharecropping." *Review of Economic Studies* 41(1): 219–55.

———. 1989a. "Markets, Market Failures, and Development." *American Economic Review* 79(2): 197–203.

———. 1989b. "Rational Peasants, Efficient Institutions, and a Theory of Rural Organization: Methodological Remarks for Development Economics." In Pranab Bardhan, ed., *The Economic Theory of Agrarian Institutions.* Oxford, U.K.: Clarendon Press.

———. 1993. "The Role of the State in Financial Markets." In *Proceedings of the Annual World Bank Conference on Development Economics.* Washington, D.C.: World Bank.

———. 1994. *Whither Socialism?* Cambridge, Mass.: MIT Press.

———. 1996. "Economic Growth Revisited." *Industrial and Corporate Change* 3(1): 65–110.

———. 1998. "Creating Competition in Telecommunications." Address to a Conference on Managing the Telecommunications Sector Post-Privatization, George Washington University, Washington, D.C., April 27.

Stiglitz, Joseph E., and Andrew Weiss. 1981. "Credit Rationing in Markets with Imperfect Information." *American Economic Review* 71(3): 393–410.

Subbarao, K., Aniruddha Bonnerjee, Jeanine Braithwaite, Soniya Carvalho, Kene Ezemenari, Carol Graham, and Alan Thompson. 1997. *Safety Net Programs and Poverty Reduction: Lessons from Cross-Country Experience.* Directions in Development Series. Washington, D.C.: World Bank.

Summers, Robert, and Alan Heston. 1994. "Differential-Productivity Hypothesis and Purchasing-Power Parities: Some New Evidence." *Review of International Economics* 2(October): 227–43.

Tan, Hong W., and Geeta Batra. 1995. "Enterprise Training in Developing Countries: Incidence, Productivity Effects, and Policy Implications." Working Paper No. 15373. World Bank, Washington, D.C.

Tendler, Judith. 1994. "New Lessons from Old Projects : The Workings of Rural Development in Northeast Brazil." Operations Evaluation Study. World Bank, Washington, D.C.

Tendler, Judith, and Sara Freedheim. 1994. "Trust in a Rent-Seeking World: Health and Government Transformed in Northeast Brazil." *World Development* 22(12): 1771–91.

Thomas, Duncan, Victor Lavy, and John Strauss. 1996. "Public Policy and Anthropometric Outcomes in Côte d'Ivoire." *Journal of Public Economics* 61: 155–92.

Thomas, Duncan, and John Strauss. 1992. "Prices, Infrastructure, Household Characteristics, and Child Height." *Journal of Development Economics* 39(10): 301–33.

Thomas, Duncan, John Strauss, and Maria-Helena Henriques. 1991. "How Does Mother's Education Affect Child Height?" *Journal of Human Resources* 26(2): 183–211.

Thomas, Vinod, Nalin M. Kishor, and Tamara C. Belt. 1997. *Embracing the Power of Knowledge for a Sustainable Environment.* Washington, D.C.: World Bank.

Tietenberg, Tom. 1997. "Information Strategies for Pollution Control." Paper presented at the Eighth Annual Meetings of the European Association of Environmental and Resource Economists, Tilburg, The Netherlands. http://www.colby.edu/personal/thtieten.

Tuck, Laura, and Kathy Lindert. 1996. *From Universal Food Subsidies to a Self-Targeted Program: A Case Study in Tunisian Reform.* World Bank Discussion Paper No. 351. Washington, D.C.: World Bank.

24 Hours in Cyberspace. 1996. "Emailing a Future: Loan Program Sows Hope in Vietnam and Cambodia." www.cyber24.com/htm1/2_229.htm.

Tzannatos, Zafiris, and Geraint Johnes. 1996 *Training and Skills Development in the East Asian NIC's: A Comparison and Lessons for Developing Countries.* PSP Discussion Paper Series. Washington, D.C.: World Bank.

Udry, Christopher. 1994. "Risk, Insurance, and Default in a Rural Credit Market: An Empirical Investigation in Northern Nigeria." *Review of Economic Studies* 61(3): 495–526.

UNCSTD (United Nations Commission on Science and Technology for Development). 1997. "Building Innovative Knowledge Societies for Sustainable Development." New York, N.Y.

UNESCO (United Nations Education, Scientific, and Cultural Organization). 1996. *The World Science Report.* Paris.

———. 1997. *Statistical Yearbook.* Paris.

———. 1998. *World Education Report.* Paris: UNESCO Publishing.

UNFCCC (United Nations Framework Convention on Climate Change). 1998. www.unfccc.org.

UNICEF (United Nations Children's Fund). 1995. *The State of the World's Children: 1995.* New York, N.Y.: Oxford University Press.

———. 1997. *The State of the World's Children: 1997.* New York, N.Y.: Oxford University Press.

UNIDO (United Nations Industrial Development Organization). 1995. *Trade Implications of International Standards for Quality and Environmental Management Systems ISO 9000/ISO 14000: Survey Results.* Vienna.

United Kingdom Secretary of State for International Development. 1997. *Eliminating World Poverty: A Challenge for the 21st Century."* White Paper on International Development. London.

USAID (U.S. Agency for International Development). 1993. "Policy Dialogue and Reform in the Education Sector." Advocacy Series, Education and Development. Washington, D.C.

van der Gaag, Jacques, and Wim Vijverberg. 1989. "Wage Determinants in Côte d'Ivoire: Experience, Credentials, and Human Capital." *Economic Developments and Cultural Change* 27(2): 371–81.

Vergara, W., and D. Babelon. 1990. *The Petrochemical Industry in Developing Asia.* World Bank Technical Paper No. 113. Industry and Energy Series. Washington, D.C.: World Bank.

Wade-Barrett, Carmen. 1997. "Telecommunications of Jamaica Has Installed Some 160,000 Lines over the Last Three Years." Inter Press Service, June 30.

Wang, Hua, and David Wheeler. 1996. 'Pricing Industrial Pollution in China: An Econometric Analysis of the Levy System." Working Paper No. 1644. Policy Research Department, World Bank, Washington, D.C.

Weiss, Andrew, and Georgiy Nikitin. 1998. "Performance of Czech Companies by Ownership Structure." Paper presented at the William Davidson Institute (University of Michigan) conference on Finance in Transition Economies. Boston University, May.

Wellenius, Björn. 1997a. "Extending Telecommunications Service to Rural Areas—The Chilean Experience." *Viewpoint* (February) Note No. 105. Internal newsletter, Industry and Energy Department, World Bank, Washington, D.C.

———. 1997b. "Telecommunications Reform—How to Succeed: Public Policy for the Private Sector." *Viewpoint* (October) Note No. 130. Internal newsletter, Industry and Energy Department, World Bank, Washington, D.C.

Werner, David, and David Sanders. 1997. *Questioning the Solution: The Politics of Primary Health Care and Child Survival.* Atlantic Highlands, N.J.: Zed Books.

Wester, Gregory. 1993. "Vehicle Product Cycles and Their Market Effects." *Review of the U.S. Economy* (November): 47–51.

Westphal, Larry E. 1990. "Industrial Policy in an Export-Propelled Economy: Lessons from South Korea's Experience." *Journal of Economic Perspectives* 4(4): 41–59.

Westphal, Larry E., Yung W. Rhee, and Gary Pursell. 1981. "Korean Industrial Competence: Where It Came From." Staff Working Paper No. 469. World Bank, Washington, D.C.

Weymes, R., ed. 1990. *Organic Farming—Is There a Future? Initial Results of a 1990 Canada-Wide Survey.* Proceedings of a conference on Transition to Organic Agriculture, University of Saskatchewan, Saskatoon, Saskatchewan.

White, Eugene. 1997. "Deposit Insurance." In Gerard Caprio, Jr., and Dimitri Vittas, eds., *Reforming Financial Systems: Historical Implications for Policy.* New York, N.Y.: Cambridge University Press.

WHO (World Health Organization). 1988. *Informatics and Telematics in Health: Present and Potential Uses.* Geneva.

Willmott, Hugh. 1998. *Knowledge Management: A Real Business Guide.* London, U.K.: Caspian Publishing, Ltd.

Woolcock, Michael. 1998. "Social Theory, Development Policy, and Poverty Alleviation: A Comparative-Historical Analysis of Group-Based Banking in Developing Economies." Ph.D. diss. Brown University, Department of Sociology.

World Bank. 1991. "Peru: Poverty Assessment and Social Policies and Programs for the Poor." Report No. 11191-PE. Latin America and the Caribbean Region, Country Department 1, World Bank, Washington, D.C. http://www.worldbank.org/lsms.

———. 1992. *World Development Report 1992: Development and the Environment.* New York, N.Y.: Oxford University Press.

———. 1993a. "Peru Poverty Assessment and Social Policies and Programs for the Poor." Macroeconomic Analysis Sector Report No. 11191. World Bank, Washington, D.C.

———. 1993b. *The East Asian Miracle: Economic Growth and Public Policy.* World Bank Policy Research Report. New York, N.Y.: Oxford University Press.

———. 1993c. *World Development Report 1993: Investing in Health.* New York, N.Y.: Oxford University Press.

———. 1994a. *Averting the Old Age Crisis.* World Bank Policy Research Report. New York, N.Y.: Oxford University Press.

———. 1994b. *World Development Report 1994: Infrastructure for Development.* New York, N.Y.: Oxford University Press.

———. 1995a. *Priorities and Strategies for Education: A World Bank Review.* Washington, D.C.: World Bank.

———. 1995b. *Vietnam Poverty Assessment and Strategy.* Washington, D.C.: World Bank.

———. 1996. *Rural Energy and Development: Improving Energy Supply for Two Billion People.* Washington, D.C.: World Bank.

———. 1997a. *Clean Water, Blue Skies: China's Environment in the Next Century.* Washington, D.C.: World Bank.

———. 1997b. *Confronting AIDS: Public Priorities in a Global Epidemic.* New York, N.Y.: Oxford University Press.

———. 1997c. *Expanding the Measure of Wealth: Indicators of Environmentally Sustainable Development.* Environmentally Sustainable Development Studies and Monographs Series No. 17. Washington, D.C.: World Bank.

———. 1997d. *Global Economic Prospects and the Developing Countries.* Washington, D.C.: World Bank.

———. 1997e. "Land Reform and Poverty Alleviation Pilot." Public Information Center (PIC) No. 4974. World Bank, Washington, D.C.

———. 1997f. "Science and Technology Reform Support: Project for Brazil." Project Appraisal Document No. 17178. World Bank, Washington, D.C.

———. 1997g. *World Development Indicators.* Washington, D.C.: World Bank.

———. 1997h. *World Development Report 1997: The State in a Changing World.* New York, N.Y.: Oxford University Press.

———. 1998a. *Latin America and the Caribbean: Education and Technology at the Crossroads.* Washington, D.C.: World Bank.

———. 1998b. NIPR (New Ideas in Pollution Regulation). http://www.worldbank.org/nipr.

———. 1998c. *Rethinking Aid: What Works, What Doesn't, and Why?* New York, N.Y.: Oxford University Press.

———. 1998d. *World Development Indicators.* Washington, D.C.: World Bank.

———. Forthcoming-(a). *Dividends and Disappointments: Learning from the Successes and Failures of Aid.* A World Bank Policy Research Report. Washington, D.C.: World Bank.

———. Forthcoming-(b). "The Expansion of Learning." World Bank, Washington, D.C.

———. Various years. *Living Standards Measurement Surveys.* Washington, D.C. World Bank.

WorldSpace. 1998. "WorldSpace: The Technology." www.worldspace.com/text/technology.html.

Yamauchi, Futoshi. 1997. "Information, Neighborhood Effects, and the Investment in Human Capital: Learning School Returns in a Dynamic Context." Department of Economics, University of Pennsylvania, Philadelphia, Penn.

Young, Alwyn. 1995. "The Tyranny of Numbers: Confronting the Statistical Realities of the East Asian Growth Experience." *Quarterly Journal of Economics* 110 (August): 643–80.

Young, Mary Eming, ed. 1997. *Early Child Development. Investing in the Future.* Amsterdam: Elsevier.

Yunus, Muhammad. 1996. "Socially Responsible Actions to Promote Rural Well-Being." In Ismail Serageldin and David Steeds, eds., *Rural Well-Being: From Vision to Action.* Washington, D.C.: World Bank.

Zijp, Willem. 1994. *Improving the Transfer and Use of Agricultural Information. A Guide to Information Technology.* World Bank Discussion Paper No. 247. World Bank, Washington, D.C.

Zongo, Gaston. 1997. "Impact Socioeconomique et Financier des Télécentres Privés." Paper presented to the ICTP/ITU Workshop on the Economic Quantification of the Impact of Telecommunications in Development, Trieste, Italy, February 26 and March 1.

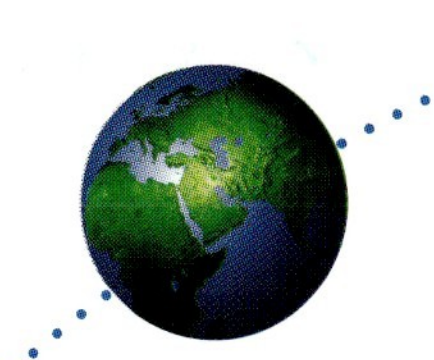

Anhang

Internationale Statistiken über Wissen

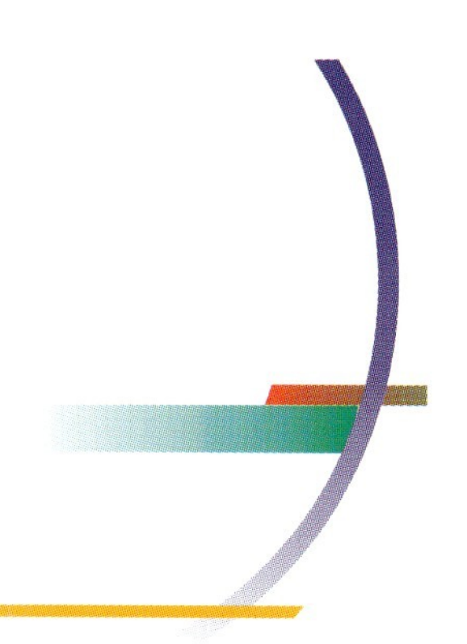

Tabelle A.1.: Immatrikulationen nach Studiengebiet
Die Daten über das Erziehungswesen werden von der Organisation für Erziehung, Wissenschaft und Kultur der Vereinten Nationen (UNESCO) aus offiziellen Antworten auf Befragungen und aus Berichten der Erziehungsbehörden in jedem Land zusammengestellt. Die Daten in der Tabelle basieren sowohl auf den Stufenkategorien als auch auf den Studiengebieten der Internationalen Standardklassifikation für das Bildungswesen (ISCED). In der Tabelle aufgeführt sind Studenten in Studiengängen der ISCED-Stufen 5 bis 7. Studenten auf der Stufe 5 sind in Studiengängen, die zu einem Abschluß führen, der nicht einem ersten akademischen Grad entspricht, sondern sie auf den Abschluß in einem bestimmten Berufsfeld vorbereitet, in dem sie sich weiter qualifizieren können. Studenten auf der Stufe 6 sind in Studiengängen, die zum ersten akademischen oder einem entsprechenden Grad führen. Studenten auf der Stufe 7 sind in Studiengängen, die an den ersten akademischen Grad anschließen.

Das ISCED-Studiengebiet bezieht sich auf das belegte Hauptfach. Die *Naturwissenschaften* umfassen Biologie, Chemie, Geologie, Physik, Astronomie, Meteorologie und Ozeanographie. Zu *Mathematik und Informatik* gehören allgemeine Studiengänge in Mathematik, Statistik, Versicherungsmathematik und Informatik. *Ingenieurwesen* umfaßt die Chemische Verfahrenstechnik und Werkstoffkunde, Elektrotechnik, Elektronik, Produktionstechnik, Metallurgie, Bergbautechnik, Maschinenbau, Vermessungstechnik sowie Land-, Forst- und Fischereitechnik. Zu *Verkehr und Kommunikation* gehören Ausbildungsprogramme für Luftverkehrsbesatzung und Schiffsoffiziere, Berufe im Eisenbahn- und Straßenverkehrsgewerbe sowie im Postwesen.

Die Immatrikulationsquoten werden durch den Weltbank-Stab unter Verwendung der elektronischen Datenbank der UNESCO ermittelt, die mit ihrem *Statistical Yearbook 1997* übereinstimmt. Sowohl die Klassifikationen nach Studiengebiet als auch die Methoden der Datensammlung weisen gelegentlich zwischen verschiedenen Ländern und innerhalb von Ländern im Laufe der Zeit Abweichungen auf. Diesbezüglich sind länderspezifische Hinweise dem *Statistical Yearbook, 1997* der UNESCO zu entnehmen (Tabelle 3.11).

Tabelle A.2.: Einschätzung der rechtlichen Infrastruktur
Die Werte der Indizes in der Tabelle stammen aus Levine (erscheint demnächst); die Indizes setzen sich zusammen aus Indikatoren aus La Porta et al. 1998, die ihre Daten nationalen Quellen und dem *International Country Risk Guide* entnahmen. Die Daten geben daher die zur Zeit der Befragung (1995 - 1996) herrschenden Bedingungen wieder. Der Index der Kreditgeberrechte ist eine Kombination aus drei Indikatoren. Der erste, AUTOSTAY, ist gleich Eins, wenn die Gesetze eines Landes die Vermögenswerte eines Unternehmens automatisch einfrieren, sobald das Unternehmen einen Vergleichsantrag gestellt hat. Der Indikator ist gleich Null, wenn das Gesetzbuch keine solchen vorsieht. Diese Einschränkung verhindert, daß die Banken in den Besitz von Sicherheiten kommen. MANAGES, der zweite Indikator, ist gleich Eins (im umgekehrten Fall gleich Null), wenn ein Unternehmen selbst dann sein Eigentum weiterhin verwaltet, wenn ein Vergleichsverfahren anhängig ist und die Geschäftsleitung nicht durch gerichtlich bestellte oder vom Kreditgeber bestimmte Personen ersetzt wird. SECURED ist gleich Eins (im umgekehrten Fall gleich Null), wenn gesicherte Gläubiger ein Vortrittsrecht bei der Verteilung des Liquidationserlöses aus den Vermögenswerten in Kokurs gegangener Unternehmen. MANAGES sollte daher in Bezug auf die Aktivitäten der Bank negativ korreliert, und

SECURED positiv assoziiert sein. Der Index für die Kreditgeberrechte ist definiert als SECURED abzüglich AUTOSTAY abzüglich MANAGES und reicht daher von 1 (bester Wert) bis –2 (schlechtester Wert).

Die Aktionärsrechte sind eine ähnliche Kombination aus fünf Indikatoren, deren Wert gleich Eins oder gleich Null sein kann. Der Indikator PROXY nimmt den Wert Eins an, wenn Aktionäre in persona oder per Briefwahl abstimmen können. CUMULATIVE ist gleich Eins, wenn das Gesetz beziehungsweise das Gesetzbuch den Aktionären gestattet, alle Stimmen für einen Kandidaten abzugeben. BLOCKED ist gleich Eins, wenn das Gesetz beziehungsweise das Gesetzbuch Unternehmen nicht gestattet, von den Aktionäre zu verlangen, ihre Anteile vor einer Hauptversammlung zu hinterlegen (und sie so für einige Tage daran zu hindern, diese Anteile zu verkaufen). MINOR ist gleich Eins, wenn Minderheitsaktionäre gegen Entscheidungen des Managements oder das Recht des Managements, das Unternehmen zu verlassen, angehen können, indem sie vom ihm verlangen Anteile zu kaufen, wenn sie gegen gewisse fundamentale Änderungen sind. MEETING ist gleich Eins, wenn der Mindestanteil am Aktienkapital, den ein Aktionär halten muß, um eine außerordentliche Hauptversammlung einberufen zu können, kleiner oder gleich zehn Prozent ist.

Die Durchsetzung schließlich ist eine Kombination aus zwei Variablen, deren Wert von 1 bis 10 reichen kann. RULELAW ist eine Einschätzung der Tradition von Recht und Ordnung eines Landes in der Zeit von 1982–1995. CONRISK ist eine für denselben Zeitabschnitt geltende Einschätzung der Möglichkeiten der Regierung, einen Vertrag nach der Unterzeichnung einseitig zu modifizieren. Die Daten für beide Variablen entstammen dem *International Country Risk Guide.*

Tabelle A.1. Immatrikulationen nach Studiengebiet

Land	Naturwissenschaften: % der Altersgruppe 20–24 1990–95[a]	Naturwissenschaften: % Frauen 1990–95[a]	Mathematik und Informatik: % der Altersgruppe 20–24 1990–95[a]	Mathematik und Informatik: % Frauen 1990–95[a]	Ingenieurwesen: % der Altersgruppe 20–24 1990–95[a]	Ingenieurwesen: % Frauen 1990–95[a]	Verkehr und Kommunikation: % der Altersgruppe 20–24 1990–95[a]	Verkehr und Kommunikation: % Frauen 1990–95[a]
Ägypten, Arab Rep.	0,5	37,1	0,1	23,8	1,0	19,8	..	..
Albanien	0,3	55,8	0,0	45,5	0,9	26,2	..	..
Algerien	1,4	52,7	0,8	36,0	2,5	26,6	0,0	13,9
Angola	0,1	40,1	..	..	0,1	21,1	..	..
Argentinien	2,8	..	..	..	3,9	..	..	..
Äthiopien	0,0	16,0	0,0	19,1	0,1	8,1	..	..
Australien	5,2	45,4	1,8	25,6	7,5	10,0	..	..
Belgien	1,2	39,1	1,4	22,9	3,4	14,6	0,0	18,7
Benin	0,4	9,9	0,0	..	..	..	..	..
Bolivien	0,5	..	0,9	..	2,9	..	..	..
Brasilien	0,3	52,0	0,7	40,4	1,1	19,2	0,0	21,0
Bulgarien	0,9	61,3	0,6	55,3	8,4	42,6	0,4	42,0
Burkina Faso	0,2	7,3	0,0	5,4	..	..	..	..
Burundi	0,1	24,0	0,0	17,6	0,0	3,6	..	..
Chile	0,7	46,7	0,3	..	6,9	19,1	..	..
China	0,1	..	0,1	..	0,8	..	0,1	..
Hongkong, China	3,0	28,9	1,5	25,1	3,7	6,2	0,0	32,3
Costa Rica	0,4	..	1,2	..	2,5	..	0,0	..
Dänemark	1,6	40,3	1,7	26,1	4,6	20,2	0,1	7,5
Deutschland	2,2	33,3	1,8	24,1	5,8	9,7	0,0	2,9
Ecuador	0,7	..	0,0	..	2,6	..	..	..
Elfenbeinküste	0,8	8,0	0,3	18,7	0,2	8,7	0,0	18,9
El Salvador	0,0	57,6	0,4	50,0	2,6	24,0	..	..
Estland	0,9	40,8	0,6	44,4	6,6	14,8	0,4	14,1
Finnland	2,9	50,9	3,5	18,4	12,7	14,1	..	..
Frankreich	7,1	36,4	..	..	1,2	21,2	..	..
Georgien	2,7	65,0	0,4	52,2	8,9	31,8	0,9	48,3
Ghana	0,1	17,3	0,0	11,5	0,1	2,8	..	..
Griechenland	2,0	37,4	1,8	32,5	6,1	19,6	0,3	9,0
Guinea	0,3	5,8	..	..	0,2	3,8	..	..
Honduras	0,0	48,7	0,6	6,6	1,8	31,3	..	..
Indien	1,1	33,3	..	..	0,3	7,9	..	..
Indonesien	0,2	34,0	0,8	34,3	1,8	14,2	0,1	20,5
Irland	5,4	51,1	1,2	32,3	3,9	11,6	..	..
Israel	2,1	52,4	1,6	34,7	6,2	23,9	..	..
Italien	2,2	51,9	1,0	43,1	4,2	13,1	0,1	43,1
Jamaika	0,5	..	0,2	..	0,4	..	..	..
Japan	0,7	17,6	0,2	20,2	9,0	10,8	0,0	6,2
Jemen, Rep.	0,1	23,9	0,0	26,4	0,2	10,5	..	..
Jordanien	1,4	57,1	2,5	41,3	3,1	17,7	0,0	..
Kamerun	0,8	16,8	..	..	0,1	0,8	..	..
Kanada	2,2	46,4	2,5	30,0	4,9	14,3	0,2	6,7
Kasachstan	1,9	70,7	1,1	25,9	2,3	28,7	0,5	48,3
Kenia	0,2	12,6	..	..	..	..	..	..
Kirgistan	1,1	65,3	0,5	72,4	0,4	38,0	0,3	3,9
Kolumbien	0,3	46,4	0,3	43,9	4,9	30,7	..	..
Kongo, Rep.	0,4	9,4	0,0	25,0	..	..	..	..
Korea, Rep.	3,8	33,7	2,8	25,9	13,5	9,9	0,0	35,0
Kroatien	0,3	58,9	0,2	29,6	6,6	19,3	0,9	13,8
Laos, Demokr. Volksrepublik	0,0	40,7	0,1	22,9	0,2	11,2	0,1	5,3
Lesotho	0,2	33,0	0,0	28,3	0,1	13,7	..	..
Lettland	0,6	49,5	1,2	31,2	2,8	19,6	0,5	9,0
Libanon	1,3	52,0	0,6	37,6	1,1	20,0	..	..
Madagaskar	0,7	36,0	0,1	20,9	0,1	12,4	..	..
Malawi	0,0	20,9	..	..	0,1	5,3	..	..
Malaysia	0,5	46,1	0,3	51,0	0,8	14,4	..	..
Mali	0,0	2,8	0,0	4,9	0,1	1,9	0,0	20,3
Marokko	2,8	29,0	..	..	0,1	13,7	0,0	1,7
Mauretanien	0,3	16,4	0,0	13,2	0,1	6,6	..	..
Mauritius	0,1	44,2	0,1	30,8	0,3	4,1	..	..
Mazedonien, ehem. Jugosl. Rep.	0,8	70,7	0,5	65,8	4,2	26,4	0,1	21,8
Mexiko	0,5	54,6	1,2	41,2	2,7	14,0	0,0	9,9
Moldawien	0,1	..	0,0	..	9,6	42,2	0,8	21,6
Mongolei	0,7	62,4	0,3	51,2	2,5	45,7	0,1	50,3
Mosambik	0,1	28,8	0,0	25,5	0,1	6,8	..	..
Namibia	0,4	35,2	..	..	..	..	..	..
Nepal	0,8	12,9	..	..	0,1	8,6	..	..
Neuseeland	4,8	42,3	0,4	30,3	3,0	13,3	0,2	11,6
Nicaragua	0,3	76,0	0,8	53,5	1,9	26,5	..	..
Niederlande	1,4	32,4	0,7	10,2	4,8	12,8	0,1	5,7

Tabelle A.1. *(Fortsetzung)*

Land	Naturwissenschaften		Mathematik und Informatik		Ingenieurwesen		Verkehr und Kommunikation	
	% der Altersgruppe 20–24 1990–95[a]	% Frauen 1990–95[a]	% der Altersgruppe 20–24 1990–95[a]	% Frauen 1990–95[a]	% der Altersgruppe 20–24 1990–95[a]	% Frauen 1990–95[a]	% der Altersgruppe 20–24 1990–95[a]	% Frauen 1990–95[a]
Nigeria	0,5	..	..	..	0,3	..	..	..
Norwegen	3,0	40,0	0,4	27,6	5,2	18,6	0,3	8,1
Oman	0,3	62,8	0,1	59,0	0,4	8,9	..	..
Österreich	2,5	39,5	2,8	21,5	4,5	10,4	..	..
Pakistan	0,3	15,8	..	..	0,4	2,0	..	..
Panama	0,8	48,9	0,6	53,1	5,0	31,8	..	..
Papua-Neuguinea	0,1	20,6	0,0	32,5	0,2	6,3	..	..
Paraguay	0,3	80,2	0,7	46,0	0,5	17,2	..	..
Peru	0,7	..	..	..	4,0	..	..	..
Philippinen	0,5	67,9	2,1	54,4	3,9	18,3	0,9	0,8
Polen	0,8	62,8	0,5	56,3	4,9	18,1	0,2	10,0
Portugal	1,0	59,8	1,7	46,2	6,0	28,3	0,0	..
Rumänien	0,6	72,1	0,5	57,8	4,5	28,1	0,1	11,6
Russische Föderation	1,6	51,8	1,6	55,0	14,8	24,2	0,5	36,0
Saudi-Arabien	1,0	51,2	0,3	32,4	0,5	4,6	0,1	..
Senegal	0,6	9,3	0,0	12,4	0,1	30,2	..	..
Simbabwe	0,2	24,1	0,1	36,5	0,7	6,4	..	..
Slowakische Republik	0,9	48,0	0,1	22,5	8,7	28,5	..	..
Slowenien	0,7	54,0	0,1	38,1	5,6	21,4	0,9	29,3
Spanien	2,9	50,4	2,5	31,8	6,2	22,3	..	..
Sri Lanka	0,5	44,0	0,0	33,4	0,4	12,4	..	..
Schweden	1,8	47,0	2,3	27,3	6,2	19,4	0,1	13,9
Schweiz	2,3	29,8	0,6	14,4	4,4	4,7	0,0	3,5
Südafrika	0,7	45,9	0,9	34,9	0,6	5,8	..	..
Syrien	1,4	41,9	0,1	30,7	1,0	32,5	..	..
Tadschikistan	..	..	..	..	3,2	17,2	..	..
Tansania	0,0	11,9	0,0	2,7	0,1	4,0	0,0	19,1
Thailand	1,3	41,7	0,0	50,5	1,7	5,9	0,0	..
Togo	0,3	7,4	..	..	0,1	2,3	..	..
Trinidad und Tobago	0,7	51,3	..	..	0,9	20,9	0,0	..
Tschad	0,0	3,5	0,0	3,3	0,0	..	..	..
Tschechische Republik	0,7	38,1	0,4	13,8	5,9	19,8	0,2	20,6
Tunesien	1,5	37,2	0,3	22,1	0,8	16,8	0,1	24,2
Türkei	0,7	45,2	0,5	33,0	2,5	16,8	0,0	14,2
Uganda	0,1	26,8	0,0	17,9	0,1	9,1	..	..
Ukraine	..	..	..	..	10,6	..	..	..
Ungarn	0,3	36,7	0,2	20,1	1,9	20,2	0,9	23,5
Uruguay	0,4	..	..	..	3,6	..	..	..
Vereinigte Arab. Emirate	0,5	76,5	0,3	66,5	0,4	22,4	..	..
Vereinigtes Königreich	2,6	44,4	2,2	25,2	4,7	12,3	..	..
Vereinigte Staaten	2,6	..	2,7	..	4,2	..	0,6	..
Weißrußland	0,1	..	..	..	9,1	30,6	..	..
Zentralafrikanische Republik	0,1	7,3	0,0	..	0,1	3,4	..	..

a. Die Daten beziehen sich auf das jüngste verfügbare Jahr.

Tabelle A.2. Einschätzung der rechtlichen Infrastruktur

Land	Kreditgeberrechte	Aktionärsrechte	Durchsetzung
Systeme britischen Ursprungs			
Australien	–1	4	9,36
Hongkong	1	4	8,52
Indien	1	2	5,14
Irland	–1	3	8,38
Israel	1	3	6,18
Kanada	–1	4	9,48
Kenia	1	3	5,54
Malaysia	1	3	7,11
Neuseeland	0	4	9,65
Nigeria	1	3	3,55
Pakistan	1	4	3,95
Simbabwe	1	3	4,36
Singapur	1	3	8,72
Sri Lanka	—	2	3,58
Südafrika	0	4	5,85
Thailand	1	3	6,91
Vereinigtes Königreich	1	4	9,10
Vereinigte Staaten	–1	5	9,50
Durchschnitt	0,41	3,39	6,94
Systeme deutschen Ursprungs			
Deutschland	0	1	9,50
Japan	0	3	9,34
Korea	1	2	6,97
Österreich	0	2	9,80
Schweiz	–1	1	9,99
Taiwan, China	0	3	8,84
Durchschnitt	0	2	9,07

Land	Kreditgeberrechte	Aktionärsrechte	Durchsetzung
Systeme französischen Ursprungs			
Ägypten	1	2	5,11
Argentinien	–1	4	5,13
Belgien	0	0	9,74
Brasilien	–2	3	6,31
Chile	–1	3	6,91
Ecuador	1	2	5,93
Frankreich	–2	2	9,09
Griechenland	–1	1	6,40
Indonesien	1	2	5,04
Italien	–1	0	8,75
Jordanien	—	1	4,61
Kolumbien	–2	1	4,55
Mexiko	–2	0	5,95
Niederlande	–1	2	9,68
Peru	–2	2	3,59
Philippinen	–2	4	3,77
Portugal	–1	2	8,63
Spanien	0	2	8,10
Türkei	–1	2	5,57
Uruguay	0	1	6,15
Venezuela	—	1	6,34
Durchschnitt	–0,84	1,76	6,44
Systeme skandinavischen Ursprungs			
Dänemark	0	3	9,66
Finnland	–1	2	9,58
Norwegen	–1	3	9,86
Schweden	–1	2	9,79
Durchschnitt	–0,75	2,50	9,72

— Nicht verfügbar.
Hinweis: Die Wertung für Kreditgeberrechte reichen von –2 bis 1; diejenigen für Aktionärsrechte von 1 bis 5; die Werte für Durchsetzung reichen von 1 bis 10.
Quelle: La Porta et al. 1998; Levine, Loayza und Beck 1998.

Ausgewählte Kennzahlen der Weltentwicklung

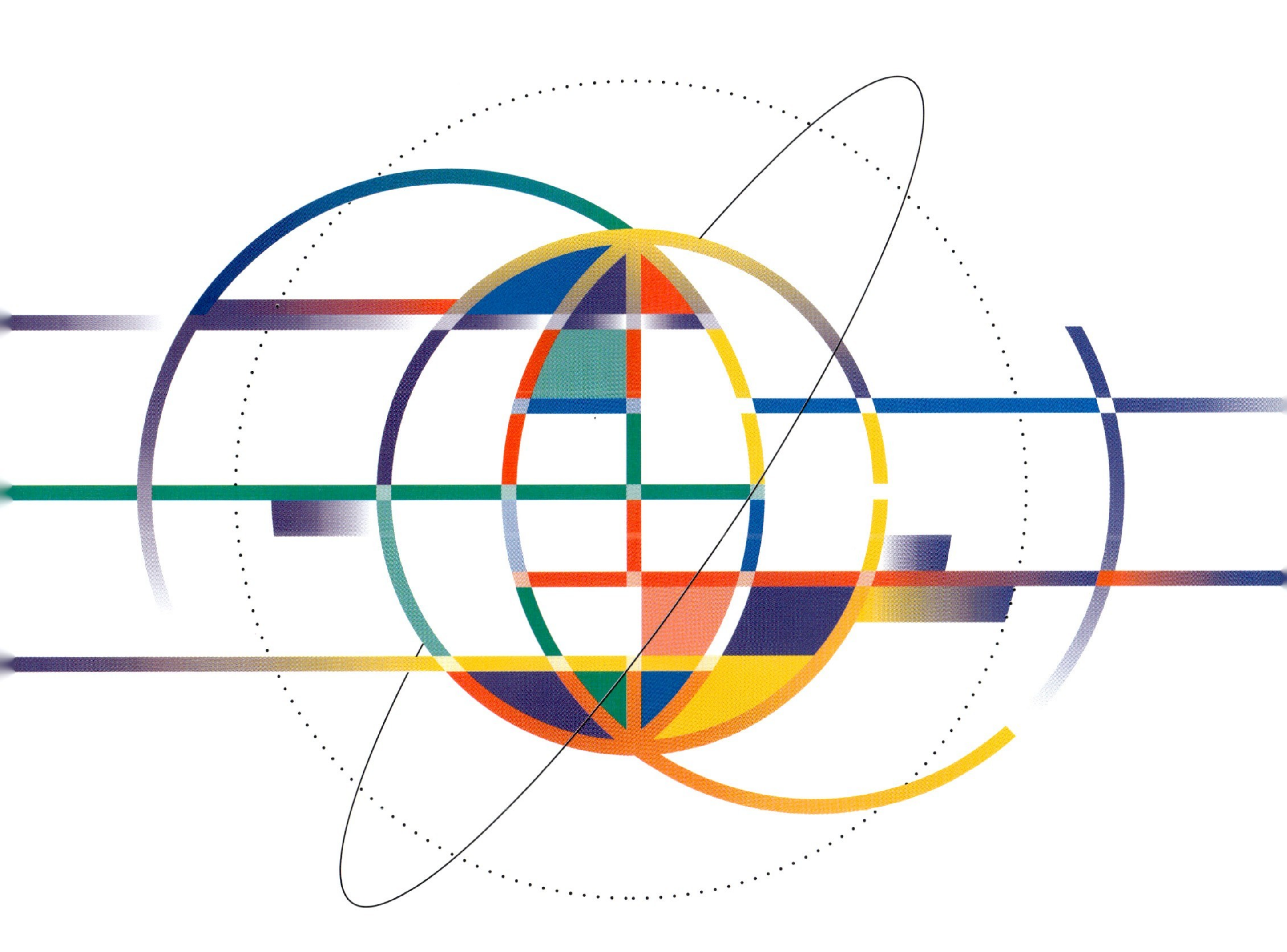

Inhaltsverzeichnis

Einführung zu den Ausgewählten Kennzahlen der Weltentwicklung

Die ausgewählten Kennzahlen der Weltentwicklung liefern eine Reihe von Kerndaten aus den Entwicklungsdatenbanken der Weltbank. In den 21 Tabellen werden, der Tradition entsprechend, vergleichende sozioökonomische Daten von mehr als 130 Volkswirtschaften für das letzte Jahr, für das Angaben verfügbar sind, sowie für ein früheres Jahr dargestellt. Eine Zusatztabelle enthält grundlegende Kennzahlen für 77 weitere Länder mit unzureichenden Daten oder mit einer Bevölkerung von weniger als 1 Million Menschen.

Die hier aufgeführten Kennzahlen sind eine Auswahl aus mehr als 500 Kennzahlen, die in den *Kennzahlen der Weltentwicklung* 1998 enthalten sind. Die jährlich veröffentlichten *Kennzahlen der Weltentwicklung* zeichnen sich durch ihren integrierten Ansatz bei der Messung des Fortschritts in der Entwicklung aus. Das erste Kapitel informiert über Zukunftsaussichten von Entwicklungsländern sowie über dort bereits erreichte soziale und wirtschaftliche Fortschritte, gemessen an sechs weltweit angestrebten Zielen. In den fünf Hauptabschnitten zeigt sich der Einfluß zahlreicher verschiedener Faktoren: Entwicklung des Humankapitals, ökologische Tragfähigkeit, gesamtwirtschaftliche Entwicklung, Entwicklung des Privatsektors sowie die globalen Verflechtungen, die Einfluß auf das außenwirtschaftliche Umfeld für die Entwicklung haben. Die *Kennzahlen der Weltentwicklung* werden ergänzt durch eine gesondert veröffentlichte CD-ROM-Datenbank mit über 1.000 Tabellen und 500 Zeitreihen für 223 Länder und Regionen.

Aufbau der Ausgewählten Kennzahlen der Weltentwicklung

Die Tabellen 1 und 2, *Weltüberblick,* bieten eine Übersicht zentraler Fragen der Entwicklung: Wie reich oder arm sind die Menschen im jeweiligen Land? Wie entwickelt sind Gesundheits- und Sozialfürsorge gemessen am Beispiel der Unterernährung und Sterblichkeitsrate bei Kindern? Wie hoch ist die Lebenserwartung Neugeborener? Wie hoch ist die Analphabetenquote bei den Erwachsenen?

Die Tabellen 3 bis 7, *Bevölkerung,* zeigen den Fortschritt in der sozialen Entwicklung während des vergangenen Jahrzehnts. Sie enthalten Angaben über das Bevölkerungswachstum, die Teilnahme am Arbeitsprozeß und die Einkommensverteilung. Neu hinzugekommen ist in diesem Jahr eine Tabelle über die Verbreitung und den Grad der Armut. Kennzahlen zur Sozialstruktur, am Beispiel von Unterernährung und Zugang zur Gesundheitsfürsorge, Schulbesuchsquoten und geschlechtsbedingten Unterschieden bei den Ausbildungsmöglichkeiten werden ebenfalls dargestellt.

Die Tabellen 8 bis 10, *Umwelt,* vereinen grundlegende Kennzahlen über Bodennutzung und landwirtschaftliche Produktionsleistung, Wasserressourcen, Energieverbrauch und Kohlendioxidemissionen.

Die Tabellen 11 bis 15, *Wirtschaft,* liefern Informationen über die Struktur und das Wachstum der Volkswirtschaften in aller Welt, einschließlich Statistiken über Staatsfinanzen und einer Zusammenfassung der Zahlungsbilanzen.

Die Tabellen 16 bis 19, *Staaten und Märkte,* betrachten die Rolle des öffentlichen und privaten Sektors bei der Schaffung der für das Wirtschaftswachstum notwendigen Infrastruktur. Diese Tabellen liefern Informationen über private Investitionen, Aktienmärkte und wirtschaftliche Aktivitäten des Staates (einschließlich militärischer Ausgaben) sowie eine Tabelle mit Kennzahlen zu den Bereichen Informationstechnologie sowie Forschung und Entwicklung.

Die Tabellen 20 und 21, *Globale Verflechtungen,* enthalten Informationen über Handel und Finanzflüsse, einschließlich Hilfszahlungen und Darlehen an Entwicklungsländer.

Da die Hauptaufgabe der Weltbank darin besteht, vor allem Mitgliedsländern mit niedrigem und mittlerem Einkommen Kredite zu gewähren und sie in politischen Angelegenheiten zu beraten, konzentrieren sich die behandelten Probleme hauptsächlich auf diese Länder. Soweit verfügbar, werden zu Vergleichszwecken auch Informationen über Länder mit hohem Einkommen geliefert. Weitere Informationen über die Länder mit hohem Einkommen können bei Bedarf nationalen statistischen Veröffentlichungen oder Veröffentlichungen der Organisation für wirtschaftliche Zusammenarbeit und Entwicklung sowie der Europäischen Union entnommen werden.

Länderklassifizierung

Wie im übrigen Teil des Berichts ist das zur Klassifizierung der Länder und zur allgemeinen Unterscheidung der jeweiligen ökonomischen Entwicklungsstadien verwendete Hauptkriterium das Bruttosozialprodukt (BSP) pro Kopf. Die Länder werden in drei Einkommenskategorien eingeteilt. Die in dieser Ausgabe verwendete Klassifizierung wurde aktualisiert, um die aktuellen Operationsrichtlinien der Weltbank widerzuspiegeln. Die Abgrenzungslinien des BSP pro Kopf wurden wie folgt festgelegt: Länder mit niedrigem Einkommen: bis 785 Dollar im Jahr 1997; mit mittlerem Einkommen: 786 bis 9.655 Dollar; mit hohem Einkommen: über 9.655 Dollar. Bei einem BSP pro Kopf von 3.125 Dollar wurde für Länder mit mittlerem Einkommen eine weitere Unterteilung in eine untere und eine obere Kategorie vorgenommen. Die Länder werden außerdem nach Regionen klassifiziert. Die Tabelle über die Länderklassifizierung am Ende des Berichts enthält eine Auflistung der Länder jeder Gruppe (einschließlich derjenigen mit einer Bevölkerung von weniger als 1 Million Menschen).

Datenquellen und Verfahrensweisen

Die hier aufgeführten sozioökonomischen Daten stammen aus unterschiedlichen Quellen: der Primärdatensammlung der Weltbank, aus statistischen Publikationen der Mitgliedsländer, von Forschungsinstituten, wie dem World Resources Institute, und von anderen internationalen Organisationen, wie den Vereinten Nationen und ihren Sonderorganisationen, dem Internationalen Währungsfonds sowie der Organisation für wirtschaftliche Zusammenarbeit und Entwicklung. (Im Verzeichnis der Datenquellen im Anschluß an die Technischen Anmerkungen sind die Quellen vollständig aufgeführt.) Die meisten der von den einzelnen Ländern und internationalen Organisationen bereitgestellten Statistiken wurden zwar nach internationalen Standards im Hinblick auf Erfassung, Definition und Klassifizierung erstellt, jedoch sind Unterschiede hinsichtlich der Erfassung und Aktualität sowie der Möglichkeiten und Ressourcen, die zur Sammlung und Aufbereitung der Basisdaten eingesetzt wurden, unvermeidlich. Bei einigen Themen erfordern konkurrierende Datenquellen eine Überprüfung durch den Weltbank-Stab, um sicherzustellen, daß die zuverlässigsten Daten aufgeführt werden. In einigen Fällen, wenn etwa die verfügbaren Daten zu mangelhaft erscheinen, um verläßliche Angaben über Niveaus und Trends zu liefern, oder wenn sich die Daten nicht an internationalen Standards orientieren, werden keine Angaben gemacht.

Die in diesen Tabellen gezeigten Daten sind im allgemeinen mit denen in den *Kennzahlen der Weltentwicklung* 1998 konsistent. Die Daten können jedoch überarbeitet und aktualisiert sein, falls neue Informationen verfügbar wurden. Die Unterschiede können auch auf der Revision historischer Zeitreihen und auf Änderungen in den Verfahrensweisen beruhen. Daher können in verschiedenen Ausgaben der Weltbankpublikationen Daten unterschiedlicher Jahrgänge veröffentlicht werden. Der Leser sollte keine Datenreihen aus verschiedenen Veröffentlichungen zusammenstellen. Konsistente Zeitreihen sind auf der *1998 World Development Indicators CD-ROM* enthalten.

Alle Dollarangaben beziehen sich auf US-Dollar in laufenden Preisen, soweit nicht anders angegeben. Die verschiedenen Verfahren zur Umrechnung von Werten in der jeweiligen Landeswährung in US-Dollar werden in den Technischen Anmerkungen erläutert.

Zusammenfassende Kennzahlen

Die zusammenfassenden Kennzahlen am Ende jeder Tabelle sind entweder für Ländergruppen errechnete Summen (mit *t* gekennzeichnet, wenn die Gesamtsummen Schätzungen für nicht vorhandene Daten und für nichtberichtende Länder einschließen, oder mit *s*, wenn es sich um einfache Summen handelt), gewichtete Durchschnitte (*w*) oder Mittelwerte (*m*). Länder, die in den Haupttabellen nicht aufgeführt sind (siehe Auflistung dieser Länder in Tabelle 1a), wurden in den zusammenfassenden Kennzahlen berücksichtigt, sofern Daten verfügbar waren. Andernfalls wurde angenommen, daß sie dem Trend der berichtenden Länder folgen. Diese Vorgehensweise führt zu einer konsistenteren Gesamtkennzahl, da der Kreis der erfaßten Länder für jeden gezeigten Zeitraum einheitlich ist. Wenn aufgrund fehlender Informationen jedoch ein Drittel oder mehr des Gruppenschätzwerts nicht belegt ist, wird die Gruppenkennzahl als nicht verfügbar ausgewiesen.

Terminologie und Ländergeltungsbereich

Der Begriff „Land" ist nicht unbedingt gleichbedeutend mit einem politisch unabhängigen Gebiet, sondern kann sich auf jedes Gebiet beziehen, für welches die Behörden gesonderte soziale oder ökonomische Statistiken vorlegen. Die Daten werden für Volkswirtschaften gemäß dem Stand von 1997 aufgeführt. Historische Daten wurden überarbeitet, damit die gegenwärtigen politischen Verhältnisse berücksichtigt werden. Ausnahmen werden jeweils in den Tabellen angemerkt.

Am 1. Juli 1997 übernahm China wieder die Staatshoheit über die Sonderverwaltungszone Hongkong. Die Angaben über China enthalten keine Daten für Taiwan, sofern nichts anderes angegeben ist.

Für die Slowakische und die Tschechische Republik, die sich aus der ehemaligen Tschechoslowakei gebildet haben, werden separate Daten aufgeführt, soweit dies möglich ist.

Für Eritrea werden, soweit möglich, separate Angaben gemacht; vor 1992 sind sie jedoch in den meisten Fällen in den Daten für Äthiopien enthalten.

Die Angaben für Deutschland beziehen sich auf das wiedervereinigte Deutschland, sofern nichts anderes angegeben ist.

Daten für Jordanien beziehen sich, soweit nicht anders angegeben, ausschließlich auf das heutige Staatsgebiet (ehem. Emirat Transjordanien).

Im Jahre 1991 wurde die Sowjetunion offiziell in fünfzehn Staaten aufgeteilt: Armenien, Aserbaidschan, Estland, Georgien, Kasachstan, Kirgistan, Lettland, Litauen, Moldawien, Russische Föderation, Tadschikistan, Turkmenistan, Ukraine, Usbekistan und Weißrußland. Soweit möglich, beziehen sich die aufgeführten Daten auf die einzelnen Länder.

Daten für die Republik Jemen beziehen sich erst ab 1990 auf den gleichnamigen Staat, Angaben für frühere Jahre beziehen sich auf die ehemalige Demokratische Volksrepublik Jemen und die Arabische Republik Jemen, sofern nichts anderes angegeben ist.

Soweit möglich, werden Daten für die Länder, die sich aus dem ehemaligen Jugoslawien gebildet haben, separat aufgeführt: Bosnien-Herzegowina, Kroatien, die ehemalige Jugoslawische Republik Mazedonien, Slowenien und die Bundesrepublik Jugoslawien (Serbien und Montenegro).

Tabellengestaltung

Das Tabellenformat dieser Ausgabe entspricht dem der *Kennzahlen der Weltentwicklung:* Länder sind in alphabetischer Reihenfolge aufgeführt, und zusammenfassende Kennzahlen stehen am Ende der Tabelle. Länder mit einer Bevölkerung von weniger als 1 Million Menschen und solche mit unzureichenden Daten sind in den Haupttabellen nicht enthalten, aber soweit möglich in den Gesamtsummen eingeschlossen. Die grundlegenden Kennzahlen für diese Länder sind in Tabelle 1a. enthalten. Eine Rangfolge der Länder nach BSP pro Kopf, ein traditionelles Element in der Gestaltung der Ausgewählten Kennzahlen der Weltentwicklung, ist in dieser Ausgabe als Kennzahl in Tabelle 1 enthalten.

Technische Anmerkungen

Da Datenqualität und Vergleiche zwischen einzelnen Ländern häufig problematisch sind, wird dem Leser empfohlen, die Technischen Anmerkungen, die Tabellen zur Länderklassifizierung sowie die Fußnoten zu den Tabellen zu Rate zu ziehen. Eine umfassendere Dokumentation findet sich in den *Kennzahlen der Weltentwicklung* 1998. In den Datenquellen im Anschluß an die Technischen Anmerkungen sind die Quellen aufgeführt, die umfassendere Definitionen und Beschreibungen der angewandten Konzepte enthalten.

Weitere Informationen zu den Ausgewählten Kennzahlen der Weltentwicklung und zu anderen statistischen Veröffentlichungen der Weltbank sind unter folgender Anschrift erhältlich:

Information Center, Development Data Group
The World Bank
1818 H Street, N.W.
Washington, D.C. 20433
Hotline: +1 (800) 590-19 06 oder +1 (202) 473-78 24
Fax: +1 (202) 522-14 98
E-mail: info@worldbank.org
Internet: http://www.worldbank.org/wdi

Publikationen der Weltbank können per E-mail unter books@worldbank.org, schriftlich bei World Bank Publications unter obiger Adresse oder telefonisch unter +1 (202) 473-11 55 bestellt werden.

Die Welt nach Einkommen

Diese Karte zeigt eine Übersicht der Länder der Welt, klassifiziert nach dem von der Weltbank geschätzten BSP pro Kopf für das Jahr 1997. Aus Platzgründen nicht aufgeführt sind: Amerikanisch-Samoa (mittleres Einkommen, obere Kategorie); Fidschi, Kiribati, Tonga (mittleres Einkommen, untere Kategorie); Französisch-Polynesien (hohes Einkommen); Tuvalu (keine Daten verfügbar).

Niedriges Einkommen 785 Dollar oder weniger
Mittleres Einkommen, untere Kategorie 786 bis 3.125 Dollar
Mittleres Einkommen, obere Kategorie 3.126 bis 9.655 Dollar
Hohes Einkommen 9.656 Dollar oder mehr

Keine Daten verfügbar

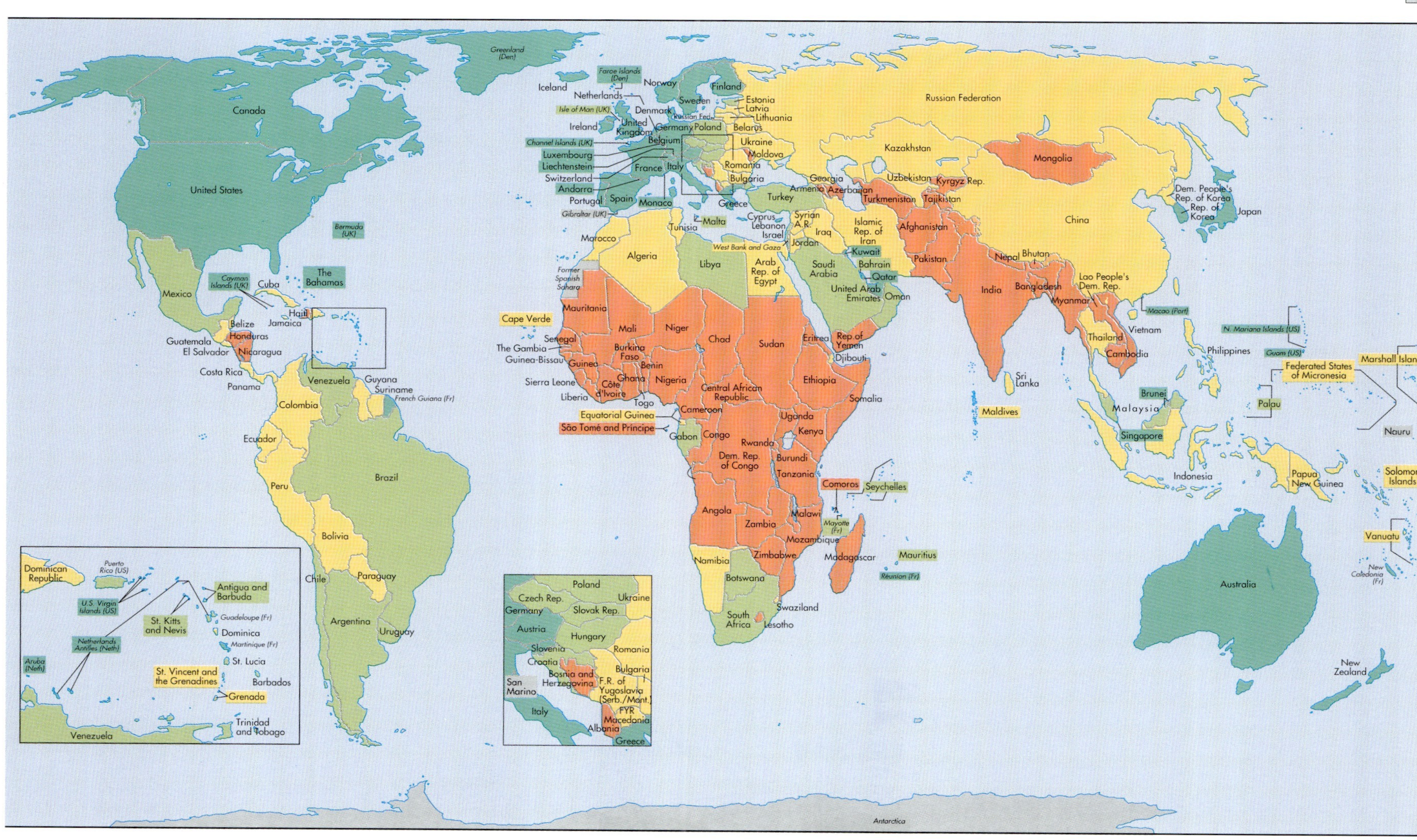

Tabelle 1. Größe des Landes

Land	Bevölkerung in Mio. 1997	Fläche in Tsd. km² 1995	Bevölkerungsdichte Personen pro km² 1997	Bruttosozialprodukt (BSP) in Mrd. $ 1997[a]	Bruttosozialprodukt (BSP) Rang 1997	Bruttosozialprodukt (BSP) Durchschnittl. jährl. Wachstumsrate (in %) 1996–97	BSP pro Kopf in $ 1997[a]	BSP pro Kopf Rang 1997	BSP pro Kopf Durchschnittl. jährl. Wachstumsrate (in %) 1996–97	BSP zu KKP[b] in Mrd. $ 1997	BSP zu KKP[b] Pro Kopf in $ 1997	BSP zu KKP[b] Pro Kopf Rang 1997
Ägypten, Arab. Rep.	60	995	58	71,2	41	4,9	1,180	72	3,0	177,3	2,940	72
Albanien	3	27	119	2,5	111	. .	750	84	. .	. .	. .	. .
Algerien	29	2,382	12	43,8	49	2,0	1,490	67	–0,1	134,5[c]	4,580[c]	54
Angola	11	1,247	9	3,8	102	15,4	340	107	12,1	10,8	940	109
Argentinien	36	2,737	13	305,7	18	6,1	8,570	28	4,7	355,0	9,950	30
Armenien	4	28	133	2,0	118	5,6	530	95	5,4	8,6	2,280	79
Aserbaidschan	8	87	87	3,9	101	3,1	510	96	2,6	11,6	1,520	96
Äthiopien	60	1,000	56	6,5	86	5,3	110	132	2,0	30,7	510	122
Australien	19	7,682	2	380,0	14	2,9	20,540	16	1,8	373,2	20,170	15
Bangladesch	124	130	920	33,2	52	5,4	270	116	3,7	129,6	1,050	106
Belgien	10	33	310	268,4	19	. .	26,420	9	. .	227,3	22,370	8
Benin	6	111	49	2,2	114	5,3	380	104	2,3	7,3	1,260	100
Bolivien	8	1,084	7	7,4	81	. .	950	79	. .	. .	. .	. .
Brasilien	164	8,457	19	773,4	8	2,4	4,720	34	1,1	1,019,9	6,240	47
Bulgarien	8	111	76	9,4	74	–6,8	1,140	74	–6,1	32,0	3,860	61
Burkina Faso	11	274	38	2,6	109	6,8	240	121	4,0	10,8[c]	990[c]	108
Burundi	7	26	244	1,2	128	3,7	180	130	1,1	3,9	590	120
Chile	15	749	19	73,3	40	7,6	5,020	32	6,1	176,6	12,080	27
China	1,227	9,326	129	1,055,4	7	8,9	860	81	7,8	4,382,5	3,570	65
Hongkong, China	7	1	6,218	164,4	26	5,2	25,280	13	2,1	159,6	24,540	4
Costa Rica	4	51	66	9,3	76	2,6	2,640	52	0,7	22,5	6,410	44
Dänemark	5	42	123	171,4	24	3,4	32,500	5	3,1	120,0	22,740	7
Deutschland	82	349	234	2,319,5	3	. .	28,260	7	. .	1,748,3	21,300	13
Dominikanische Republik	8	48	162	13,5	69	11,7	1,670	62	9,8	36,8	4,540	55
Ecuador	12	277	41	19,0	64	4,4	1,590	63	2,3	57,5	4,820	53
Elfenbeinküste	15	318	44	10,2	73	6,9	690	87	4,2	24,2	1,640	93
El Salvador	6	21	273	10,7	70	3,5	1,810	61	0,9	16,7	2,810	73
Estland	1	42	35	4,8	93	6,4	3,330	47	7,7	7,3	5,010	50
Finnland	5	305	17	123,8	32	4,6	24,080	14	4,3	97,6	18,980	18
Frankreich	59	550	106	1,526,0	4	2,3	26,050	11	1,9	1,280,3	21,860	11
Gabun	1	258	4	4,9	90	6,4	4,230	38	3,8	7,5	6,540	42
Georgien	5	70	78	4,6	94	. .	840	82	. .	10,7	1,980	85
Ghana	18	228	75	6,6	85	3,1	370	106	0,5	32,3[c]	1,790[c]	88
Griechenland	11	129	81	126,2	31	3,4	12,010	24	3,1	137,5	13,080	25
Guatemala	11	108	98	16,8	66	3,6	1,500	66	0,9	43,1	3,840	62
Guinea	7	246	27	3,9	100	7,2	570	92	4,6	12,8	1,850	87
Guinea-Bissau	1	28	38	0,3	133	7,4	240	123	5,0	1,2	1,070	105
Haiti	7	28	260	2,5	110	1,1	330	108	–0,8	8,6[c]	1,150[c]	101
Honduras	6	112	53	4,4	95	7,6	700	86	4,5	13,8	2,200	81
Indien	961	2,973	313	373,9	15	5,0	390	102	3,2	1,587,0	1,650	92
Indonesien	200	1,812	107	221,9	22	4,4	1,110	75	2,8	690,7	3,450	67
Irland	4	69	52	66,4	43	7,5	18,280	19	7,3	60,7	16,740	20
Israel	6	21	269	87,6	37	. .	15,810	22	. .	99,0	16,960	19
Italien	57	294	195	1,155,4	6	1,3	20,120	17	1,2	1,152,1	20,060	16
Jamaika	3	11	233	4,0	99	1,9	1,560	65	1,0	8,9	3,470	66
Japan	126	377	333	4,772,3	2	0,5	37,850	2	0,2	2,950,7	23,400	6
Jemen, Republik	16	528	29	4,3	97	. .	270	117	. .	11,8	720	117
Jordanien	4	89	47	7,0	82	4,4	1,570	64	1,5	15,2	3,430	68
Kambodscha	11	177	57	3,2	106	. .	300	115	. .	. .	. .	. .
Kamerun	14	465	29	9,1	77	8,4	650	90	5,3	27,9	1,980	84
Kanada	30	9,221	3	583,9	9	3,6	19,290	18	2,6	661,6	21,860	10
Kasachstan	16	2,671	6	21,8	58	1,3	1,340	69	2,2	53,7	3,290	69
Kenia	28	569	47	9,3	75	2,3	330	109	–0,1	31,2	1,110	102
Kirgistan	5	192	24	2,0	116	5,1	440	99	4,0	9,5	2,040	83
Kolumbien	38	1,039	35	86,8	38	. .	2,280	55	. .	251,7	6,720	40
Kongo, Dem. Rep.	47	2,267	19	5,1	89	. .	110	131	. .	35,8[c]	790[c]	115
Kongo, Rep.	3	342	8	1,8	122	0,5	660	89	–2,2	3,8	1,380	98
Korea, Rep.	46	99	456	485,2	11	4,8	10,550	25	3,8	621,1	13,500	24
Kroatien	4	56	85	20,7	59	. .	4,610	36	. .	. .	. .	. .
Laos, Dem. Volksrep.	5	231	20	1,9	120	6,5	400	101	3,8	6,3	1,290	99
Lesotho	2	30	65	1,4	127	5,2	670	88	2,9	5,1[c]	2,480[c]	74
Lettland	2	62	41	6,0	87	. .	2,430	54	. .	9,1	3,650	64
Libanon	4	10	391	13,9	68	. .	3,350	46	. .	24,9	5,990	48
Litauen	4	65	57	8,3	80	2,7	2,230	56	2,9	16,7	4,510	56
Madagaskar	14	582	23	3,6	104	4,7	250	120	1,6	12,9	910	112
Malawi	10	94	104	2,3	113	3,1	220	124	0,5	7,2	700	118
Malaysia	21	329	61	98,2	35	7,5	4,680	35	5,2	229,3	10,920	29
Mali	10	1,220	8	2,7	108	6,6	260	118	3,5	7,6	740	116
Marokko	28	446	59	34,4	51	–2,7	1,250	70	–4,4	86,1	3,130	70
Mauretanien	2	1,025	2	1,1	130	5,9	450	98	3,2	4,5	1,870	86
Mauritius	1	2	553	4,3	96	5,2	3,800	40	4,2	10,7	9,360	31
Mazedonien, ehem. Jugosl. Rep.	2	25	77	2,2	115	. .	1,090	76	. .	. .	. .	. .
Mexiko	95	1,909	48	348,6	16	8,0	3,680	42	6,2	770,3	8,120	35
Moldawien	4	33	132	2,3	112	. .	540	94	. .	. .	. .	. .
Mongolei	3	1,567	2	1,0	131	. .	390	103	. .	. .	. .	. .

Anmerkung: Zur Vergleichbarkeit der Daten und ihrer Abgrenzung vgl. Technische Anmerkungen. Kursiv gedruckte Zahlen gelten für andere als die angegebenen Jahre.

WELTÜBERBLICK

Land	Bevölkerung in Mio. 1997	Fläche in Tsd. km² 1995	Bevölkerungsdichte Personen pro km² 1997	Bruttosozialprodukt (BSP) in Mrd. $ 1997[a]	Rang 1997	Durchschnittl. jährl. Wachstumsrate (in %) 1996–97	BSP pro Kopf in $ 1997[a]	Rang 1997	Durchschnittl. jährl. Wachstumsrate (in %) 1996–97	BSP zu KKP[b] in Mrd. $ 1997	Pro Kopf in $ 1997	Pro Kopf Rang 1997
Mosambik	19	784	22	1,7	124	8,6	90	133	5,7	9,7[c]	520[c]	121
Namibia	2	823	2	3,6	103	3,8	2,220	57	1,3	8,8[c]	5,440[c]	49
Nepal	23	143	150	4,8	92	2,7	210	125	0,0	24,7	1,090	103
Neuseeland	4	268	13	60,5	45	1,9	16,480	21	1,0	60,9	16,600	21
Nicaragua	5	121	36	1,9	121	13,5	410	100	10,4	11,0[c]	2,370[c]	78
Niederlande	16	34	456	402,7	13	3,2	25,820	12	2,7	332,8	21,340	12
Niger	10	1,267	7	2,0	119	3,6	200	128	0,1	8,9[c]	920[c]	111
Nigeria	118	911	122	30,7	54	4,2	260	119	1,2	103,5	880	114
Norwegen	4	307	14	158,9	27	4,0	36,090	3	3,5	105,4	23,940	5
Oman	2	212	10	10,6	71	. .	4,950	33	. .	20,1	8,690	32
Österreich	8	83	97	225,9	21	2,1	27,980	8	1,9	177,5	21,980	9
Pakistan	137	771	169	67,2	42	2,8	490	97	0,0	218,2	1,590	94
Panama	3	74	35	8,4	79	4,3	3,080	49	2,6	19,2	7,070	38
Papua-Neuguinea	5	453	9	4,2	98	–14,0	940	80	–15,9	10,8[c]	2,390[c]	77
Paraguay	5	397	12	10,2	72	14,5	2,010	60	11,6	19,7	3,870	60
Peru	25	1,280	19	60,8	44	1,7	2,460	53	–0,1	108,7	4,390	57
Philippinen	73	298	236	89,3	36	5,8	1,220	71	3,6	269,2	3,670	63
Polen	39	304	127	138,9	28	6,8	3,590	43	6,7	246,6	6,380	46
Portugal	10	92	108	103,9	33	3,4	10,450	26	3,3	137,6	13,840	23
Ruanda	8	25	259	1,7	123	15,1	210	126	–2,0	4,9	630	119
Rumänien	23	230	98	32,1	53	–6,6	1,420	68	–6,3	96,8	4,290	58
Russiche Föderation	147	16,889	9	403,5	12	. .	2,740	51	. .	618,4	4,190	59
Sambia	9	743	12	3,6	105	7,9	380	105	5,3	8,4	890	113
Saudi-Arabien	20	2,150	9	128,9	30	. .	6,790	29	. .	. .	. .	. .
Schweden	9	412	21	232,0	20	1,8	26,220	10	1,7	168,4	19,030	17
Schweiz	7	40	178	313,5	17	. .	44,320	1	. .	186,2	26,320	3
Senegal	9	193	43	4,9	91	4,4	550	93	1,6	14,6	1,670	90
Sierra Leone	5	72	63	0,9	132	. .	200	129	. .	2,4	510	123
Simbabwe	11	387	28	8,6	78	2,1	750	85	0,0	26,2	2,280	80
Singapur	3	1	4,896	101,8	34	8,8	32,940	4	7,2	89,6	29,000	1
Slowakische Republik	5	48	111	19,8	60	6,1	3,700	41	5,9	42,0	7,850	36
Slowenien	2	20	99	19,3	63	. .	9,680	27	. .	24,9	12,520	26
Spanien	39	499	79	570,1	10	3,2	14,510	23	3,1	617,6	15,720	22
Sri Lanka	18	65	280	14,8	67	6,9	800	83	5,8	45,5	2,460	75
Südafrika	38	1,221	30	130,2	29	1,3	3,400	45	–0,5	286,9[c]	7,490[c]	37
Syrien	15	184	77	17,1	65	2,0	1,150	73	–0,6	44,5	2,990	71
Tadschikistan	6	141	42	2,0	117	2,2	330	110	0,7	5,6	930	110
Tansania	31	884	34	6,6	83	. .	210	127	. .	. .	. .	. .
Thailand	61	511	116	169,6	25	–0,4	2,800	50	–1,3	399,3	6,590	41
Togo	4	54	76	1,4	126	5,0	330	111	2,1	7,8	1,790	89
Trinidad und Tobago	1	5	251	5,5	88	6,4	4,230	39	5,5	8,4	6,410	45
Tschad	7	1,259	5	1,6	125	6,8	240	122	4,2	7,2	1,070	104
Tschechische Republik	10	77	134	53,5	46	0,7	5,200	31	0,8	117,3	11,380	28
Tunesien	9	155	58	19,4	61	11,5	2,090	59	9,7	46,2	4,980	51
Türkei	64	770	80	199,5	23	8,1	3,130	48	6,4	409,7	6,430	43
Turkmenistan	5	470	10	2,9	107	. .	630	91	. .	6,6	1,410	97
Uganda	20	200	96	6,6	84	5,3	320	113	2,3	21,3[c]	1,050[c]	107
Ukraine	50	579	89	52,4	47	–3,0	1,040	77	–2,3	109,3	2,170	82
Ungarn	10	92	111	45,0	48	3,9	4,430	37	4,3	71,1	7,000	39
Uruguay	3	175	18	19,4	62	3,4	6,020	30	2,8	27,3	8,460	34
Usbekistan	24	414	55	23,9	56	2,2	1,010	78	0,3	58,0	2,450	76
Venezuela	23	882	25	78,7	39	7,4	3,450	44	5,3	194,3	8,530	33
Vereinigte Arab. Emirate	3	84	29	42,7	50	. .	17,360	20	. .	. .	. .	. .
Vereinigtes Königreich	59	242	243	1,220,2	5	3,4	20,710	15	3,2	1,208,9	20,520	14
Vereinigte Staaten	268	9,159	29	7,690,1	1	3,8	28,740	6	2,9	7,690,1	28,740	2
Vietnam	77	325	227	24,5	55	. .	320	114	. .	128,3	1,670	91
Weißrußland	10	207	50	22,1	57	11,1	2,150	58	11,5	49,7	4,840	52
Zentralafrikanische Republik	3	623	5	1,1	129	5,6	320	112	3,4	5,2c	1,530c	95
Welt gesamt	**5.829 t**	**130.129 t**	**44 w**	**29.925,7 t**		**3,2 w**	**5.130 w**		**1,8 w**	**36.950,6 t**	**6.330 w**	
Niedriges Einkommen	2.048	30.175	65	721,7		5,0	350		2,8	2.869,9	1.400	
Mittleres Einkommen	2.855	68.983	40	5.401,9		4,9	1.890		3,8	12.989,8	4.550	
Mittleres Eink., untere Kat.	2.285	46.158	48	2.817,9		. .	1.230		. .	8.594,9	3.760	
Mittleres Eink., obere Kat.	571	22.825	24	2.584,0		4,7	4.520		3,2	4.394,9	7.700,0	
Niedr. u. mittl. Eink.	4.903	99.158	48	6.123,6		4,9	1.250		3,3	15.859,7	3.230,0	
Afrika südlich der Sahara	614	23.628	25	309,1		4,2	500		1,2	905,3	1.470	
Europa u. Zentralasien	471	23.844	20	1.105,8		. .	2.320		. .	2.089,1	4.390	
Lateinamerika u. Karibik	494	20.064	24	1.916,8		4,4	3.880		2,7	3.288,7	6.660	
Naher Osten u. Nordafrika	283	10.972	25	582,7		. .	2.060		. .	1.297,3	4.580	
Ostasien u. Pazifik	1.753	15.869	108	1.707,3		6,8	970		5,6	6.247,3	3.560	
Südasien	1.289	4.781	260	501,9		4,8	390		2,9	2.032,0	1.580	
Hohes Einkommen	926	30.971	30	23.802,1		2,8	25.700		2,2	21.090,9	22.770	

a. Vorläufige von der Weltbank unter Anwendung des Atlas-Verfahrens durchgeführte Schätzungen; kursiv gedruckte Zahlen beziehen sich auf 1996. b. Kaufkraftparität; vgl. Technische Anmerkungen. c. Die Schätzung basiert auf Regression; andere wurden aus Referenzschätzwerten des neuesten Internationalen Vergleichsprogramms extrapoliert.

Tabelle 2. Lebensqualität

Land	Wachstum des privaten Pro-Kopf-Verbrauchs Durchschnittl. jährl. Wachstumsrate (in %) 1980–96		Verbreitung von Unterernährung bei Kindern in % der Kinder unter 5 Jahren 1990–96	Sterblichkeitsrate unter 5 Jahren pro 1.000		Lebenserwartung zum Zeitpunkt der Geburt in Jahren 1996		Analphabetenquote bei Erwachsenen in % der Personen 15 Jahre und älter 1995		Städtische Bevölkerung in % der Gesamtbev.		Zugang zu sanitären Einrichtungen in städtischen Gebieten in % der städtischen Bevölkerung mit Zugang 1995
	Nicht bereinigt	Bereinigt nach Verteilung		1980	1996	Männlich	Weiblich	Männlich	Weiblich	1980	1997	
Ägypten, Arab. Rep.	2,0	1,3	9	175	66	64	67	36	61	44	45	*20*
Albanien	..	..	..	..	40	69	75	..	..	34	38	..
Algerien	–1,9	–1,2	10	139	39	68	72	26	51	43	57	..
Angola	*–7,4*	..	35	..	209	45	48	..	..	21	32	34
Argentinien	..	..	2	38	25	69	77	4	4	83	89	100
Armenien	*–5,4*	..	..	..	20	69	76	..	..	66	69	..
Aserbaidschan	..	..	10	..	23	65	74	..	..	53	56	..
Äthiopien	–1,7	..	48	213	177	48	51	55	75	11	16	..
Australien	*1,6*	1,1	..	..	7	75	81	..	..	86	85	..
Bangladesch	0,0	0,0	68	207	112	57	59	51	74	11	19	*77*
Belgien	*1,7*	1,3	..	..	7	73	80	..	..	95	97	100
Benin	*–0,8*	..	24	205	140	52	57	51	74	27	40	54
Bolivien	*–0,7*	–0,4	16	171	102	59	63	10	24	46	62	64
Brasilien	*0,0*	0,0	7	86	42	63	71	17	17	66	80	55
Bulgarien	–0,7	–0,5	..	..	20	67	75	..	..	61	69	100
Burkina Faso	0,0	..	33	241	158	45	47	71	91	9	17	42
Burundi	–0,8	..	38	195	176	45	48	51	78	4	8	..
Chile	3,2	1,4	1	37	13	72	78	5	5	81	84	100
China	*7,7*	4,5	16	60	39	68	71	10	27	20	32	58
Hong Kong, China	5,3	..	..	12	6	76	81	4	12	92	95	..
Costa Rica	0,7	0,4	2	29	15	75	79	5	5	43	50	..
Dänemark	1,6	1,2	..	..	6	73	78	..	..	84	85	100
Deutschland	..	..	..	..	6	73	80	..	..	83	87	100
Dominikanische Republik	0,6	0,3	6	92	47	69	73	18	18	51	63	76
Ecuador	–0,2	–0,1	17	98	40	67	73	8	12	47	60	87
Elfenbeinküste	–2,6	–1,6	24	157	150	53	55	50	70	35	45	*59*
El Salvador	2,8	1,4	11	125	40	66	72	27	30	42	46	78
Estland	7,8	4,7	..	..	16	63	76	..	..	70	74	..
Finnland	1,4	1,1	..	..	5	73	81	..	..	60	64	*100*
Frankreich	1,7	1,1	..	..	6	74	82	..	..	73	75	100
Gabun	–4,9	..	15	..	145	53	57	26	47	34	52	79
Georgien	..	..	..	..	19	69	77	..	..	52	59	..
Ghana	0,1	0,1	27	157	110	57	61	24	47	31	37	50
Griechenland	*1,9*	..	..	..	9	75	81	..	..	58	60	100
Guatemala	–0,4	–0,1	33	140	56	64	69	38	51	37	40	78
Guinea	0,9	0,5	24	..	210	46	47	50	78	19	31	..
Guinea-Bissau	–1,0	–0,4	23	..	223	42	45	32	58	17	23	*32*
Haiti	–0,8	..	28	200	130	54	57	52	58	24	33	42
Honduras	–0,3	–0,1	18	101	50	65	69	27	27	35	45	89
Indien	2,3	1,6	66	173	85	62	63	35	62	23	27	*70*
Indonesien	4,3	2,8	40	124	60	63	67	10	22	22	37	73
Irland	*2,8*	1,8	..	..	7	74	79	..	..	55	58	100
Israel	*3,3*	2,1	..	19	9	75	79	..	..	89	91	..
Italien	2,2	1,5	..	..	7	75	81	..	..	67	67	100
Jamaika	3,8	2,2	10	34	14	72	77	19	11	47	55	89
Japan	2,9	..	3	..	6	77	83	..	..	76	78	..
Jemen, Rep.	..	..	30	198	130	54	54	..	..	20	35	70
Jordanien	–1,2	–0,7	10	64	35	69	72	7	21	60	73	..
Kambodscha	..	..	38	..	170	52	55	*20*	47	12	22	..
Kamerun	–2,5	..	15	172	102	55	58	25	48	31	46	73
Kanada	1,3	0,9	..	..	7	76	82	..	..	76	77	..
Kasachstan	..	..	1	..	30	60	70	..	..	54	60	..
Kenia	0,9	0,4	23	115	90	57	60	14	30	16	30	69
Kirgistan	..	..	..	..	36	62	71	..	..	38	39	*87*
Kolumbien	1,3	0,6	8	58	31	67	73	9	9	64	74	76
Kongo, Dem. Rep.	–4,2	..	34	..	..	51	54	13	32	29	29	..
Kongo, Rep.	–0,4	..	24	..	145	49	54	17	33	41	60	*11*
Korea, Rep.	7,1	..	..	18	11	69	76	1	3	57	83	..
Kroatien	..	..	..	..	10	68	77	..	..	50	57	72
Laos, Demokr. Volksrepublik	..	..	40	..	140	52	54	31	56	13	22	30
Lettland	..	..	..	..	18	63	76	..	..	68	73	..
Libanon	..	..	9	..	36	68	71	10	20	74	88	..
Litauen	..	..	..	..	13	65	76	..	..	61	73	..
Lesotho	–2,8	–1,2	21	..	113	57	60	19	38	13	26	*1*
Madagaskar	–2,7	–0,2	32	175	135	57	60	..	..	18	28	12
Malawi	–0,6	..	28	271	217	43	43	28	58	9	14	70
Malaysia	3,3	1,7	23	..	14	70	74	11	22	42	55	100
Mali	–1,1	..	31	291	220	48	52	61	77	19	28	*58*
Marokko	1,7	1,0	10	147	67	64	68	43	69	41	53	*69*
Mauretanien	–0,4	–0,2	48	..	155	52	55	50	74	27	54	..
Mauritius	5,4	..	15	38	20	68	75	13	21	42	41	..
Mazedonien, ehem. Jugosl. Rep.	..	..	..	..	18	70	74	..	..	54	61	..
Mexiko	–0,3	–0,1	14	76	36	69	75	8	13	66	74	81
Moldawien	..	..	..	..	24	64	71	..	..	40	53	96
Mongolei	..	..	12	..	71	64	67	..	..	52	62	..

Anmerkung: Zur Vergleichbarkeit der Daten und ihrer Abgrenzung vgl. Technische Anmerkungen. Kursiv gedruckte Zahlen gelten für andere als die angegebenen Jahre.

WELTÜBERBLICK

Land	**Wachstum des privaten Pro-Kopf-Verbrauchs** Durchschnittl. jährl. Wachstumsrate (in %) 1980–96		**Verbreitung von Unterernährung bei Kindern** in % der Kinder unter 5 Jahren	**Sterblichkeitsrate unter 5 Jahren** pro 1.000		**Lebenserwartung zum Zeitpunkt der Geburt** in Jahren 1996		**Analphabetenquote bei Erwachsenen** in % der Personen 15 Jahre und älter 1995		**Städtische Bevölkerung** in % der Gesamtbev.		**Zugang zu sanitären Einrichtungen in städtischen Gebieten** in % der städtischen Bevölkerung mit Zugang
	Nicht bereinigt	Bereinigt nach Verteilung	1990–96	1980	1996	Männlich	Weiblich	Männlich	Weiblich	1980	1997	1995
Mosambik	–1,7	..	47	285	214	44	46	42	77	13	36	*53*
Namibia	–0,6	..	26	108	92	55	57	..	..	23	38	*77*
Nepal	5,2	3,3	49	179	116	57	57	59	86	7	11	*51*
Neuseeland	0,9	..	..	..	7	73	79	..	..	83	86	..
Nicaragua	–2,7	–1,3	24	120	57	65	70	35	33	53	63	34
Niederlande	*1,5*	1,1	..	..	6	75	80	..	..	88	89	100
Niger	*–6,3*	–4,0	43	300	..	44	49	79	93	13	19	*71*
Nigeria	–3,0	–1,7	35	196	130	51	55	33	53	27	41	61
Norwegen	*1,5*	1,1	..	..	6	75	81	..	..	71	74	*100*
Oman	..	..	14	..	20	69	73	..	..	32	79	*98*
Österreich	2,0	1,5	..	..	6	74	80	..	..	65	64	100
Pakistan	1,5	1,1	40	161	123	62	65	50	76	28	35	*53*
Panama	1,9	0,8	7	47	25	72	76	9	10	50	56	..
Papua-Neuguinea	–0,4	–0,2	30	..	85	57	58	19	37	13	17	82
Paraguay	2,0	0,8	4	59	45	68	74	7	9	42	54	..
Peru	–0,9	–0,5	11	126	58	66	71	6	17	65	72	62
Philippinen	0,8	0,4	30	69	44	64	68	5	6	38	56	..
Polen	0,6	0,4	..	..	15	68	77	..	..	58	64	100
Portugal	2,9	..	..	..	8	72	79	..	..	29	37	100
Ruanda	–1,8	–1,3	29	218	205	39	42	30	48	5	6	..
Rumänien	0,0	0,0	6	..	28	65	73	..	..	49	57	85
Russische Föderation	..	..	3	..	25	60	73	..	..	70	77	..
Sambia	–4,0	–2,1	29	149	202	44	45	14	29	40	44	40
Saudi-Arabien	..	..	..	..	28	69	71	29	50	66	84	..
Schweden	0,7	0,5	..	..	5	76	82	..	..	83	83	100
Schweiz	0,6	0,4	..	..	6	75	82	..	..	57	62	100
Senegal	–1,0	–0,5	22	218	88	49	52	57	77	36	45	83
Sierra Leone	–2,4	–0,9	29	335	284	35	38	55	82	24	35	*17*
Simbabwe	0,6	..	16	107	86	55	57	10	20	22	33	98
Singapur	4,9	..	14	13	5	74	79	4	14	100	100	97
Slowakische Republik	–3,2	–2,5	..	..	*13*	69	77	..	..	52	60	..
Slowenien	..	..	..	..	6	71	78	..	..	48	52	95
Spanien	2,3	1,6	..	..	6	73	81	..	..	73	77	100
Sri Lanka	2,6	1,8	38	48	19	71	75	7	13	22	23	..
Südafrika	–0,1	0,0	9	..	66	62	68	18	18	48	50	79
Syrien	0,4	..	..	74	36	66	71	14	44	47	53	*100*
Tadschikistan	..	..	..	..	38	66	72	..	..	34	32	83
Tansania	..	..	29	176	144	49	52	21	43	15	26	*97*
Thailand	5,6	3,0	13	58	38	67	72	4	8	17	21	..
Togo	–0,9	..	25	175	138	49	52	33	63	23	32	56
Trinidad und Tobago	–1,2	..	7	39	15	70	75	1	3	63	73	60
Tschad	–0,4	..	..	206	189	47	50	38	65	19	23	73
Tschechische Republik	..	..	1	..	*10*	70	77	..	..	64	66	..
Tunesien	0,8	0,5	9	100	35	69	71	21	45	52	63	..
Türkei	–1,3	..	10	133	47	66	71	8	28	44	72	99
Turkmenistan	..	..	..	..	50	62	69	..	..	47	45	70
Uganda	1,7	1,0	26	180	141	43	43	26	50	9	13	75
Ukraine	..	..	..	..	17	62	73	..	..	62	71	70
Ungarn	1,4	1,0	..	..	*13*	65	75	..	..	57	66	100
Uruguay	3,1	..	4	43	22	70	77	3	2	85	91	..
Usbekistan	..	..	4	..	35	66	72	..	..	41	42	46
Vereinigte Arab. Emirate	–0,5	..	7	..	17	74	76	21	20	72	85	..
Vereinigtes Königreich	2,6	1,7	..	..	7	74	80	..	..	89	89	..
Vereinigte Staaten	1,8	1,1	..	..	8	74	80	..	..	74	77	..
Venezuela	–0,7	–0,4	5	42	28	70	76	8	10	79	86	64
Vietnam	..	..	45	60	48	66	70	4	9	19	20	43
Weißrußland	–4,5	–3,5	..	..	17	63	74	..	..	57	72	..
Zentralafrikanische Republik	–2,4	..	23	193	164	46	51	32	48	35	40	..
Welt gesamt	**2,9 w**	**2,0 w**		**132 w**	**73 w**	**65 w**	**69 w**	**21 w**	**38 w**	**40 w**	**46 w**	**.. w**
Niedriges Einkommen	0,9	1,0		175	113	58	60	35	59	22	28	65
Mittleres Einkommen	4,6	2,8		85	43	66	71	12	25	38	49	*67*
Mittleres Eink., untere Kat.	5,8	3,4		85	44	66	71	12	27	32	42	*62*
Mittleres Eink., obere Kat.	0,1	0,1		82	37	66	73	12	17	62	74	..
Niedr. u. mittl. Eink.	3,0	2,1		133	80	63	67	21	39	32	40	..
Afrika südlich der Sahara	–1,8	..		193	147	51	54	34	53	23	32	..
Europa u. Zentralasien	..	..		..	30	64	73	..	..	58	68	..
Lateinamerika u. Karabik	0,1	0,0		82	41	66	73	12	15	65	74	..
Naher Osten u. Nordafrika	0,6	..		141	63	66	68	28	50	48	58	..
Ostasien u. Pazifik	6,8	4,0		75	47	67	70	9	24	21	33	*62*
Südasien	2,1	1,5		174	93	61	63	38	64	22	27	*68*
Hohes Einkommen	2,4	..		..	7	74	81	a	a	75	78	..

a. Gemäß Schätzungen der UNESCO liegt die Analphabetenquote unter 5 Prozent.

Tabelle 3. Bevölkerung und Erwerbstätige

	Bevölkerung						Erwerbstätige							
	Gesamt in Mio.		Durchschnittl. jährl. Wachstumsrate (in %)		Altersgruppe 15-64 Jahre in Mio.		Gesamtzahl in Mio.		Durchschnittl. jährl. Wachstumsrate (in %)		Frauen in % der Erwerbstätigen		Kinder 10-14-jährig in % dieser Altersgruppe	
Land	1980	1997	1980–90	1990–97	1980	1997	1980	1997	1980–90	1990–97	1980	1997	1980	1997
Ägypten, Arab. Rep.	41	60	2,5	2,0	23	36	14	22	2,5	2,8	26	29	18	10
Albanien	3	3	2,1	0,2	2	2	1	2	2,6	0,8	39	41	4	1
Algerien	19	29	2,9	2,3	9	17	5	9	3,7	4,1	21	26	7	1
Angola	7	11	2,7	3,1	4	6	3	5	2,2	2,8	47	46	30	27
Argentinien	28	36	1,5	1,3	17	22	11	14	1,3	2,1	28	32	8	4
Armenien	3	4	1,4	0,9	2	2	1	2	1,6	0,8	48	48	0	0
Aserbaidschan	6	8	1,5	0,9	4	5	3	3	1,0	1,4	47	44	0	0
Äthiopien	38	60	3,1	2,3	19	30	17	27	2,9	2,4	42	41	46	42
Australien	15	19	1,5	1,2	10	12	7	9	2,3	1,3	37	43	0	0
Bangladesch	87	124	2,4	1,6	44	69	41	63	2,8	2,1	42	42	35	29
Belgien	10	10	0,1	0,3	6	7	4	4	0,2	0,5	34	40	0	0
Benin	3	6	3,1	2,9	2	3	2	3	2,7	2,6	47	48	30	27
Bolivien	5	8	2,0	2,4	3	4	2	3	2,6	2,6	33	38	19	13
Brasilien	121	164	2,0	1,4	70	106	48	74	3,2	1,7	28	35	19	15
Bulgarien	9	8	–0,2	–0,7	6	6	5	4	–0,4	–0,9	45	48	0	0
Burkina Faso	7	11	2,6	2,8	3	5	4	6	2,0	2,1	48	47	71	48
Burundi	4	7	2,8	2,6	2	3	2	4	2,6	2,6	50	49	50	49
Chile	11	15	1,6	1,6	7	9	4	6	2,7	2,1	26	33	0	0
China	981	1.227	1,5	1,1	586	829	539	726	2,2	1,1	43	45	30	10
Hong Kong, China	5	7	1,2	1,9	3	5	2	3	1,6	1,9	34	38	6	0
Costa Rica	2	4	2,8	2,1	1	2	1	1	3,8	2,5	21	30	10	5
Dänemark	5	5	0,0	0,4	3	4	3	3	0,7	0,0	44	46	0	0
Deutschland	78	82	0,1	0,5	52	56	37	41	0,6	0,3	40	42	0	0
Dominikanische Republik	6	8	2,2	1,9	3	5	2	3	3,1	2,7	25	30	25	15
Ecuador	8	12	2,5	2,2	4	7	3	4	3,5	3,1	20	27	9	5
El Salvador	5	6	1,0	2,4	2	3	2	2	1,7	3,6	27	35	17	15
Estland	1	1	0,6	–1,2	1	1	1	1	0,4	–1,1	51	49	0	0
Finnland	5	5	0,4	0,4	3	3	2	3	0,6	0,1	46	48	0	0
Frankreich	54	59	0,5	0,5	34	38	24	26	0,4	0,8	40	45	0	0
Gabun	1	1	3,3	2,6	0	1	0	1	2,4	1,7	45	44	29	17
Georgien	5	5	0,7	–0,1	3	4	3	3	0,4	–0,1	49	47	0	0
Ghana	11	18	3,3	2,7	6	10	5	8	3,1	2,7	51	51	16	13
Griechenland	10	11	0,5	0,5	6	7	4	4	1,2	0,9	28	37	5	0
Guatemala	7	11	2,8	2,8	4	6	2	4	2,9	3,4	22	27	19	15
Guinea	4	7	2,5	2,6	2	4	2	3	2,1	2,3	47	47	41	33
Guinea-Bissau	1	1	1,8	2,1	0	1	0	1	1,3	1,9	40	40	43	38
Haiti	5	7	1,9	2,1	3	4	3	3	1,3	1,8	45	43	33	24
Honduras	4	6	3,3	3,0	2	3	1	2	3,6	3,8	25	31	14	8
Ilfenbeinküste	8	15	3,8	2,9	4	8	3	5	3,1	2,3	32	33	28	20
Indien	687	961	2,1	1,8	395	587	300	416	1,9	2,0	34	32	21	13
Indonesien	148	200	1,8	1,7	83	127	59	94	2,9	2,5	35	40	13	9
Irland	3	4	0,3	0,5	2	2	1	1	0,4	1,6	28	34	1	0
Israel	4	6	1,8	3,2	2	4	1	2	2,3	3,9	34	40	0	0
Italien	56	57	0,1	0,2	36	39	23	25	0,8	0,4	33	38	2	0
Jamaika	2	3	1,2	1,0	1	2	1	1	2,1	1,8	46	46	0	0
Japan	117	126	0,6	0,3	79	87	57	67	1,1	0,6	38	41	0	0
Jemen, Republik	9	16	3,3	4,5	4	8	2	5	3,7	4,9	33	28	26	20
Jordanien	2	4	3,7	4,8	1	3	1	1	4,8	5,3	15	23	4	0
Kambodscha	6	11	2,9	2,7	4	6	3	5	2,8	2,4	56	53	27	24
Kamerun	9	14	2,8	2,9	5	7	4	6	2,4	3,0	37	38	34	24
Kanada	25	30	1,2	1,2	17	20	12	16	1,9	1,1	40	45	0	0
Kasachstan	15	16	1,2	–0,4	9	11	7	8	1,1	–0,1	48	47	0	0
Kenia	17	28	3,4	2,6	8	15	8	13	3,6	2,7	46	46	45	40
Kirgistan	4	5	1,9	0,7	2	3	2	2	1,6	1,3	48	47	0	0
Kolumbien	28	38	1,9	1,8	16	23	9	16	3,9	2,7	26	38	12	6
Kongo, Dem. Rep.	27	47	3,3	3,2	14	23	12	19	2,8	2,9	45	44	33	29
Kongo, Rep.	2	3	3,1	2,9	1	1	1	1	3,1	2,6	43	43	27	26
Korea, Rep.	38	46	1,2	1,0	24	33	16	22	2,3	1,9	39	41	0	0
Kroatien	5	..	0,4	..	3	3	2	2	0,3	0,0	40	44	0	0
Laos, Demokr. Volksrepublik	3	5	2,3	2,6	2	3	2	2	1,9	2,3	45	47	31	26
Lesotho	1	2	2,7	2,1	1	1	1	1	2,3	2,4	38	37	28	22
Lettland	3	2	0,5	–1,1	2	2	1	1	0,2	–1,1	51	50	0	0
Libanon	3	4	1,9	1,9	2	3	1	1	2,9	2,9	23	29	5	0
Litauen	3	4	0,9	–0,1	2	2	2	2	0,7	–0,2	50	48	0	0
Madagaskar	9	14	2,9	2,7	4	7	4	7	2,5	2,8	45	45	40	35
Malawi	6	10	3,3	2,7	3	5	3	5	3,0	2,4	51	49	45	34
Malaysia	14	21	2,6	2,3	8	12	5	8	2,8	2,7	34	37	8	3
Mali	7	10	2,5	2,8	3	5	3	5	2,3	2,6	47	46	61	53
Marokko	19	28	2,2	1,9	10	17	7	11	2,6	2,5	34	35	21	4
Mauretanien	2	2	2,6	2,5	1	1	1	1	2,0	2,7	45	44	30	23
Mauritius	1	1	0,9	1,1	1	1	0	0	2,3	1,7	26	32	5	3
Mazedonien, ehem. Jugosl. Rep.	2	2	0,1	0,7	1	1	1	1	0,6	1,2	36	41	1	0
Mexiko	67	95	2,3	1,8	34	58	22	38	3,5	2,8	27	32	9	6
Moldawien	4	4	0,9	–0,1	3	3	2	2	0,2	0,1	50	49	3	0
Mongolei	2	3	2,9	2,1	1	1	1	1	3,1	2,9	46	46	4	2

Anmerkung: Zur Vergleichbarkeit der Daten und ihrer Abgrenzung vgl. Technische Anmerkungen. Kursiv gedruckte Zahlen gelten für andere als die angegebenen Jahre.

BEVÖLKERUNG

Land	Bevölkerung: Gesamt in Mio.		Bevölkerung: Durchschnittl. jährl. Wachstumsrate (in %)		Bevölkerung: Altersgruppe 15-64 Jahre in Mio.		Erwerbstätige: Gesamtzahl in Mio.		Erwerbstätige: Durchschnittl. jährl. Wachstumsrate (in %)		Erwerbstätige: Frauen in % der Erwerbstätigen		Erwerbstätige: Kinder 10-14-jährig in % dieser Altersgruppe	
	1980	1997	1980–90	1990–97	1980	1997	1980	1997	1980–90	1990–97	1980	1997	1980	1997
Mosambik	12	19	1,6	3,8	6	10	7	9	1,2	3,3	49	48	39	33
Namibia	1	2	2,7	2,6	1	1	0	1	2,4	2,5	40	41	34	20
Nepal	14	23	2,6	2,7	8	12	7	11	2,4	2,5	39	40	56	44
Neuseeland	3	4	0,8	1,2	2	2	1	2	2,0	1,4	34	44	0	0
Niederlande	14	16	0,6	0,6	9	11	6	7	2,0	0,6	31	40	0	0
Nicaragua	3	5	2,9	3,0	1	3	1	2	2,9	4,0	28	37	19	13
Niger	6	10	3,3	3,3	3	5	3	5	3,0	2,9	45	44	48	45
Nigeria	71	118	3,0	2,9	38	62	30	47	2,6	2,8	36	36	29	25
Norwegen	4	4	0,4	0,5	3	3	2	2	0,9	0,8	40	46	0	0
Oman	1	2	3,9	5,0	1	1	0	1	3,4	4,7	7	16	6	0
Österreich	8	8	0,2	0,6	5	5	3	4	0,5	0,5	40	41	0	0
Pakistan	83	137	3,1	2,9	44	74	29	49	2,9	3,3	23	27	23	17
Panama	2	3	2,0	1,8	1	2	1	1	3,0	2,5	30	34	6	3
Papua-Neuguinea	3	5	2,2	2,3	2	3	2	2	2,1	2,3	42	42	28	18
Paraguay	3	5	3,0	2,7	2	3	1	2	2,9	2,9	27	29	15	7
Peru	17	25	2,2	2,0	9	15	5	9	3,1	3,1	24	29	4	2
Philippinen	48	73	2,6	2,3	27	43	19	30	2,9	2,7	35	37	14	7
Polen	36	39	0,7	0,2	23	26	19	19	0,1	0,5	45	46	0	0
Portugal	10	10	0,1	0,1	6	7	5	5	0,4	0,4	39	44	8	2
Ruanda	5	8	3,0	1,8	3	4	3	4	3,2	2,3	49	49	43	42
Rumänien	22	23	0,4	–0,4	14	15	11	11	–0,2	0,0	46	44	0	0
Russische Föderation	139	147	0,6	–0,1	95	100	76	78	0,2	0,1	49	49	0	0
Sambia	6	9	3,0	2,8	3	5	2	4	3,1	2,8	45	45	19	16
Saudi-Arabien	9	20	5,2	3,4	5	11	3	7	6,5	3,2	8	14	5	0
Schweden	8	9	0,3	0,5	5	6	4	5	1,0	0,2	44	48	0	0
Schweiz	6	7	0,6	0,8	4	5	3	4	1,5	0,8	37	40	0	0
Senegal	6	9	2,8	2,6	3	5	3	4	2,5	2,6	42	43	43	30
Sierra Leone	3	5	2,1	2,5	2	2	1	2	1,8	2,3	36	36	19	15
Simbabwe	7	11	3,3	2,3	3	6	3	5	3,6	2,3	44	44	37	28
Singapur	2	3	1,7	1,9	2	2	1	2	2,3	1,7	35	38	2	0
Slowakische Republik	5	5	0,6	0,2	3	4	2	3	0,9	0,7	45	48	0	0
Slowenien	2	2	0,5	–0,1	1	1	1	1	0,3	0,1	46	46	0	0
Spanien	37	39	0,4	0,2	23	27	14	17	1,3	1,0	28	36	0	0
Sri Lanka	15	18	1,4	1,2	9	12	5	8	2,3	1,8	27	36	4	2
Südafrika	27	38	2,2	1,7	15	24	10	15	2,5	2,0	35	38	1	0
Syrien	9	15	3,3	2,9	4	8	2	4	3,0	3,3	23	26	14	4
Tadschikistan	4	6	2,9	1,8	2	3	2	2	2,0	2,2	47	44	0	0
Tansania	19	31	3,2	3,0	9	16	10	16	3,2	2,8	50	49	43	38
Thailand	47	61	1,7	1,2	26	41	24	35	2,6	1,5	47	46	25	15
Togo	3	4	3,0	3,0	1	2	1	2	2,6	2,7	39	40	36	28
Trinidad und Tobago	1	1	1,3	0,8	1	1	0	1	1,2	1,8	32	37	1	0
Tschad	4	7	2,4	2,5	2	4	2	3	2,1	2,5	43	44	42	38
Tschechische Republik	10	10	0,1	–0,1	6	7	5	6	0,2	0,4	47	47	0	0
Tunisien	6	9	2,5	1,8	3	6	2	4	2,7	3,0	29	31	6	0
Türkei	44	64	2,3	1,8	25	41	19	29	2,9	2,2	35	36	21	22
Turkmenistan	3	5	2,5	3,4	2	3	1	2	2,3	3,5	47	46	0	0
Uganda	13	20	2,4	3,1	6	10	7	10	2,2	2,7	48	48	49	45
Ukraine	50	50	0,4	–0,4	33	34	26	25	–0,1	–0,4	50	49	0	0
Ungarn	11	10	–0,3	–0,3	7	7	5	5	–0,8	0,0	43	44	0	0
Uruguay	3	3	0,6	0,6	2	2	1	1	1,6	1,0	31	41	4	2
Usbekistan	16	24	2,5	2,0	9	13	6	10	2,2	2,7	48	46	0	0
Venezuela	15	23	2,7	2,2	8	14	5	9	3,6	3,0	27	34	4	1
Vereinigte Arab. Emirate	1	3	5,7	4,9	1	2	1	1	5,1	3,7	5	14	0	0
Vereinigtes Königreich	56	59	0,2	0,3	36	38	27	29	0,6	0,3	39	44	0	0
Vereinigte Staaten	227	268	0,9	1,0	151	175	110	136	1,3	1,1	42	46	0	0
Vietnam	54	77	2,1	2,1	28	45	26	39	2,7	2,0	48	49	22	8
Weißrußland	10	10	0,6	0,0	6	7	5	5	0,5	–0,1	50	49	0	0
Zentralafrikanische Republik	2	3	2,4	2,2	1	2	1	2	1,7	1,8	48	47	39	30
Welt gesamt	**4.427 t**	**5.829 t**	**1,7 w**	**1,5 w**	**2.595 t**	**3.644 t**	**2.034 t**	**2.784 t**	**2,0 w**	**1,6 w**	**39 w**	**40 w**	**20 w**	**13 w**
Niedriges Einkommen	1.384	2.048	2,4	2,1	759	1.171	611	902	2,3	2,3	37	36	27	21
Mittleres Einkommen	2.217	2.855	1,6	1,3	1.306	1.851	1.050	1.437	2,1	1,4	39	41	20	8
Mittleres Eink., untere Kat.	1.794	2.285	1,6	1,2	1.063	1.491	883	1.193	2,1	1,3	41	43	22	8
Mittleres Eink., obere Kat.	423	571	1,9	1,5	244	361	167	245	2,5	1,9	32	35	11	9
Niedr. u. mittl. Eink.	3.600	4.903	2,0	1,6	2.066	3.023	1.662	2.339	2,2	1,8	38	39	23	14
Afrika südlich der Sahara	379	614	2,9	2,7	196	322	171	269	2,7	2,6	42	42	35	30
Europa u. Zentralasien	428	471	0,9	0,1	276	311	215	234	0,6	0,5	47	46	3	4
Lateinamerika u. Karibik	358	494	2,0	1,7	200	306	130	206	3,0	2,3	28	34	13	9
Naher Osten u. Nordafrika	175	283	3,0	2,5	91	162	54	92	3,1	3,2	24	26	14	5
Ostasien u. Pazifik	1.359	1.753	1,6	1,3	796	1.155	704	979	2,3	1,4	42	44	27	10
Südasien	902	1.289	2,2	1,9	508	767	389	558	2,1	2,2	34	33	23	16
Hohes Einkommen	825	926	0,7	0,7	528	621	372	445	1,2	0,9	38	43	0	0

Tabelle 4. Armut

Land	Nationale Armutsgrenzen								Internationale Armutsgrenzen				
	Erhebungsjahr	Bevölkerung unterhalb der Armutsgrenze (in %)			Erhebungsjahr	Bevölkerung unterhalb der Armutsgrenze (in %)			Erhebungsjahr	Bevölkerung mit weniger als 1 $ pro Tag in %	Armutsabweichung 1 $ pro Tag in %	Bevölkerung mit weniger als 2 $ pro Tag in %	Armutsabweichung 2 $ pro Tag in %
		Städtisch	Ländlich	Gesamt		Städtisch	Ländlich	Gesamt					
Ägypten, Arab. Rep.		..	..	..		..	..	..	1990–91	7,6	1,1	51,9	15,3
Albanien	1996	..	..	19,6		..	..	..		..	..	..	..
Algerien	1988	16,6	7,3	12,2	1995	30,3	14,7	22,6	1995	<2	..	17,6	4,4
Angola		..	..	..		..	..	..		..	..	..	..
Argentinien	1991	..	..	25,5		..	..	..		..	..	..	..
Armenien		..	..	..		..	..	..		..	..	..	..
Aserbaidschan		..	..	..		..	..	..		..	..	..	..
Äthiopien		..	..	..		..	..	..	1981–82	46,0	12,4	89,0	42,7
Australien		..	..	..		..	..	..		..	..	..	..
Bangladesch	1991–92	46,0	23,3	42,7	1995–96	39,8	14,3	35,6		..	..	..	..
Belgien		..	..	..		..	..	..		..	..	..	..
Benin	1995	..	..	33,0		..	..	..		..	..	..	..
Bolivien		..	..	..		..	..	..		..	..	..	..
Brasilien	1990	32,6	13,1	17,4		..	..	..	1995	23,6	10,7	43,5	22,4
Bulgarien		..	..	..		..	..	..	1992	2,6	0,8	23,5	6,0
Burkina Faso		..	..	..		..	..	..		..	..	..	..
Burundi	1990	..	..	36,2		..	..	..		..	..	..	..
Chile	1992	..	..	21,6	1994	..	..	20,5	1992	15,0	4,9	38,5	16,0
China	1994	11,8	<2	8,4	1995	9,2	<2	6,5	1995	22,2	6,9	57,8	24,1
Hongkong, China		..	..	..		..	..	..		..	..	..	..
Costa Rica		..	..	..		..	..	..	1989	18,9	7,2	43,8	19,4
Dänemark		..	..	..		..	..	..		..	..	..	..
Deutschland		..	..	..		..	..	..		..	..	..	..
Dominikanische Republik	1989	27,4	23,3	24,5	1992	29,8	10,9	20,6	1989	19,9	6,0	47,7	20,2
Ecuador	1994	47,0	25,0	35,0	1995	..	..	..	1994	30,4	9,1	65,8	29,6
Elfenbeinküste		..	..	..		..	..	..	1988	17,7	4,3	54,8	20,4
El Salvador	1992	55,7	43,1	48,3		..	..	..		..	..	..	..
Estland	1994	14,7	6,8	8,9		..	..	..	1993	6,0	1,6	32,5	10,0
Finnland		..	..	..		..	..	..		..	..	..	..
Frankreich		..	..	..		..	..	..		..	..	..	..
Gabun		..	..	..		..	..	..		..	..	..	..
Georgien		..	..	..		..	..	..		..	..	..	..
Ghana	1992	34,3	26,7	31,4		..	..	..		..	..	..	..
Griechenland		..	..	..		..	..	..		..	..	..	..
Guatemala		..	..	..		..	..	..	1989	53,3	28,5	76,8	47,6
Guinea		..	..	..		..	..	..	1991	26,3	12,4	50,2	25,6
Guinea-Bissau	1991	60,9	24,1	48,8		..	..	..	1991	88,2	59,5	96,7	76,6
Haiti	1987	..	..	65,0		..	..	..		..	..	..	..
Honduras	1992	46,0	56,0	50,0		..	..	..	1992	46,9	20,4	75,7	41,9
Indien	1992	43,5	33,7	40,9	1994	36,7	30,5	35,0	1992	52,5	15,6	88,8	45,8
Indonesien	1987	16,4	20,1	17,4	1990	14,3	16,8	15,1	1995	11,8	1,8	58,7	19,3
Irland		..	..	..		..	..	..		..	..	..	..
Israel		..	..	..		..	..	..		..	..	..	..
Italien		..	..	..		..	..	..		..	..	..	..
Jamaika	1992	..	..	34,2		..	..	..	1993	4,3	0,5	24,9	7,5
Japan		..	..	..		..	..	..		..	..	..	..
Jemen, Rep.	1992	19,2	18,6	19,1		..	..	..		..	..	..	..
Jordanien	1991	..	..	15,0		..	..	..	1992	2,5	0,5	23,5	6,3
Kambodscha		..	..	..		..	..	..		..	..	..	..
Kamerun	1984	32,4	44,4	40,0		..	..	..		..	..	..	..
Kanada		..	..	..		..	..	..		..	..	..	..
Kasachstan		..	..	..		..	..	..	1993	<2	..	12,1	2,5
Kenia	1992	46,4	29,3	42,0		..	..	..	1992	50,2	22,2	78,1	44,4
Kirgistan	1993	48,1	28,7	40,0		..	..	..	1993	18,9	5,0	55,3	21,4
Kolumbien	1991	29,0	7,8	16,9	1992	31,2	8,0	17,7	1991	7,4	2,3	21,7	8,4
Kongo, Dem. Rep.		..	..	..		..	..	..		..	..	..	..
Kongo, Rep.		..	..	..		..	..	..		..	..	..	..
Korea, Rep.		..	..	..		..	..	..		..	..	..	..
Kroatien		..	..	..		..	..	..		..	..	..	..
Laos, Demokr. Volksrepublik	1993	53,0	24,0	46,1		..	..	..		..	..	..	..
Lettland		..	..	..		..	..	..		..	..	..	..
Lesotho	1993	53,9	27,8	49,2		..	..	..	1986–87	48,8	23,8	74,1	43,5
Libanon		..	..	..		..	..	..		..	..	..	..
Litauen		..	..	..		..	..	..	1993	<2	..	18,9	4,1
Madagaskar		..	..	..		..	..	..	1993	72,3	33,2	93,2	59,6
Malawi	1990–91	..	..	54,0		..	..	..		..	..	..	..
Malaysia	1989	..	..	15,5		..	..	..	1989	5,6	0,9	26,6	8,5
Mali		..	..	..		..	..	..		..	..	..	..
Marokko	1984–85	32,6	17,3	26,0	1990–91	18,0	7,6	13,1	1990–91	<2	..	19,6	4,6
Mauretanien	1990	..	..	57,0		..	..	..	1988	31,4	15,2	68,4	33,0
Mauritius	1992	..	..	10,6		..	..	..		..	..	..	..
Mazedonien, ehem. Jugosl. Rep.		..	..	..		..	..	..		..	..	..	..
Mexiko	1988	..	..	10,1		..	..	..	1992	14,9	3,8	40,0	15,9
Moldawien		..	..	..		..	..	..	1992	6,8	1,2	30,6	9,7
Mongolei	1995	33,1	38,5	36,3		..	..	..		..	..	..	..

Anmerkung: Zur Vergleichbarkeit der Daten und ihrer Abgrenzung vgl. Technische Anmerkungen. Kursiv gedruckte Zahlen gelten für andere als die angegebenen Jahre.

BEVÖLKERUNG

Land	Nationale Armutsgrenzen								Internationale Armutsgrenzen				
	Erhebungsjahr	Bevölkerung unterhalb der Armutsgrenze (in %)			Erhebungsjahr	Bevölkerung unterhalb der Armutsgrenze (in %)			Erhebungsjahr	Bevölkerung mit weniger als 1 $ pro Tag in %	Armutsabweichung 1 $ pro Tag in %	Bevölkerung mit weniger als 2 $ pro Tag in %	Armutsabweichung 2 $ pro Tag in %
		Städtisch	Ländlich	Gesamt		Städtisch	Ländlich	Gesamt					
Mosambik		..	..	..		..	..	..		..	..	..	..
Namibia		..	..	..		..	..	..		..	..	..	..
Nepal	1995–96	44,0	23,0	42,0		..	..	..	1995	50,3	16,2	86,7	44,6
Neuseeland		..	..	..		..	..	..		..	..	..	..
Nicaragua	1993	76,1	31,9	50,3		..	..	..	1993	43,8	18,0	74,5	39,7
Niederlande		..	..	..		..	..	..		..	..	..	..
Niger		..	..	..		..	..	..	1992	61,5	22,2	92,0	51,8
Nigeria	1985	49,5	31,7	43,0	1992–93	36,4	30,4	34,1	1992–93	31,1	12,9	59,9	29,8
Norwegen		..	..	..		..	..	..		..	..	..	..
Oman		..	..	..		..	..	..		..	..	..	..
Österreich		..	..	..		..	..	..		..	..	..	..
Pakistan	1991	36,9	28,0	34,0		..	..	..	1991	11,6	2,6	57,0	18,6
Panama		..	..	..		..	..	..	1989	25,6	12,6	46,2	24,5
Papua-Neuguinea		..	..	..		..	..	..		..	..	..	..
Paraguay	1991	28,5	19,7	21,8		..	..	..		..	..	..	..
Peru	1986	64,0	45,0	52,0	1991	68,0	50,3	54,0		..	..	..	..
Philippinen	1985	58,0	42,0	52,0	1991	71,0	39,0	54,0	1991	28,6	7,7	64,5	28,2
Polen	1993	..	..	23,8		..	..	..	1993	6,8	4,7	15,1	7,7
Portugal		..	..	..		..	..	..		..	..	..	..
Ruanda	1993	..	..	51,2		..	..	..	1983–85	45,7	11,3	88,7	42,3
Rumänien	1994	27,9	20,4	21,5		..	..	..	1992	17,7	4,2	70,9	24,7
Russische Föderation	1994	..	..	30,9		..	..	..	1993	<2	..	10,9	2,3
Sambia	1991	88,0	46,0	68,0	1993	..	..	86,0	1993	84,6	53,8	98,1	73,4
Saudi-Arabien		..	..	..		..	..	..		..	..	..	..
Schweden		..	..	..		..	..	..		..	..	..	..
Schweiz		..	..	..		..	..	..		..	..	..	..
Senegal		..	..	..		..	..	..	1991–92	54,0	25,5	79,6	47,2
Sierra Leone	1989	76,0	53,0	68,0		..	..	..		..	..	..	..
Simbabwe	1990–91	..	..	25,5		..	..	..	1990–91	41,0	14,3	68,2	35,5
Singapur		..	..	..		..	..	..		..	..	..	..
Slowakische Republik		..	..	..		..	..	..	1992	12,8	2,2	85,1	27,5
Slowenien		..	..	..		..	..	..		..	..	..	..
Spanien		..	..	..		..	..	..		..	..	..	..
Sri Lanka	1985–86	45,5	26,8	40,6	1990–91	38,1	28,4	35,3	1990	4,0	0,7	41,2	11,0
Südafrika		..	..	..		..	..	..	1993	23,7	6,6	50,2	22,5
Syrien		..	..	..		..	..	..		..	..	..	..
Tadschikistan		..	..	..		..	..	..		..	..	..	..
Tansania	1991	..	..	51,1		..	..	..	1993	10,5	2,1	45,5	15,3
Thailand	1990	..	..	18,0	1992	15,5	10,2	13,1	1992	<2	..	23,5	5,4
Togo	1987–89	..	..	32,3		..	..	..		..	..	..	..
Trinidad und Tobago	1992	..	..	21,0		..	..	..		..	..	..	..
Tschad		..	..	..		..	..	..		..	..	..	..
Tschechische Republik		..	..	..		..	..	..	1993	3,1	0,4	55,1	14,0
Tunesien	1985	29,2	12,0	19,9	1990	21,6	8,9	14,1	1990	3,9	0,9	22,7	6,8
Türkei		..	..	..		..	..	..		..	..	..	..
Turkmenistan		..	..	..		..	..	..	1993	4,9	0,5	25,8	7,6
Uganda	1993	..	..	55,0		..	..	..	1989–90	69,3	29,1	92,2	56,6
Ukraine	1995	..	..	31,7		..	..	..		..	..	..	..
Ungarn	1993	..	..	25,3		..	..	..	1993	<2	..	10,7	2,1
Uruguay		..	..	..		..	..	..		..	..	..	..
Usbekistan		..	..	..		..	..	..		..	..	..	..
Venezuela	1989	..	..	31,3		..	..	..	1991	11,8	3,1	32,2	12,2
Vereinigte Arab. Emirate		..	..	..		..	..	..		..	..	..	..
Vereinigtes Königreich		..	..	..		..	..	..		..	..	..	..
Vereinigte Staaten		..	..	..		..	..	..		..	..	..	..
Vietnam	1993	57,2	25,9	50,9		..	..	..		..	..	..	..
Weißrußland		..	..	..		..	..	..	1993	<2	..	6,4	0,8
Zentralafrikanische Republik		..	..	..		..	..	..		..	..	..	..

Tabelle 5. Verteilung von Einkommen und Verbrauch

Land	Erhebungsjahr	Gini-Index	Prozentualer Anteil am Einkommen oder Verbauch						
			Unterste 10%	Unterste 20%	Zweite 20%	Dritte 20%	Vierte 20%	Höchste 20%	Höchste 10%
Ägypten, Arab. Rep.	1991[a,b]	32,0	3,9	8,7	12,5	16,3	21,4	41,1	26,7
Albanien		..	..	..	..	..	..	..	..
Algerien	1995[a,b]	35,3	2,8	7,0	11,6	16,1	22,7	42,6	26,8
Angola		..	..	..	..	..	..	..	..
Argentinien		..	..	..	..	..	..	..	..
Armenien		..	..	..	..	..	..	..	..
Äthiopien		..	..	..	..	..	..	..	..
Australien	1989[c,d]	33,7	2,5	7,0	12,2	16,6	23,3	40,9	24,8
Aserbaidschan		..	..	..	..	..	..	..	..
Bangladesch	1992[a,b]	28,3	4,1	9,4	13,5	17,2	22,0	37,9	23,7
Belgien	1992[c,d]	25,0	3,7	9,5	14,6	18,4	23,0	34,5	20,2
Benin		..	..	..	..	..	..	..	..
Bolivien	1990[c,d]	42,0	2,3	5,6	9,7	14,5	22,0	48,2	31,7
Brasilien	1995[c,d]	60,1	0,8	2,5	5,7	9,9	17,7	64,2	47,9
Bulgarien	1992[c,d]	30,8	3,3	8,3	13,0	17,0	22,3	39,3	24,7
Burkina Faso		..	..	..	..	..	..	..	..
Burundi		..	..	..	..	..	..	..	..
Chile	1994[c,d]	56,5	1,4	3,5	6,6	10,9	18,1	61,0	46,1
China	1995[c,d]	41,5	2,2	5,5	9,8	14,9	22,3	47,5	30,9
Hongkong, China		..	..	..	..	..	..	..	..
Costa Rica	1996[c,d]	47,0	1,3	4,0	8,8	13,7	21,7	51,8	34,7
Dänemark	1992[c,d]	24,7	3,6	9,6	14,9	18,3	22,7	34,5	20,5
Deutschland	1989[c,d]	28,1	3,7	9,0	13,5	17,5	22,9	37,1	22,6
Dominikanische Republik	1989[c,d]	50,5	1,6	4,2	7,9	12,5	19,7	55,7	39,6
Ecuador	1994[a,b]	46,6	2,3	5,4	8,9	13,2	19,9	52,6	37,6
Elfenbeinküste	1988[a,b]	36,9	2,8	6,8	11,2	15,8	22,2	44,1	28,5
El Salvador	1995[c,d]	49,9	1,2	3,7	8,3	13,1	20,5	54,4	38,3
Estland	1993[c,d]	39,5	2,4	6,6	10,7	15,1	21,4	46,3	31,3
Finnland	1991[c,d]	25,6	4,2	10,0	14,2	17,6	22,3	35,8	21,6
Frankreich	1989[c,d]	32,7	2,5	7,2	12,7	17,1	22,8	40,1	24,9
Gabun		..	..	..	..	..	..	..	..
Georgien		..	..	..	..	..	..	..	..
Ghana	1992[a,b]	33,9	3,4	7,9	12,0	16,1	21,8	42,2	27,3
Griechenland		..	..	..	..	..	..	..	..
Guatemala	1989[c,d]	59,6	0,6	2,1	5,8	10,5	18,6	63,0	46,6
Guinea	1991[a,b]	46,8	0,9	3,0	8,3	14,6	23,9	50,2	31,7
Guinea-Bissau	1991[a,b]	56,2	0,5	2,1	6,5	12,0	20,6	58,9	42,4
Haiti		..	..	..	..	..	..	..	..
Honduras	1996[c,d]	53,7	1,2	3,4	7,1	11,7	19,7	58,0	42,1
Indien	1994[a,b]	29,7	4,1	9,2	13,0	16,8	21,7	39,3	25,0
Indonesien	1995[a,b]	34,2	3,6	8,4	12,0	15,5	21,0	43,1	28,3
Irland	1987[c,d]	35,9	2,5	6,7	11,6	16,4	22,4	42,9	27,4
Israel	1992[c,d]	35,5	2,8	6,9	11,4	16,3	22,9	42,5	26,9
Italien	1991[c,d]	31,2	2,9	7,6	12,9	17,3	23,2	38,9	23,7
Jamaika	1991[a,b]	41,1	2,4	5,8	10,2	14,9	21,6	47,5	31,9
Japan		..	..	..	..	..	..	..	..
Jemen, Rep.	1992[a,b]	39,5	2,3	6,1	10,9	15,3	21,6	46,1	30,8
Jordanien	1991[a,b]	43,4	2,4	5,9	9,8	13,9	20,3	50,1	34,7
Kambodscha		..	..	..	..	..	..	..	..
Kamerun		..	..	..	..	..	..	..	..
Kanada	1994[c,d]	31,5	2,8	7,5	12,9	17,2	23,0	39,3	23,8
Kasachstan	1993[c,d]	32,7	3,1	7,5	12,3	16,9	22,9	40,4	24,9
Kenia	1992[a,b]	57,5	1,2	3,4	6,7	10,7	17,0	62,1	47,7
Kirgistan	1993[c,d]	35,3	2,7	6,7	11,5	16,4	23,1	42,3	26,2
Kolumbien	1995[c,d]	57,2	1,0	3,1	6,8	10,9	17,6	61,5	46,9
Kongo, Dem. Rep.		..	..	..	..	..	..	..	..
Kongo, Rep.		..	..	..	..	..	..	..	..
Korea, Rep.		..	..	..	..	..	..	..	..
Kroatien		..	..	..	..	..	..	..	..
Laos, Demokr. Volksrepublik	1992[a,b]	30,4	4,2	9,6	12,9	16,3	21,0	40,2	26,4
Lesotho	1986–87[a,b]	56,0	0,9	2,8	6,5	11,2	19,4	60,1	43,4
Lettland	1993[c,d]	27,0	4,3	9,6	13,6	17,5	22,6	36,7	22,1
Libanon		..	..	..	..	..	..	..	..
Litauen	1993[c,d]	33,6	3,4	8,1	12,3	16,2	21,3	42,1	28,0
Madagaskar	1993[a,b]	43,4	2,3	5,8	9,9	14,0	20,3	50,0	34,9
Malawi		..	..	..	..	..	..	..	..
Malaysia	1989[c,d]	48,4	1,9	4,6	8,3	13,0	20,4	53,7	37,9
Mali		..	..	..	..	..	..	..	..
Marokko	1990–91[a,b]	39,2	2,8	6,6	10,5	15,0	21,7	46,3	30,5
Mauretanien	1988[a,b]	42,4	0,7	3,6	10,3	16,2	23,0	46,5	30,4
Mauritius		..	..	..	..	..	..	..	..
Mazedonien, ehem. Jugosl. Rep.		..	..	..	..	..	..	..	..
Mexiko	1992[a,b]	50,3	1,6	4,1	7,8	12,5	20,2	55,3	39,2
Moldawien	1992[c,d]	34,4	2,7	6,9	11,9	16,7	23,1	41,5	25,8
Mongolei	1995[a,b]	33,2	2,9	7,3	12,2	16,6	23,0	40,9	24,5

Anmerkung: Zur Vergleichbarkeit der Daten und ihrer Abgrenzung vgl. Technische Anmerkungen. Kursiv gedruckte Zahlen gelten für andere als die angegebenen Jahre.

Land	Erhebungsjahr	Gini-Index	Prozentualer Anteil am Einkommen oder Verbauch						
			Unterste 10%	Unterste 20%	Zweite 20%	Dritte 20%	Vierte 20%	Höchste 20%	Höchste 10%
Mosambik		..	..	..	..	..	..	..	..
Namibia		..	..	..	..	..	..	..	..
Nepal	1995–96[a,b]	36,7	3,2	7,6	11,5	15,1	21,0	44,8	29,8
Neuseeland		..	..	..	..	..	..	..	..
Nicaragua	1993[a,b]	50,3	1,6	4,2	7,9	12,6	20,0	55,2	39,8
Niederlande	1991[c,d]	31,5	2,9	8,0	13,0	16,7	22,5	39,9	24,7
Niger	1992[a,b]	36,1	3,0	7,5	11,8	15,5	21,1	44,1	29,3
Nigeria	1992–93[a,b]	45,0	1,3	4,0	8,9	14,4	23,4	49,4	31,4
Norwegen	1991[c,d]	25,2	4,1	10,0	14,3	17,9	22,4	35,3	21,2
Oman		..	..	..	..	..	..	..	..
Österreich	1987[c,d]	23,1	4,4	10,4	14,8	18,5	22,9	33,3	19,3
Pakistan	1991[a,b]	31,2	3,4	8,4	12,9	16,9	22,2	39,7	25,2
Panama	1991[c,d]	56,8	0,5	2,0	6,3	11,3	20,3	60,1	42,5
Papua-Neuguinea	1996[a,b]	50,9	1,7	4,5	7,9	11,9	19,2	56,5	40,5
Paraguay	1995[c,d]	59,1	0,7	2,3	5,9	10,7	18,7	62,4	46,6
Peru	1994[a,b]	44,9	1,9	4,9	9,2	14,1	21,4	50,4	34,3
Philippinen	1994[a,b]	42,9	2,4	5,9	9,6	13,9	21,1	49,6	33,5
Polen	1992[a,b]	27,2	4,0	9,3	13,8	17,7	22,6	36,6	22,1
Portugal		..	..	..	..	..	..	..	..
Ruanda	1983–85[a,b]	28,9	4,2	9,7	13,2	16,5	21,6	39,1	24,2
Rumänien	1992[c,d]	25,5	3,8	9,2	14,4	18,4	23,2	34,8	20,2
Russische Föderation	1993[c,d]	31,0	3,0	7,4	12,6	17,7	24,2	38,2	22,2
Sambia	1993[a,b]	46,2	1,5	3,9	8,0	13,8	23,8	50,4	31,3
Saudi-Arabien		..	..	..	..	..	..	..	..
Schweden	1992[c,d]	25,0	3,7	9,6	14,5	18,1	23,2	34,5	20,1
Schweiz	1982[c,d]	36,1	2,9	7,4	11,6	15,6	21,9	43,5	28,6
Senegal	1991[a,b]	54,1	1,4	3,5	7,0	11,6	19,3	58,6	42,8
Sierra Leone	1989[a,b]	62,9	0,5	1,1	2,0	9,8	23,7	63,4	43,6
Simbabwe	1990[a,b]	56,8	1,8	4,0	6,3	10,0	17,4	62,3	46,9
Singapur		..	..	..	..	..	..	..	..
Slowakische Republik	1992[c,d]	19,5	5,1	11,9	15,8	18,8	22,2	31,4	18,2
Slowenien	1993[c,d]	29,2	4,0	9,3	13,3	16,9	21,9	38,6	24,5
Spanien	1990[c,d]	32,5	2,8	7,5	12,6	17,0	22,6	40,3	25,2
Sri Lanka	1990[a,b]	30,1	3,8	8,9	13,1	16,9	21,7	39,3	25,2
Südafrika	1993[a,b]	58,4	1,4	3,3	5,8	9,8	17,7	63,3	47,3
Syrien		..	..	..	..	..	..	..	..
Tadschikistan		..	..	..	..	..	..	..	..
Tansania	1993[a,b]	38,1	2,9	6,9	10,9	15,3	21,5	45,4	30,2
Thailand	1992[a,b]	46,2	2,5	5,6	8,7	13,0	20,0	52,7	37,1
Togo		..	..	..	..	..	..	..	..
Trinidad und Tobago		..	..	..	..	..	..	..	..
Tschad		..	..	..	..	..	..	..	..
Tschechische Republik	1993[c,d]	26,6	4,6	10,5	13,9	16,9	21,3	37,4	23,5
Tunesien	1990[a,b]	40,2	2,3	5,9	10,4	15,3	22,1	46,3	30,7
Türkei		..	..	..	..	..	..	..	..
Turkmenistan	1993[c,d]	35,8	2,7	6,7	11,4	16,3	22,8	42,8	26,9
Uganda	1992[a,b]	40,8	3,0	6,8	10,3	14,4	20,4	48,1	33,4
Ukraine	1992[c,d]	25,7	4,1	9,5	14,1	18,1	22,9	35,4	20,8
Ungarn	1993[c,d]	27,9	4,1	9,7	13,9	16,9	21,4	38,1	24,0
Uruguay		..	..	..	..	..	..	..	..
Usbekistan		..	..	..	..	..	..	..	..
Venezuela	1995[c,d]	46,8	1,5	4,3	8,8	13,8	21,3	51,8	35,6
Vereinigte Arab. Emirate		..	..	..	..	..	..	..	..
Vereinigtes Königreich	1986[c,d]	32,6	2,4	7,1	12,8	17,2	23,1	39,8	24,7
Vereinigte Staaten	1994[c,d]	40,1	1,5	4,8	10,5	16,0	23,5	45,2	28,5
Vietnam	1993[a,b]	35,7	3,5	7,8	11,4	15,4	21,4	44,0	29,0
Weißrußland	1993[c,d]	21,6	4,9	11,1	15,3	18,5	22,2	32,9	19,4
Zentralafrikanische Republik		..	..	..	..	..	..	..	..

a. Die Angaben beziehen sich auf Ausgaben-Anteile, gegliedert nach Bevölkerungs-Prozentgruppen. b. Die Angaben sind nach Pro-Kopf-Ausgaben geordnet. c. Die Angaben beziehen sich auf Einkommens-Anteile, gegliedert nach Bevölkerungs-Prozentgruppen. d. Die Angaben sind nach Pro-Kopf-Einkommen geordnet.

Tabelle 6. Bildungswesen

Land	Öffentliche Ausgaben für Bildung in % vom BSP		Netto-Schulbesuchquote in % der relevanten Altersgruppe				Schulbesuchsquote bis zur 4. Klasse				Schulbesuch in Jahren			
			Grundschulen		Weiterführende Sch.		Männlich		Weiblich		Männlich		Weiblich	
	1980	1995[a]	1980	1995	1980	1995	1980	1991	1980	1991	1980	1992	1980	1992
Ägypten, Arab. Rep.	5,7	5,6	..	*89*	..	*65*	*95*	..	*65*	..	..	11	..	9
Albanien	..	3,4	..	96	..	..	..	..	..	..	..	..	..	..
Algerien	7,8	..	81	95	31	56	92	97	91	96	9	11	6	9
Angola	..	..	*70*	..	..	..	..	..	..	..	8	..	7	..
Argentinien	2,7	4,5	..	..	..	*59*	..	..	..	..	..	13	..	14
Armenien	..	..	..	..	..	..	..	..	..	..	..	..	..	..
Aserbaidschan	..	3,0	..	..	..	..	..	..	..	..	..	..	..	..
Äthiopien	..	4,7	..	*24*	..	..	..	..	..	..	..	..	..	..
Australien	5,5	5,6	100	98	70	89	..	..	..	..	12	13	12	14
Bangladesch	1,5	2,3	..	..	..	..	..	..	..	..	..	..	..	..
Belgien	6,1	5,7	97	*98*	..	*98*	78	..	81	..	14	14	13	14
Benin	..	3,1	..	59	..	..	..	64	..	62	..	..	..	..
Bolivien	4,4	6,6	79	..	16	..	..	..	..	..	9	11	8	9
Brasilien	3,6	..	80	*90*	14	*19*	..	..	..	..	9	..	9	..
Bulgarien	4,5	4,2	96	97	73	75	..	93	..	90	11	11	11	12
Burkina Faso	2,6	3,6	15	*31*	..	*7*	79	81	79	82	2	3	1	2
Burundi	..	2,8	20	*52*	..	*5*	83	78	83	76	3	5	2	4
Chile	4,6	2,9	..	86	..	55	..	..	..	..	..	12	..	12
China	2,5	2,3	..	99	..	..	..	..	..	..	..	..	..	..
Hongkong, China	..	2,8	95	91	61	71	*100*	..	*100*	..	12	..	12	..
Costa Rica	7,8	4,5	89	92	39	43	80	*90*	84	*91*	10	10	10	9
Dänemark	6,9	8,3	96	*99*	88	*86*	..	98	..	98	14	15	14	15
Deutschland	..	4,7	..	*100*	..	*88*	..	..	..	..	..	15	..	14
Dominikanische Republik	2,2	1,9	..	*81*	..	*22*	..	..	..	..	..	10	..	10
Ecuador	5,6	3,4	..	*92*	..	..	..	..	..	..	..	..	..	..
Elfenbeinküste	7,2	..	..	..	..	..	94	85	91	83	..	..	..	..
El Salvador	3,9	2,2	..	79	..	21	..	..	..	..	..	9	..	9
Estland	..	6,6	..	94	..	77	..	..	..	..	..	12	..	13
Finnland	5,3	7,6	..	*99*	..	*93*	..	100	..	100	..	..	..	..
Frankreich	5,0	5,9	100	*99*	79	*88*	..	..	..	..	13	14	13	15
Gabun	2,7	..	..	..	..	..	82	..	79	..	..	..	..	..
Georgien	..	5,2	..	82	..	71	..	..	..	..	..	..	..	..
Ghana	3,1	..	..	..	..	..	87	..	82	..	..	..	..	..
Griechenland	..	3,7	103	..	..	*85*	98	..	98	..	12	13	12	13
Guatemala	..	1,7	58	..	13	..	..	..	..	..	..	..	..	..
Guinea	..	..	..	*37*	..	..	..	80	..	73	..	4	..	2
Guinea-Bissau	..	..	47	..	3	..	63	..	46	..	6	..	3	..
Haiti	1,5	..	38	..	..	..	..	*60*	..	*60*	..	..	..	..
Honduras	3,2	3,9	78	*90*	..	*21*	..	..	..	..	..	..	..	..
Indien	2,8	3,5	..	..	..	..	..	..	..	..	..	..	..	..
Indonesien	1,7	..	88	*97*	..	*42*	..	..	..	..	..	10	..	9
Irland	..	6,3	100	*100*	78	*85*	..	..	..	..	11	13	11	13
Israel	7,9	6,6	..	..	..	..	..	..	..	..	..	..	..	..
Italien	..	4,9	..	*97*	..	..	100	100	100	100	..	..	..	..
Jamaika	7,0	8,2	96	*100*	64	*64*	..	*98*	..	*100*	10	11	11	11
Japan	5,8	3,8	100	*100*	93	*96*	100	100	100	100	13	..	12	..
Jemen, Rep.	..	7,5	..	..	..	..	..	..	..	..	..	..	..	..
Jordanien	..	6,3	93	..	68	..	95	*100*	95	*97*	12	11	12	12
Kambodscha	..	..	..	..	..	..	..	..	..	..	..	..	..	..
Kamerun	3,2	..	..	..	15	..	81	..	81	..	8	..	6	..
Kanada	6,9	7,3	..	*95*	..	*92*	..	..	..	..	15	17	15	18
Kasachstan	..	4,5	..	..	..	..	..	..	..	..	..	..	..	..
Kenia	6,8	7,4	91	..	..	..	..	..	..	..	..	..	..	..
Kirgistan	7,2	6,8	..	97	..	..	..	..	..	..	..	..	..	..
Kolumbien	1,9	3,5	..	85	..	50	..	*72*	..	*74*	..	..	..	..
Kongo, Dem. Rep.	2,6	..	..	*61*	..	*23*	*77*	..	*70*	..	..	7	..	4
Kongo, Rep.	7,0	5,9	96	..	..	..	91	88	91	89	..	..	..	..
Korea, Rep.	3,7	3,7	100	*99*	70	96	96	100	96	100	12	14	11	13
Kroatien	..	5,3	..	*82*	..	*66*	..	..	..	..	..	11	..	11
Laos, Demokr. Volksrepublik	..	2,4	..	*68*	..	*18*	..	..	..	..	..	8	..	6
Lesotho	5,1	5,9	66	*65*	13	*16*	61	74	77	84	7	8	10	10
Lettland	3,3	6,3	..	84	..	78	..	..	..	..	..	..	..	..
Libanon	..	2,0	..	..	..	..	..	..	..	..	..	..	..	..
Litauen	5,5	6,1	..	..	..	*80*	..	..	..	..	..	..	..	..
Madagaskar	4,4	..	..	..	..	..	..	63	..	64	..	..	..	..
Malawi	3,4	5,7	43	*100*	..	*66*	62	*73*	55	*68*	..	6	..	5
Malaysia	6,0	5,3	..	*91*	..	..	..	98	..	99	..	..	..	..
Mali	3,8	2,2	20	*25*	..	..	..	..	..	..	..	2	..	1
Marokko	6,1	5,6	62	72	20	..	90	85	89	85	8	8	5	6
Mauretanien	..	5,0	..	60	..	..	..	82	..	83	..	..	..	..
Mauritius	5,3	4,3	79	96	..	..	..	*99*	..	*99*	..	..	..	..
Mazedonien, ehem. Jugosl. Rep.	..	5,5	..	85	..	51	..	..	..	..	..	..	..	..
Mexiko	4,7	5,3	..	*100*	..	..	..	..	..	..	..	..	..	..
Moldawien	..	6,1	..	..	..	..	..	..	..	..	..	..	..	..
Mongolei	..	5,6	..	80	..	57	..	..	..	..	..	..	..	..

Anmerkung: Zur Vergleichbarkeit der Daten und ihrer Abgrenzung vgl. Technische Anmerkungen. Kursiv gedruckte Zahlen gelten für andere als die angegebenen Jahre.

BEVÖLKERUNG

Land	Öffentliche Ausgaben für Bildung in % vom BSP		Netto-Schulbesuchquote in % der relevanten Altersgruppe				Schulbesuchsquote bis zur 4. Klasse				Schulbesuch in Jahren			
			Grundschulen		Weiterführende Sch.		Männlich		Weiblich		Männlich		Weiblich	
	1980	1995[a]	1980	1995	1980	1995	1980	1991	1980	1991	1980	1992	1980	1992
Mosambik	4,4	..	36	40	..	6	..	66	..	60	5	4	4	3
Namibia	1,5	9,4	..	92	..	36	..	..	..	..	..	12	..	13
Nepal	1,8	2,9	..	..	..	..	..	..	..	..	..	..	..	..
Neuseeland	5,8	6,7	100	100	81	93	..	97	..	97	14	15	13	16
Nicaragua	3,4	..	98	83	23	*27*	51	..	55	..	8	8	9	9
Niederlande	7,6	5,3	93	*99*	81	..	97	..	100	..	14	16	13	15
Niger	3,1	..	21	..	4	..	82	..	79	..	..	3	..	1
Nigeria	6,4	..	..	..	..	..	..	..	..	..	..	..	..	..
Norwegen	7,2	8,3	98	*99*	84	*94*	99	..	100	..	13	15	13	16
Oman	2,1	4,6	43	71	10	56	..	..	..	..	5	8	2	7
Österreich	5,6	5,5	99	*100*	..	*90*	..	..	..	..	11	15	11	14
Pakistan	2,0	..	..	..	..	..	..	..	..	..	..	..	..	..
Panama	4,8	5,2	89	..	46	..	87	*85*	88	*88*	11	11	11	11
Papua-Neuguinea	..	..	..	..	..	..	..	68	..	67	..	..	..	..
Paraguay	1,5	2,9	89	*89*	..	*33*	..	79	..	81	..	9	..	8
Peru	3,1	..	86	91	..	53	85	..	83	..	11	..	10	..
Philippinen	1,7	2,2	94	100	45	60	..	..	..	..	10	11	11	11
Polen	..	4,6	98	*97*	70	*83*	..	..	..	..	12	12	12	12
Portugal	3,8	5,4	98	*100*	..	*78*	..	..	..	..	..	..	..	..
Ruanda	2,7	..	59	*76*	..	*8*	*83*	72	*84*	75	..	6	..	6
Rumänien	3,3	3,2	..	92	..	73	..	..	..	..	..	11	..	11
Russische Föderation	3,5	4,1	..	*100*	..	..	..	..	..	..	..	..	..	..
Sambia	4,5	1,8	*77*	*77*	..	*16*	..	..	..	..	..	..	..	..
Saudi-Arabien	4,1	5,5	49	62	21	48	91	..	90	..	7	9	5	8
Schweden	9,0	8,0	..	*100*	..	*96*	99	..	100	..	12	14	13	14
Schweiz	5,0	5,5	..	*100*	..	..	92	..	94	..	14	15	13	14
Senegal	..	3,6	37	54	..	..	93	*94*	90	*90*	..	6	..	4
Sierra Leone	3,8	..	..	..	..	..	..	..	..	..	..	..	..	..
Simbabwe	6,6	8,5	..	..	..	..	..	81	..	80	..	..	..	..
Singapur	2,8	3,0	99	..	..	..	..	..	..	..	11	..	11	..
Slowakische Republik	..	4,4	..	..	..	..	..	..	..	..	..	..	..	..
Slowenien	..	5,8	..	100	..	..	..	..	..	..	..	..	..	..
Spanien	..	5,0	100	*100*	74	*94*	*95*	*97*	*95*	*98*	13	14	12	15
Sri Lanka	2,7	3,1	..	..	..	..	..	97	..	98	..	..	..	..
Südafrika	..	6,8	..	*96*	..	*52*	..	..	..	..	..	12	..	12
Syrien	4,6	..	89	91	39	39	94	95	91	95	11	10	8	9
Tadschikistan	8,2	8,6	..	..	..	..	..	..	..	..	..	..	..	..
Tansania	4,4	..	68	48	..	..	..	*89*	..	*90*	..	..	..	..
Thailand	3,4	4,2	..	..	..	..	..	..	..	..	..	..	..	..
Togo	5,6	5,6	..	85	..	..	90	84	84	79	..	11	..	6
Trinidad und Tobago	4,0	4,5	90	88	..	*64*	..	..	..	..	11	11	11	11
Tschad	..	2,2	..	..	..	..	..	*74*	..	*65*	..	..	..	..
Tschechische Republik	..	6,1	..	*98*	..	*88*	..	..	..	..	..	..	..	..
Tunesien	5,4	6,8	82	97	23	..	94	93	90	93	10	11	7	10
Türkei	2,8	3,4	..	*96*	..	*50*	..	99	..	98	..	..	..	..
Turkmenistan	..	..	..	..	..	..	..	..	..	..	..	..	..	..
Uganda	1,2	..	*39*	..	..	..	..	..	..	..	..	..	..	..
Ukraine	5,6	7,7	..	..	..	..	..	..	..	..	..	..	..	..
Ungarn	4,7	6,0	95	*93*	..	*73*	96	*97*	96	*97*	9	12	10	12
Uruguay	2,3	2,8	..	95	..	..	93	99	99	99	..	..	..	..
Usbekistan	6,4	9,5	..	..	..	..	..	..	..	..	..	..	..	..
Venezuela	4,4	5,2	82	*88*	14	*20*	..	..	..	..	..	10	..	11
Vereinigte Arab. Emirate	1,3	1,8	74	*83*	..	*71*	..	94	..	93	8	11	7	12
Vereinigtes Königreich	5,6	5,5	100	*100*	79	*92*	..	..	..	..	13	15	13	15
Vereinigte Staaten	6,7	5,3	95	*96*	..	*89*	..	..	..	..	14	16	15	16
Vietnam	..	2,7	95	..	..	..	..	..	..	..	..	..	..	..
Weißrußland	5,2	5,6	..	*95*	..	..	..	..	..	..	..	..	..	..
Zentralafrikanische Republik	..	..	56	..	..	..	..	*85*	..	*81*	..	..	..	..
Welt gesamt	**4,4 m**	**5,2 m**	**..**	**.. w**	**..**	**..**	**..**	**..**	**..**	**..**	**..**	**..**	**..**	**..**
Niedriges Einkommen	3,4	5,5	..	95	..	..	..	..	..	..	..	..	..	..
Mittleres Einkommen	4,1	4,5	..	*95*	..	..	..	..	..	..	..	..	..	..
Mittleres Eink., untere Kat.	4,5	4,4	..	*92*	..	..	..	..	..	..	..	..	..	..
Mittleres Eink., obere Kat.	4,0	4,6	..	..	..	..	..	..	..	..	..	..	..	..
Niedr. u. mittl. Eink.	3,9	4,5	..	99	..	..	..	..	..	..	..	..	..	..
Afrika südlich der Sahara	4,1	5,3	..	..	..	..	..	..	..	..	..	..	..	..
Europa u. Zentralasien	5,0	5,6	..	*96*	..	..	..	..	..	..	..	..	..	..
Lateinamerika u. Karabik	3,9	3,9	..	*91*	..	..	..	..	..	..	..	..	..	..
Naher Osten u. Nordafrika	5,0	5,6	..	..	..	..	..	..	..	..	..	..	..	..
Ostasien u. Pazifik	2,1	2,6	..	99	..	..	..	..	..	..	..	..	..	..
Südasien	2,0	3,0	..	..	..	..	..	..	..	..	..	..	..	..
Hohes Einkommen	5,6	5,5	..	*98*	..	..	..	..	..	..	..	..	..	..

a. Die Daten stammen aus der UNESCO-Veröffentlichung *World Education Report, 1998.* Sie sind noch nicht in Zeitreihe erhältlich.

Tabelle 7. Gesundheitswesen

Land	Öffentliche Ausgaben für das Gesundheitswesen in % vom BSP	Zugang zu Trinkwasser in % der Bevölkerung mit Zugang		Zugang zu sanitären Einrichtungen in % der Bevölkerung mit Zugang		Säuglingssterblichkeitsrate pro 1.000 Lebendgeburten		Empfängnisverhütungsrate in % der Frauen zwischen 15–49 Jahren	Gesamtanzahl der Geburten Geburten pro Frau		Müttersterblichkeitsrate je 100,000 Lebendgeburten
	1990–95[a]	1980	1995	1980	1995	1980	1996	1990–96	1980	1996	1990–96
Ägypten, Arab. Rep.	1,6[f]	*90*	*64*	*70*	*11*	120	53	48	5,1	3,3	170[c]
Albanien	2,7	*92*	..	..	..	47	37	..	3,6	2,6	28[b]
Algerien	3,3	*77*	..	..	..	98	32	51	6,7	3,4	140[b]
Angola	4,0	..	*32*	..	*16*	153	124	..	6,9	6,8	1.500[c]
Argentinien	4,3	..	*64*	..	*89*	35	22	..	3,3	2,7	100[c]
Armenien	3,1	..	..	..	..	26	16	..	2,3	1,6	21[b]
Aserbaidschan	1,4	..	..	..	..	30	20	..	3,2	2,1	44[b]
Äthiopien	1,7	*4*	*27*	..	*10*	155	109	4	6,6	7,0	1.400[c]
Australien	6,0	*99*	*95*	*99*	*90*	11	6	..	1,9	1,8	9[c]
Bangladesch	1,2	..	79	..	*35*	132	77	45	6,1	3,4	850[c]
Belgien	7,0	..	..	*99*	100	12	7	..	1,7	1,5	10[c]
Benin	1,7	..	*50*	..	*20*	120	87	17	7,0	5,9	500[d]
Bolivien	2,7	..	60	..	*44*	118	67	45	5,5	4,4	370[d]
Brasilien	2,7	..	*72*	..	41	67	36	77	3,9	2,4	160[d]
Bulgarien	4,0	*96*	..	..	*99*	20	16	..	2,0	1,2	20[b]
Burkina Faso	2,3	*35*	*78*	*5*	*18*	121	98	8	7,5	6,7	930[c]
Burundi	0,9	..	..	..	..	121	97	..	6,8	6,4	1.300[c]
Chile	2,5	..	..	..	*83*	32	12	..	2,8	2,3	180[b]
China	2,1	..	*90*	..	*21*	42	33	85	2,5	1,9	115[e]
Hongkong, China	1,9	..	..	..	..	11	4	..	2,0	1,2	7[c]
Costa Rica	6,3	..	..	..	..	20	12	..	3,7	2,7	55[c]
Dänemark	5,3	*100*	*100*	*100*	100	8	6	..	1,5	1,8	9[c]
Deutschland	8,2	..	..	..	100	12	5	..	1,4	1,3	22[c]
Dominikanische Republik	2,0	..	*71*	..	*78*	74	40	64	4,2	3,1	110[c]
Ecuador	2,0	..	*70*	..	*64*	67	34	57	5,0	3,1	150[c]
Elfenbeinküste	1,4	*20*	*72*	*17*	*54*	108	84	11	7,4	5,1	600[d]
El Salvador	1,2	..	*55*	..	*68*	81	34	53	5,3	3,5	300[c]
Estland	6,3	..	..	..	..	17	10	..	2,0	1,3	52[b]
Finnland	5,7	..	*100*	*100*	*100*	8	4	..	1,6	1,8	11[c]
Frankreich	8,0	..	100	*85*	*96*	10	5	..	1,9	1,7	15[c]
Gabun	0,6	..	*67*	..	*76*	116	87	..	4,5	5,0	500[c]
Georgien	0,8	..	..	..	..	25	17	..	2,3	1,5	19[b]
Ghana	1,3	..	*56*	..	27	100	71	20	6,5	5,0	740[c]
Griechenland	5,5	..	..	..	96	18	8	..	2,2	1,4	10[c]
Guatemala	0,9	..	60	..	66	81	41	32	6,2	4,6	190[d]
Guinea	1,2	..	*62*	*12*	*70*	185	122	2	6,1	5,7	880[d]
Guinea-Bissau	1,1	*24*	23	..	*20*	168	134	..	6,0	6,0	910[c]
Haiti	1,3	..	*28*	..	*24*	123	72	18	5,9	4,3	600[d]
Honduras	2,8	..	*65*	..	62	70	44	47	6,5	4,5	220[c]
Indien	0,7	..	*81*	..	*29*	116	65	43	5,0	3,1	437[d]
Indonesien	0,7	..	*62*	..	*51*	90	49	55	4,3	2,6	390[d]
Irland	5,4	..	..	..	100	11	5	60	3,2	1,9	10[c]
Israel	2,1	..	*99*	..	*70*	15	6	..	3,2	2,6	7[c]
Italien	5,4	*99*	..	*99*	*100*	15	6	..	1,6	1,2	12[c]
Jamaika	3,0	..	*70*	..	*74*	21	12	..	3,7	2,3	120[c]
Japan	5,7	..	..	..	*85*	8	4	..	1,8	1,4	8[b]
Jemen, Rep.	1,2	..	*52*	..	*51*	141	98	..	7,9	7,2	1.400[c]
Jordanien	3,7	*89*	89	*76*	*100*	41	30	..	6,8	4,4	150[c]
Kambodscha	0,7	..	*13*	..	..	201	105	..	4,7	4,6	900[c]
Kamerun	1,0	..	*41*	..	*40*	94	54	16	6,5	5,5	550[c]
Kanada	6,8	*97*	*100*	*60*	*85*	10	6	..	1,7	1,7	6[c]
Kasachstan	2,2	..	..	..	..	33	25	..	2,9	2,1	53[b]
Kenia	1,9	..	*53*	..	*77*	72	57	..	7,8	4,6	650[c]
Kirgistan	3,7	..	*75*	..	*53*	43	26	..	4,1	3,0	32[b]
Kolumbien	3,0	..	*76*	..	*63*	45	25	72	3,8	2,7	100[c]
Kongo, Dem. Rep.	0,2	..	..	..	..	111	90	..	6,6	6,3	..
Kongo, Rep.	1,8	..	47	..	*9*	89	90	..	6,2	6,0	890[c]
Korea, Rep.	1,8	..	*89*	..	*100*	26	9	..	2,6	1,7	30[b]
Kroatien	8,5	..	96	..	*68*	21	9	..	..	1,6	12[b]
Laos, Demokr. Volksrepublik	1,3	..	*39*	..	19	127	101	..	6,7	5,7	650[c]
Lesotho	3,5	*18*	*52*	*12*	*6*	108	74	23	5,6	4,6	610[c]
Lettland	4,4	..	..	..	..	20	16	..	2,0	1,2	15[b]
Libanon	2,1	*92*	..	*59*	..	48	31	..	4,0	2,7	300[c]
Litauen	5,1	..	..	..	..	20	10	..	2,0	1,4	13[b]
Madagaskar	1,1	..	*29*	..	3	138	88	17	6,5	5,7	660[d]
Malawi	2,3	..	*45*	..	*53*	169	133	22	7,6	6,5	620[d]
Malaysia	1,4	..	88	*75*	91	30	11	..	4,2	3,4	43[b]
Mali	2,0	..	*37*	..	*31*	184	120	7	7,1	6,7	580[d]
Marokko	1,6	*32*	*52*	*50*	*40*	99	53	50	5,4	3,3	372[g]
Mauretanien	1,8	..	..	..	..	120	94	..	6,3	5,1	800[c]
Mauritius	2,2	..	*98*	..	*100*	32	17	75	2,7	2,1	112[b]
Mazedonien, ehem. Jugosl. Rep.	7,3	..	..	..	..	54	16	..	2,5	2,1	22[b]
Mexiko	2,8	..	*83*	..	*66*	51	32	..	4,5	2,9	110[c]
Moldawien	4,9	..	..	..	*50*	35	20	..	2,4	1,9	33[b]
Mongolei	4,8	..	..	..	..	82	53	..	5,3	3,3	65[c]

Anmerkung: Zur Vergleichbarkeit der Daten und ihrer Abgrenzung vgl. Technische Anmerkungen. Kursiv gedruckte Zahlen gelten für andere als die angegebenen Jahre.

BEVÖLKERUNG

Land	Öffentliche Ausgaben für das Gesundheitswesen in % vom BSP	Zugang zu Trinkwasser in % der Bevölkerung mit Zugang		Zugang zu sanitären Einrichtungen in % der Bevölkerung mit Zugang		Säuglingssterblichkeitsrate pro 1.000 Lebendgeburten		Empfängnisverhütungsrate in % der Frauen zwischen 15–49 Jahren	Gesamtanzahl der Geburten Geburten pro Frau		Müttersterblichkeitsrate je 100,000 Lebendgeburten
	1990–95[a]	1980	1995	1980	1995	1980	1996	1990–96	1980	1996	1990–96
Mosambik	4,6	9	32	10	21	155	123	..	6,5	6,1	1.500[c]
Namibia	3,7	..	..	..	34	90	61	29	5,9	4,9	220[d]
Nepal	1,2	11	48	0	20	132	85	..	6,1	5,0	1.500[c]
Neuseeland	5,7	87	..	..	..	13	6	..	2,0	2,0	25[c]
Nicaragua	4,3	..	61	..	31	90	44	44	6,2	4,0	160[c]
Niederlande	6,7	100	100	100	100	9	5	..	1,6	1,5	12[c]
Niger	1,6	..	53	..	15	150	118	4	7,4	7,4	593[d]
Nigeria	0,3	..	39	..	36	99	78	6	6,9	5,4	1.000[c]
Norwegen	6,6	..	..	100	100	8	4	..	1,7	1,9	6[c]
Oman	2,5	15	..	..	79	41	18	..	9,9	7,0	..
Österreich	5,9	100	..	85	100	14	5	..	1,6	1,4	10[c]
Pakistan	0,8	38	60	16	30	124	88	14	7,0	5,1	340[c]
Panama	5,4	..	83	..	87	32	22	..	3,7	2,6	55[c]
Papua-Neuguinea	2,8	..	28	..	22	67	62	..	5,7	4,7	370[d]
Paraguay	1,0	..	..	..	30	50	24	51	4,8	3,9	190[d]
Peru	2,6	..	60	..	44	81	42	55	4,5	3,1	280[c]
Philippinen	1,3	..	..	..	..	52	37	48	4,8	3,6	208[d]
Polen	4,8	67	..	50	100	21	12	..	2,3	1,6	10[b]
Portugal	4,5	57	..	..	100	24	7	..	2,2	1,4	15[c]
Ruanda	1,9	..	..	..	..	128	129	21	8,3	6,1	1.300[c]
Rumänien	3,6	77	..	50	49	29	22	57	2,4	1,3	41[b]
Russische Föderation	4,1	..	..	..	..	22	17	34	1,9	1,3	53[b]
Sambia	2,4	..	43	..	23	90	112	26	7,0	5,8	230[d]
Saudi-Arabien	3,1	91	93	76	86	65	22	..	7,3	6,2	18[b]
Schweden	6,0	..	..	85	100	7	4	..	1,7	1,7	7[c]
Schweiz	7,2	..	100	85	100	9	5	..	1,6	1,5	6[c]
Senegal	2,5	..	50	..	58	91	60	7	6,7	5,7	510[d]
Sierra Leone	1,6	..	34	13	11	190	174	..	6,5	6,5	1.800[c]
Simbabwe	2,0	..	74	5	58	82	56	58	6,8	3,9	280[d]
Singapur	1,3	100	100	..	97	12	4	..	1,7	1,7	10[c]
Slowakische Republik	6,0	..	..	43	51	21	11	..	2,3	1,5	8[b]
Slowenien	7,4	..	..	..	90	15	5	..	2,1	1,3	5[b]
Spanien	6,0	98	99	95	100	12	5	..	2,2	1,2	7[c]
Sri Lanka	1,4	..	..	..	..	34	15	..	3,5	2,3	30[b]
Südafrika	3,6	..	70	..	46	67	49	69	4,6	2,9	230[c]
Syrien	..	71	85	45	78	56	31	40	7,4	4,0	179[b]
Tadschikistan	6,4	..	..	..	62	58	32	..	5,6	3,7	74[b]
Tansania	3,0	..	49	..	86	108	86	18	6,7	5,6	530[d]
Thailand	1,4	..	81	..	70	49	34	..	3,5	1,8	200[c]
Togo	1,7	..	..	..	22	110	87	..	6,6	6,2	640[c]
Trinidad und Tobago	2,6	..	82	..	56	35	13	..	3,3	2,1	90[c]
Tschad	3,4	..	24	..	21	147	115	..	5,9	5,6	900[d]
Tschechische Republik	7,7	..	..	..	..	16	6	69	2,1	1,2	7[b]
Tunesien	3,0	72	..	46	..	69	30	60	5,2	2,8	..
Türkei	2,7	67	92	..	94	109	42	..	4,3	2,6	180[c]
Turkmenistan	2,8	..	85	..	60	54	41	..	4,9	3,3	44[b]
Uganda	1,6	..	34	..	57	116	99	15	7,2	6,7	550[g]
Ukraine	5,0	..	97	50	49	17	14	..	2,0	1,3	30[b]
Ungarn	6,8	..	..	..	94	23	11	..	1,9	1,5	14[b]
Uruguay	2,0	..	83	..	82	37	18	..	2,7	2,2	85[c]
Usbekistan	3,5	..	..	..	18	47	24	..	4,8	3,4	24[b]
Venezuela	2,3	..	79	..	58	36	22	..	4,1	3,0	200[b]
Vietnam	1,1	..	36	..	21	57	40	..	5,0	3,0	105[b]
Vereinigte Arab. Emirate	2,0	100	98	75	95	55	15	..	5,4	3,5	..
Vereinigtes Königreich	5,8	..	100	..	96	12	6	..	1,9	1,7	9[b]
Vereinigte Staaten	6,6	..	90	98	85	13	7	..	1,8	2,1	12[c]
Weißrußland	5,3	..	..	50	100	16	13	..	2,0	1,3	22[b]
Zentralafrikanische Republik	1,9	16	18	..	..	117	96	14	5,8	5,0	700[d]
Welt gesamt	**3,2 w**	**..**	**78 w**	**..**	**47 w**	**80 w**	**54 w**		**3,7 w**	**2,8 w**	
Niedriges Einkommen	0,9	..	71	..	30	117	80		5,6	4,1	
Mittleres Einkommen	3,0	..	84	..	36	57	35		3,2	2,3	
Mittleres Eink., untere Kat.	2,5	..	84	..	31	56	37		3,1	2,2	
Mittleres Eink., obere Kat.	3,3	..	..	..	..	59	31		3,8	2,6	
Niedr. u. mittl. Eink.	2,7	..	..	..	..	87	59		4,1	3,0	
Afrika südlich der Sahara	1,6	..	45	..	37	115	91		6,6	5,6	
Europa u. Zentralasien	4,4	..	..	..	..	41	24		2,5	1,8	
Lateinamerika u. Karabik	2,9	..	73	..	57	59	33		4,1	2,8	
Naher Osten u. Nordafrika	2,4	..	..	..	..	96	50		6,1	4,0	
Ostasien u. Pazifik	1,7	..	84	..	29	56	39		3,1	2,2	
Südasien	1,2	..	78	..	30	120	73		5,3	3,4	
Hohes Einkommen	6,9	..	..	..	92	13	6		1,9	1,7	

a. Daten gelten für das letzte verfügbare Jahr. b. Amtliche Schätzung. c. Schätzung der UNICEF/WHO, basiert auf statistischen Modellen. d. Indirekte Schätzung basiert auf einer repräsentativen Umfrage. e. Basiert auf einer Umfrage in dreißig Provinzen. f. Daten gelten für 1997. g. Basiert auf einer repräsentativen Umfrage.

Tabelle 8. Bodennutzung und landwirtschaftliche Produktivität

Land	Kulturflächen in % der Fläche		Bewässertes Land in % der Kulturflächen		Bebautes Land Hektar pro Kopf		Landwirtschaftliche Produktivität für 1987 in $: Landwirtsch. Wertschöpfung pro landwirtschaftlichem Arbeiter		Landwirtschaftliche Produktivität für 1987 in $: Landwirtsch. Wertschöpfung pro Hektar landwirtsch. genutzten Landes		Nahrungsmittelproduktionsindex 1989–91 = 100	
	1980	1995	1979–81	1994–96	1979–81	1994–96	1979–81	1994–96	1979–81	1992–94	1979–81	1994–96
Ägypten, Arab. Rep.	2	3	100,0	100,0	0,06	0,05	757	1.331	2.691	2.990	68	118
Albanien	26	26	53,0	48,4	0,22	0,18	908	1.161	565	752	..	..
Algerien	3	3	3,4	6,9	0,37	0,27	2.713	3.612	109	180	71	115
Angola	3	3	2,2	2,1	0,41	0,28	..	149	..	9	92	126
Argentinien	10	10	5,8	6,3	0,89	0,72	6.248	7.028	51	62	95	116
Armenien	..	25	..	44,7	..	0,15	..	1.275	..	261	..	78
Aserbaidschan	..	23	..	50,0	..	0,21	..	..	..	..	..	55
Äthiopien	..	12	..	1,7	..	0,20	..	181	..	116	90	..
Australien	6	6	3,5	4,9	2,97	2,65	17.222	22.256	16	21	92	118
Bangladesch	70	67	17,1	37,3	0,10	0,07	187	226	587	863	79	103
Belgien	..	..	..	..	..	..	..	..	..	..	..	..
Benin	16	17	0,3	0,5	0,39	0,26	374	563	188	321	63	126
Bolivien	2	2	6,6	3,7	0,35	0,29	1.135	..	42	..	71	120
Brasilien	6	8	3,3	4,9	0,32	0,32	1.217	2.384	93	119	70	117
Bulgarien	38	38	28,3	19,0	0,43	0,48	4.446	6.240	650	513	105	68
Burkina Faso	10	13	0,4	0,7	0,40	0,33	155	182	64	93	63	121
Burundi	46	43	0,7	1,3	0,24	0,15	218	177	212	270	80	94
Chile	6	6	29,6	29,9	0,36	0,28	1.729	3.042	79	150	72	125
China	11	10	45,1	51,8	0,10	0,08	113	193	106	184	61	144
Hongkong, China	7	7	43,5	28,6	0,00	0,00	..	..	..	..	97	52
Costa Rica	10	10	12,1	23,8	0,12	0,09	2.544	3.790	280	373	73	123
Dänemark	63	55	14,5	20,1	0,52	0,45	18.790	38.131	1.166	1.684	83	102
Deutschland	36	35	3,7	3,9	0,15	0,14	..	..	..	..	91	89
Dominikanische Republik	29	39	11,7	13,7	0,19	0,17	1.325	1.587	251	262	85	104
Ecuador	9	11	19,4	8,1	0,20	0,14	1.267	1.790	194	259	77	131
Elfenbeinküste	10	13	1,4	1,7	0,24	0,21	1.527	1.354	195	212	71	118
El Salvador	35	37	14,8	15,8	0,12	0,10	1.417	1.300	733	674	91	107
Estland	..	27	..	..	..	0,76	..	6.266	..	526	..	56
Finnland	..	..	..	..	0,54	0,50	20.171	31.457	2.100	2.072	93	92
Frankreich	34	35	4,6	8,0	0,32	0,32	13.699	30.035	838	1.113	94	101
Gabun	2	2	0,9	0,8	0,42	0,29	1.412	1.516	67	74	80	107
Georgien	..	16	..	42,0	..	0,15	..	..	..	..	..	71
Ghana	16	20	0,2	0,1	0,18	0,17	813	684	215	227	73	143
Griechenland	30	27	24,2	38,0	0,30	0,23	5.595	*7.726*	685	766	91	102
Guatemala	16	18	5,0	6,5	0,18	0,13	..	1.240	..	503	70	111
Guinea	3	4	12,8	10,9	0,13	0,10	..	225	..	54	97	126
Guinea-Bissau	10	12	6,0	5,0	0,32	0,28	186	292	54	78	69	111
Haiti	32	33	7,9	9,6	0,10	0,08	..	..	..	..	106	91
Honduras	16	18	4,1	3,6	0,43	0,29	959	1.490	200	268	88	104
Indien	57	57	22,8	29,5	0,24	0,18	304	404	338	520	68	115
Indonesien	14	17	16,2	15,2	0,12	0,09	422	481	376	519	64	119
Irland	16	19	..	..	0,33	0,37	..	..	..	..	83	105
Israel	20	21	49,3	44,6	0,08	0,06	..	..	..	..	86	108
Italien	42	37	19,3	24,7	0,17	0,14	10.516	17.876	1.650	1.964	101	102
Jamaika	22	22	13,6	14,3	0,08	0,07	711	1.045	433	591	86	116
Japan	13	12	62,6	61,8	0,04	0,03	9.832	16.712	11.279	12.445	94	98
Jemen, Rep.	3	3	19,9	31,3	0,16	0,10	..	..	..	..	75	113
Jordanien	4	5	11,0	18,2	0,14	0,08	3.129	2.769	224	461	61	148
Kambodscha	12	22	4,9	4,5	0,30	0,39	..	131	..	86	51	116
Kamerun	15	15	0,2	0,3	0,68	0,46	861	827	252	313	83	114
Kanada	5	5	1,3	1,6	1,86	1,54	12.317	30.202	131	154	80	111
Kasachstan	..	12	..	7,0	..	2,00	..	..	..	..	..	70
Kenia	8	8	0,9	1,5	0,23	0,15	268	240	68	90	68	101
Kirgistan	..	7	..	77,6	..	0,25	..	69	..	4	..	81
Kolumbien	5	6	7,7	16,6	0,13	0,07	1.579	2.172	123	165	76	109
Kongo, Dem. Rep.	3	3	0,1	0,1	0,26	0,17	218	219	83	113	72	106
Kongo, Rep.	0	0	0,7	0,6	0,08	0,06	544	629	21	28	80	112
Korea, Rep.	22	20	59,6	66,5	0,05	0,04	1.950	5.302	5.229	6.961	78	115
Kroatien	..	22	..	0,2	..	0,23	..	..	..	..	..	57
Laos, Demokr. Volksrepublik	3	4	15,4	18,4	0,21	0,19	..	..	..	..	71	115
Lesotho	..	..	..	..	0,22	0,16	291	194	35	24	89	109
Lettland	..	28	..	..	..	0,68	..	3.870	..	349	..	57
Libanon	30	30	28,1	28,7	0,07	0,05	..	..	..	..	58	117
Litauen	..	46	..	..	..	0,79	..	..	..	..	..	65
Madagaskar	5	5	21,5	35,0	0,29	0,20	190	178	26	34	82	104
Malawi	14	18	1,3	1,6	0,21	0,17	162	156	145	153	91	102
Malaysia	15	23	6,7	4,5	0,07	0,09	2.235	4.052	941	942	55	122
Mali	2	3	2,9	2,6	0,31	0,33	251	259	24	33	80	114
Marokko	18	21	15,0	13,5	0,39	0,33	565	919	78	111	56	101
Mauretanien	0	0	25,1	23,6	0,12	0,09	..	..	5	7	86	100
Mauritius	53	52	15,0	17,0	0,10	0,09	1.764	3.762	1.607	1.902	89	104
Mazedonien, ehem. Jugosl. Rep.	..	26	..	9,9	..	0,31	..	..	..	..	..	96
Mexiko	13	14	20,3	23,5	0,35	0,27	1.372	1.518	109	123	85	117
Moldawien	..	66	..	14,1	..	0,41	..	..	..	..	..	63
Mongolei	1	1	3,0	6,1	0,71	0,54	..	..	..	..	88	80

Anmerkung: Zur Vergleichbarkeit der Daten und ihrer Abgrenzung vgl. Technische Anmerkungen. Kursiv gedruckte Zahlen gelten für andere als die angegebenen Jahre.

UMWELT

Land	Kulturflächen in % der Fläche		Bewässertes Land in % der Kulturflächen		Bebautes Land Hektar pro Kopf		Landwirtschaftliche Produktivität für 1987 in $: Landwirtsch. Wertschöpfung pro landwirtschaftlichem Arbeiter		Landwirtschaftliche Produktivität für 1987 in $: Landwirtsch. Wertschöpfung pro Hektar landwirtsch. genutzten Landes		Nahrungsmittelproduktionsindex 1989–91 = 100	
	1980	1995	1979–81	1994–96	1979–81	1994–96	1979–81	1994–96	1979–81	1992–94	1979–81	1994–96
Mosambik	4	4	2,1	3,4	0,24	0,17	..	92	..	12	99	106
Namibia	1	1	0,6	0,8	0,64	0,51	1.295	1.458	8	9	108	107
Nepal	16	21	22,5	31,0	0,16	0,13	173	198	271	406	65	109
Neuseeland	13	12	5,2	9,1	0,80	0,44	10.693	13.373	86	132	91	117
NNicaragua	11	23	6,0	3,3	0,41	0,55	3.268	3.697	212	155	118	120
Niederlande	24	27	58,5	61,5	0,06	0,06	23.131	41.245	3.489	5.932	87	104
Niger	..	..	..	..	0,63	0,53	292	256	57	63	101	120
Nigeria	33	36	0,7	0,7	0,39	0,28	479	684	111	150	58	132
Norwegen	..	..	..	..	0,20	0,22	19.593	34.809	3.172	3.403	92	99
Oman	0	0	92,7	98,4	0,01	0,01	1.041	..	155	*328*	63	88
Österreich	20	18	0,2	0,3	0,20	0,18	10.695	15.659	956	1.088	92	101
Pakistan	26	28	72,7	79,8	0,24	0,16	323	466	227	382	66	125
Panama	7	9	5,0	4,8	0,22	0,19	1.954	2.320	208	246	86	102
Papua-Neuguinea	1	1	..	..	0,01	0,01	671	752	1.756	2.186	86	106
Paraguay	4	6	3,4	3,0	0,52	0,46	1.698	2.204	49	54	61	113
Peru	3	3	33,0	41,2	0,19	0,16	..	..	..	..	78	123
Philippinen	29	32	14,0	16,7	0,11	0,08	777	780	782	835	86	116
Polen	49	48	0,7	0,7	0,41	0,37	..	1.359	..	366	88	83
Portugal	34	33	20,1	20,9	0,25	0,23	..	..	..	715	72	97
Ruanda	41	47	0,4	0,3	0,15	0,13	306	206	445	378	90	72
Rumänien	46	43	21,9	31,3	0,44	0,41	..	3.007	..	393	111	97
Russische Föderation	..	8	..	4,0	..	0,88	..	..	..	..	..	71
Sambia	7	7	0,4	0,9	0,89	0,59	116	100	6	7	74	97
Saudi-Arabien	1	2	28,9	38,7	0,20	0,20	1.641	..	23	..	31	95
Schweden	..	..	..	..	0,36	0,31	18.485	28.590	1.263	1.577	100	96
Schweiz	10	11	6,2	5,8	0,06	0,06	..	..	..	..	96	97
Senegal	12	12	2,6	3,1	0,42	0,28	328	375	92	118	75	106
Sierra Leone	7	8	4,1	5,4	0,14	0,11	365	344	117	123	85	95
Simbabwe	7	8	3,1	4,5	0,36	0,27	294	266	34	41	82	92
Singapur	13	2	..	..	0,00	0,00	8.791	20.215	18.956	72.942	154	42
Slowakische Republik	..	33	..	18,6	..	0,28	..	..	..	497	..	76
Slowenien	..	14	..	0,7	..	0,12	..	..	..	..	..	96
Spanien	41	40	14,8	17,8	0,42	0,39	..	8.699	..	496	82	95
Sri Lanka	29	29	28,4	29,2	0,06	0,05	489	561	592	801	98	108
Südafrika	11	13	8,4	8,1	0,46	0,40	2.361	2.870	45	49	93	98
Syrien	31	32	9,6	18,1	0,60	0,37	3.426	..	212	..	94	134
Tadschikistan	..	6	..	83,5	..	0,14	..	..	..	..	..	70
Tansania	3	4	4,1	4,9	0,12	0,11	..	..	..	..	77	98
Thailand	36	40	16,4	23,5	0,35	0,29	375	554	338	488	80	108
Togo	43	45	0,3	0,3	0,76	0,51	404	461	119	189	77	117
Trinidad und Tobago	23	24	17,8	18,0	0,06	0,06	4.822	3.586	1.801	1.245	102	105
Tschad	3	3	0,2	0,4	0,70	0,51	148	198	6	10	91	117
Tschechische Republik	..	44	..	0,7	..	0,30	..	..	..	..	..	82
Tunesien	30	31	4,9	7,4	0,51	0,32	1.384	2.286	142	232	68	99
Türkei	37	35	9,6	15,3	0,57	0,40	1.208	1.168	354	404	76	105
Turkmenistan	..	3	..	87,8	..	0,31	..	..	..	..	..	121
Uganda	28	34	0,1	0,1	0,32	0,27	..	592	..	515	71	107
Ukraine	..	59	..	7,5	..	0,64	..	..	..	..	..	70
Ungarn	58	54	3,6	4,2	0,47	0,47	..	4.679	..	485	91	73
Uruguay	8	7	5,4	10,7	0,48	0,40	5.379	6.535	65	80	87	123
Usbekistan	..	11	..	88,9	..	0,18	..	1.228	..	150	..	108
Venezuela	4	4	3,6	5,2	0,19	0,13	3.103	3.270	110	139	78	120
Vereinigte Arab. Emirate	0	1	237,7	86,8	0,01	0,02	8.928	..	970	2.076	47	169
Vereinigtes Königreich	29	25	2,0	1,8	0,12	0,10	..	..	..	..	92	101
Vereinigte Staaten	21	21	10,8	11,4	0,83	0,71	17.719	..	156	261	95	113
Vietnam	20	21	24,1	29,6	0,11	0,08	..	801	..	2.640	64	127
Weißrußland	..	30	..	1,9	..	0,59	..	3.023	..	380	..	68
Zentralafrikanische Republik	3	3	..	..	0,81	0,60	456	516	96	119	80	111
Welt gesamt	**11 w**	**11 w**	**16,6 w**	**17,6 w**	**0,27 w**	**0,24 w**	**.. w**	**.. w**	**.. w**	**.. w**	**80 w**	**116 w**
Niedriges Einkommen	13	14	18,6	22,8	0,26	0,19	..	397	142	183	73	116
Mittleres Einkommen	9	10	20,9	18,2	0,19	0,22	..	..	..	197	72	124
Mittleres Eink., untere Kat.	10	10	30,2	21,8	0,14	0,20	..	..	..	256	68	133
Mittleres Eink., obere Kat.	8	9	8,3	10,1	0,39	0,33	..	..	..	*126*	81	109
Niedr. u. mittl. Eink.	10	11	19,8	19,9	0,22	0,21	..	459	..	206	72	122
Afrika südlich der Sahara	6	7	3,7	4,0	0,36	0,26	458	392	53	68	79	113
Europa u. Zentralasien	..	13	..	9,8	..	0,61	..	..	..	..	..	..
Lateinamerika u. Karabik	7	8	9,8	11,1	0,33	0,28	1.586	2,292	90	116	80	115
Naher Osten u. Nordafrika	5	6	23,5	31,2	0,29	0,21	1.918	..	185	..	67	118
Ostasien u. Pazifik	11	12	..	..	0,12	0,09	..	..	..	..	65	139
Südasien	44	45	27,8	35,1	0,23	0,17	290	383	337	519	70	115
Hohes Einkommen	..	..	..	..	0,46	0,41	..	..	..	..	92	106

Tabelle 9. Wasserverbrauch, Entwaldung und Schutzgebiete

Land	Süßwasserressourcen m^3 pro Kopf 1996	Jährliche Süßwasserentnahmen: Mrd. m^3[a]	Jährliche Süßwasserentnahmen: in % der gesamten Ressourcen[a]	Jährliche Süßwasserentnahmen: in % für die Landwirtschaft[b]	Jährliche Süßwasserentnahmen: in % für die Industrie[b]	Jährliche Süßwasserentnahmen: in % für private Haushalte[b]	Zugang zu Trinkwasser in % der Bevölkerung mit Zugang 1995: Städtisch	Zugang zu Trinkwasser in % der Bevölkerung mit Zugang 1995: Ländlich	Jährliche Entwaldung 1990–95: km^2	Jährliche Entwaldung 1990–95: Durchschnittl. jährliche Veränderungen in %	Staatliche Schutzgebiete 1994[e]: in Tsd. km^2	Staatliche Schutzgebiete 1994[e]: in % der Gesamtfläche
Ägypten, Arab. Rep.	47	55,1	1.967,9	85[d]	9[d]	6[d]	*82*	*50*	0	0,0	7,9	0,8
Albanien	13.542	0,2[c]	0,4	76	18	6	..	..	0	0,0	0,3	1,2
Algerien	483	4,5	32,4	60[d]	15[d]	25[d]	..	..	234	1,2	119,2	5,0
Angola	16.577	0,5	0,3	76[d]	10[d]	14[d]	*69*	*15*	2.370	1,0	26,4	2,1
Argentinien	19.705	27,6[c]	4,0	73	18	9	*73*	*17*	894	0,3	43,7	1,6
Armenien	2.411	3,8	41,8	72[d]	15[d]	13[d]	..	..	–84	–2,7	2,1	7,6
Aserbaidschan	1.068	15,8	195,1	74[d]	22[d]	4[d]	..	..	0	0,0	1,9	2,2
Äthiopien	1.889	2,2	2,0	86[d]	3[d]	11[d]	*90*	*20*	624	0,5	60,2	6,0
Australien	18.731	14,6[c]	4,3	33	2	65	..	..	–170	0,0	940,8	12,2
Bangladesch	11.153	22,5	1,7	96	1	3	42	80	88	0,8	1,0	0,7
Belgien	827	9,0	107,5	4	85	11	..	..	0	0,0	0,8	..
Benin	1.829	0,2	1,5	67[d]	10[d]	23[d]	*41*	*53*	596	1,2	7,8	7,0
Bolivien	39.536	1,2	0,4	85	5	10	75	27	5.814	1,2	92,3	8,5
Brasilien	32.163	36,5	0,7	59	19	22	*85*	*31*	25.544	0,5	321,9	3,8
Bulgarien	2.154	13,9	77,2	22	76	3	..	..	–6	0,0	3,7	3,3
Burkina Faso	1.640	0,4	2,2	81[d]	0[d]	19[d]	..	..	320	0,7	26,6	9,7
Burundi	561	0,1	2,8	64[d]	0[d]	36[d]	..	..	14	0,4	0,9	3,5
Chile	32.458	16,8[c]	3,6	89	5	6	..	..	292	0,4	137,3	18,3
China	2.304	460,0	16,4	87	7	6	*93*	*89*	866	0,1	580,8	6,2
Hongkong, China	..	..	..	..	..	..	..	..	..	..	..	..
Costa Rica	27.600	1,4[c]	1,4	89	7	4	..	..	414	3,0	6,5	12,5
Dänemark	2.090	1,2	10,9	43	27	30	*100*	*100*	0	0,0	13,9	32,7
Deutschland	1.172	46,3	48,2	20[d]	70[d]	11[d]	..	..	0	0,0	91,9	26,3
Dominikanische Republik	2.511	3,0	14,9	89	6	5	*74*	*67*	264	1,6	10,5	21,7
Ecuador	26.842	5,6	1,8	90	3	7	*82*	*55*	1.890	1,6	111,1	40,1
Elfenbeinküste	5.346	0,7	0,9	67[d]	11[d]	22[d]	*59*	*81*	308	0,6	19,9	6,3
El Salvador	3.270	1,0[c]	5,3	89	4	7	*78*	*37*	38	3,3	0,1	0,2
Estland	8.663	3,3	26,0	3[d]	92[d]	5[d]	..	..	–196	–1,0	4,1	10,4
Finnland	21.463	2,2	2,0	3	85	12	*100*	*100*	166	0,1	27,4	9,0
Frankreich	3.084	37,7	21,0	15	69	16	100	100	–1.608	–1,1	56,0	10,2
Gabun	145.778	0,1	0,0	6[d]	22[d]	72[d]	*80*	*30*	910	0,5	10,5	4,1
Georgien	10.737	4,0	6,9	42[d]	37[d]	21[d]	..	..	0	0,0	1,9	2,7
Ghana	1.729	0,3[c]	1,0	52[d]	13[d]	35[d]	*70*	*49*	1.172	1,3	11,0	4,9
Griechenland	4.310	5,0	11,2	63	29	8	..	..	–1.408	–2,3	2,2	1,7
Guatemala	10.615	0,7[c]	0,6	74	17	9	91	43	824	2,1	13,3	7,7
Guinea	33.436	0,7	0,3	87[d]	3[d]	10[d]	*61*	*62*	748	1,1	1,6	0,7
Guinea-Bissau	14.628	0,0	0,1	36[d]	4[d]	60[d]	18	27	104	0,4	..	..
Haiti	1.499	0,0	0,4	68	8	24	*37*	*23*	8	3,4	0,1	0,4
Honduras	9.084	1,5	2,7	91	5	4	*81*	*53*	1.022	2,3	8,6	7,7
Indien	1.957	380,0[c]	20,5	93	4	3	*85*	*79*	–72	0,0	143,4	4,8
Indonesien	12.839	16,6	0,7	76	11	13	*78*	*54*	10.844	1,0	185,6	10,2
Irland	12.962	0,8[c]	1,7	10	74	16	..	..	–140	–2,7	0,5	0,7
Israel	299	1,9	108,8	79[d]	5[d]	16[d]	..	..	0	0,0	3,1	14,9
Italien	2.778	56,2	35,3	59	27	14	..	..	–58	–0,1	22,8	7,7
Jamaika	3.259	0,3[c]	3,9	86	7	7	*92*	*48*	158	7,2	0,0	0,2
Japan	4.350	90,8	16,6	50	33	17	..	..	132	0,1	27,6	7,3
Jemen, Rep.	260	2,9	71,5	92[d]	1[d]	7[d]	*88*	*17*	0	0,0	..	..
Jordanien	158	0,5[c]	66,2	75[d]	3[d]	22[d]	..	..	12	2,5	2,9	3,3
Kambodscha	8.574	0,5	0,6	94	1	5	*20*	*12*	1.638	1,6	30,0	17,0
Kamerun	19.596	0,4	0,1	35[d]	19[d]	46[d]	*71*	*24*	1.292	0,6	20,5	4,4
Kanada	95.097	45,1	1,6	12	70	18	..	..	–1.764	–0,1	823,6	9,0
Kasachstan	4.579	37,9	50,3	79[d]	17[d]	4[d]	..	..	–1.928	–1,9	9,9	0,3
Kenia	738	2,1	10,1	76[d]	4[d]	20[d]	*67*	*49*	34	0,3	35,0	6,2
Kirgistan	10.315	11,0	23,4	95[d]	3[d]	2[d]	..	..	0	0,0	2,8	1,5
Korea, Rep.	1.451	27,6	41,8	46	35	19	..	..	130	0,2	6,9	7,0
Kolumbien	28.571	5,3	0,5	43	16	41	*88*	*48*	2.622	0,5	93,8	9,0
Kongo, Dem. Rep.	20.670	0,4	0,0	23[d]	16[d]	61[d]	..	..	..	..	99,2	4,4
Kongo, Rep.	345.619	0,0	0,0	11[d]	27[d]	62[d]	..	..	416	0,2	11,8	3,4
Kroatien	12.870	..	..	..	..	..	98	80	0	0,0	3,9	6,9
Laos, Demokr. Volksrepublik	9.840	1,0	2,1	82	10	8	*40*	*39*	..	..	*24,4*	10,6
Lettland	6.707	0,7	4,2	14[d]	44[d]	42[d]	..	..	–250	–0,9	7,8	12,5
Lesotho	2.571	0,1	1,0	56[d]	22[d]	22[d]	*14*	*64*	0	0,0	0,1	0,2
Libanon	1.030	1,3[c,e]	30,7	68[d]	4[d]	28[d]	..	..	52	7,8	0,0	0,4
Litauen	4.206	4,4	28,2	3	90	7	..	..	–112	–0,6	6,3	9,8
Madagaskar	24.590	16,3	4,8	99[d]	0[d]	1[d]	*83*	*10*	1.300	0,8	11,2	1,9
Malawi	1.747	0,9	5,1	86[d]	3[d]	10[d]	*52*	*44*	546	1,6	10,6	11,3
Malaysia	22.174	9,4[c]	2,1	47	30	23	100	74	4.002	2,4	14,8	4,5
Mali	6.001	1,4	2,3	97[d]	1[d]	2[d]	*36*	*38*	1.138	1,0	40,1	3,3
Marokko	1.110	10,9	36,2	92[d]	3[d]	5[d]	*98*	*14*	118	0,3	3,7	0,8
Mauretanien	171	1,6[c]	407,5	92[d]	2[d]	6[d]	..	..	0	0,0	17,5	1,7
Mauritius	1.940	0,4[c]	16,4	77[d]	7[d]	16[d]	*95*	*100*	0	0,0	0,0	2,0
Mazedonien, ehem. Jugosl. Rep.	..	..	..	..	..	..	..	..	2	0,0	2,2	8,5
Mexiko	3.836	77,6[c]	21,7	86	8	6	*91*	*62*	5.080	0,9	98,5	5,1
Moldawien	231	3,7	370,0	23	70	7	..	..	0	0,0	0,1	0,2
Mongolei	9.776	0,6	2,2	62	27	11	..	..	0	0,0	61,7	3,9

Anmerkung: Zur Vergleichbarkeit der Daten und ihrer Abgrenzung vgl. Technische Anmerkungen. Kursiv gedruckte Zahlen gelten für andere als die angegebenen Jahre.

UMWELT

Land	Süßwasserressourcen m³ pro Kopf 1996	Jährliche Süßwasserentnahmen: Mrd. m³[a]	in % der gesamten Ressourcen[a]	in % für die Landwirtschaft[b]	in % für die Industrie[b]	in % für private Haushalte[b]	Zugang zu Trinkwasser in % der Bevölkerung mit Zugang 1995: Städtisch	Ländlich	Jährliche Entwaldung 1990–95: km²	Durchschnittl. jährliche Veränderungen in %	Staatliche Schutzgebiete 1994[e]: in Tsd. km²	in % der Gesamtfläche
Mosambik	5.547	0,6	0,6	89	2[d]	9[d]	*17*	*40*	1.162	0,7	0,0	0,0
Namibia	3.913	0,3	4,0	68[d]	3[d]	29[d]	..	..	420	0,3	102,2	12,4
Nepal	7.714	2,7	1,6	95	1	4	64	49	548	1,1	11,1	8,1
Neuseeland	89.959	2,0	0,6	44	10	46	..	..	–434	–0,6	60,7	22,9
Nicaragua	38.862	0,9[c]	0,5	54	21	25	*81*	*27*	1.508	2,5	9,0	7,4
Niederlande	644	7,8	78,1	34	61	5	100	100	0	0,0	4,3	11,5
Niger	375	0,5	14,3	82[d]	2[d]	16[d]	*46*	*55*	0	0,0	84,2	6,6
Nigeria	1.929	3,6	1,6	54[d]	15[d]	31[d]	*63*	*26*	1.214	0,9	29,7	3,3
NNorwegen	87.651	2,0	0,5	8	72	20	..	..	–180	–0,2	55,4	18,0
Oman	456	1,2	123,2	93[d]	2[d]	5[d]	..	..	0	0,0	9,9	17,6
Österreich	6.986	2,4	4,2	9[d]	58[d]	33[d]	..	..	0	0,0	20,8	24,2
Pakistan	1.858	155,6[c]	62,7	96[d]	2[d]	2[d]	*77*	*52*	550	2,9	37,2	4,8
Panama	53.852	1,3	0,9	77	11	12	..	..	636	2,1	13,3	17,8
Papua-Neuguinea	181.993	0,1	0,0	49	22	29	*84*	*17*	1.332	0,4	0,8	0,2
Paraguay	18.971	0,4	0,5	78	7	15	..	*17*	3.266	2,6	15,0	3,7
Peru	1.647	6,1	15,3	72	9	19	*74*	*24*	2.168	0,3	41,8	3,3
Philippinen	4.492	29,5[c]	9,1	61	21	18	..	..	2.624	3,5	6,1	2,0
Polen	1.279	12,3	24,9	11	76	13	..	..	–120	–0,1	30,7	10,1
Portugal	3.827	7,3	19,2	48	37	15	..	..	–240	–0,9	5,8	6,3
Ruanda	937	0,8	12,2	94[d]	2[d]	5[d]	..	..	4	0,2	3,3	13,3
Rumänien	1.637	26,0	70,3	59	33	8	..	..	12	0,0	10,7	4,7
Russische Föderation	29.191	117,0	2,7	23[d]	60[d]	17[d]	..	..	0	0,0	705,4	3,9
Sambia	8.703	1,7	2,1	77[d]	7[d]	16[d]	*64*	*27*	2.644	0,8	63,6	8,6
Saudi-Arabien	124	17,0[c]	709,2	90[d]	1[d]	9[d]	..	..	18	0,8	62,0	2,9
Schweden	19.903	2,9	1,7	9	55	36	..	..	24	0,0	29,8	7,3
Schweiz	6.008	1,2	2,8	4	73	23	*100*	*100*	0	0,0	7,3	18,5
Senegal	3.093	1,4	5,2	92[d]	3[d]	5[d]	*82*	*28*	496	0,7	21,8	11,3
Sierra Leone	34.557	0,4	0,2	89[d]	4[d]	7[d]	*58*	*21*	426	3,0	0,8	1,1
Simbabwe	1.254	1,2	8,7	79[d]	7[d]	14[d]	*99*	*65*	500	0,6	30,7	7,9
Singapur	197	0,2[c]	31,7	4	51	45	100	..	0	0,0	0,0	4,9
Slowakische Republik	5.765	1,8	5,8	..	..	..	..	..	–24	–0,1	10,2	21,1
Slowenien	..	..	..	..	..	..	..	..	0	0,0	1,1	5,4
Spanien	2.809	30,8	27,9	62	26	12	..	..	0	0,0	42,5	8,5
Sri Lanka	2.361	6,3[c]	14,6	96	2	2	..	..	202	1,1	8,0	12,3
Südafrika	1.190	13,3	29,7	72[d]	11[d]	17[d]	..	..	150	0,2	69,7	5,7
Syrien	483	14,4	205,9	94[d]	2[d]	4[d]	*92*	*78*	52	2,2	..	..
Tadschikistan	11.186	12,6	19,0	88[d]	7[d]	5[d]	..	..	0	0,0	0,9	0,6
Tansania	2.623	1,2	1,5	89[d]	2[d]	9[d]	*65*	*45*	3.226	1,0	139,4	15,7
Thailand	1.833	31,9	29,0	90	6	4	*89*	*72*	3.294	2,6	70,2	13,7
Togo	2.719	0,1	0,8	25[d]	13[d]	62[d]	..	..	186	1,4	6,5	11,9
Trinidad und Tobago	3.932	0,2[c]	2,9	35	38	27	*83*	*80*	26	1,5	0,2	3,1
Tschad	2.269	0,2	1,2	82[d]	2[d]	16[d]	*48*	*17*	942	0,8	114,9	9,1
Tschechische Republik	5.642	2,7	4,7	2[d]	57[d]	41[d]	..	..	–2	0,0	10,7	13,8
Tunesien	385	3,1	87,2	89[d]	3[d]	9[d]	..	..	30	0,5	0,4	0,3
Türkei	3.126	31,6	16,1	72[d]	11[d]	16[d]	98	85	0	0,0	10,7	1,1
Turkmenistan	217	22,8	2.280,0	91	8	1	..	..	0	0,0	11,1	2,4
Uganda	1.976	0,2	0,5	60	8	32	*47*	*32*	592	0,9	19,1	9,6
Ukraine	1.047	34,7	65,3	30	54	16	..	..	–54	–0,1	4,9	0,9
Ungarn	589	6,8	113,5	36	55	9	..	..	–88	–0,5	5,7	6,2
Uruguay	18.420	0,7[c]	1,1	91	3	6	..	..	4	0,0	0,3	0,2
Usbekistan	702	82,2	504,3	84[d]	12[d]	4[d]	..	..	–2.260	–2,7	2,4	0,6
Venezuela	38.367	4,1[c]	0,5	46	11	43	80	75	5.034	1,1	263,2	29,8
Vereinigte Arab. Emirate	59	2,1	1.406,7	92[d]	1[d]	7[d]	*98*	*98*	0	0,0	..	..
Vereinigtes Königreich	1.208	11,8	16,6	3	77	20	*100*	*100*	–128	–0,5	51,1	21,2
Vereinigte Staaten	9.270	467,3	19,0	42[d]	45[d]	13[d]	..	..	–5.886	–0,3	1.302,1	11,4
Vietnam	4.990	28,9	7,7	78	9	13	*53*	*32*	1.352	1,4	13,3	4,1
Weißrußland	3.612	3,0	8,1	19	49	32	..	..	–688	–1,0	2,7	1,2
Zentralafrikanische Republik	42.166	0,1	0,0	74[d]	5[d]	21[d]	18	18	1.282	0,4	61,1	9,8
Welt gesamt	**7.342 w**	**..**	**..**	**68 w**	**22 w**	**10 w**	**.. w**	**.. w**	**101.724 s**	**0,3 w**	**8.603,2 s**	**6,7 w**
Niedriges Einkommen	5.096	..	..	92	4	3	*79*	*67*	37.622	0,7	1.421,1	4,9
Mittleres Einkommen	8.241	..	..	73	18	9	..	80	75.666	0,4	3.571,0	5,2
Mittleres Eink., untere Kat.	6.401	..	..	75	17	8	..	81	33.358	0,2	2.354,1	5,2
Mittleres Eink., obere Kat.	15.656	..	..	66	18	16	..	..	42.308	0,5	1.216,9	5,3
Niedr. u. mittl. Eink.	6.961	..	..	80	13	7	..	..	113.288	0,4	4.992,1	5,1
Afrika südlich der Sahara	7.821	..	..	85	4	10	..	..	29.378	0,7	1.362,5	5,8
Europa u. Zentralasien	11.410	..	..	52	37	11	..	..	–5.798	–0,1	856,7	3,6
Lateinamerika u. Karabik	22.011	..	..	77	11	12	..	..	57.766	0,6	1.303,4	6,5
Naher Osten u. Nordafrika	854	..	..	84	8	8	..	..	800	0,9	290,8	3,0
Ostasien u. Pazifik	5.072	..	..	84	8	7	89	82	29.826	0,8	966,3	6,2
Südasien	3.017	..	..	95	3	2	*83*	*74*	1.316	0,2	212,4	4,4
Hohes Einkommen	9.378	..	..	40	45	15	..	..	–11.564	–0,2	3.611,2	11,9

a. Die Daten beziehen sich auf ein Jahr zwischen 1980 und 1996, soweit nicht anders angegeben. b. Soweit nicht anders angegeben gelten die Schätzungen für die Wasserentnahme für das Jahr 1987. c. Die Daten beziehen sich auf Schätzungen für die Jahre vor 1980 (siehe Weltbank 1998b). d. Die Daten gelten für andere Jahre als 1987 (siehe Weltbank 1998b). e. Die Daten können sich auf frühere Jahre beziehen. Es handelt sich um die aktuellsten, vom World Conservation Monitoring Center 1994 der Weltbank berichteten Daten.

Tabelle 10. Energieverbrauch und Emissionen

Land	Kommerzieller Energieverbrauch in Tsd. Tonnen Öleinheiten		Kommerzieller Energieverbrauch in kg Öleinheiten pro Kopf		Durchschnittl. jährl. Anstieg in %	BIP je Einheit des Energieverbrauchs in $ für 1987		Nettoenergieeinfuhr in % des kommerziellen Energieverbrauchs		Kohlendioxidemissionen Gesamt in Mio. Tonnen		Kohlendioxidemissionen Pro Kopf in Tonnen	
	1980	1995	1980	1995	1980–95	1980	1995	1980	1995	1980	1995	1980	1995
Ägypten, Arab. Rep.	15.176	34.678	371	596	5,4	1,8	1,6	–120	–71	45,2	91,7	1,1	1,6
Albanien	2.674	1.020	1.001	314	–6,4	0,7	1,8	–14	8	4,8	1,8	1,8	0,6
Algerien	12.078	24.346	647	866	4,2	4,1	2,7	–452	–349	66,2	91,3	3,5	3,2
Angola	937	959	133	89	0,5	. .	7,7	–722	–2.631	5,3	4,6	0,8	0,4
Argentinien	39.716	53.016	1.413	1.525	1,9	2,8	2,5	8	–25	107,5	129,5	3,8	3,7
Armenien	1.070	1.671	346	444	–1,8	2,1	0,6	–18	85	. .	3,6	. .	1,0
Aserbaidschan	15.001	13.033	2.433	1.735	–3,9	. .	0,2	1	–13	. .	42,6	. .	5,7
Äthiopien	624	1.178	17	21	4,9	. .	7,4	91	87	1,8	3,5	0,0	0,1
Australien	70.372	94.200	4.790	5.215	2,2	2,4	2,8	–22	–98	202,8	289,8	13,8	16,0
Bangladesch	2.809	8.061	32	67	7,4	4,5	3,0	60	26	7,6	20,9	0,1	0,2
Belgien	46.100	52.378	4.682	5.167	1,6	2,9	3,2	83	78	127,2	103,8	12,9	10,2
Benin	149	107	43	20	–3,3	7,9	18,4	100	–117	0,5	0,6	0,1	0,1
Bolivien	1.599	2.939	299	396	3,2	2,9	2,0	–122	–52	4,5	10,5	0,8	1,4
Brasilien	73.041	122.928	602	772	4,2	3,4	2,7	65	40	183,4	249,2	1,5	1,6
Bulgarien	28.476	22.878	3.213	2.724	–2,5	0,7	1,0	74	57	75,3	56,7	8,5	6,7
Burkina Faso	144	162	21	16	1,1	11,2	16,4	100	100	0,4	1,0	0,1	0,1
Burundi	58	144	14	23	6,4	13,9	7,7	98	97	0,1	0,2	0,0	0,0
Chile	7.732	15.131	694	1.065	5,4	2,3	2,4	50	71	27,9	44,1	2,5	3,1
China	413.176	850.521	421	707	5,1	0,3	0,7	–4	–2	1.476,8	3.192,5	1,5	2,7
Hongkong, China	5.628	13.615	1.117	2.212	6,2	5,3	5,4	100	100	16,4	31,0	3,3	5,0
Costa Rica	949	1.971	415	584	6,0	4,2	3,3	81	81	2,5	5,2	1,1	1,6
Dänemark	19.734	20.481	3.852	3.918	0,7	4,4	5,7	95	24	62,9	54,9	12,3	10,5
Deutschland	358.995	339.287	4.585	4.156	–0,2	. .	. .	49	58	. .	835,1	. .	10,2
Dominikanische Republik	2.211	3.801	388	486	4,3	2,1	1,9	98	96	6,4	11,8	1,1	1,5
Ecuador	4.209	6.343	529	553	2,6	2,3	2,2	–156	–231	13,4	22,6	1,7	2,0
Elfenbeinküste	1.435	1.362	175	97	1,2	6,7	8,4	87	68	4,7	10,4	0,6	0,7
El Salvador	1.004	2.322	221	410	5,7	4,4	2,5	59	70	2,1	5,2	0,5	0,9
Estland	. .	5.126	. .	3.454	. .	. .	0,8	. .	39	. .	16,4	. .	11,1
Finnland	25.022	28.670	5.235	5.613	1,5	2,9	3,3	72	55	54,9	51,0	11,5	10,0
Frankreich	190.109	241.322	3.528	4.150	2,1	4,1	4,3	75	47	482,7	340,1	9,0	5,8
Gabun	831	644	1.203	587	–4,3	5,1	7,9	–994	–2.804	4,8	3,5	6,9	3,2
Georgien	4.474	1.850	882	342	–3,3	. .	. .	–5	74	. .	7,7	. .	1,4
Ghana	1.303	1.564	121	92	2,7	3,6	4,6	57	66	2,4	4,0	0,2	0,2
Griechenland	15.960	23.698	1.655	2.266	3,2	3,3	2,8	77	62	51,7	76,3	5,4	7,3
Guatemala	1.443	2.191	209	206	3,6	5,0	4,4	84	73	4,5	7,2	0,6	0,7
Guinea	356	422	80	64	1,3	. .	6,7	89	86	0,9	1,1	0,2	0,2
Guinea-Bissau	31	40	38	37	2,1	3,9	5,8	100	100	0,1	0,2	0,2	0,2
Haiti	241	357	45	50	0,1	6,8	3,3	92	91	0,8	0,6	0,1	0,1
Honduras	636	1.401	174	236	5,1	5,6	3,8	89	83	2,1	3,9	0,6	0,7
Indien	93.897	241.291	137	260	6,5	1,9	1,7	21	18	347,3	908,7	0,5	1,0
Indonesien	25.904	85.785	175	442	8,9	2,0	1,6	–266	–97	94,6	296,1	0,6	1,5
Irland	8.484	11.461	2.495	3.196	2,2	3,1	4,4	78	69	25,2	32,2	7,4	9,0
Israel	8.607	16.650	2.219	3.003	5,0	3,4	3,5	98	97	21,1	46,3	5,4	8,4
Italien	138.629	161.360	2.456	2.821	1,4	4,8	5,4	86	82	371,9	410,0	6,6	7,2
Jamaika	2.164	3.003	1.015	1.191	2,7	1,3	1,2	100	100	8,4	9,1	4,0	3,6
Japan	346.567	497.231	2.968	3.964	2,8	5,5	6,1	88	80	907,4	1.126,8	7,8	9,0
Jemen, Rep.	1.364	2.933	160	192	5,3	. .	. .	100	–493	1,2	. .	0,1	. .
Jordanien	1.713	4.323	785	1.031	5,2	2,7	1,9	100	96	4,7	13,3	2,2	3,2
Kambodscha	393	517	60	52	2,1	. .	2,6	97	96	0,3	0,5	0,0	0,0
Kamerun	774	1.556	89	117	3,3	9,7	6,1	–269	–246	3,9	4,1	0,4	0,3
Kanada	192.942	233.328	7.845	7.879	1,6	1,7	2,0	–7	–50	420,9	435,7	17,1	14,7
Kasachstan	76.799	55.432	5.153	3.337	–3,1	. .	0,3	0	–16	. .	221,5	. .	13,3
Kenia	1.991	2.907	120	109	3,5	3,1	3,4	95	82	6,2	6,7	0,4	0,3
Kirgistan	1.938	2.315	534	513	5,0	. .	0,5	–13	41	. .	5,5	. .	1,2
Kolumbien	13.962	24.120	501	655	3,5	2,1	2,1	7	–125	39,8	67,5	1,4	1,8
Kongo, Dem. Rep.	1.487	2.058	55	47	2,2	4,4	2,3	1	5	3,5	2,1	0,1	0,0
Kongo, Rep.	262	367	157	139	2,6	5,7	6,6	–1.193	–2.361	0,4	1,3	0,2	0,5
Korea, Rep.	41.426	145.099	1.087	3.225	9,6	1,8	1,8	77	86	125,2	373,6	3,3	8,3
Kroatien	. .	6.852	. .	1.435	. .	. .	. .	. .	43	. .	17,0	. .	3,6
Laos, Demokr. Volksrepublik	107	184	33	40	2,6	. .	9,6	–121	–20	0,2	0,3	0,1	0,1
Lettland	566	3.702	222	1.471	22,9	12,1	1,3	54	91	. .	9,3	. .	3,7
Lesotho	. .	. .	. .	. .	. .	. .	. .	. .	. .	. .	. .	. .	. .
Libanon	2.376	4.486	791	1.120	3,2	0,0	1,3	97	98	6,2	13,3	2,1	3,3
Litauen	11.353	8.510	3.326	2.291	–3,2	. .	0,8	98	61	. .	14,8	. .	4,0
Madagaskar	391	484	45	36	1,6	6,9	5,8	90	83	1,6	1,1	0,2	0,1
Malawi	334	374	54	38	1,6	3,1	3,8	70	59	0,7	0,7	0,1	0,1
Malaysia	9.522	33.252	692	1.655	9,8	2,4	1,9	–58	–88	28,0	106,6	2,0	5,3
Mali	164	207	25	21	1,7	10,8	12,1	87	80	0,4	0,5	0,1	0,0
Marokko	4.518	8.253	233	311	4,4	3,4	2,8	86	95	15,9	29,3	0,8	1,1
Mauretanien	214	231	138	102	0,5	3,8	5,0	100	100	0,6	3,1	0,4	1,3
Mauritius	339	435	351	388	2,6	3,7	6,6	94	92	0,6	1,5	0,6	1,3
Mazedonien, ehem. Jugosl. Rep.	. .	2.572	. .	1.308	. .	. .	. .	. .	37	. .	. .	. .	. .
Mexiko	98.904	133.371	1.486	1.456	2,2	1,3	1,3	–51	–51	255,0	357,8	3,8	3,9
Moldawien	. .	4.177	. .	963	. .	. .	. .	. .	99	. .	10,8	. .	2,5
Mongolei	1.943	2.576	1.168	1.045	1,8	. .	. .	38	15	6,8	8,5	4,1	3,4

Anmerkung: Zur Vergleichbarkeit der Daten und ihrer Abgrenzung vgl. Technische Anmerkungen. Kursiv gedruckte Zahlen gelten für andere als die angegebenen Jahre.

UMWELT

Land	Kommerzieller Energieverbrauch					BIP je Einheit des Energieverbrauchs in $ für 1987		Nettoenergieeinfuhr in % des kommerziellen Energieverbrauchs		Kohlendioxidemissionen			
	in Tsd. Tonnen Öleinheiten		in kg Öleinheiten pro Kopf		Durchschnittl. jährl. Anstieg in %					Gesamt in Mio. Tonnen		Pro Kopf in Tonnen	
	1980	1995	1980	1995	1980–95	1980	1995	1980	1995	1980	1995	1980	1995
Mosambik	1.123	662	93	38	–1,6	1,2	3,4	–15	76	3,2	1,0	0,3	0,1
Namibia	..	..	..	..	..	..	..	..	..	..	..	..	..
Nepal	174	700	12	33	9,3	12,6	6,4	91	86	0,5	1,5	0,0	0,1
Neuseeland	9.190	15.409	2.952	4.290	3,9	3,3	2,7	39	19	17,6	27,4	5,6	7,6
Nicaragua	696	1.159	248	265	3,4	5,5	3,1	94	74	2,0	2,7	0,7	0,6
Niederlande	65.000	73.292	4.594	4.741	1,4	3,0	3,7	–11	10	152,6	135,9	10,8	8,8
Niger	210	330	38	37	2,0	12,1	7,5	93	83	0,6	1,1	0,1	0,1
Nigeria	9.879	18.393	139	165	3,4	2,6	1,9	–968	–468	68,1	90,7	1,0	0,8
Norwegen	18.819	23.715	4.600	5.439	1,8	3,9	4,7	–196	–669	90,4	72,5	22,1	16,6
Oman	1.010	4.013	917	1.880	9,2	3,9	3,1	–1.361	–1.031	5,9	11,4	5,3	5,3
Österreich	23.449	26.383	3.105	3.279	1,3	4,5	5,5	67	68	52,2	59,3	6,9	7,4
Pakistan	11.451	31.536	139	243	7,0	1,9	1,6	39	41	31,6	85,4	0,4	0,7
Panama	1.419	1.783	725	678	1,6	3,3	3,9	94	89	3,5	6,9	1,8	2,6
Papua-Neuguinea	705	1.000	228	232	2,4	3,9	4,6	89	–150	1,8	2,5	0,6	0,6
Paraguay	544	1.487	173	308	7,1	6,0	3,4	89	–141	1,5	3,8	0,5	0,8
Peru	8.233	10.035	476	421	0,6	0,7	0,7	–36	16	23,5	30,6	1,4	1,3
Philippinen	13.357	21.542	276	307	3,6	2,5	2,0	79	72	36,5	61,2	0,8	0,9
Polen	124.557	94.472	3.501	2.448	–2,0	0,5	0,7	3	0	456,2	338,0	12,8	8,8
Portugal	10.291	19.245	1.054	1.939	4,6	3,5	2,7	86	90	27,1	51,9	2,8	5,2
Ruanda	190	211	37	33	–0,7	9,2	6,3	85	78	0,3	0,5	0,1	0,1
Rumänien	63.751	44.026	2.872	1.941	–2,9	0,5	0,7	19	32	191,8	121,1	8,6	5,3
Russische Föderation	764.349	604.461	5.499	4.079	–3,0	0,5	0,5	2	–54	..	1.818,0	..	12,3
Sambia	1.685	1.302	294	145	–2,1	1,3	1,7	32	31	3,5	2,4	0,6	0,3
Saudi-Arabien	35.355	82.742	3.772	4.360	5,2	2,7	1,2	–1.408	–468	130,7	254,3	14,0	13,4
Schweden	40.984	50.658	4.932	5.736	1,3	3,4	3,4	61	38	71,4	44,6	8,6	5,0
Schweiz	20.814	25.142	3.294	3.571	1,7	7,4	7,5	66	56	40,9	38,9	6,5	5,5
Senegal	875	866	158	104	–0,3	4,2	6,1	100	95	2,8	3,1	0,5	0,4
Sierra Leone	310	326	96	72	0,5	2,7	2,2	100	100	0,6	0,4	0,2	0,1
Simbabwe	2.797	4.673	399	424	4,4	1,6	1,4	28	24	9,6	9,7	1,4	0,9
Singapur	6.049	21.389	2.651	7.162	10,0	2,3	2,0	100	100	30,1	63,7	13,2	21,3
Slowakische Republik	20.646	17.447	4.142	3.272	–1,3	..	0,9	84	72	..	38,0	..	7,1
Slowenien	4.269	5.583	2.245	2.806	0,7	..	..	62	54	..	11,7	..	5,9
Spanien	68.583	103.491	1.834	2.639	3,2	3,6	3,5	77	70	200,0	231,6	5,3	5,9
Sri Lanka	1.411	2.469	96	136	2,7	3,4	3,8	91	84	3,4	5,9	0,2	0,3
Südafrika	59.051	88.882	2.175	2.405	1,8	1,3	1,0	–13	–31	211,3	305,8	7,8	8,3
Syrien	5.343	14.121	614	1.001	5,9	1,9	1,3	–78	–143	19,3	46,0	2,2	3,3
Tadschikistan	1.650	3.283	416	563	8,9	..	0,5	–20	60	..	3,7	..	0,6
Tansania	1.023	947	55	32	0,8	..	..	92	86	1,9	2,4	0,1	0,1
Thailand	12.093	52.125	259	878	11,1	2,8	2,1	96	63	40,1	175,0	0,9	2,9
Togo	195	185	75	45	0,9	6,4	7,1	99	100	0,6	0,7	0,2	0,2
Trinidad und Tobago	3.860	6.925	3.567	5.381	4,0	1,5	0,7	–240	–88	16,7	17,1	15,4	13,3
Tschad	93	101	21	16	0,6	6,2	10,7	100	100	0,2	0,1	0,0	0,0
Tschechische Republik	45.766	39.013	4.473	3.776	–1,2	..	0,8	13	22	..	112,0	..	10,8
Tunesien	3.083	5.314	483	591	4,0	2,4	2,4	–99	14	9,4	15,3	1,5	1,7
Türkei	31.314	62.187	704	1.009	4,9	1,9	1,8	45	58	76,3	165,9	1,7	2,7
Turkmenistan	7.948	13.737	2.778	3.047	–6,9	..	..	–1	–137	..	28,3	..	6,3
Uganda	320	430	25	22	2,8	..	24,8	52	57	0,6	1,0	0,1	0,1
Ukraine	97.893	161.586	1.956	3.136	2,1	..	0,2	–12	50	..	438,2	..	8,5
Ungarn	28.556	25.103	2.667	2.454	–1,0	0,8	1,0	49	47	82,5	55,9	7,7	5,5
Uruguay	2.206	2.035	757	639	0,7	3,4	4,4	89	77	5,8	5,4	2,0	1,7
Usbekistan	4.821	46.543	302	2.043	11,6	..	0,3	4	–6	..	98,9	..	4,3
Venezuela	35.011	47.140	2.354	2.158	1,7	1,3	1,2	–280	–298	89,6	180,2	6,0	8,3
Vereinigte Arab. Emirate	8.576	28.454	8.222	11.567	7,5	3,6	..	–995	–388	36,3	68,3	34,8	27,8
Vereinigtes Königreich	201.168	221.911	3.571	3.786	1,0	2,8	3,5	2	–15	585,1	542,1	10,4	9,3
Vereinigte Staaten	1.801.406	2.078.265	7.928	7.905	1,3	2,1	2,6	14	20	4.515,3	5.468,6	19,9	20,8
Vietnam	4.024	7.694	75	104	4,1	..	7,8	32	–79	16,8	31,7	0,3	0,4
Weißrußland	2.385	23.808	247	2.305	10,3	..	0,7	–8	88	..	59,3	..	5,7
Zentralafrikanische Republik	59	94	26	29	2,6	18,2	13,6	71	74	0,1	0,2	0,0	0,1
Welt gesamt	**6.325.980 t**	**8.244.516 t**	**1.456 w**	**1.474 w**	**3,2 w**	**2,2 w**	**2,4 w**	**0 w**	**0 w**	**13.585,7**	**22.700,2 t**	**3,4 w**	**4,0 w**
Niedriges Einkommen	182.583	388.774	133	198	6,2	2,4	1,9	–36	–20	560,6	1.334,4	0,4	0,7
Mittleres Einkommen	2.335.343	3.175.039	1.064	1.139	5,5	1,0	1,0	–39	–37	4.252,9	10.231,4	2,2	3,7
Mittleres Eink., untere Kat.	1.695.439	2.296.701	953	1.030	7,5	0,8	0,8	–14	–23	2.513,1	7.733,7	1,6	3,5
Mittleres Eink., obere Kat.	639.904	876.338	1.536	1.579	2,1	1,7	1,5	–103	–74	1.739,8	2.497,7	4,3	4,5
Niedr. u. mittl. Eink.	2.517.926	3.563.813	705	751	5,6	1,1	1,1	–38	–35	4.813,5	11.565,9	1,5	2,5
Afrika südlich der Sahara	93.323	136.236	248	238	2,0	2,1	1,9	–118	–113	350,5	477,1	0,9	0,8
Europa u. Zentralasien	1.336.389	1.279.103	3.340	2.712	8,8	..	0,6	8	–10	886,9	3.722,0	..	7,9
Lateinamerika u. Karabik	319.888	463.321	893	969	2,7	2,2	2,0	–26	–39	850,5	1.219,8	2,4	2,6
Naher Osten u. Nordafrika	142.738	315.726	822	1.178	5,2	3,3	1,8	–591	–240	500,5	982,9	2,9	3,9
Ostasien u. Pazifik	514.939	1.082.697	391	657	5,3	..	0,9	–12	–8	1.832,7	4.140,0	1,4	2,5
Südasien	110.649	286.730	123	231	6,6	2,0	1,7	23	21	392,4	1.024,1	0,4	0,8
Hohes Einkommen	3.808.064	4.680.703	4.808	5.118	1,7	2,9	3,3	27	24	8.772,1	11.134,4	12,0	12,5

Tabelle 11. Wirtschaftswachstum

Land	Durchschnittl. jährl. Wachstumsrate in %												
	Bruttoinlandsprodukt		BIP-impliziter Deflator		Wertschöpfung Landwirtschaft		Wertschöpfung Industrie		Wertschöpfung Dienstleistungen		Ausfuhr von Waren und Dienstleistungen		Bruttoinlandsinvestitionen
	1980–90	1990–97	1980–90	1990–97	1980–90	1990–97	1980–90	1990–97	1980–90	1990–97	1980–90	1990–97	1990–97
Ägypten, Arab. Rep.	5,3	3,9	13,7	10,5	2,7	2,9	5,2	4,2	6,6	3,8	5,2	3,8	2,7
Albanien	1,5	1,8	–0,4	58,1	1,9	*8,2*	2,1	*–11,0*	–0,4	*7,2*	..	..	*41,8*
Algerien	2,8	0,8	8,1	23,6	4,6	2,3	2,3	0,2	3,8	0,3	4,1	2,7	–4,4
Angola	*3,7*	0,7	*5,9*	1.058,9	*0,5*	–5,7	*6,4*	5,1	*2,2*	–3,0	*13,3*	5,6	8,4
Argentinien	–0,3	4,5	389,0	13,0	0,9	1,0	–0,9	4,6	0,0	5,0	3,7	9,1	10,9
Armenien	3,3	*–21,2*	1,4	*860,5*	–3,9	*–0,6*	5,1	*–28,7*	4,6	*–19,7*	..	..	*–17,7*
Aserbaidschan	..	–15,1	..	447,8	..	..	..	..	..	..	..	..	..
Äthiopien[a]	*2,3*	4,5	*3,6*	8,9	*1,4*	3,0	*1,8*	4,1	*3,1*	6,9	*2,0*	8,6	21,4
Australien	3,4	3,7	7,2	1,2	3,3	*–1,2*	2,9	*2,2*	3,7	*4,6*	6,9	*7,6*	*5,2*
Bangladesch	4,3	4,5	9,5	4,7	2,7	1,7	4,9	6,8	5,7	5,8	7,7	15,7	13,4
Belgien	1,9	*1,2*	4,4	*2,8*	2,0	*3,3*	..	..	..	..	4,6	*4,5*	*–0,7*
Benin	3,2	4,5	1,1	10,6	5,1	5,1	1,3	4,1	2,4	4,1	–3,1	3,3	2,3
Bolivien	–0,2	3,8	333,1	10,9	..	..	..	..	..	..	*5,2*	6,1	5,8
Brasilien	2,8	3,1	284,5	475,2	2,8	3,9	2,0	2,5	3,6	3,7	7,5	6,0	4,0
Bulgarien	4,0	*–3,5*	1,8	*79,8*	–2,1	*–3,3*	5,2	*–4,9*	4,8	*–0,6*	–3,5	*0,6*	*–15,4*
Burkina Faso	3,7	3,3	3,3	7,0	3,1	4,1	3,7	1,9	4,7	2,7	–0,4	–2,4	3,2
Burundi	4,4	–3,7	4,4	15,4	3,1	–2,8	4,5	–8,0	5,4	–3,0	3,4	–3,2	–10,4
Chile	4,1	*7,2*	20,9	*13,6*	5,6	*5,5*	3,7	*6,2*	4,2	*8,2*	7,0	*8,6*	*11,5*
China	10,2	11,9	5,9	11,6	5,9	4,4	11,1	16,3	13,6	9,5	11,5	15,8	14,1
Hongkong, China	6,9	5,3	7,7	6,7	..	..	..	..	..	..	14,4	11,1	11,1
Costa Rica	3,0	3,7	23,6	18,0	3,1	2,9	2,8	3,5	3,1	4,0	6,1	8,7	0,9
Dänemark	2,4	2,3	5,5	1,8	3,1	*1,7*	2,9	*1,9*	..	..	4,4	*3,4*	*2,4*
Deutschland[b]	2,2	..	..	*2,5*	1,7	..	1,2	..	2,9	..	..	..	..
Dominikanische Republik	3,0	5,0	21,6	11,4	0,4	3,9	3,6	5,6	3,5	5,0	1,5	9,1	8,6
Ecuador	2,0	3,1	..	..	4,4	2,7	1,2	4,1	1,8	2,6	5,4	6,6	3,0
Elfenbeinküste	0,9	3,0	2,7	9,3	0,3	2,6	4,4	4,2	0,0	2,8	1,9	5,0	14,4
El Salvador	0,2	*5,8*	16,3	*10,6*	–1,1	*1,2*	0,1	*5,3*	0,7	*7,5*	–3,4	*11,6*	*11,8*
Estland	2,1	–4,3	2,3	92,1	..	*–6,5*	..	*–11,6*	..	*–1,7*	..	..	*–10,1*
Finnland	3,3	1,1	6,8	1,7	–0,2	*0,9*	3,3	*1,0*	..	..	2,2	*9,3*	*–5,4*
Frankreich	2,4	1,3	6,0	1,9	2,0	*0,1*	1,1	*–0,3*	3,0	*1,6*	3,7	*3,5*	*–2,1*
Gabun	0,6	2,6	1,9	9,8	1,2	–2,3	1,5	2,7	–0,3	3,3	3,0	4,7	1,2
Georgien	0,4	*–26,2*	1,9	*2.279,5*	..	..	..	..	..	..	..	..	..
Ghana	3,0	4,3	42,1	28,0	1,0	2,7	3,3	4,3	6,4	6,1	2,5	7,1	4,7
Griechenland	1,8	1,8	18,0	11,3	–0,1	*3,1*	1,3	*–0,8*	..	..	7,2	*4,6*	*1,0*
Guatemala	0,8	4,1	14,6	12,3	*2,3*	2,9	*2,1*	3,9	*2,1*	4,7	–2,1	7,3	3,9
Guinea	..	4,1	..	7,9	..	4,4	..	3,0	..	4,4	..	2,4	0,3
Guinea-Bissau	4,0	3,8	56,6	45,7	4,7	5,5	2,2	2,7	3,7	1,4	–1,7	14,9	–6,5
Haiti	–0,2	–3,8	7,5	23,9	..	..	..	..	..	..	1,2	2,1	–2,9
Honduras	2,7	3,4	5,7	20,4	2,7	3,1	3,3	3,8	2,5	3,8	1,1	2,9	7,9
Indien	5,8	*5,9*	8,0	*9,4*	3,1	*3,0*	7,1	*7,1*	6,7	*7,5*	5,9	*13,7*	*8,9*
Indonesien	6,1	7,5	8,5	8,5	3,4	*2,8*	6,9	*10,2*	7,0	*7,5*	2,9	9,2	10,0
Irland	3,2	6,5	6,6	1,8	..	..	..	..	..	..	9,0	*11,8*	*–2,4*
Israel	3,5	*6,4*	101,5	*12,2*	..	..	..	..	..	..	5,5	*9,5*	*11,5*
Italien	2,4	1,1	10,0	4,5	0,1	*1,4*	..	..	..	..	4,1	*8,1*	*–2,2*
Jamaika	2,0	*0,8*	18,6	*36,1*	0,6	*6,7*	2,4	*–0,2*	1,9	*0,8*	5,4	*0,4*	*4,9*
Japan	4,0	1,4	1,7	0,6	1,3	*–2,0*	4,2	*0,2*	3,9	*2,0*	4,5	*3,9*	*0,2*
Jemen, Rep.	..	..	..	26,3	..	..	..	..	..	..	..	..	..
Jordanien	2,6	7,2	4,3	3,9	6,8	–2,8	1,7	10,0	2,1	6,4	5,9	9,3	10,3
Kambodscha	..	6,2	..	37,9	..	*2,1*	..	*11,3*	..	*8,4*	..	..	..
Kamerun	3,3	0,1	5,6	6,2	2,1	3,2	5,9	–3,8	2,6	0,5	5,9	4,7	–1,7
Kanada	3,4	2,1	4,4	1,4	1,5	*0,7*	2,9	*1,8*	..	..	6,0	*9,4*	*1,8*
Kasachstan	..	*–10,5*	..	*604,9*	..	..	..	..	..	..	..	..	..
Kenia	4,2	2,0	9,1	15,4	3,3	0,8	3,9	2,0	4,9	3,6	4,3	2,3	3,5
Kirgistan	..	*–12,3*	..	*256,2*	..	..	..	..	..	..	..	..	..
Kolumbien	3,7	*4,5*	..	..	2,9	*1,2*	5,0	*2,9*	3,1	*6,8*	7,5	*5,5*	*20,8*
Kongo, Dem. Rep.	1,6	*–6,6*	62,9	*2.746,5*	2,5	*3,0*	0,9	*–15,9*	1,2	*–17,4*	9,6	*–8,8*	*–5,0*
Kongo, Rep.	3,6	0,7	0,5	8,9	3,4	0,9	5,2	0,6	2,5	0,5	4,8	6,3	–0,6
Korea, Rep.	9,5	7,2	6,1	5,3	2,8	2,1	12,1	7,5	9,0	7,8	12,0	15,7	6,3
Kroatien	..	..	..	*218,1*	..	..	..	..	..	..	..	..	..
Laos, Demokr. Volksrepublik	*3,7*	6,7	*37,5*	12,2	..	..	..	..	..	..	..	..	..
Lesotho	4,3	7,6	13,8	8,0	2,2	4,0	7,1	*11,8*	5,2	*6,0*	4,1	9,9	12,7
Lettland	3,4	*–10,7*	0,0	*112,0*	2,3	*–13,0*	4,3	*–20,2*	3,0	*–2,0*	..	..	*–32,0*
Libanon	78,2	8,3	1,6	27,7	..	..	..	..	..	..	..	..	..
Litauen	..	–4,5	..	139,9	..	..	..	..	..	..	..	..	..
Madagaskar	1,1	0,8	17,1	23,6	2,5	1,7	0,9	1,1	0,3	1,0	–1,7	4,0	–0,9
Malawi	2,3	3,6	14,4	33,3	2,0	4,7	2,9	1,9	3,5	2,7	2,5	3,3	–7,9
Malaysia	5,2	8,7	1,7	4,4	3,8	*1,9*	7,2	*11,2*	4,2	*8,6*	10,9	14,0	15,1
Mali	2,9	3,3	3,6	10,0	3,3	3,4	4,3	7,0	2,1	1,8	5,2	6,4	6,3
Marokko	4,2	2,0	7,1	3,7	6,7	*–0,7*	3,0	*2,1*	4,2	*2,9*	6,8	*6,4*	*–0,1*
Mauretanien	1,7	4,3	8,4	5,7	1,7	5,0	4,9	3,7	0,4	4,0	3,6	0,1	*4,0*
Mauritius	6,2	5,1	9,5	6,2	2,9	0,3	10,3	5,5	5,4	6,3	10,4	5,5	0,4
Mazedonien, ehem. Jugosl. Rep.	..	..	..	149,4	..	..	..	..	..	..	..	..	..
Mexiko	1,1	*1,8*	71,5	*18,5*	0,8	*1,2*	1,1	*1,8*	1,2	*1,9*	7,0	*9,8*	*0,1*
Moldawien	..	..	..	*307,7*	..	..	..	..	..	..	..	..	..
Mongolei	*4,9*	–0,6	*–1,6*	89,3	*0,6*	*7,6*	*6,0*	*–5,1*	*5,5*	*–2,1*	..	..	..

Anmerkung: Zur Vergleichbarkeit der Daten und ihrer Abgrenzung vgl. Technische Anmerkungen. Kursiv gedruckte Zahlen gelten für andere als die angegebenen Jahre.

WIRTSCHAFT

Durchschnittl. jährl. Wachstumsrate in %

Land	Bruttoinlandsprodukt		BIP-impliziter Deflator		Wertschöpfung Landwirtschaft		Wertschöpfung Industrie		Wertschöpfung Dienstleistungen		Ausfuhr von Waren und Dienstleistungen		Bruttoinlandsinvestitionen
	1980–90	1990–97	1980–90	1990–97	1980–90	1990–97	1980–90	1990–97	1980–90	1990–97	1980–90	1990–97	1990–97
Mosambik	1,7	6,9	38,3	44,2	*5,5*	4,6	*–5,2*	2,3	*13,6*	10,4	*0,7*	9,3	3,6
Namibia	1,3	4,1	13,2	9,7	*0,0*	4,3	*1,1*	*2,9*	*–0,2*	*4,2*	1,2	4,4	4,1
Nepal	4,6	5,0	11,1	9,6	4,0	2,2	*6,0*	*7,7*	*4,8*	6,6	*5,6*	*24,1*	*5,2*
Neuseeland	1,7	3,2	10,8	1,8	3,9	*0,9*	1,1	*3,8*	1,8	*3,4*	4,0	*6,2*	*8,1*
Nicaragua	–2,6	*5,7*	. .	. .	–5,8	*8,7*	2,1	*–4,8*	–1,6	*2,0*	–7,8	*10,6*	*9,8*
Niederlande	2,3	2,3	1,6	2,0	3,4	*3,7*	1,6	*1,2*	2,6	*2,3*	4,5	*4,2*	*–0,5*
Niger	0,1	1,5	1,9	7,2	1,7	2,3	–1,7	1,3	–0,3	0,9	–2,9	–0,8	3,0
Nigeria	1,6	2,7	16,7	35,1	3,3	2,6	–1,1	0,5	3,8	4,8	–0,3	3,6	0,7
Norwegen	2,8	3,9	5,6	1,9	–0,2	*4,4*	3,3	*5,2*	2,7	*2,8*	5,2	*5,4*	. .
Oman	8,3	*6,0*	–3,6	*–2,9*	7,9	. .	10,3	. .	6,0	. .	. .	. .	. .
Österreich	2,2	1,6	3,3	2,9	1,1	*–1,1*	1,9	*1,3*	2,4	*2,0*	4,9	*3,7*	*2,3*
Pakistan	6,3	4,4	6,7	11,4	4,3	*3,8*	7,3	*5,5*	6,8	*5,0*	8,1	4,4	3,8
Panama	0,5	*4,8*	1,9	*2,8*	2,5	*2,2*	–1,3	*7,9*	0,6	*4,5*	0,4	*0,1*	*15,0*
Papua-Neuguinea	1,9	*7,6*	5,3	*6,9*	1,8	*4,8*	1,9	*13,6*	2,0	*4,0*	3,3	*9,8*	*3,7*
Paraguay	2,5	3,1	24,4	16,1	3,6	2,9	–0,3	2,4	3,4	3,5	11,5	7,8	3,8
Peru	–0,3	6,0	. .	. .	. .	*5,6*	. .	*6,5*	. .	*5,8*	–1,7	9,1	12,9
Philippinen	1,0	3,3	14,9	8,7	1,0	1,9	–0,9	3,7	2,8	3,7	3,5	11,5	5,8
Polen	1,8	3,9	53,8	29,5	*–0,7*	*–1,6*	*–1,3*	*4,7*	*2,8*	*3,0*	4,5	11,5	8,7
Portugal	2,9	1,7	18,1	6,3	. .	. .	. .	. .	. .	. .	8,6	*6,0*	. .
Ruanda	2,5	–6,3	4,0	20,4	0,5	–5,8	2,5	–11,2	5,5	–6,9	3,4	–15,3	10,6
Rumänien	0,5	0,0	2,5	124,5	. .	*–0,4*	. .	*–2,1*	. .	*–2,8*	. .	. .	*–7,5*
Russische Föderation	2,8	*–9,0*	2,4	*394,0*	. .	*–8,2*	. .	*–11,0*	. .	*–8,4*	. .	*–13,2*	. .
Saudi-Arabien	–1,2	*1,7*	–4,9	*0,8*	13,4	. .	–2,3	. .	–1,2	. .	. .	. .	. .
Sambia	0,8	–0,5	42,2	75,2	3,6	0,8	1,0	–2,6	0,1	1,1	–3,4	–1,9	2,6
Schweden	2,3	0,9	7,4	2,6	1,5	*–1,9*	2,8	*–0,7*	. .	. .	4,3	*7,8*	. .
Schweiz	2,2	*0,1*	3,7	*2,3*	. .	. .	. .	. .	. .	. .	3,4	*1,8*	. .
Senegal	3,1	*2,4*	6,5	6,9	3,3	*2,2*	4,1	*3,7*	2,8	2,1	3,8	1,0	6,9
Sierra Leone	0,6	*–3,3*	64,0	*37,7*	3,1	*–1,5*	1,7	*–6,4*	–2,7	*–3,9*	0,2	*–18,4*	*–12,8*
Simbabwe	3,4	2,0	11,6	22,6	3,1	3,8	3,2	–0,8	3,0	2,7	4,3	10,5	5,8
Singapur	6,6	8,5	2,2	2,9	–6,2	*1,8*	5,4	*9,1*	7,5	*8,4*	10,8	*13,3*	9,8
Slowakische Republik	*2,0*	0,4	*1,8*	12,7	*1,6*	*1,9*	*2,0*	*–7,2*	*0,8*	*6,4*	. .	*14,1*	*–1,0*
Slowenien	. .	. .	. .	*32,1*	. .	. .	. .	. .	. .	. .	. .	. .	. .
Spanien	3,2	1,6	9,3	4,6	. .	*–4,8*	. .	. .	. .	. .	5,7	*10,1*	*–1,5*
Sri Lanka	4,2	4,9	11,0	9,9	2,2	1,5	4,6	6,5	4,7	6,1	*6,8*	8,4	*6,4*
Südafrika	1,2	1,5	14,9	10,1	2,9	2,5	0,0	0,8	2,3	1,8	1,9	5,2	13,0
Syrien	1,5	*6,9*	15,3	*8,7*	–0,6	. .	6,6	. .	0,4	. .	3,6	. .	. .
Tadschikistan	. .	*–16,4*	. .	*394,3*	. .	. .	. .	. .	. .	. .	. .	. .	. .
Tansania[c]	. .	. .	. .	24,9	. .	. .	. .	. .	. .	. .	. .	. .	. .
Thailand	7,6	7,5	3,9	5,0	4,0	*3,6*	9,9	*10,3*	7,3	*7,9*	14,0	*12,8*	*10,3*
Togo	1,6	2,2	4,9	8,6	5,2	14,7	1,1	2,0	–0,3	–20,6	0,1	1,3	–4,4
Trinidad und Tobago	–2,5	1,5	2,4	6,3	–5,8	1,7	–5,5	1,3	–3,3	1,1	8,9	–4,9	9,0
Tschad	3,8	1,8	2,9	7,3	2,3	5,4	8,1	0,0	7,6	–0,5	6,5	3,7	. .
Tschechische Republik	*1,7*	*–1,0*	*1,5*	*17,7*	. .	. .	. .	. .	. .	. .	. .	. .	*0,9*
Tunesien	3,3	4,8	7,4	4,6	2,8	*–0,1*	3,1	*4,3*	3,6	*5,2*	5,6	*5,0*	*1,7*
Türkei	5,3	*3,6*	45,2	*78,2*	1,3	*1,2*	7,8	*4,6*	4,4	*3,7*	16,9	*10,9*	*4,0*
Turkmenistan	. .	*–9,6*	. .	*1.074,2*	. .	. .	. .	. .	. .	. .	. .	. .	. .
Uganda	*3,1*	7,2	*113,8*	17,5	*2,3*	3,8	*6,0*	13,0	*3,0*	8,5	*2,3*	16,7	9,9
Ukraine	. .	*–13,6*	. .	*800,5*	. .	. .	. .	. .	. .	. .	. .	. .	. .
Ungarn	1,6	*–0,4*	8,6	*22,5*	*0,6*	*–5,0*	*–2,6*	*1,1*	*3,6*	*–3,2*	4,0	*1,0*	*8,1*
Uruguay	0,4	*3,7*	. .	. .	0,1	*4,4*	–0,2	*0,4*	0,9	*5,6*	4,3	*5,9*	*6,0*
Usbekistan	. .	*–3,5*	. .	*546,5*	. .	*–1,8*	. .	*–6,0*	. .	*–2,3*	. .	. .	*–7,6*
Venezuela	1,1	*1,9*	19,3	*46,7*	3,0	*1,1*	1,6	*3,1*	0,5	*1,0*	2,8	*5,3*	*2,8*
Vereinigte Arab. Emirate	–2,0	3,4	0,7	1,8	9,6	. .	–4,2	. .	3,4	. .	*0,0*	. .	. .
Vereinigtes Königreich	3,2	1,9	5,7	3,1	. .	. .	. .	. .	. .	. .	3,9	*5,3*	. .
Vereinigte Staaten	2,9	2,5	4,2	2,4	4,0	. .	2,8	. .	2,9	. .	4,7	*7,0*	. .
Vietnam	*4,6*	8,6	*210,8*	19,9	*4,3*	*5,2*	. .	. .	. .	. .	. .	. .	. .
Weißrußland	. .	–6,5	. .	564,8	. .	*–9,8*	. .	*–10,0*	. .	*–5,6*	. .	. .	*–17,1*
Zentralafrikanische Republik	1,4	1,2	7,9	5,9	1,6	1,5	1,4	0,1	1,1	0,7	–1,2	0,6	–0,9
Welt gesamt	**3,1 w**	**2,3 w**			**2,8 w**	***1,8* w**	**3,3 w**	***1,6* w**	**3,3 w**	***2,3* w**	**5,2 w**	***7,0* w**	**. . w**
Niedriges Einkommen	4,3	*4,2*			2,6	*3,5*	5,3	*5,1*	5,0	*5,6*	3,3	*7,8*	*7,8*
Mittleres Einkommen	2,8	*2,5*			3,5	*2,3*	. .	. .	3,2	*4,8*	. .	. .	*7,2*
Mittleres Eink., untere Kat.	3,7	*2,2*			. .	*2,8*	. .	. .	. .	. .	. .	. .	. .
Mittleres Eink., obere Kat.	1,7	*2,9*			2,4	*1,6*	1,2	*3,0*	2,0	*3,5*	6,0	*8,9*	*5,9*
Niedr. u. mittl. Eink.	3,0	*2,8*			3,2	*2,9*	*4,3*	. .	3,5	*4,9*	. .	. .	*7,2*
Afrika südlich der Sahara	1,7	2,1			1,7	4,6	1,1	1,4	2,4	2,4	2,2	4,7	7,2
Europa u. Zentralasien	2,9	*–5,4*			. .	. .	. .	. .	. .	. .	. .	. .	. .
Lateinamerika u. Karabik	1,8	*3,3*			1,9	*2,6*	1,5	*2,8*	2,0	*3,8*	5,3	*7,3*	*5,9*
Naher Osten u. Nordafrika	0,4	*2,6*			4,6	*3,2*	1,3	. .	1,1	. .	. .	. .	. .
Ostasien u. Pazifik	7,8	9,9			4,7	*3,8*	8,9	*14,5*	8,9	*8,4*	8,8	13,5	12,7
Südasien	5,7	*5,7*			3,2	*2,9*	6,9	*6,9*	6,6	*7,1*	6,4	*12,4*	8,6
Hohes Einkommen	3,2	2,1			2,2	*0,8*	3,2	*0,7*	3,3	*1,9*	5,1	*6,7*	. .

a. Die Daten vor 1992 schließen Eritrea mit ein. b. Die Daten vor 1990 beziehen sich auf die Bundesrepublik Deutschland vor der Wiedervereinigung. c. Die Daten beziehen sich nur auf das Festland Tansanias.

Tabelle 12. Struktur der Produktion

Land	Bruttoinlandsprodukt in Mio. $		Wertschöpfung in % vom BIP: Landwirtschaft		Industrie		Verarbeitende Industrie		Dienstleistungssektor	
	1980	1997	1980	1997	1980	1997	1980	1997	1980	1997
Ägypten, Arab. Rep.	22.913	75.482	18	16	37	32	12	25	45	53
Albanien	..	2.276	34	*55*	45	*21*	..	..	21	*23*
Algerien	42.345	45.997	10	12	54	51	9	9	36	37
Angola	..	7.396	..	7	..	68	..	6	..	25
Argentinien	76.962	322.730	6	6	41	31	29	..	52	63
Armenien	..	*1.401*	18	*44*	58	*35*	..	*25*	25	*20*
Aserbaidschan	..	4.399	..	22	..	18	..	*18*	..	60
Äthiopien[a]	*5.179*	6.330	*56*	56	*12*	7	*8*	..	*32*	37
Australien	160.109	391.045	5	*4*	36	*28*	19	*15*	58	*68*
Bangladesch	12.950	32.838	50	30	16	17	11	9	34	53
Belgien	118.915	*264.400*	2	*1*	..	..	22	*19*	..	..
Benin	1.405	2.137	35	38	12	14	8	8	52	48
Bolivien	2.500	8.108	..	13	..	27	..	3	..	60
Brasilien	234.526	786.466	11	14	44	36	33	23	45	50
Bulgarien	20.040	*9.484*	14	*10*	54	*33*	..	..	32	*57*
Burkina Faso	1.709	2.441	33	35	22	25	16	19	45	40
Burundi	920	*1.137*	62	58	13	18	7	18	25	24
Chile	27.572	*74.292*	7	..	37	..	21	..	55	..
China	201.688	*825.020*	30	20	49	51	41	40	21	29
Hongkong, China	28.495	171.401	1	*0*	32	*15*	24	*7*	67	*84*
Costa Rica	4.815	9.350	18	15	27	24	19	17	55	61
Dänemark	66.322	161.107	..	..	..	..	..	..	..	..
Deutschland	..	2.100.110	..	*1*	..	..	..	*24*	..	..
Dominikanische Republik	6.631	14.936	20	13	28	32	15	17	52	55
Ecuador	11.733	18.887	12	12	38	37	18	22	50	51
Elfenbeinküste	10.175	10.251	26	27	20	21	13	18	54	51
El Salvador	3.574	*10.416*	38	*13*	22	*27*	16	*21*	40	*60*
Estland	..	4.617	..	*7*	..	*28*	..	*16*	..	*65*
Finnland	51.306	116.170	..	..	..	..	..	..	..	..
Frankreich	664.595	1.396.540	4	*2*	34	*26*	24	*19*	62	*71*
Gabun	4.279	5.435	7	*7*	60	52	5	5	33	42
Georgien	..	*3.028*	24	*35*	36	*35*	28	*20*	40	*29*
Ghana	4.445	6.762	58	47	12	17	8	9	30	36
Griechenland	48.613	119.111	..	..	..	..	..	..	..	..
Guatemala	7.879	17.784	..	24	..	19	..	14	..	57
Guinea	..	3.998	..	26	..	36	..	5	..	38
Guinea-Bissau	111	265	42	54	19	11	..	7	39	35
Haiti	1.462	2.360	..	42	..	14	..	..	..	44
Honduras	2.566	4.490	24	20	24	28	15	16	52	52
Indien	172.321	*359.812*	38	*27*	26	*30*	18	*19*	36	*43*
Indonesien	78.013	214.593	24	*16*	42	*42*	13	*25*	34	*41*
Irland	20.080	72.037	..	..	..	..	..	..	..	..
Israel	22.598	*91.965*	..	..	..	..	..	..	..	..
Italien	449.913	1.145.370	6	*3*	..	..	28	*21*	..	..
Jamaika	2.652	*4.051*	8	*8*	38	*36*	17	*17*	54	*55*
Japan	1.059.254	4.201.636	4	*2*	42	*38*	29	*25*	54	*60*
Jemen, Rep.	..	5.442	..	18	..	49	..	11	..	34
Jordanien	3.962	7.927	8	5	28	30	13	16	64	65
Kambodscha	..	3.095	..	*50*	..	*15*	..	*5*	..	*35*
Kamerun	6.741	9.115	29	41	23	20	9	10	48	39
Kanada	263.193	603.085	..	..	..	..	..	..	..	..
Kasachstan	..	*21.039*	..	*13*	..	*30*	..	*6*	..	*57*
Kenia	7.265	9.899	33	29	21	17	13	11	47	54
Kirgistan	..	*1.754*	..	*52*	..	*19*	..	*8*	..	*29*
Kolumbien	33.397	*85.202*	19	*16*	32	*20*	23	*16*	49	*64*
Kongo, Dem. Rep.	14.922	*6.904*	25	*64*	33	*13*	14	*5*	42	*23*
Kongo, Rep.	1.706	2.298	12	10	47	57	7	6	42	33
Korea, Rep.	62.803	442.543	15	6	40	43	28	26	45	51
Kroatien	..	*19.081*	..	*12*	..	*25*	..	*20*	..	*62*
Laos, Demokr. Volksrepublik	..	1.753	..	*52*	..	*21*	..	*15*	..	*28*
Lesotho	369	950	24	*14*	29	*41*	7	*16*	47	*45*
Lettland	..	*5.024*	12	*9*	51	*33*	46	*22*	37	*58*
Libanon	..	14.962	..	12	..	27	..	17	..	61
Litauen	..	9.265	..	*13*	..	*32*	..	*20*	..	*55*
Madagaskar	4.042	3.552	30	32	16	13	..	12	54	55
Malawi	1.238	2.424	44	36	23	18	14	14	34	46
Malaysia	24.488	97.523	22	*13*	38	*46*	21	*34*	40	*41*
Mali	1.686	2.532	48	49	13	17	7	7	38	34
Marokko	18.821	33.258	18	*20*	31	*31*	17	*17*	51	*49*
Mauretanien	709	1.068	30	25	26	29	..	10	44	46
Mauritius	1.132	4.151	12	10	26	32	15	23	62	58
Mazedonien, ehem. Jugosl. Rep.	..	2.061	..	*11*	..	*25*	..	..	..	*64*
Mexiko	223.505	*334.766*	8	*5*	33	*26*	22	*20*	59	*68*
Moldawien	..	*1.803*	..	*50*	..	*23*	..	*8*	..	*27*
Mongolei	..	862	*15*	*31*	*33*	*35*	..	..	*52*	*34*

Anmerkung: Zur Vergleichbarkeit der Daten und ihrer Abgrenzung vgl. Technische Anmerkungen. Kursiv gedruckte Zahlen gelten für andere als die angegebenen Jahre.

WIRTSCHAFT

	Bruttoinlandsprodukt in Mio. $		Wertschöpfung in % vom BIP							
			Landwirtschaft		Industrie		Verarbeitende Industrie		Dienstleistungssektor	
Land	1980	1997	1980	1997	1980	1997	1980	1997	1980	1997
Mosambik	2.028	1.944	37	39	35	23	..	..	27	38
Namibia	2.172	3.453	*24*	*14*	*39*	*34*	*9*	*12*	*37*	*52*
Nepal	1.946	4.899	62	43	12	22	4	10	26	35
Neuseeland	22.395	*64.999*	11	..	31	..	22	..	58	..
Nicaragua	2.144	*1.971*	23	*34*	31	*22*	26	*16*	45	*44*
Niederlande	171.861	360.472	3	*3*	32	*27*	18	*18*	64	*70*
Niger	2.508	1.858	43	38	23	18	4	7	34	44
Nigeria	64.202	36.540	21	45	46	24	8	8	34	32
Norwegen	63.419	153.403	4	*2*	35	*30*	15	*12*	61	*68*
Oman	5.989	*13.438*	3	..	69	..	1	..	28	..
Österreich	78.539	206.239	4	*2*	36	*31*	25	*20*	60	*68*
Pakistan	23.690	64.360	30	*26*	25	*25*	16	*17*	46	*50*
Panama	3.810	*8.244*	10	*8*	21	*18*	12	*9*	69	*73*
Papua-Neuguinea	2.548	*5.165*	33	*26*	27	*40*	10	*8*	40	*33*
Paraguay	4.579	10.180	29	23	27	22	16	14	44	55
Peru	20.661	62.431	10	*7*	42	37	20	23	48	56
Philippinen	32.500	83.125	25	20	39	32	26	22	36	48
Polen	57.068	135.659	..	*6*	..	*39*	..	..	..	*55*
Portugal	28.729	97.357	..	..	..	..	..	..	..	..
Ruanda	1.163	1.771	50	39	23	24	17	18	27	37
Rumänien	..	35.204	..	*21*	..	*40*	..	..	..	*39*
Russische Föderation	..	*440.562*	9	*7*	54	*39*	..	..	37	*54*
Sambia	3.884	4.051	14	16	41	41	18	30	44	43
Saudi-Arabien	156.487	*125.266*	1	..	81	..	5	..	18	..
Schweden	125.557	227.751	..	..	..	..	..	..	..	..
Schweiz	102.719	*293.400*	..	..	..	..	..	..	..	..
Senegal	3.016	4.542	16	18	21	18	13	12	63	63
Sierra Leone	1.199	*940*	33	*44*	21	*24*	5	*6*	47	*32*
Simbabwe	6.679	*8.512*	16	28	29	32	22	19	55	41
Singapur	11.718	96.319	1	*0*	38	*36*	29	*26*	61	*64*
Slowakische Republik	..	19.565	..	*5*	..	*31*	..	..	..	*64*
Slowenien	..	17.905	..	*5*	..	*38*	..	*28*	..	*57*
Spanien	211.542	531.419	..	*3*	..	..	..	..	..	..
Sri Lanka	4.024	15.128	28	22	30	26	18	17	43	52
Südafrika	78.744	129.094	7	5	50	39	23	24	43	57
Syrien	13.062	*17.115*	20	..	23	..	..	..	56	..
Tadschikistan	..	*1.990*	..	..	..	..	..	..	..	..
Tansania[b]	..	6.707	..	*48*	..	*21*	..	*7*	..	*31*
Thailand	32.354	157.263	23	*11*	29	*40*	22	*29*	48	*50*
Togo	1.136	*1.279*	27	40	25	22	8	9	48	38
Trinidad und Tobago	6.236	5.894	2	2	60	43	9	8	38	55
Tschad	1.033	1.603	45	39	9	15	..	12	46	46
Tschechische Republik	29.123	*54.890*	7	..	63	..	..	..	30	..
Tunesien	8.742	19.069	14	*14*	31	*28*	12	*18*	55	*58*
Türkei	68.790	*181.464*	26	*17*	22	*28*	14	*18*	51	*55*
Turkmenistan	..	*4.399*	..	..	..	..	..	..	..	..
Uganda	1.245	6.555	72	44	4	17	4	8	23	39
Ukraine	..	*44.007*	..	*13*	..	*39*	..	..	..	*48*
Ungarn	22.163	*44.845*	..	*7*	..	*32*	..	*24*	..	*61*
Uruguay	10.132	*18.180*	14	*9*	34	*26*	26	*18*	53	*65*
Usbekistan	..	*23.857*	..	*26*	..	*27*	..	*8*	..	*47*
Venezuela	69.256	*67.316*	5	*4*	46	*47*	16	*18*	49	*49*
Vereinigte Arab. Emirate	29.629	*45.147*	1	..	77	..	4	..	22	..
Vereinigtes Königreich	537.383	1.271.710	..	..	..	..	..	..	..	..
Vereinigte Staaten	2.709.000	7.745.705	3	..	33	..	22	..	64	..
Vietnam	..	24.893	..	*27*	..	*31*	..	..	..	*42*
Weißrußland	..	22.462	..	*16*	..	*41*	..	*35*	..	*43*
Zentralafrikanische Republik	797	*954*	40	54	20	18	7	9	40	28
Welt gesamt	**10.674.160 t**	**28.157.012 t**	**7 w**	**.. w**	**38 w**	**.. w**	**24 w**	**.. w**	**55 w**	**.. w**
Niedriges Einkommen	448.604	*717.238*	35	*31*	26	*27*	15	*16*	38	*42*
Mittleres Einkommen	2.579.064	*5.186.786*	15	*12*	45	*38*	..	..	40	*50*
Mittleres Eink., untere Kat.	..	*2.658.209*	18	*14*	45	*40*	..	..	37	*46*
Mittleres Eink., obere Kat.	1.188.996	*2.503.695*	9	*10*	46	*34*	23	..	45	*56*
Niedr. u. mittl. Eink.	3.017.430	*5.909.683*	18	*16*	42	*36*	22	..	40	*48*
Afrika südlich der Sahara	267.180	320.252	22	25	36	30	14	16	42	45
Europa u. Zentralasien	..	*1.091.827*	..	*11*	..	*36*	..	..	..	*53*
Lateinamerika u. Karabik	786.542	*1.875.869*	10	*10*	40	*33*	27	*21*	50	*57*
Naher Osten u. Nordafrika	460.257	..	12	..	48	..	9	..	40	..
Ostasien u. Pazifik	410.579	*1.572.402*	28	*19*	44	*45*	32	*33*	28	*36*
Südasien	219.283	*483.896*	38	*27*	25	*28*	17	*18*	37	*44*
Hohes Einkommen	7.816.706	22.321.973	3	..	36	..	24	..	61	..

a. Die Daten vor 1992 schließen Eritrea mit ein. b. Die Daten beziehen sich nur auf das Festland Tansanias.

Tabelle 13. Struktur der Nachfrage

	in % vom BIP											
	Privater Verbrauch		Allgemeiner Staatsverbrauch		Bruttoinlandsinvestitionen		Bruttoinlandsersparnis		Ausfuhr von Waren und Dienstleistungen		Ressourcensaldo	
Land	1980	1997	1980	1997	1980	1997	1980	1997	1980	1997	1980	1997
Ägypten, Arab. Rep.	69	78	16	10	28	18	15	12	31	21	–12	–6
Albanien	56	*94*	9	*13*	35	*21*	35	*–7*	23	*13*	0	*–27*
Algerien	43	54	14	10	39	27	43	36	34	33	4	9
Angola	. .	5	. .	43	. .	24	. .	53	. .	74	. .	29
Argentinien	76	*82*	a	a	25	*19*	24	*18*	5	*9*	–1	*–1*
Armenien	47	*115*	16	*13*	29	*10*	37	*–28*	. .	*24*	9	*–38*
Aserbaidschan	. .	83	. .	8	. .	28	. .	10	. .	19	. .	–19
Äthiopien[b]	*83*	79	*14*	12	*9*	20	*3*	10	*11*	16	*–6*	–11
Australien	59	*61*	18	*18*	25	*21*	24	*21*	16	*21*	–2	*0*
Bangladesch	92	77	6	14	15	17	2	10	6	16	–13	–8
Belgien	63	*62*	18	*15*	22	*18*	19	*23*	62	*73*	–3	*5*
Benin	96	80	9	10	15	18	–5	10	23	25	–20	–8
Bolivien	100	75	0	14	0	18	0	11	0	19	0	–7
Brasilien	70	66	9	16	23	20	21	18	9	6	–2	–2
Bulgarien	55	*71*	6	*12*	34	*14*	39	*17*	36	*65*	5	*3*
Burkina Faso	95	78	10	12	17	25	–6	9	10	13	–23	–16
Burundi	91	*91*	9	*10*	14	*5*	–1	*0*	9	*8*	–14	*–5*
Chile	71	*65*	12	*9*	21	*28*	17	*26*	23	*27*	–4	*–2*
China	51	49	15	11	35	35	35	40	6	20	0	5
Hongkong, China	60	61	6	9	35	34	34	31	90	132	–1	–4
Costa Rica	66	64	18	13	27	24	16	23	26	46	–10	–1
Dänemark	56	*54*	27	*25*	19	*17*	17	*21*	33	*34*	–1	*4*
Deutschland	. .	*57*	. .	*20*	. .	*23*	. .	*23*	. .	*24*	. .	*1*
Dominikanische Republik	77	70	8	12	25	23	15	18	19	27	–10	–5
Ecuador	60	64	15	14	26	18	26	22	25	32	0	4
Elfenbeinküste	63	*66*	17	*12*	27	16	20	23	35	47	–6	7
El Salvador	72	*87*	14	*9*	13	*16*	14	*3*	34	*21*	1	*–12*
Estland	. .	*61*	. .	*25*	. .	*27*	. .	*14*	. .	*73*	. .	*–13*
Finnland	54	*53*	18	*22*	29	*16*	28	*25*	33	*38*	–1	*8*
Frankreich	59	*60*	18	*19*	24	*18*	23	*21*	22	*23*	–1	*2*
Gabun	26	48	13	11	28	21	61	42	65	59	33	21
Georgien	56	*100*	13	*7*	29	*4*	31	*–7*	. .	*17*	2	*–11*
Ghana	84	82	11	10	6	16	5	7	8	25	–1	–9
Griechenland	71	. .	12	*14*	24	. .	18	. .	16	*16*	–6	*–10*
Guatemala	79	84	8	5	16	14	13	11	22	18	–3	–4
Guinea	. .	80	. .	8	. .	14	. .	12	. .	21	. .	–2
Guinea-Bissau	73	89	28	7	28	19	–1	4	13	23	–29	–15
Haiti	82	. .	10	9	17	. .	8	. .	22	8	–9	–20
Honduras	70	63	13	15	25	32	17	22	36	37	–8	–10
Indien	73	*68*	10	*10*	21	*25*	17	*22*	7	*12*	–4	*–3*
Indonesien	51	63	11	7	24	31	38	31	34	28	14	–1
Irland	. .	*55*	19	*15*	. .	*15*	. .	*30*	48	*75*	–13	*15*
Israel	50	*58*	39	*29*	22	*24*	11	*13*	40	*29*	–11	*–10*
Italien	61	*61*	15	*16*	27	*18*	24	*22*	22	*28*	–3	*4*
Jamaika	64	*71*	20	*16*	16	*27*	16	*14*	51	*55*	0	*–13*
Japan	59	*60*	10	*10*	32	*29*	31	*30*	14	*9*	–1	*1*
Jemen, Rep.	. .	73	. .	18	. .	22	. .	9	. .	46	. .	–13
Jordanien	79	67	29	22	37	33	–8	11	40	49	–44	–22
Kambodscha	. .	*87*	. .	*8*	. .	*21*	. .	*5*	. .	*26*	. .	*–16*
Kamerun	70	77	10	8	21	10	20	14	27	27	–1	4
Kanada	55	*60*	19	*20*	24	*18*	25	*21*	28	*38*	2	*2*
Kasachstan	. .	*68*	. .	*12*	. .	*23*	. .	*20*	. .	*31*	. .	*–3*
Kenia	62	70	20	17	29	19	18	13	28	32	–11	–6
Kirgistan	. .	*87*	. .	*17*	. .	*19*	. .	*–4*	. .	*31*	. .	*–23*
Kolumbien	70	*72*	10	*10*	19	*21*	20	*17*	16	*17*	1	*–3*
Kongo, Dem. Rep.	82	*88*	8	*4*	10	*6*	10	*8*	16	*35*	0	*2*
Kongo, Rep.	47	46	18	19	36	26	36	35	60	77	0	9
Korea, Rep.	64	55	12	11	32	35	24	34	34	38	–7	–1
Kroatien	. .	*66*	. .	*30*	. .	*15*	. .	*3*	. .	*42*	. .	*–11*
Laos, Demokr. Volksrepublik	. .	. .	. .	. .	. .	*31*	. .	*12*	. .	*23*	. .	*–19*
Lesotho	133	*85*	26	*17*	43	86	–59	*–2*	20	*25*	–102	*–91*
Lettland	59	*70*	8	*20*	26	*19*	33	*10*	. .	*46*	7	–9
Libanon	. .	101	. .	16	. .	27	. .	–17	. .	10	. .	–43
Litauen	. .	*70*	. .	*18*	. .	*21*	. .	*11*	. .	*52*	. .	*–10*
Madagaskar	89	88	12	7	15	12	–1	5	13	22	–16	–8
Malawi	70	79	19	16	25	13	11	5	25	25	–14	–7
Malaysia	51	45	17	11	30	43	33	44	58	90	3	1
Mali	92	74	10	12	16	26	–2	14	16	24	–18	–11
Marokko	68	*68*	18	*16*	24	*21*	14	*16*	17	*25*	–10	*–5*
Mauretanien	68	74	25	13	36	19	7	13	37	47	–29	–6
Mauritius	75	68	14	9	21	26	10	22	51	61	–10	–4
Mazedonien, ehem. Jugosl. Rep.	. .	*72*	. .	*18*	. .	*17*	. .	*10*	. .	*41*	. .	*–7*
Mexiko	65	*66*	10	*10*	27	*21*	25	*23*	11	*22*	–2	*2*
Moldawien	. .	*66*	. .	*20*	. .	*28*	. .	*14*	. .	*52*	. .	*–14*
Mongolei	*44*	*64*	*29*	*16*	*63*	*22*	*27*	*20*	*21*	*44*	*–36*	*–2*

Anmerkung: Zur Vergleichbarkeit der Daten und ihrer Abgrenzung vgl. Technische Anmerkungen. Kursiv gedruckte Zahlen gelten für andere als die angegebenen Jahre.

WIRTSCHAFT

Land	Privater Verbrauch		Allgemeiner Staatsverbrauch		Bruttoinlandsinvestitionen		Bruttoinlandsersparnis		Ausfuhr von Waren und Dienstleistungen		Ressourcensaldo	
	in % vom BIP											
	1980	1997	1980	1997	1980	1997	1980	1997	1980	1997	1980	1997
Mosambik	103	63	21	15	0	45	–24	23	21	26	–24	–23
Namibia	44	59	17	31	29	20	39	9	76	49	10	–11
Nepal	82	83	7	9	18	22	11	8	12	24	–7	–14
Neuseeland	62	63	18	14	21	22	20	23	30	30	–1	1
Nicaragua	82	84	20	13	17	28	–2	3	24	41	–19	–25
Niederlande	61	60	17	14	22	19	22	26	51	53	0	6
Niger	75	85	10	13	28	10	15	2	25	16	–14	–8
Nigeria	56	65	12	11	21	18	31	24	29	15	10	5
Norwegen	50	..	19	21	25	..	31	..	43	41	6	9
Oman	28	..	25	..	22	..	47	..	63	..	25	..
Österreich	55	56	18	20	29	25	27	24	36	39	–2	–1
Pakistan	83	73	10	12	18	19	7	14	12	17	–12	–4
Panama	45	53	18	15	28	29	38	32	98	94	9	3
Papua-Neuguinea	61	36	24	24	25	27	15	40	43	57	–10	13
Paraguay	76	67	6	13	32	23	18	20	15	22	–13	–2
Peru	57	68	11	11	29	25	32	21	22	13	3	–4
Philippinen	67	72	9	13	29	25	24	16	24	46	–5	–9
Polen	67	64	9	18	26	22	23	18	28	26	–3	–4
Portugal	..	..	13	18	33[c]	25[c]	..	..	25	33	–13	–7
Ruanda	83	90	12	9	16	19	4	0	14	6	–12	–19
Rumänien	60	70	5	11	40	25	35	19	35	27	–5	–7
Russische Föderation	62	63	15	11	22	22	22	25	..	23	0	3
Sambia	55	81	26	10	23	15	19	9	41	30	–4	–6
Saudi-Arabien	22	42	16	26	22	20	62	32	71	42	41	12
Schweden	51	52	29	26	21	15	19	22	29	40	–2	7
Schweiz	..	..	14	15	27[c]	..	..	..	36	36	–3	4
Senegal	78	77	22	10	15	19	0	13	28	33	16	5
Sierra Leone	79	99	21	11	17	9	0	–10	28	12	–17	–19
Simbabwe	68	60	19	21	17	25	14	19	23	37	–3	–6
Singapur	53	39	10	9	46	37	38	51	215	187	–9	14
Slowakische Republik	..	49	..	24	..	38	..	27	..	57	..	–11
Slowenien	..	57	..	20	..	23	..	22	..	55	..	–1
Südafrika	50	62	13	21	28	16	36	17	36	28	8	1
Spanien	66	62	13	17	23	21	21	21	16	24	–2	0
Sri Lanka	80	72	9	11	34	27	11	18	32	33	–23	–9
Syrien	67	..	23	..	28	..	10	..	18	..	–17	..
Tadschikistan	..	71	..	11	..	17	..	18	..	114	..	1
Tansania[d]	..	83	..	13	..	21	..	3	..	22	..	–15
Thailand	65	55	12	10	29	41	23	35	24	39	–6	–6
Togo	54	78	22	11	28	15	23	11	51	34	–5	–4
Trinidad und Tobago	46	59	12	12	31	16	42	29	50	53	11	14
Tschad	100	92	4	7	3	19	–9	1	17	17	–12	–18
Tschechische Republik	..	51	..	22	31	35	..	27	..	55	..	–8
Tunesien	62	61	14	16	29	24	24	23	40	42	–5	–1
Türkei	77	71	12	12	18	24	11	18	5	22	–7	–6
Turkmenistan	..	..	..	..	..	..	..	..	..	..	..	..
Uganda	..	82	11	10	..	15	..	8	19	11	–7	–7
Ukraine	..	58	..	22	..	23	..	20	..	46	..	–2
Ungarn	61	64	10	10	31	27	29	26	39	39	–2	–1
Uruguay	76	76	12	13	17	12	12	11	15	18	–6	–2
Usbekistan	..	66	..	25	..	16	..	9	..	31	..	–7
Venezuela	55	66	12	5	26	17	33	30	29	37	7	13
Vereinigte Arab. Emirate	17	..	11	..	28	..	72	..	78	..	43	..
Vereinigtes Königreich	59	..	22	21	17	..	19	..	27	28	2	–1
Vereinigte Staaten	64	68	17	16	20	18	19	16	10	11	–1	–2
Vietnam	..	77	..	7	..	27	..	14	..	46	..	–13
Weißrußland	..	59	..	23	..	25	..	17	..	44	..	–7
Zentralafrikanische Republik	94	84	15	9	7	9	–9	7	25	21	–16	–2
Welt gesamt	**61 w**	**63 w**	**15 w**	**15 w**	**24 w**	**22 w**	**24 w**	**22 w**	**19 w**	**21 w**	**1 w**	**1 w**
Niedriges Einkommen	73	71	11	11	20	22	16	18	13	19	–5	–4
Mittleres Einkommen	58	62	13	13	27	25	28	25	22	26	1	0
Mittleres Eink., untere Kat.	58	60	15	13	29	27	28	27	..	27	..	..
Mittleres Eink., obere Kat.	59	64	12	14	25	22	29	21	25	23	5	–1
Niedr. u. mittl. Eink.	61	63	13	13	26	25	26	24	20	25	0	–1
Afrika südlich der Sahara	63	65	14	17	23	18	23	18	30	28	2	0
Europa u. Zentralasien	64	64	13	15	25	23	23	21	..	31	..	..
Lateinamerika u. Karabik	67	67	10	12	24	20	23	20	15	17	–2	1
Naher Osten u. Nordafrika	46	55	18	17	29	26	36	28	35	28	7	2
Ostasien u. Pazifik	53	53	14	10	32	34	33	36	16	28	1	3
Südasien	75	69	9	11	21	24	15	20	8	13	–6	–4
Hohes Einkommen	61	63	16	16	24	21	23	21	19	20	0	0

a. Angaben zum allgemeinen Staatsverbrauch sind nicht separat verfügbar; sie sind im privaten Verbrauch enthalten. b. Die Angaben vor 1992 schließen Eritrea mit ein. c. Einschließlich statistischer Diskrepanzen d. Die Angaben beziehen sich nur auf das Festland Tansanias.

Tabelle 14. Staatsfinanzen

Land	in % vom BIP: Laufende Steuereinnahmen 1980	1996	Laufende nichtsteuerliche Einnahmen 1980	1996	Laufende Ausgaben 1980	1996	Kapitalausgaben 1980	1996	Gesamtdefizit/-überschuß[a] 1980	1996	in % der gesamten Ausgaben[b]: Waren und Dienstleistungen 1980	1996	Sozialausgaben[c] 1980	1996
Ägypten, Arab. Rep.	*28,9*	*22,6*	*16,6*	*14,3*	*36,5*	*30,2*	*9,0*	*7,1*	*–6,4*	*0,3*	*38,4*	*31,5*	*25,8*	*32,2*
Albanien	..	*16,6*	..	*4,5*	..	*25,5*	..	*5,5*	..	*–9,0*	..	*26,3*	..	*33,0*
Algerien	..	..	..	..	..	..	..	..	..	..	..	..	..	..
Angola	..	..	..	..	..	..	..	..	..	..	..	..	..	..
Argentinien	10,4	*11,9*	5,2	*1,0*	18,2	*13,4*	0,0	*1,1*	–2,6	*–1,1*	57,1	*22,4*	28,6	*65,1*
Armenien	..	..	..	..	..	..	..	..	..	..	..	..	..	..
Aserbaidschan	..	..	..	..	..	..	..	..	..	..	..	..	..	..
Äthiopien	*12,8*[d]	..	*3,5*[d]	..	*16,3*[d]	..	*3,3*[d]	..	*–3,1*[d]	..	85,2[d]	..	19,5[d]	..
Australien	19,6	23,1	2,2	2,4	21,2	26,6	1,5	0,9	–1,5	–1,0	21,7	22,4	46,7	55,9
Bangladesch	*7,7*	..	3,6	..	..	..	..	..	2,5	..	..	..	*17,3*	..
Belgien	41,4	*43,2*	1,9	*1,4*	46,3	*46,8*	4,3	*2,5*	–8,1	*–3,9*	22,6	*18,6*	61,3	..
Benin	..	..	..	..	..	..	..	..	..	..	..	..	..	..
Bolivien	..	14,4	..	2,5	..	17,9	..	4,9	..	–2,3	..	35,8	..	40,8
Brasilien	17,8	*19,7*	4,8	*6,1*	18,6	*32,3*	1,6	*0,8*	–2,4	*–6,7*	20,0	*13,3*	40,0	*40,5*
Bulgarien	..	25,1	..	8,5	..	48,5	..	1,3	..	–16,0	..	19,3	..	25,3
Burkina Faso	10,4	..	1,2	..	9,9	..	2,3	..	0,2	..	66,6	..	28,9	..
Burundi	13,2	11,2	0,8	2,2	*13,1*	15,8	*10,9*	6,1	–3,9	–6,5	*39,3*	46,7	..	25,3
Chile	25,6	18,3	6,4	3,3	25,3	16,2	2,7	3,3	5,4	2,1	41,2	28,8	59,1	66,7
China	..	*5,2*	..	*0,4*	..	..	..	..	..	*–1,7*	..	..	..	*1,9*
Hongkong, China	..	..	..	..	..	..	..	..	..	..	..	..	..	..
Costa Rica	16,8	23,5	1,0	3,2	19,9	27,7	5,2	2,9	–7,4	–3,9	52,4	47,1	62,6	59,7
Dänemark	31,3	*35,3*	4,1	*5,3*	36,6	*41,9*	2,8	*1,5*	–2,7	*–2,0*	21,6	*19,0*	57,1	*54,9*
Deutschland	..	29,4	..	2,0	..	32,1	..	1,5	..	–2,1	34,4	31,7	69,4	..
Dominikanische Republik	11,1	*14,7*	3,2	*1,5*	11,7	*9,0*	5,2	*6,5*	–2,6	*0,8*	49,9	*38,2*	35,7	*41,6*
Ecuador	12,2	*13,9*	0,5	*1,8*	11,9	*12,4*	2,3	*3,3*	–1,4	*0,0*	28,3	*46,9*	43,9	..
Elfenbeinküste	21,1	..	1,7	..	22,7	..	9,0	..	–10,8	..	..	..	..	..
El Salvador	11,1	11,6	0,5	0,4	14,3	11,2	2,8	2,2	–5,7	–0,5	49,7	50,8	34,2	36,6
Estland	..	30,9	..	2,3	..	30,7	..	2,7	..	–0,2	..	44,7	..	56,0
Finnland	25,1	*27,9*	2,1	*4,9*	25,2	*40,6*	3,0	*2,1*	–2,2	*–9,8*	21,5	*17,0*	53,4	*56,6*
Frankreich	36,7	38,8	2,9	2,6	37,4	44,7	2,1	2,0	–0,1	–5,4	30,5	24,0	70,2	..
Gabun	23,6	..	11,9	..	..	..	..	..	6,1	..	..	..	..	..
Georgien	..	..	..	..	..	..	..	..	..	..	..	..	..	..
Ghana	6,4	..	0,5	..	9,8	..	1,1	..	–4,2	..	48,2	..	35,8	..
Griechenland	22,6	*19,7*	2,7	*2,3*	24,7	*29,1*	4,6	*4,5*	–4,1	–13,8	44,6	*28,8*	51,5	*35,4*
Guatemala	8,7	*7,7*	0,7	*0,7*	7,0	*6,6*	5,1	*2,3*	–3,4	*–0,7*	49,7	*51,8*	31,6	*39,3*
Guinea	..	..	..	..	..	..	..	..	..	..	..	..	..	..
Guinea-Bissau	..	..	..	..	..	..	..	..	..	..	..	..	..	..
Haiti	9,3	..	1,3	..	13,9	..	3,5	..	–4,7	..	*81,5*	..	..	..
Honduras	13,6	..	0,9	..	..	..	..	..	..	..	..	..	..	..
Indien	9,8	10,3	1,9	3,4	11,7	14,5	1,6	1,7	–6,5	–5,1	28,7	23,2	..	..
Indonesien	20,2	14,7	1,0	2,3	11,7	8,7	10,4	6,0	–2,2	1,2	25,2	30,0	12,6	39,0
Irland	30,9	*34,7*	3,9	*1,9*	40,4	*36,8*	4,6	*3,5*	–12,5	*–2,0*	18,8	*18,0*	*52,8*	*58,0*
Israel	43,3	*33,4*	7,1	*5,1*	67,4	*40,9*	2,8	*3,9*	–15,6	*–4,7*	50,0	33,0	27,8	54,5
Italien	29,3	40,7	2,5	3,0	39,1	47,9	2,2	2,7	–10,8	–7,2	17,7	17,4	50,7	..
Jamaika	27,9	..	1,2	..	..	..	..	..	–15,5	..	..	..	..	..
Japan	11,0	..	0,6	..	14,8	..	3,6	..	–7,0	..	12,9	..	..	..
Jemen, Rep.	..	*9,9*	..	*10,0*	..	*21,9*	..	*2,8*	..	*–5,5*	..	*66,6*	..	*26,3*
Jordanien	14,0	*21,0*	4,0	*7,6*	29,2	*25,5*	12,1	*6,1*	–9,3	*1,1*	42,6	*61,6*	*25,9*	*41,1*
Kambodscha	..	..	..	..	..	..	..	..	..	..	..	..	..	..
Kamerun	15,0	*9,4*	1,3	*3,6*	10,6	*11,6*	5,2	*1,1*	0,5	*0,2*	55,0	*53,0*	25,6	*21,2*
Kanada	16,2	*18,5*	2,5	*2,4*	21,0	..	0,3	..	–3,5	*–3,7*	21,8	..	45,6	*48,6*
Kasachstan	..	..	..	..	..	..	..	..	..	..	..	..	..	..
Kenia	19,1	*20,2*	2,8	*2,3*	19,4	*22,9*	5,9	*5,5*	–4,5	*–3,3*	56,8	*50,5*	32,6	..
Kirgistan	..	..	..	..	..	..	..	..	..	..	..	..	..	..
Kolumbien	10,3	*13,6*	1,7	*2,7*	9,2	..	4,1	..	–1,8	..	36,2	..	*44,3*	..
Kongo, Dem. Rep.	8,3	*4,5*	1,1	*0,4*	9,9	*7,4*	2,4	*0,2*	–0,8	*0,0*	65,1	*94,5*	22,1	*1,6*
Kongo, Rep.	27,0	..	8,3	..	*21,8*	..	*17,7*	..	–5,2	..	..	..	..	..
Korea, Rep.	15,5	18,6	2,2	2,7	14,8	14,4	2,4	4,2	–2,2	0,1	45,1	26,7	25,8	34,0
Kroatien	..	42,9	..	2,6	..	41,2	..	5,5	..	–0,5	..	51,9	..	61,4
Laos, Demokr. Volksrepublik	..	..	..	..	..	..	..	..	..	..	..	..	..	..
Lesotho	*29,5*	..	*4,8*	..	..	..	..	..	..	..	..	..	..	..
Lettland	..	25,5	..	4,9	..	30,2	..	1,4	..	–1,6	..	35,5	..	63,4
Libanon	..	*11,6*	..	*5,2*	..	*26,8*	..	*5,7*	..	*–15,6*	..	*29,2*	..	*19,4*
Litauen	..	22,0	..	0,8	..	23,4	..	2,0	..	–3,7	..	42,5	..	50,6
Madagaskar	12,9	8,4	0,3	0,2	..	10,5	..	6,8	..	–1,3	..	25,3	..	*22,7*
Malawi	16,6	..	2,5	..	18,0	..	16,6	..	–15,9	..	37,1	..	16,1	..
Malaysia	23,4	20,1	2,8	4,9	18,6	17,8	9,9	4,2	–6,0	2,0	38,0	44,9	30,4	42,5
Mali	9,2	..	0,8	..	18,8	..	1,8	..	–4,5	..	46,2	..	21,8	..
Marokko	20,4	*23,9*	2,9	*4,7*	22,8	*26,2*	10,3	*7,2*	–9,7	*–4,4*	46,9	*48,7*	27,2	*26,9*
Mauretanien	..	..	..	..	..	..	..	..	..	..	..	..	..	..
Mauritius	18,4	16,2	2,4	2,4	22,7	18,7	4,6	3,6	–10,3	–4,0	41,7	47,0	46,5	48,3
Mazedonien, ehem. Jugosl. Rep.	..	..	..	..	..	..	..	..	..	..	..	..	..	..
Mexiko	13,9	*12,8*	1,1	*2,5*	10,7	*14,0*	5,0	*1,9*	–3,0	*–0,5*	31,8	*26,1*	44,3	*50,2*
Moldawien	..	..	..	..	..	..	..	..	..	..	..	..	..	..
Mongolei	..	18,7	..	5,3	..	17,5	..	4,0	..	–6,6	..	35,8	..	*32,8*

Anmerkung: Zur Vergleichbarkeit der Daten und ihrer Abgrenzung vgl. Technische Anmerkungen. Kursiv gedruckte Zahlen gelten für andere als die angegebenen Jahre.

WIRTSCHAFT

Land	in % vom BIP										in % der gesamten Ausgaben[b]			
	Laufende Steuereinnahmen		Laufende nichtsteuerliche Einnahmen		Laufende Ausgaben		Kapitalausgaben		Gesamtdefizit/-überschuß[a]		Waren und Dienstleistungen		Sozialausgaben[c]	
	1980	1996	1980	1996	1980	1996	1980	1996	1980	1996	1980	1996	1980	1996
Mosambik	..	..	..	..	..	..	..	..	..	..	..	..	..	..
Namibia	..	..	..	..	..	..	..	..	..	..	..	..	..	..
Nepal	6,6	8,8	1,3	2,0	..	..	..	..	–3,0	–4,5	..	..	15,5	..
Neuseeland	30,7	32,8	3,5	2,9	35,9	31,5	2,4	0,8	–6,7	5,2	29,0	49,0	61,0	69,3
Nicaragua	20,3	*23,9*	2,4	*1,5*	24,9	*22,3*	5,7	*10,9*	–6,8	*–0,6*	60,0	*30,0*	33,5	*46,8*
Niederlande	44,2	42,6	5,3	2,9	48,3	46,6	4,6	1,9	–4,6	–2,3	15,6	15,5	64,2	63,9
Niger	12,3	..	2,2	..	9,5	..	9,1	..	–4,8	..	30,3	..	25,9	..
Nigeria	..	..	..	..	..	..	..	..	..	..	..	..	..	..
Norwegen	33,8	*32,4*	3,5	*8,8*	32,5	*37,1*	2,0	*1,9*	–1,7	*1,6*	20,4	*19,9*	41,9	*49,8*
Oman	10,7	8,6	27,5	22,3	30,3	32,0	8,2	4,4	0,4	–5,0	71,1	75,5	9,6	33,3
Österreich	31,3	*33,1*	2,6	*3,1*	33,3	*39,1*	3,3	*3,1*	–3,3	*–5,2*	26,2	*24,7*	71,6	*70,0*
Pakistan	13,3	*15,3*	2,9	*4,1*	14,5	*19,1*	3,1	*4,1*	–5,7	*–4,8*	47,4	*43,2*	..	..
Panama	18,6	*17,2*	6,7	*8,9*	24,9	*21,9*	5,5	*2,8*	–5,2	*2,9*	49,8	*54,4*	39,8	*69,0*
Papua-Neuguinea	20,5	*18,9*	2,4	*3,1*	29,2	*26,1*	5,2	*3,3*	–1,9	*–4,1*	57,7	*48,2*	27,8	*30,7*
Paraguay	9,8	..	0,9	..	7,5	..	2,4	..	0,3	..	60,9	..	35,7	..
Peru	15,8	14,0	1,3	2,1	15,0	13,8	4,4	2,7	–2,4	2,4	44,7	37,5	..	..
Philippinen	12,5	16,8	1,5	1,7	9,9	*15,2*	3,5	*2,8*	–1,4	0,3	60,4	*45,6*	24,1	26,0
Polen	..	36,1	..	3,6	..	40,4	..	1,8	..	–2,2	..	25,2	..	69,6
Portugal	24,1	*32,1*	1,9	*3,4*	28,7	*38,8*	4,4	*5,3*	–8,5	*–5,5*	33,8	*39,3*	48,4	..
Ruanda	11,0	..	1,8	..	9,4	..	5,0	..	–1,7	..	57,5	..	..	..
Rumänien	10,1	24,1	35,2	3,3	29,7	27,6	15,0	3,4	0,5	–4,0	11,4	33,2	18,9	47,7
Russische Föderation	..	*17,4*	..	*1,1*	..	*26,5*	..	*1,3*	..	*–4,4*	..	*39,8*	..	..
Sambia	23,1	16,7	1,8	1,4	33,2	13,9	4,0	6,9	–18,5	0,7	54,6	44,8	20,7	34,1
Saudi Arabien	..	..	..	..	..	..	..	..	..	..	..	..	..	..
Schweden	30,1	37,2	4,9	4,9	*37,6*	*45,2*	1,8	1,2	–8,1	–3,2	17,4	13,6	63,9	60,5
Schweiz	18,1	*21,5*	1,4	*1,7*	18,7	*25,4*	1,4	*1,1*	–0,2	*–1,0*	*27,5*	*29,6*	*64,4*	*71,7*
Senegal	20,7	..	1,5	..	21,2	..	1,9	..	0,9	..	72,1	..	37,3	..
Sierra Leone	13,6	7,7	1,5	0,4	*19,7*	11,1	*5,0*	3,7	–11,8	–5,8	..	35,1	..	..
Simbabwe	15,4	..	3,9	..	26,5	..	1,4	..	–8,8	..	55,5	..	28,6	..
Singapur	17,5	*16,2*	7,9	*9,7*	15,6	*12,3*	4,5	*3,6*	2,1	*14,3*	57,5	*59,4*	29,2	*39,7*
Slowakische Republik	..	..	..	..	..	..	..	..	..	..	..	..	..	..
Slowenien	..	..	..	..	..	..	..	..	..	..	..	..	..	..
Spanien	22,2	*28,9*	1,9	*2,3*	23,7	*36,2*	3,0	*2,0*	–4,2	*–7,2*	40,0	*16,4*	69,1	*49,5*
Sri Lanka	19,1	16,9	1,1	2,1	24,7	22,2	16,7	5,2	–18,3	–7,8	31,2	36,9	24,3	33,4
Südafrika	20,5	*26,0*	3,0	*1,7*	19,2	*30,9*	3,0	*3,0*	–2,3	*–5,9*	46,6	*26,9*	..	..
Syrien	10,5	*19,2*	16,3	*4,5*	30,3	*15,9*	17,9	*9,8*	–9,7	*–1,8*	..	..	17,6	*17,4*
Tadschikistan	..	..	..	..	..	..	..	..	..	..	..	..	..	..
Tansania	..	..	..	..	..	..	..	..	..	..	51,7	..	21,8	..
Thailand	13,2	16,9	1,2	1,6	14,5	10,3	4,4	5,8	–4,9	2,3	55,0	55,5	29,0	38,1
Togo	27,0	..	4,3	..	*23,7*	..	*8,9*	..	–2,0	..	*52,3*	..	*40,0*	..
Trinidad und Tobago	36,1	*24,2*	7,1	*4,0*	18,8	*26,2*	12,1	*3,0*	7,4	*0,2*	34,2	*50,9*	33,2	*45,2*
Tschad	..	..	..	..	..	..	..	..	..	..	..	..	..	..
Tschechische Republik	..	34,1	..	1,8	..	33,3	..	4,1	..	0,0	..	15,4	..	54,4
Tunesien	23,9	25,0	6,9	4,8	22,2	26,0	9,4	6,7	–2,8	–3,2	42,1	38,5	37,6	47,4
Türkei	14,3	15,2	3,7	3,1	15,5	24,6	5,9	2,2	–3,1	–8,3	46,5	32,6	23,8	19,0
Turkmenistan	..	..	..	..	..	..	..	..	..	..	..	..	..	..
Uganda	3,1	..	0,1	..	5,4	..	0,8	..	–3,1	..	..	..	24,2	..
Ukraine	..	..	..	..	..	..	..	..	..	..	..	..	..	..
Ungarn	*44,9*	..	*8,6*	..	*48,7*	..	*7,5*	..	*–2,8*	..	*19,5*	..	*26,9*	..
Uruguay	21,0	29,2	1,2	2,1	20,1	31,3	1,7	1,8	0,0	–1,6	47,6	29,4	62,3	76,1
Usbekistan	..	..	..	..	..	..	..	..	..	..	..	..	..	..
Venezuela	18,9	14,5	3,4	6,1	14,7	15,7	4,0	2,4	0,0	1,0	50,2	20,0	..	..
Vereinigte Arab. Emirate	0,0	*0,6*	0,2	*1,8*	11,2	*11,3*	0,9	*0,5*	2,1	*0,2*	80,5	*86,6*	23,6	*29,8*
Vereinigtes Königreich	30,6	*33,7*	4,6	*2,8*	36,4	*39,9*	1,8	*2,1*	–4,6	*–5,3*	31,6	*29,6*	45,8	*51,7*
Vereinigte Staaten	18,5	19,3	1,7	1,5	20,7	21,6	1,3	0,7	–2,8	–1,6	29,5	22,3	50,8	53,1
Vietnam	..	..	..	..	..	..	..	..	..	..	..	..	..	..
Weißrußland	..	..	..	..	..	..	..	..	..	..	..	..	..	..
Zentralafrikanische Republik	*15,0*	..	*1,5*	..	*20,7*	..	*1,3*	..	*–3,5*	..	*67,0*	..	*29,1*	..

a. Einschließlich Zuschüsse. b. Gesamtausgaben einschließlich Kreditaufnahmen abzüglich Rückzahlungen. c. Bezieht sich auf Bildungs- und Gesundheitswesen, Sozialversicherung, Wohlfahrt, Wohnungswesen und Gemeindeeinrichtungen. d. Einschließlich Eritrea.

Tabelle 15. Zahlungsbilanz, Leistungsbilanz und Währungsreserven

in Mio. $

Land	Waren und Dienstleistungen: Exporte 1980	Exporte 1996	Importe 1980	Importe 1996	Nettoeinkommen 1980	Nettoeinkommen 1996	Laufende Nettoübertragungen 1980	Laufende Nettoübertragungen 1996	Laufender Leistungsbilanzsaldo 1980	Laufender Leistungsbilanzsaldo 1996	Bruttowährungsreserven 1980	Bruttowährungsreserven 1997
Ägypten, Arab. Rep.	6.246	15.245	9.157	18.951	−318	539	..	..	−438	499	2.484	19.405
Albanien	378	373	371	1.111	4	72	6	559	16	−107	..	342
Algerien	14.128	13.960	12.311	..	−1.869	..	301	..	249	..	7.062	9.668
Angola	..	*3.167*	..	*3.017*	..	*−735*	..	*245*	..	*−340*	..	..
Argentinien	9.897	27.031	13.182	27.910	−1.512	−3.591	23	334	−4.774	−4.136	9.298	22.405
Armenien	..	368	..	888	..	44	..	185	..	−291	..	239
Aserbaidschan	..	757	..	1.443	..	−60	..	80	..	−666	..	466
Äthiopien[b]	569	783	782	1.647	7	−44	..	..	−126	−461	262	502
Australien	25.755	78.805	27.070	79.568	−2.695	−15.199	−425	105	−4.435	−15.857	6.369	17.542
Bangladesch	885	4.508	2.545	7.614	14	−6	..	..	−844	−1.637	332	1.609
Belgien[a]	70.498	190.732	74.259	179.072	61	6.944	−1.231	−4.217	−4.931	14.387	27.998	20.637
Benin	226	*405*	421	*477*	8	*−41*	151	*149*	−36	*36*	15	256
Bolivien	1.030	1.380	136	1.752	−146	−188	13	287	−319	−272	554	1.362
Brasilien	21.869	*52.641*	27.826	*63.293*	−7.018	*−11.105*	144	*3.621*	−12.831	*−18.136*	6.879	51.679
Bulgarien	9.302	*6.824*	7.995	*6.540*	−412	*−472*	..	..	953	*−56*	..	2.549
Burkina Faso	210	*272*	577	*483*	−3	*−29*	322	*255*	−49	*15*	75	348
Burundi	..	*129*	..	*277*	..	*−9*	..	*151*	..	*−6*	105	118
Chile	5.968	18.709	7.052	20.086	−1.000	−2.016	113	472	−1.971	−2.921	4.123	17.839
China*	*23.637*	171.678	*18.900*	154.127	*451*	−12.437	*486*	2.129	*5.674*	7.243	10.102	146.683
Hongkong, China	..	..	..	..	..	..	..	..	..	..	..	92.919
Costa Rica	1.195	*3.790*	1.661	*3.901*	−212	*−186*	15	*154*	−664	*−143*	197	1.261
Dänemark	*21.989*	67.237	*21.727*	58.198	*−1.977*	−4.609	*−161*	−1.565	*−1.875*	2.865	4.352	19.590
Deutschland[c]	224.224	604.077	225.599	576.283	914	−4.469	−12.858	−36.397	−13.319	−13.072	104.768	105.208
Dominikanische Republik	1.271	6.095	1.919	6.689	−277	−596	205	1.080	−720	−110	279	396
Ecuador	2.887	5.750	2.946	4.621	−613	−1.308	30	290	−642	111	1.254	2.210
Elfenbeinküste	3.577	5.110	4.145	4.017	−553	−915	−706	−381	−1.826	−203	46	636
El Salvador	1.214	*2.049*	1.170	*3.673*	−62	*−87*	52	*1.389*	34	*−322*	382	1.446
Estland	..	2.896	..	3.421	..	2	..	100	..	−423	..	760
Finnland	16.802	47.844	17.307	38.228	−783	−3.732	−114	−1.098	−1.403	4.787	2.452	8.884
Frankreich	153.197	365.375	155.915	334.186	2.680	−2.704	−4.170	−7.924	−4.208	20.561	75.621	54.651
Gabun	2.409	*2.916*	1.475	*1.848*	−426	*−770*	−124	*−198*	384	*100*	115	283
Georgien	..	*479*	..	*798*	..	*87*	..	*190*	..	*−216*	..	..
Ghana	1.210	1.728	1.178	2.393	−83	−140	81	482	30	−324	329	930
Griechenland	8.122	15.238	11.145	25.633	−273	−2.181	1.087	8.022	−2.209	−4.554	3.616	13.656
Guatemala	1.731	2.796	1.960	3.540	−44	−230	110	523	−163	−452	753	1.172
Guinea	..	761	..	948	..	−93	..	102	..	−177	..	122
Guinea-Bissau	*17*	*24*	*75*	*80*	*−8*	*−15*	*−14*	*46*	*−80*	*−26*	..	12
Haiti	306	192	481	782	−14	−10	89	463	−101	−138	27	83
Honduras	942	*1.635*	1.128	*1.852*	−152	*−226*	22	*243*	−317	*−201*	159	586
Indien	11.265	42.690	17.378	54.505	356	−4.369	..	..	−2.897	−4.601	12.008	28.383
Indonesien	*23.797*	*51.160*	*21.540*	*53.244*	*−3.073*	*−5.778*	*250*	*619*	*−566*	*−7.023*	6.800	17.499
Irland	9.610	54.066	12.044	46.566	−902	−8.279	1.204	2.184	−2.132	1.406	3.071	6.635
Israel	8.668	28.292	11.511	38.729	−757	−2.845	2.729	6.226	−871	−7.057	4.052	20.003
Italien	97.298	320.752	110.265	257.467	1.278	−14.967	1.101	−7.280	−10.587	41.040	62.453	75.043
Jamaika	1.363	*3.180*	1.408	*3.640*	−212	*−320*	121	*535*	−136	*−245*	105	683
Japan	146.980	468.002	156.970	446.679	770	53.553	−1.530	−8.993	−10.750	65.884	38.878	227.018
Jemen, Rep.	..	2.409	..	3.044	..	−617	..	..	..	−70	..	1.038
Jordanien	1.181	3.663	2.417	5.420	36	−301	..	..	281	−226	1.742	2.365
Kambodscha	..	806	..	1.294	..	−45	..	235	..	−298	..	299
Kamerun	1.792	2.158	1.829	1.822	−628	−583	..	..	−564	−175	207	1
Kanada	74.973	234.311	70.399	211.509	−10.764	−20.311	95	318	−6.095	2.808	15.480	18.696
Kasachstan	..	6.966	..	7.546	..	−222	..	50	..	−752	..	2.225
Kenia	2.007	3.027	2.846	3.441	−194	−221	157	561	−876	−74	539	603
Kirgistan	..	548	..	950	..	−80	..	78	..	−404	..	170
Kolumbien	5.328	14.518	5.454	16.878	−245	−2.925	165	532	−206	−4.754	6.476	9.614
Kongo, Dem. Rep.	*1.658*	2.001	*1.905*	..	*−496*	..	*150*	..	*−593*	..	380	83
Kongo, Rep.	1.021	1.584	1.025	2.133	−162	−455	−1	−30	−167	−1.034	93	60
Korea, Rep.	21.924	155.109	25.687	175.763	−2.102	−2.526	592	119	−5.273	−23.061	3.096	20.497
Kroatien	..	8.008	..	10.194	..	−45	..	779	..	−1.452	..	2.690
Laos, Demokr. Volksrepublik	..	427	..	787	..	−4	..	82	..	−283	..	148
Lesotho	90	*181*	475	*874*	266	*330*	175	*471*	56	*108*	50	572
Lettland	..	2.613	..	3.028	..	41	..	93	..	−280	..	776
Libanon	..	1.413	..	7.596	..	290	..	2.550	..	−3.343	7.030	8.654
Litauen	..	4.211	..	4.986	..	−91	..	144	..	−723	..	1.064
Madagaskar	516	803	1.075	1.002	−44	−163	47	210	−556	−153	9	282
Malawi	313	*385*	487	*873*	−149	*−86*	63	*124*	−260	*−450*	76	166
Malaysia	14.098	*83.322*	13.526	*86.595*	−836	*−4.236*	−2	*148*	−266	*−7.362*	5.759	21.100
Mali	263	*387*	520	*746*	−17	*−36*	150	*231*	−124	*−164*	26	420
Marokko	3.233	9.246	5.207	10.980	−562	−1.309	1.130	2.416	−1.407	−627	814	4.194
Mauretanien	253	*504*	449	*510*	−27	*−48*	90	*76*	−133	*22*	147	204
Mauritius	574	2.701	690	2.767	−23	−40	22	123	−117	17	113	721
Mazedonien, ehem. Jugosl. Rep.	..	1.302	..	1.773	..	−30	..	..	..	−288	..	280
Mexiko	22.622	106.900	27.601	100.288	−6.277	−13.067	834	4.531	−10.422	−1.923	4.175	28.855
Moldawien	..	964	..	1.306	..	55	..	73	..	−214	..	366
Mongolei	*475*	*508*	*1.272*	*521*	*−11*	*−25*	*0*	..	*−808*	*39*	..	201
*Angaben für Taiwan, China	21.495	131.722	22.361	122.275	48	3.240	−95	−1.660	−913	11.027	4.063	87.444

Anmerkung: Zur Vergleichbarkeit der Daten und ihrer Abgrenzung vgl. Technische Anmerkungen. Kursiv gedruckte Zahlen gelten für andere als die angegebenen Jahre.

WIRTSCHAFT

in Mio. $

Land	Waren und Dienstleistungen				Nettoeinkommen		Laufende Nettoübertragungen		Laufender Leistungsbilanzsaldo		Bruttowährungsreserven	
	Exporte		Importe									
	1980	1996	1980	1996	1980	1996	1980	1996	1980	1996	1980	1997
Mosambik	399	*411*	844	*1.055*	22	*–140*	56	*339*	–367	*–445*	..	517
Namibia	..	1.591	..	1.868	..	97	..	263	..	84	..	251
Nepal	224	1.003	365	1.653	13	–3	..	..	–93	–569	272	627
Neuseeland	6.403	18.876	6.934	18.712	–538	–4.665	96	553	–973	–3.948	365	4.450
Nicaragua	495	807	907	1.299	–124	–300	124	*275*	–411	–435	75	382
Niederlande	90.380	225.473	91.622	199.932	1.535	6.376	–1.148	–6.658	–855	25.258	37.501	32.759
Niger	617	*321*	956	*457*	–33	*–47*	97	*31*	–276	*–152*	133	57
Nigeria	27.071	14.743	20.014	9.836	–1.304	–2.639	–576	824	5.178	3.092	10.605	4.334
Norwegen	27.264	63.866	23.749	49.495	–1.922	–1.638	–515	–1.488	1.079	11.246	6.746	23.742
Oman	3.757	7.352	2.298	5.423	–257	–536	–260	–1.659	942	–265	704	1.634
Österreich	26.650	91.614	29.921	94.418	–528	–202	–66	–984	–3.865	–3.990	17.729	21.982
Pakistan	2.958	10.317	5.709	15.174	–281	–1.956	..	..	–869	–4.208	1.570	1.790
Panama	3.422	7.426	3.394	7.530	–397	–108	40	152	–329	–60	117	1.150
Papua-Neuguinea	1.029	2.966	1.322	2.260	–179	–465	184	72	–289	313	457	381
Paraguay	701	3.936	1.314	4.951	–4	306	..	39	–618	–668	783	796
Peru	4.631	7.268	3.970	9.947	–909	–1.575	147	647	–101	–3.607	2.806	11.322
Philippinen	7.235	*26.795*	9.166	*33.317*	–420	*3.662*	447	*880*	–1.904	*–1.980*	3.983	8.717
Polen	16.061	37.390	17.842	41.273	–2.357	–1.075	721	1.694	–3.417	–3.264	575	20.662
Portugal	6.674	33.764	10.136	41.729	–608	–352	3.006	6.826	–1.064	–1.491	13.893	20.369
Ruanda	165	86	319	363	2	–13	104	291	–48	1	187	153
Rumänien	12.087	9.648	13.730	12.503	–777	–309	0	593	–2.420	–2.571	2.512	4.676
Russische Föderation	..	102.449	..	86.001	..	–5.213	..	164	..	11.399	..	17.727
Sambia	1.609	1.296	1.765	..	–205	..	–155	..	–516	..	206	239
Saudi-Arabien	106.765	60.221	55.793	47.407	526	3.214	–9.995	–15.813	41.503	215	26.096	8.684
Schweden	38.151	101.620	39.878	84.809	–1.380	–8.303	–1.224	–2.616	–4.331	5.892	7.001	12.169
Schweiz	48.595	121.738	51.843	109.064	4.186	11.597	–1.140	–3.801	–201	20.470	64.847	63.157
Senegal	807	*1.550*	1.215	*1.821*	–98	*–168*	120	*382*	–386	*–58*	25	394
Sierra Leone	275	*128*	471	*206*	–22	*–21*	53	*26*	–165	*–73*	31	50
Simbabwe	1.610	*2.344*	1.730	*2.515*	–61	*–294*	31	*40*	–149	*–425*	420	383
Singapur	24.285	156.052	25.312	142.461	–429	1.702	–106	–1.010	–1.563	14.283	6.570	71.300
Slowakische Republik	..	10.889	..	13.134	..	–47	..	201	..	–2.090	..	3.604
Slowenien	..	10.497	..	10.674	..	155	..	62	..	39	..	3.310
Spanien	32.140	146.404	38.004	141.304	–1.362	–5.928	1.646	2.584	–5.580	1.756	20.514	72.924
Sri Lanka	1.293	4.861	2.197	6.074	–26	–203	274	764	–655	–653	283	2.038
Südafrika	28.627	33.309	22.073	32.716	–3.285	–2.552	239	–74	3.508	–2.033	7.924	5.957
Syrien	2.477	6.131	4.531	6.071	785	–399	1.520	624	251	285	828	..
Tadschikistan	..	772	..	808	..	–68	..	20	..	–84	..	..
Tansania	748	1.372	1.384	2.167	–14	–55	129	437	–521	–413	20	622
Thailand	7.939	71.416	9.996	83.482	–229	–3.385	210	760	–2.076	–14.692	3.029	26.916
Togo	550	*402*	691	*444*	–40	*–45*	86	*30*	–95	*–57*	85	123
Trinidad und Tobago	3.139	*2.799*	2.434	*2.110*	–306	*–390*	–42	*–4*	357	*294*	2.812	723
Tschad	71	*190*	79	*411*	–4	*–7*	24	*191*	12	*–38*	12	136
Tschechische Republik	..	29.874	..	33.834	..	–722	..	384	..	–4.299	..	10.032
Tunesien	3.262	8.151	3.766	8.582	–259	–965	410	860	–353	–536	700	*2.043*
Türkei	3.621	45.354	8.082	48.331	–1.118	–2.920	2.171	4.447	–3.408	–1.450	3.304	19.788
Turkmenistan	..	1.691	..	1.532	..	..	..	*4*	..	43	..	..
Uganda	329	726	441	1.601	–7	–46	..	..	–121	–502	3	633
Ukraine	..	20.346	..	21.468	..	–573	..	509	..	–1.186	..	2.358
Ungarn	*10.302*	16.933	*10.944*	18.099	*–1.103*	–1.434	..	..	*–1.682*	–1.678	..	8.509
Uruguay	1.526	3.799	2.144	3.962	–100	–206	9	74	–709	–296	2.402	2.070
Usbekistan	..	4.161	..	5.175	..	–69	..	8	..	–1.075	..	..
Venezuela	19.968	25.258	15.130	14.837	329	–1.735	–439	138	4.728	8.824	13.385	17.735
Vereinigte Arab. Emirate	..	..	..	..	..	..	..	..	..	..	2.350	8.354
Vereinigtes Königreich	146.072	340.232	134.200	348.888	–418	13.163	–4.592	–7.396	6.862	–2.889	31.792	37.636
Vereinigte Staaten	271.800	848.664	290.730	956.004	29.580	–897	–8.500	–40.489	2.150	–148.726	171.360	134.880
Vietnam	..	9.695	..	12.870	..	–505	..	1.045	..	–2.636	..	1.990
Weißrußland	..	6.017	..	6.922	..	–65	..	62	..	–909	..	394
Zentralafrikanische Republik	201	*179*	327	*244*	3	*–23*	81	*63*	–43	*–25*	62	179
Welt gesamt	**2.400.597 t**	**6.689.040 t**	**2.405.428 t**	**6.522.540 t**								
Niedriges Einkommen	70.570	134.512	101.615	183.203								
Mittleres Einkommen	*650.441*	1.473.612	*584.098*	1.509.671								
Mittleres Eink., untere Kat.	..	..	..	..								
Mittleres Eink., obere Kat.	300.440	561.371	246.740	579.815								
Niedr. u. mittl. Eink.	*633.124*	1.612.603	*671.734*	1.677.129								
Afrika südlich der Sahara	89.966	83.985	83.985	100.832								
Europa u. Zentralasien	..	..	..	..								
Lateinamerika u. Karabik	121.191	320.894	142.086	*318.469*								
Naher Osten u. Nordafrika	205.272	*169.488*	148.981	*160.504*								
Ostasien u. Pazifik	*77.284*	447.383	*85.129*	*422.216*								
Südasien	17.450	65.583	29.271	85.500								
Hohes Einkommen	1.729.293	5.091.134	1.775.216	4.936.249								

a. Einschließlich Luxemburg. b. Die Angaben vor 1992 schließen Eritrea mit ein. c. Die Angaben vor 1990 beziehen sich auf die Bundesrepublik Deutschland vor der Wiedervereinigung.

Tabelle 16. Finanzierung durch den privaten Sektor

Land	Private Investitionen in % vom Bruttoanlagevermögen		Marktkapitalisierung in Mio. $		Anzahl der börsennotierten inländischen Unternehmen		Zinsspanne (Kreditzins minus Einlagezins) in Prozentpunkten		Vom Banksektor erteilte inländische Kredite in % vom BIP	
	1980	1996	1990	1997	1990	1996	1990	1997	1990	1997
Ägypten, Arab. Rep.	*30,1*	59,1	1.765	20.830	573	646	7,0	*4,0*	107,1	*86,8*
Albanien	..	..	..	..	..	..	*2,1*	*7,2*	..	*44,8*
Algerien	67,4	74,8	..	..	..	..	..	..	74,7	*42,4*
Angola	..	68,9	..	..	..	..	..	..	..	..
Argentinien	..	85,8	3.268	59.252	179	147	..	*2,3*	32,4	*27,3*
Armenien	..	*33,6*	..	*7*	..	10	..	*28,0*	*62,2*	*9,1*
Aserbaidschan	..	..	..	..	..	..	..	..	*57,2*	*11,1*
Äthiopien	..	63,9	..	..	..	..	3,6	*4,5*	67,3	*45,1*
Australien	..	..	107.611	*311.988*	1.089	1.135	6,8	..	104,0	*87,9*
Bangladesch	58,9	62,5	321	*4.551*	134	186	4,0	*5,9*	32,5	*40,2*
Belgien	..	..	65.449	*119.831*	182	139	6,9	*4,2*	74,4	*153,9*
Benin	..	61,7	..	..	..	..	9,0	..	22,3	*7,5*
Bolivien	51,3	41,9	..	*114*	..	10	18,0	*35,4*	30,6	*54,5*
Brasilien	89,7	86,2	16.354	*255.478*	581	551	..	..	87,4	*43,8*
Bulgarien	85,9	*85,0*	..	*7*	..	15	*9,9*	*48,3*	*118,6*	*119,1*
Burkina Faso	..	57,9	..	..	..	..	9,0	..	13,7	*13,1*
Burundi	8,1	15,7	..	..	..	..	..	..	24,4	*20,5*
Chile	*72,2*	80,0	13.645	*72.046*	215	291	8,5	*3,7*	72,8	*59,4*
China	43,4	*47,0*	*2.028*	*206.366*	*14*	540	0,7	*3,0*	90,0	*102,6*
Hongkong, China	85,1	86,8	83.397	*449.381*	284	*561*	3,3	*3,5*	*132,1*	*168,0*
Costa Rica	61,3	75,1	*311*	*782*	*82*	114	11,4	*9,5*	29,8	*38,1*
Dänemark	..	..	39.063	*71.688*	258	237	6,2	*5,1*	65,1	*58,7*
Deutschland	..	..	355.073	*670.997*	413	681	4,5	*6,4*	*110,0*	*136,7*
Dominikanische Republik	68,4	66,5	..	..	..	..	*15,3*	*7,6*	31,3	*31,2*
Ecuador	59,7	78,3	*69*	*1.946*	*65*	42	–6,0	*14,9*	17,2	*35,5*
Elfenbeinküste	53,2	69,1	549	*914*	23	31	9,0	..	44,6	*28,7*
El Salvador	44,8	78,0	..	*450*	..	49	3,2	*4,2*	32,1	*41,5*
Estland	..	80,2	..	..	..	..	..	*13,6*	*65,0*	*30,1*
Finnland	..	..	22.721	*63.078*	73	71	4,1	*3,3*	84,4	*63,7*
Frankreich	..	..	314.384	*591.123*	578	686	6,0	*2,8*	106,3	*102,1*
Gabun	80,1	72,0	..	..	..	..	11,0	*10,5*	20,1	*15,8*
Georgien	..	*73,7*	..	..	..	..	..	..	..	..
Ghana	..	26,3	*76*	*1.492*	*13*	21	..	..	13,2	*26,8*
Griechenland	..	..	15.228	*34.164*	145	224	8,1	*8,8*	103,8	*84,0*
Guatemala	63,8	81,3	..	*168*	..	9	5,1	*13,4*	17,4	*19,5*
Guinea	..	57,7	..	..	..	..	0,2	*4,0*	*5,5*	*6,7*
Guinea-Bissau	..	32,5	..	..	..	..	13,1	*4,5*	43,5	*7,4*
Haiti	..	27,6	..	..	..	..	..	*10,3*	32,9	*31,7*
Honduras	62,1	*62,7*	*40*	*338*	*26*	111	8,3	*10,8*	40,9	*29,3*
Indien	55,5	*66,1*	38.567	128.466	6.200	8.800	..	..	54,7	*49,3*
Indonesien	..	*60,5*	8.081	29.105	125	253	3,3	*1,8*	45,5	*54,3*
Irland	..	..	..	*12.243*	..	76	5,0	*6,1*	58,0	*84,4*
Israel	..	..	3.324	45.268	216	655	12,0	*5,6*	100,9	*79,4*
Italien	..	..	148.766	*258.160*	220	244	7,3	*4,9*	90,8	*95,0*
Jamaika	..	..	911	*1.887*	44	46	6,6	*22,4*	34,7	*33,5*
Japan	..	..	2.917.679	*3.088.850*	..	53	3,4	*2,1*	267,4	*295,8*
Jemen, Rep.	..	67,6	..	..	..	..	..	..	62,0	*28,9*
Jordanien	51,4	77,1	2.001	5.446	105	98	3,3	*3,5*	118,1	*74,4*
Kambodscha	..	68,6	..	..	..	..	..	*10,4*	..	*7,5*
Kamerun	77,8	95,5	..	..	..	..	11,0	*10,5*	31,0	*16,3*
Kanada	..	..	241.920	*486.268*	1.144	1.265	1,3	*1,4*	86,6	*101,9*
Kasachstan	..	98,8	..	..	..	..	..	..	..	*7,9*
Kirgistan	..	87,5	..	*5*	..	*27*	..	*9,8*	..	*26,2*
Kenia	54,7	44,5	453	*1.846*	54	56	5,1	*13,5*	52,7	*55,2*
Kolumbien	58,3	47,8	1.416	19.530	80	189	8,8	*10,1*	36,2	*45,5*
Kongo, Dem. Rep.	42,4	..	..	..	..	..	..	..	25,3	*1,6*
Kongo, Rep.	..	91,4	..	..	..	..	11,0	*10,5*	29,1	*16,9*
Korea, Rep.	76,2	*76,0*	110.594	41.881	669	760	0,0	*1,1*	65,3	*86,0*
Kroatien	..	59,6	..	*581*	..	*61*	*501,0*	*11,2*	..	*46,4*
Laos, Demokr. Volksrepublik	..	..	..	..	..	..	*2,5*	*11,0*	5,1	*16,2*
Lesotho	..	*36,8*	..	..	..	..	7,4	*6,2*	30,1	–25,3
Lettland	..	89,3	..	*148*	..	34	..	*9,3*	..	*13,0*
Libanon	..	71,8	..	..	..	..	23,0	*6,9*	132,8	122,4
Litauen	..	86,3	..	*900*	..	*460*	..	*6,5*	..	12,1
Madagaskar	..	42,5	..	..	..	..	5,3	*15,6*	26,3	13,8
Malawi	21,4	84,3	..	..	..	..	8,9	*19,0*	20,6	*10,7*
Malaysia	62,6	69,8	48.611	93.608	282	621	1,3	*1,8*	77,9	166,6
Mali	..	54,4	..	..	..	..	9,0	..	13,4	12,0
Marokko	*44,0*	*57,8*	966	12.177	71	47	0,5	..	60,1	60,3
Mauretanien	..	68,3	..	..	..	..	5,0	..	54,8	8,0
Mauritius	64,0	64,8	268	*1.676*	13	40	5,4	9,8	45,1	72,5
Mazedonien, ehem. Jugosl. Rep.	..	..	..	..	..	..	..	*9,8*	..	35,2
Mexiko	57,0	79,1	32.725	156.595	199	*193*	..	..	42,5	*40,5*
Moldawien	..	78,5	..	..	..	..	..	9,8	*62,9*	*21,9*
Mongolei	..	..	..	..	..	..	..	36,9	*68,7*	10,2

Anmerkung: Zur Vergleichbarkeit der Daten und ihrer Abgrenzung vgl. Technische Anmerkungen. Kursive Zahlen gelten für andere als die angegebenen Jahre.

STAATEN UND MÄRKTE

Land	Private Investitionen in % vom Brutto-anlagevermögen		Marktkapitalisierung in Mio. $		Anzahl der börsennotierten inländischen Unternehmen		Zinsspanne (Kreditzins minus Einlagezins) in Prozentpunkten		Vom Banksektor erteilte inländische Kredite in % vom BIP	
	1980	1996	1990	1997	1990	1996	1990	1997	1990	1997
Mosambik	*27,0*	65,3	..	..	..	..	..	..	29,5	5,0
Namibia	42,0	62,2	*21*	*473*	*3*	*12*	*10,6*	7,5	19,2	52,7
Nepal	60,2	67,8	..	*208*	..	90	..	..	28,9	35,8
Neuseeland	..	..	8.835	*38.288*	171	158	4,3	4,0	74,3	*89,6*
Nicaragua	..	38,6	..	..	..	..	12,5	8,6	206,5	*148,6*
Niederlande	..	..	119.825	*378.721*	260	217	8,5	3,0	107,4	*124,6*
Niger	..	50,6	..	..	..	..	9,0	..	16,1	10,1
Nigeria	..	62,5	1.372	3.646	131	183	5,5	*6,7*	23,7	*15,8*
Norwegen	..	..	26.130	*57.423*	112	158	4,6	2,3	89,5	*74,7*
Oman	34,1	..	945	*2.673*	55	143	1,4	*2,4*	16,6	*29,2*
Österreich	..	..	11.476	*33.953*	97	106	..	..	123,0	*130,8*
Pakistan	36,1	52,5	2.850	10.966	487	782	..	..	50,8	49,9
Panama	..	83,8	*226*	*831*	*13*	*16*	3,6	3,6	52,7	*74,5*
Papua-Neuguinea	58,6	85,8	..	..	..	..	6,8	3,1	35,8	*28,1*
Paraguay	85,1	83,4	..	*383*	..	60	8,1	14,0	14,9	25,5
Peru	75,6	*82,9*	812	17.586	294	231	2.330,0	15,0	16,2	17,7
Philippinen	69,0	81,1	5.927	31.361	153	216	4,6	6,1	26,8	83,4
Polen	..	81,9	*144*	12.135	*9*	83	462,3	*6,1*	19,5	*35,3*
Portugal	..	..	9.201	38.954	181	158	7,8	4,6	73,6	*99,7*
Ruanda	..	70,0	..	..	..	..	6,3	..	17,0	13,1
Rumänien	..	*73,8*	..	*61*	..	17	..	..	79,7	9,6
Russische Föderation	..	91,1	*244*	128.207	*13*	*73*	..	29,8	..	*0,0*
Sambia	..	48,7	..	*229*	..	5	9,4	12,2	64,5	42,6
Saudi-Arabien	..	..	..	*40.961*	..	*69*	..	..	58,8	*37,9*
Schweden	..	..	*97.929*	*247.217*	258	229	6,8	4,5	145,6	*67,9*
Schweiz	..	..	160.044	*402.104*	182	213	–0,9	3,5	179,0	*183,4*
Senegal	62,1	70,3	..	..	..	..	9,0	..	33,7	22,0
Sierra Leone	..	64,4	..	..	..	..	12,0	*18,1*	26,3	*52,3*
Simbabwe	77,1	90,4	2.395	1.969	57	64	2,9	*12,6*	41,7	61,3
Singapur	75,6	..	34.308	*150.215*	150	223	2,7	2,9	74,0	84,6
Slowakische Republik	..	..	..	1.826	..	816	..	5,3	..	*60,0*
Slowenien	..	26,7	..	*663*	*24*	21	*180,0*	8,1	*36,9*	36,0
Spanien	..	..	111.404	*242.779*	427	357	5,3	2,1	108,9	*105,9*
Sri Lanka	77,4	..	917	2.096	175	235	–6,4	–2,2	43,2	32,2
Südafrika	50,8	..	137.540	232.069	732	*626*	2,1	4,6	102,5	77,0
Syrien	36,1	..	..	..	..	..	..	..	56,6	*48,4*
Tadschikistan	..	..	..	..	..	..	..	..	..	..
Tansania	..	..	..	..	..	..	..	21,4	39,2	14,2
Thailand	68,1	77,6	23.896	23.538	214	454	2,1	3,1	90,8	124,3
Togo	28,3	78,2	..	..	..	..	9,0	..	21,3	24,3
Trinidad und Tobago	..	88,0	696	*1.405*	30	23	6,9	8,4	58,5	59,2
Tschad	*4,8*	35,8	..	..	..	..	11,0	*10,5*	11,0	*9,8*
Tschechische Republik	..	..	..	12.786	..	1.588	..	*5,5*	..	*78,5*
Tunesien	46,9	51,0	533	*4.263*	13	30	..	..	62,5	67,2
Türkei	..	81,4	19.065	61.090	110	229	..	..	26,0	*34,4*
Turkmenistan	..	..	..	..	..	..	..	..	..	*1,7*
Uganda	..	63,9	..	..	..	..	7,4	9,6	*17,7*	6,1
Ukraine	..	..	..	..	..	..	..	30,9	*83,3*	*14,9*
Ungarn	..	..	*505*	14.975	*21*	*45*	4,1	*6,5*	82,8	*49,2*
Uruguay	*67,9*	71,1	38	*266*	36	18	76,2	52,0	60,7	*39,8*
Usbekistan	..	..	..	*128*	..	4	..	..	..	..
Venezuela	51,5	31,5	8.361	14.581	76	88	0,4	4,4	37,4	*19,9*
Vereinigte Arab. Emirate	..	..	..	..	..	..	..	..	35,2	*48,6*
Vereinigtes Königreich	..	..	848.866	*1.740.246*	1.701	2.433	2,3	3,0	122,9	*131,0*
Vereinigte Staaten	..	..	3.059.434	*8.484.433*	6.599	8.479	..	..	114,3	*137,6*
Vietnam	..	76,3	..	..	..	..	..	5,3	*15,9*	22,3
Weißrußland	..	..	..	..	..	..	..	*32,0*	..	*17,7*
Zentralafrikanische Republik	46,5	41,8	..	..	..	..	11,0	*10,5*	12,9	*10,0*
Welt gesamt	**.. w**	***68,1* w**	**9.399.355 s**	**20.177.662 s**	**29.189 s**	**42.404 s**			**125,7 w**	**139,1 w**
Niedriges Einkommen	53,9	*65,0*	46.507	56.860	7.086	10.375			47,0	42,1
Mittleres Einkommen	60,5	*67,1*	329.021	1.669.545	4.370	9.649			65,6	55,7
Mittleres Eink., untere Kat.	55,5	*62,4*	47.225	569.132	1.848	4.110			69,9	65,6
Mittleres Eink., obere Kat.	..	80,6	281.796	1.100.413	2.522	5.539			62,6	44,9
Niedr. u. mittl. Eink.	59,5	*66,8*	375.528	1.725.742	11.456	20.024			62,6	54,0
Afrika südlich der Sahara	..	64,8	142.577	257.364	1.011	1.056			58,6	82,5
Europa u. Zentralasien	..	*84,5*	19.065	103.563	110	3.428			..	*31,9*
Lateinamerika u. Karabik	70,6	80,2	78.506	481.799	1.748	2.191			62,3	35,7
Naher Osten u. Nordafrika	..	..	6.210	51.373	817	1.184			69,6	70,2
Ostasien u. Pazifik	50,5	*56,9*	86.515	692.427	774	2.084			76,5	*88,3*
Südasien	54,4	*64,4*	42.655	139.879	6.996	10.102			52,4	48,3
Hohes Einkommen	..	..	9.023.827	18.451.920	17.733	22.359			138,8	157,8

Tabelle 17. Rolle der Regierung in der Volkswirtschaft

Land	Subventionen und andere laufende Übertragungen in % der Gesamtausgaben		Wertschöpfung durch staatliche Unternehmen in % vom BIP		Militärausgaben in % vom BIP		Zusammengefaßte ICRG Risikobewertung	Institutional Investor[a] Kreditfähigkeitseinstufung	Spitzensteuersatz: Einzelperson		Spitzensteuersatz: Unternehmen
									in %	Auf Einkommen über (in $)	in %
	1985	1996	1985–90	1990–95	1985	1995	Juni 1998	März 1998	1997	1997	1997
Ägypten, Arab. Rep.	31	*24*	..	..	12,8	5,7	70,8	..	32	14.749	40
Albanien	..	*48*	..	..	*5,3*	1,1	53,3	11,1	..	..	..
Algerien	..	..	..	..	2,5	3,2	59,3	25,1	..	..	..
Angola	..	..	..	..	19,9	3,0	45,3	12,5	..	..	..
Argentinien	59	*60*	*2,7*	*1,3*	3,8	1,7	74,3	41,6	33	120.000	33
Armenien	..	..	..	..	..	0,9	..	..	..	..	..
Aserbaidschan	..	..	..	..	..	2,8	..	..	40	1.757	32
Äthiopien	7	..	..	..	6,7	2,2	64,5	17,5	..	..	..
Australien	63	68	..	..	2,7	2,5	79,3	73,7	47	39.582	36
Bangladesch	..	..	*3,1*	*3,4*	1,7	1,7	66,5	27,2	..	..	..
Belgien	56	*59*	2,8	..	3,1	1,7	81,8	82,0	55	75.507	39
Benin	..	..	..	..	2,2	1,2	..	17,3	..	..	..
Bolivien	*27*	34	13,9	*13,8*	3,3	2,3	70,0	26,5	13	..	25
Brasilien	42	*44*	7,6	8,0	0,8	1,7	67,8	38,7	25	20.789	15
Bulgarien	..	36	..	..	14,1	2,8	65,3	22,9	40	2.630	36
Burkina Faso	9	..	..	..	1,9	2,9	60,5	20,1	..	..	..
Burundi	..	12	7,3	..	3,0	4,4	..	..	..	..	..
Chile	51	52	14,4	*8,1*	4,0	3,8	79,5	63,2	45	6.588	15
China	..	..	..	..	4,9	2,3	74,0	57,6	45	12.051	30
Hongkong, China	..	..	..	..	..	..	78,3	..	..	..	17
Costa Rica	33	23	8,1	..	0,7	0,6	76,5	35,8	25	24.559	30
Dänemark	57	*64*	..	..	2,3	1,8	87,5	83,4	60	..	34
Deutschland	55	57	..	..	..	..	83,8	92,3	53	77.406	30
Dominikanische Republik	17	*12*	..	..	1,2	1,4	73,3	..	..	..	..
Ecuador	..	*9*	10,2	..	2,8	3,7	61,8	26,7	25	61.861	20
Elfenbeinküste	..	..	..	..	..	..	..	..	10	4.489	35
El Salvador	11	22	1,8	..	5,7	1,1	76,3	29,0	30	22.857	25
Estland	..	46	..	..	..	1,1	..	38,9	26	..	26
Finnland	67	*67*	..	..	1,7	2,0	88,0	77,9	38	65.352	28
Frankreich	63	64	*11,2*	..	4,0	3,1	80,5	89,3	..	..	33
Gabun	7	..	..	..	2,8	2,6	69,3	24,7	55	..	40
Georgien	..	..	..	..	..	2,4	..	10,6	..	..	..
Ghana	10	..	8,5	..	1,0	1,4	63,0	31,4	35	9.173	35
Griechenland	35	*20*	11,5	..	7,0	5,5	77,3	53,7	45	68.820	40
Guatemala	14	*12*	1,9	..	1,6	1,3	72,0	27,0	30	30.002	30
Guinea	..	..	..	..	..	1,5	61,5	16,4	..	..	..
Guinea-Bissau	*5*	..	..	..	*2,9*	2,8	44,0	..	..	..	..
Haiti	..	..	..	..	1,5	2,9	52,5	12,7	..	..	..
Honduras	..	..	5,5	..	3,5	1,4	65,8	19,8	40	196.382	15
Indien	44	38	13,4	13,4	3,5	2,4	63,8	46,5	40	3.359	40
Indonesien	24	21	14,5	..	2,4	1,8	41,5	49,9	30	20.982	30
Irland	57	*60*	..	..	1,7	1,3	86,8	78,0	48	15.732	36
Israel	33	45	..	..	20,3	9,6	69,5	52,5	50	57.730	36
Italien	*57*	56	..	..	2,2	1,8	83,3	76,6	51	196.005	37
Jamaika	1	..	..	..	0,9	0,8	74,8	30,1	25	1.449	33
Japan	52	..	..	..	1,0	1,0	79,5	90,8	50	258.398	38
Jemen, Rep.	..	*7*	..	..	..	..	66,5	..	..	..	..
Jordanien	14	*10*	..	..	15,5	7,7	73,8	35,5	..	..	..
Kambodscha	..	..	..	..	..	3,1	..	..	..	..	..
Kamerun	14	*13*	18,0	..	1,9	1,9	61,3	18,5	60	14.313	39
Kanada	60	..	..	..	2,2	1,7	83,3	83,1	29	43.178	38
Kasachstan	..	..	..	..	..	0,9	..	..	40	..	30
Kenia	18	*5*	11,6	..	2,3	2,3	60,5	26,7	35	374	35
Kirgistan	..	..	..	..	..	0,7	..	..	..	..	..
Kolumbien	48	..	*7,0*	..	1,6	2,6	55,3	46,9	35	49.934	35
Kongo, Dem. Rep.	..	*2*	..	..	*1,2*	0,3	45,8	..	..	..	..
Kongo, Rep.	..	..	15,1	..	4,0	2,9	45,8	..	..	..	45
Korea, Rep.	38	48	10,3	..	5,0	3,4	67,8	..	40	94.764	28
Kroatien	..	34	..	..	..	10,5	..	36,0	35	4.675	..
Laos, Demokr. Volksrepublik	..	..	..	..	*7,4*	4,2	..	..	..	..	..
Lesotho	*5*	..	..	..	5,3	1,9	..	..	..	..	..
Lettland	..	55	..	..	..	0,9	..	34,0	25	..	25
Libanon	..	*21*	..	..	..	3,7	55,8	32,5	..	..	..
Litauen	..	46	..	..	..	0,5	..	..	33	..	29
Madagaskar	..	8	..	..	1,9	0,9	64,5	..	..	..	..
Malawi	7	..	4,3	..	2,0	1,6	64,3	20,1	38	2.763	38
Malaysia	13	24	..	..	3,8	3,0	70,0	64,5	30	58.893	30
Mali	8	..	..	..	*2,9*	1,8	64,8	16,7	..	..	..
Marokko	15	*12*	16,8	..	6,0	4,3	71,5	41,5	44	6.814	35
Mauretanien	..	..	..	..	6,9	3,2	..	..	..	..	..
Mauritius	24	25	1,9	..	0,2	0,4	..	51,8	30	2.764	35
Mazedonien, ehem. Jugosl. Rep.	..	..	..	..	..	3,3	..	..	..	..	..
Mexiko	21	*43*	6,7	4,9	0,7	1,0	68,5	45,2	35	21.173	34
Moldawien	..	..	..	..	..	2,1	..	..	..	..	..
Mongolei	..	42	..	..	8,3	2,4	67,3	..	..	..	..

Anmerkung: Zur Vergleichbarkeit der Daten und ihrer Abgrenzung vgl. Technische Anmerkungen. Kursiv gedruckte Zahlen gelten für andere als die angegebenen Jahre.

STAATEN UND MÄRKTE

Land	Subventionen und andere laufende Übertragungen in % der Gesamtausgaben		Wertschöpfung durch staatliche Unternehmen in % vom BIP		Militärausgaben in % vom BIP		Zusammengefaßte ICRG Risikobewertung	*Institutional Investor*[a] Kreditfähigkeitseinstufung	Spitzensteuersatz		
									Einzelperson		Unternehmen
									in %	Auf Einkommen über (in $)	in %
	1985	1996	1985–90	1990–95	1985	1995	Juni 1998	März 1998	1997	1997	1997
Mosambik	..	..	..	..	9,9	5,4	57,5	16,1	..	..	..
Namibia	*29*	..	..	..	..	2,1	78,8	..	35	17.152	35
Nepal	..	..	..	..	1,1	0,9	..	25,5	..	..	..
Neuseeland	51	37	..	..	2,0	1,3	79,3	73,4	33	21.848	33
Nicaragua	11	*25*	..	..	17,4	2,2	53,8	13,5	30	20.202	30
Niederlande	69	71	..	..	3,0	2,1	87,0	90,5	60	55.730	36
Niger	..	..	*5,1*	..	*0,8*	1,2	54,5	..	..	..	..
Nigeria	9	..	..	..	1,5	0,8	58,3	15,2	25	754	30
Norwegen	68	*69*	..	..	3,1	2,7	93,3	87,3	..	..	28
Oman	6	6	..	..	24,4	16,7	76,0	53,2	0	..	50
Österreich	58	*59*	..	..	1,3	0,9	85,8	87,4	50	63.903	34
Pakistan	15	*15*	..	..	6,2	6,1	55,5	27,5	35	7.485	46
Panama	17	*27*	8,2	..	2,0	1,4	73,3	34,9	30	200.000	30
Papua-Neuguinea	16	*32*	..	..	1,5	1,4	68,5	33,2	35	14.900	25
Paraguay	23	..	4,8	4,5	1,1	1,4	68,5	32,8	0	..	30
Peru	11	33	6,4	5,7	6,7	1,7	65,8	33,5	30	49.923	30
Philippinen	7	17	2,3	2,2	1,4	1,5	67,0	43,3	35	19.016	35
Polen	75	61	..	..	10,2	2,3	82,0	51,9	44	14.542	40
Portugal	45	*37*	15,1	..	2,9	2,6	84,5	72,7	40	39.247	40
Ruanda	..	..	..	..	1,7	5,2	..	..	..	..	..
Rumänien	27	51	..	..	6,9	2,5	62,0	34,5	60	3.600	38
Russische Föderation	..	*50*	..	..	..	11,4	63,8	..	35	8.587	35
Sambia	..	15	*32,2*	..	..	2,8	61,8	17,5	30	1.376	35
Saudi-Arabien	..	..	..	..	22,7	13,5	73,5	55,4	0	..	45
Schweden	64	71	..	..	3,0	2,8	83,8	77,1	30	30.326	28
Schweiz	..	*63*	..	..	2,4	1,6	88,3	92,6	13	460.302	46
Senegal	..	..	6,9	..	2,8	1,6	64,5	21,6	50	24.141	..
Sierra Leone	5	31	..	..	0,8	6,1	36,3	5,7	..	..	..
Simbabwe	37	..	10,8	11,3	5,7	4,0	57,0	33,6	40	5.597	38
Singapur	10	*12*	..	..	5,9	4,7	90,0	82,9	28	285.836	26
Slowakische Republik	..	..	..	..	..	3,0	76,8	..	42	33.861	..
Slowenien	..	..	..	..	..	1,5	..	55,5	..	..	..
Spanien	55	*66*	..	..	2,4	1,6	79,0	77,3	56	79.896	35
Sri Lanka	16	22	..	..	2,9	4,6	62,8	33,6	35	5.293	35
Südafrika	31	*46*	14,9	..	3,8	2,2	72,0	46,5	45	21.440	35
Syrien	..	..	..	..	21,8	7,2	69,0	..	..	..	..
Tadschikistan	..	..	..	..	..	3,7	..	..	..	..	..
Tansania	22	..	12,9	..	3,8	1,8	60,3	19,3	35	14.075	35
Thailand	8	7	..	..	4,2	2,5	62,3	52,3	37	158.479	30
Togo	11	..	..	..	2,6	2,3	60,8	17,4	..	..	..
Trinidad und Tobago	..	*21*	9,1	..	..	1,7	78,3	..	35	8.103	35
Tschad	*2*	..	..	..	*2,0*	3,1	..	..	..	..	..
Tschechische Republik	..	71	..	..	..	2,3	78,0	..	40	27.660	39
Tunesien	29	29	..	..	3,6	2,0	73,5	48,0	..	..	..
Türkei	41	47	6,5	5,1	4,6	4,0	49,0	37,8	55	14.877	25
Turkmenistan	..	..	..	..	..	1,7	..	..	..	..	..
Uganda	..	..	..	..	2,0	2,3	63,8	21,2	30	4.800	30
Ukraine	..	..	..	..	..	2,9	67,0	20,5	..	..	..
Ungarn	69	..	..	..	7,2	1,5	77,0	52,2	42	6.614	18
Uruguay	43	61	5,0	..	2,9	2,4	73,0	44,6	0		30
Usbekistan	..	..	..	..	..	3,8	..	..	..	..	..
Venezuela	31	43	22,3	..	2,1	1,1	67,3	36,1	34	..	34
Vereinigte Arab. Emirate	8	*9*	..	..	6,7	4,8	78,5	61,4	..	..	..
Vereinigtes Königreich	55	*56*	3,4	..	5,1	3,0	83,0	..	40	44.692	33
Vereinigte Staaten	49	59	1,1	..	6,1	3,8	81,8	92,6	40	271.050	35
Vietnam	..	..	..	..	19,4	2,6	63,5	32,7	50	6.278	25
Weißrußland	..	..	..	..	..	0,8	61,8	12,9	..	..	..
Zentralafrikanische Republik	..	..	*4,1*	..	1,8	..	..	..	..	..	..
Welt gesamt	**28 m**	**.. m**			**5,2 w**	**2,8 w**	**68,5 m**	**35,8 m**			
Niedriges Einkommen	**..**	..					60,8	..			
Mittleres Einkommen	23	*28*					70,0	37,0			
Mittleres Eink., untere Kat.	*19*	*23*					68,5	33,6			
Mittleres Eink., obere Kat.	36	*42*					73,3	45,9			
Niedr. u. mittl. Eink.	**..**	..					65,1	32,0			
Afrika südlich der Sahara	..	..					61,1	18,9			
Europa u. Zentralasien	..	..					..	..			
Lateinamerika u. Karibik	..	*26*					70,0	33,5			
Naher Osten u. Nordafrika	..	*13*					71,2	41,5			
Ostasien u. Pazifik	..	*18*					67,2	49,9			
Südasien	..	*26*					63,3	27,5			
Hohes Einkommen	55	*59*					83,2	82,0			

a. Dieses urheberrechtlich geschützte Material wurde mit Genehmigung der Institutional Investor, Inc., 488 Madison Avenue, New York, N.Y. 10022, USA, nachgedruckt.

Tabelle 18. Energie und Verkehr

Land	Elektrische Energie: Verbrauch pro Kopf in Kilowattstunden 1980	Elektrische Energie: Verbrauch pro Kopf in Kilowattstunden 1995	Elektrische Energie: Übertragungs- und Verteilungsverluste in % der Gesamterzeugung 1980	Elektrische Energie: Übertragungs- und Verteilungsverluste in % der Gesamterzeugung 1995	Verkehr: Befestigte Straßen in % aller Straßen 1990	Verkehr: Befestigte Straßen in % aller Straßen 1996	Verkehr: Auf der Straße transportierte Güter Mio. Tonnen-km 1990	Verkehr: Auf der Straße transportierte Güter Mio. Tonnen-km 1996	Verkehr: Auf der Schiene transportierte Güter Tonnen-km pro Mio. $ des BIP (KKP) 1990	Verkehr: Auf der Schiene transportierte Güter Tonnen-km pro Mio. $ des BIP (KKP) 1996	Verkehr: Beförderte Flugpassagiere in Tsd. 1996
Ägypten, Arab. Rep.	380	896	13	..	72	78	..	..	24.060	*27.908*	4.282
Albanien	1.083	623	4	51	..	30	..	*3*	..	..	29
Algerien	265	513	11	17	67	69	..	*20.000*	23.531	*17.681*	3.494
Angola	67	60	25	28	*25*	25	867	2.187	..	..	207
Argentinien	1.170	1.519	13	18	29	29	..	..	35.012	..	7.779
Armenien	2.729	811	10	39	99	100	..	*18*	..	..	358
Aserbaidschan	2.440	1.806	14	23	..	..	153.111	11.459	..	..	1.233
Äthiopien	16	22	8	3	15	15	..	..	*2.466*	..	743
Australien	5.393	8.033	10	7	35	39	91.400	128.000	81.987	..	30.075
Bangladesch	16	57	35	32	*7*	7	..	..	7.927	..	1.252
Belgien	4.402	6.752	5	5	..	..	..	*428*	46.734	32.214	5.174
Benin	36	43	20	50	20	20	..	..	..	..	75
Bolivien	226	356	10	12	4	6	..	..	35.721	..	1.783
Brasilien	977	1.610	12	17	10	9	313.229	384.000	51.447	*50.730*	22.004
Bulgarien	3.349	3.415	10	13	92	92	806	39	333.884	202.772	718
Burkina Faso	..	..	..	..	17	16	..	..	..	..	138
Burundi	..	..	..	..	18	7	..	..	..	..	9
Chile	877	1.698	12	10	14	14	..	..	15.418	*6.096*	3.622
China	253	637	8	7	..	..	335.810	463.000	600.269	360.383	51.770
Hongkong, China	2.167	4.850	11	15	100	100	..	*14*	..	..	..
Costa Rica	860	1.348	0	8	15	17	..	..	..	..	918
Dänemark	4.245	5.975	7	6	100	100	..	..	19.129	14.713	5.892
Deutschland	5.005	5.527	4	5	99	99	288.200	294.160	..	39.068	40.118
Dominikanische Republik	433	588	21	25	45	49	..	..	..	..	30
Ecuador	361	600	14	21	13	13	*44.978*	54.300	..	..	1.873
Elfenbeinküste	192	159	7	4	9	10	..	..	15.597	*13.484*	179
El Salvador	295	507	13	13	14	20	5	4.273	..	..	1.800
Estland	3.433	3.022	5	20	52	53	..	11	*522.628*	540.949	149
Finnland	7.779	12.785	6	2	61	64	..	374	100.727	70.489	5.597
Frankreich	3.881	5.892	7	6	..	100	..	*1.275*	50.320	39.290	40.300
Gabun	618	737	1	10	8	8	..	..	*42.898*	*61.672*	431
Georgien	1.910	1.057	16	25	94	94	460	*7*	..	..	205
Ghana	426	318	3	4	20	24	..	..	6.122	..	197
Griechenland	2.064	3.259	7	7	92	92	177	201	6.418	1.913	6.396
Guatemala	209	264	10	13	25	28	..	..	..	..	300
Guinea	..	..	..	..	15	17	..	..	..	..	36
Guinea-Bissau	..	..	..	..	8	10	..	..	..	..	21
Haiti	41	32	26	53	22	24	..	..	..	..	..
Honduras	219	333	14	28	21	20	..	..	..	..	498
Indien	130	339	18	18	..	50	..	..	248.766	*177.267*	13.255
Indonesien	44	263	19	12	46	46	..	..	8.541	*6.843*	16.173
Irland	2.528	4.139	10	9	94	94	..	..	14.213	9.314	7.677
Israel	2.826	4.836	5	4	100	100	..	..	16.539	*11.827*	3.695
Italien	2.831	4.163	9	7	100	100	..	..	20.922	18.432	25.838
Jamaika	482	2.049	17	11	64	71	..	..	..	..	1.388
Japan	4.395	6.937	4	4	69	74	..	..	11.937	*8.896*	95.914
Jemen, Rep.	59	99	0	26	9	8	..	..	..	..	..
Jordanien	387	1.139	19	8	100	100	..	..	80.377	*47.815*	1.299
Kambodscha	..	..	..	..	8	8	..	..	..	..	..
Kamerun	166	196	0	4	11	13	..	..	33.076	*33.723*	362
Kanada	12.329	15.147	9	5	35	..	149.300	182.000	433.360	*266.190*	22.856
Kasachstan	..	3.106	0	15	55	81	2.236	803	4.930.610	..	568
Kenia	93	123	16	16	13	14	..	..	79.482	*46.448*	779
Kirgistan	1.556	1.666	6	28	90	91	330	110	..	..	488
Kolumbien	572	948	16	21	12	12	..	..	2.376	..	8.342
Kongo, Dem. Rep.	147	132	8	3	..	..	..	..	33.997	*4.387*	..
Kongo, Rep.	94	207	1	0	10	10	..	..	*129.821*	*54.139*	253
Korea, Rep.	841	3.606	6	5	72	76	..	*410*	40.675	*24.665*	33.003
Kroatien	..	2.074	..	19	80	82	4	4	*192.652*	103.711	727
Laos, Demokr. Volksrep.	..	..	..	..	24	14	..	..	..	..	125
Lesotho	..	..	..	..	18	18	..	..	..	..	17
Lettland	2.664	1.789	26	32	13	38	..	*30*	1.214.852	*1.115.793*	407
Libanon	789	1.224	10	13	95	95	..	..	..	..	775
Litauen	2.715	1.711	12	15	82	88	*296*	89	991.207	491.829	214
Madagaskar	..	..	..	..	15	12	..	..	..	..	542
Malawi	..	..	..	..	17	19	..	..	14.556	*10.172*	153
Malaysia	630	1.953	9	10	70	75	..	..	11.915	*6.867*	15.118
Mali	..	..	..	..	11	12	..	..	52.037	..	75
Marokko	223	407	10	4	49	50	40.390	54.671	72.647	*55.334*	2.301
Mauretanien	..	..	..	..	11	11	..	..	..	..	235
Mauritius	..	..	..	..	93	93	..	..	..	..	718
Mazedonien, ehem. Jug. Rep.	..	2.443	..	12	59	64	*6*	3	..	..	287
Mexiko	859	1.305	11	14	35	37	..	..	64.903	*52.983*	14.678
Moldawien	1.495	1.517	8	18	87	87	..	*41*	..	..	190
Mongolei	..	..	..	..	10	8	39	2	1.132.960	..	662

Anmerkung: Zur Vergleichbarkeit der Daten und ihrer Abgrenzung vgl. Technische Anmerkungen. Kursiv gedruckte Zahlen gelten für andere als die angegebenen Jahre.

STAATEN UND MÄRKTE

Land	Elektrische Energie: Verbrauch pro Kopf in Kilowattstunden		Elektrische Energie: Übertragungs- und Verteilungsverluste in % der Gesamterzeugung		Verkehr: Befestigte Straßen in % aller Straßen		Verkehr: Auf der Straße transportierte Güter Mio. Tonnen-km		Verkehr: Auf der Schiene transportierte Güter Tonnen-km pro Mio. $ des BIP (KKP)		Verkehr: Beförderte Flugpassagiere in Tsd.
	1980	1995	1980	1995	1990	1996	1990	1996	1990	1996	1996
Mosambik	370	67	0	5	17	19	..	230	..	..	163
Namibia	..	..	..	..	11	12	..	..	294.413	*131.387*	237
Nepal	13	39	29	26	38	42	..	..	..	..	755
Neuseeland	6.269	8.504	11	9	57	58	..	..	51.139	..	9.597
Nicaragua	315	272	14	28	11	10	..	..	..	..	51
Niederlande	4.057	5.374	4	4	88	90	..	..	12.850	9.816	..
Niger	..	..	..	..	29	8	..	..	..	..	75
Nigeria	68	85	36	32	30	19	597	..	3.231	*1*	221
Norwegen	18.289	23.892	9	7	69	72	..	244	..	..	12.727
Oman	663	2.891	4	..	21	30	..	..	..	..	1.620
Österreich	4.371	5.800	6	6	100	100	..	*64.400*	89.822	79.531	4.719
Pakistan	125	304	29	23	54	57	..	..	41.402	*25.084*	5.375
Panama	826	1.089	13	19	32	34	..	..	..	..	689
Papua-Neuguinea	..	..	..	..	3	4	..	..	..	..	970
Paraguay	232	683	0	1	9	10	..	..	..	..	213
Peru	503	525	13	21	10	10	..	..	8.023	*5.176*	2.328
Philippinen	353	337	2	16	..	..	..	..	..	..	7.263
Polen	2.470	2.324	10	13	62	65	..	1.640	464.040	290.148	1.806
Portugal	1.469	2.857	12	11	..	86	*130*	369	14.010	13.832	4.806
Ruanda	..	..	..	..	9	9	..	..	..	..	..
Rumänien	2.434	1.603	6	11	*51*	51	..	*616.044*	515.789	230.933	913
Russische Föderation	4.706	4.172	8	10	74	79	68.000	18.000	2.760.928	*1.790.023*	22.117
Sambia	1.016	574	7	11	17	18	..	..	72.889	*60.312*	..
Saudi Arabien	1.356	3.906	9	9	41	43	..	..	4.653	*4.384*	11.706
Schweden	10.216	14.096	9	6	71	76	..	..	128.234	*103.765*	9.879
Schweiz	5.579	6.916	7	6	..	..	401.000	410.000	..	..	10.468
Senegal	97	91	10	13	27	29	..	..	51.761	*30.617*	155
Sierra Leone	..	..	..	..	11	11	..	..	..	..	15
Simbabwe	990	738	14	7	14	47	..	..	280.908	*200.217*	654
Singapur	2.412	6.018	5	4	97	97	..	..	..	..	11.841
Slowakische Republik	3.817	4.075	8	8	99	98	83.571	34.745	..	298.678	63
Slowenien	4.089	4.710	8	5	72	82	*8*	5	*186.105*	115.975	393
Spanien	2.401	3.594	9	10	74	99	..	589	22.505	15.998	27.759
Sri Lanka	96	208	15	18	*32*	40	*2.990*	3.020	5.834	*4.027*	1.171
Südafrika	3.263	3.874	8	6	30	42	..	..	443.958	*336.265*	7.183
Syrien	354	698	18	..	*72*	23	..	..	49.114	*29.013*	599
Tadschikistan	2.217	2.367	7	12	72	83	..	..	..	..	594
Tansania	50	52	4	13	37	4	..	..	..	..	224
Thailand	279	1.199	10	8	55	98	..	..	14.804	..	14.078
Togo	..	..	..	..	21	32	..	..	..	..	75
Trinidad und Tobago	1.584	2.817	0	10	46	51	..	..	..	..	897
Tschad	..	..	..	..	1	1	..	..	..	..	93
Tschechische Republik	3.595	4.654	7	8	100	100	..	686	..	196.511	1.394
Tunesien	379	661	12	10	76	79	..	..	59.563	*53.910*	1.371
Türkei	439	1.057	12	16	..	25	65.800	135.781	30.633	17.619	8.464
Turkmenistan	1.720	1.109	12	10	74	81	..	..	..	..	523
Uganda	..	..	..	..	..	..	..	..	13.661	*12.829*	100
Ukraine	3.598	2.785	8	10	94	95	2.078.990	1.254.540	2.208.646	910.955	1.151
Ungarn	2.335	2.682	12	14	50	43	..	39	247.156	103.268	1.563
Uruguay	977	1.574	15	19	74	90	..	..	12.076	*18.789*	504
Usbekistan	2.085	1.731	9	10	79	87	..	..	..	..	1.566
Venezuela	2.067	2.518	12	21	36	39	..	..	..	..	4.487
Vereinigte Arab. Emirate	5.623	7.752	7	..	94	100	..	..	..	..	4.063
Vereinigtes Königreich	4.160	5.081	8	7	100	100	..	*1.689*	17.286	*11.465*	..
Vereinigte Staaten	8.914	11.571	9	7	58	61	..	..	360.925	365.655	571.072
Vietnam	50	146	18	22	24	25	..	..	*16.279*	*20.223*	2.505
Weißrußland	2.455	2.451	9	15	*66*	70	..	*350*	1.253.634	619.342	596
Zentralafrikanische Rep.	..	..	..	..	..	..	..	..	..	..	75
Welt gesamt	**1.590 w**	**1.978 w**	**8 w**	**8 w**	**39 m**	**46 m**					**1.388.670 s**
Niedriges Einkommen	156	269	15	15	17	18					34.930
Mittleres Einkommen	919	1.183	10	14	51	51					274.253
Mittleres Eink., untere Kat.	811	991	10	15	51	53					164.113
Mittleres Eink., obere Kat.	1.376	1.962	10	13	51	51					110.140
Niedr. u. mittl. Eink.	638	824	11	15	29	30					309.184
Afrika südlich der Sahara	444	437	15	13	17	17					15.658
Europa u. Zentralasien	3.189	2.798	8	12	77	82					47.754
Lateinamerika u. Karabik	859	1.298	12	17	22	26					76.532
Naher Osten u. Nordafrika	485	1.122	10	15	67	54					36.896
Ostasien u. Pazifik	243	575	10	13	17	12					110.432
Südasien	116	300	20	19	38	42					22.305
Hohes Einkommen	5.557	7.748	7	6	85	92					1.079.486

Tabelle 19. Kommunikation, Informationen und Wissenschaft und Technologie

Land	Pro 1.000 Personen						Internet-Hostrechner	Wissenschaftler und Ingenieure in F&E	High-Tech-Exporte	Anzahl der angemeldeten Patente[a] 1995	
	Tageszeitungen 1994	Radios 1996	Fernsehgeräte 1996	Telefonhauptleitungen 1996	Mobiltelefone 1996	Personal-Computer 1996	pro 10.000 Personen July 1997	pro Mio. Personen 1981–95	in % der Fertigungsexporte 1996	Inländer	Ausländer
Ägypten, Arab. Rep.	64	..	*126*	50	0	5,8	0,31	458	9	..	..
Albanien	54	179	173	19	1	..	0,32	..	..	..	1.564
Algerien	46	..	68	44	0	3,4	0,01	..	*15*	28	114
Angola	11	*58*	*51*	5	0	..	0,02	..	..	..	..
Argentinien	138	..	*347*	174	16	*24,6*	5,32	350	17	..	..
Armenien	23	..	*216*	154	0	..	0,88	..	..	..	15.570
Aserbaidschan	28	..	212	85	2	..	0,11	..	..	221	31
Äthiopien	2	*206*	*4*	3	..	..	0,00	..	..	..	..
Australien	258	..	666	519	208	311,3	382,44	2.477	39	9.325	28.156
Bangladesch	6	*48*	7	3	*0*	..	0,00	..	..	70	156
Belgien	321	..	*464*	465	47	167,3	84,64	1.814	..	1.464	52.187
Benin	2	*1.461*	*73*	6	0	..	0,02	177	..	..	..
Bolivien	69	..	*202*	*47*	4	..	0,69	250	41	17	106
Brasilien	45	222	289	96	16	18,4	4,20	165	18	2.757	23.040
Bulgarien	..	350	361	313	3	295,2	6,65	4.240	..	370	16.953
Burkina Faso	0	32	6	3	0	..	0,04	..	..	..	..
Burundi	3	82	2	2	0	..	0,01	32	..	..	1
Chile	100	..	*280*	156	23	45,1	13,12	364	18	181	1.535
China	23	*161*	252	45	6	3,0	0,21	537	21	10.066	31.707
Hongkong, China	719	..	388	547	216	150,5	74,84	..	27	23	1.938
Costa Rica	99	..	*220*	155	14	..	12,14	539	14	..	..
Dänemark	365	..	*533*	618	250	304,1	259,73	2.647	25	2.257	59.810
Deutschland	317	..	493	538	71	233,2	106,68	3.016	25	51.948	84.667
Dominikanische Republik	34	..	84	83	8	..	0,03	..	*19*	..	..
Ecuador	72	..	*148*	73	5	*3,9*	0,90	169	11	8	270
Elfenbeinküste	7	..	*60*	9	1	1,4	0,17	..	..	..	..
El Salvador	50	..	250	56	3	..	0,34	19	17	3	64
Estland	242	..	449	299	47	*6,7*	45,35	3.296	19	16	14.751
Finnland	473	1.386	605	549	292	*182,1*	653,61	3.675	23	2.533	20.192
Frankreich	237	..	*598*	564	42	150,7	49,86	2.537	31	16.140	73.626
Gabun	16	..	*76*	32	6	6,3	*0,00*	189	32	..	..
Georgien	..	..	*474*	105	0	..	0,55	..	..	288	15.660
Ghana	18	..	*41*	4	1	*1,2*	0,15	..	..	..	42
Griechenland	156	..	*442*	509	53	*33,4*	18,76	774	*13*	452	44.697
Guatemala	23	..	*122*	31	4	*2,8*	0,79	99	15	5	57
Guinea	..	100	*8*	2	0	0,3	0,00	264	..	..	..
Guinea-Bissau	6	*40*	..	7	..	..	*0,09*	..	..	..	..
Haiti	6	*60*	*5*	*8*	..	..	*0,00*	..	..	..	..
Honduras	44	*108*	*80*	31	0	..	0,94	..	3	7	40
Indien	..	105	64	15	0	1,5	0,05	151	*10*	1.545	5.021
Indonesien	20	..	232	21	3	4,8	0,54	181	18	..	..
Irland	170	..	469	395	82	*145,0*	90,89	1.871	62	927	44.660
Israel	281	..	*303*	446	184	117,6	104,79	4.826	30	1.266	3.159
Italien	105	..	*436*	440	112	92,3	36,91	1.303	15	1.625	63.330
Jamaika	66	792	326	142	22	4,6	1,36	8	67	7	54
Japan	576	..	700	489	214	128,0	75,80	5.677	39	335.061	53.896
Jemen, Rep.	17	*45*	*278*	13	1	..	0,00	..	*0*	..	..
Jordanien	48	*325*	*175*	60	*3*	7,2	0,38	106	*26*	..	..
Kambodscha	..	*121*	9	1	2	..	0,01	..	..	..	..
Kamerun	4	*326*	*75*	5	0	..	0,05	..	3	..	..
Kanada	189	..	*709*	602	114	*192,5*	228,05	2.322	24	3.039	40.565
Kasachstan	..	..	*275*	*118*	*0*	..	0,70	..	..	1.031	16.368
Kenia	13	..	*19*	8	0	1,6	0,16	..	..	..	28.728
Kirgistan	11	..	*238*	75	..	..	*0,23*	..	24	119	15.599
Kolumbien	64	..	*188*	118	13	23,3	1,81	39	*21*	141	1.093
Kongo, Dem. Rep.	3	*102*	*41*	*1*	*0*	..	0,00	..	..	3	15
Kongo, Rep.	8	*318*	*8*	*8*	..	..	0,02	461	*12*	..	..
Korea, Rep.	404	1.208	326	430	70	131,7	28,77	2.636	39	59.249	37.308
Kroatien	575	..	*251*	309	14	*20,9*	14,08	1.977	17	265	335
Laos, Demokr. Volksrepublik	3	*134*	10	6	1	1,1	0,00	..	..	..	..
Lesotho	7	*77*	*13*	*9*	1	..	0,08	..	..	8	2.608
Lettland	228	..	598	298	11	*7,9*	21,03	1.165	16	210	16.140
Libanon	172	..	355	149	65	24,3	2,72	67	..	..	..
Litauen	136	583	376	268	14	*6,5*	7,46	1.278	*23*	106	15.882
Madagaskar	4	*214*	*24*	3	0	..	0,03	22	*3*	21	15.802
Malawi	2	*902*	..	4	0	..	0,00	..	*3*	5	28.868
Malaysia	124	..	228	183	74	42,8	19,30	87	67	141	3.911
Mali	4	*168*	11	2	0	..	0,03	..	..	..	..
Marokko	13	..	*145*	45	2	*1,7*	0,32	..	24	89	292
Mauretanien	0	*188*	82	4	..	5,3	0,00	..	..	..	..
Mauritius	68	..	*219*	162	18	*31,9*	1,84	361	1	3	4
Mazedonien, ehem. Jugosl. Rep.	21	..	*170*	170	0	..	2,15	1.258	..	100	3.084
Mexiko	113	..	*193*	95	11	29,0	3,72	95	32	436	23.233
Moldawien	24	216	307	140	0	2,6	0,39	..	*9*	271	15.606
Mongolei	88	78	63	39	0	..	0,07	..	2	130	15.847

Anmerkung: Zur Vergleichbarkeit der Daten und ihrer Abgrenzung vgl. Technische Anmerkungen. Kursiv gedruckte Zahlen gelten für andere als die angegebenen Jahre.

STAATEN UND MÄRKTE

Land	Pro 1.000 Personen: Tageszeitungen 1994	Radios 1996	Fernsehgeräte 1996	Telefonhauptleitungen 1996	Mobiltelefone 1996	Personal-Computer 1996	Internet-Hostrechner pro 10.000 Personen July 1997	Wissenschaftler und Ingenieure in F&E pro Mio. Personen 1981–95	High-Tech-Exporte in % der Fertigungsexporte 1996	Anzahl der angemeldeten Patente[a] 1995: Inländer	Ausländer
Mosambik	5	*46*	*3*	3	..	0,8	0,02	..	*5*	..	..
Namibia	102	..	*29*	54	4	12,7	2,16	..	..	..	..
Nepal	8	*57*	4	5	..	..	0,07	22	*0*	3	5
Neuseeland	297	..	517	499	138	266,1	424,34	1.778	11	1.418	19.230
Nicaragua	30	..	*170*	26	*1*	..	1,60	214	40	..	35
Niederlande	334	..	*495*	543	52	232,0	219,01	2.656	42	4.460	59.279
Niger	1	*61*	*23*	2	..	..	0,04	..	..	..	..
Nigeria	18	..	*55*	*4*	*0*	*4,1*	0,00	15	..	..	..
Norwegen	607	..	569	555	287	*273,0*	474,63	3.434	24	1.278	20.398
Oman	30	394	591	86	6	10,9	0,00	..	*8*	..	..
Österreich	472	345	493	466	74	148,0	108,25	1.604	24	2.419	63.707
Pakistan	21	..	24	18	0	*1,2*	0,07	54	3	21	678
Panama	62	..	*229*	122	..	..	1,44	..	..	16	62
Papua-Neuguinea	15	..	4	11	1	..	0,18	..	..	..	..
Paraguay	42	..	*144*	36	7	..	0,47	..	4	..	..
Peru	86	..	142	60	8	*5,9*	2,63	273	11	..	..
Philippinen	65	*168*	125	25	13	9,3	0,59	90	62	..	..
Polen	141	533	418	169	6	36,2	11,22	1.083	11	2.598	19.491
Portugal	41	..	367	375	67	*60,5*	18,26	599	12	96	58.605
Ruanda	0	*76*	..	3	..	..	0,01	12	..	..	..
Rumänien	297	..	226	140	1	*5,3*	2,66	1.382	7	1.811	16.856
Russische Föderation	267	*341*	386	175	2	23,7	5,51	4.358	..	17.611	23.746
Sambia	8	130	80	9	0	..	0,27	..	..	4	90
Saudi-Arabien	54	..	*263*	106	10	37,2	*0,15*	..	..	28	718
Schweden	483		*476*	682	282	214,9	321,48	3.714	31	6.396	64.165
Schweiz	409	..	493	640	93	408,5	207,98	..		5.116	64.626
Senegal	6	..	*38*	11	0	*7,2*	0,31	342	*55*	..	..
Sierra Leone	2	..	17	4	..	..	*0,00*	..	..	..	5
Simbabwe	18	..	*29*	15	..	6,7	0,24	..	5	56	177
Singapur	364	..	361	513	141	216,8	196,30	2.512	71	10	11.871
Slowakische Republik	256	953	384	232	5	186,1	20,47	1.922	16	273	17.659
Slowenien	185	..	*375*	333	20	*47,8*	85,66	2.998	16	318	16.267
Spanien	104	1.273	509	392	33	*94,2*	31,00	1.098	17	2.329	68.922
Sri Lanka	25	195	82	14	4	3,3	0,33	173	*3*	76	15.944
Südafrika	33	179	123	100	22	37,7	30,67	..	..	5.549	5.501
Syrien	18	..	*91*	82	..	1,4	0,00	..	..	43	12
Tadschikistan	13	196	279	42	0	..	0,00	..	..	33	15.598
Tansania	8	*398*	*16*	3	0	..	0,02	..	..	..	..
Thailand	48	*204*	167	70	28	16,7	2,11	173	*36*	..	..
Togo	2	381	14	6	..	..	0,01	..	..	..	..
Trinidad und Tobago	135	..	*318*	168	11	*19,2*	3,24	240	33	24	15.515
Tschad	0	*620*	*2*	1	..	..	*0,00*	..	..	..	..
Tschechische Republik	219	..	*406*	273	19	*53,2*	47,66	1.285	14	628	19.382
Tunesien	46	*176*	*156*	64	1	*6,7*	0,02	388	10	31	115
Türkei	44	..	309	224	13	13,8	3,60	209	8	206	1.506
Turkmenistan	..	..	*163*	74	..	..	*0,00*	..	..	..	8.420
Uganda	2	123	26	2	0	0,5	0,01	..	..	..	20.840
Ukraine	118	..	341	181	1	*5,6*	2,09	6.761	..	4.806	17.548
Ungarn	228	..	*444*	261	46	44,1	33,29	1.157	19	1.117	19.770
Uruguay	237	..	*305*	209	25	*22,0*	3,18	..	10	..	..
Usbekistan	7	..	*190*	*76*	*0*	..	0,06	1.760	..	1.039	15.873
Venezuela	215	..	*180*	117	35	21,1	2,06	208	*14*	..	..
Vereinigte Arab. Emirate	161	..	276	302	79	65,5	7,66	..	..	..	..
Vereinigtes Königreich	351	..	*612*	528	122	192,6	149,06	2.417	40	25.355	90.399
Vereinigte Staaten	228	..	*806*	640	165	362,4	442,11	3.732	44	127.476	107.964
Vietnam	8	..	180	16	1	3,3	0,00	334	..	23	16.959
Weißrußland	187	*322*	*292*	208	1	..	0,44	3.300	..	626	16.625
Zentralafrikanische Republik	1	*93*	*5*	3	0	..	0,02	55	0	..	..
Welt gesamt	**98 w**	**.. w**	**211 w**	**133 w**	**28 w**	**50,0 w**	**34,75 w**				
Niedriges Einkommen	12	..	*47*	11	*0*	..	0,06				
Mittleres Einkommen	62	..	252	78	8	12,1	2,38				
Mittleres Eink., untere Kat.	54	*186*	246	62	5	8,2	0,87				
Mittleres Eink., obere Kat.	96	..	*255*	140	19	27,7	8,44				
Niedr. u. mittl. Eink.	49	*163*	177	52	5	8,7	1,53				
Afrika südlich der Sahara	11	..	*43*	14	..	..	2,03				
Europa u. Zentralasien	171	..	353	185	5	*17,1*	6,53				
Lateinamerika u. Karabik	83	..	*217*	102	14	23,2	3,48				
Naher Osten u. Nordafrika	38	..	*145*	65	3	17,5	0,23				
Ostasien u. Pazifik	28	*160*	228	41	7	4,5	0,57				
Südasien	..	119	53	14	0	1,5	0,06				
Hohes Einkommen	303	..	*611*	540	131	224,0	203,46				

a. Andere Patentanmeldungen für 1995 umfassen die bei der African Intellectual Property Organization (27 von Inländern, 15.819 von Ausländern), der African Regional Industrial Property Organization (4 von Inländern, 15.032 von Ausländern), und dem Europäischen Patentamt (35.390 von Inländern, 42.869 von Ausländern). Die Informationen wurden von der WIPO bereitgestellt. Das Internationale Büro der WIPO übernimmt keine Haftung oder Verantwortung bezüglich der korrekten Umwandlung dieser Daten für diese Tabelle.

Tabelle 20. Weltweiter Handel

Land	Warenexporte				Warenimporte				Handelsanteil am BIP (in %)		Nettoaustauschverhältnis 1987 = 100	
	in Mio. $		Fertigung in % der Gesamtsumme		in Mio $		Fertigung in % der Gesamtsumme					
	1980	1996	1980	1996	1980	1996	1980	1996	1980	1996	1980	1996
Ägypten, Arab. Rep.	3.046	3.534	11	32	4.860	13.020	59	60	73	46	..	..
Albanien	..	296[a]	..	..	..	1.283[a]	..	..	46	52	..	..
Algerien	15.624	12.609[a]	0	*4*	10.524	8.372[a]	72	*65*	65	56	..	..
Angola	1.902	4.472[a]	13	..	*873*	2.039[a]	*73*	..	..	118	..	..
Argentinien	8.019	23.810	23	30	10.539	23.762	77	87	12	19	..	..
Armenien	..	290[a]	..	..	..	862[a]	..	..	..	86	..	..
Aserbaidschan	..	618[a]	..	..	..	1.255[a]	..	..	..	62	..	..
Äthiopien[d]	424	494[a]	0	..	721	1.492[a]	64	..	*27*	41	..	..
Australien	21.279	53.252	22	30	19.870	60.897	75	86	34	42	122,6	102,5
Bangladesch	740	3.297[a]	68	..	1.980	6.898[a]	58	..	24	38	148,4	..
Belgien[b]	63.967	168.010	69	77	71.192	157.860	58	73	127	140	..	..
Benin	49	255[a]	3	..	302	869[a]	62	..	66	57	..	..
Bolivien	1.036	1.087	3	16	655	1.601	78	83	38	47	..	..
Brasilien	20.132	47.164	37	54	24.949	*53.736*	41	*71*	20	15	96,0	..
Bulgarien	10.372	4.543[a]	..	..	9.650	4.313[a]	..	..	66	127	..	..
Burkina Faso	90	216[a]	11	..	358	783[a]	64	..	43	41	119,9	..
Burundi	129	37[a]	4	..	106	125[a]	61	..	32	19	..	..
Chile	4.584	14.979	9	15	5.123	16.810	60	78	50	55	595,3	..
China*	18.136	151.047	..	84	19.501	138.833	..	79	13	40	..	..
Hongkong, China[c]	19.703	180.744	91	92	22.027	198.543	75	88	181	285	100,7	100,2
Costa Rica	1.032	2.882	28	24	1.596	3.871	68	77	63	91	101,9	..
Dänemark	16.407	48.868	55	59	19.315	43.093	57	71	66	63	90,8	101,0
Deutschland[e]	191.647	511.728	85	87	185.922	443.043	52	71	..	46	85,9	..
Dominikanische Republik	704	3.893[a]	24	*77*	1.426	6.300[a]	54	..	48	63	..	..
Ecuador	2.481	4.762	3	9	2.215	3.733	87	81	51	57	..	..
Elfenbeinküste	2.979	4.996[a]	5	..	2.552	2.909[a]	68	..	76	83	133,2	..
El Salvador	720	1.023	35	41	976	2.670	61	66	67	54	..	..
Estland	..	2.074	..	68	..	3.196	..	72	..	159	..	..
Finnland	14.140	40.520	70	83	15.632	30.853	56	73	67	68	86,2	..
Frankreich	110.865	283.318	73	79	134.328	274.088	54	76	44	45	90,0	105,2
Gabun	2.189	3.146	*5*	2	674	898	78	75	96	96	..	..
Georgien	..	261[a]	..	..	..	884[a]	..	..	..	44	..	..
Ghana	942	1.684[a]	1	..	1.129	3.219[a]	59	..	18	65	..	..
Griechenland	5.142	9.558[a]	47	*50*	10.531	26.881[a]	60	*71*	39	43	97,8	..
Guatemala	1.486	2.031	24	31	1.559	3.146	65	68	47	40	..	..
Guinea	374	774[a]	1	..	299	810[a]	62	..	..	41	..	..
Guinea-Bissau	11	56[a]	8	..	55	107[a]	69	..	52	42	..	..
Haiti	376	180[a]	63	..	536	865[a]	62	..	52	35	..	..
Honduras	813	845	12	31	1.009	1.922	72	69	80	100	..	..
Indien	7.511	32.325[a]	59	*74*	13.819	36.055[a]	39	*54*	17	27	71,5	..
Indonesien	21.909	49.727	2	51	10.834	42.925	65	71	54	51	..	..
Irland	8.473	45.565	54	82	11.133	35.750	66	77	108	134	93,0	90,6
Israel	5.540	20.504	82	91	8.023	29.796	57	82	91	69	95,0	109,3
Italien	77.640	250.718	84	89	98.119	202.908	45	68	47	51	85,1	108,7
Jamaika	942	1.347	63	69	1.178	2.916	39	65	102	123	..	..
Japan	129.542	410.481	95	95	139.892	347.496	19	55	28	17	65,5	..
Jemen, Rep.	23	4.538[a]	47	*1*	1.853	3.443[a]	63	*59*	..	91	..	..
Jordanien	402	1.466[a]	34	*49*	2.394	4.293[a]	61	*61*	124	125	98,4	120,5
Kambodscha	*15*	300[a]	*64*	..	*108*	1.647[a]	*26*	..	..	69	..	..
Kamerun	1.321	1.758	4	8	1.538	1.204	78	67	54	32	..	..
Kanada	63.105	199.071	48	63	57.707	170.265	72	82	55	73	113,3	101,7
Kasachstan	..	6.230[a]	..	..	..	4.261[a]	..	..	..	65	..	..
Kenia	1.313	2.203[a]	12	..	2.590	3.480[a]	56	..	67	70	144,3	109,6
Kirgistan	..	507	..	38	..	838	..	48	..	86	..	..
Kolumbien	3.945	10.976	20	34	4.663	*13.863*	69	*78*	32	37	123,8	89,7
Kongo, Dem. Rep.	2.507	1.465[a]	6	..	1.117	1.331[a]	75	..	33	68	..	..
Kongo, Rep.	955	1.833[a]	7	*2*	418	1.590[a]	65	*71*	120	164	..	..
Korea, Rep.	17.446	124.404	90	92	22.228	144.724	43	67	74	69	84,7	89,5
Kroatien	..	4.512	..	72	..	7.788	..	69	..	95	..	..
Laos, Demokr. Volksrepublik	*9*	334[a]	*34*	..	*85*	642[a]	*56*	..	..	65	..	..
Lesotho	..	..	..	..	..	..	..	..	142	136	..	..
Lettland	..	1.443	..	61	..	2.319	..	62	..	102	..	..
Libanon	930	1.153[a]	58	..	3.132	7.560[a]	63	..	..	69	..	..
Litauen	..	3.356	..	60	..	4.559	..	61	..	115	..	..
Madagaskar	387	616[a]	6	*14*	676	671[a]	73	*65*	43	42	..	..
Malawi	269	501[a]	6	*7*	440	687[a]	75	*73*	64	49	118,0	..
Malaysia	12.939	78.151	19	76	10.735	76.082	67	85	113	183	131,9	..
Mali	235	288[a]	1	..	491	1.159[a]	45	..	49	56	..	..
Marokko	2.403	4.742	24	50	4.182	8.254	47	57	45	55	103,4	77,2
Mauretanien	255	574[a]	0	..	287	616[a]	52	..	104	115	..	..
Mauritius	420	1.699	27	68	619	2.255	54	71	113	126	69,7	..
Mazedonien, ehem. Jugosl. Rep.	..	1.119[a]	..	..	..	1.941[a]	..	..	..	86	..	..
Mexiko	15.442	95.199	12	78	19.591	97.630	75	*80*	24	42	..	..
Moldawien	..	1.104[a]	..	*23*	..	1.522[a]	..	*42*	..	118	..	..
Mongolei	..	424	..	10	..	451	..	65	*78*	89	..	..
* Daten für Taiwan, China	19.837	115.646	..	..	19.791	101.338	..	..	..	..	78,0	98,7

Anmerkung: Zur Vergleichbarkeit der Daten und ihrer Abgrenzung vgl. Technische Anmerkungen. Kursiv gedruckte Zahlen gelten für andere als die angegebenen Jahre.

GLOBALE VERFLECHTUNGEN

Land	Warenexporte in Mio. $		Warenexporte Fertigung in % der Gesamtsumme		Warenimporte in Mio $		Warenimporte Fertigung in % der Gesamtsumme		Handelsanteil am BIP (in %)		Nettoaustauschverhältnis 1987 = 100	
	1980	1996	1980	1996	1980	1996	1980	1996	1980	1996	1980	1996
Mosambik	511	226	18	17	550	783	70	62	66	84	..	..
Namibia	..	..	..	..	..	..	..	..	143	107	..	..
Nepal	94	358[a]	30	*99*	226	664[a]	73	*47*	30	60	..	..
Neuseeland	5.262	13.789	20	29	5.515	14.716	65	83	62	59	95,9	105,6
Nicaragua	414	653	14	34	882	1.076	63	71	68	106	87,9	..
Niederlande	73.871	177.228	50	63	76.889	160.700	53	72	103	100	96,9	102,3
Niger	580	79[a]	2	..	608	567[a]	55	..	63	37	..	..
Nigeria	25.057	15.610[a]	0	..	13.408	6.433[a]	76	..	49	28	..	..
Norwegen	18.481	48.922	32	23	16.952	34.290	67	80	80	72	122,8	103,1
Oman	3.748	6.395[a]	3	*14*	1.732	4.610[a]	66	*70*	100	89	..	..
Österreich	17.478	57.822	83	88	24.415	67.142	69	82	74	78	..	..
Pakistan	2.588	9.266	48	84	5.350	11.812	54	57	37	37	95,2	88,1
Panama	353	558	9	20	1.447	2.778	58	71	187	185	..	..
Papua-Neuguinea	1.133	2.554[a]	*3*	..	958	1.866[a]	61	..	97	101	..	..
Paraguay	310	1.043	12	17	615	3.107	60	67	44	46	..	..
Peru	3.266	5.226	17	16	2.573	7.947	73	71	42	29	..	..
Philippinen	5.751	20.328	21	84	8.295	34.663	48	78	52	94	103,9	..
Polen	16.997	24.387	61	74	19.089	37.092	51	75	59	49	95,5	..
Portugal	4.629	23.184	70	86	9.293	33.979	52	74	63	74	..	..
Ruanda	138	168[a]	0	..	155	385[a]	72	..	41	28	..	..
Rumänien	12.230	8.084	..	77	13.201	11.435	..	65	75	60	..	..
Russische Föderation	..	81.438[a]	..	..	..	43.318[a]	..	..	..	42	..	..
Sambia	1.330	1.020[a]	16	..	1.100	1.106[a]	71	..	87	84	..	..
Saudi-Arabien	109.113	58.177[a]	1	..	29.957	27.764[a]	82	*79*	101	72	..	..
Schweden	30.788	82.704	78	80	33.426	63.970	62	79	61	73	91,4	103,5
Schweiz	29.471	80.756	90	94	36.148	79.192	71	85	76	68	79,3	..
Senegal	477	655[a]	15	*50*	1.038	1.672[a]	48	*53*	72	67	81,7	..
Sierra Leone	302	214[a]	40	..	268	334[a]	71	..	73	43	..	..
Simbabwe	433	2.094	36	30	193	2.808	73	73	56	82	..	..
Singapur	19.375	124.794	47	84	24.003	131.083	54	83	440	356	109,0	89,4
Slowakische Republik	..	8.824	..	68	..	10.924	..	61	..	126	..	..
Slowenien	..	8.309	..	90	..	9.412	..	*77*	..	111	..	..
Spanien	20.827	101.417	72	78	33.901	122.842	38	72	34	47	92,2	114,7
Sri Lanka	1.043	4.097[a]	19	*73*	2.035	5.028[a]	52	*75*	87	79	93,8	109,4
Südafrika[f]	25.539	18.132	18	49	18.551	26.861	62	72	64	52	108,8	117,0
Syrien	2.108	3.980[a]	7	..	4.124	6.399[a]	55	..	54	..	214,9	97,0
Tadschikistan	..	770[a]	..	..	..	668[a]	..	..	..	228	..	..
Tansania	528	828[a]	14	..	1.211	1.642[a]	63	..	..	58	..	..
Thailand	6.369	55.789[a]	25	*73*	9.450	73.289[a]	51	*81*	54	83	116,5	..
Togo	335	363[a]	11	..	550	1.032[a]	59	..	107	69	..	..
Trinidad und Tobago	4.077	2.456	5	39	3.178	2.204	49	62	89	95	195,6	..
Tschad	72	125[a]	15	..	37	217[a]	72	*56*	65	72	..	..
Tschechische Republik	..	21.882	..	84	..	27.709	..	79	..	117	..	..
Tunesien	2.234	5.517	36	80	3.509	7.681	58	75	86	86	104,3	..
Türkei	2.910	23.045	27	74	7.573	42.733	43	69	17	49	..	..
Turkmenistan	..	1.693[a]	..	..	..	1.313[a]	..	..	..	..	..	..
Uganda	465	568[a]	1	..	417	725[a]	65	..	45	34	..	..
Ukraine	..	16.040[a]	..	..	..	24.042[a]	..	..	..	93	..	..
Ungarn	8.677	13.138	65	68	9.212	16.207	62	73	80	79	112,2	..
Uruguay	1.059	2.391	38	36	1.652	3.322	56	74	36	38	..	..
Usbekistan	..	2.671[a]	..	..	..	4.761[a]	..	..	..	69	..	..
Venezuela	19.293	22.633	2	12	10.669	8.902	79	77	51	61	215,2	148,9
Vereinigte Arab. Emirate	21.618	28.096[a]	..	..	8.098	30.374[a]	74	..	112	139	..	..
Vereinigtes Königreich	114.422	259.039	71	82	117.632	283.682	61	80	52	58	105,3	102,9
Vereinigte Staaten	212.887	575.477	66	78	250.280	814.888	50	78	21	24	88,8	101,2
Vietnam	123	7.016[a]	14	..	618	13.910[a]	55	..	..	97	..	..
Weißrußland	..	5.122[a]	..	..	..	6.778[a]	..	..	..	96	..	..
Zentralafrikanische Republik	111	115	26	43	80	180	75	61	66	41	..	..
Welt gesamt	**1.875.309 t**	**5.398.224 t**	**65 w**	**78 w**	**2.004.907 t**	**5.555.200 t**	**54 w**	**75 w**	**39 w**	***43* w**		
Niedriges Einkommen	..	..	27	..	..	..	57	..	30	42		
Mittleres Einkommen	..	..	..	..	..	..	..	..	43	52		
Mittleres Eink., untere Kat.	..	..	..	..	..	..	..	..	..	55		
Mittleres Eink., obere Kat.	219.035	494.404	23	57	194.621	517.056	63	*76*	46	47		
Niedr. u. mittl. Eink.	..	..	..	..	..	..	..	..	40	52		
Afrika südlich der Sahara	..	..	..	..	..	..	..	..	59	56		
Europa u. Zentralasien	..	..	..	..	..	..	..	..	..	64		
Lateinamerika u. Karabik	102.403	261.905	19	45	110.273	315.627	63	*76*	32	33		
Naher Osten u. Nordafrika	..	..	..	..	100.712	..	70	..	63	*54*		
Ostasien u. Pazifik	..	371.815	..	75	..	395.405	..	78	32	58		
Südasien	12.464	50.819	53	*76*	..	62.294	..	*55*	21	30		
Hohes Einkommen	1.333.696	4.048.665	73	81	1.488.876	4.145.913	52	75	38	*40*		

a. Die Angaben stammen aus IWF, *Direction of Trade Statistics*. b. Einschließlich Luxemburg. c. Einschließlich Wiederausfuhr. d. Die Angaben vor 1992 schließen Eritrea mit ein. e. Die Angaben vor 1990 beziehen sich auf die Bundesrepublik Deutschland vor der Wiedervereinigung. f. Die Angaben gelten für die South African Customs Union, die Botswana, Lesotho, Namibia und Südafrika umfaßt.

Tabelle 21. Hilfs- und Finanzflüsse

Land	in Mio. $ Private Nettokapitalflüsse 1980	Private Nettokapitalflüsse 1996	Ausländ. Direktinvestitionen 1980	Ausländ. Direktinvestitionen 1996	Auslandsverschuldung Gesamt in Mio. $ 1980	Gesamt in Mio. $ 1996	Gegenwartswert in % vom BIP 1996	Öffentliche Entwicklungshilfe in $ pro Kopf 1991	in $ pro Kopf 1996	in % vom BSP 1991	in % vom BSP 1996
Ägypten, Arab. Rep.	698	1.434	734	636	19.131	31.407	35	94	37	14	3,3
Albanien	31	92	0	90	..	781	32	99	68	29	8,1
Algerien	–442	–72	349	4	19.365	33.259	71	13	11	1	0,7
Angola	237	753	–335	300	..	10.612	310	29	49	10	15,8
Argentinien	–203	14.417	1.836	4.285	27.157	93.841	31	9	8	0	0,1
Armenien	..	18	..	18	..	552	27	1	78	0	18,2
Aserbaidschan	..	601	..	601	..	435	10	0	14	0	3,0
Äthiopien	–45	–205	12	5	824	10.077	149	21	15	21	14,3
Australien	..	..	6.517	6.321	..	..	..	..	..	..	..
Bangladesch	70	92	3	15	4.230	16.083	30	17	10	8	3,9
Belgien	..	..	..	..	..	..	..	..	..	..	..
Benin	1	2	1	2	424	1.594	57[a]	55	52	15	13,5
Bolivien	3	571	27	527	2.702	5.174	57[a]	76	112	10	13,3
Brasilien	562	28.384	989	9.889	71.520	179.047	26	1	3	0	0,1
Bulgarien	–42	300	4	115	..	9.819	89	37	20	3	1,9
Burkina Faso	0	0	0	0	330	1.294	31[a]	46	39	15	16,5
Burundi	–5	0	1	1	166	1.127	47	46	32	22	18,1
Chile	2.098	6.803	590	4.091	12.081	27.411	48	9	14	0	0,3
China	8.107	50.100	3.487	40.180	4.504	128.817	17	2	2	1	0,3
Hongkong, China	..	..	..	..	..	..	..	6	2	0	0,0
Costa Rica	23	387	163	410	2.744	3.454	37	56	–2	3	–0,1
Dänemark	..	..	1.132	773	..	..	..	..	..	..	..
Deutschland	..	..	2.532	–3.183	..	..	..	..	..	..	..
Dominikanische Republik	130	366	133	394	2.002	4.310	33	9	13	1	0,8
Ecuador	183	816	126	447	5.997	14.491	78	23	22	2	1,5
Elfenbeinküste	57	160	48	21	7.462	19.713	171[a]	51	67	7	9,9
El Salvador	8	48	2	25	911	2.894	26	57	55	6	3,1
Estland	..	191	..	150	..	405	9	10	42	0	1,4
Finnland	..	..	812	1.118	..	..	..	..	..	..	..
Frankreich	..	..	13.813	21.972	..	..	..	..	..	..	..
Gabun	103	–114	74	–65	1.514	4.213	86	145	112	3	2,6
Georgien	..	40	..	40	..	1.356	26	0	59	0	7,1
Ghana	–5	477	15	120	1.398	6.202	56[a]	58	37	14	10,5
Griechenland	..	..	..	..	..	..	..	..	..	..	..
Guatemala	44	5	48	77	1.166	3.785	23	21	20	2	1,4
Guinea	–1	41	18	24	1.133	3.240	61	64	44	14	7,8
Guinea-Bissau	2	1	2	1	140	937	248	118	164	48	67,5
Haiti	8	4	8	4	303	897	20	28	51	6	14,4
Honduras	77	65	44	75	1.472	4.453	92	58	60	11	9,2
Indien	1.873	6.404	162	2.587	20.581	89.827	22	3	2	1	0,6
Indonesien	3.219	18.030	1.093	7.960	20.938	129.033	64	10	6	2	0,5
Irland	..	..	627	2.456	..	..	..	..	..	..	..
Israel	..	..	101	2.110	..	..	..	353	389	3	0,4
Italien	..	..	6.411	3.523	..	..	..	..	..	..	..
Jamaika	92	191	138	175	1.913	4.041	92	67	24	5	1,4
Japan	..	..	1.777	200	..	..	..	..	..	..	..
Jemen, Rep.	30	100	–131	100	1.684	6.356	88	22	17	6	4,9
Jordanien	254	–119	38	16	1.971	8.118	110	260	119	24	7,2
Kambodscha	0	290	0	294	..	2.111	54	10	44	6	14,5
Kamerun	–125	–28	–113	35	2.588	9.515	106	44	30	4	4,9
Kanada	..	..	7.581	6.398	..	..	..	..	..	..	..
Kasachstan	..	615	..	310	..	2.920	14	7	8	0	0,6
Kenia	124	–104	57	13	3.383	6.893	64	38	22	12	6,8
Kirgistan	..	46	..	46	..	789	37	0	51	0	13,9
Kolumbien	345	7.739	500	3.322	6.941	28.859	40	4	7	0	0,3
Kongo, Dem. Rep.	–24	2	–12	2	4.770	12.826	127	12	4	6	2,8
Kongo, Rep.	–100	–7	0	8	1.526	5.240	260	57	159	6	22,9
Korea, Rep.	..	..	788	2.325	..	..	..	1	–3	0	0,0
Kroatien	..	915	..	349	..	4.634	24	0	28	0	0,7
Laos, Demokr. Volksrepublik	6	104	6	104	350	2.263	45	35	72	14	18,2
Lesotho	17	38	17	28	72	654	33	69	53	13	8,7
Lettland	..	331	..	328	..	472	9	1	32	0	1,6
Libanon	12	740	6	80	510	3.996	33	36	57	3	1,8
Litauen	..	469	..	152	..	1.286	16	1	24	0	1,2
Madagaskar	7	5	22	10	1.249	4.175	97	38	27	18	9,1
Malawi	2	–3	0	1	831	2.312	76[a]	60	50	25	23,2
Malaysia	769	12.096	2.333	4.500	6.611	39.777	52	16	–22	1	–0,5
Mali	–8	23	–7	23	727	3.020	56[a]	53	51	19	19,4
Marokko	337	388	165	311	9.247	21.767	61	50	24	5	1,8
Mauretanien	6	25	7	5	843	2.363	157	107	117	21	26,4
Mauritius	85	112	41	37	467	1.818	45	63	17	2	0,5
Mazedonien, ehem. Jugosl. Rep.	..	8	..	8	..	1.659	74	0	53	0	5,3
Mexiko	8.240	23.647	2.634	7.619	57.378	157.125	44	3	3	0	0,1
Moldawien	..	115	..	41	..	834	39	0	9	0	2,1
Mongolei	16	–15	0	5	0	524	36	31	81	*24*	21,3

Anmerkung: Zur Vergleichbarkeit der Daten und ihrer Abgrenzung vgl. Technische Anmerkungen. Kursiv gedruckte Zahlen gelten für andere als die angegebenen Jahre.

GLOBALE VERFLECHTUNGEN

Land	in Mio. $				Auslandsverschuldung			Öffentliche Entwicklungshilfe			
	Private Nettokapitalflüsse		Ausländ. Direktinvestitionen		Gesamt in Mio. $		Gegenwartswert in % vom BIP	in $ pro Kopf		in % vom BSP	
	1980	1996	1980	1996	1980	1996	1996	1991	1996	1991	1996
Mosambik	35	23	9	29	49	5.842	411[a]	74	51	84	59,8
Namibia	..	..	..	..	..	..	..	133	119	7	5,7
Nepal	–9	9	6	19	205	2.413	26	24	18	12	8,9
Neuseeland	..	..	1.735	280	..	..	..	..	..	..	..
Nicaragua	21	41	0	45	2.189	5.929	322[a]	217	212	64	57,1
Niederlande	..	..	12.343	7.824	..	..	..	..	..	..	..
Niger	9	–24	–1	0	863	1.557	45[a]	48	28	16	13,2
Nigeria	467	706	588	1.391	8.921	31.407	114	3	2	1	0,6
Norwegen	..	..	1.003	3.960	..	..	..	..	..	..	..
Oman	–259	69	141	67	599	3.415	31	9	28	0	0,6
Österreich	..	..	653	3.826	..	..	..	..	..	..	..
Pakistan	182	1.936	244	690	9.931	29.901	39	12	7	3	1,4
Panama	127	301	132	238	2.975	6.990	80	42	33	2	1,1
Papua-Neuguinea	204	414	155	225	719	2.359	37	101	87	11	8,0
Paraguay	67	202	76	220	954	2.141	22	34	20	2	1,0
Peru	59	5.854	41	3.581	9.386	29.176	43	28	17	2	0,7
Philippinen	639	4.600	530	1.408	17.417	41.214	51	16	12	2	1,0
Polen	71	5.333	89	4.498	8.894	40.895	31	0	22	3	0,6
Portugal	..	..	2.610	618	..	..	..	..	..	..	..
Ruanda	6	1	8	1	190	1.034	47	51	100	19	51,2
Rumänien	4	1.814	0	263	9.762	8.291	23	14	10	1	0,6
Russische Föderation	5.604	7.454	0	2.479	4.476	124.785	25	4	0	0	0,0
Sambia	194	33	203	58	3.261	7.113	161	110	67	30	18,6
Saudi-Arabien	..	..	..	..	..	..	..	3	1	0	0,0
Schweden	..	..	1.982	5.492	..	..	..	..	..	..	..
Schweiz	..	..	4.961	3.512	..	..	..	..	..	..	..
Senegal	42	34	57	45	1.473	3.663	53	85	68	12	11,6
Sierra Leone	36	5	32	5	469	1.167	78	26	42	15	21,2
Simbabwe	85	42	–12	63	786	5.005	67	39	33	..	5,2
Singapur	..	..	5.575	9.440	..	..	..	3	4	0	0,0
Slowakische Republik	278	1.265	0	281	670	7.704	41	22	26	1	0,7
Slowenien	..	1.219	..	186	..	4.031	21	0	41	0	0,4
Spanien	..	..	13.984	6.396	..	..	..	..	..	..	..
Sri Lanka	54	123	43	120	1.841	7.995	41	52	27	10	3,6
Südafrika	..	1.417	..	136	0	23.590	18	0	10	0	0,3
Syrien	18	77	71	89	3.552	21.420	120	30	16	3	1,4
Tadschikistan	..	16	..	16	..	707	24	0	19	0	5,6
Tansania	5	143	0	150	2.452	7.412	114	41	29	25	15,6
Thailand	4.498	13.517	2.444	2.336	8.297	90.823	56	13	14	1	0,5
Togo	0	0	0	0	1.049	1.463	80	56	39	13	12,0
Trinidad und Tobago	–69	343	109	320	829	2.242	46	–1	13	0	0,3
Tschad	–1	18	0	18	284	997	51	46	46	15	26,9
Tschechische Republik	876	4.894	207	1.435	..	20.094	42	22	12	1	0,2
Tunesien	–122	697	76	320	3.526	9.886	53	43	14	3	0,7
Türkei	1.782	5.635	684	722	19.131	79.789	47	28	4	1	0,1
Turkmenistan	..	355	..	108	..	825	18	0	5	0	0,5
Uganda	16	114	0	121	689	3.674	32[a]	39	35	20	11,3
Ukraine	..	395	..	350	..	9.335	18	7	7	0	0,9
Ungarn	–308	1.618	0	1.982	9.764	26.958	62	61	18	2	0,4
Uruguay	–192	499	0	169	1.660	5.899	33	17	16	1	0,3
Usbekistan	..	431	..	55	..	2.319	9	0	4	0	0,4
Venezuela	–126	4.244	451	1.833	29.344	35.344	51	2	2	0	0,1
Vereinigte Arab. Emirate	..	..	..	..	..	..	..	–3	3	0	0,0
Vereinigtes Königreich	..	..	32.427	32.346	..	..	..	..	..	..	..
Vereinigte Staaten	..	..	47.918	76.955	..	..	..	..	..	..	..
Vietnam	16	2.061	16	1.500	6	26.764	123	4	12	2	4,0
Weißrußland	..	7	..	18	..	1.071	4	18	7	1	0,4
Zentralafrikanische Republik	0	5	1	5	195	928	51	58	50	13	16,1
Welt gesamt[b]	**.. s**	**.. s**	**191.595 s**	**314.696 s**	**.. s**	**.. s**		**15 w**	**13 w**	**1,4 w**	***1,0* w**
Niedriges Einkommen	3.053	15.328	1.502	9.433	119.328	435.070		14	12	4,7	3,5
Mittleres Einkommen	37.843	230.398	22.185	109.341	483.994	1.656.327		11	8	0,8	0,4
Mittleres Eink., untere Kat.	..	..	..	..	189.872	863.959		10	8	1,2	0,7
Mittleres Eink., obere Kat.	..	..	..	..	294.122	792.367		14	7	0,4	0,2
Niedr. u. mittl. Eink.	41.881	245.725	23.687	118.774	603.321	2.091.397		14	11	1,5	0,9
Afrika südlich der Sahara	195	4.376	834	3.271	84.148	227.163		33	26	6,3	5,3
Europa u. Zentralasien	7.787	33.786	1.097	14.755	75.503	366.141		19	17	0,8	0,6
Lateinamerika u. Karibik	12.601	95.569	8.188	38.015	257.263	656.388		13	17	0,5	0,5
Naher Osten u. Nordafrika	646	1.979	2.757	614	83.793	212.389		43	19	2,4	*1,3*
Ostasien u. Pazifik	18.443	101.272	10.347	58.681	64.600	477.219		5	5	1,0	0,6
Südasien	2.173	8.743	464	3.439	38.015	152.098		7	4	2,3	1,1
Hohes Einkommen	**..**	..	167.908	195.922	..	..		..	..	..	..

a. Die Angaben stammen aus der Schuldentragbarkeitsanalyse, die als Teil der Heavily Indebted Poor Countries Debt Initiative unternommen wurde. Die Schätzungen des Gegenstandswerts für diese Länder gelten nur für öffentliche und öffentlich garantierte Verpflichtungen. Die Exportzahlungen schließen Arbeiterüberweisungen aus. b. Schließt auch Hilfe ein, die nicht einem Land oder einer Region zugewiesen wird.

Anmerkung: Gesamtsummen für Länder mit niedrigem und mittlerem Einkommen ergeben aufgrund von nichtzugewiesenen Beträgen möglicherweise nicht die Summe der regionalen Gesamtsummen.

Tabelle 1a. Hauptindikatoren für übrige Länder

Land	Bevölkerung in Tsd. 1997	Fläche in Tsd. km² 1995	Bevölkerungsdichte in Personen pro km² 1997	Bruttosozialprodukt (BSP) in Mio. $ 1997[a]	Bruttosozialprodukt (BSP) Durchschnittl. jährl. Wachstumsrate (in %) 1996–97	BSP pro Kopf in $ 1997[a]	BSP pro Kopf Durchschnittl. jährl. Wachstumsrate (in %) 1996–97	BSP zu KKP[b] in Mio. $ 1997	BSP zu KKP[b] Pro Kopf (in $) 1997	Lebenserwartung zum Zeitpunkt der Geburt in Jahren 1996	Analphabetenquote bei Erwachsenen in % der Bevölk. 15 Jahre u. älter 1995	Kohlendioxidemissionen in Tsd. Tonnen 1995
Afghanistan	24.844	652,1	38	..	..	..[c]	..	..	..	45	69	1.238
Amerikanisch-Samoa	60	0,2	298	..	..	..[d]	..	..	..	..	..	..
Andorra	71	0,2	160	..	..	..[e]	..	..	..	..	..	..
Antigua und Barbuda	66	0,4	151	489	1,9	7.380	1,0	578	8.720	75	..	..
Aruba	80	0,2	421	1.181	..	16.640	..	..	..	..	..	..
Bahamas	289	10,0	29	3.288	..	11.830	..	..	..	73	2	1.707
Bahrain	619	0,7	897	4.514	..	7.820	..	..	..	73	15	14.832
Barbados	265	0,4	616	1.741	..	6.590	..	..	..	76	3	824
Belize	228	22,8	10	625	1,6	2.740	–1,0	939	4.110	75	..	414
Bermuda	62	0,1	1.242	2.128	..	34.950	..	..	..	75	..	..
Bhutan	736	47,0	16	296	5,7	400	2,8	..	..	53	58	238
Bosnien-Herzegowina	..	51,0	..	..	..	..[c]	..	..	..	..	..	1.843
Botswana	1.510	566,7	3	4.922	7,8	3.260	5,7	12.413	8.220	51	30	2.242
Brunei	295	5,3	56	7.151	..	25.090	..	..	..	75	12	8.233
Kap Verde	399	4,0	99	436	23,0	1.090	19,9	1.191[f]	2.980[f]	66	28	114
Kaimaninseln	35	0,3	130	..	..	..[e]	..	..	..	..	..	..
Kanalinseln	148	..	..	..	..	..[e]	..	..	..	78	..	..
Komoren	518	2,2	232	208	–0,4	400	–2,9	825[f]	1.590[f]	59	43	66
Kuba	11.091	109,8	101	..	..	..[g]	..	..	..	76	4	29.067
Zypern	747	9,2	81	10.839	..	14.930	..	..	..	77	..	5.177
Dschibuti	636	23,2	27	..	..	..[g]	..	..	..	50	54	370
Dominica	74	0,8	99	232	3,1	3.120	..	332	4.470	74	..	..
Äquatorialguinea	421	28,1	15	444	106,6	1.050	101,4	1.516	3.600	50	..	132
Eritrea	3.827	101,0	38	801	..	210	..	..	..	55	..	..
Färöer	47	1,4	30	..	..	..[c]	..	..	..	..	..	..
Fidschi	815	18,3	45	2.009	1,0	2.470	–0,5	3.290	4.040	72	8	737
Französisch-Guayana	153	88,2	2	..	..	..[e]	..	..	..	..	..	872
Französisch-Polynesien	225	3,7	61	..	..	..[e]	..	..	..	72	..	..
Gambia	1.180	10,0	118	409	5,2	350	2,2	1.581	1.340	53	61	216
Grönland	58	341,7	0	..	..	..[e]	..	..	..	68	..	..
Grenada	99	0,3	290	296	2,7	3.000	2,9	440	4.450	..	..	..
Guadeloupe	426	1,7	252	..	..	..[d]	..	..	..	75	..	..
Guam	155	0,6	282	..	..	..[e]	..	..	..	74	..	..
Guayana	848	196,9	4	677	4,9	800	3,8	2.445	2.890	64	2	934
Island	272	100,3	3	7.513	4,9	27.580	..	6.127	22.500	79	..	1.803
Iran, Islam. Rep.	60.973	1.622,0	38	113.506	3,2	1.780	1,2	352.628	5.530	70	28	263.760
Irak	21.970	437,4	50	..	..	..[g]	..	..	..	62	42	99.001
Insel Man	72	0,6	120	..	..	..[d]	..	..	..	..	..	..
Kiribati	83	0,7	114	76	1,7	910	–0,5	..	..	60	..	..
Korea, Dem. Rep.	22.773	120,4	189	..	..	..[g]	..	..	..	63	..	256.986
Kuwait	1.637	17,8	92	35.152	..	22.110	..	38.577	24.270	77	21	48.720
Liberia	2.894	96,3	30	..	..	..[c]	..	..	..	49	62	319
Libyen	5.292	1.759,5	3	..	..	..[d]	..	..	..	68	24	39.403
Liechtenstein	31	0,2	190	..	..	..[e]	..	..	..	..	..	..
Luxemburg	422	2,6	160	18.837	..	45.330	..	14.319	34.460	77	..	9.263
Macao	471	0,0	23.555	..	..	..[e]	..	..	..	77	..	1.231
Malediven	262	0,3	874	301	6,0	1.150	3,3	848	3.230	64	7	183
Malta	376	0,3	1.174	3.203	..	8.630	..	..	..	77	..	1.726
Marshallinseln	57	0,2	290	108	..	1.770	..	..	..	..	..	..
Martinique	388	1,1	366	..	..	..[e]	..	..	..	77	..	2.037
Mayotte	108	0,3	340	..	..	..[d]	..	..	..	..	..	..
Mikronesien, Föd. Staat.	111	0,7	160	220	..	1.980	..	..	..	66	..	..
Monaco	32	0,0	16.840	..	..	..[e]	..	..	..	..	..	..
Myanmar	46.680	657,6	71	..	..	..[c]	..	..	..	60	17	7.031
Niederländ. Antillen	204	0,8	250	..	..	..[e]	..	..	..	76	..	..
Neukaledonien	202	18,6	10	..	..	..[e]	..	..	..	74	..	1.715
Nördl. Marianen	63	0,5	110	..	..	..[e]	..	..	..	..	..	..
Palau	17	0,5	40	..	..	..[d]	..	..	..	..	..	..
Puerto Rico	3.792	8,9	428	25.380	..	7.010	..	..	..	75	..	15.535
Katar	675	11,0	61	7.429	..	11.570	..	..	..	72	21	29.019
Réunion	673	2,5	269	..	..	..[e]	..	..	..	75	..	1.554
Samoa	173	2,8	61	199	4,0	1.150	3,1	..	..	69	..	132
São Tomé und Principe	138	1,0	144	38	–2,8	270	–5,1	..	..	64	25	77
Seychellen	78	0,5	173	537	2,4	6.880	0,6	..	..	71	21	..
Salomoninseln	401	28,0	14	362	1,5	900	–1,5	943[f]	2.350[f]	63	..	161
Somalia	10.130	627,3	16	..	..	..[c]	..	..	..	49	..	11
St. Kitts und Nevis	41	0,4	113	252	6,0	6.160	6,1	315	7.730	70	..	..
St. Lucia	159	0,6	261	576	3,5	3.620	2,7	801	5.030	70	..	..
St. Vincent und Grenadinen	112	0,4	288	281	5,0	2.500	4,3	486	4.320	73	..	..
Sudan	27.861	2.376,0	12	7.801	6,4	280	4,2	..	..	54	54	3.499
Surinam	437	156,0	3	544	5,6	1.240	4,3	1.197	2.740	71	7	2.151
Swasiland	952	17,2	55	1.369	2,6	1.440	–0,2	3.393	3.560	57	23	454
Tonga	98	0,7	136	179	0,0	1.830	–0,4	..	..	72	..	..
Vanuatu	177	12,2	15	233	3,0	1.310	0,4	536[f]	3.020[f]	64	..	62
Jungferninseln (USA)	97	0,3	286	..	..	..[e]	..	..	..	76	..	..
Westjordanland und Gaza	..	..	..	..	..	..[g]	..	..	..	68	..	..
Jugoslawien, Bd. Rep. (Serb./Mont.)	10.614	102,0	104	..	..	..[g]	..	..	..	72	..	33.035

a. Unter Anwendung des *Altas*-Verfahrens der Weltbank berechnet. b. Kaufkraftparität; vgl. Technische Anmerkungen. c. Geschätzt als Länder mit niedrigem Einkommen ($ 785 oder weniger). d. Geschätzt als Länder mit mittlerem Einkommen, obere Kategorie ($ 3.126 bis $ 9.655). e. Geschätzt als Länder mit hohem Einkommen ($ 9.656 oder mehr). f. Die Schätzung basiert auf Regressionsrechnungen; andere Werte wurden anhand von Referenzschätzungen des neuesten Internationalen Vergleichsprogramms extrapoliert. g. Geschätzt als Länder mit mittlerem Einkommen ($ 786 bis $ 3.125).

Technische Anmerkungen

Diese technischen Anmerkungen behandeln die Quellen und Verfahrensweisen, die beim Zusammenstellen von 148 in den Ausgewählten Kennzahlen der Weltentwicklung 1998 enthaltenen Kennzahlen benutzt wurden. Die Anmerkungen zu den einzelnen Kennzahlen sind nach der Reihenfolge ihres Auftretens in den Tabellen angeordnet.

Datenquellen

Die Daten in den Ausgewählten Kennzahlen der Weltentwicklung entstammen den *Kennzahlen der Weltentwicklung* 1998. Soweit möglich wurden Revisionen, die nach der Zusammenstellung der Daten für diese Ausgabe erfolgten, integriert. Zudem wurden neu herausgegebene Schätzungen des Bruttoinlandsprodukts pro Kopf für 1997 in Tabelle 1 einbezogen.

Die Weltbank greift für die in den *Kennzahlen der Weltentwicklung* enthaltenen Statistiken auf eine Vielzahl von Quellen zurück. Angaben über die Auslandsschulden werden der Weltbank direkt von den Entwicklungsländern durch das Schuldnermeldesystem übermittelt. Andere Daten stammen hauptsächlich von den Vereinten Nationen und ihren Sonderorganisationen, vom Internationalen Währungsfonds (IWF) sowie aus Berichten der Länder an die Weltbank. Es werden auch Schätzungen von Weltbankmitarbeitern verwendet, um die Aktualität oder Konsistenz der Daten zu verbessern. Von den meisten Ländern erhält die Weltbank im Zuge von Wirtschaftsmissionen Schätzungen der Volkswirtschaftlichen Gesamtrechnungen. In einigen Fällen sind diese Daten von den Mitarbeitern bereinigt worden, um sie mit internationalen Definitionen und Konzepten in Übereinstimmung zu bringen. Die meisten sozialen Daten aus nationalen Quellen wurden aus regelmäßigen Datenerfassungen der Behörden des jeweiligen Landes, aus Sondererhebungen oder periodisch durchgeführten Volkszählungen gewonnen. In der auf die Technischen Anmerkungen folgenden Liste der verwendeten Datenquellen werden die primär verwendeten internationalen Quellen aufgeführt.

Konsistenz und Verläßlichkeit der Daten

Trotz beträchtlicher Bemühungen zur Standardisierung der Daten kann keine vollständige Vergleichbarkeit erreicht werden, und die Kennzahlen müssen vorsichtig interpretiert werden. Viele Faktoren beeinträchtigen die Verfügbarkeit, Vergleichbarkeit und Verläßlichkeit der Daten: In vielen Entwicklungsländern sind statistische Untersuchungen immer noch unzulänglich, statistische Verfahren, die Methoden zur Erfassung von Daten sowie die Praktiken und Definitionen weisen erhebliche Unterschiede auf. Darüber hinaus bringen Vergleiche zwischen einzelnen Ländern und Zeiträumen komplexe technische und konzeptionelle Probleme mit sich, die nicht eindeutig gelöst werden können. Aus diesen Gründen sollten Daten, obwohl sie aus als höchst kompetent angesehenen Quellen stammen, nur so verstanden werden, daß sie Trends anzeigen und wichtige Unterschiede zwischen Volkswirtschaften charakterisieren, statt ein genaues quantitatives Maß dieser Unterschiede zu bieten. Zudem revidieren die statistischen Ämter der jeweiligen Länder gewöhnlich ihre historischen Daten, insbesondere die der letzten Jahre. Daher können Daten für bestimmte Jahre in unterschiedlichen Ausgaben von Weltbankpublikationen voneinander abweichen. Dem Leser wird geraten, Daten aus verschiedenen Ausgaben nicht zu sammeln. Konsistente Zeitreihen sind auf der *World Development Indicators 1998 CD-ROM* verfügbar.

Verhältniszahlen und Wachstumsraten

Um die Vergleichbarkeit zu erleichtern, werden Verhältniszahlen und Wachstumsraten gewöhnlich in den Tabellen der *Kennzahlen der Weltentwicklung* aufgeführt. Die Werte sind in ihrer ursprünglichen Form auf der *World Development Indicators CD-ROM* verfügbar. Sofern nicht anders angegeben, werden die Wachstumsraten mit Hilfe der Regressionsmethode der kleinsten Quadrate berechnet (siehe Abschnitt „Statistische Methoden"). Da dieses Verfahren alle verfügbaren Werte innerhalb eines Zeitraums berücksichtigt, reflektieren die so ermittelten Wachstumsraten Entwicklungstrends, die nicht über Gebühr durch außergewöhnliche Werte beeinflußt werden. Um Inflationseffekte auszuschließen, werden bei der Berechnung der Wachstumsraten Wirtschaftskennzahlen zu konstanten Preisen verwendet. Kursiv gedruckte Daten beziehen sich auf ein Jahr oder einen Zeitraum, die von der Spaltenüberschrift abweichen

– zwei Jahre bei wirtschaftlichen Kennzahlen und drei Jahre bei sozialen Kennzahlen, da letztere weniger regelmäßig ermittelt werden und sich über einen kurzen Zeitraum auch nicht dramatisch verändern.

Konstante Preisreihen

Um internationale Vergleiche zu erleichtern und die Auswirkungen von Veränderungen intersektoraler relativer Preise auf die Gesamtsummen der Volkswirtschaftlichen Gesamtrechnungen mit einzubeziehen, werden für die meisten Länder die Daten zu konstanten Preisen zunächst teilweise auf drei aufeinanderfolgende Basisjahre umbasiert, dann miteinander „verkettet" und in Preisen des gemeinsamen Basisjahres 1987 ausgedrückt. Das Jahr 1970 ist das Basisjahr für Daten für die Jahre 1960 bis 1975, 1980 für solche für die Jahre 1976 bis 1982 und 1987 für Daten ab dem Jahr 1983.

Im Zuge der Verkettung werden die Komponenten des Bruttoinlandsprodukts (BIP) nach Entstehung individuell umbasiert und aufaddiert, um das umbasierte BIP zu erhalten. Dabei kann zwischen dem BIP zu konstanten Preisen nach Entstehung und dem BIP zu konstanten Preisen nach Verwendung eine Umbasierungsabweichung auftreten. Solche Abweichungen werden als privater Verbrauch etc. absorbiert unter der Annahme, daß das nach der Entstehungsseite ermittelte BIP eine verläßlichere Schätzung darstellt als das nach der Verwendungsseite ermittelte. Unabhängig von der Umbasierung enthalten die Daten für die Wertschöpfung im Dienstleistungssektor eine statistische Diskrepanz, wenn eine solche in den Ursprungsquellen ausgewiesen ist.

Zusammenfassende Kennzahlen

Die zusammenfassenden Kennzahlen für Regionen und Einkommensgruppen, die am Ende der meisten Tabellen aufgeführt sind, werden durch einfache Addition errechnet, soweit sie Niveaugrößen sind. Gesamtwachstumsraten und Verhältniszahlen werden in der Regel als gewichtete Durchschnittswerte berechnet. Die zusammenfassenden Kennzahlen der sozialen Indikatoren sind nach der Bevölkerung oder nach Untergruppen der Bevölkerung gewichtet. Davon ausgenommen ist die Säuglingssterblichkeitsrate, die nach der Geburtenzahl gewichtet ist. Weitere Informationen sind den Anmerkungen zu den spezifischen Kennzahlen zu entnehmen.

Bei den zusammenfassenden Kennzahlen über eine Reihe von Jahren basieren die Berechnungen auf einer einheitlichen Gruppe von Ländern, so daß sich die Zusammensetzung der Gesamtsumme nicht im Laufe der Zeit verändert. Gruppenkennzahlen werden nur dann erstellt, wenn die für ein bestimmtes Jahr verfügbaren Daten mindestens zwei Drittel der gesamten Gruppe berücksichtigen, und zwar bezogen auf die Definition der Gruppe im Referenzjahr 1987. Solange dieses Kriterium erfüllt ist, wird angenommen, daß Länder, für die keine Daten zur Verfügung stehen, sich so verhalten wie diejenigen, für die Schätzwerte vorliegen. Der Leser sollte beachten, daß die zusammenfassenden Kennzahlen Schätzungen repräsentativer Gesamtsummen für jeden Bereich darstellen und aus den Gruppenkennzahlen keine bedeutungsvollen Schlüsse über die Entwicklung auf Länderebene abgeleitet werden können. Zudem kann der Gewichtungprozeß zu Diskrepanzen zwischen Untergruppen und den Gesamtangaben führen.

Tabelle 1. Größe des Landes

Bevölkerung basiert auf einer De-facto-Definition, nach der sämtliche Bewohner unabhängig von Rechtsstatus und Staatsangehörigkeit gezählt werden. Davon ausgenommen sind Flüchtlinge, die im asylgewährenden Land nicht fest ansässig sind. Sie werden allgemein als der Bevölkerung des Herkunftslandes zugehörig betrachtet. Die aufgeführten Indikatoren sind Schätzungen, die jeweils zur Jahresmitte gemacht wurden (siehe Technische Anmerkungen für Tabelle 3).

Fläche ist die Gesamtfläche mit Ausnahme von Binnen-, Küsten- und Hoheitsgewässern auf offener See.

Bevölkerungsdichte ist die Bevölkerung zur Jahresmitte dividiert durch die Fläche des jeweiligen Landes. Die Kennzahl wird anhand der jüngsten verfügbaren Daten ermittelt.

Bruttosozialprodukt (BSP) ist die Summe der Wertschöpfungen aller inländischen Produzenten zuzüglich derjenigen Steuern (abzüglich Subventionen), die nicht im Produktionswert enthalten sind, plus Nettoeinnahmen aus Primäreinkommen (Arbeitsentgelte und Einnahmen aus Vermögen) aus ausländischen Quellen. Die Umrechnung von der jeweiligen Landeswährung in US-Dollar erfolgt unter Anwendung des *Atlas-Verfahrens* der Weltbank (siehe Abschnitt „Statistische Methoden"). **Durchschnittliche jährliche Wachstumsrate des BSP** wird aufgrund des BSP zu konstanten Preisen in der Landeswährung berechnet. Das **BSP pro Kopf** ist das durch die Bevölkerungszahl zur Jahresmitte dividierte BSP. Die Umrechnung in US-Dollar erfolgt nach dem *Atlas-Verfahren.* Die **durchschnittliche jährliche Wachstumsrate des BSP pro Kopf** wird aus dem BSP pro Kopf zu konstanten Preisen in der Landeswährung berechnet. **BSP zu KKP** ist das zum Wechselkurs der Kaufkraftparität (KKP) in US-Dollar umgerechnete BSP. Beim Wechselkurs der KKP hat ein internationaler Dollar die gleiche Kaufkraft beim inländischen BSP wie der US-Dollar beim BIP der Vereinigten Staaten. Nach dieser Methode umgerechnete US-Dollar werden manchmal auch als internationale Dollar bezeichnet.

Das BSP, die allgemeinste Kennzahl für das Einkommen eines Landes, mißt die gesamte Wertschöpfung von Inländern aus inländischen und ausländischen Quellen. Das BSP umfaßt das Bruttoinlandsprodukt plus Nettoeinnahmen aus Primäreinkommen aus ausländischen Quellen. Die Weltbank verwendet das BSP pro Kopf in US-Dollar, um die Länder für analytische Zwecke zu klassifizieren und die Verschuldungsfähigkeit zu bestimmen. Bei der Umrechnung des in der Landeswährung ausgedrückten BSP zum BSP in US-Dollar verwendet die Weltbank ihr *Atlas*-Konversionsverfahren. Dabei werden Dreijahresdurchschnitte der Wechselkurse verwendet, um die Auswirkungen vorübergehender Wechselkursfluktuationen zu mildern. (Eine ausführlichere Beschreibung des *Atlas*-Verfahrens liefert der Abschnitt „Statistische Methoden"). Der Leser sollte beachten, daß die Wachstumsraten aus Daten zu konstanten Preisen und in Einheiten der jeweiligen Landeswährung berechnet wurden, und nicht aus den *Atlas*-Schätzungen.

Da nominale Wechselkurse die internationalen Differenzen in relativen Preisen nicht immer widerspiegeln, wird in Tabelle 1 auch das unter Anwendung der KKP-Wechselkurse in internationale Dollar umgerechnete BSP angegeben. Die KKP-Wechselkurse ermöglichen einen Standardvergleich von Realpreisniveaus zwischen verschiedenen Ländern, wie konventionelle Preisindizes einen Vergleich von realen Werten über einen Zeitraum ermöglichen. Die hier verwendeten KKP-Konversionsfaktoren stammen aus der jüngsten Reihe von Preiserhebungen des Internationalen Vergleichsprogramms, eines Gemeinschaftsprojekts der Weltbank und der regionalen Wirtschaftskommissionen der Vereinten Nationen. Diese 1996 vervollständigte Erhebungsreihe umfaßt 118 Länder und basiert auf 1993 als Referenzjahr. Schätzungen für nicht in die Erhebung einbezogene Länder entstammen statistischen Modellen, die auf den verfügbaren Daten basieren.

Tabelle 2. Lebensqualität

Wachstum des privaten Pro-Kopf-Verbrauchs ist die durchschnittliche jährliche Veränderungsrate des privaten Verbrauchs dividiert durch die Bevölkerung zur Jahresmitte (siehe Definition des privaten Verbrauchs in den Technischen Anmerkungen zu Tabelle 12). Die bezüglich der Verteilung korrigierte Wachstumsrate ist 1 abzüglich des Gini-Index (siehe Technische Anmerkungen zu Tabelle 5), multipliziert mit der jährlichen Wachstumsrate des privaten Verbrauchs. Ein Anstieg des privaten Pro-Kopf-Verbrauchs wird in der Regel mit einer Reduktion der Armut assoziiert, obwohl in Ländern, in denen die Verteilung von Einkommen oder Verbrauch sehr ungleich ist, diese Zunahme die Armen nur bedingt betrifft. Die durch einen Index wie den Gini-Index gemessene Beziehung zwischen der Armutsrückgangsrate und der Verteilung von Einkommen oder Verbrauch ist problematisch. Doch Ravallion stellte 1997 fest, daß die Armutsrückgangsrate in direktem Verhältnis zu der um die Verteilung korrigierten Wachstumsrate des privaten Verbrauchs steht.

Verbreitung von Unterernährung bei Kindern ist der Prozentsatz der Kinder unter fünf Jahren, deren Gewicht bezogen auf ihr Alter weniger beträgt als -2 Standardabweichungen vom Durchschnitt der Referenzbevölkerung. Dabei geht man von Kindern in den Vereinigten Staaten aus, von denen angenommen wird, daß sie gut ernährt sind. Gewicht bezogen auf das Alter ist eine kombinierte Kennzahl aus Gewicht bezogen auf die Größe (Auszehrung) und Größe bezogen auf das Alter (Unterentwicklung). Schätzungen zur Unterernährung bei Kindern stammen aus Daten nationaler Erhebungen über das Gewicht bezogen auf das Alter.

Sterblichkeitsrate unter fünf Jahren bezeichnet die Wahrscheinlichkeit, daß ein im jeweiligen Jahr geborenes Kind vor Erreichen des fünften Lebensjahres stirbt, sofern das Kind den gängigen altersspezifischen Sterblichkeitsraten unterliegt. Die Wahrscheinlichkeit wird in Todesfällen pro 1.000 Kinder angegeben.

Lebenserwartung zum Zeitpunkt der Geburt bezeichnet die Anzahl der Jahre, die ein neugeborenes Kind leben würde, wenn die zum Zeitpunkt seiner Geburt gültigen Sterblichkeitsraten sein ganzes Leben lang unverändert blieben.

Altersspezifische Daten über die Sterblichkeit, wie zum Beispiel die Säuglings- und Kindersterblichkeitsrate sowie die Lebenserwartung zum Zeitpunkt der Geburt, sind die wohl besten Gesamtindikatoren für den aktuellen Gesundheitszustand einer Gemeinschaft. Sie werden häufig auch als allgemeines Maß für die Gesundheit einer Bevölkerung oder der Lebensqualität bezeichnet. Die Hauptquellen für Daten zur Sterblichkeit sind Personenstandsregister sowie direkte oder indirekte Schätzungen, die auf Stichprobenerhebungen oder Volkszählungen basieren. Da Einwohnerverzeichnisse mit relativ vollständigen Personenstandsregistern eher selten sind, müssen Schätzungen anhand von Stichprobenerhebungen oder unter Anwendung von indirekten Schätzverfahren auf Daten aus Registern, Volkszählungen oder Erhebungen gemacht werden. Indirekte Schätzungen stützen sich auf versicherungsmathematischen („Lebens-") Tabellen, die unter Umständen auf die Bevölkerung des betreffenden Landes nicht zutreffen. Die Lebenserwartung bei der Geburt und die altersspezifischen Sterblichkeitsraten sind in der Regel Schätzungen, die auf den jüngsten verfügbaren Daten aus Volkszählungen oder Erhebungen basieren. Siehe auch die Tabelle der dokumentierten Primärdaten in den *Kennzahlen der Weltentwicklung* 1998 (Weltbank 1998b).

Analphabetenquote bei Erwachsenen ist der Prozentsatz von Personen über 15 Jahren, die eine kurze, einfache Aussage über ihren Alltag weder lesen (und verstehen) noch verständlich schreiben können. Die Fähigkeit zu lesen und zu schreiben ist schwierig zu definieren und zu messen. Die hier verwendete Definition basiert auf dem Konzept des „funktionalen" Beherrschens: die Fähigkeit einer Person, das Lesen und Schreiben im Kontext ihres sozialen Umfelds effektiv einzusetzen. Um das Analphabetentum auf der Basis dieser Definition zu messen, müssen unter kontrollierten Bedingungen Volkszählungen oder Stichprobenerhebungen durchgeführt werden. In der Praxis legen zahlreiche Länder ihren Schätzungen der Analphabetenquote bei Erwachsenen Eigenangaben und Schulabschlüsse zugrunde. Aufgrund dieser Unterschiede in den Methoden ist bei Vergleichen zwischen verschiedenen Ländern – und zwischen verschiedenen Zeitabschnitten innerhalb desselben Landes – Vorsicht geboten.

Städtische Bevölkerung ist der Teil der Bevölkerung, der im jeweiligen Land in einem als städtisch definierten Gebiet lebt.

Zugang zu sanitären Einrichtungen in städtischen Gebieten ist der Prozentsatz der städtischen Bevölkerung, der an die öffentliche Kanalisation angeschlossen ist oder Zugang zu Einrichtungen wie Grubentoiletten ohne Wasserspülung, Toiletten mit manueller Wasserspülung, Faulbehältern, Gemeinschaftstoiletten oder anderen derartigen Einrichtungen hat.

Tabelle 3. Bevölkerung und Erwerbstätige

Gesamtbevölkerung umfaßt sämtliche Bewohner unabhängig von Rechtsstatus und Staatsangehörigkeit mit Ausnahme von Flüchtlingen, die im asylgewährenden Land nicht fest ansässig sind. Diese werden im allgemeinen als ein Teil der Bevölkerung des Herkunftslandes betrachtet. Die aufgeführten Kennzahlen sind Schätzungen, die zur Jahresmitte gemacht wurden. Schätzungen zur Bevölkerungszahl basieren gewöhnlich auf nationalen Volkszählungen, während Schätzungen zwischen Volkszählungen auf demographischen Modellen basierende Interpolationen oder Extrapolationen sind. Fehler und zu niedrige Resultate kommen selbst in Ländern mit hohem Einkommen vor. In Entwicklungsländern können diese Fehler sehr ins Gewicht fallen, da die Transport- und Kommunikationsmöglichkeiten sowie die zur Durchführung einer vollständigen Volkszählung notwendigen Ressourcen beschränkt sind. Zudem wird die internationale Vergleichbarkeit von Bevölkerungskennzahlen durch unterschiedliche Konzepte, Definitionen, Datenerfassungs- und Schätzmethoden der statistischen Ämter der jeweiligen Länder und anderen Organisationen, die Bevölkerungsdaten sammeln, beeinträchtigt. Die Daten in Tabelle 3 wurden von statistischen Ämtern der jeweiligen Länder oder von der Abteilung für Bevölkerungsfragen der Vereinten Nationen zur Verfügung gestellt.

Durchschnittliche jährliche Wachstumsrate ist die exponentielle Veränderungsrate für den betreffenden Zeitraum (siehe „Statistische Methoden").

Altersgruppe 15–64 Jahre ist die Anzahl der Personen in der Altersgruppe, die den größten Teil der ökonomisch aktiven Bevölkerung ausmacht, wobei Kinder nicht eingerechnet sind. In zahlreichen Entwicklungsländern gehen jedoch viele Kinder unter 15 Jahren einer Voll- oder Teilzeitbeschäftigung nach. Und in einigen Ländern mit hohem Einkommen sind viele Arbeitnehmer länger als bis zum 65. Lebensjahr erwerbstätig.

Gesamtzahl der Erwerbstätigen umfaßt die nach der Definition der Internationalen Arbeitsorganisation (IAO) ökonomisch aktive Bevölkerung: Dies sind alle Personen, die ihre Arbeitskraft für die Produktion von Waren und Dienstleistungen in einem bestimmten Zeitraum zur Verfügung stellen. Das beinhaltet sowohl Beschäftigte als auch Arbeitslose. Obwohl die Praktiken der jeweiligen Länder differieren, gehören im allgemeinen Angehörige der Streitkräfte, Arbeitslose und Arbeitssuchende, die zum ersten Mal auf den Arbeitsmarkt drängen, zur Erwerbsbevölkerung, nicht jedoch Hausfrauen und -männer, andere unbezahlte Pflegekräfte sowie Arbeitnehmer auf dem inoffiziellen Arbeitsmarkt. Die IAO stellte die Daten über die Erwerbstätigen anhand von Volkszählungen oder Erhebungen zusammen. Trotz der Anstrengungen der IAO, die Verwendung internationaler Standards zu fördern, sind die Daten über die Erwerbstätigen aufgrund der Unterschiede, die zwischen Ländern und gelegentlich auch innerhalb eines Landes bei den Definitionen und Methoden zur Erfassung, der Klassifizierung und Tabellarisierung bestehen, nicht vollständig vergleichbar. Die in Tabelle 3 aufgeführten Schätzungen zur Zahl der Erwerbstätigen wurden unter Anwendung der geschlechtsspezifischen Erwerbstätigenquoten der IAO-Datenbank auf die Schätzungen der Bevölkerungszahlen durch die Weltbank errechnet, damit die Daten über die Erwerbstätigen mit diesen Schätzungen übereinstimmen. Dieses Verfahren führt in einigen Fällen zu Schätzungen, die leicht von denen im *Yearbook of Labour Statistics* der IAO abweichen.

Die **durchschnittliche jährliche Wachstumsrate der Erwerbsbevölkerung** wurde mit Hilfe des exponentiellen Endpunkt-Verfahrens ermittelt (siehe „Statistische Methoden").

Erwerbstätige Frauen gibt den Anteil der Frauen an, die aktiv zur Erwerbsbevölkerung gehören. Die Schätzungen zum Anteil der Frauen an der Erwerbsbevölkerung entstammen der Datenbank der IAO. Diese Schätzungen sind nicht international vergleichbar, da in vielen Ländern zahlreiche Frauen in landwirtschaftlichen Betrieben aushelfen oder in anderen Familienunternehmen ohne Entgelt tätig sind und die Kriterien zur Bestimmung, inwieweit solche Arbeiterinnen als Teil der Erwerbsbevölkerung gezählt werden, in verschiedenen Ländern voneinander abweichen.

Kinder der Altersgruppe 10 bis 14 Jahre bezeichnet den Teil dieser Altersgruppe, der aktiv der Erwerbsbevölkerung angehört. Es ist schwierig, zuverlässige Daten über Kinderarbeit zu erhalten. In vielen Ländern ist Kinderarbeit verboten, oder es wird offiziell angenommen, daß sie nicht existiert. Aus diesem Grund wird die Kinderarbeit weder angegeben noch in Erhebungen eingeschlossen oder in offiziellen Daten aufgeführt. Es werden außerdem häufig zu niedrige Angaben gemacht, da Kinder, die zusammen mit ihren Familien in der Landwirtschaft oder in Haushalten arbeiten, nicht eingeschlossen sind.

Tabelle 4. Armut

Das Erhebungsjahr ist das Jahr, in dem die zugrunde liegenden Daten ermittelt wurden. Die **ländliche Bevölkerung unterhalb der Armutsgrenze** bezeichnet den Prozentsatz der ländlichen Bevölkerung, der unterhalb der ländlichen Armutsgrenze lebt. **Städtische Bevölkerung unterhalb der Armutsgrenze** bezeichnet den Prozentsatz der städtischen Bevölkerung, der unterhalb der städtischen Armutsgrenze lebt. **Gesambevölkerung unterhalb der Armutsgrenze** bezeichnet den Prozentsatz der Bevölkerung eines Landes, der unterhalb der nationalen Armutsgrenze lebt. Schätzungen der jeweiligen Länder basieren auf bevölkerungsgewichteten Schätzungen zu Untergruppen, die aus Haushaltserhebungen stammen.

Bevölkerung mit weniger als 1 Dollar pro Tag und die **Bevölkerung mit weniger als 2 Dollar pro Tag** gibt den Prozentsatz der Bevölkerung an, der auf dem jeweiligen Verbrauchs- oder Einkommensniveau zu bezüglich Kaufkraftparität bereinigten Preisen von 1985 lebt.

Armutsabweichung von 1 Dollar pro Tag und **Armutsabweichung von 2 Dollar pro Tag** werden als die durchschnittliche Differenz zwischen der Armutsgrenze und dem tatsächlichen Einkommen oder dem tatsächlichen Verbrauch aller armen Haushalte errechnet und in Prozent der Armutsgrenze ausgedrückt. Diese Kennzahl spiegelt sowohl den Grad als auch die Verbreitung von Armut wider.

Internationale Vergleiche von Daten zur Armut bereiten sowohl begriffliche als auch praktische Probleme. Verschiedene Länder definieren Armut unterschiedlich, und konsistente Vergleiche zwischen Ländern, die dieselbe Definition verwenden, können schwierig sein. Nationale Armutsgrenzen entsprechen in reichen Ländern oft einer größeren Kaufkraft, da großzügigere Standards verwendet werden als in armen Ländern. Mit internationalen Armutsgrenzen wird versucht, den realen Wert der Armutsgrenze zwischen den jeweiligen Ländern konstant zu halten. Der Standard von einem US-Dollar pro Tag zu den im Jahre 1985 gültigen internationalen Preisen, die unter Anwendung von KKP-Konversionsfaktoren in die jeweilige Landeswährung umgerechnet wurden, wurde für den *World Development Report 1990: Poverty* verwendet (Weltbank 1990), da er für die Armutsgrenzen in Ländern mit niedrigem Einkommen typisch ist. Die KKP-Konversionsfaktoren werden verwendet, weil sie die landestypischen Preise für Waren und Dienstleistungen, die nicht international gehandelt werden, berücksichtigen. Diese Faktoren wurden nicht für internationale Vergleiche der Armut entworfen, sondern für Vergleiche der Gesamtsummen in den Volkswirtschaftlichen Gesamtrechnungen. Es kann deshalb nicht mit Sicherheit ausgesagt werden, daß eine internationale Armutsgrenze ein über Landesgrenzen hinaus allgemein gültiges Maß für die Bedürfnisse und Entbehrungen ist.

Probleme können sowohl beim Vergleich der Armutsgrenzen innerhalb eines Landes als auch bei Vergleichen zwischen verschiedenen Ländern auftreten. Beispielsweise sind die Preise für Grundnahrungsmittel und die Lebenshaltungskosten im allgemeinen in städtischen Gebieten höher als in ländlichen Gebieten. Aus diesem Grund sollte der nominale Wert der städtischen Armutsgrenze höher sein als der der ländlichen. Doch der in der Praxis vorherrschende Unterschied zwischen städtischer und ländlicher Armut reflektiert den Unterschied in den Lebenshaltungskosten nicht immer eindeutig. In einigen Ländern hat die allgemein verwendete städtische Armutsgrenze einen höheren realen Wert – das bedeutet, daß arme Menschen mehr Verbrauchsgüter kaufen können – als die ländliche Armutsgrenze. Gelegentlich ist dieser Unterschied so groß, daß impliziert wird, in städtischen Gebieten existiere mehr Armut als in ländlichen, obwohl sich genau das Gegenteil herausstellt, wenn lediglich bezüglich der Lebenshaltungskosten Bereinigungen durchgeführt werden.

Weitere Probleme ergeben sich bei der Messung des Lebensstandards der Haushalte. Eines besteht darin zu entscheiden, ob das Einkommen oder der Verbrauch als Indikator für Gesundheit und Wohlergehen verwendet werden soll. Es ist üblicherweise etwas schwieriger, das Einkommen genau zu bemessen, und der Verbrauch hat auch mehr mit dem Lebensstandard zu tun als das Einkommen, da sich dieses mit der Zeit auch bei gleichbleibendem Lebensstandard verändern kann. Doch Daten über den Verbrauch sind nicht immer verfügbar, und in diesem Fall bleibt keine andere Wahl, als sich auf das Einkommen zu stützen. Es gibt allerdings noch weitere Probleme. Die für Haushaltserhebungen verwendeten Fragebögen können in hohem Maße voneinander abweichen, zum Beispiel was die Anzahl der aufgeführten unterschiedlichen Kategorien der Verbrauchsgüter anbelangt. Die Qualität der Erhebungen ist unterschiedlich, und nicht einmal annähernd gleiche Erhebungen können immer vollständig miteinander verglichen werden.

Vergleiche zwischen Ländern mit unterschiedlichem Entwicklungsstand sind wegen der Unterschiede in der relativen Bedeutung des Verbrauchs nichtmarktbestimmter Güter ebenfalls ein potentielles Problem. Der lokale Marktwert jeglichen Verbrauchs von Naturalien (einschließlich des insbesondere in unterentwickelten ruralen Ländern wichtigen Verbrauchs der Eigenproduktion eines Haushalts) sollte in die Berechnung der gesamten Verbrauchsausgaben einbezogen werden. Aus ähnlichen Gründen sollte auch das der Produktion von nichtmarktbestimmten Gütern zugeschriebene Einkommen in die Berechnung des Einkommens einfließen. Dies ist nicht immer der Fall, obwohl derartige Auslassungen in vor 1980 durchgeführten Erhebungen ein viel größeres Problem darstellten als heute. Die meisten Erhebungsdaten schließen heute Schätzungen des Verbrauchs von selbst produzierten Gütern sowie des aus ihnen erzielten Einkommens ein. Die Schätzmethoden variieren dennoch: Einige Erhebungen verwenden zum Beispiel den auf dem nächstgelegenen Markt zu erzielenden Preis, während andere den durchschnittlichen Verkaufspreis ab Hof verwenden.

Die internationalen Armutskennzahlen in Tabelle 4 basieren auf den jüngsten KKP-Schätzungen der neuesten Ausgabe der Penn World Tables (National Bureau of Economic Research 1997). Zu beachten ist jedoch, daß Veränderungen des KKP-Konversionsfaktors, die von Ländern zum Zwecke der Integration besserer Preisindizes vorgenommen wurden, zu bedeutenden Veränderungen der in der jeweiligen Landeswährung angegebenen Armutsgrenze führen können.

Soweit möglich, wurde der Verbrauch als Indikator verwendet, um zu entscheiden, wer arm ist. Wenn lediglich das Haushaltseinkommen verfügbar ist, wird das Durchschnittseinkommen so angeglichen, daß es entweder mit einer auf einer Erhebung basierenden Schätzung des durchschnittlichen Verbrauchs (soweit verfügbar) oder einer Schätzung übereinstimmt, die auf aus der Volkswirtschaftlichen Gesamtrechnung stammenden Verbrauchsdaten basiert. Dieses Verfahren bereinigt jedoch nur den Durchschnitt; die Differenzen in den Lorenzkurven (zur Einkommensverteilung) zwischen Verbrauch und Einkommen können nicht korrigiert werden.

Empirische Lorenzkurven wurden nach Haushaltsgröße gewichtet und basieren somit auf dem Prozentsatz der Bevölkerung und nicht dem der Haushalte. Die Kennzahlen über Armut wurden in allen Fällen aus primären Datenquellen (Tabellarisierungen oder Haushaltsdaten) errechnet und basieren nicht auf existierenden Schätzungen. Auf Tabellarisierungen basierende Schätzungen müssen mit Hilfe einer Interpolationsmethode durchgeführt werden. Die gewählte Methode ist die der Lorenzkurven mit flexiblen Funktionsformen, die sich in der Vergangenheit bewährt hat.

Tabelle 5. Verteilung von Einkommen oder Verbrauch

Das Erhebungsjahr ist das Jahr, in dem die zugrunde liegenden Daten ermittelt wurden.

Der **Gini-Index** mißt das Ausmaß der Abweichung der Einkommensverteilung (oder in einigen Fällen der Verteilung der Verbrauchsausgaben) unter Personen oder Haushalten in einer Volkswirtschaft von einer vollkommen gleichmäßigen Verteilung. Eine Lorenz-Kurve zeigt die kumulierten Prozentwerte des erzielten Gesamteinkommens im Vergleich zur kumulierten Zahl der Einkommensempfänger, beginnend mit den ärmsten. Der Gini-Index mißt den Bereich zwischen der Lorenz-Kurve und einer hypothetischen Linie absoluter Gleichverteilung, ausgedrückt als Prozentsatz der maximalen Fläche unterhalb der Linie. Nach dieser Definition bedeutet ein Gini-Index von Null somit vollkommene Gleichverteilung, während ein Index von

100 maximale Ungleichverteilung anzeigt (wobei eine Person oder ein Haushalt für die Gesamtheit des Einkommens oder Verbrauchs steht).

Prozentualer Anteil am Einkommen oder Verbrauch bezeichnet den Anteil, der auf nach Einkommen oder Verbrauch geordnete 10-Prozent- oder 20-Prozent-Gruppen der Bevölkerung entfällt. Die Addition der Prozentanteile nach 20-Prozent-Gruppen ergibt aufgrund von Rundungsdifferenzen unter Umständen nicht genau 100 Prozent.

Die Daten über das persönliche Einkommen, das Haushaltseinkommen oder den Verbrauch stammen aus repräsentativen Haushaltserhebungen der jeweiligen Länder. Die Daten in der Tabelle beziehen sich auf unterschiedliche Jahre zwischen 1985 und 1996. Eine Fußnote am Erhebungsjahr zeigt, ob die Rangfolge auf Einkommen oder Verbrauch basiert. Die Verteilung basiert auf Prozentsätzen der Bevölkerung, nicht der Haushalte. Die Haushalte wurden nach Einkommen oder Ausgaben pro Person eingeordnet. Sofern die Ursprungsdaten der Haushaltserhebungen verfügbar waren, wurden diese verwendet, um die Einkommens- oder Verbrauchsanteile nach 20-Prozent-Gruppen direkt zu berechnen. Andernfalls sind die Anteile anhand der am besten verfügbaren Gruppendaten geschätzt worden.

Die Verteilungskennzahlen sind um die Haushaltsgröße bereinigt worden, um so eine konsistentere Kennzahl für das Einkommen oder den Verbrauch pro Kopf zu erhalten. Die regionalen Unterschiede innerhalb der Länder wurden nicht bereinigt, da die für solche Berechnungen erforderlichen Daten im allgemeinen nicht verfügbar sind. Weitere Einzelheiten zu den Schätzverfahren für Länder mit niedrigem und mittlerem Einkommen sind Ravallion und Chen (1996) zu entnehmen.

Da zwischen den zugrunde liegenden Haushaltserhebungen sowohl im Hinblick auf die Methode als auch in bezug auf die Art der erhobenen Daten Unterschiede bestehen, sind die Verteilungskennzahlen zwischen den Ländern nicht vollständig vergleichbar. Diese Probleme verringern sich im Laufe der Zeit mit der Verbesserung und der zunehmenden Standardisierung der Erhebungsverfahren, doch eine vollständige Vergleichbarkeit ist noch nicht möglich.

Die Einkommensverteilung und die Gini-Indizes für Länder mit hohem Einkommen wurden direkt aus der Datenbank der Luxembourg Income Study (Luxembourg Income Study 1997) errechnet. Die verwendete Schätzmethode stimmt mit der für Entwicklungsländer angewandten Methode überein.

Es gibt mehrere wichtige Gründe dafür, daß die Kennzahlen nicht vergleichbar sind. Zunächst einmal können sich die Erhebungen in vielerlei Hinsicht voneinander unterscheiden, zum Beispiel in der Frage, ob sie das Einkommen oder die Verbrauchsausgaben als Indikator für den Lebensstandard verwenden. Das Einkommen ist gewöhnlich ungleichmäßiger verteilt als der Verbrauch. Außerdem unterscheiden sich die Definitionen des bei Erhebungen verwendeten Einkommensbegriffs üblicherweise stark von der ökonomischen Definition des Einkommens (das maximale Verbrauchsniveau, das konsistent ist mit einer unveränderten Produktivität). Der Verbrauch ist gewöhnlich vor allem in Entwicklungsländern ein viel besserer Indikator für das Wohlergehen. Zweitens unterscheiden sich die Haushalte hinsichtlich der Größe (Zahl der Mitglieder) und des Maßes der Einkommensverteilung unter den Familienmitgliedern. Diesbezügliche Unterschiede zwischen verschiedenen Ländern können Verteilungsvergleiche verfälschen.

Tabelle 6. Bildungswesen

Öffentliche Ausgaben für Bildung bezeichnen den Prozentsatz des BSP, der durch Staatsausgaben für öffentliche Schulen zuzüglich Unterstützungszahlungen an private Schulen für die Grundschulausbildung, die Ausbildung an weiterführenden Schulen sowie die Hochschulausbildung vergeben wird. Ausgaben für Konfessionsschulen, die in vielen Entwicklungsländern eine wichtige Rolle spielen, werden möglicherweise nicht berücksichtigt. Die Daten für einige Länder und einige Jahre beziehen sich nur auf die Ausgaben des Bildungsministeriums der Regierung und schließen Ausbildungsausgaben anderer Ministerien und Abteilungen der Regierung sowie örtlicher Behörden und anderer aus.

Netto-Schulbesuchsquote ist der Prozentsatz der Kinder im offiziellen Schulalter (definiert durch das Bildungssystem), der Grundschulen oder weiterführende Schulen besucht, basierend auf der Gesamtzahl der Kinder im für diese Stufen offiziellen Schulalter in der Bevölkerung. Die Daten über den Schulbesuch basieren auf jährlichen Erhebungen, die gewöhnlich zu Beginn eines jeden Schuljahres durchgeführt werden. Sie berücksichtigen nicht die tatsächliche Teilnahme am Schulunterricht und die während des Schuljahres abgemeldeten Schüler und Schülerinnen. Probleme, die die Vergleiche der Schulbesuchsdaten zwischen verschiedenen Ländern betreffen, stammen aus versehentlichen oder beabsichtigten Falschangaben zum Alter und aus Fehlern in den Schätzungen der Bevölkerung im Schulalter. Aus Volkszählungen oder Bevölkerungserhebungen, den primären Datenquellen über die Bevölkerungszahl im Schulalter, abgeleitete Alters- und geschlechtsspezifische Strukturen, geben gewöhnlich zu niedrige Zahlen an (insbesondere bezüglich der jüngeren Kinder).

Schulbesuchsquote bis zur vierten Klasse bezeichnet den Anteil der Kinder, die die Grundschule im Jahr 1980 bzw. 1991 begannen und die vierte Klasse im Jahr 1983 bzw. 1994 erreichten. Da für einzelne Schüler und Schülerinnen keine Daten verfügbar sind, werden zusammengefaßte Schülerflüsse von einer Klasse in die nächste aufgrund von Daten über die durchschnittliche Bestehens-, Wiederholungs- und Abbruchquote ermittelt. Andere Zu- und Abflüsse, die während des Jahres durch neu und wieder hinzugekommene Schüler und Schülerinnen, Überspringen von Klassen, Migration oder Schulwechsel entstehen, werden nicht berücksichtigt. Dieses Verfahren wird als rekonstruierte Gruppenmethode bezeichnet. Es macht drei vereinfachende Annahmen: Schüler und Schülerinnen, die die Schule verlassen haben, kehren nie an die Schule zurück, die Bestehens-, Wiederholungs- und Abbruchquote bleibt während der gesamten Zeit, in der eine bestimmte Gruppe die Schule besucht, konstant, und dieselben Quoten lassen sich auf alle Schüler und Schülerinnen einer bestimmten Stufe anwenden, ungeachtet dessen, ob sie vorher schon einmal eine Klasse wiederholt haben.

Der **Schulbesuch in Jahren** ist die durchschnittliche Anzahl der Jahre der formellen Schulbildung, die ein Kind voraussichtlich erhält, einschließlich Hochschulbildung und wiederholter Schuljahre. Er kann auch als Kennzahl der gesamten in Schuljahren gemessenen Bildungsressourcen interpretiert werden, die ein Kind während seiner „Schullaufbahn" benötigt.

Die Daten über das Bildungswesen wurden von der Organisation der Vereinten Nationen für Erziehung, Wissenschaft und Kultur (UNESCO) aus offiziellen Antworten auf Erhebungen und aus Berichten von Bildungsbehörden in jedem Land zusammengestellt. Da sich die Methoden der Berichterstattung und Datenerfassung sowie die Definitionen zwischen verschiedenen Ländern sowie zwischen verschiedenen Zeiträumen innerhalb eines Landes unterscheiden, sollten die Daten über das Bildungswesen vorsichtig interpretiert werden.

Tabelle 7. Gesundheitswesen

Öffentliche Ausgaben für das Gesundheitswesen setzen sich aus regelmäßigen Ausgaben und Kapitalausgaben aus den Haushalten zentraler und lokaler Regierungsbehörden sowie aus ausländischen Krediten und Zuschüssen (einschließlich Spenden internationaler Institutionen und nichtstaatlicher Organisationen) und Geldern der sozialen (oder gesetzlichen) Krankenversicherung zusammen. Da nur wenige Entwicklungsländer über ein nationales Buchführungssystem im Gesundheitswesen verfügen, ist die Erstellung von Schätzungen der öffentlichen Ausgaben für das Gesundheitswesen in solchen Ländern schwierig, in denen staatliche, regionale und örtliche Behörden an der Finanzierung der Gesundheitsfürsorge beteiligt sind. Diese Daten werden nicht regelmäßig angegeben, und wenn sie angegeben werden, sind sie oft von schlechter Qualität. In einigen Ländern werden Gesundheitsdienste als Sozialdienste betrachtet und sind somit von den Ausgaben im Gesundheitssektor ausgeschlossen. Die in Tabelle 7 aufgeführten Daten über die Ausgaben für das Gesundheitswesen wurden von der Weltbank als Teil ihrer Gesundheits-, Ernährungs- und Bevölkerungsstrategie zusammengestellt. Für Länder mit unvollständigen Angaben wurden keine Schätzungen gemacht.

Zugang zu Trinkwasser bezeichnet den prozentualen Anteil der Bevölkerung mit angemessenem Zugang zu einer angemessenen Menge sauberen Wassers (wozu aufbereitetes Oberflächenwasser oder unbehandeltes, aber nicht verseuchtes Wasser gehört, wie solches aus Quellen, hygienisch einwandfreien Brunnen und geschützten Bohrlöchern). In städtischen Gebieten können dies öffentliche Brunnen oder Standrohre sein, welche nicht mehr als 200 Meter von der Unterkunft entfernt sind. In ländlichen Gebieten bedeutet der Zugang zu Trinkwasser, daß Haushaltsmitglieder keinen unangemessen großen Teil des Tages mit der Wasserbeschaffung zubringen müssen. Eine „angemessene" Menge sauberen Wassers ist die Menge, die zur Befriedigung von Stoffwechsel-, Hygiene- und Haushaltsbedürfnissen benötigt wird: etwa 20 Liter pro Person pro Tag. Die Definition von Trinkwasser hat sich im Laufe der Zeit verändert.

Zugang zu sanitären Einrichtungen ist der prozentuale Anteil der Bevölkerung mit einem Mindestmaß an angemessenen Entsorgungseinrichtungen, bei denen der Kontakt von Menschen, Tieren und Insekten mit Exkrementen ausgeschlossen ist. Geeignete Einrichtungen reichen von einfachen, aber geschützten Grubentoiletten ohne Wasserspülung bis zu Toiletten mit Wasserspülung und Anschluß an die Kanalisation. Um effektiv zu sein, müssen die Einrichtungen fachgerecht konstruiert sein und richtig instandgehalten werden.

Säuglingssterblichkeitsrate ist die Zahl der Sterbefälle von Säuglingen unter einem Jahr pro 1.000 Lebendgeburten in einem bestimmten Jahr (siehe Beschreibung der altersspezifischen Sterblichkeitsraten in den Technischen Anmerkungen zu Tabelle 2).

Die **Empfängnisverhütungsrate** ist die Zahl der Frauen in Prozent, die – oder deren Sexualpartner – irgendeine Form von Empfängnisverhütung praktiziert. Sie wird im allgemeinen nur für verheiratete Frauen im Alter von 15 bis 49 Jahren erfaßt. Es werden alle Verhütungsmethoden berücksichtigt: wenig wirksame traditionelle sowie höchst effiziente moderne Methoden. Nicht verheiratete Frauen sind von den Erhebungen oft ausgeschlossen, was zu einer Verfälschung der Schätzung führen kann. Die Daten stammen vorwiegend aus demographischen und Gesundheitserhebungen, sowie aus Untersuchungen zur Verbreitung von Empfängnisverhütung.

Gesamtanzahl der Geburten gibt die Anzahl der Kinder an, die eine Frau bekommen würde, wenn sie bis zum Ende des gebärfähigen Alters leben und entsprechend den vorherrschenden altersspezifischen Fruchtbarkeitsraten Kinder zur Welt bringen würde. Die Daten stammen aus Personenstandsregistern oder, falls diese nicht vorhanden sind, aus Volkszählungen oder Stichprobenerhebungen. Soweit die Volkszählungen oder Erhebungen relativ neu sind, werden die geschätzten Quoten als zuverlässig angesehen. Internationale Vergleiche sind wie bei anderen demographischen Daten durch die Unterschiede in der Datendefinition, der Zusammenstellung und der Schätzmethoden eingeschränkt möglich.

Müttersterblichkeitsrate ist die Zahl der Todesfälle bei Frauen während Schwangerschaft und Geburt, bezogen auf 100.000 Lebendgeburten. Müttersterblichkeitsraten sind schwierig zu bemessen, da die Aufzeichnung von Daten im Gesundheitswesen oft mangelhaft ist. Die Klassifizierung eines Todesfalls als mit der Schwangerschaft oder der Geburt zusammenhängend erfordert die Feststellung der Todesursache durch qualifiziertes medizinisches Personal, basierend auf den zum Zeitpunkt des Todes vorhandenen Informationen. Doch selbst dann können einige Zweifel über die Diagnose bestehen bleiben, sofern keine Autopsie durchgeführt wird. In vielen Entwicklungsländern wird die Todesursache von Laien festgestellt, und häufig lautet die Diagnose „ungeklärte Todesursache". In ländlichen Gebieten wird die Müttersterblichkeit oft nicht erfaßt. Die Daten in Tabelle 7 sind offizielle Schätzungen aus administrativen Unterlagen, indirekte, auf Erhebungen basierende Schätzungen oder aus einem demographischen Modell des Kinderhilfsfonds der Vereinten Nationen (UNICEF) und der Weltgesundheitsorganisation (WHO) abgeleitete Schätzungen. In allen Fällen sind die Standardabweichungen bei den Müttersterblichkeitsraten groß. Aus diesem Grund ist dieser Indikator besonders für die Beobachtung von Veränderungen über einen kurzen Zeitraum ungeeignet.

Tabelle 8. Bodennutzung und landwirtschaftliche Produktivität

Zu **Kulturflächen** gehören Temporär- und Dauerkulturen, temporäre Wiesen, Handelsgärtnereien und Gemüsegärten sowie zeitweise brachliegendes Land. Dauerkulturen sind Kulturen, die nicht nach jeder Ernte neu gepflanzt werden müssen, Bäume für Wälder oder zur Holzgewinnung ausgeschlossen. **Bewässertes Land** bezieht sich auf Gebiete, die absichtlich bewässert werden. Dazu gehört auch durch kontrolliertes Überfluten bewässertes Land. Zum **bebauten Land** gehört Land, das gemäß der Definition der Organisation für Ernährung und Landwirtschaft (FAO) zeitweise bebaut ist (doppelt bebaute Gebiete werden nur einmal gezählt), temporäre Wiesen zur Heuproduktion oder als Weideland, Handelsgärtnereien und Gemüsegärten sowie zeitweise brachliegendes Land. Land, das aufgrund von Wanderfeldbau verlassen wurde, wird nicht dazugerechnet.

Die Vergleichbarkeit der Daten zur Bodennutzung in verschiedenen Ländern ist aufgrund der Unterschiede in der Definition, den statistischen Methoden und der Qualität der gesammelten Daten beschränkt. Länder können zum Beispiel die Bodennutzung unterschiedlich definieren. Die FAO, die einen Großteil dieser Daten zusammenstellt, paßt ihre Definitionen der unterschiedlichen Bodennutzungskategorien von Zeit zu Zeit an und revidiert hin und wieder frühere Daten. Da sich sowohl Veränderungen in den Verfahren zur Berichterstattung der Daten als auch die tatsächlichen Veränderungen in der Bodennutzung in den Daten niederschlagen, sollten Trends vorsichtig interpretiert werden.

Landwirtschaftliche Produktivität bezieht sich auf die in konstanten, für 1987 geltenden US-Dollar gemessene landwirtschaftliche Wertschöpfung pro Landarbeiter und pro Hektar Agrarland (die Summe aus zeitweise bebautem Land, permanentem Ackerland und permanentem Weideland).

Die Wertschöpfung in der Landwirtschaft schließt die Wertschöpfung in der Fischerei- und Forstwirtschaft ein. Bei der Interpretation der Bodenproduktivität ist aus diesem Grund Vorsicht geboten. Um die jährlichen Fluktuationen in der landwirtschaftlichen Aktivität zu glätten, wurde ein dreijähriger Durchschnittswert der Kennzahlen ermittelt.

Nahrungsmittelproduktionsindex bezieht sich auf als genießbar geltende und Nährstoffe enthaltende Erzeugnisse. Kaffee und Tee sind davon ausgeschlossen, da sie zwar genießbar sind, aber keinen Nährwert besitzen. Der Nahrungsmittelproduktionsindex wird von der FAO ermittelt, die ihrerseits Daten aus offiziellen und halboffiziellen Berichten über Ernteerträge, bebaute Gebiete und Viehbestand sammelt. Wenn keine Daten verfügbar sind, macht die FAO Schätzungen. Der Index wird unter Anwendung der Laspeyres-Formel errechnet: die Produktionsmenge jedes Guts wird nach den durchschnittlichen internationalen Preisen für das Gut in der Basisperiode gewichtet und für jedes Jahr aufaddiert. Der FAO-Index kann von Indizes aus anderen Quellen aufgrund von Unterschieden in Erfassung, Gewichtungen, Konzepten, Zeitabschnitten, Berechnungsmethoden und der Verwendung von internationalen Preisen abweichen.

Tabelle 9. Wasserverbrauch, Entwaldung und Schutzgebiete

Die **Süßwasserressourcen** bestehen aus nationalen, erneuerbaren Ressourcen und umfassen Flüsse und aus Niederschlägen entstehendes Grundwasser innerhalb des Landes, jedoch nicht Flüsse, die aus anderen Ländern zufließen. Die Süßwasserressourcen pro Kopf werden mit Hilfe der Bevölkerungsschätzungen der Weltbank errechnet.

Die Daten über Süßwasserressourcen basieren auf Schätzungen der Wasserabflüsse in Flüsse und der Wiederauffüllung von Grundwasserreserven. Da diese Schätzungen auf unterschiedlichen Quellen basieren und sich auf verschiedene Jahre beziehen, sollten Ländervergleiche vorsichtig gezogen werden. Die Daten werden in regelmäßigen Abständen gesammelt und können deshalb wichtige Schwankungen in den gesamten erneuerbaren Wasserressourcen von einem Jahr zum nächsten verschleiern. Diese jährlichen Durchschnitte berücksichtigen auch die großen saisonalen und während eines Jahres auftretenden Unterschiede in der Wasserverfügbarkeit innerhalb des jeweiligen Landes nicht. Die Daten für kleine Länder und Länder in Dürre- oder Halbdürregebieten sind weniger zuverlässig als die Daten für größere Länder mit einer größeren Niederschlagsmenge.

Jährliche Süßwasserentnahmen bezieht sich auf die gesamten Wasserentnahmen, ohne Berücksichtigung der Verdunstungsverluste bei Speicherbecken. Die Entnahmen umfassen auch Wasser aus Entsalzungsanlagen in Ländern, in denen diese eine bedeutende Wasserquelle darstellen. Soweit nicht anders angegeben, betreffen die Daten über Entnahmen einzelne Jahre zwischen 1980 und 1996. Vorsicht ist bei dem Vergleich von Daten über jährliche Süßwasserentnahmen geboten, da sie im Hinblick auf die Erfassungs- und Schätzmethoden voneinander abweichen können. Die Entnahmen können 100 Prozent der erneuerbaren Wassermenge übersteigen, wenn die Nutzung nicht erneuerbarer Reservoire oder Entsalzungsanlagen berücksichtigt wird, wenn eine beträchtliche Menge des verwendeten Wassers aus Flüssen stammt, die aus anderen Ländern zufließen, oder wenn eine signifikante Menge Wassers wiederverwendet wird. Die Wasserentnahmen für die Landwirtschaft und Industrie umfassen die gesamten Entnahmen für Bewässerung, Viehzucht und direkte industrielle Nutzung (einschließlich Entnahmen für die Kühlung von Wärmekraftwerken). Die Entnahmen für den privaten Verbrauch umfassen Trinkwasser, städtische Nutzung oder Bereitstellung sowie Verwendung für öffentliche Dienstleistungen, Betriebsstätten und private Haushalte. Die Daten über die sektoralen Wasserentnahmen wurden für die meisten Länder für 1987 bis 1995 geschätzt.

Zugang zu Trinkwasser bezieht sich auf den prozentualen Anteil der Personen mit angemessenem Zugang zu einer ausreichenden Menge sauberen Trinkwassers in ihrer Unterkunft oder der näheren Umgebung.

Informationen über den Zugang zu sauberem Wasser sind zwar sehr häufig verfügbar, doch sie sind auch äußerst subjektiv, und Aussagen wie „ausreichend" und „sauber" können trotz der offiziellen Definitionen der WHO in verschiedenen Ländern sehr unterschiedliche Bedeutungen haben. Selbst in Industrienationen ist aufbereitetes Wasser nicht immer trinkbar. Obwohl der Zugang zu sauberem Wasser mit dem Anschluß an ein öffentliches Versorgungsnetz gleichgesetzt wird, werden die Unterschiede in Qualität und Kosten (allgemein definiert) für die Bereitstellung nach erfolgtem Anschluß nicht immer berücksichtigt. Aus diesem Grund sollten Ländervergleiche vorsichtig gezogen werden. Veränderungen im Laufe der Zeit innerhalb von Ländern können die Folge von Veränderungen in den Definitionen oder den Bemessungen sein.

Jährliche Entwaldung bezieht sich auf die dauerhafte Umwandlung von Waldgebieten (Land mit natürlichem oder angepflanztem Baumbestand) in anders genutzte Flächen einschließlich Wanderfeldbau, permanente Landwirtschaft, Weidewirtschaft, Siedlungen oder zur Entwicklung von Infrastruktur genutzte Flächen. Entwaldete Gebiete umfassen weder abgeholzte Gebiete, deren Aufforstung vorgesehen ist, noch Flächen, die durch Sammeln von Brennholz, sauren Regen oder Waldbrände geschädigt wurden. Negative Zahlen zeigen eine Vergrößerung des Waldbestandes an.

Die Schätzungen über Waldgebiete stammen aus FAO 1997. Diese Publikation liefert Informationen zur Bewaldung ab 1995 und revidierte Schätzungen der Bewaldung im Jahre 1990. Daten zu den bewaldeten Flächen in Entwicklungsländern basieren auf Ländereinschätzungen, die zu verschiedenen Zeiten erstellt wurden und zu Berichtszwecken an die Standard-Referenzjahre 1990 und 1995 angepaßt werden mußten. Diese Anpassung wurde mit Hilfe eines Entwaldungsmodells vorgenommen, das entworfen wurde, um Veränderungen in der Bewaldung im Laufe der Zeit mit bestimmten Hilfsvariablen zu verbinden, wie zum Beispiel Veränderungen in der Bevölkerungszahl und -dichte, ursprüngliche Bewaldung sowie die ökologische Zone, in welcher sich das beobachtete Waldgebiet befindet.

Staatliche Schutzgebiete sind ganz oder teilweise geschützte Gebiete mit einer Fläche von mindestens 1.000 Hektar, die zu Nationalparks, Naturdenkmälern, Natur-, Tier-, Landschafts-, Küsten- oder wissenschaftlichen Schutzgebieten mit eingeschränktem öffentlichen Zugang erklärt wurden. Die Daten schließen Gebiete, die nach örtlichem oder regionalem Gesetz geschützt sind, nicht ein. Die Gesamtfläche wird zur Berechnung des Prozentsatzes der gesamten geschützten Gebiete verwendet.

Die Daten über Schutzgebiete wurden vom World Conservation Monitoring Centre, einem Gemeinschaftsprojekt des Umweltprogramms der Vereinten Nationen, dem World Wide Fund for Nature und der World Conservation Union, aus einer Reihe von Quellen zusammengestellt. Aufgrund von Unterschieden in den Definitionen und der Berichterstattung ist ein Vergleich zwischen verschiedenen Ländern nur eingeschränkt möglich. Diese Probleme werden zudem dadurch verstärkt, daß sich die verfügbaren Daten auf verschiedene Zeitabschnitte beziehen. Wenn ein Gebiet zum Schutzgebiet erklärt wird, heißt das nicht unbedingt, daß der Schutz auch wirklich durchgesetzt wird. In kleinen Ländern, in denen die Fläche der Schutzgebiete weniger als 1.000 Hektar ausmacht, führt diese Begrenzung zu einer zu niedrigen Schätzung der Fläche und Ausdehnung der Schutzgebiete.

Tabelle 10. Energieverbrauch und Emissionen

Kommerzieller Energieverbrauch bezieht sich auf den offensichtlichen Verbrauch. Dieser umfaßt die inländische Produktion zuzüglich Importe und Lagerveränderungen abzüglich Exporte und Kraftstoff für Schiffe und Flugzeuge, die für den internationalen Transport verwendet werden.

Die Internationale Energie-Agentur (I.E.A.) und die Statistikabteilung der Vereinten Nationen (UNSD) sammeln Daten zur Energie. Die Daten der I.E.A. über Nichtmitglieder der Organisation für wirtschaftliche Zusammenarbeit und Entwicklung (OECD) basieren auf nationalen Energieangaben, die bereinigt wurden, damit sie mit den jährlichen Fragebögen übereinstimmen, die von den Regierungen der OECD-Mitgliedstaaten ausgefüllt werden. Die Daten der UNSD werden primär anhand der Antworten in Fragebögen zusammengestellt, die an Regierungen geschickt werden, und durch offizielle Länderstatistiken und Daten von internationalen Organisationen ergänzt. Wenn keine offiziellen Daten verfügbar sind, erstellt die UNSD auf professioneller und kommerzieller Literatur basierende Schätzungen. Die Vielfalt an Quellen beeinträchtigt den Vergleich zwischen einzelnen Ländern.

Der kommerzielle Energieverbrauch bezieht sich auf die inländische Primärenergie vor der Umwandlung in andere Energiequellen für den Endverbrauch (wie Elektrizität und raffinierte Erdölerzeugnisse). Die Verwendung von Brennholz, getrockneten Tierexkrementen und anderen herkömmlichen Brennstoffen ist nicht eingeschlossen. Alle Arten kommerzieller Energie – Primärenergie und Primärelektrizität – werden in Erdöleinheiten umgerechnet. Bei der Umrechnung von Kernenergie in Erdöleinheiten wurde ein fiktiver thermischer Wirkungsgrad von 33 Prozent unterstellt; für die durch Wasserkraft erzeugte Energie wurde ein Wirkungsgrad von 100 Prozent angesetzt.

BIP je Einheit des Energieverbrauchs ist der Dollarschätzwert des realen Bruttoinlandsprodukts (zu Preisen von 1987) pro Kilogramm Erdöleinheiten für die Verwendung als kommerzielle Energie.

Nettoenergieeinfuhr wird als Energieverbrauch abzüglich Erzeugung in Öleinheiten berechnet. Ein negatives Vorzeichen zeigt an, daß das jeweilige Land ein Netto-Exporteur ist.

Kohlendioxidemissionen messen den Kohlendioxidausstoß bei der Verbrennung fossiler Brennstoffe sowie der Zementherstellung. Emissionen durch Verwendung fester, flüssiger oder gasiger Brennstoffe sowie das Abfackeln von Gas sind eingeschlossen.

Das vom US-amerikanischen Department of Energy finanzierte Carbon Dioxide Information Analysis Center (CDIAC) berechnet die jährlichen vom Menschen verursachten Kohlendioxidemissionen. Diese Berechnungen basieren auf den Daten über die Verbrennung fossiler Brennstoffe der Weltenergie-Datensammlung, welche von der Statistikabteilung der UNO geführt wird, sowie auf den Daten über die weltweite Zementherstellung der Datensammlung Cement Manufacturing, die vom Bergbau-Büro der Vereinigten Staaten geführt wird. Das CDIAC berechnet jährlich die gesamte Zeitreihe von 1950 bis zum aktuellen Datum neu, wobei sie die neuesten Erkenntnisse und Korrekturen in ihre Datenbank aufnimmt. Die Schätzungen schließen Kraftstoffe für Schiffe und Flugzeuge für den internationalen Verkehr aus, da die anteilige Zuordnung dieser Kraftstoffe unter den beteiligten und von diesem Verkehr profitierenden Ländern schwierig ist.

Tabelle 11. Wirtschaftswachstum

Bruttoinlandsprodukt ist die Bruttowertschöpfung zu Käuferpreisen aller in- und ausländischen Produzenten in einem Land zuzüglich Steuern und abzüglich Subventionen, die nicht im Produktwert enthalten sind. Bei der Berechnung werden keine Abzüge für den Verbrauch von produzierten Gütern oder für Substanzverluste und die Verringerung natürlicher Ressourcen vorgenommen. Die Wertschöpfung ist der Netto-Output eines Sektors, nachdem alle Outputs addiert und zwischenperiodische Investitionen subtrahiert wurden. Die Entstehungsrechnung der Wertschöpfung wird durch die Internationale Standard-Gewerbeklassifizierung der gesamten wirtschaftlichen Tätigkeiten (ISIC), zweite Überarbeitung, bestimmt.

Der **BIP-implizite Deflator** zeigt die Preisänderungen in allen Endnachfragekategorien wie Staatsverbrauch, Kapitalbildung und internationaler Handel, sowie der Hauptkomponente, dem privaten Endverbrauch. Der BIP-Deflator wird als Verhältnis des laufenden BIP zum BIP zu konstanten Preisen errechnet. Er kann auch explizit als ein Laspeyres-Preisindex berechnet werden, in dem die Gewichtungen Produktionsmengen in Basiszeiträumen sind.

Wertschöpfung Landwirtschaft entspricht den ISIC-Gruppen 11-13 und schließt Forstwirtschaft und Fischerei mit ein. Die industrielle Wertschöpfung umfaßt die folgenden Sektoren: Bergbau (ISIC-Gruppen 10-14), verarbeitende Industrie (ISIC-Gruppen 15-37), Bauwesen (ISIC-Gruppe 45) sowie Strom-, Gas- und Wasserversorgung (ISIC-Gruppen 40 und 41). Die Wertschöpfung der Dienstleistungen entspricht den ISIC-Gruppen 50-96.

Ausfuhr von Waren und Dienstleistungen erfaßt den Wert aller Waren- und Dienstleistungsexporte in die übrige Welt. Hierzu gehören der Warenwert, Fracht, Versicherung, Reisen und sonstige Dienstleistungen ohne Faktoreinkommen. Faktor- und Vermögenseinkommen (früher Faktordienstleistungen genannt), wie zum Beispiel Kapitalerträge, Zinsen, Arbeitseinkommen sowie Transferzahlungen, sind in dieser Summe nicht enthalten.

Bruttoinlandsinvestitionen setzen sich zusammen aus Ausgaben zur Aufstockung des Anlagevermögens des Landes plus Nettoveränderungen auf Bestandsebene. Zur Aufstockung des Anlagevermögens gehören die Aufwertung von Grund und Boden (durch Zäune, Gräben, Abflüsse usw.), der Kauf von Pflanzen, Maschinen und Ausrüstungsgegenständen sowie der Bau von Gebäuden, Straßen, Eisenbahnen u. a., einschließlich Gewerbe- und Industriegebäude, Büros, Schulen, Krankenhäuser und privater Unterkünfte. Bestände sind Warenlager, die von den Unternehme für den Fall temporärer oder unerwarteter Fluktuationen in Produktion oder Verkauf unterhalten werden.

Die Wachstumsraten sind unter Verwendung konstanter Preise in der jeweiligen Landeswährung berechnete jährliche Mittel. Die Wachstumsraten für Regionen- und Einkommensgruppen wurden nach der Umrechnung der jeweiligen Währung in US-Dollar zum offiziellen durchschnittlichen Wechselkurs berechnet, der vom IWF für das betreffende Jahr angegeben wurde. In einigen Fällen wurde ein alternativer Konversionsfaktor verwendet, der von der Development Data Group der Weltbank bestimmt wurde.

Die Methoden zur Berechnung der Wachstumsraten und die alternativen Konversionsfaktoren werden im Abschnitt „Statistische Methoden" beschrieben. Zusätzliche Informationen zur Berechnung des BIP und seiner sektoralen Komponenten sind den Technischen Anmerkungen zu Tabelle 12 zu entnehmen.

Tabelle 12. Struktur der Produktion

Definitionen des BIP und der Wertschöpfungskomponenten (Landwirtschaft, Industrie, verarbeitende Industrie und Dienstleistungen) sind den Technischen Anmerkungen zu Tabelle 11 zu entnehmen.

Das Bruttoinlandsprodukt ist die Summe der Wertschöpfungen aller Produzenten des jeweiligen Landes. Das System der Volkswirtschaftlichen Gesamtrechnungen (VGR) der UNO verlangt seit 1968, daß die Schätzungen des BIP auf der Entstehungsrechnung basieren und entweder zu Basispreisen (ohne sämtliche indirekten Steuern auf Produktionsfaktoren) oder zu Produktionspreisen (einschließlich der Steuern auf Produktionsfaktoren, aber ohne indirekte Steuern auf die Endproduktion) berechnet werden. Einige Länder berichten jedoch solche Daten zu Käuferpreisen – diejenigen Preise, die beim Endverkauf gültig sind –, was die Schätzungen über die Verteilung der Produktion beeinträchtigen kann. Das in dieser Tabelle aufgeführte gesamte BIP ist zu Käuferpreisen bemessen. Die BIP-Komponenten sind zu Basispreisen bemessen.

Zu den Schwierigkeiten, die die Erfassung von Daten über die Volkswirtschaftlichen Gesamtrechnungen mit sich bringt, gehört das Ausmaß der nicht berichteten wirtschaftlichen Aktivitäten in der informellen oder sekundären Wirtschaft. In Entwicklungsländern wird ein erheblicher Teil der landwirtschaftlichen Produktion entweder nicht ausgetauscht (weil er innerhalb eines Haushalts konsumiert wird) oder nicht gegen Entgelt ausgetauscht. Finanzielle Transaktionen werden möglicherweise ebenfalls nicht aufgezeichnet. Die landwirtschaftliche Produktion muß oft indirekt geschätzt werden, mit Hilfe einer Kombination verschiedener Methoden basierend auf Schätzungen von Aufwand, Erträgen und bebauten Gebieten.

Die industrielle Produktionsleistung sollte idealerweise durch regelmäßige Volkszählungen und Unternehmensbefragungen erhoben werden. Doch da solche Erhebungen in den meisten Entwicklungsländern selten durchgeführt werden und die Ergebnisse schnell veralten, muß ein Großteil der Resultate extrapoliert werden. Auch die Wahl der Stichprobeneinheit, bei der es sich entweder um ein Unternehmen (bei welchem die Antworten auf Finanzunterlagen basieren können) oder um eine Unternehmenseinheit (bei welcher die Produktionseinheiten separat aufgezeichnet werden können) handeln kann, beeinflußt die Qualität der Daten. Zudem ist ein großer Teil der Industrieproduktion nicht in einer Unternehmensstruktur, sondern in nicht eingetragenen oder vom Eigentümer geführten Unternehmungen organisiert, die in den auf den formellen Sektor abzielenden Erhebungen nicht berücksichtigt werden. Selbst in großen Industriezweigen, in denen regelmäßige Befragungen wahrscheinlicher sind, verringert die Hinterziehung von Verbrauchs- und anderen Steuern die Schätzwerte der Wertschöpfung. Derartige Probleme werden noch vergrößert, wenn Länder den Übergang von der Plan- zur Marktwirtschaft vollziehen, da neue Unternehmen gegründet werden und eine zunehmende Zahl der etablierten Firmen nicht berichten. Gemäß den VGR sollte die Produktionsleistung alle derartigen nicht berichteten Aktivitäten sowie den Wert illegaler Aktivitäten und anderer nicht aufgezeichneter, informeller oder kleinangelegter Operationen einschließen. Daten über diese Aktivitäten müssen mit Hilfe anderer Methoden als den konventionellen Befragungen gesammelt werden.

In Bereichen, in denen große Organisationen und Unternehmen dominieren, sind Daten über die Produktionsleistung, die Beschäftigung und die Löhne gewöhnlich verfügbar und relativ zuverlässig. Doch auf dem Dienstleistungssektor ist es gelegentlich schwierig, die vielen Selbständigen und Ein-Mann-Betriebe auszumachen, für deren Eigentümer es wenig Anreiz gibt, auf Befragungen zu antworten, geschweige denn ihr gesamtes Einkommen anzugeben. Diese Probleme werden noch durch die vielen Arten von nicht erfaßten wirtschaftlichen Tätigkeiten, einschließlich derjenigen Arbeit von Frauen und Kindern, die kaum oder gar nicht bezahlt wird, verstärkt. Die mit der Verwendung von Daten über die Volkswirtschaftliche Gesamtrechnung verbundenen Probleme werden in Srinivasan 1994 und Heston 1994 ausführlicher behandelt.

Tabelle 13. Struktur der Nachfrage

Privater Verbrauch setzt sich zusammen aus dem Marktwert aller Waren und Dienstleistungen, einschließlich langlebiger Sachgüter (wie Autos, Waschmaschinen und Heimcomputer), die von privaten Haushalten und gemeinnützigen Institutionen gekauft oder als Sacheinkommen bezogen werden. Er schließt Wohnungskäufe aus, enthält aber die kalkulatorische Eigenmiete für selbstgenutztes Wohneigentum. In der Praxis können sämtliche statistischen Diskrepanzen im Verhältnis von Ressourcennutzung zu Ressourcenangebot eingeschlossen sein.

Der private Verbrauch wird oft als Restsumme berechnet, indem alle anderen bekannten Ausgaben vom BIP subtrahiert werden. Die sich so ergebende Gesamtsumme kann recht große Diskrepanzen aufweisen. Wenn der private Verbrauch separat berechnet wird, sind die Haushaltsbefragungen, auf denen ein Großteil der Schätzungen beruht, meist Einjahresstudien mit eingeschränktem Geltungsbereich. Die Schätzungen veralten daher schnell und müssen durch preis- und mengenbasierte statistische Schätzverfahren ergänzt werden. Das Problem wird noch dadurch vergrößert, daß in vielen Entwicklungsländern Bargeldausgaben für private Geschäfte und solche für Haushalte nicht scharf voneinander abzugrenzen sind.

Allgemeiner Staatsverbrauch erfaßt alle laufenden Ausgaben für den Erwerb von Waren und Dienstleistungen (einschließlich Löhne und Gehälter) auf allen Regierungsebenen, wobei die meisten staatlichen Unternehmen ausgeschlossen sind. Der größte Teil der Ausgaben für die nationale Verteidigung und Sicherheit sind im allgemeinen Staatsverbrauch enthalten, mit Ausnahme des Teils, der in dieser Ausgabe als Investition betrachtet wird.

Bruttoinlandsinvestitionen umfassen die Ausgaben für die Aufstockung des Anlagevermögens in der Volkswirtschaft, zuzüglich des Nettowerts von Inventaren. Anlagevermögen und Inventare werden in den Anmerkungen zu Tabelle 11 genauer definiert. Gemäß den 1993 überarbeiteten Richtlinien zu den VGR umfassen die Bruttoinlandsinvestitionen auch die Ausgaben für diejenigen Einrichtungen zur Landesverteidigung, die von der Öffentlichkeit genutzt werden können, zum Beispiel Schulen und Krankenhäuser, sowie gewisse Arten von Privatunterkünften für Familien. Alle anderen Verteidigungsausgaben werden als laufende Ausgaben behandelt.

Daten zu den Investitionen werden anhand von direkten Unternehmensbefragungen und administrativen Unterlagen oder auf Basis der Warenflußmethode errechnet, bei der Daten zur Handels- und Bautätigkeit verwendet werden. Die Qualität der Daten zu den öffentlichen Anlageinvestitionen hängt von der Qualität der staatlichen Buchführungssysteme ab, die in Entwicklungsländern oft mangelhaft ist. Die Messung von privaten Anlageinvestitionen – insbesondere der Kapitalausgaben der kleinen, nicht eingetragenen Unternehmen – ist in der Regel wenig verläßlich.

Schätzungen der Inventarveränderungen sind selten vollständig, doch gewöhnlich schließen sie die wichtigsten Aktivitäten oder Waren ein. In einigen Ländern werden diese Schätzungen zusammen mit der Summe des privaten Verbrauchs als zusammengesetzter Restbetrag berechnet. Gemäß den Vereinbarungen über die Volkswirtschaftlichen Gesamtrechnungen sollten Anpassungen für die Wertsteigerung von Inventaren aufgrund von Preisveränderungen gemacht werden, doch dies wird nicht immer durchgeführt. In Ländern mit hoher Inflation kann dies ein sehr wichtiges Element sein.

Bruttoinlandsersparnis bezeichnet den Unterschied zwischen dem BIP und dem Gesamtverbrauch.

Ausfuhr von Waren und Dienstleistungen gibt den Wert aller Waren- und Dienstleistungsexporte (einschließlich Beförderung, Reiseverkehr und anderer Dienstleistungen wie Kommunikation, Versicherungen und Finanzdienstleistungen) in die übrige Welt an.

Daten zu Im- und Exporten stammen aus Zollberichten und aus Zahlungsbilanzen, die von den Zentralbanken zur Verfügung gestellt wurden. Zwar liefern die Daten über Im- und Exporte von der Zahlungsseite her relativ verläßliche Informationen über grenzüberschreitende Transaktionen, aber sie halten sich nicht immer strikt an die entsprechenden Definitionen der Zahlungsbilanzbuchführung bezüglich Bewertung und Zeitpunkt. Vor allem aber stimmen sie nicht mit dem Kriterium des Eigentumswechsels überein. (In der traditionellen Zahlungsbilanz-Buchführung wird eine Transaktion zum Zeitpunkt des Eigentumswechsels aufgezeichnet.) Dieses Problem ist aufgrund der zunehmenden Globalisierung der internationalen Geschäftstätigkeit immer wichtiger geworden. Weder die Daten der Zollbehörden noch die der Zahlungsbilanz können die illegalen Transaktionen erfassen, die in vielen Ländern geschehen. Waren, die von Reisenden in zwar legalem, jedoch nicht erfaßtem Shuttle-Handel ein- oder ausgeführt werden, beeinträchtigen die Handelsstatistiken zusätzlich.

Ressourcensaldo ist die Differenz zwischen dem Export und dem Import von Waren und Dienstleistungen.

Tabelle 14. Staatsfinanzen

Laufende Steuereinnahmen umfassen die Einnahmen aus obligatorischen, unentgeltlichen und nicht-rückzahlbaren Zahlungen, die vom jeweiligen Staat für öffentliche Aufgaben erhoben werden. Sie schließen Zinseinnahmen auf rückständige Steuern sowie eingenommene Strafen für nicht oder zu spät entrichtete Steuern ein und werden abzüglich Rückerstattungen sowie um andere korrigierende Transaktionen bereinigt ausgewiesen.

Laufende nichtsteuerliche Einnahmen umfassen die Einnahmen, die nicht zu den unentgeltlichen, nicht-rückzahlbaren Zahlungen für öffentliche Aufgaben gehören, wie Bußgelder, Verwaltungsgebühren oder Einkünfte aus staatlichen Unternehmen sowie freiwillige, unentgeltliche, nicht-rückzahlbare laufende Staatseinnahmen aus nichtstaatlichen Quellen. In diese Kategorie fallen nicht Zuschüsse, Kreditaufnahmen, Rückzahlungen früher aufgenommener Kredite, Veräußerungen von Anlagekapital, Aktien, Land oder immateriellen Vermögenswerten, sowie Geschenke aus nichtstaatlichen Quellen für Kapitalzwecke. Die Steuereinnahmen und die nicht-steuerlichen Einnahmen ergeben zusammen die laufenden Staatseinnahmen.

Laufende Ausgaben umfassen alle entgeltlichen Zahlungen außer diejenigen für Anlagekapital oder für Waren und Dienstleistungen, die für die Erzeugung von Anlagekapital verwendet werden, sowie die unentgeltlichen Zahlungen, soweit diese den Empfängern nicht zum Erwerb von Anlagekapital dienen, die Empfänger nicht für Schaden an oder Zerstörung von Anlagekapital entschädigen oder ihr Anlagekapital vergrößern. Die laufenden Ausgaben schließen staatliche Kredite, Rückzahlungen an den Staat oder den staatlichen Erwerb von Aktien für öffentliche Aufgaben nicht ein.

Kapitalausgaben sind Ausgaben zum Erwerb von Anlagekapital, Grundstücken, immateriellen Vermögenswerten, Staatspapieren und nicht-militärischen, nicht-finanziellen Anlagen. Auch eingeschlossen ist die Kapitalleistung.

Gesamtdefizit/-überschuß ist definiert als laufende Einnahmen, Kapitalerträge und erhaltene offizielle Zuschüsse, abzüglich Gesamtausgaben und Nettokreditgewährung.

Ausgaben für Waren und Dienstleistungen umfassen alle Regierungszahlungen im Austausch gegen Waren und Dienstleistungen, einschließlich Löhne und Gehälter.

Sozialausgaben umfassen die Ausgaben für Gesundheit, Bildung, Wohnungswesen, Wohlfahrt, Sozialversicherung und kommunale Einrichtungen. Dazu gehören auch Ausgleichszahlungen für Einkommenseinbußen an Kranke und vorübergehend Arbeitsunfähige, Zahlungen an ältere Menschen, dauernd Arbeitsunfähige und Arbeitslose, Familien-, Mutterschafts- und Kindergeld sowie die Kosten für Sozialdienste, wie die Betreuung von Alten, Behinderten und Kindern. Viele Ausgaben im Zusammenhang mit dem Umweltschutz, wie zum Beispiel zur Eindämmung der Luftverschmutzung, für die Wasserversorgung oder die Abwasser- und Abfallbeseitigung, sind in dieser Kategorie untrennbar enthalten.

Die Daten über staatliche Einnahmen und Ausgaben werden vom IWF mit Hilfe von Fragebögen, die an die Mitgliedstaaten verteilt werden, sowie von der OECD gesammelt. Die Definition des Begriffs Staat schließt im allgemeinen nicht-finanzielle öffentliche Unternehmen und öffentliche Finanzinstitutionen (wie die Zentralbank) aus. Trotz der Anstrengungen des IWF, die Erfassung von öffentlichen Finanzdaten zu systematisieren und standardisieren, sind Statistiken über die öffentlichen Finanzen oft nicht vollständig, nicht zeitgemäß und nicht vergleichbar. Die unzulängliche statistische Erfassung schließt die Angabe von Daten von der jeweiligen Regierung nachgeordneten Ebenen aus. Länderübergreifende Vergleiche liefern somit potentiell irreführende Ergebnisse.

Die im *Government Finance Statistics Yearbook* des IWF (IWF, verschiedene Jahre) aufgeführten gesamten Staatsausgaben unterstehen einer beschränkteren Bemessung des allgemeinen Regierungsverbrauchs als die in den Volkswirtschaftlichen Gesamtrechnungen aufgeführten, weil die Verbrauchsausgaben der Staatsregierungen und Kommunalverwaltungen ausgeschlossen werden. Gleichzeitig ist das IWF-Konzept der Staatsausgaben aber weiter gefaßt als die Definition der Volkswirtschaftlichen Gesamtrechnungen, da es die staatlichen Brutto-Inlandsinvestitionen und Transferzahlungen einschließt.

Die Finanzen der Zentralregierung können sich auf eines von zwei Buchführungskonzepten beziehen: das konsolidierte oder das Haushaltskonzept. In den meisten Ländern sind die Finanzdaten des Staates in einem Gesamtkonto konsolidiert worden, in anderen Ländern ist dagegen nur die Haushaltsrechnung des Staates verfügbar. Länder, die Haushaltsdaten berichten, werden in der Tabelle zur Dokumentation der Primärdaten in den *Kennzahlen der Weltentwicklung* 1998 (Weltbank 1998b) aufgeführt. Da die Haushaltsrechnung nicht immer sämtliche Regierungsstellen enthält, ergibt sie üblicherweise ein unvollständiges Bild der gesamten Aktivitäten der Regierung. Ein Hauptproblem ist die Nichteinbeziehung der quasi-steuerlichen Operationen der Zentralbank. Verluste der Zentralbank, die aufgrund von Währungsoperationen und subventionierter Finanzierung entstanden sind, können zu beträchtlichen Quasi-Steuerdefiziten führen. Solche Defizite können auch das Resultat der Aktivitäten anderer Finanzintermediäre, zum Beispiel öffentlicher Institutionen für die Entwicklungsfinanzierung, sein. Auch die Eventualverbindlichkeiten der Regierungen für nicht finanzierte Renten- und Versicherungspläne sind nicht in den Daten eingeschlossen.

Tabelle 15. Zahlungsbilanz, Leistungsbilanz und Währungsreserven

Exporte von Waren und Dienstleistungen und **Importe von Waren und Dienstleistungen** umfassen alle Transaktionen zwischen den Bewohnern eines Landes und der übrigen Welt, bei denen ein Eigentumswechsel von allgemeinen Waren, Gütern für Weiterverarbeitung und Reparaturen, nichtmonetärem Gold und Dienstleistungen stattfindet.

Nettoeinkommen bezieht sich auf die Entlöhnung von Arbeitern für verrichtete Arbeit in einem Land, in dem sie nicht ansässig sind, die aber von einem Inländer bezahlt werden, sowie auf das Einkommen aus Investitionen (Zahlungen und Erträge aus Direktinvestitionen, Kapitalanlagen in Portefeuille-Wertpapieren, anderen Investitionen sowie Erträge aus Währungsreserven). Einkommen aus der Verwendung immaterieller

Vermögenswerte werden unter Geschäftsdienstleistungen aufgeführt.

Laufende Nettoübertragungen umfassen diejenigen Transaktionen, bei denen Bewohner eines Landes Waren, Dienstleistungen, Einkommen oder finanzielle Güter ohne Gegenleistung entweder bereitstellen oder erhalten. Alle Übertragungen, die nicht als Kapitalübertragungen betrachtet werden, sind laufende Übertragungen.

Laufender Leistungsbilanzsaldo ist die Summe der Nettoexporte von Waren und Dienstleistungen und der Nettoübertragungen.

Bruttowährungsreserven setzen sich zusammen aus Goldbeständen, Sonderziehungsrechten, vom IWF verwalteten Reserven der IWF-Mitgliedstaaten und Beständen an Devisenreserven im Besitz der Währungsbehörden. Der Goldanteil dieser Reserven ist zum Londoner Goldpreis zum Jahresende bewertet; dieser belief sich 1980 auf 589,50 Dollar je Feinunze und 1997 auf 290,20 Dollar je Feinunze.

Die Zahlungsbilanz ist in zwei Arten von Konten unterteilt. Die Leistungsbilanz zeichnet Transaktionen von Waren und Dienstleistungen, Einkommen und laufende Übertragungen auf. Das Kapital- und Finanzierungskonto umfaßt Kapitalübertragungen, den Erwerb oder Verkauf nicht-produzierter, nichtfinanzieller Vermögenswerte (zum Beispiel Patente) und Transaktionen von Finanzanlagen und Verbindlichkeiten. Die Bruttowährungsreserven werden einer dritten Kontenart zugeteilt: der internationalen Investitionsposition, die den Bestand an Anlagen und Verbindlichkeiten aufzeichnet.

Die Zahlungsbilanz ist ein System mit doppelter Buchführung, das alle Zu- und Abflüsse von Waren und Dienstleistungen in einem Land und alle Übertragungen, die das Gegenstück der realen Ressourcen oder der finanziellen Ansprüche ohne Gegenleistung an die übrige Welt oder von der übrigen Welt darstellen, zum Beispiel Spenden oder Zuschüsse, sowie alle Veränderungen der Ansprüche und Verbindlichkeiten der Einwohner gegenüber Nichteinwohnern aufzeichnet, die aus wirtschaftlichen Transaktionen entstehen. Alle Transaktionen werden zweimal aufgezeichnet, einmal als Haben- und einmal als Sollposten. Die Nettobilanz sollte im Prinzip Null sein, doch in der Praxis sind die Konten oft nicht ausgeglichen. In diesen Fällen wird ein ausgleichender Posten im Kapital- und Finanzierungskonto eingeschlossen: Nettofehler und -auslassungen.

Da die Daten über den Zahlungsausgleich nicht aus einer einzigen Quelle stammen und somit nicht sichergestellt werden kann, daß die Daten vollständig konsistent sind, können beim Zahlungsausgleich Diskrepanzen auftreten. Die Quellen umfassen Zollangaben, Währungskonten des Banksystems, Aufzeichnungen über Auslandsschulden, von Unternehmen gelieferte Informationen, Erhebungen zur Schätzung der Dienstleistungs-Transaktionen und Devisenaufzeichnungen. Die Unterschiede in den Erfassungsmethoden – zum Beispiel bezüglich des Zeitpunkts der Transaktionen, der Definition von Einwohnern und Eigentum und der verwendeten Wechselkurse – tragen zu den Nettofehlern und -auslassungen bei. Zudem werden Schmuggel und andere illegale oder quasi-legale Transaktionen oft nicht oder falsch erfaßt.

Die der Tabelle 15 zugrunde liegenden Konzepte und Definitionen basieren auf der fünften Ausgabe des *Balance of Payments Manual* des IWF (IWF 1993). In dieser Ausgabe werden einige Übertragungen, die früher in der Leistungsbilanz enthalten waren, wie das Erlassen von Schulden, der Kapitaltransfer von Migranten und Hilfszahlungen aus dem Ausland für den Erwerb von Kapitalgütern neuerdings als Kapitalübertragungen definiert. Die Leistungsbilanz stellt jetzt also die laufenden Netto-Übertragungszahlungen zusätzlich zu den Transaktionen von Waren, Dienstleistungen (früher Nicht-Faktordienstleistungen genannt) und Einkommen (früher Faktoreinkommen genannt) genauer dar. Viele Länder verwenden jedoch noch immer die Konzepte und Definitionen der vierten Ausgabe für ihre Datenerfassungssysteme. Soweit erforderlich, konvertiert der IWF die aus alten Systemen stammenden Daten, so daß sie mit der fünften Ausgabe übereinstimmen (siehe Tabelle zur Dokumentation der Primärdaten in Weltbank 1998b). Werte in US-Dollar wurden zum Marktwechselkurs umgerechnet.

Tabelle 16. Finanzierung durch den privaten Sektor

Private Investitionen umfassen die Bruttoausgaben des privaten Sektors (einschließlich privater gemeinnütziger Vereinigungen) zur Aufstockung seines inländischen Anlagevermögens. Wenn keine direkten Schätzungen des inländischen Bruttoanlagevermögens des privaten Sektors zur Verfügung stehen, werden solche Investitionen als Differenz zwischen den gesamten Inlandsinvestitionen und den konsolidierten öffentlichen Investitionen geschätzt. Die Abschreibung von Anlagen wird nicht berücksichtigt. Da private Investitionen häufig als Differenz zwischen zwei geschätzten Werten – dem inländischen Anlagevermögen und den konsolidierten öffentlichen Investitionen – geschätzt werden, können die privaten Investitionen leicht über- oder unterbewertet werden und im Laufe der Zeit Fehlern unterliegen.

Marktkapitalisierung (wird auch als Marktwert bezeichnet) ist die Summe der Marktkapitalisierungen aller an den inländischen Börsen notierten Unternehmen, wobei sich die Marktkapitalisierung jedes Unternehmens aus seinem Aktienkurs zum Jahresende multipliziert mit der Anzahl der umlaufenden Aktien zusammensetzt. Die Marktkapitalisierung, die ein Maß zur Beurteilung der Börsenentwicklung eines Landes darstellt, leidet unter begrifflichen und statistischen Schwächen wie zum Beispiel ungenauer Berichterstattung und unterschiedlichen Buchführungsstandards.

Anzahl der börsennotierten inländischen Unternehmen bezeichnet die Anzahl der inländischen Gesellschaften, die zum Jahresende an den Börsen notiert sind, ausschließlich der Investmentgesellschaften, Investmentfonds und anderer kollektiver Investitionsformen.

Die **Zinsspanne**, auch als Anlagegrenze bezeichnet, ist die Differenz zwischen dem von Banken auf kurz- und langfristige Darlehen an den privaten Sektor berechneten Zinssatz und dem Zinssatz, den die Banken Inlandskunden für Sichteinlagen, Termin- oder Spareinlagen gewähren. Die Zinssätze sollten die Reaktionsfähigkeit der finanziellen Institutionen auf Wettbewerb und Preisanreize wiedergeben. Die Zinsspanne ist jedoch nicht immer ein zuverlässiges Maß der Effizienz des Banksystems, da Informationen über Zinssätze ungenau sind, Banken nicht alle leitenden Mitarbeiter überwachen oder die Regierung Einlagen- und Kreditzinsen festlegt.

Vom Banksektor erteilte inländische Kredite umfassen Kredite an verschiedene Sektoren auf Bruttobasis, mit der Ausnahme der Kredite an die jeweilige Regierung, die netto ausgewiesen sind. Der Banksektor umfaßt Währungsbehörden, Buchgeldbanken und andere Kreditinstitute, für die Daten verfügbar sind (einschließlich Institutionen, die keine übertragbaren Einlagen akzeptieren, jedoch Verbindlichkeiten wie Termin- und Spareinlagen eingehen). Beispiele anderer Kreditinstitute sind zum Beispiel Spar- und Hypothekeninstitute sowie Bauspar- und Darlehenskassen.

Im allgemeinen erfassen die hier angegebenen Kennzahlen keine Aktivitäten des informellen Sektors, der in Entwicklungsländern weiterhin eine wichtige Finanzquelle darstellt.

Tabelle 17. Rolle der Regierung in der Volkswirtschaft

Subventionen und andere laufende Übertragungen umfassen alle unentgeltlichen, nicht rückzahlbaren Kontokorrentübertragungen an private und öffentliche Unternehmen sowie die der Öffentlichkeit entstehenden Kosten für die Deckung von Bargelddefiziten bei Verkauf von Waren und Dienstleistungen durch staatliche Unternehmen an die Öffentlichkeit.

Wertschöpfung durch staatliche Unternehmen wird als Umsatz abzüglich der Kosten der unmittelbaren Eingaben oder als Summe ihrer Betriebsüberschüsse (Bilanz) und Lohnzahlungen geschätzt. Staatliche Unternehmen sind wirtschaftliche Einheiten im Staatsbesitz oder unter staatlicher Kontrolle, die einen Großteil ihres Umsatzes durch den Verkauf von Waren und Dienstleistungen erwirtschaften. Diese Definition umfaßt kommerzielle Unternehmen, die direkt von einer Regierungsbehörde gesteuert werden, und Unternehmen, bei denen der Staat direkt oder indirekt über andere staatliche Unternehmen Mehrheitsaktionär ist. Außerdem umfaßt diese Definition Unternehmen, bei denen der Staat Minderheitsaktionär ist, sofern der Staat aufgrund der Verteilung der restlichen Anteile die effektive Kontrolle innehat. Aktivitäten des öffentlichen Sektors – zum Beispiel Bildung, Gesundheitswesen, Straßenbau und -wartung –, die auf andere Art finanziert werden (normalerweise aus dem Steuereinkommen des Staates), werden dabei nicht berücksichtigt. Weil Finanzunternehmen anderer Natur sind, wurden sie im allgemeinen aus den Daten ausgeschlossen.

Militärausgaben basiert für Mitgliedsstaaten des Nordatlantikpakts (NATO) auf der NATO-Definition, die militärische Ausgaben des Verteidigungsministeriums (einschließlich Rekrutierung, Ausbildung, Baumaßnahmen sowie Erwerb von militärischen Gegenständen und Ausrüstung) und anderer Ministerien umfaßt. Ausgaben des Verteidigungsministeriums, die ziviler Natur sind, werden ausgeschlossen. Militärische Hilfsleistungen sind bei den Ausgaben des Landes enthalten, welches diese Unterstützung gewährt. Der Kauf von militärischer Ausrüstung auf Kredit wird zu dem Zeitpunkt der Kreditgewährung, nicht zum Zeitpunkt der Rückzahlung erfaßt. Daten für andere Länder umfassen im allgemeinen die Ausgaben des Verteidigungsministeriums. Ausgaben für die öffentliche Ordnung und Sicherheit, die separat klassifiziert werden, sind nicht eingeschlossen.

Die Definitionen der militärischen Ausgaben unterscheiden sich je nachdem, ob Ausgaben für zivile Verteidigung, Reserve- und Hilfskräfte, Polizei und paramilitärische Truppen, Truppen, die mehrere Zwecke erfüllen, wie zum Beispiel Militär- und Zivilpolizei, militärische Sachleistungen, Pensionen für Militärpersonal und Sozialversicherungszahlungen von einer Regierungsbehörde an eine andere berücksichtigt werden oder nicht. Offizielle Regierungsdaten können möglicherweise einige Militärausgaben auslassen, die Finanzierung durch außerhalb des Budgets befindliche Konten oder durch die nicht aufgezeichnete Verwendung von Deviseneingängen verschleiern oder militärische Hilfsleistungen oder geheime Rüstungsimporte nicht einschließen. Laufende Ausgaben werden eher berichtet als Kapitalaufwendungen. In einigen Fällen kann eine genauere Schätzung der Militärausgaben durch Addition des Werts der geschätzten Rüstungsimporte und der nominalen Militärausgaben erzielt werden. Diese Methode liefert jedoch möglicherweise zu hohe oder zu niedrige Angaben bezüglich der Ausgaben in einem bestimmten Jahr, da die Zahlungen für Rüstungsgüter zeitlich nicht unbedingt mit den Lieferungen zusammenfallen.

Die Daten in Tabelle 17 stammen von der U.S. Arms Control and Disarmament Agency (ACDA), der US-Behörde für Rüstungskontrolle und Abrüstung. Das *Government Finance Statistics Yearbook* des IWF ist eine Hauptquelle für Daten über Verteidigungsausgaben. Es benutzt eine konsistente Definition der Verteidigungsausgaben, die auf der Klassifizierung der Regierungsfunktionen durch die Vereinten Nationen sowie der NATO-Definition basiert. Der IWF überprüft Daten über Verteidigungsausgaben auf ungefähre Übereinstimmung mit anderen makroökonomischen Daten, die dem IWF gemeldet wurden, kann jedoch nicht immer ihre Genauigkeit und Vollständigkeit überprüfen. Außerdem wird dies durch die verspätete oder ganz ausbleibende Übermittlung der Daten erschwert. Daher müssen die meisten Forscher die Daten des IWF durch unabhängige Beurteilungen der Militärausgaben von Organisationen wie der ACDA, dem Internationalen Stockholmer Institut für Friedensforschung und dem Internationalen Institut für strategische Studien ergänzen. Diese Organisationen verlassen sich jedoch sehr stark auf die Berichte der Regierungen, auf vertrauliche Schätzungen seitens des Geheimdienstes unterschiedlicher Qualität, auf Quellen, die sie nicht bekanntgeben wollen oder können, sowie auf die Publikationen von anderen Organisationen.

Die **Zusammengefaßte ICRG-Risikobewertung** ist ein Gesamtindex aus dem *International Country Risk Guide* (ICRG). Der ICRG (PRS Gruppe 1998) sammelt Informationen über 22 Risikokomponenten, gruppiert diese Komponenten in drei Hauptkategorien (politisch, finanziell und wirtschaftlich) und berechnet einen Risikobewertungsindex von 0 bis 100. Werte unter 50 weisen auf ein sehr hohes Risiko, solche über 80 auf ein sehr geringes Risiko hin. Die Schätzungen werden monatlich aktualisiert.

***Institutional-Investor*-Kreditfähigkeitseinstufung** von 0 bis 100 zeigt die Wahrscheinlichkeit an, daß ein Land bei der

Kreditrückzahlung in Verzug gerät. Ein hoher Wert bedeutet eine niedrige Verzugswahrscheinlichkeit bei externen Verbindlichkeiten. Die *Institutional-Investor*-Kreditfähigkeit eines Landes basiert auf Informationen, die von den führenden internationalen Banken bereitgestellt werden. Die Reaktionen werden mit Hilfe einer Formel gewichtet, die den Reaktionen von Banken mit größerer weltweiter Exponierung und ausgefeilteren Länderanalysesystemen mehr Bedeutung beimißt.

Risikobewertungen können sehr subjektiv sein und externe Auffassungen wiedergeben, die nicht immer die tatsächliche Situation eines Landes erfassen. Diese subjektiven Einschätzungen sind jedoch die Realität, denen sich Entscheidungsträger in einem Klima gegenüber sehen, das sie selbst für ausländische private Kapitalimporte schaffen. Die Länder, die von Rating-Agenturen nicht günstig bewertet werden, ziehen normalerweise keine verzeichneten privaten Kapitalflüsse an. Die hier dargestellten Risikobewertungen werden von der Weltbank nicht unterstützt, werden aber aufgrund ihres analytischen Nutzens mit aufgenommen.

Spitzensteuersatz ist der höchste in der Steuertabelle aufgeführte Steuersatz, der auf das besteuerbare Einkommen von Einzelpersonen und Unternehmen angewandt wird. Die Tabelle stellt außerdem die Einkommensgrenze dar, oberhalb welcher der Spitzensteuersatz für Einzelpersonen gilt.

Steuersysteme sind häufig sehr komplex, enthalten viele Ausnahmen, Freibeträge, Strafen und Anreize, die die Besteuerung und dadurch die Entscheidungen von Arbeitern, Führungskräften, Unternehmern, Investoren und Verbrauchern beeinflussen. Einen potentiell wichtigen Einfluß auf sowohl inländische als auch internationale Investoren hat die Steuerprogression, die durch den Spitzensteuersatz auf das Einkommen von Einzelpersonen und Unternehmen wiedergegeben wird. Die Zahlen für die Spitzensteuersätze für Einzelpersonen beziehen sich im allgemeinen auf Einkommen aus nichtselbständiger Arbeit. In einigen Ländern ist der Spitzensteuersatz auch der Grund- oder konstante Steuersatz, und weitere Zuschläge und Abzüge finden möglicherweise Anwendung.

Tabelle 18. Energie und Verkehr

Energieverbrauch pro Kopf mißt die Produktion von Kraftwerken und kombinierten Heiz- und Kraftwerken abzüglich der Verteilungsverluste und des Eigenbedarfs. Zu den Verteilungsverlusten zählen Verluste, die zwischen den Versorgungsquellen und den Verteilerpunkten und bei der Verteilung an die Verbraucher auftreten, einschließlich Diebstahl.

Daten über die Stromerzeugung und den Stromverbrauch erhält die Internationale Energie-Agentur von den Energiebehörden der jeweiligen Länder und paßt diese entsprechend den internationalen Definitionen an. Zum Beispiel werden Bereinigungen vorgenommen, um Einrichtungen mit einzubeziehen, die neben ihrer Haupttätigkeit selbst Strom erzeugen, der nur oder teilweise für den Eigenbedarf bestimmt ist. In einigen Ländern erzeugen Haushalte und Kleinunternehmen eine beträchtliche Menge an Strom selbst, da ihr Standort sehr abgelegen ist oder weil die öffentliche Stromversorgung nicht zuverlässig ist. Diese Bereinigungen geben die tatsächliche Stromerzeugung möglicherweise nicht genau wieder.

Obwohl der Eigenverbrauch und die Transportverluste abgerechnet werden, schließt der Energieverbrauch den Verbrauch durch Hilfsstationen, Verluste in Transformatoren, die als integrale Bestandteile solcher Stationen betrachtet werden, und von Pumpanlagen produzierte Elektrizität ein. Er berücksichtigt sämtliche aus Primärenergiequellen, zum Beispiel Kohle, Erdöl, Gas, Kernkraft, Wasserkraft, geothermische Energie, Wind, Gezeiten, Wellen und erneuerbare Brennstoffe, erzeugte Elektrizität, sofern Daten verfügbar sind. Weder Erzeugungs- noch Verbrauchsdaten erfassen die Zuverlässigkeit der Versorgung, einschließlich der Häufigkeit von Ausfällen und Unterbrechungen sowie Überlastungsfaktoren.

Befestigte Straßen bezeichnet den Prozentsatz der Straßen, der mit Asphalt oder ähnlichen Straßenbaumaterialien versiegelt wurde. **Auf der Straße transportierte Güter** gibt das Gütervolumen, das mit Straßenfahrzeugen befördert wird, gemessen in Millionen Tonnen multipliziert mit den zurückgelegten Kilometern an. **Auf der Schiene transportierte Güter** gibt das Gewicht der beförderten Güter in Tonnen multipliziert mit den zurückgelegten Kilometern pro Millionen US-Dollar des BIP zu KKP an. **Beförderte Flugpassagiere** umfaßt Passagiere auf sowohl inländischen als auch internationalen Routen.

Die Daten für die meisten Transportbranchen sind international nicht vergleichbar, da im Gegensatz zu demographischen Statistiken, nationalen Einkommens- und internationalen Handelsdaten die Sammlung von Infrastrukturdaten nicht international standardisiert wurde. Daten über Straßen werden von der International Road Federation (IRF), Daten über den Luftverkehr hingegen von der Internationalen Zivilluftfahrtorganisation, der International Civil Aviation Organization, gesammelt. Nationale Verkehrsverbände stellen die Hauptquelle der Daten der IRF dar. In Ländern, in denen es keine solche Verbände gibt oder sie nicht auf Bitten zur Datenweitergabe reagieren, werden andere Agenturen kontaktiert, zum Beispiel Straßendirektionen, Verkehrsministerien, Ministerien für öffentliche Anlagen oder zentrale Statistikbüros. Daher sind die kompilierten Daten oft von unterschiedlicher Qualität.

Tabelle 19. Kommunikation, Informationen und Wissenschaft und Technologie

Tageszeitungen gibt die Anzahl der Exemplare von Zeitungen, die mindestens viermal pro Woche erscheinen, pro 1.000 Personen an. **Radios** gibt die geschätzte Anzahl der Rundfunkempfänger zum Empfang von öffentlichen Rundfunkübertragungen pro 1.000 Personen an. Daten über die Anzahl der im Umlauf befindlichen Tageszeitungen und der Rundfunkempfänger stammen aus statistischen Untersuchungen der Erziehungs-, Wissenschafts- und Kulturorganisation der Vereinten Nationen (UNESCO). In einigen Ländern entsprechen Definitionen, Klassifizierungen und Zählmethoden nicht völlig den UNESCO-Standards. Die Daten zur Zeitungsauflage zum Beispiel sollten sich auf die Anzahl der verteilten Exemplare beziehen, in einigen Fällen stellt die berichtete Anzahl jedoch die Anzahl der gedruckten Exemplare dar. Außerdem verlangen viele Länder Rundfunkgebühren zur Finanzierung des öffentlichen Rundfunks, weshalb zahlreiche Radiobesitzer den Besitz nicht melden. Aufgrund dieser und anderer Datenerfassungsprobleme weichen die Schätzungen der Anzahl der Zeitungen und Radios in der Zuverlässigkeit erheblich voneinander ab und sollten vorsichtig interpretiert werden.

Fernsehgeräte gibt die geschätzte Anzahl der pro 1.000 Personen genutzten Fernsehgeräte an. Die Daten über Fernsehgeräte werden von der Internationalen Fernmeldeunion (ITU) durch jährliche Fragebögen erfaßt, welche an die nationalen Rundfunkbehörden und Branchenvereinigungen versendet werden. In einigen Ländern müssen Fernsehgeräte angemeldet werden. Da manche Haushalte nicht alle oder gar keine ihrer Geräte anmelden, kann die Anzahl der registrierten Geräte unter Umständen unterhalb der tatsächlichen Anzahl liegen.

Zu den **Telefonhauptleitungen** zählen alle Telefonleitungen, die die Telekommunikationsgeräte eines Teilnehmers mit dem öffentlichen Fernsprechwählnetz verbinden. **Mobiltelefone** bezieht sich auf die Benutzer von tragbaren Telefonen, die Teilnehmer eines öffentlichen Mobilfunknetzes sind, das Mobilfunktechnik verwendet und einen Zugang zum öffentlichen Fernsprechwählnetz bietet, pro 1.000 Einwohner. Daten über Telefonhauptleitungen und Mobiltelefone werden von der ITU durch jährliche Fragebögen erfaßt, die an Telekommunikationsbehörden und -unternehmen geschickt werden. Die Daten werden durch jährliche Berichte und statistische Jahrbücher der Telekommunikationsministerien und -behörden sowie der Netzbetreiber und Branchenverbände ergänzt.

Personal-Computer ist die geschätzte Anzahl von unabhängigen Computern, die für die Verwendung durch eine einzelne Person konzipiert sind, pro 1.000 Menschen. ITU-Schätzungen der Anzahl der Personal-Computer werden einem jährlichen Fragebogen entnommen und durch andere Quellen vervollständigt. In vielen Ländern werden häufig Mainframe-Computer benutzt, und Tausende von Benutzern können an einen einzigen Mainframe-Computer angeschlossen werden. In diesen Fällen liegt die angegebene Zahl der Personal-Computer unter der Zahl der tatsächlich verwendeten Computer.

Internet-Hostrechner ist die Anzahl der Computer, die direkt mit dem weltweiten Netzwerk miteinander verbundener Computersysteme verbunden sind, pro 10.000 Personen. Internet-Hostrechner werden Ländern auf der Grundlage der Landesvorwahl im universellen Ressourcen-Locator des Hostrechners zugerechnet, selbst wenn diese Vorwahl nicht unbedingt anzeigt, daß sich der Hostrechner tatsächlich in dem entsprechenden Land befindet. Alle Hostrechner ohne Landesvorwahlidentifikation werden den Vereinigten Staaten zugewiesen. Daher sollten die Daten als Näherungswerte betrachtet werden. Schätzungen der Anzahl der Internet-Hostrechner stammen von Network Wizards, Menlo Park, Kalifornien.

Wissenschaftler und Ingenieure in F&E ist die Anzahl der Menschen mit wissenschaftlicher Ausbildung in einem beliebigen Bereich, die an professionellen Forschungs- und Entwicklungsaktivitäten beteiligt sind (einschließlich der Verwaltung), pro 1.000.000 Personen. Die meisten dieser Berufe erfordern einen Hochschulabschluß.

Die UNESCO sammelt die aus den Mitgliedsstaaten übermittelten Daten über Berufstätige in wissenschaftlichen und technischen Bereichen und F&E-Ausgaben. Diese Daten stammen vor allem aus den offiziellen Antworten auf UNESCO-Fragebögen und Sonderumfragen sowie aus offiziellen Berichten und Publikationen und wurden ergänzt durch Informationen anderer nationaler und internationaler Quellen. Die UNESCO berichtet entweder die Anzahl der Wissenschaftler und Ingenieure oder die Anzahl der ökonomisch aktiven Personen, die eine Qualifikation als Wissenschaftler und Ingenieur vorweisen können (Personen, die in einer bestimmten Sparte der Wirtschaft zu einem bestimmten Datum berufstätig sind oder aktiv Arbeit suchen). Bestandsdaten stammen meist aus Volkszählungen und sind weniger aktuell als Daten über die ökonomisch aktive Bevölkerung. Die UNESCO ergänzt diese Daten durch Schätzungen der Anzahl qualifizierter Wissenschaftler und Ingenieure. Dabei wird die Zahl der Personen ermittelt, die über eine den Ebenen 6 und 7 des ISCED (International Standard Classification of Education – Internationale Standardklassifizierung der Bildung) entsprechende Qualifikation verfügen. Die Daten über Wissenschaftler und Ingenieure, die normalerweise als Vollzeitmitarbeiter geführt werden, können die beträchtlichen Unterschiede in der Qualität der Ausbildung nicht berücksichtigen.

High-Tech-Exporte sind die von denjenigen Industriezweigen produzierten Güter (basierend auf Branchenklassifizierungen der Vereinigten Staaten), die im Hinblick auf die F&E-Ausgaben zu den zehn führenden Industriezweigen des Landes zählen. Gefertigte Exporte sind Wirtschaftsgüter aus der Internationalen Standard-Handelsklassifizierung (Standard International Trade Classification – SITC), Revision 1, Abschnitte 5–9 (Chemikalien und verwandte Produkte, grundlegende Fertigungsprodukte, gefertigte Artikel, Maschinen und Transportausrüstung und andere gefertigte Artikel und Güter, die an keiner anderen Stelle klassifiziert werden), ausgenommen Gruppe 68 (Nichteisenmetalle).

Die Branchenbewertungen basieren auf einer von Davis im Jahre 1982 entwickelten Methodik. Unter Verwendung von Input-Output-Techniken schätzte Davis die Technologie-Intensität der US-Industrie aufgrund der F&E-Ausgaben, die zur Fertigung eines bestimmten Produkts aufgewendet wurden. Diese Methodik berücksichtigt direkte F&E-Ausgaben durch Endproduzenten sowie indirekte F&E-Ausgaben durch Zulieferer von Zwischenprodukten, die zur Herstellung des Fertigprodukts verwendet werden. Die Branchen wurden auf der Grundlage der U.S. Standard Industrial Classification (SIC) anhand ihrer F&E-Intensität bewertet. Die zehn führenden SIC-Gruppen (durch die dreistellige Zahl klassifiziert) wurden als High-Tech-Branchen bezeichnet.

Um Davis' Industrieklassifizierung auf eine Definition des High-Tech-Handels zu übertragen, verwendeten Braga und Yeats 1992 die Konkordanz zwischen der SIC-Gruppierung und der Standard International Trade Classification (SITC), Revision 1, Klassifizierung vorgeschlagen von Hatter 1985. Bei der Vorbereitung der Daten über den High-Tech-Handel berücksichtigten Braga und Yeats nur SITC-Gruppen (durch die vierstellige Zahl klassifiziert), die einen High-Tech-Anteil von über 50 Prozent besaßen. Zu den Beispielen für High-Tech-Exporte gehören Luftfahrt, Büromaschinen, pharmazeutische Produkte und wissenschaftliche Geräte. Diese Methodik beruht auf der etwas unrealistischen Annahme, daß die Verwendung von US-amerikanischen Input-Output-Beziehungen und Handelsmustern für die High-Tech-Fertigung die Klassifizierung nicht verzerrt.

Angemeldete Patente bezeichnet die Anzahl der von einer Regierungsbehörde erteilten Dokumente, die eine Erfindung beschreiben und eine rechtliche Situation schaffen, in der die patentierte Erfindung in der Regel nur durch den Patenteigentümer selbst oder mit dessen Genehmigung genutzt (hergestellt, verwendet, verkauft, importiert) werden darf. Der Schutz von Erfindungen ist zeitlich begrenzt (normalerweise 20 Jahre ab Datum der Patentanmeldung). Informationen über angemeldete Patente werden für das jeweilige Land nach Inländern und Ausländern getrennt aufgeschlüsselt. Daten über Patente stammen von der Weltorganisation für geistiges Eigentum (World Intellectual Property Organization oder WIPO), nach deren Schätzung Ende 1995 ungefähr 3,7 Millionen Patente weltweit in Kraft waren.

Tabelle 20. Weltweiter Handel

Warenexporte bezeichnet den fob-Wert (frei an Bord) von Gütern, die in die übrige Welt geliefert werden, in US-Dollar. **Warenimporte** bezeichnet den cif-Wert (Kosten, Versicherung, Fracht) von Gütern, die aus der übrigen Welt erworben wurden, in US-Dollar. Daten für Fertigungsexporte und -importe beziehen sich auf Wirtschaftsgüter in den SITC-Abschnitten 5 (Chemikalien), 6 (grundlegende Fertigungsprodukte), 7 (Maschinen und Transportausrüstung) und 8 (sonstige gefertigte Güter), ausgenommen Gruppe 68 (Nichtmetalle).

Handelsanteil am BIP gibt die Summe der Exporte und Importe von Waren und Dienstleistungen an, die in den Bilanzen des jeweiligen Landes aufgeführt wird, dividiert durch das BIP zu Marktpreisen.

Das **Nettoaustauschverhältnis** ist das Verhältnis zwischen Exportpreisindex und dem entsprechenden Importpreisindex, gemessen im Verhältnis zum Basisjahr 1987.

Die Außenhandelsmeßzahl, ein Maß der relativen Preise der Exporte und Importe eines Landes, kann auf verschiedene Art und Weise berechnet werden. Die häufigste ist das Netto- oder Warenaustauschverhältnis, das als Verhältnis zwischen Exportpreisindex und Importpreisindex ermittelt wird. Wenn das Nettoaustauschverhältnis zunimmt, steigt der Wert der Exporte eines Landes, während die Importe billiger werden.

Daten über den Warenhandel stammen aus Zollerklärungen von Waren, die in ein Land eingeführt werden, oder aus Berichten über die finanziellen Transaktionen, die mit dem Warenhandel zusammenhängen und in der Zahlungsbilanz erfaßt werden. Aufgrund der Zeit- und Definitionsunterschiede weichen Schätzungen der Handelsflüsse aus Zollerklärungen von den auf den Zahlungsbilanzen basierenden in beträchtlichem Maße ab. Außerdem verarbeiten mehrere internationale Agenturen Handelsdaten, von denen jede Schätzungen vornimmt, um nicht oder falsch gemeldete Daten zu korrigieren, was zu weiteren Unterschieden bei den verfügbaren Daten führt.

Die ausführlichste Datenquelle über den internationalen Warenhandel ist die von der statistischen Abteilung der UNO, der United Nations Statistical Division (UNSD), geführte Datenbank COMTRADE. Auch der IWF sammelt zollbasierte Daten über Warenein- und -ausfuhren.

Der Wert der Exporte wird als Preis der zur weiteren Beförderung bis zur Grenze des Ausfuhrlandes gelieferten Güter angegeben – dabei handelt es sich um den fob-Wert. Viele Länder sammeln und melden Handelsdaten in US-Dollar. Wenn Länder die Daten in der jeweiligen Landeswährung angeben, verwendet die UNSD den durchschnittlichen offiziellen Wechselkurs für den angezeigten Zeitraum.

Der Wert der Importe wird meist als Preis der Waren beim Kauf durch den Importeur plus Transport- und Versicherungskosten bis zur Grenze des Einfuhrlandes angegeben – dabei handelt es sich um den cif-Wert. Im Transit durch ein Land transportierte Güter werden nicht berücksichtigt.

Die Exporte insgesamt und der Anteil der Fertigungsexporte wurden vom Weltbank-Stab basierend auf der COMTRADE-Datenbank geschätzt. Gegebenenfalls wurden die Daten über die Exporte insgesamt durch die *Direction of Trade Statistics* des IWF (IWF, verschiedene Jahre) ergänzt. Die Klassifizierung der Wirtschaftsgütergruppen basiert auf SITC, Revision 1. Die Anteile ergeben möglicherweise nicht 100 Prozent, da manche Handelsbewegungen nicht klassifiziert wurden.

Daten über Warenimporte stammen aus denselben Quellen wie Daten über Exporte. Im Prinzip sollten die Summen der weltweiten Exporte und Importe identisch sein, genauso wie die Summe der Exporte aus einem Land in die übrige Welt die Summe der Importe der übrigen Welt aus dem betreffenden Land betragen sollte. Zeit- und Definitionsunterschiede führen jedoch bei den gemeldeten Werten auf allen Ebenen zu Diskrepanzen.

Tabelle 21. Hilfs- und Finanzflüsse

Private Nettokapitalflüsse bestehen aus privaten Kredit- und Nichtkreditflüssen. Private Kreditflüsse umfassen die Kreditvergabe durch Geschäftsbanken, Anleihen und andere private Kredite. Private Nichtkreditflüsse sind ausländische Direktinvestitionen und Kapitalanlagen in Portefeuille-Wertpapieren. **Ausländische Direktinvestitionen** sind Nettozuflüsse von Investitionen zum Erwerb einer dauerhaften Beteiligung an der Geschäftsführung (10 Prozent oder mehr der stimmberechtigten Aktien) eines Unternehmens, das in einer anderen Volkswirtschaft tätig ist als der Investor. Sie sind die Summe aus Aktienkapitalflüssen, Reinvestition der Gewinne und anderen langfristigen Kapitalflüssen und den kurzfristigen Kapitalflüssen, wie in der Zahlungsbilanz angegeben.

Die Daten über ausländische Direktinvestitionen basieren auf den vom IWF angegebenen Zahlungsbilanzdaten, die durch von der OECD und offiziellen nationalen Quellen angegebenen Daten über die ausländischen Nettodirektinvestitionen ergänzt werden. Die international anerkannte Definition der ausländischen Direktinvestitionen entspricht der, die in der fünften Ausgabe des *Balance of Payments Manual* des IWF (IWF 1993) beschrieben ist. Die OECD hat in Zusammenarbeit mit dem IWF, Eurostat und den Vereinten Nationen ebenfalls eine Definition veröffentlicht. Aufgrund der zahlreichen Quellen und Unterschiede in den Definitionen und Berichtsmethoden kann es für das jeweilige Land mehr als eine Schätzung der ausländischen Direktinvestitionen geben, und die Daten sind möglicherweise nicht länderübergreifend vergleichbar.

Daten über die ausländischen Direktinvestitionen liefern kein vollständiges Bild der internationalen Investitionen in einer Volkswirtschaft. Zahlungsbilanzdaten über ausländische Direktinvestitionen schließen in den Gastvolkswirtschaften aufgebrachtes Kapital nicht mit ein, das in einigen Entwicklungsländern zu einer wichtigen Finanzierungsquelle für Investitionsprojekte geworden ist. Es wird außerdem immer deutlicher, daß Daten über ausländische Direktinvestitionen nicht uneingeschränkt aussagekräftig sind, da sie nur grenzüberschreitende Investitionsflüsse erfassen, die eine Aktienbeteiligung einschließen, und grenzüberschreitende Nichtaktien-Transaktionen wie zum Beispiel Waren- und Dienstleistungsflüsse innerhalb von Unternehmen außer acht lassen. Eine detaillierte Erläuterung der Datenprobleme ist in Band 1, Kapitel 3 der *World Debt Tables 1993–94* der Weltbank (Weltbank 1993b) enthalten.

Auslandsverschuldung gesamt bezeichnet die Summe der Ausländern geschuldeten Beträge, die in Auslandswährung, Waren oder Dienstleistungen zurückzuzahlen sind. Sie ist damit die Summe der öffentlichen, öffentlich garantierten und privaten nichtgarantierten langfristigen Verbindlichkeiten, der IWF-Kredite und der kurzfristigen Verbindlichkeiten. Zu den kurzfristigen Verbindlichkeiten zählen alle Verbindlichkeiten mit einer ursprünglichen Fälligkeit von bis zu einem Jahr und Zinsrückstände auf langfristige Verbindlichkeiten. Der **Gegenwartswert der Auslandsverschuldung** ist die Summe aus kurzfristigen Auslandsverbindlichkeiten und der diskontierten Summe der gesamten Schuldendienstzahlungen, die für eine öffentliche, öffentlich garantierte und private nichtgarantierte langfristige Auslandsverbindlichkeit über die Laufzeit der vorhandenen Darlehen fällig werden.

Daten über die Auslandsverschuldung von Ländern mit niedrigem oder mittlerem Einkommen werden durch das Schuldnermeldesystem an die Weltbank weitergegeben. Der Weltbank-Stab berechnet die Verschuldung von Entwicklungsländern mit Hilfe von Darlehensberichten, die von solchen Ländern über langfristige öffentliche und öffentlich garantierte Kredite weitergegeben werden, sowie auf der Grundlage von Informationen über kurzfristige Verbindlichkeiten, die die Länder oder Kreditgeber durch das Meldesystem der Bank für Internationalen Zahlungsausgleich und der OECD erhalten. Diese Daten werden durch Informationen über Darlehen und Kredite von wichtigen multilateralen Banken sowie durch Darlehenserklärungen von offiziellen Kreditbehörden in wichtigen Gläubigerländern und Schätzungen der Länderwirtschaftswissenschaftler der Weltbank sowie von Mitarbeitern des IWF ergänzt. Außerdem liefern einige Länder Daten über private, nichtgarantierte Verbindlichkeiten. 1996 meldeten 34 Länder ihre privaten, nichtgarantierten Verbindlichkeiten an die Weltbank. Es wurden Schätzungen für weitere 28 Länder erstellt, die bekanntermaßen eine beträchtliche private Verschuldung aufweisen.

Der Gegenwartswert der Auslandsverschuldung liefert ein Maß für die zukünftigen Schuldendienstverpflichtungen, welches mit Kennzahlen, wie zum Beispiel dem BSP, verglichen werden kann. Er wird durch Diskontierung des Schuldendienstes (Zins plus Tilgung) berechnet, der für eine langfristige Auslandsverbindlichkeit über die Laufzeit vorhandener Darlehen anfällt. Bei den kurzfristigen Verbindlichkeiten wird der Nennwert berücksichtigt. Daten über Schulden werden in US-Dollar angegeben und zu den offiziellen Wechselkursen umgerechnet. Der auf die langfristigen Verbindlichkeiten angewandte Diskontsatz wird durch die Währung der Darlehensrückzahlung bestimmt und basiert auf den kommerziellen Referenzzinssätzen der OECD. Darlehen von der Internationalen Bank für Wiederaufbau und Entwicklung sowie Kredite von der Internationalen Entwicklungsorganisation werden mit Hilfe eines Bezugssatzes für Sonderziehungsrechte diskontiert, wie es bei IWF-Obligationen der Fall ist. Wenn der Diskontsatz über dem Zinssatz eines Darlehens liegt, liegt der Gegenwartswert unterhalb der nominalen Summe der zukünftigen Schuldendienstverpflichtungen.

Öffentliche Entwicklungshilfe (Official Development Assistance, ODA) umfaßt Darlehensauszahlungen (Nettowert der Rückzahlung des Darlehensbetrags) und Zuschüsse für Konzessionsbestimmungen durch öffentliche Instanzen der Mitglieder des Entwicklungshilfeausschusses (Development Assistance Committee, DAC) und bestimmte arabische Länder zur Förderung der wirtschaftlichen Entwicklung und Wohlfahrt in den vom DAC als sich entwickelnde Länder bezeichneten Volkswirtschaften. Darlehen mit einem Zuschußanteil von mehr als 25 Prozent werden, wie auch die technische Zusammenarbeit und Unterstützung, zur ODA gezählt. Außerdem werden Hilfsflüsse (Nettowert der Rückzahlungen) von offiziellen Spendern an die Schwellenländer in Osteuropa und der ehemaligen Sowjetunion und an bestimmte Entwicklungsländer und Gebiete mit höherem Einkommen, die vom DAC bestimmt werden, berücksichtigt. Solche Flüsse werden manchmal als „offizielle Hilfe" bezeichnet und unter ähnlichen wie den für die ODA geltenden Bedingungen bereitgestellt. Daten über Hilfe als Anteil des BSP werden in US-Dollar berechnet und zu den offiziellen Wechselkursen umgerechnet.

Die Daten umfassen bilaterale Darlehen und Zuschüsse aus DAC-Ländern, multilateralen Organisationen und bestimmten arabischen Ländern. Sie geben keine Hilfen wieder, die von Empfängerländern an andere Entwicklungsländer geleistet werden. Daher werden bestimmte Länder, die Nettospender sind (zum Beispiel Saudi-Arabien) in der Tabelle als Entwicklungshilfeempfänger aufgeführt.

Die Daten unterscheiden nicht zwischen verschiedenen Arten der Hilfe (Hilfsprogramme und -projekte oder Nahrungsmittelhilfe; Notfallunterstützung; friedenserhaltende Unterstützung oder technische Zusammenarbeit), die jeweils sehr unterschiedliche Auswirkungen auf die Wirtschaft haben. Ausgaben für technische Zusammenarbeit kommen dem Empfängerland nicht immer in dem Maße direkt zugute, wie sie Kosten außerhalb des Landes verursachen, zum Beispiel Gehälter und Nebenleistungen für technische Experten und die Gemeinkosten von Unternehmen, die technische Dienstleistungen liefern.

Da die Daten zum Thema Hilfe in Tabelle 21 auf Informationen von Spendern basieren, sind sie nicht mit den von den

Empfängern in der Leistungsbilanz aufgeführten Informationen konsistent, die oft die gesamte oder einen Teil der technischen Unterstützung ausschließen – vor allem direkt vom Spender geleistete Zahlungen an im Ausland tätige Staatsbürger. Ebenso werden Warenhilfen nicht immer in die Handelsdaten oder die Zahlungsbilanz aufgenommen. Obwohl Schätzungen der ODA in Zahlungsbilanzstatistiken rein militärische Hilfsleistungen ausschließen sollen, ist diese Unterscheidung manchmal schwierig. Gewöhnlich wird die im Ursprungsland verwendete Definition verwendet.

Statistische Methoden

Dieser Abschnitt beschreibt die Berechnung der Wachstumsrate nach der Methode der kleinsten Quadrate, der exponentiellen Wachstumsrate (an den Endpunkten), des Gini-Index sowie das *Atlas*-Verfahren der Weltbank, das zur Berechnung des Konversionsfaktors angewendet wird, mit dessen Hilfe das BSP sowie das BSP pro Kopf in US-Dollar geschätzt wird.

Wachstumsrate nach der Methode der kleinsten Quadrate

Die Wachstumsrate nach der Methode der kleinsten Quadrate r wird geschätzt durch Anpassung einer Regressionsgeraden an die logarithmischen Jahreswerte der Variablen innerhalb des Untersuchungszeitraums. Die Regressionsgleichung hat die Form

$$\log X_t = a + bt.$$

Sie entspricht der logarithmischen Umformung der Gleichung für die geometrische Wachstumsrate,

$$X_t = X_o (1 + r)^t .$$

In diesen Gleichungen bezeichnet X die Variable und t die Zeit; $a = \log X_o$ sowie $b = log (1 + r)$ sind die zu schätzenden Parameter. Wenn b^* der nach der Methode der kleinsten Quadrate geschätzte Wert von b ist, dann erhält man die durchschnittliche jährliche Wachstumsrate r als [antilog $(b^*)-1$]; um diese als Prozentsatz auszudrücken, wird sie mit 100 multipliziert.

Die berechnete Wachstumsrate ist eine Durchschnittsrate, die für die Beobachtungen im jeweiligen Zeitraum repräsentativ ist. Sie entspricht nicht unbedingt der tatsächlichen Wachstumsrate zwischen zwei beliebigen Zeiträumen. Wird angenommen, das geometrische Wachstum sei das geeignete „Datenmodell“, so ist die Wachstumsrate nach der Methode der kleinsten Quadrate konsistent und effizient.

Exponentielle Wachstumsrate an den Endpunkten

Die Wachstumsrate zwischen zwei Zeitpunkten für bestimmte demographische Daten, insbesondere für Erwerbstätige und Bevölkerung, wird nach folgender Formel berechnet:

$$r = \ln(p_n / p_1) / n,$$

wobei p_n und p_1 der letzte und erste Beobachtungswert in dem betreffenden Zeitraum sind, n die Anzahl der Jahre im gleichen Zeitraum und ln der natürliche Logarithmus ist.

Diese Wachstumsrate basiert auf einem Modell kontinuierlichen exponentiellen Wachstums. Um für einzelne Zeiträume eine Wachstumsrate zu erhalten, die mit derjenigen nach der Methode der kleinsten Quadrate vergleichbar ist, ist vom Antilogarithmus der errechneten Wachstumsrate der Wert 1 zu subtrahieren.

Der Gini-Index

Der Gini-Index mißt, in welchem Maß die Verteilung des Einkommens (oder in einigen Fällen der Verbrauchsausgaben) unter Personen oder Haushalten innerhalb eines Landes von einer vollkommen gleichmäßigen Verteilung abweicht. Eine Lorenz-Kurve stellt die kumulierten Prozentwerte des gesamten erzielten Einkommens im Vergleich zum kumulierten Prozentwert an Empfängern dar, beginnend mit der ärmsten Person bzw. dem ärmsten Haushalt. Der Gini-Index mißt den Bereich zwischen der Lorenz-Kurve und einer hypothetischen Linie absoluter Gleichverteilung, ausgedrückt als Prozentsatz der maximalen Fläche unterhalb der Linie. Ein Gini-Index von Null bedeutet somit vollkommene Gleichverteilung, ein Index von 100 hingegen maximale Ungleichverteilung.

Die Weltbank setzt das numerische Analyseprogramm POVCAL ein, um die Werte des Gini-Index zu schätzen; vgl. Chen, Datt und Ravallion 1992.

Das Atlas-Verfahren der Weltbank

Der *Atlas*-Umrechnungsfaktor für ein beliebiges Jahr ist der Durchschnitt des Wechselkurses (oder eines alternativen Umrechnungsfaktors) eines Landes für das betreffende Jahr und die beiden vorhergehenden Jahre, die um die Differenzen bei den Inflationsraten des betreffenden Landes und der G-5-Staaten (Deutschland, Frankreich, Vereinigtes Königreich, Japan und Vereinigte Staaten) bereinigt worden sind. Die Inflationsrate der G-5-Staaten wird durch Änderungen des SZR-Deflators dargestellt. Dieser Dreijahresdurchschnitt glättet die jährlichen Preis- und Wechselkursschwankungen jedes Landes. Der Atlas-Umrechnungsfaktor wird auf das BSP des Landes angewandt. Das so ermittelte BSP in US-Dollar wird durch die Bevölkerungszahl zur Mitte des letzten der drei Jahre dividiert, um das BSP pro Kopf zu erhalten.

Die folgenden Formeln beschreiben das Verfahren zur Berechnung des Umrechnungsfaktors für das Jahr t:

$$e_t^* = \frac{1}{3}\left[e_{t-2}\left(\frac{p_t}{p_{t-2}} \ \frac{p_t^{S\$}}{p_{t-2}^{S\$}} \right) + e_{t-1}\left(\frac{p_t}{p_{t-1}} \ \frac{p_t^{S\$}}{p_{t-1}^{S\$}} \right) + e_t \right]$$

sowie für die Berechnung des BSP pro Kopf in US-Dollar für das Jahr t:

$$Y_t^{\$} = (Y_t / N_t) / e_t^*$$

wobei gilt:

Y_t = laufendes BSP (in Landeswährung) im Jahr t
p_t = BSP-Deflator für das Jahr t
e_t = jahresdurchschnittlicher Wechselkurs (Landeswährung in US-Dollar) im Jahr t
N_t = Bevölkerung zur Mitte des Jahres t
P_t^{SS} = SZR-Deflator, ausgedrückt in US-Dollar, für das Jahr t.

Alternative Umrechnungsfaktoren
Die Weltbank überprüft systematisch die Eignung amtlicher Wechselkurse als Umrechnungsfaktoren. Ein alternativer Umrechnungsfaktor wird dann angewendet, wenn der amtliche Wechselkurs zu stark von dem Kurs abweicht, der den Inlandstransaktionen von Fremdwährungen und gehandelten Gütern tatsächlich zugrunde liegt; das ist nur bei wenigen Ländern der Fall (vgl. Tabelle Dokumentation der Primärdaten in Weltbank 1998b). Alternative Umrechnungsfaktoren werden beim *Atlas*-Verfahren und an anderer Stelle in den *Ausgewählten Kennzahlen der Weltentwicklung* als Umrechnungsfaktoren für einzelne Jahre angewendet.

Verzeichnis der Datenquellen

ACDA (Arms Control and Disarmament Agency). 1997. *World Military Expenditures and Arms Transfers 1996.* Washington, D.C.

Ahmad, Sultan. 1992. "Regression Estimates of Per Capita GDP Based on Purchasing Power Parities." Policy Research Working Paper 956. World Bank, International Economics Department, Washington, D.C.

Ball, Nicole. 1984. "Measuring Third World Security Expenditure: A Research Note." *World Development* 12(2):157–64.

Bos, Eduard, My T. Vu, Ernest Massiah, and Rodolfo A. Bulatao. 1994. *World Population Projections, 1994–95 Edition.* Baltimore, Md.: Johns Hopkins University Press.

Braga, C. A. Primo, and Alexander Yeats. 1992. "How Minilateral Trading Arrangements May Affect the Post-Uruguay Round World." World Bank, International Economics Department, Washington, D.C.

Council of Europe. 1995. *Recent Demographic Developments in Europe and North America.* Straßburg, Frankreich: Council of Europe Press.

Davis, Lester. 1982. *Technology Intensity of U.S. Output and Trade.* Washington, D.C.:U.S. Department of Commerce.

Eurostat (Statistical Office of the European Communities). Verschiedene Jahre. *Demographic Statistics.* Luxemburg: Statistical Office of the European Communities.

FAO (Food and Agriculture Organization). Verschiedene Jahre. *Production Yearbook.* FAO Statistics Series. Rom.

———. 1997. *State of the World's Forests 1997.* Rom.

Happe, Nancy, and John Wakeman-Linn. 1994. "Military Expenditures and Arms Trade: Alternative Data Sources." IMF Working Paper 94/69. International Monetary Fund, Policy Development and Review Department, Washington, D.C.

Heston, Alan. 1994. "A Brief Review of Some Problems in Using National Accounts Data in Level of Output Comparison and Growth Studies," *Journal of Development Economics* 44: 29–52.

ICAO (International Civil Aviation Organization). 1997. *Civil Aviation Statistics of the World: 1996. ICAO Statistics Yearbook,* 22nd ed. Montreal.

IEA (International Energy Agency). 1997a. *Energy Statistics and Balances of Non-OECD Countries 1994–95.* Paris.

———. 1997b. *Energy Statistics of OECD Countries 1994–95.* Paris.

IFC(International Finance Corporation). 1997a. *Emerging Stock Markets Factbook 1997.* Washington, D.C.

———. 1997b. *Trends in Private Investment in Developing Countries 1997.* Washington, D.C.

ILO (International Labour Organisation). Verschiedene Jahre. *Yearbook of Labour Statistics.* Genf.

———. 1995a. *Labour Force Estimates and Projections, 1950–2010.* Genf.

———. 1995b. *Estimates of the Economically Active Population by Sex and Age Group and by Main Sectors of Economic Activity.* Genf.

———. 1996. *Year Book of Labour Statistics.* Genf.

IMF (International Monetary Fund). Verschiedene Jahre. *Director of Trade Statistics Yearbook.* Washington, D.C.

———. Verschiedene Jahre. *Government Finance Statistics Yearbook.* Washington, D.C.

———. Verschiedene Jahre. *International Financial Statistics.* Washington, D.C.

———. 1986. *A Manual on Government Finance Statistics.* Washington, D.C.

———. 1993. *Balance of Payments Manual.* 5th ed. Washington, D.C.

Institutional Investor. 1998. New York. (März).

IRF (International Road Federation). 1995. *World Road Statistics 1990–94.* Genf.

Luxembourg Income Study. 1997. *LIS Database.* http://lissy.ceps.lu/index.htm.

National Bureau of Economic Research. 1997. *Penn World Tables Mark 5.6.* http://nber.harvard.edu/pwt56.html.

OECD (Organisation for Economic Co-operation and Development). Verschiedene Jahre. *Development Co-operation.* Paris.

———. 1988. *Geographical Distribution of Financial Flows to Developing Countries.* Paris.

———. 1996a. *National Accounts 1960–1994.* Vol. 1, *Main Aggregates.* Paris.

———. 1996b. *National Accounts 1960–1994.* Vol. 2, *Detailed Tables.* Paris.

———. 1997. *Development Co-operation: 1996 Report.* Paris.

PRS Group. 1998. *International Country Risk Guide.* Juni. East Syracuse, N.Y.

Price Waterhouse. 1997a. *Corporate Taxes: A Worldwide Summary.* New York.

———. 1997b. *Individual Taxes: A Worldwide Summary.* New York.

Ravallion, Martin, and Shaohua Chen. 1996. "What Can New Survey Data Tell Us about Recent Changes in Living Standards in Developing and Transitional Economies?" World Bank, Policy Research Department, Washington, D.C.

Srinivasan, T. N. 1994. "Database for Development Analysis: An Overview." *Journal of Development Economics* 44(1): 3–28.

UNCTAD (United Nations Conference on Trade and Development). Verschiedene Jahre. *Handbook of International Trade and Development Statistics.* Genf.

UNESCO (United Nations Educational, Scientific, and Cultural Organization). Verschiedene Jahre. *Statistical Yearbook.* Paris.

UNICEF (United Nations Children's Fund). 1997. *The State of the World's Children 1997.* Oxford, U.K.: Oxford University Press.

UNIDO (United Nations Industrial Development Organization). 1996. *International Yearbook of Industrial Statistics 1996.* Wien.

United Nations. Verschiedene Jahre. *Energy Statistics Yearbook.* New York.

———. Verschiedene Jahre. *Levels and Trends of Contraceptive Use.* New York.

———. Verschiedene Ausgaben. *Monthly Bulletin of Statistics.* New York.

———. Verschiedene Jahre. *Population and Vital Statistics Report.* New York.

———. Verschiedene Jahre. *Statistical Yearbook.* New York.

———. Verschiedene Jahre. *Update on the Nutrition Situation.* Administrative Committee on Co-ordination, Subcommittee on Nutrition. Genf.

———. Verschiedene Jahre. *Yearbook of International Trade Statistics.* New York.

———. 1968. *A System of National Accounts: Studies and Methods.* Series F, No. 2, Rev. 3. New York.

———. 1985. *National Accounts Statistics: Compendium of Income Distribution Statistics.* New York.

———. 1996a. *World Urbanization Prospects, 1996 Revision.* New York.

———. 1996b. *World Population Prospects: The 1996 Edition.* New York.

U.S. Bureau of the Census. 1996. *World Population Profile.* Washington, D.C.: U.S. Government Printing Office.

WHO (World Health Organization). Verschiedene Jahre. *World Health Statistics.* Genf.

———. Verschiedene Jahre. *World Health Statistics Report.* Genf.

———. 1991. *Maternal Mortality: A Global Factbook.* Genf.

WHO and UNICEF. 1996. *Revised 1990 Estimates on Maternal Mortality: A New Approach.* Genf.

World Bank. 1993a. *Purchasing Power of Currencies: Comparing National Incomes Using ICP Data.* Washington, D.C.

———. 1993b. *World Debt Tables 1993–94.* Washington, D.C.

———. 1998a. *Global Development Finance 1998.* Washington, D.C.

———. 1998b. *World Development Indicators.* Washington, D.C.

World Resources Institute, UNEP (United Nations Environment Programme), UNDP (United Nations Development Programme) und World Bank. 1996. *World Resources 1996–97: A Guide to the Global Environment.* New York: Oxford University Press.

World Resources Institute in Zusammenarbeit mit UNEP (United Nations Environment Programme) und UNDP (United Nations Development Programme). 1998. *World Resources 1998–99: A Guide to the Global Environment.* New York, N.Y.: Oxford University Press.

Tabelle 1. Klassifizierung von Ländern nach Einkommen und Region, 1998

		Afrika südlich der Sahara		*Asien*		*Europa und Zentralasien*		*Naher Osten und Nordafrika*		
Einkommens-gruppe	*Untergruppe*	*Ost- und südliches Afrika*	*West-afrika*	*Ostasien und Pazifik*	*Süd-asien*	*Osteuropa und Zentral-asien*	*Übriges Europa*	*Naher Osten*	*Nord-afrika*	*Amerikanischer Kontinent*
Niedriges Einkommen		Angola Äthiopien Burundi Eritrea Kenia Komoren Kongo, Dem. Rep.[a] Lesotho Madagaskar Malawi Mosambik Ruanda Sambia Simbabwe Somalia Sudan Tansania Uganda	Benin Burkina Faso Elfenbein-küste Gambia Ghana Guinea Guinea-Bissau Kamerun Kongo, Rep. Liberia Mali Mauretanien Niger Nigeria São Tomé und Príncipe Senegal Sierra Leone Togo Tschad Zentralafrik. Republik	Kambodscha Laos, Dem. Rep. Mongolei Myanmar Vietnam	Afghanistan Bangladesch Bhutan Indien Nepal Pakistan	Albanien Armenien Aserbaidschan Bosnien-Herzegowina Kirgistan Moldawien Tadschikistan Turkmenistan		Jemen, Rep.		Haiti Honduras Nicaragua
Mittleres Einkommen	*Untere Kategorie*	Dschibuti Namibia Swasiland	Äquatorial-guinea Kap Verde	China Fidschi Indonesien Kiribati Korea, Dem. Rep. Marshall-Inseln Mikronesien, Föd. Staat. Papua-Neuguinea Philippinen Samoa Salomonen Thailand Tonga Vanuatu	Malediven Sri Lanka	Bulgarien Georgien Jugoslawien, Bd. Rep.[c] Kasachstan Lettland Litauen Mazedonien, ehem. jugosl. Rep.[b] Rumänien Russische Föderation Ukraine Usbekistan Weißrußland		Irak Iran, Islam. Rep. Jordanien Syrien, Arab. Republik Westbank und Gaza	Ägypten, Arab Rep. Algerien Marokko Tunesien	Belize Bolivien Costa Rica Dominica Dominikan. Republik Ecuador El Salvador Grenada Guatemala Guayana Jamaika Kolumbien Kuba Panama Paraguay Peru St. Vincent und Grenadinen Surinam
	Obere Kategorie	Botsuana Mauritius Mayotte Seychellen Südafrika	Gabun	Amerik.-Samoa Malaysia Palau		Estland Kroatien Polen Slowakische Republik Tschechische Republik Ungarn	Insel Man Türkei	Bahrein Libanon Oman Saudi-Arabien	Libyen Malta	Antigua und Barbuda Argentinien Barbados Brasilien Chile Guadeloupe Mexiko Puerto Rico St. Kitts und Nevis St. Lucia Trinidad und Tobago Uruguay Venezuela
Zwischensumme:	157	26	23	22	8	26	3	10	5	34

Tabelle 1. *(Fortsetzung)*

Einkommensgruppe	*Untergruppe*	*Afrika südlich der Sahara*		*Asien*		*Europa und Zentralasien*		*Naher Osten und Nordafrika*		*Amerikanischer Kontinent*
		Ost- und südliches Afrika	*Westafrika*	*Ostasien und Pazifik*	*Südasien*	*Osteuropa und Zentralasien*	*Übriges Europa*	*Naher Osten*	*Nordafrika*	
Hohes Einkommen	*OECD-Länder*			Australien Japan Korea, Rep. Neuseeland			Belgien Dänemark Deutschland Finnland Frankreich Griechenland Island Irland Italien Luxemburg Niederlande Norwegen Österreich Portugal Spanien Schweden Schweiz Vereinigtes Königreich			Kanada Vereinigte Staaten
	Nicht-OECD-Länder	Réunion		Brunei Französisch-Polynesien Guam Hong Kong, China[d] Macao Neu-Kaledonien Nördl. Marianen-Inseln Singapur Taiwan, China		Slowenien	Andorra Färöer Grönland Kanalinseln Liechtenstein Monaco Zypern	Israel Katar Kuwait Vereinigte Arab. Emirate		Aruba Bahamas Bermuda Französisch-Guayana Jungferninseln (USA) Kaimaninseln Martinique Niederländ. Antillen
Insgesamt::	211	27	23	35	8	27	28	14	5	44

a. Ehemals Zaire.
b. Ehemalige Jugoslawische Republik Mazedonien.
c. Bundesrepublik Jugoslawien (Serbien/Montenegro).
d. Am 1. Juli 1997 übernahm China wieder die Staatshoheit über Hongkong.

Für operationale und analytische Zwecke ist das Hauptkriterium der Weltbank für die Klassifizierung der Volkswirtschaften das Bruttosozialprodukt (BSP) pro Kopf. Jede Volkswirtschaft wird klassifiziert als Land mit niedrigem Einkommen, mittlerem Einkommen (unterteilt nach unterer und oberer Kategorie) oder hohem Einkommen. Andere analytische Gruppen, basierend auf geographischen Regionen, Exporten und der Verschuldungshöhe, werden ebenfalls gebildet.

Länder mit niedrigem und mittlerem Einkommen werden manchmal als Entwicklungsländer bezeichnet. Die Verwendung dieser Bezeichnung ist zweckdienlich; sie soll aber nicht bedeuten, daß alle Länder in der Gruppe einen ähnlichen Entwicklungsprozeß durchlaufen oder daß andere Länder ein erwünschtes oder endgültiges Entwicklungsstadium erreicht haben. Die Klassifizierung nach Einkommen spiegelt nicht unbedingt den Entwicklungsstatus wider.

In diesen Tabellen werden sämtliche Mitgliedsländer der Weltbank sowie alle übrigen Länder mit einer Bevölkerung von über 30.000 Personen klassifiziert.

Einkommensgruppe: Die Ländereinteilung erfolgt nach dem BSP pro Kopf von 1997, errechnet unter Anwendung des *Atlas*-Verfahrens der Weltbank. Die Gruppen sind: niedriges Einkommen ($ 785 oder weniger), untere Kategorie des mittleren Einkommens ($ 785 bis $ 3.125), obere Kategorie des mittleren Einkommens ($ 3.126 bis $ 9.655) und hohes Einkommen ($ 9.655 und mehr).